書評の星座

紙プロ編

吉田豪の
プロレス&格闘技本
メッタ斬り
1995-2004

吉田豪

集英社

書評の星座　紙プロ編

吉田豪のプロレス&格闘技本メッタ斬り1995-2004

装丁　トサカデザイン（戸倉　巌、小酒保子）
本文組版　一企画

はじめに

05年から19年までの『ゴング格闘技』での連載をまとめた単行本『書評の星座』が予想外に売れたらしくて、とうとうこんな本まで出ることになってしまった……。『ゴン格』以前、判型の小さな『紙のプロレス』で95年に連載が始まり、『紙プロ』休刊後は『紙のプロレスRADICAL』で復活したが04年にトラブルで連載終了となった、オリジナル版『書評の星座』の単行本化である（『Kamipro』でも連載していたつもりでいたけど、『紙のプロレスRADICAL』から改名したのが05年だから勘違いだった模様）。時期でいうと、ボクが20代半ばのときに始まり30代半ばで終わるので、言わば「ボクの紙プロ青春記」とでも表現すべき連載だ。

そもそも30代半ばから現在までの比較的落ち着いた時期の原稿をまとめた前作ですら、いま読んだら口が悪すぎてビックリしたぐらいなんだから、それからさらに10年も前の文章なんて自分でも読むのが怖い！　埋めたつもりもないタイムカプセルを勝手に掘り起こされて、目の前に突き付けられているような感覚！

前作でも書いたように、当時のボクはまだ年齢的にも若くて編集の仕事を始めて数年だし、古本でそれなりに学習しているとはいえプロレスや格闘技を見始めて日が浅かったから、「俺みたいな素人でも知っているようなことを年上のプロが何もわからず、ズサンな本を出しているのは許せない！」とばかりに、触る者みな傷つける勢いでとにかく片っ端から噛み付きまくっていたわけなのである。それもかなり口汚く。

いまとなっては完全にアウトだと思うのが、相手の文章のみならず外見的な部分にも容赦なく噛み付きまくっていたことだ。それ、自分のルールとしていまは絶対にやらないし、いまでもやってる人は正直どうかと思ったりするぐらいなのに、当時はそれを連発しまくり！　「内容もそうだけど、そもそも作者のビジュアルが気に入らない」ぐらいのことを平気で何度も書いてるから、20代半ばの自分の無軌道ぶりに戦慄！

ここ最近、「10年以上前の発言をいまのルールで批判するのはどうかと思う」的なことをボクはよく言っているんだが、まさにそれが伏線になっていたわけで。とりあえず、あの頃のボクは完全にどうかしてました！　もちろん、そういう部分は今回細かく修正させていただいた次第なのである（ただし、完全に削ると辻褄が合わないところは痕跡を残してたりもする）。

……と言っても、実は前作と比べても直しを入れた部分はそれほど多くなくて、時間を置いたことで時事ネタが全然伝わらなくなってる部分や、文章を読みやすくするための直しを入れたぐらい。相手の外見はともかく、本の内容に関してはいくらでも罵っていいといまでも思っているし、その点に関しては当時から意外なぐらいにちゃんと批判するべきところを批判しているんだなと自分でも思った次第。いやホント、プロレス～格闘技知識もさほどない若造にしては、当時からかなり的確な攻撃を加えているよ！　根性も据わっているし、よくここまで書いてプロレス会場のバックステージとか平気でウロウロできたなと我ながら思うほど。いや、安生×前田ばりに後ろから殴られてもおかしくないでしょ、これ！

そして、最初のうちは噛み付くのは上手いけれど、いい本を褒めるのが本当に下手だし、文章も粗いし、そもそも引用書評のやり方もかなり手探りだし（最初期はあまり引用もしていない）、「こういう本にするべきだった」的な謎のアドバイスも連発していたのが（それも若造が偉そうに上の人間にアドバイスするというネタだったと思う）、だんだん文章力が向上していくドキュメントにもなっているはずなのである。

なお、小さい『紙プロ』時代は大ネタが1ページ、小ネタが1ページに3本の見開き連載だったので、その文字数ジャストの原稿を書かなきゃいけないという苦労もあったけど（『ゴン格』時代も毎回同じ文字数の1ページ連載）、『紙のプロレスRADICAL』時代は好きなだけ原稿を書いて後からデザイナーが調整するルールだったので、長い書評はとことん長いし、短い書評を大量に載せたりもできたし、ページはいくらでも奪い取れたし、スケジュールがキツいときは勝手にページを減らしたりした。そこまで自由が利いたのにはもちろん理由もあるが、それについては書き下ろしコラムで詳しく書くとして、読む前に知っておいたほうがいい情報として、とりあえずこの連載が始まった頃の時代背景を簡単に説明しておこうと思う。

95年は4月2日にベースボール・マガジン社主催のオールスター戦『夢の懸け橋』が東京ドームで開催されたり、10月9日には新日本プロレスとUWFインターナショナルの全面対抗戦が東京ドームで開催されたりと（ちなみに94年11月20日には女子プロレスのオールスター大会が東京ドームで開催）、90年代プロレスバブルの頂点みたいな年。全日や新日といったメジャー団体もU系も女子プロレスもインディーもそれぞれ元気で、だからこそ三井物産もデジタル衛星放送のFIGHTING TV サムライ開局に動いたんだろうし、その余波もあって96年には『紙プロ』が分裂。FIGHTING TV サムライ派とテレビ『リングの魂』の雑誌版『Ｒｉｎｔａｍａ』派に別れ、ボクはそのどちらとも仕事のできるフリーの道を選んだ。そして『リングの魂』スタッフと喧嘩別れした山口日昇は、前田日明ばりに一人ぼっちで『紙のプロレスＲＡＤＩＣＡＬ』創刊。しかし、創刊号ではインタビュー以外の企画ページを作る余裕もなかったためか、創刊2号目では「豪ちゃん、真樹日佐夫先生の新刊が出たから書評で紹介してよ」と山口日昇に頼まれて『男の必読書』というページが誕生。これが創刊3号目からの書評連載復活のきっかけにもなったはず。そして、創刊2号目からボクが他誌でやったインタビューのノーカット版を載せたり特集用に長文を書き下ろしたりでサポートをするようになり、『紙のプロレスＲＡＤＩＣＡＬ』の方向性が定まっていくのである。

その後の流れについてはあとがきで！

目★次

2000

2001

2002

2003

本書は、『紙のプロレス』一九号から二二号、『紙のプロレスRADICAL』三号から七〇号（いずれも発行：ダブルクロス、発売：ワニマガジン社）に連載された「日佐夫クン人生劇場　書評の星座」「日佐夫クン人生劇場　書評の星座PART2」「吉田文豪人生劇場　書評の星座PART2」の掲載時のリード・本文等を基本的にそのまま転載したものです（一部修正あり）。コラムは書き下ろし。

1

つまらない人生を送っている輩は原稿に己の近況を書くなかれ

『B級レスラーってこんなヤツ全集』

大沼孝次＆東高円寺カス漬け軍団／フットワーク出版／1359円＋税

楊枝刺しのヤマギュー（天山広吉）に「海外マットでは八百長があると聞きますが？」などと命知らずな質問をしたことで知られるあの大沼孝次が、またやってくれた。『コロコロ』並みにブ厚くてチープな作りがたまらない彼のライフワーク『〜ってこんなヤツ全集』、待望の新作である。

これがまた冬木（弘道）、（高野）拳磁、（T・J・）シン、（上田）馬之助、（A・）ブッチャー、（ミスター・）ポーゴ、大仁田（厚）、北尾（光司）といったビッグネームをB級として認定しまくるという、勇気溢れる一冊だった。

「今日も会場の片隅でファンの女のコを口説きまくる、朝から晩までサカリのついた新日プロの黒猫さん」なんて、愛情も常識もない『紙プロ』ですら使ったことのない毒ガス的表現も満載しまくり。

みちのくプロレスのザ・モンキーマジックを否定しつつ、竜鯱を面白いと評価するバランス感覚も不可解で（どちらも正体は薬師寺正人）、イイ感じヤな感じ。

なかでも個人的に衝撃を受けまくった高杉正彦＝ウルトラセブンの項を読めば、その筆舌に尽くしがたいほどの素晴らしさがキミたちにも理解できることだろう。

というわけで、勝手に引用する。

「新日プロは性懲りもなく、何と次にウルトラセブンを登場させたではないか。タイガーマスクと戦うウルトラセブン――（中略）もうこれはマジで怒った。この頃、高校生だった俺は隣の人と一緒になってリング上に生卵を投げ付けていた。本当に周りのファンはマジで怒っていた。それでもウルトラセブンこと高杉は相当に悔しい思いをしたのだろう。彼は今でもライバルは『佐山聡だ』と言ってるのだから……。こうしてウルトラセブンは82年に全日本プロレスのリングへと移る」

もちろんウルトラセブンが登場したのは全日本プロレスであり、新日本プロレスに登場したのはメキシカンのウルトラマンなので、初代タイガーマスクと試合したことはない。つまり、この大沼孝次という男は存在しない試合で生卵を投げつけたと告白していたのである！

どうやら彼氏、『週プロ』選手名鑑を頼りにほとんどの原稿を書いている様子。ゆえにアステカの場合、「長渕剛と甘いモノが好き。趣味はマスク作り」というデータだけで原稿を仕上げちゃうから、無理ありすぎ。結局、データ不足なのになまじページ数が多いため、同じネタを使い回したり、自分の近況やらハイセンスなギャグやら事実誤認やらを書かざるを得ないハメになっちゃっているのだ。

これはボクの持論なのだが、つまらない人生を送っている輩は、原稿に己の近況なんか決して書いてはならないのである。自分のつまらなさを世間にアピールしてどうするつもりなのか。

ボクが某誌に毎月近況を書いていたときには、近況を書くためにわざわざ行動していたものだ。「それだけの覚悟を持って近況を書け」と、近況にうるさいボクは言いたい。近況のためなら、新間ジュニアの膝蹴りだって受けてみせるだけの心意気が必要なのである。

プロレス知識の浅さなんてどうでもいい。しかし、それ以外の部分も至らないようではフォローのしようもないのだ。

キミが誠心会館・田尻茂一に送った言葉。「〝どうしようもない男〟マット界ニッポン一決定戦では、まさしく優勝候補。アキレてモノも言えましぇ〜ん」は、まさにキミにこそふさわしいのである。押忍。

『最後のカリスマ・レスラー 前田日明の真実』 ミスターX／ポケットブック社／1165円+税

『前田日明とは何か?』が絶賛発売延期中の間隙を縫って、前田にうるさいペンゴロ界の雄・ミスターXがついに動いた。『前田日明の真実』リリースである。

「前田は母性本能をくすぐる両性具有のカリスマだ」などと、どこかで読んだようなフレーズ（というかミスターXの正体だとされるターザン山本の発言だ）が飛び出したりと、じつに活字プロレスの鬼らしい一冊なんだが、これが抜群に面白いのだ。見出しが。

なにしろ「なぜ、前田は大山倍達など劇画のヒーローに憧れる一方で、幽霊を怖がるのか」である。こう聞かれるとなぜなのか気になって仕方がないが、もちろんたいした答えは提示されていない。そのあたりもじつに活字プロレスの鬼らしいと言えよう。

それにしても「自分がやりたいのはプロレスじゃない」と言い切る前田は、「自分がやりたいのはプロレス雑誌じゃない」とボヤく『紙プロ』によく似ている……。

『WRESTLING MAGAZINE VOL. 3』 WM編集部／389円+税

マニアのためのプロレス投稿雑誌（ミニコミ）『レスリングジャーナル』改め『レスリングマガジン』が「過激に復活」したとのこと。

近頃はインディー系レスラーのつまらないインタビュー中心という冴えない方向性だったが、編集長が『プロレスの達人』編集部に移ったことで路線修正されつつある様子なので、それはいい。

しかし、「ハッキリ言えば、採用レベルに達していない原稿もあります。しかし、それらを掲載したのはあえて彼らのヤル気に期待したからなのです」と編集長自ら告白するだけあって、いちいちそんな感じ。フリーペーパーじゃないんだから、それじゃ金払って買った奴に失礼だとかいう感覚がないあたり、ちょっと

いただけないのだ。

まあ、「グレート・ムダ追放決定！　そもそも彼の出現はとてつもなく怪しかった」とかいう笑える一文だけで、ボクはもう満足。お腹いっぱいである。

『格闘技コミックVol．1』
竹書房／660円＋税

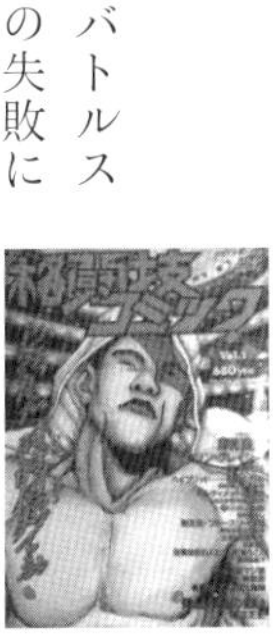

野末陳平責任編集の『プロレスコミック』、「リングの汁」を連載していた『バトルスピン』、ヒクソンの劇画が笑えた『コミック格闘王』など、数多くの先人たちの失敗にも懲りず、再び格闘技漫画雑誌の登場である。

全国各地の書店を探し回り、ようやく7軒目で入手できたのだが、バカ売れ中なのか、部数がバカみたいに少ないのか。おそらく後者とは思うが、追求はしない。

とりあえず、マニアな方はヘアメイクを付けてスタジオでカラー特写した骨法の堀辺師範の姿を見るためだけでも、買って損なしであろう。

巻末の『異種格闘マスコミ大激論!!　どうなる!?　格闘技界マスコミ』という語呂の悪いタイトルの座談会で、生き生きと観客論を語りまくるサダハルンバ谷川の姿というのも、マニアにはたまらない。

別冊『近代麻雀』なだけあって、西原理恵子なんかも描いてたりするのも売りだけど、まず確実に1号で終わるだろうなー。

2

元ユニバ社長・新間氏への怒りがビンビン伝わってくる熱い本

『サスケが翔ぶ』　ザ・グレート・サスケ／市井社／1456円+税

人間は、どこから来て、どこへ行くのだろうか――。

そんな哲学的なフレーズから始まる「東北のお面被った小僧」（Ⓒ高野拳磁）サスケ社長の自伝には、元ユニバ社長・新間ジュニアこと新間寿恒氏の悪口が満載されている。

「最近は、ようやくこれまでの自分の道程が見え、そして自分の道はこうであった、これからはこうなくてはならぬということも、見えるようになったと思う」とまで言い切るサスケ社長が見出した己の道というのが、これだったのであろうか。

「新間社長には経営に対する責任感の欠如、ぼくらのファイトマネーの不払いなど、いろいろと批判される点もあったが、すばらしい業績もいくつかあった」などと軽くフォローはしているが、それよりも批判される点のほうが印象に残るわけで。これではお膝蹴りどころか、場外へのお雪崩式フランケン・シュタイナーすら頂戴しかねないと、老婆心ながら心配してしまうほどなのだ。

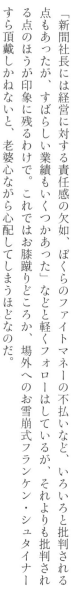

さらにはサスケ社長のみならず「オレだって新間さんは嫌いだよ。みんな嫌いなんだよ。でも、こうやって好きなプロレスラーを続けたいから、みんなガマンしてやってるんだよ」などと邪道までもがボヤいていたりするから徹底している。

これはもう、怪我のためメキシコから帰国した際「お前、試合に出ろよ。ただで帰ってきて、ただでメキシコに帰れると思うなよ。考えが甘いよ」と寿恒氏に叱られた経験を持つサスケ社長ならではの原稿であろう。人の悪口が苦手な自分としては、あまり感心できなかったりするんだが。

しまいには、この発言なのだ。

「新聞社長というのは言葉は悪いが、趣味で興行を打って、趣味で外人選手を呼んでいるようなところがあった。会社として大きくしようとか、選手を育てていこうという考えがあまりない人だった。ギャラを1年間不払いにしておいても、選手に対して悪いなあという思いもあまりない。ギャラを請求されると、すぐに開き直って『お前ら、ガマンしろよな。会社にはいま金がないからな。払ってくれといわれても、ないものはしょうがないだろ。ガマンしろよな。あと2年たてばよくなるからな』と言っていたという」

どうだろう、行間から怒りがビンビン伝わってくるこの熱い文章。

プロレスラーには怒りが必要だとよく言われるが、そういう意味ではサスケ社長もアングリー・ヤングメンだったというわけである。

これでプロレスに必要なテクニックと怒りは押さえたサスケ社長。次なる目標はカリスマ性であろうか？

猪木や前田のように、神がかりチックな部分がないとカリスマ性は得られないものだが、抜け目のないサスケ社長はその点だってクリアーしているのだ。なにしろ「レスラーになったのは神のお告げ」「人生の転機にはUFOを見る」とまで本書に書いてたりするから、とんでもない。

あとは「すべてを許しきる」猪木な度量さえマスターすれば問題なし。これはもちろん新聞ジュニアも同様なのである。押忍。

『格闘技入門読本』

福昌堂／951円＋税

パッと見はどうにも『別冊宝島EX』な一冊だが、決して甘く見てはいけない。

なにしろ自ら「日本中の『強くなりたい君《くん》』たちに送る最強本」を名乗っているのだ

から、もう強烈。つまりこれは、「強くなりたい君」たちがどうすれば強くなれるかを記した、非常に実戦的かつ自称・最強な書物。何かと思えば様々な格闘技の入門法やジムの連絡先を網羅した、一種のカタログみたいなブツなのである。

そのくせ、プロレス入門法の項目で「本稿では、経営が比較的安定している有名団体に取材した」と言いながらも、掲載しているのは新日と全女、そしてなぜか藤原組。新日以外は不安定すぎるよ！

そもそも「強くなりたい君」なんて言葉を臆面もなく使いながら、格闘技界という言葉に対し「あまりこの言葉は好きではないのだが、他に代用できる言葉もないので使っていくことにする」とまで言い切っちゃうバランス感覚も素晴らしすぎる一冊だ。

『プロレスマニア Vol．2』

KKKカンパニー&宇宙征服社

No Photo

『プロレス・ファン』よりも一段深い誌名を持つミニコミなだけあって、特集はズバリ「八百長」。しかし編集サイドがプロレスが八百長なのか本当に知りたくて制作しているため、既存の雑誌を超越したセメント企画が飛び出してきたからとんでもないのだ。

なんと各団体に電話して、「あなたの団体は八百長ですか?」と素朴な質問をぶつけるというのが、それである。

直撃されて「皆、本気で頑張ってます」と語るＷＡＲ、「八百長なら怪我はしない」と語る新日など団体によって反応は様々だが、「他の団体はわかりませんけど、ウチはやっておりません」と言い切るのは素晴らしいぞ、Ｕインター!! なお、「笑いのセンスでは『達人』よりも『紙プロ』のほうが上」「柳沢という人のインタビューがうまい」などという記述も見受けられるが、当の柳沢は「笑いのセンスでは『紙プロ』よりも『プロレスマニア』のほうが上」と心から爆笑している旨、ここにお伝えしておこう。

『プロレス・ファンVol.25』

鹿砦社／485円+税

今回は、抱かれたい団体ナンバーワンという噂もある新日本プロレスの特集。

この巻頭に掲載されている藤波辰爾ロングインタビューで、あの大沼孝次がまたもや我々の期待に応えるような質問を放ってくれたので、さっそく引用しよう。

「最後にひとつ、藤波さんに確認したいんですが、藤波さん！　猪木さんを超えましたか?」である。

なんだそりゃ。

思わず藤波も「えっ?」と聞き返すが、それに対し「私の唐突な質問に、藤波は思わず身を乗り出している」と注釈をつける、そのセンス。ズバリ言って最高だ。

さらにすごいのは、藤波が唐突な質問に対して律儀かつ馬鹿正直に「超えてません」と答えるやいなや、なんと「それはどうして?」と切り返すのである。

ほら、やっぱりすごいじゃない、彼氏。大沼孝次は、いま最も世の中とプロレスしているセメント野郎なのである。

3

圧倒的なパワーで他団体を評しまくる斬れ味が抜群！

『やっぱり全女がイチバーン！』 ロッシー小川／ベースボール・マガジン社／1456円＋税

これはプロレス界を激震させる可能性を秘めた、非常に危険な書物である。

かつての謎のプエルトリカン・テイストな風貌からは脱皮して洗練されたかのように見えるロッシー小川氏だが、その心根は他団体からゴーマンだと言われかねない書名通り。とにかく、圧倒的なパワーで他団体を評しまくる斬れ味が抜群にイイので、ここで勝手に紹介するとしよう。

まず、ＦＭＷの場合。某選手によって川崎球場で監禁された過去もあるためか、女子の対抗戦問題を大仁田に批判されると、「（全女が）利権を独り占めしたんじゃなく、企画と行動力の結果がこうなったと認めてほしいものだ、大仁田さんよ！」とくる。

続いて「ジャパン女子の持つうさん臭さを、そのまま引き継いでいる」とまで言い切るＬＬＰＷの場合。東京ドームで神取が北斗に対して控室事件なる騒動を仕掛け、その後の試合でイーグル沢井が北斗を潰しにきたことも暴露しているが、当然それだけでは終わらない。

ＬＬＰＷの興行にＪＷＰが出るよう要請するも断られた件には「プロレスへのこだわり方が、ＮＯの返答をさせたのだ」。Ｖ☆ＴＯＰ日本選手権の出場者数を各団体平等にせず全女だらけにしたことを批判されれば、「なぜならば、選手層、実力とすべてを見渡しても、全女は女子プロレス界のイニシアチブを半分以上握っているからだ」とくるわけなのだ。

とどめが「昭和の女子レスラーである千種にとって、平成の全女スタイルは理解出来ないのであろうか?」と言い切るガイアの場合。「残念だったのは、『全女がレジー(・ベネット)を使い、千種を潰しにかかった』と、ガイアに吹き込んだマスコミがいたことだ」という一文があるように、両者の対立はかなり根深い様子なのである。

なお、惜しくも流れたルシア・ライカ戦に関しては、「今回の出場キャンセルのキーワード、それは正道会館なのだ」と、その暴露ぶりは空手界にまで及ぶから、徹底している。

このように某選手が激怒するのもやむなしと思える内容だが、部外者のボクにしてみれば問題なし。ましてや、『紙プロ』の吉田クンも執筆に参加した二見書房発行の『大熱中、女子プロレス。』のことを「後楽園ホールの落書き等、どれもプロレス者が喜ぶ企画揃い。本書を除けば、トップランクの内容だ」とまで評価してくれてるのだから、文句なんてあるわけもない(後楽園ホールの落書きの原稿担当が吉田豪)。

揉め事を糧にステップアップしていった新日の例を出すまでもなく、プロレス界というのは対立概念なしに市場が活性化することがない世界。ゆえに、むしろどんどん揉め事を起こしまくる必要があるのだ。

そういう意味では、この本にまで「新間代表はサスケをいじめることを生き甲斐のようにし、いつも浅井選手が庇っている姿を目にしたものだ」と言われたり、「いやあ~参りましたよ。新日が僕と保永選手の試合を勝手に決めちゃったんですよ。いつもそうなんですから……」という自らの発言まで掲載されてしまうサスケ社長は、非常に侮れないのである。押忍。

『実録ケンカの鉄人―知られざる喧嘩師列伝』

福昌堂/951円+税

前号で紹介した『フルコン』別冊単行本が、第2弾でいきなり化けた。まるで本誌『~とは何か?』シリーズの方法論で作られたような、マニアックな人選による武勇伝インタビュー集がそれである。

ちょっとＷ★ＩＮＧ非道にも似た日本空手協会のコワモテ・田中昌彦の辻蹴り武勇伝、日本八卦掌・賀川雅好の中国異種格闘立ち合い武勇伝などのエピソードを読むだけでも感動ものだが、やはり真打ちはといえば日本一気持ちよく武勇伝を語れる男だと評される、真樹道場首席師範の我らが真樹日佐夫先生であろう。

「ハイジャック？　俺だったらやっとチャンスが巡ってきたと思うよ。ガハハハハ」

こんな調子でミスターＸ（ポケットブック社の匿名ライターではなく、アントニオ猪木と格闘技世界一決定戦で闘ったほう）に「デケーからどけ」と言って喧嘩になった話や、米国軍人に刺されてインポ寸前になった話などを豪快に語ってるから、もうステキ。真樹先生が重視している〝男の座標軸〟を理解するためには欠かせない、非常に素晴らしい本である。押忍。

『キャットファイト Vol．2』

光彩書房／1262円＋税

近頃はトップレスの女子ムエタイ・ビデオなるものがプロレス専門誌の広告を賑わしていることからもわかるように、女子プロ好きというのはサムシング・エロス抜きにして語れない人種なのだろう。

ゆえに、ローションレスリングや全裸で闘う女子のグラビア、読者のキャットファイト体験談と共に、特撮や漫画における格闘少女やら女子プロネタまで取り扱う、かくも濃い書物が出てくるわけだ。

なにしろ福岡晶写真集の書評、闘う女子プロ列伝・半田美希の巻、女子プロにいく！　本谷香名子の巻（作者はニュー・ウインガーの衣装デザイナー＆凶器製作者）、読者投稿「キャットファイト伝説の名勝負〜セクシーパンサー・ミミ萩原に捧ぐ!!」などなど、コアな玉稿多数。

非常に下世話な内容だが、『ゴング女子プロ観戦ガイド2』のように下着のサイズや柄、枚数まで明記する専門誌も同じレベルだということも、また確実なのである。

『きっとデルフィンが好きになる』
スペル・デルフィン／ベースボール・マガジン社／1456円+税

東北のインチキ興行師の手による悪口満載本『サスケが翔ぶ』の3倍は売れていると世間でもっぱら評判の一冊。しかし、中身はサスケの3倍薄い様子なのだ。

でも彼氏、サスケに比べてセンスがいいことだけは確かだろう。たとえば趣味にしても、東映の特撮グッズや超合金、タイガーマスクグッズ収集というように、ボクなんかにも近いわけである。ゲッターロボやゴレンジャー、仮面ライダーにオコノミマン（Ⓒ小林まこと）に至るまでのマスクコレクションも同様だ。

しかしガレージキット製作という外道界にまで足を踏み込んだライガーに比べると、非常に一般的なマニアなのである。

その踏み込みの甘さが井上義啓氏に〝デルフィンたち〟なる若者の総称を生み出させた遠因なのだと思われてならないのだ。

友達感覚の等身大レスラーでは何かが足りない。ここはサスケに負けず、もっと非常識な男になってほしいと思う次第である。

4

漢字の少なさがヘヴィーなエピソード描写の生々しさに拍車

『傷つくもんか！』 井上貴子・著、荒木経惟・撮影／ペヨトル工房／1748円＋税

「『女子プロレス・グランプリ』に写真で負けてる」と自信を持って言い切れるとはいえ、アラーキー撮り下ろしの着衣グラビアがついた井上貴子の初エッセイ集。『銀星倶楽部』や『夜想』で知られるペヨトル工房からのリリースだったりで、一見、アートな皮を被ってはいるが、これは『くどめパラダイス』（扶桑社）以来、久々のプロレス・アイドル本なのである。

しかも周囲にアイドル視されるがゆえの苦労が、行間に溢れまくっているのだ。

通常、いわゆるアイドルというのは、生意気系もしくはイカれてる系のどちらかの人種でもない限り長続きしない、特殊な職業である。なにしろ目の前でADがブン殴られようともテレビカメラの前では笑顔を絶やせないのだから、いつしか自然とそうなっていくものなのだろう。

歌を出したり、ミミ萩原の必殺技を継承したりと正統派アイドル・レスラーの王道を歩んできた元・懸賞モデルの井上貴子。彼女は対抗戦勃発によってさらに「生意気」という芸風までも身につけ、いわゆるアイドルにまた一歩近づいたのだ。

そんな芸風だからこそ書けるエピソードの生々しさは尋常じゃない。

たとえば「嫌われ者」の章ではこうだ。

「身に覚えのないことで先輩に怒られて、顔をグーでボッコボコ殴られて、顔のこめかみのところの骨が折

れたこともあった。みんなのいるバスの中だったんだけど、もちろん誰も止めてくれない。病院に行って骨折だって言われたんだけど、それでもみんなからは『仮病だろ』って言われた」

「私が新人の頃、選手の中にどろぼうする人がいました。（中略）全員が全員、私と京子を疑いました。『早く白状しろ、どろぼう』『あんたしかいないんだよ』そう言われ続けました。『家の鍵を渡せ』と言われ、私の練習中に勝手に部屋に入って家中みられました」

ヘヴィーである。なにしろ心の支えとなるべきファンレターでさえ、「Hな記事だけ入れて送ってきたり、Hな写真入れてきたり、Hしたいとか書いてあったり、『匂いをかいで下さい。これは僕の精子です』っていうのもあった」という状態なのだから、話にもならない。

しかも「どろぼう」「うそもほうべんでうそをついたこともあります」という文を見ればわかるように、漢字の少なさが描写の生々しさに拍車をかけているわけなのだ（それなら漢字博士・アジャが自伝を書くと淡泊になってしまう可能性も？）。

ブル中野や北斗晶の自伝も漢字は少なかったが、貴子は彼女たちほど壮絶な人生も送っていなければ、彼女たちほどレスラーとして完成してもいない。

そんな貴子が悲願の脱アイドルを果たすためには、乳を出し、下ネタも悪口もオープンにし、さらにはアイドル系ゆえの苦労話なども含めすべてをさらけ出す必要があったのだろう。きっとそうだ。

可愛いからこそ先輩に嫌われ、ファンには性の対象にされてきた彼女にしてみればヒールキャラになり、ヘアヌードになるのは、過去へのリベンジだった気もしてくるのであった。


『水道橋博士の異常な愛情』 水道橋博士／青心社／1262円+税

ラジオで自ら「極チン会館」だの「大山マスカク」だのといった危険度の高いギャグを飛ばしていただけあって、浅草キッドは風俗界のマス大山である。

「キミィ、寸止めは風俗じゃないよ。風俗ダンスだよ」と、一撃昇天のフルコンならぬフルチン風俗を徹底して追求する姿勢。

売れる前に世話になったからと、北野誠や竹内義和について記述する義理堅さ。

全国各地の強豪たちとは手合わせせずにはいられない、不屈のチャレンジ精神。

おまけにカツラ装着とはいえ、ハゲだ。

そしてなにしろ、ワニとヤッたＡＶ女優・貝満ひとみとの対戦も辞さないその姿勢には、誰もが極チン魂を感じることだろう。

そんな彼氏が己の豊富な実戦経験の数々を後世に伝えるべく文章化した、『ＴＨＩＳ ＩＳ 風俗』とでも表現すべき、この作品。梶原一騎の劇画のような刺激に満ちた、並のプロレス本では太刀打ちできない体験した人間の凄みが伝わる内容は、やはり圧巻なのである。押忍!!


『ザ・ＵＷＦ最強伝説』 東高円寺Ｕ系研究会／フットワーク出版／１２６２円＋税

Ｕインター対新日による一連の対抗戦でＵＷＦ最強伝説が崩れたと思っている節穴キッズには最適な一冊である。

なにしろ大沼孝次氏率いる(有)ローリング・ストーンの面々がＵ系団体の歴史と技術論を手厳しく書き連ねるのだから、目から鱗が落ちまくること確実であろう。

なお、本書のあとがきではビートルズとストーンズを引き合いに出してプロレスを語り、こんな言葉で締めているのだ。

「これからの格闘技界は、私がここで論じていることを証明するかのごとく、ロックンロールという音楽の未来に隠されているのかもしれません……」と。なんだそりゃ。

森高千里に何を言われようと、ロックを声高に叫ぶことが恥ずかしいとすら思わないその勇気は、称賛に

値するだろう。

ゆえに、ジャック・ダニエルズのラベルを模倣した自身のTシャツを着こなす、ストーンズにうるさい男・Uインター高山は、非常に素晴らしいわけである。

『OH!プロレス&格闘技 vol.2』 フットワーク出版／951円+税

なぜだ!? この本には本誌13号に登場した「馳嫌いの前田好き」須田剛一氏と元本誌営業部長・成田メキシコ君による前田の是非を問うビッグ対談と共に、熱いメッセージが満載されまくっている。

たとえば『髙田延彦よ、アンタのこれだけは許せないっ!!』なる過激な項では、

「猪木になれなかったパンチドランカー」

「優等生を気取る恥ずかしすぎる男」

「醜い政治家のような真のファシスト」

などと我らのノブを糾弾しまくるのだ。

これは「髙田延彦さんに愛をこめて」という慈愛に満ちた特集を組んだ『紙プロ』とは、似て非なる芸風なのである。

なにしろ編集後記ではこう書いているほどなのだ。

「なぜならプロレスには筋書きがあるからだ。先日の新日VSUインターの抗争も、あらかじめ結果は決まってたと聞く」

カチ喰らわすぞ、コラァ!!（怒）。と、これには長州ならずとも思うこと確実であろう。でしょ?

『紙プロ』22号以来、沈黙を続けてきたあの物騒極まりないコーナーが帰ってきた!

5

フルコンどころか寸止めで終わっている未熟な捜査の探偵さん

『それゆけ! フルコン探偵団』 岡本典久、下村敦夫/福昌堂/1165円+税

「看板に偽りあり」、もしくは「何でこうなるの?」(BY萩本)。題材はいいのに、そんな言葉が似合いすぎるのが非常に惜しまれる一冊だ。

たとえば「『キックの鬼』失踪事件」なる謎めいた章の場合。探偵団がどう事件を捜査するのかと思えば原作のあらすじとアニメの内容紹介をするだけで、「まだ調査しなければならないことが残っているが、それはこの別冊の続編で明らかになるだろう」という何の解決にもならないまとめで、あっさり捜査を打ち切らせていたり――。

そして「赤星潮(『四角いジャングル』の主人公)を探せ!」という章の場合。『四角い~』の劇画家・中城健に電話してきた黒崎健時先生が、「娘が学校で『黒崎さんのお父さんって、すごく恐いのね』って言われるのが可哀想だから」との理由で顔を優しそうに(描き)直すよう訴えただの、ケンカオリンピックに参戦した謎のカンフー男の正体が、プロ空手で牙直人(梶原一騎の大傑作『カラテ地獄変』の闘うヤリチン主人公)を名乗った極真カラテマンだったなどの大スクープを摑みながらも、なぜか肝心の赤星を捜査しないで終わるのだから、あまりにももったいなさすぎる。

まあ、和製カラテ映画の重鎮・南部英夫監督に取材すればなぜか格闘技歴を聞いてしまうという、さすが格闘技を「観る側」ではなく「やる側」の人間ばかり揃った『フルコンタクトKARATE』の別冊! と

痛感させられるステキな部分もないわけではない。

だが、「やる側」の人間でありながら「人はなぜ山に篭るのか?」なる章で実際に山篭りもしないようでは、まったくもって本末転倒。非常に問題じゃないかと思うのだ。

さらに「謎のブルース・リー人形を追え!」の章では、そこらの雑貨屋でいくらでも売っている輸入リー人形を1種類紹介するだけで「あとは自分で作るしかない」だのと言い切り、なぜかガレージキット屋に乗り込んでリー人形ではなくエヴァ初号機を紹介しちゃったりするのだから、おちゃめにも程がある。国内外問わずいくらでもあるよ、ガレージキットのリー人形なんて。

まあ、「格闘技以外のことは何も知らない自分の愚かさに気付く」なる記述もあることなので、それも無理もないのかもしれない。

だが、「聞いたことのない映画のタイトルが含まれていたのである。その映画の名は『世界最強のカラテ・キョクシン』」(85年に普通に公開された第3回世界大会のドキュメント)などという格闘技知識すら疑わしいとしか思えない記述だってあるのだから、これまた非常に問題であろう。

こんなフルコンどころか完全に寸止めで終わっている未熟な捜査しかできない探偵に、報酬(すなわち本の代金)を支払う必要が果たしてあるのか? と、ついつい温和なボクも毒づきたくなるが、今回は良しとしておくとしよう。

『紙プロ』が2年以上前に『大山倍達とは何か?』で再録して業界に波紋を投げかけた、「私が牛を殺すというのはウソですよ(笑)。万一、殺せるという人があったら会ってみたいです」(昭和28年『オール読物』より)というマス大山爆弾発言を、非常に遅ればせながらとはいえ格闘技マスコミが初めて活字化したという功績に免じて、だ。

『別冊宝島　プロレス世紀末読本』　宝島社／951円+税

相変わらず抜群のUインター暴露話を繰り返すセッド・ジニアスの天敵・流智美がとにかく面白い、恒例の別宝プロレスシリーズ最新作。

だが小川英二とかいう輩（こんな長渕剛丸出しな筆名を使うのは大谷Ｓｈｏｗ氏ぐらいのものだろうが）による抜群に面白くない佐山インタビューには、正直言って愕然とした。いや、本当に。

なにしろ、いま修斗という足枷が外れて抜群に面白い男となった佐山に、いまさら誰もがさんざん聞き尽くしたバーリ・トゥードでの技術論だけを聞いてしまうのだから……。

それだけではない。「最後にハッキリ言ってほしいですね。プロレスとバーリ・トゥードは違うものだって」と、まさしくどうでもいい誰にでもわかりきっていることを佐山に言わせようとした彼氏。「それはもう言っときましょう。別モンなんですから（笑）」と期待通りに答えられれば「別モンですか（笑）」と、無意味な「（笑）」付きで返すのだから、まったくもって不快極まりない。

さらにＳｈｏｗ氏の実名による、これまた「（笑）」を多用しまくった「ウ○コを巡る因縁〝笑〟史」なる、クソつまらないだけでなく下品すぎて腹が立つ話まで掲載されているのだから、不快すぎるにも程がある。クソぶっかけるぞ、コラァ!!

ターザン山本バッシングに熱中する単純なプロレスファン諸君にボクは言いたい。そんなわかりやすい敵だけでなく、他にも叩くべきプロレスマスコミはいくらでもいるんじゃないか、と。

『日本女子プロレス殿堂大図鑑』　須山浩継、安田拡了／ジャパン・ミックス／1500円+税

女子レスラーの手書きアンケートを中心とした内容はともかく、1人約600文字にも及ぶスーパーロング著者紹介が圧巻な一冊。とにかく、ここでヤスカクおじさんこと

安田拡了氏が無茶苦茶イイ仕事をしているので、勝手に引用する。ではどうぞ。

「だいたい、週刊プロレスの編集部ではヤスカクと呼ばれているんだけど、無礼であろう。拡了さんとか安田さんとか言ってチョンマゲ。ネ、ネーてば」

ビバ、ヤスカクおじさん！　この破壊力ありすぎる文章に敬意を表し、今後は愛を込めて「拡了さん」と呼ばせてチョンマゲ。いや、呼ばせていただくこととしよう。面識ないけど。

『風雲プロレス城』

藪中博章・他／小学館／1262円+税

チャンプア・ゲッソンリットの入場テーマ作曲者であり、自分用のマスクを制作する際にも「このきれいな金髪は外に出したい」と言い出すような長髪&バギーパンツ愛用者・藪中氏（妻は一本木蛮）。そんな著者がインタビューカットにも顔を出しまくり、プロレス雑誌比較コーナーの採点も藪中君マークで行うという、原タコヤキ君級の出まくりぶりが一部マニアにはたまらない一冊。
だがそれも、わずか数カットしか出ていないというのに存在感を発揮しまくる『週プロ』でおなじみ須山ちゃんの前では完敗であろう。どんなに忙しくて会社に泊まり続けてもメガデスからアイアン・メイデンまでTシャツの着替えには徹底したこだわりを見せる須山ちゃんに、小細工は必要ない。もう最高です！　ネ、ネーてば。面識ないけど。

『UWFという名の幻想への鎮魂歌（レクイエム）』

ターザン山本／有朋堂／1262円+税

これは1988年、『週刊ファイト』で連載されたターザン流UWF論の初単行本化なのだが、実はボクも知らなかったちょっとイイ話が掲載されているので、勝手に紹介してみるとしよう。

長州の新日離脱の原因となったパキスタン遠征のことである。食事が合わず重度の下痢に悩まされた上、長州革命中だというのにターゲットの藤波とタッグを組まされたことで「かませ犬」の長州的には「こんな会社、辞めてやる！」と思い立ったのだと、ボクはこれまで聞いていた。

だが、ターザンはこう主張するのだ。「パキスタンは純然たる回教徒の国ゆえ、飲む打つ買うの遊びができなかったためである」、と。え！

それだけではない。「長州は（マサ）斎藤とともに浦田（昇）社長に会い、UWF移籍に関する話し合いと交渉を持った。一貫したUWF嫌いで通っている長州にとって、この話は最も触れてほしくない部分だろう」なる知られざる話を、これまた最も触れて欲しくない部分とわかっておきながらも堂々と活字化するのだからタチが悪い。

これでは前田にペンゴロと呼ばれ、長州にクソぶっかけられるのも自業自得というものなのである。

『烈闘生』

武藤敬司&蝶野正洋&橋本真也／幻冬舎／1456円+税

猪木イズムを植え付けられた最後の世代・闘魂三銃士（その後は石澤常光あたりまでブランクが空く）。彼ら特有の肩の力が抜けきったトークの面白さは、海外遠征話や若手時代の話を中心としたこの本では、こんな感じで大爆発しまくっているのである。

「（ビクター・）キニョネスともすごく仲良かったですよ。食事に招待してくれたりとか、星（女を意味する隠語）を紹介してくれたりとかね」

「俺にいっぱい貢いでくれるおばさんがいたんですよ。その人、以前に自殺未遂起こして入院してたんですけど」

などと、二枚目アイドル路線のはずが、平気な顔して生々しい女子の話をしまくる武藤。

「（高校時代）じゃあパーマを切りゃあいいんですねって、床屋に行ってモヒカンにしちゃった。でも俺、家ではマサヒロちゃんだから」

「ヨーロッパでは『女遊びもしなければ練習もしない。こんな日本人レスラー見たことない』って言われました」

などと、ヒールでありながら育ちが良いだの、さらに練習しないことまで公言する蝶野。

「新日の入門テストの前にエロ映画見せられて、『ここで勃ったら駄目だ！』って」

「俺、童貞は絶対、素人の子で切ろうって思ってたんだけど、荒川さんの押しの強さに負けてね。筆下ろしだって言われて。スケベ椅子でケツ洗われるだけで爆発寸前（これが偶然にも長州軍離脱の当日だったため、3発抜いて会社に戻ったらすっかり大騒ぎになっていたという）」

などと、某誌の人生相談級の破壊的トークを発揮しまくる橋本（理想のタイプはアンヌ隊員）。

さすが我らが三銃士、なのである。先日、『ファイト』紙上で橋本が「俺達、スーパースターのパーぐらいまではいってる！」などと訳のわからないステキなことを豪語していたものだが、それすらも誰もが納得できること確実な一冊だ。


『馬場伝説』 全日本プロレス・監修／筑摩書房／2330円＋税

原寸馬場や馬場壁紙も収録のCD-ROM版に続いて出された『馬場伝説』のハードカバー書籍版（カバーを外すと、ここにも原寸の馬場顔面アップが！）。
フレッド・ブラッシーを見たとき、銀髪を知らないから「なに、このおじいさんは」と思ったのだという「馬場さん、ちょっといい話」を多数含むインタビュー中心の本なのだが、そこには馬場さんの衝撃発言が掲載されているのだ。
15年ほど前に、全日がT・J・シン、スタン・ハンセンに続いてハルク・ホーガンとも契約をキッチリ済ませた（！）にもかかわらず、すっぽかされたときのことである。

「だから、あいつはぶん殴られたんだよ。あいつはもう日本に来ないだろうから話をしてあげますけどね（笑）。京王プラザホテルでね、テリー・ファンクがぶん殴っちゃったんだよ（笑）。そしたら、そこにタイガー戸口も一緒にいたんだって。『お前は邪魔だ』って、そいつも殴られたんだって（笑）」

ああ、いつでも不幸なタイガー戸口。やはりプロレス界でダブルクロス（二枚舌）な輩は有無を言わさず殴られる運命にあるのだろう……。

6

「SHOWはいらない」（大阪市／森田大祐君）「福昌堂のツッコミが浅くてムカつくチンケな本を潰して下さい」（世田谷区／佐藤栄二君）「北野誠の『プロレス・論』という本を批判してほしい」（大阪市／莚井博司君）など反響大爆発！

プロレスをろくに知りもしないのに暴言を吐きまくる残念な芸風

『プロレス・論』 北野誠、竹内義和／ぶんか社／1450円+税

さっそく読者の要望（見出し参照）に応えて、佐山聡、ジャンボ鶴田、藤原喜明、前田日明、アントニオ猪木などボクの大好きなレスラーへの的外れな批判ばかりが並ぶ「命がけのトーク」（竹内義和・談）集を軽く批判してみたいのだが、彼らの考え方自体がどうにも好きになれなかったりする。つまり「ロープに振るときも一回、肩を叩く」「吊り天井に行く前に相手の腕をパァーンと叩く」「馬場が切ってくれと言ったのにキラー・トーア・カマタが血のりを使ったので、日本に来なくなった。これは有名な話やからね」など、いわゆるプロレスの仕組み的なことをわかったような感じで口にして小馬鹿にしまくる彼らの残念な芸風が、だ。

ちょっと実例を挙げてみよう。

竹内「前田が『来年からウチは真剣勝負でやるよ』と言うたら、山崎も髙田も船木も『それだったら私はできませんわ』と言うた。藤原は『家の金を払ってくれたらやります』と。要するに、前田以外はみんな『真剣勝負ができない』って言った人間なんですよ」

北野「その前田も、田村に『もう少し肉付けなあかんやろ』言うじゃないですか」

　こんなプロレス道にもとりまくる信憑性も定かではない暴露をかまして悦に入っているようでは、前田日明のみならず温和な菜食主義者のボクでさえ無性に腹が立ってくるのも当然というもの。

　しかも明らかにプロレスのことをろくに知りやしないで暴言を吐きまくっている始末なのだから、これはもう誰かが女子便所にでも連れ込んでキツく説教ブチかましてもしょうがないのである。でしょ？

　というわけで、どんな失言をかましているのか、ツッコミも交えて勝手に引用するとしよう。

北野「普通、オクタゴンでストンピングなんかやられたら終わりやで」

竹内「死にまっせ。そういう恐怖心があるじゃないですか。（ペドロ・）オタービオは、もう恐怖心の固まりですよ」（なんで！・）

北野「こないだ、藤波がすごい城マニアやってことがわかったんですよ」（昔からさんざん自慢しまくってるのに、いまさら気付くな、ボケッ！）

北野「バックドロップを、かつてのウィリー・ウィリアムスが猪木にやったみたいに、低い角度で反ってしまうと危険やで」（どうして極真の熊殺し空手家が危険なバックドロップなんかやるんだ？　これは当然、スティーブ・ウィリアムスだ）

北野「長州は、確かウエイト・リフティングのチャンピオンのスコット・マギーとかいう選手とやったよな」（確かにそういうレスラーもいたが、この場合はトム・マギーが正しい）

北野「『グラップラー刃牙』の中で主人公のパティが言うねんね」（それじゃ刃牙じゃなくて『グラップラー・

パティ』になると思うんだが、違うか?・)
北野「漫画『グラップラー刃牙』の中で主人公の渋川ゴウキが」(当然、これも単なる脇役で出てくる、塩田剛三をモデルとした合気道の老人だ)
北野「いまはスペル・デルフィンがジャンボ鶴田になりつつあるからね」(どこが!・)
北野「昔、村松友視が『こんなプロレスをしていたら二十年もつ体が十年しかもたない』と書いたが」(これは「こんなプロレスを続けていたら、10年もつプロレス生命が1年で終わってしまうかもしれない」と、ストロング小林戦を終えた猪木がリング上で自ら発言したことだ。違うか?・)
どうですか、お客さん! もしかしたら編集者がチェック機能のないダメ人間なだけなのかもしれないが、それにしたってひどすぎるにも程がある。
ついでだから編集者サイドの不手際にも言及しておくと、笑いも取れないくせして事実誤認だけは膨大な注釈もまた、プロ注釈家を勝手に自認するボク的にはどうにも非常に許し難いのである。
たとえば「暗闇デスマッチ」は「かつて海外でさかんに地下プロレス同様に行われたが、日本では大日本プロレスが復活させた」だの(本当はW★ING)、「長州、藤波のハイスパート」は「噛ませ犬発言で端を発した長州の造反劇」だの(全然、注釈になってない)、「熊との試合は小鹿社長が考案」だの(これこそ海外で地下プロレス以上にポピュラー)、「新日本対大日本の全面対抗戦」だの(全面じゃないだろ)、「94年&95年のK-1覇者パトリック・スミス」だの(いつ優勝したんだ?・)、とにかく無茶苦茶すぎていちいち訂正する気もなくなるほど。
「命がけのトーク」なら、注釈は死ぬ気で書かなきゃしようがないのである。
まあ、編集者はともかく、問題はこの2人である。他にも、「長州は家庭をオープンにしないから非常に素晴らしい。だが藤波は家庭を出しすぎて、外国人専用のスーパーで5万円ぐらい使ってアホほど食いまくる異常なダメ人間」(要約)との不可解な主張を繰り返しているようだが、レスラーが異常なまでの食欲をアピールするのはどう考えても素晴らしい行為のはず。

そもそも我らがアントニオ猪木のように家庭を見せまくりながらも平気で狂気性を保ち続けるレスラーこそがベストであり、笑顔で良きパパぶりを見せつけつつも尋常じゃないほどメシを食いまくる藤波もまた猪木イズムの継承者なのである。

そんなことにも気付かず、まるで素人ファンレベルでしかない「松永光弘の新日からの敵前逃亡」批判を繰り返しているようでは、まだまだ甘い。

結局、ボクに言わせれば「甘い！　やるんだったら俺を殺すまでやれ！」（ＢＹ藤波）ということでしかないのである。

『プロレスラーの秘密の話2』

新倉史祐／鹿砦社／1200円+税

鹿砦社お得意の暴露本シリーズも、プロレスネタではさすがにトーンダウンしまくりの様子。ゆえにこれまた前作同様、秘密というよりも単にほのぼのとした楽屋話の連発でしかないのだが、新弟子時代の破壊王・橋本の破壊的エピソードがあまりにも秀逸なので勝手に引用するとしよう。

「おい、今年入った新人たち。お前ら一人ずつ自己紹介と何かやれ！」

先輩にそう言われた弱冠18歳の破壊王は、スポンサーや先輩レスラーたちの前だということも全く気にせず、いきなり「おい、お前よ～」と絶妙なビッグ・サカのものまねを開始したというのだ！

「それを見た坂口さんは激怒しまして、『テメー、何やってんだ！』とおしぼりをぶん投げるわ、近くにあったものをいろいろ橋本選手に投げるんですけど、彼はそんなことを気にせずに、マイペースで坂口さんの物マネを最後までやりきりまして、大ひんしゅくを買ったのです」

さすがボクらの破壊王！　たとえ嫌だと言われようとも、ボクは破壊王を全面的に支持する。

そう、破壊王なら何をやっても許されるのだ！

『猪木論！』 木村光一／有朋堂／1333円+税

現在、刊行が順調に遅れつつある『闘魂伝説の完全記録』（全10巻予定）。これはその前半のインタビュー部分のみを再編集したお手軽本でしかないはずなのだが、これまた抜群に面白い。まあ結局の話、猪木インタビューが面白くないわけもないんです！

「俺は梶原さんとはほとんどつき合ったことないんだ。梶原作品も読んだことねえんです。極力避けてたんですよ。俺、梶原さんは好きじゃなかったから（笑）」

と、爆発的新日ブームの火付け役だった恩人・梶原一騎をあっさり断罪しただけでなく、梶原による伝説の「監禁事件」（タイガーマスクのギャラや猪木が会長を務める空手流派・寛水流設立などに関して梶原がホテルの一室でキツく説教した件）のことでもアッと驚く衝撃の新情報を公開するのだ。

「（梶原と）一緒にいた男は『チャカ持ってこい！』とか言ってるし。俺はチャカってピストルのことだってそのときは知らなかったんだけど（笑）」

じゃあ何だと思ってたんだ、アントン！　ＰＳＹ・Ｓのヴォーカルか！

さらに、そんな確執まであった梶原一騎のことを、最後に猪木は一言でズバリ言い切る。

「それになんのかんのと言っても、あの人は基本的にはアントニオ猪木のファンだったんですから（笑）！」

なぜだ!?　それだけではなく、これまた鎖鎌片手に真剣勝負を迫ってきた寛水流・水谷征夫会長のことさえ、これまたあっさり一言で片付けるのだ。

「ただね、水谷さんと会って話してみてわかったことが、彼はアントニオ猪木のファンだったということなんですよ（笑）」

これぞまさに猪木イズム大爆発！　結局、地球は猪木を中心として回っているわけなのである。

『わし流プロレス絵ンマ帳 fight1』 ぼおりゅう♥りき／日本文芸社／600円+税

オール平仮名の上、さらにハートマークまで混入した痛々しいペンネームのみならず、そのルックスも「少々変わり者で、風采が上がらず、目つきが決して良くはない」（BYえのきどいちろう）ぼおりゅう♥りき36歳。

『漫画ゴラク』誌上で「人気投票で常にダントツの最下位をキープ」し続けた彼の代表作が、デビュー11年目にしてなぜか初の単行本となった。

……が、似たようなテーマ（プロレス自体ではなく、その周辺の出来事やファンを描く）の傑作・『最狂超プロレスファン烈伝』（作／徳光康之）とは大きく違って、ここに見るべき部分は何もない。ただ、荒鷲指向のボク的に評価できるのは唯一、一人称が「ワシ」という、その一点だけなのであった。

『禁忌』 工藤めぐみ／フォレスト出版／1456円+税

「私は謎を残して辞めたりしない！」と吠えるくどめが、「フライデー事件から引退の真相まですべてのタブーを本人自ら明かした」（帯文より）初の自伝。

さすがにフライデー事件での相手の名前だけはタブーすぎたのか伏せられているが、なんとフライデー記者が「他団体の女子プロレスラーから情報をリークしてもらった」という衝撃事実も掲載（個人的には天田麗文がFMW女子を評した「こんなの女子プロレスじゃない。踊りだ！」という、空手ダンスでマス大山チックな発言が非常にお気に入り）。

そして最大のタブーというべき、「ターザン後藤が他団体の女子に嫌われている理由」までズバリ解き明かしているから、もうビックリなのだ。

やはりターザンを名乗る巨大な長髪男はどこでも嫌われる運命にあるのだろうか。悲しい現実である。

それで結局、なんで嫌われるのかというと後藤は常々、工藤らに「場外乱闘、椅子攻撃は禁止」「男子のメインイベンターが使う大技禁止」「雑誌での派手な発言禁止」を命じていたという。まあ、要するに女子は単なる前座扱いだったわけなんだが、それだけではなく後藤は「交流戦後も他団体の会場に現れ、よその選手にも説教」していたというから、まさに鬼神。

以前、全女の某有名選手が「あの人、試合のことにまで口出しするんですよ（怒）！」と激怒していたのは、そういうことだったのか。と、その理由がわかるだけでも買う価値のある一冊だ。

『BREAK』　SPIRAL／1143円+税

No Photo

見慣れない誌名&版元のこの本。某パソコン通信に彼らが送りつけた謎のアジ文によると、これは「マルティメディア対応ユニットＳＰＩＲＡＬ」による、「プロレス界ではおそらく初めてと思われる、フルＭａｃによる本格的エディトリアル・デザインを取り入れたプロレス・デザインブック」だそうである。なんだそりゃ。

まあ非常にわかりやすく表現すると、『最強宣言』とかいうミニコミを作っていた少年が、就職した勢いで作り上げた高価なミニコミといったところだろうか（ちなみに全１００ページで１２００円）。

ちなみに彼氏、ボクがある筋から入手した文書によると、「プロレス〝おたく〟って呼ばれるのは好きじゃない」という思いから、こんな若さにまかせまくった発言までブチかましているから、もう強烈。では、どうぞ。

「プロレスには女の子が入ってくるためのセンスがいいものがほとんどない。団体やマスコミのレベルが低いのはもちろん、おたく達のセンスは最悪！　レスラーをキャラクター化したＴシャツ、派手なバギーパンツ、人目を気にせず裸の男や血まみれの女の子が表紙になっている専門誌を読む感性……。プロレス自体もより複雑化し、コア～なおたくの世界へまっしぐら！　これじゃ女の子はもちろん、ちょっと興味を持った人が入り込むには怖すぎる」

弱冠21歳のプロデューサー・佐瀬君は、そんな熱い思いから己のハイセンスぶりを『スタジオボイス』を模倣したコラムページなどでレベルの低いおたく共にアピールしたつもりなのだろうが、かつての『プロレスＪＵＮＧＬＥ』の勘違い『スタジオボイス』路線といい、プロレス雑誌がモード方面にコンプレックスを感じたところで結局は底の浅さを露呈するだけだとしかボクには思えない。

西川のりおが表紙になったり小人プロレスが記事になったりもしていた素晴らしき初期『スタジオボイス』を模倣するならまだしも、いまのいけ好かなくてモードな『スタジオボイス』に憧れてどうするのか？　それは明らかに身の程知らずというものなのだ。

ゆえに「無我のデザイナーさん自ら書いた『無我デザインを考える』や、これさえ読めばデザインのすべてが分かる『デザインとは何か？』など、読み物としても充実させてあります」（©ＮＩＦＴＹ）という充実しているとは思えない内容自体、ボク的には如何ともし難いものがありまくるのだ。

そもそもセーラーズのデザイナーの手による無我グッズの、どこにセンスはあるのか、とボクは問いたい。だったらセーラーズ愛好家として広く知られる西川のりお師匠にもセンスはあるのか、と。

個人的に西川のりおを完全に支持し、セーラーズ店長のサイン本まで持っているボクに言わせれば、これらはどう考えてもスタジオボイス的センスの対極にあるとしか思えないのである。

「世間から『センスがない』と言われ続けてきたプロレス・ファンですが、『ＢＲＥＡＫ』を読めばセンス向上間違えなしです」と、いきなり日本語間違えちゃってるのも問題なら、「〜でござる」調の文体や「週プロが面白いのはあぶない木曜日があるから」なる勘違い発言にもセンス皆無。

そもそも『週刊プロレス』低迷期のセンスレス表紙コピー「ブレイクしようぜ！」（表紙・天龍＆髙田）を思わせる雑誌自体、正直どうかと思うのだ。

まあ人間、誰しも若いうちは隙だらけの失言を繰り返すもの。今後はくれぐれも注意して発言するよう努力精進して欲しいものである。以上。

7

ごく一部のラジオ番組や漫画家、お笑い芸人などの間で反響大爆発！　共感の声のついでに、数多くの誤解を生みまくりながらも懲りずに活字で愛と誠を追求する、非常にラブリィな戦う書評コーナー。

業界外から毒素をバラ撒いた雑誌が業界内に収まってしまった…

『別冊宝島 プロレス読本 FILES Vol．2』 別冊宝島特別編集／宝島社／648円+税

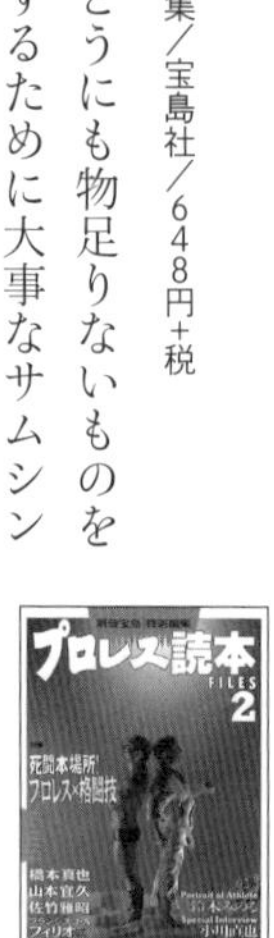

アーリー『別冊宝島』支持者として近頃の一般向け路線にどうにも物足りないものを感じていたボクにしてみれば、定期刊行物としてシリーズ化するために大事なサムシングを失ったかのような本書は、どうにも非常に物足りなさすぎ。その理由は巻末に書かれたこの一文を紹介するだけで、誰にでも理解してもらえることだろう。

「今回、当編集部は、ある団体との関係を修復させていただいた。以前の別冊宝島プロレス&格闘技シリーズには、特定の団体・個人にとっては誹謗・中傷と受け取られて無理のない記事を掲載した号もあったことは否定できないと思う。しかし、今回のこのシリーズは、そうした後ろめたさを排除することを基本理念にスタートさせている。本誌はこれから『新本格派活字プロレス』というものを模索していくつもりでいる。その過程においては、他誌にない真実を追い求めて行きたいし、その姿勢は常にスキャンダラスでありたいとも思っている」

これは『フルコン』山田編集長（個人的には大好き）の「前田日明を全否定せよ！」や、流智美先生（こ

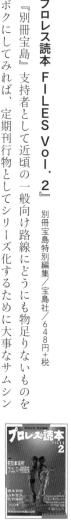

れまた大好き）による一連のUインター暴露などの記事を自己批判した文章なのであろう。

スキャンダリズムを失った別宝だけでなく『プロレスファン』もそうなのだが、かつては業界外から毒素をバラ撒いていた雑誌がターザンの『週プロ』追放以降すっかり転向して、いつの間にやら業界内に収まってしまった昨今（結局、本書でも面白いのは業界外のフリーライター・中田潤氏だったりする）。

それは別に知ったこっちゃないのだが、そのせいで『紙のプロレス』の毒素が目立つようになってしまったことが非常に問題なのである。

『検証 新日本プロレスVS全日本プロレス・仁義なき25年抗争の真実』

日本スポーツ出版社／657円+税

いまでも変わることなく馬場を挑発し続ける猪木だが、そんな2人のとことんまで仁義皆無な抗争の歴史を辿った素晴らしすぎる資料がこれ。
昭和49年の時点で「もはや対決を避けている時ではない！　ジャイアント馬場にあえて進言する……。今こそ猪木と戦って倒すべきである!!」などと、なぜかあの『ゴング』が無理難題を押しつけて対戦を煽りまくっていたのも凄いが、その尻馬に乗って猪木もさらに吠えまくる。
「馬場さんがショーマン・スタイル？　冗談じゃないですよ……あれはショー以前のコミックです！」（昭和50年・猪木談）
そこまで言われたら馬場が対戦を受けるわけもなくなるのだが、昭和54年のオールスター戦でタッグを組んだ後、馬場はこう告白する。
「8・26で馬場—猪木戦をやったらと言われた時は、やれば喧嘩……つまりスポーツではなく殺し合いにさえなりかねない雰囲気があった」（昭和55年・馬場談）
なんとビックリ。フレッド・アトキンスにセメントを習い、地下秘密練習場で密かなるトレーニングに励んできた馬場が、下手すればキラー猪木と殺し合うところだったわけなのだ！

　とまあ興味深い発言も多い貴重な一冊だが、個人的には猪木が「前座試合もメインイベントも区別がなくなってしまったのは、いまのプロレス界の悲しい現実だ」などと昭和48年の時点で言い出していたのも非常に衝撃的であった。

『極真空手世界ヘビー級王者フィリォのすべて』

フランシスコ・アウヴェス・フィリォ・監修／アスペクト／2200円+税

　極真好きでブラジル人好きのボク的にはたまらなすぎる、褐色のマス大山ことフィリォ。これは彼の自伝に技術講座や練習法などもミックスした、良くも悪くも基本に忠実な一冊なのだが、我らが前田日明との対談を収録したことで基本を完全に無視した素晴らしさが大爆発したのだ。
「フィリォを勇気づけようと思って」と、なぜか日本刀持参で登場し、刀にポンポンと粉をはたきつけつつ「これは何をしているかわかる?　ここに刃紋があるでしょ。ここにうつりがあるでしょ。ここに実戦の傷があるでしょ」などと、ブラジル人相手であることも気にせず怒濤のように日本刀話をマイペースで語り続ける前田日明。
　話はなぜかスケールアップして南北朝の動乱や応仁の乱、そして神風特攻隊にまで及び、「今日はこの刀にある気が伝わったと思うので、それを感じて頑張って」と勝手なエールを送って対談を終わらせるのだから、さすがである。
　やはりフィリォがアンディ・フグを1RでKOしたのは運と実力だけでなく、我らが前田日明と日本刀によって与えられた勇気と気のおかげでもあったのだろう、きっと。

『「空手バカ一代」の研究』　木村修／アスペクト／1400円+税

これはいつかキッチリ言わなければいけないと思っていたのだが、実は『空手バカ一代』って名作扱いされがちだけど、それほど面白くない。

ノンフィクションにしては嘘がすぎるし、フィクションにしてはスケールが小さい。梶原作品の中では明らかにレベルの低い宣伝色強めな作品であり（特につのだじろう降板後）、研究するほどのものではないと正直ボクは思う。

『カラテ地獄変』シリーズや『人間兇器』などの「人間の性、悪なり」な暗黒空手漫画や、『ケンカの聖書』『花も嵐も』『虹をよぶ拳』『空手戦争』『英雄失格』などの傑作を見ても答えは明白なのだが、極真をモデルにしながらも名前を変えて登場させた作品のほうが破壊力やファンタジーが増しまくるのも当然というもの。

マス大山の人間的な魅力や圧倒的な強さが伝わるのもまた『空バカ』ではなく、彼をモデルにした大東徹源や大元烈山が登場するそれらの作品のほうなのだ。

そんな『空バカ』を『フルコン探偵団』所属の人物が研究してしまったため、いささかツッコミ不足というか、あらすじ紹介が中心になったりと実に『フルコン探偵団』らしい仕上がりなのだが、巻末に我らが真樹先生の特別寄稿を収録したという英断だけでボクは許す。

『最強最後の大山倍達読本』　日本スポーツ出版社／952円+税

ズバリ言うと誰が見ても本誌別冊『大山倍達とは何か?』を模倣したとしか思いようがない、同じ判型&レイアウトで全く同じ形式（インタビュー集&過去の記事再録）な衝撃の一冊。

それなのに「あるムックで、遠藤幸吉さんがこう答えていた」「その本は『空手バカ一代』ファンから夢

を奪った」「その記事には多少の不信感があった」などと名前も出してくれないどころか批判ばかりなのは不可解極まりないのだが、衝撃事実満載の内容は、さすが個人的に一番好きな格闘技雑誌『ゴン格』の特別編集。

「実は整備兵だった」「神国・日本は負けていないという敗戦反対運動で逮捕されていた」「失恋ばかりしていた」などの貴重な初期マス大山エピソードや、新間寿インタビュー、極真の空手着に身を包んだ猪木の写真など、内容的には文句なし。どこかの空バカ研究書のような空手ダンスチックなものよりもキッチリとフルコンタクトで研究されていたわけなのである。

『栄光への軌跡―日本格闘家列伝』

基佐江里／気天舎／1714円＋税

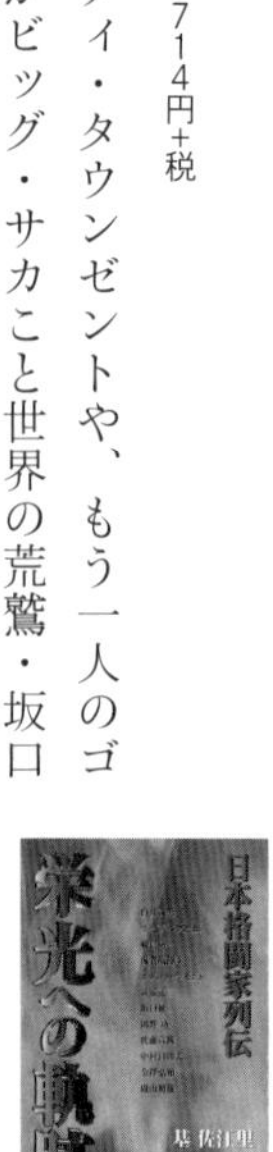

前田日明の師匠・田中正悟のまた師匠であるエディ・タウンゼントや、もう一人のゴッドハンド・中村日出夫らの格闘家と共に、我らがビッグ・サカこと世界の荒鷲・坂口征二社長が柔道王として紹介されている非常に画期的な本。

圧倒的なまでの強さが嫌になるほど伝わる柔道話だけでなく、赤字会社だった新日をここまで再建させた社長としての人間性も伝わってくる素晴らしき発言の数々も収録している。

「南極でプロレスやるとか言ってるウチの会長に比べると、自分の人生なんかもう平凡そのものです。山もなければ谷もないというね……」

「私は座右の銘としているものも何もないんですよ。思想もなければ、宗教もなければ、迷信も何も信じない。尊敬する人もいない」

座右の銘も思想も宗教も迷信も尊敬する人も全てを雑多に取り込んで、人生の山から谷までひたすらダイナミックに動き続ける猪木と、それに振り回されて困惑する周囲の人々……。

他人の迷惑も気にせず巨大な自我を好き勝手に振り回し続けるほど我の強い猪木の側にいすぎると、それを反面教師にして誰もが無我になってしまうものなのだろう。きっと。

『HYPER PRO-WRESTLING ALBUM Vol.3 蝶野正洋』 ベースボール・マガジン社／667円+税

平成のプロレスファンは大いに喜び、昭和のファンは大いに憤慨するｎＷｏだが、ボクにとっては非常に満足できるナイスな集団である。

というかハルク・ホーガンとかはどうでもいいので、あくまでも蝶野&武藤率いるｎＷｏジャパン勢に限定した話なのだが、中途半端なプロレスなんかよりも、むしろ蝶野が昔から大好きだと公言してきたフレアーイズムが溢れまくりの、やられっぷりのいいアメプロのほうが面白いに決まってる。

さらに「ウチのジジイ共は何もわかっちゃいねえ！」だのと本音交じりの会社批判を繰り返し、ファンの誰もが不快に感じていると思われる辻アナには暴行まで振るいながらも、表面的なカッコ良さとプロレス技術の巧さによるファンの絶大な支持によってそれらをキャラクターとして無理矢理認知させてしまうやり口は、画期的にも程があるというものなのだ。

そもそも「長州から新日本の舵取りを奪う！」「ウチの会社、腐ってるよ！」「『週プロ』がやってるのは試合レポートじゃねえよ！　作文じゃねえか、オラ！」などと本音を押し通すことなんて、明らかに蝶野だけの特権のはず。

佐藤忠志（ホリプロ所属の金ピカ先生）チックなコーディネートが横行するプロレス界にあって、シルバー&黒にゴルチェを合わせた特異なセンス（本書でもその衣装でポリスやブライアン・フェリーのアルバムをバックにポーズを決めていたりする）は免罪符に値するわけなのだ。

ラーメンマンと呼ばれていた頃の、ナマズ髭で七・三分けな蝶野には絶対に許されなかったようなことでも、この衣装なら許される、と。

結局、面白くてカッコ良くてファンに支持される人物であれば、猪木に限らず何を言っても許される存在になれるわけなのだろう、きっと。

となれば、活字プロレスが衰退しきったいまこそ、表面上はキャラクターに見せかけて「オラ〜、エ〜ッ！」と新日のジジイ共（あくまでも蝶野調）や辻アナに対してクールかつスタイリッシュにカッコ良く噛みつきまくる『活字ｎＷｏ』は成立できないものなのだろうか？

……と名案を思いついたのはいいんだが、ウチはどうにもカッコ悪いし、ファンにも支持なんかされちゃあいないから、まず無理な話。ましてや、ターザンなんてとんでもない。あれはもはや活字ローラン・ボックだし。

そういう意味でもｎＷｏジャパンや蝶野は男子一生の憧れというわけなのである。

8

正しいのは昭和の新日のみ!?　鬼軍曹、恐るべし

「最近、毒がなくてつまんないですね」と中村カタブツ君に言われて大憤慨！「だったらお前にはあるのか、ボケッ！」と激怒しながらも決して心に愛を忘れない、河口仁ばりに「プロレスの神様（ゴッチさん）ありがと〜！」をモットーとする牙を無くした書評コーナー。

『いちばん強いのは誰だ』　山本小鉄／講談社／1600円＋税

ジャケが最高だった『あっ、ちょっと待ってください！』（84年）や同じ内容が何度も重複しまくる大沼孝次君構成のダメ本『山本小鉄』（96年）の存在を無視して「本書は初の自著である」と言い切るのも誰もが理解できるはずの、近年稀に見る名著。

レトロな表紙の素晴らしさだけでもすでに常軌を逸しているというのに、目次に並ぶ刺激的な言葉もまた

尋常じゃない。テンション高すぎである。

なにしろ「三流レスラーがグレイシーに負けるのは当たり前だ」「ザ・モンスターマンはK-1で優勝できた」「アンドレ最強説の大嘘」「メジャーの小鹿がインディーの新日を脅迫してきた」「ムーンサルトプレスはとても実戦的な技だ（心臓や肺、内臓を狙っているらしい）」などなど、平成9年も終わろうとしているこの時期に、小鉄は昭和の新日イズムで平成のプロレス&格闘技をブッタ斬りしまくっているのだ。凄ぇ！

たとえば外国人最強の呼び声高いブルーザー・ブロディにも「技術的にはそれほどのものもなかった」「パワーはそれほどでもなかった」「特別に強いレスラーでもなかった」とダメ外国人の烙印を押し、日本人最強の呼び声高い我らが鶴田をも「彼の脇腹は、最強を目指して練習するレスラーのものではなかった」「暴飲暴食が凄かった」と断罪したりと、その牙は徹底して全日へと向けられるから、まさに昭和の新日魂大爆発。

それも「三沢のアームロックやフェイスロックは手が遊んでいる」「川田のスリーパーも極まってない」「小橋はブリッジの練習をしていない」「田上明のあのたるんだ身体は何なんだ」「全日本の選手はグラウンドの練習はほとんどやってないんじゃないか?」「馬場さんが足を上げているところに向かって、なぜ三沢や小橋が走っていかなくてはならないのか」などなど、古き良き昭和の全日ぐらいならまだしも、プロレスの限界点に近いハイレベルな試合を繰り返す平成の全日に噛み付けるプロレス関係者なんて、もはや小鉄ぐらいのはず。鬼軍曹、恐るべしである。

さらに「レスラーは身体を張ってメシを食っている。どこを蹴られようが殴られようが、どんな投げ方をされようが、それで二度と歩けない身体になろうが、それはしかたない。そういう仕事だよ」という昭和世代特有のどうかしたプロ意識によって、近頃の腑抜けきった格闘技界までも含めて徹底的に容赦なくブッタ斬るのだ。

「パンクラスはウチの道場で学んだことと、どこがどう違うの?」「船木が、たかがキャリア一、二年の若手に負けてしまうのは、船木自身の格闘技に対するアプローチのどこかが狂っているとしか、僕には思えない」というパンクラス批判（だけど前田日明には優しい）。

「グレイシー旋風なんて扇風機の風くらいのもの」「北尾は練習嫌いで努力しない。プロレスのものまねに毛の生えた程度の技術では負けるのは当たり前」というバーリ・トゥード批判。

「ロッドマンのｎＷｏ入り。あんなものは会社が書いた筋書きだ」というアメプロ批判など、小鉄の毒はもはや止まるところを知らない様子。

さらに、この牙は「最近の新日本プロレスは強さを追求するストロングスタイルの精神が少しずつ薄れているのも事実だ。練習を見ていて歯がゆさを感じることは度々ある」と、平成の新日にもキッチリ公平に向けられるわけなのだ。正しいのは昭和の新日のみ、ということなのだろう。

しかも、ボクの発案で行った本誌「八百長論議と闘え！」アンケートにも返答していたり、これまで謎とされてきたプロレス界の不可解な出来事にもキッチリ言及してたりするから、もう文句なし。

ボクの長年の謎だった「藤波戦を前にしたエル・カネックの敵前逃亡事件」も、実は小鉄が「藤波は一発で極めるグラウンド技や、受け身の取れないスープレックスだって使うぞ。真剣勝負の覚悟はできているのか」とカネックにハッパをかけたら、それがすっかり逆効果になって試合前に逃げ出してしまったのが真相だったと断言するから、プロレス界ってやつは本当に奥が深すぎる。

これはその奥の深さ（『ファイト』の井上さん流に表現すると、底が丸見えの底なし沼か？）を垣間見ることができる、歴史的一冊なのだ。

『PRIDE．1 オフィシャルガイドブック』

PRIDE．1実行委員会KRS・編／メディアファクトリー／952円＋税

本誌のお荷物・中村カタブツ君が心酔する格闘家は、身の程知らずにも黒澤浩樹だそうである。黒澤の本は「ゴーストライターが書いてるから」という不可解な理由で買わ

ず、インタビューもろくに読まないくせして、だ。

ちなみに、惚れた理由は「指が出ても戦ってたから」とのことだが、ボクが知らないうちに黒澤はグローブから指でもはみ出して試合したのだろうか？　当然、正解は「拳から骨が出ても戦っていた」に決まってる。つくづくバカである。

ところがカタブツ君、この本の冒頭で小室哲哉が「ボクは黒澤師範の友人。先日もカリフォルニアの自宅の庭先のサンドバッグに強力なキックを見せていただいた」などと述べていることにすっかり勝手にショックを受け、「こんなの、俺の知っている黒澤じゃない！」などと、すっかりわけのわからないことを言い出してしまったのだ。一体お前が何を知ってるんだよ、ボケ！

そもそもボクに言わせれば、大山総裁に頭髪が存在した昔から極真というものは『けんか空手』な『空手バカ一代』でありながらも芸能人や政治家との繋がりも強固な代物であった。

ゆえに黒澤と小室哲哉の関係を否定するということは、かつて千葉真一や藤巻潤やマッハ文朱や藤子不二雄Ⓐらと密接な関係を持っていた極真という組織自体を否定することに等しい。そういう意味では八巻建志の芸能界入りも「待田京介や石橋雅史みたいでカッコいい」ことなのである。

そしてTKこと小室哲哉も、ある深夜番組において3週連続でヨットでひたすら遊びまくる様（それも異国の海で）を堂々と放映したほどの男なのだが、そのときの物言いがまた素晴らしかった。

なんと「視聴者のみなさんも、たまにはヨットを借り切って遊ぶと面白いですよ」ときたのだ。

これにはボクもいつかはビッグになって、ヨットで豪遊したり自宅の庭では格闘家がトレーニングしたりするようなカッコいい男になりたいと、思わず心に誓ったものである。そんな男と友人関係にある黒澤は、ちょっとステキすぎるはず。でしょ？

あと、最後に一つだけ（猪木調）！　ボクの大好きな大沼孝次君がタンク・アボット対キモについて、本書でこう書いている。

2人のケンカ屋としての技術は同格で、「しかしキモはというと試合に臨む際のプレッシャーの前に平常心ではいられず、十字架を背負ってみせたり、お祈りを捧げたりという行為をみせる」、と。

そりゃ平常心を失いすぎだよ！

あれは自分を売り込むためのキャラクターでしかないとボクは思っていたのだが、どうやら勘違いだったようだ。反省。……というように、相も変わらず大沼君の原稿は抜群なのである。

『さらば、長州力』

長州力／N．C．Y／2096円＋税

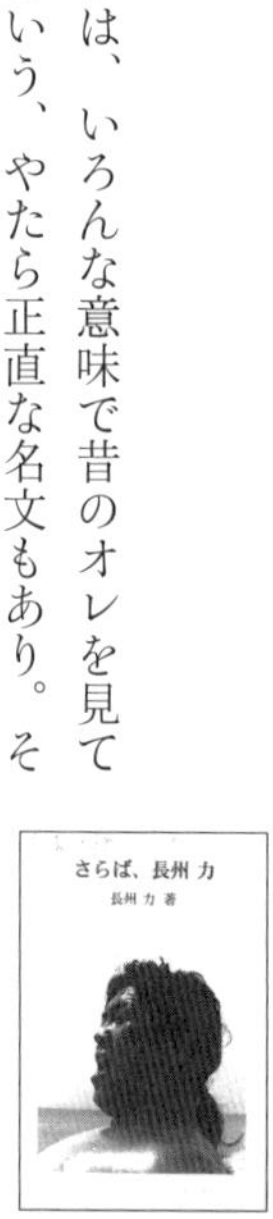

「維新魂の伝承にメドがたった」（だが、「ケンスケは、いろんな意味で昔のオレを見ているような気がしてイヤになるときがあるんだ」という、やたら正直な名文もあり。それにはボクも非常に同感である）ため「晴れ晴れとした気持ちで引退」していく長州の引退記念本。
みすず書房の哲学書というか北朝鮮辺りの教科書チックというか、なんとも言い難いデザインと写真選びセンスが爆発したジャケだけでも、あからさまに奇跡を感じさせる一冊だ。
なにしろ「サソリ固めは、オレが一人で生み出したフィニッシュホールド」とゴッチ直伝の必殺技という通説を否定してみたり、「レフェリーなりドクターが止めてくれなければ、オレは本当に藤波を殺しに行っていたかもしれないな」とキラー長州ぶりをアピールしてみたりと、これまでリリースされてきたゴースト丸出しの長州本とは方向性が明らかに違うのである。
例えば「異種格闘技戦はハッキリ言ってニガテ。オレもストロングマン世界一のトム・マギーと異種格闘技戦で闘ったことがあるが、もうこりごり」という、長州の異種格闘技戦&総合格闘技嫌いを裏付ける素直な発言ときたらどうだ。まあ、そもそもストロングマンなんて格闘技が存在するわけもなく、彼氏も結局はただの重量挙げ自慢でしかないから異種格闘技戦でもなかったんだが（しかもストロングマンコンテストに優勝したこともないから、そもそも世界一でもない）、本書のテーマはどうやら「素直な告白」のようなのである。

ゆえに、怪物・ジャンボ鶴田に対しても思うことをそのまま素直に活字化しているのだ。

「（鶴田とは）同じアマレス出身でミュンヘン五輪に出場したことで、理屈抜きで比較される。オレはアマレスの超エリートで、鶴田はアマレスのシンデレラボーイ。同じアマレス出身者だが、アマレスに関しては天と地との違い。オレの方が上だよ」と、文字通り『日本テレビ番組対抗かくし芸大会』におけるシンデレラ役だった男との違いをハッキリさせ、さらにズバリと言い放つ。

「鶴田のファイトはファンに訴えかけるものが乏しいのに対し、オレはギンギラギンにファンの心に訴えていく。その差は大きいと思う」

ギンギラギンに訴えてましたか、長州さん！

まあ、こうやって徹底的に否定した後、「（鶴田は）そんなにトレーニングはしていないようだが、プッシュアップ（腕立て失せ）10回で1時間のファイトをケロリとしてのける。これは化けモンだ」と申し訳程度にフォローは入れているのだが、ボクはろくな練習もしないくせして化けモンじみたパワーを発揮してしまうシンデレラボーイにこそ、巨大な幻想を感じてしまうのだ。

まあ、「天龍源一郎は『プロレスラーは銀座だ』なんて言うが、オレは『プロレスラーは六本木だ』が持論。そうはいくかい！」といったレスラー独特の夜遊びイデオロギー対決に幻想は持てなくもないんだが、それでもやっぱりボクの美学（梶原イズム）からしてみれば男は馬之助でも六本木でもなく、やはり銀座なのである。


『スーパー格闘技コミックGEKI』 スコラ

討ち死にが続く格闘技漫画雑誌業界に、突如スコラが参入開始。板垣恵介の『餓狼伝・外伝』という安全パイから、近頃は格闘技路線を進む桑沢篤夫や意外に切れ味の鋭い格

闘技通・みやすのんきまで擁した手堅い作りなのだが、あからさまにレベルの低すぎる作品が混入されていた。それが大谷Ｓｈｏｗ原案の『船木誠勝物語』である。

船木ではなく、パンクラスの流れをつまらなく追っただけの低レベルな内容（ダメ人間・中村カタブツ君にまで「ひっどいですね、ストーリーもないし」と言われる始末）。「完全実力主義」という言葉ばかりがこれ見よがしに何度も出てくる悪趣味なシナリオ。「パンクラス特製チャンコ。メチャうまい！（Ｓｈｏｗ談）」などの余計な自己主張。

すべてがパンクラスにとってマイナスでしかないと思われるが、そんな細かいことを気にしないのがこの団体の懐の大きさなのであろう、きっと。

『プロレス少女R』 るいべはやみ／マガジンハウス／950円+税

謎の男子漫画家がプロレス雑誌を熟読することによって徹底的にリアリティだけを追求した、これといって大きなことは何も起きないバーチャル・リアルな女子プロ日常短編連作漫画。

ゆえに、いわゆる漫画としての豪快な面白味は皆無だが、彼女らの素顔を知る身としてはＷ井上の吉田万里子いじめなど「あるある」感だけは嫌というほど感じさせてくれて、予想外に楽しめる。

『検証8・26プロレス夢のオールスター戦』 「ゴン格」特別編集／日本スポーツ出版社／952円+税

クオリティの高さでは定評のある日本スポーツ・ムック・シリーズだが、今回は資料的価値こそ高いとはいえ明らかに低調気味な様子。まあ、全日側のインタビューが一つもないし（天龍、大仁田、小鹿など元全日組のみ）、主役だった馬場と猪木のどちらの談話もないしなので、こんなものなのだろう。

まあ、バトルロイヤルに参加した前田日明の「渕選手か大仁田選手だったか、蹴ったか殴ったかしたら『コイツ、堅え』とか『コイツ、危ねえ』とか言われたね。『何言ってんだ』と思って、また蹴飛ばしましたけどね」という男らしい発言だけでも定価分の価値は十分にあるんじゃないか、と。

9

「いや、ボクは怒ってないよ。ボクは別に何を書かれてもいいんだけどぉ、ただOさんがさあ……。いや、ボクはいいんだけどね……」などとキング・オブ・ボンクラシストの名をほしいままにするShowとやらに陰でゴチャゴチャ言われながらも全く気にせず己の道を突き進む、ハイブリッドな書評コーナー。

四天王の中で最もネタの宝庫なのは「赤いパンツの呑気者」

『これがプロレス。―四天王は語る』 長谷川博一・編著／主婦の友社／2000円+税

「普段ロックンロールについての文章を書くことが多い」という著者が、なぜか全日の王道四天王に「アルティメットのような闘い方は新人時代に練習でやってました?」だの「八百長ではないのだと、ここで断言してもいいですよね」だの「得意の関節技は何ですか?」だのとロック魂で聞きまくる奇跡のようなインタビュー集。

高校時代に電話がようやく実家に導入されたほど貧乏だった小橋が、兄貴とカップヌードルを取り合ってフォークで刺された話なんて、涙なしには読めないはず。馬場さんの付き人時代、両手に荷物を持っていると「お前にはスキがある」と平手打ちされたという理不尽なエピソードも無茶苦茶泣ける。結局、小橋は単なるオレンジ色の爽やかボーイなんかではないのである。

その他、三沢の下ネタ愛好ぶりや、川田のダジャレ愛好ぶり、超世代軍の暴走しまくる酒席話など実にい

いネタ多数だが、やっぱり最もネタの宝庫なのはボクの大好きな田上であった。

「マウンテンバイクで野山を走り回る」という独自の呑気な練習法ゆえなのか、「練習してないでしょ。身体を見ればわかるよ」と山本小鉄どころか永源にまでイヤミを言われるアキラ（田上）。

酔っ払えばオウム真理教のラーメン屋で駄々をこねてドリンクをサービスしてもらったり、警察絡みのバイオレンスを繰り広げたりするアキラ。

試合中は「スラング続出」で怒鳴りまくるが、女房には「あなたのパンツなんか、あのカッコいい大森君（付き人）に洗わせるわけにいかないじゃない！」と逆に怒鳴られてしまうアキラ。

「日活顔」でポーズを決める若き日のアキラ。

そんなアキラの、馬場のルックスと鶴田の性格を忠実に受け継いだサラブレッドぶりが、とにかく大爆発。誰もが惚れること確実なのだ。

さらに各誌のインタビューで呑気な発言を繰り返す理由を聞かれれば「喋れないもん、俺」とズバリ言い切り、試合後に呑気なコメントをすることについても「疲れてんのにマイク向けるなっちゅうの」とあっさり断罪。自分の職業を聞かれれば「俺？　日雇い。その日暮らし」と胸を張って答える『赤いパンツの呑気者』に心から乾杯だ。

世間で噂されながらも現実性は非常に薄い新日と全日の対抗戦なんてもうどうでもいいから、こうなったら試合前の舌戦だけでも確実に面白いことになるはずの相撲レスラー頂上対決・田上対安田戦だけでも実現させるしかないと、ボクは思う。それならたとえリングサイドが10万円であろうとも、ボクは絶対に自腹で買うね。

なお、ボクの心の師匠・門馬忠雄先生も巻末に寄稿している上、そこで三沢に「楽しく激しい」、川田に「激しく激しく」、小橋に「明るく激しい」、田上に「激しく馬場さん」という極めて呑気なキャッチフレーズを付けているだけでも買う価値のありすぎる一冊であろう。

『アウトロー』 神山典士／情報センター出版局／1600円+税

これまで小室哲哉や前田光世のノンフィクションを手掛けてきた著者が、なぜか勢いに乗って藤原組長や前田日明の人生を大黒摩季やオザケンと同列に論じてしまった衝撃の一冊。

「新弟子当時、（藤原が）まず先輩から教わったのは、人前ではビールをがばがば呑むこと。美味いものをたらふく食べること。写真に撮られる時はすごんだ表情で、背伸びしてでも大きく見せること。そして外で喧嘩することになったら、絶対に負けないこと——」

そんな組長の「プロレスなんてシッ、しょせんドサまわりなんだから」というプロ意識溢れる発言までドモリ交じりでリアルに再現するのは非常に文句なしなんだが、大ブームになった新生ＵＷＦではなく旧ＵＷＦを「これが、当たった。ファンは長い行列を作るようになった」などと言い切り、さらにＲＩＮＧＳをこう表現するのはちょっといただけない。

「前田が作った団体でありながら、これまでに三回行われたチャンピオンを決めるトーナメントで前田の優勝は一度しかない。プロレス的に考えればそれは非常識だ。皮肉なことに前田は、負けることによって『強い者が勝つ』スタイルを証明したことになる」

そんなことを言い出したら最後、全日だって新日だってバトラーツだってみちプロだって、社長がめったに優勝しない「プロレス的に考えれば非常識」な団体になっちゃうよ！

昔からＵＷＦ信者という人種には、まるで昔の新間寿チックに他団体を貶めることによってしかＵＷＦのイメージアップを図ることのできない狂信的な輩も非常に多かったものなんだが、結局はこの作者も同様なのかもしれない。それでいまは前田光世の本を書くほど柔術にかぶれているんじゃないか、と。実際そうだとしたら、つくづく世知辛い世の中なのである、まったく。

1998

まあ、それでも第二次ＵＷＦ分裂騒動を克明に追ってくれた功績だけでボクは許そう。

ちなみにフロントの不正を告発し、母親に家を買う予定で貯めた二千万円を選手達の給料袋に自ら詰めた前田に対し、分裂後に給料袋の中身を返してきたのはたった一人だけだったという。

それって、やっぱ山ちゃん（流智美曰く、人が良すぎたために分裂騒動のときも派閥の仲を取り持つべく一人で動き回り、気が付くとＵインターで冷や飯を喰わされていた男）なのか？


『やっぱりプロレスが最強である！』 流智美／ベースボール・マガジン社／1800円＋税

高田が惨敗した後だからこそハートに染み渡ってくる、オールドレスラーたちの夢のようなガチンコ話ばかりが詰まった珠玉の名著。

「何を書くのも自由だが、そのレスラーの前に出て、堂々と見せられるもの以外は書いてはならん」

「人の悪口を書いてメシを喰う人は、私はモノ書きと呼べないと思う」

そんな田鶴浜弘先生（故人）のプロフェッショナルな名言の引用も、これまで流智美が繰り広げてきたＵインター批判を思うとどうにも不思議な気がしてならないのだが、そんなこたあもうどうだっていいじゃねえか（猪木調）！

とにかく巻頭記事が「流智美VS宮本厚二」の一人二役対談で、しかもサングラスなんかでキャラクターを微妙に変えてたりするだけでもボクは全て許す。言うまでもないが内容もＯＫだ。

何が「やっぱり」なのかはよくわからないが、威勢の良さだけでついつい「最強なのかなあ……」と思い込まされてしまうから不思議なのである。

『Lucha Mascarada』 清水勉・文、都築響一・編／アスペクト／3200円+税

往年のゴング別冊写真集『ミル・マスカラス　その華麗なる世界』（最高!!）が高騰を続け、ルチャドールのマスクが渋谷や新宿界隈でデザイン的な見地だけで評価されつつある昨今、ついに小洒落た『マスク写真集』が出版されるまでに至った。

内容的にはドクトル・ルチャこと『週刊ゴング』の清水勉氏が原稿を3ページほど書いているだけで、あとはひたすらプロレスショップ『アメリカン』の高橋店長がコレクションした私物マスクの写真が並ぶ非常にお手軽な作りではあるが、こういうのはやったもん勝ちなのでこれはこれで良し。

しかし、我らの竹内宏介先生が手掛けた数々のマスカラス特集本に比べれば、プロレスへの愛が足りないデザイン重視の本なので、どうにもコクが皆無なのである。

『格闘マンガで強くなる!』 木村修・編／アスペクト／1300円+税

相変わらずの乏しい漫画知識が光る、格闘技をやる側のライター・木村修の最新刊。どうして漫画を強くなるための道具にしようと考えるのか、そもそもそれ自体がボクにはどうにも不思議でならないのである。

『フルコン』別冊『格闘技マンガ最強伝説』とネタも図版も重複しまくる安直な作りも含めて軽く叩こうかとも思ったが、ボクが原案協力をした格闘技漫画『ファイティング・ムーン』（笠原倫）を若林太郎氏が絶賛し、さらに未単行本化作品のベストワンとして紹介してくれてまでいるので、もう何も言わない。ボクは褒められさえすれば文句なんてまったくないのである（まあ、この作品を語ってくれた有り難い対談でも、やっぱり木村修だけは的外れなことしか発言していないんだが）。

とりあえず、未単行本化作品のベストツーに選ばれていた連載前の読切版『1・2の三四郎』こと『格闘

三兄弟』（小林まこと）が、実は『それいけ岩清水』の第2巻に収録されていることをこの場で教えてさしあげることで、御礼に代えさせていただく次第である。

『〈完全無欠の〉前田日明読本』

日本スポーツ出版社／952円＋税

正直な話、完全無欠でも何でもないんだが、もはや前田日明を怒らせようとしているとしか思えない「いまの佐山に前田を語らせる」インタビューを強行しているだけでも素晴らしい一冊。

しかも、佐山は持ち前のサービス精神を過剰に発揮して、新日時代に「弟のように思っていた」「素直ないい子」という前田のバカ話を連発してくれるのだ。

たとえば酔っ払って包丁を投げて暴れ回る前田を荒川が柔道の帯で縛り付けると、すかさず佐山が子守歌代わりに「もうすぐは〜るですねぇ」とキャンディーズのレコードをかけたこと。

「道場にいた新弟子で死んだ奴の霊が、夜な夜なベンチプレスする」と前田を騙して、佐山自ら夜中の三時にベンチプレスをして脅したこと。

「昔、この辺で進駐軍の黒人兵士が殺されて、その幽霊が夜中アメリカ国家を歌う」と前田を騙してジョージ高野に軍服を着させて枕元に立たせたことなど、とにかく佐山の魅力ばかりが嫌というほど伝わってくるのであった。……って、そんなことを楽しく話すのって前田日明的には許されることなのか？

『女子プロレス崩壊・危機一髪』

ロッシー小川／ぶんか社／1200円＋税

全女在籍時から暴露ネタを書かせたら天下一品だったロッシーが、離婚＆離脱によって加速度的に暴走開始。長与千種と2人で「飛鳥を辞めさせてください！」と松永会長に直訴したことから最近のことまで、くまなく暴露してくれる一冊だ。

なにしろ、井上京子が本誌前号で「絶対に話せません！」と言い切ったW井上分裂の理由らしきものまで堂々と公開しているから、とんでもない。

この話は、まずギャラの遅配に怒った堀田が選手の総意としてストライキを決行したことから始まったのだという。だが、その堀田がフロントと一切話し合わないため、村山大値が親切心からやむなく直訴。ところが首謀者の堀田が「村山にそそのかされた」と寝返ったのだ、とロッシーは暴露する。まるで日本プロレス時代の馬場みたいな展開なのである（あくまでもロッシーの主観による記述なので、堀田や松永兄弟の批判は多いが、離脱組は基本的に絶賛されている）。

続いて京子が日プロ時代の猪木のごとくクーデター計画を水面下で進めるが、日プロ時代の馬之助チックに「全女に残るメンバーの方が多そう……」という打算から何者かがフロントに計画をリーク。結局、京子が責任を取らされて辞めざるを得なくなったのだとロッシーは書いている。だからストロングスタイルを旗印に新日本女子プロレスを旗揚げしたというわけなのかもしれない。

これも京子が「最初、貴子は出る人間だと思ってたんですよ」「貴子さん！　あなたがいちばん分かってるよね～？」「一生交わることも、試合することもないと思います」と発言していたことを思えば答えは小学生でもわかってしまいそうなものだが、実名で書かれていない以上、とりあえず真相はまだまだ永遠に闇の中なのである。

他にも、対談コーナーでの「長谷川咲恵の兄貴、足を切断」だの、全女スター選手のその後を伝えるコーナーでの「柳みゆきはアムウェイの会員」だのという衝撃情報が目白押し。

だが、個人的に最も衝撃的だったのは、表紙カバーを外すと中からロッシーとWWFのサニーちゃんの巨大なツーショットが飛び出してくるという、実に破壊的で危機一髪すぎる装丁なのであった。

10

「Showみたいに自分のことを変態と呼ぶオナニー野郎は嫌いだ。つまんない原案しといて何が反則だ。マスかいてろ、元デブ！」（東京都／篠崎雅子・同様多数）。お手紙ありがとう、雅子ちゃん。でも18歳のレディーが「オナニー野郎」なんて下品な言葉を使っちゃいけないな。せめてセンズリデブ程度にしておいたほうがいいんじゃないかな？　という教育的配慮も決して忘れない書評コーナー。

許すまじ！　悪しきインディー根性が露呈した問題発言の数々

『プロレス界の愉快な仲間たち』　サンボ浅子／リム出版新社／1300円+税

とかく世間では「プロレスをバカにしている」だの「愛がない」だのと言われがちな我々『紙プロ』だが、この本を読んで無性に腹が立ったことで己のプロレス愛の深さをつくづく痛感させられた。それほどに邪悪極まりない一冊なのである。いや、マジで。

リム出版としては中牧昭二の桑田暴露本以来のプロレス本（あの時期の中牧はレスラーじゃないが）として、サンボ浅子のＯＢ会復帰に合わせてリリースするつもりだったと思われる本書。「（大仁田は）1回限りの復帰なんじゃないかな」といった記述のタイミングの悪さ程度は、まあ許すとしよう。

だが、このプロレスを完全に舐めきったかのような悪しきインディー根性が露呈した問題発言だけは、どうしても許すわけにはいかないのである。

「レスラーの間で、どういうレスラーが凄いかっていうと、プロレスにかける情熱とか、一生懸命さに秀でているレスラーが素晴らしいんだ。強い弱いや、上手い下手なんてやっている者同士にしか判らないんだよね」

一体、彼氏は何を言いたいのだろうか。少なくともボクにはこれっぽっちも理解できない。

ボクがプロレスを通して見ているのはレスラーの「一生懸命さ」なんかでは決してなく「強い弱い」であ

り、「上手い下手」であり、そして「面白いか面白くないか」だけでしかない。

弱くて下手でつまらない試合をするインディーの一生懸命な選手より、これっぽっちも一生懸命じゃないのに強くて面白いジャンボ鶴田を選ぶ。それが世間の常識というものだ。

どうやら彼氏、常識がわかっていないのか数々の事実誤認まで連発してしまうのである。「アジャ・コングは、アジアを制するっていう意味」（正解は、ハーフゆえ「アジア！」と呼ばれていたから）だの、「チャパリータは『ちゃっこい』から変化していったみたいよ」（正解はスペイン語でクソチビ）だの、「紅夜叉は元レディース」（そりゃ単なるギミック）だの、「ミミ萩原はファンの八百屋と結婚」（正解は、松永兄弟の息子）だの、「長州力さんはパチンコ屋を何軒かやらせている」（これは初耳）だのと、とても同業者とは思えない圧倒的な無学ぶり。

そのくせ破壊王ばりに「みんな薬飲んで見せかけのボディビルで作った身体で、馬鹿の一つ覚えのラリアート合戦」とのアメプロ批判や、「松永はU-JAPANでなぜ有刺鉄線バットを使わなかったんだ！」なる発言まで口にするから、どうにも不可解なのだ。破壊王が言うなら非常によくわかるが、どうしてお前がそれを言う？

U系や新日の選手がFMWを目の敵にするのは大仁田の思う壺でしかないと悟り、試合以外で見せる大仁田のプロフェッショナルなレスラーぶりに注目してきたボクでさえ頭にくる、この悪質極まりない嫌なグルーヴ。

UWF営業マン出身の彼氏による「Uスタイルは映画と同じで対話にならないマスターベーション」だの「ただ首を絞めるだけならば、三歳の子供でもできるもんね」という総合格闘技批判などを耳にしたら、前田や髙田が怒るのも当然というものなのだ。常に冷静で大人な態度のパンクラスだって、さすがに怒るかもしれない。

それでも彼氏は新生FMWやターザン後藤にすら牙を剝き、裸になった女子プロ選手には「同じレスラーとして、四角いリングの上にいて欲しくない」とまで言い切る（つまり貴子、豊田、福岡、ジャガー、バイソンのことだ）。

結局、ここで褒められているのは「試合前に3P」する男・大仁田とミスター珍だけなのだ。

なお、最後にはとどめとばかりのイニシャルトークがあり、ボクが解読したところ安生、髙田、高山、ターザン後藤、橋本、拳磁、さらにはバトラーツの石川社長まで男色家だと電撃暴露。さらに天龍は試合前に口で抜いてもらい長州は試合後にファックだの、女子のプロレスラー人脈だの、玉田はホスト狂いだのと、とてもお話にならないことを堂々と書きまくっているのだから、とんでもない。

これにはさすがのボクも「頭きた！　アルシオンといい、この業界のルールも知らない奴が多すぎんだよ！」（ＢＹヤマモ）であり、「やっちゃっていいんですか、星野さん！」（ＢＹ前田）であり、「カチ食らわすぞ、コラァ！」（ＢＹ長州）であり、「蹴り殺すぞ！」（ＢＹサスケ）という感想しか出てこないのであった。

『禁談　前田日明・究極の因縁対談三本勝負』

佐々木徹／集英社／1200円+税

天龍と長州と猪木という『週刊プレイボーイ』誌上での前田日明の大物との対談三連戦にメイキングも付けた、お手軽で楽しい一冊。前科持ちの作家・中場利一といった他業種の人との対談も載せたほうがボク的には嬉しかったのだが、まあ許す。

しかし、長州が前田に言い放った「実はな、俺たちが中心となって（×××××）をやってみたいんだ」なる発言は、実は長州がファンに夢を与えるために適当な発言を加えてくれと佐々木徹に頼んだことで誕生した架空の代物でしかなかった、と。そんな夢も希望もない裏話が、これまた堂々と暴露されているからたまらない。裏話は、聞いたことで幻想が広がったり、笑えたりするものでもない限り、黙っておくべきなんじゃないかと思った次第なのである。

『赤いパンツの頑固者―Uの魂』

田村潔司／スキージャーナル／1400円+税

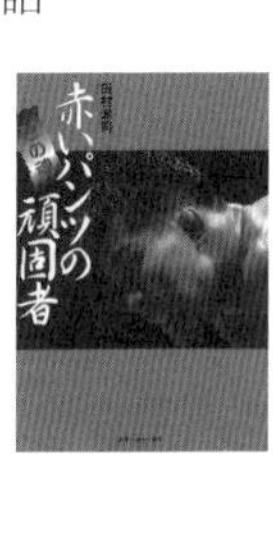

妙に生真面目で世間知らずの田村が、ひたすら生真面目に綴った自伝。「パンクラスは『自分からは引き抜きはしない。パンクラスに頭を下げるなら移籍の話はある』とマスコミに言っておきながら、実際はパンクラスのほうから移籍の話が持ち上がったのだ」という暴露話から肉体改造法、ちゃんこレシピにサブミッション講座など様々な要素で構成されているが、巻末に収録された前田日明との対談が、とにかく絶品なのである。

他人の本だというのにマット界の地盤沈下やパンクラス鈴木批判、プロレスマスコミ批判、「はげネズミ」（ターザン）山本批判（曰く、「今はね、本人も相当こたえているみたいで、紙のプロレスっていう雑誌で俺に吠えているんですよ。哀れですねぇ」とのこと）なんかを一方的に喋り続ける前田日明と、その横で困ったようにただ相槌を打つだけの田村。

田村が『U-FILE CAMP』を作ったことに関しても、「前でも後ろでも斜めでもいいから『リングス』って入れてくれ、っていったら、こいつ『はあ』って、それOKの意味だと思っていたんだけど……」と追い込み、「僕は中間管理職」と萎縮する田村には「お前、セコイことというなよ！」と頭ごなしに説教するのである。

さらに、猪木の「ラスベガスでの百億円興行」や「格闘技連盟」にも通じる途方もないファンタジー溢れまくりのプランまで次々と語り始め、すっかり田村を無口にさせてしまうのであった。

「アメリカから田村に電話して『うちの庭にプール作っときな。シャチ買って送ったから』って……。プールにシャチを入れて『名前はタマだ』とかね。そういうのやりたいですね」

「将来はみんなが道場をやって、ムスタングに乗って巡回するとか。それで俺のいうことを聞かない道場はムスタングで銃撃してやるの」

「(体重を増やしてやりたいから)とりあえず田村をどこかにさらって監禁して、毎日ステロイド打って、とか思いますよ。身体には大リーグボール養成ギブスして……。まあ、体重増やすのに邪魔な彼女とも別れてもらってぇ〜。タンパク質の消費を少し抑えてもらって……」

「お前、25過ぎたら考えなあかんね。いつまでもそんなバカボンみたいな格好でけへんぞ」

こんな発言に対して、ただひたすら「は」と答え続ける田村。さすが赤いパンツの頑固者だ。「こいつ、ちっちゃい子供みたいに、俺の前だと気弱な感じになって『は。は。は』しか言わない。その『は』はイエスの『は』なのかノーの『は』なのか、よくわからない」と言われても「は」とだけ答える田村に至っては、もはや漫才。

それどころか彼氏、前田日明に「俺のことが好きか?」と聞かれても「は。は。は」と頑固というか呑気にも答えてしまうのであった。は。

『反骨イズム―長州力の光と影』

辻義就/アミューズブックス/1500円+税

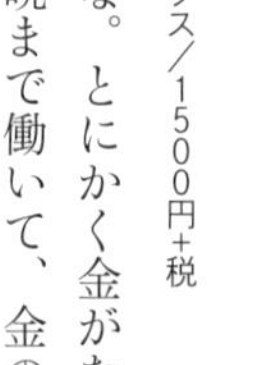

「俺が生まれ育った環境っていうのは最悪だったな。とにかく金がなかった。給食費だってまともに払えないんだ。親父とお袋は朝から晩まで働いて、金のことでしょっちゅう喧嘩してた」

そんな発言からもわかるように、これはプロレスラー・長州力というよりも、廃品回収業の家に生まれ、短気で無学な父親に叱られながら裸足で通学し、教師に「お前はホント、朝鮮の子だよ」と叱られ、オリンピックに韓国代表として出場した在日二世・郭光雄の姿を描く、かなり踏み込んだ一冊である。

プロレス話の少なさや文字の巨大さゆえの読みやすさもポイントだが、「かつて、相撲界から新日本プロレスに入ってきた奴がいた。ある日、そいつと移動中のバスの中でちょっと揉めたことがある。そのとき、そいつは俺に向かって『何だ、朝鮮人!』って言った」と、北尾問題に言及しているのも非常に重要だろう。

合格だ！

だが、この本をリリースした功績だけで「なんだ、辻って凄いじゃん。ヒャッホー！」などと言い出す輩が続出しつつある状況は、ちょっと問題じゃないかと思う次第なのである。

『開戦！プロレス・シュート宣言』

田中正志／読売新聞社／1400円＋税

狂信的マニアが高じて95年に『プロレス・格闘技、縦横無尽。』なるプロレス暴露本をリリースするまでに至った、ヘヴィメタルをこよなく愛する元・海外在住エリート商社マンによるセカンド本。

前作はプロレスマスコミが当然のように黙殺するのも誰もが納得できる内容だった上、この作者ときたら我が社にこんな不可解極まりない手紙まで送りつけてきたほどなのである。

曰く、「私の考え方はプロレス雑誌にも多くの影響を与えてきた。貴誌の『プロレス用語大辞林』も明らかに私の影響下にある」、と。

そのコーナーの執筆者だったボクは彼氏の原稿なんてこれっぽっちも読んじゃいなかったので大いに憤慨したんだが、「こういう輩は放っといたほうがいい」との周囲のアドバイスもあり、やむなく無視することにしたわけなのだ。

そんなことを思い出しながら巻末にプロレス隠語辞典なんてものまで含む本書を読んでみたわけなのだが、これがまた表現こそエゲツないながら意外にもプロレス愛を感じさせる内容というか、井上義啓元編集長が「春風すら感じさせる」と表現したのも納得できるほどだったりしたのであった。なにしろ「テレビ朝日の辻義就アナウンサーは、古舘伊知郎を完全に超えていると思います」とくるのだから最高である。

この巨大な失言によって、他の主張の説得力が見事なまでに消え失せてしまうのであった。

『プロレスおっかけ日誌』

ぼおりゅう♥りき、他／スコラ／638円+税

「女の視点で見ると、プロレスがもっと面白くなる!!」というどうにも説得力皆無なコピー通り、『ゴン格』で活躍するてらかわよしこ先生はまだしも、プロレスを知らないレディコミ作家やら無名女性漫画家やらが徹底してダメな視点で手掛けてしまった、異常なまでにぬるすぎる4コマ漫画集。

それもただの4コマではなく、「新日の会場で長州人形をサングラスで髪を立てた奴が購入」といった内容（ギャグ?）だったりもするから、もはや『まんがプロレスくらぶ』（絶賛休刊中）どころの騒ぎではない。

しかも最後には「ワシはプロのプロレスファン。初心者・女性はワシに学べ！」と豪語するぼおりゅう♥りき先生が性別の壁を超えて登場するのだから、もはや言葉もない。世の中には学んでいい人と決して学んではいけない人が存在することに早く気付いて欲しいものである。

『無敵のハンディキャップ』

北島行徳／文藝春秋／1524円+税

以前、障害者プロレスラーの獣神マグナム浪貝選手（当時）にインタビューしたときに痛感したのだが、障害者プロレス団体・ドッグレッグスとはケロちゃんを嫌うような昭和のプロレス好きな障害者が本当に命懸けでリアルファイトをするという、地獄のガチンコ団体である。

「おれたちは、しぬきでたたかう。だからおまえたちもぉ、しぬきでみろぉ！」

「ぷろれすにいのちかけるなあらぁ！　しゅみや、おんなは、いますぐぅすてろぉ！」

「おれにいわせればさぁ、ぷろれすをしていなかったぁ、むかしこそぉ、しんだようなぁ、じんせいだったんだよぉ！　だいたいさぁ、おれにさぁ、ぷろれすを、やめろっていうのはさぁ、それこそぉ、しねって、いってるようなもんなんだよぉ！　もし、しんだらぁ？　じょうとうだよぉ、ほんもうだよぉ！　こちとら

あ、しんでもいいってぇぐらいのぉ、かくごでぇ、やってんだからぁ！」

これはすべて浪貝選手の発言だが、そこまでの覚悟を持っている健常者レスラーがどれだけいることだろうか？　本当にいい本なのでオススメ。


『大山倍達の真実』　基佐江里／気天舎／2000円＋税

マス大山ファンダメンタリスト（原理主義者）な著者が「誰が何と言おうと、総裁はレスラーと異種格闘技戦をやったんだ！」と主張する熱い一冊。

彼氏の徹底調査の結果、マス大山がプロレスラーや素人とプロレスのリング上で闘ったのかもしれないことだけはかろうじてわかるのだが、そんなのはマサ斎藤やヒロ・マツダを始めとするレスラーたちが当たり前のように身体を張ってやってきたこととこれっぽっちも変わらない。

結局、桜庭が言うようにプロレスラーは本当は強いんです！　……というか、一部の選手は。

長州も某誌で「グレイシーにはウチの若手でも勝てる！」と豪語していたように、若手でも勝てるんです！

……というか、藤田和之とかなら。

昭和のプロレスラー同様、素晴らしいファンタジーに包まれてきた偉大な男・マス大山。

そう考えると、「大山倍達の略歴に、二七〇戦余の試合を経験とあるのは、あるいはストリート・マッチをも計算に入れた数なのであろうか……」というやたら弱気な一文にも、ヒクソンの400戦無敗を先取りしたファンタジーが感じられて個人的には十分に合格なのである。

『理不尽大王の高笑い』　冬木弘道／フットワーク出版／1300円＋税

リック・フレアーが好き（ボクも）という蝶野と似通ったレスリングセンスゆえか、蝶野のようにプロレスの「プロ」部分を誰よりも自覚した、ある意味本当にプロフェッ

ショナルな男のデビュー作。

ハッキリ言って売れるとも思えないが、これまた内容は予想以上に素晴らしい。

なにしろ、いきなり「そもそも日本で言うプロレスってのはアメリカン・プロレスを指すんだよ」という爆弾発言から始まる上、「国際はレスリング・ムーブの基礎が完全なアメリカン・スタイルではなく、ヨーロピアン・スタイルが入っていた」「新日本のスタイルは間がない」など、プロレスラーがあまり口にしないような感じの話まで堂々としているのだ。

あのゴールデン・カップスとの抗争すら、「俺も安生もお互いにいろんなしがらみがあって、しかたなくプロレスごっこをしていた」とズバリ言い切ってしまうのだから、素直にも程がありすぎる。もはや彼氏、「理不尽」どころか単なる「正直者」といった風情なのである。

さらに、巡業先でラッシャー木村に「君も動物図鑑見る？　面白いよ」と呑気に言われ、断りきれずに愛読書の動物図鑑を貸してもらった話や、「ボーヤ、何やってんだ！」の一言で大木金太郎に焼き肉屋でビールを十本単位でラッパ飲みさせられ、生肉も腹一杯喰わせられた話など、国際ほのぼのエピソードも実に秀逸。

「大仁田ってのは地位も名誉も全部持ったままプロレス界からトンズラしたんだ。アイツがケチンボでオイシイところを全部持ってっちゃったんで、インディーはダメになったんだ」というインディー論も説得力があって素晴らしすぎる。

その影響か、「あんなレスラーJ-CUPに出しちゃいけないですよ。技術に差があり過ぎますよ。あいつがうまいことやってマスコミの奴に取り入って、そういうのでググッと人気出てきたわけでしょ。もう技術がなくて、頭がないんですよ」という外道によるデルフィン批判も洒落にならないレベルに達しているのであった。

表紙に書かれた「常識外れの爆弾発言」の宣伝文句は決して嘘ではない。冬木軍、恐るべしである。

『TAKAKO PANIC 12』 井上貴子ファンクラブ会報

No Photo

単なる井上貴子のＦＣ会報ながら、読者アンケートの結果が絶妙なグルーヴを感じさせる奇跡の一冊。

たとえば好きな男子レスラー・ベスト3が猪木・佐山・前田で、嫌いな男子レスラー・ベスト5が大仁田・小島・中牧・長州・髙田だったり、好きな団体が全女と新日（昭和）で嫌いな団体ナンバー1が新日（平成）だったりと、昭和のプロレス者が集まっているとしか思えない異常なランキングになっているのである。井上貴子ＦＣなのに。

中でも最も素晴らしいのが、専門誌では絶対にできない好き&嫌いな関係者アンケートだ。

好きな関係者の1位が今井良晴リングアナというのは非常に納得できるが、16位に志生野アナと同位で元『紙プロ』ダミー編集長の原タコヤキ君、31位にジョー樋口と同位で山口昇、53位に坂口征二と同位でのものも、65位に梶原一騎と同位でボク（吉田）とウチの会計の林ヘックション一枝嬢が横一線で並ぶという異常事態も発生。さすがは昭和のプロレス者である。

さらに嫌いな関係者部門は、「超スーパーウルトラ大嫌い」「態度でかい」「お前が新日を悪くした」というケロちゃん、「自分の顔を週プロのコラムの顔と見比べて欲しい」「週プロを陰で牛耳る悪魔」というフミ斎藤、「やたら偉そう」「ずっと入院してて欲しかった」という宍倉次長のビッグ3がトップを独占。

続いて「あのシラケた傲慢な態度は失礼」なロッシー小川、「週プロをつまらなくしている」浜部さん、「出で立ちからしてレスラーをなめきっている」須山ちゃん、「コイツのラジオ聞く奴の気がしれない」北野誠、「陰では人の悪口三昧」ヤスカクおじさん、「コイツの記事はむかつく」藤本かずまさなどがランクインするという、専門誌のＦＣ紹介コーナーに載る気を完全に放棄しているとしか思えない挑発行為がとにかく最高だ。このコーナーだけでも必見なのである。

前号では某団体や某プロレス雑誌のみならず、なぜかサンボ浅子までもが大激怒！　色々ありすぎたので急遽リニューアルを敢行し、揉め事を極力起こさない方針となった書評コーナー。

11

こんな編集者は見たことない！　宍倉次長に心からのリスペクト

『HYPER PRO-WRESTLING ALBUM Vol.6 船木誠勝』

ベースボール・マガジン社／667円+税

ボクの大好きなヤスカク&宍倉次長体制で制作された、奇跡の一冊。インタビューで「好きな女性のタイプはない」と語る船木に対し、「僕なんか鈴木京香が理想」などとアピールし始めるヤスカク。そして「もし鈴木京香を自由にできる条件として、バス・ルッテンと闘うならどうします？」と、「たとえ話の大好き」な船木に聞かれてすっかり浮かれるヤスカクを横目に見ながら、「オレが一番、会いたいのは青木裕子だけど」などと一人「心の中でつぶやく」宍倉次長だけで、ボクはもう十分に満足な出来なのである。

表紙のボツ写真を全部並べた「表紙用の写真、すべてお見せします」というコーナーでも、「私の知る限り、このように撮った写真をすべて載せた記憶は、ない」と言い切る宍倉次長に心からリスペクト。これもおそらく「誰もやらないことを、夢としてそれに挑戦する」という猪木イズムに違いない。

本誌の表紙でベルト姿の船木をスタジオ撮影したことも全て無視して、「意外にも、マスコミがキング・オブ・パンクラシストのスタジオ撮影をしたのは鈴木みのるの一度だけ。船木は初めて」と臆面もなく言い放ったことにも、ボクは非常に感動させていただいた。

少なくともボクの知る限り、これまでにこのような編集者を見た記憶は、ないのだから。

『神話』　神取忍／マガジンハウス／1238円+税

神取については『プロレス少女伝説』（井田真木子）という歴史的な名著があるため、何を書いても勝ち目がないのが正直なところだろう。

だが、ヤンキーだった中学時代のエピソードとして、「気がついたら私が馬乗りになってるんだ。そういう時は遠慮しないで顔をバンバン殴る。結局、私は人を殴るのが大好きなんだと思うよ」という早すぎたUFC（UFOではない）なエピソードを引き出しただけでも評価に値する。そんな一冊である。

『関根勤の平成格闘王列伝』　スコラ格闘技委員会／スコラ／1200円+税

関根さんの名著『オレのこだわりヒーロー列伝』を愛読してきたボクにしてみれば、どうにも物足りない一冊。明らかに編集センスの問題なのだが、たとえば「（ドン中矢）ニールセンは柴俊夫に似ている」と語る関根さんに、「読者は柴俊夫さんって言われてもわからないかもしれないですよ（笑）」という余計な突っ込みを入れたりと、いちいち笑いを消していくのだ。センスなき編集は無能なり！　であろう。

『ザ・バーリトゥーダー』　竹内規和／フットワーク出版／1400円+税

ぶっちゃけた話が『プロレスラーってこんなヤツ全集』の総合格闘技版といった一冊。前半はまだしも、後半で大沼孝次君が「前田はヒクソンに挑戦する素振りは見せず、まだ沈黙を守ったまま」だの、力道山の裏切りで潰された木村政彦が反撃しなかったのは、「木村が気持ちの優しい男だったから」といった、「4月4日、鈴木みのるはどこに……」と表紙に堂々と打った宍倉次長

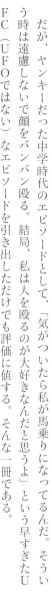

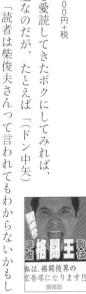

ばりに誰も予想もしないようなことを書いていたりもする。

そもそも木村が反撃しなかったのは、胸を出して力道山の手刀を受けようかと思ったら、胸ではなく「中学生が打ったとしても完全にぶっ倒れる急所＝頚動脈」にブチ込まれてしまったからでしかない。しかも力道山を恨み続けた木村は、彼がチンピラに刺し殺されると「悪は滅びる！」とまで言い切ったのだ。

これは猪木引退のＴＶ特番を見ていても思ったことなのだが、猪木が祖父に「世界一の乞食になれ！」「世界一の気違いになれ！」と言われて育ったという素敵な話が「世界一になれ！」に改竄されたり、「柔道の鬼・木村」が「優しい男」になってたりと、悪質な毒抜きばかりが横行するブルシットな世の中には警鐘を鳴らし続けていきたいものである。

『闘いのゴングが聞こえているか』

馳浩／日本文芸社／1200円＋税

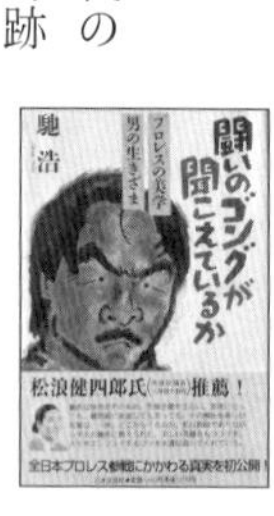

全日所属で国会議員というどうにも自由の許されなさそうな立場ながら、新日時代の著書以上に暴走して「『不謹慎だ』と怒られそうな話もあえて包み隠さず書いた」奇跡の一冊。
さすがに愛の伝道（コケ）師らしく、「某週刊誌の『私を抱いた有名人』シリーズで禁断の一夜をチクられてしまい、女房に白い目で見られた経験」から、元・新日道場主らしく新日離脱の真相や高岩を辞めさせようとしていじめまくっていた話も告白しているのだ。
ちなみに馳先生曰く、健介は「負けず嫌いで上昇志向が強くて独りよがりで甘えん坊で内向的」。武藤は「受け身を取ることが大嫌い」とのこと。褒めているのかけなしているのかよくわからないが、きっとそうなのだろう。
他にも、小橋の「かったる」くて「へなちょこ」なジャイアントスイング批判や、「プロレス最強」とは「思い上がりもはなはだしい」、強さを証明したいなら「相手の土俵で闘い、そして勝て」という異種格闘技批判など、とにかく手当たり次第に手厳しく断罪。

やはり馳は言葉でもプロレスできるナイスガイだとつくづく痛感させてくれるのだった。

『天龍源一郎 天地に愧じず』 天龍源一郎、菊池孝、小佐野景浩・著、木村盛綱・撮影／ビレッジセンター出版局／1500円+税

自ら「選手は一流、団体は二流、ギャラは三流」と語る天龍3冊目の単行本。原稿執筆&インタビューは菊池孝先生と小佐野編集長が手掛けているから、『ゴング』読者にはたまらないはず。要するに、良くも悪くも徹底してオーソドックスな作りは、まさに天龍らしいと言えるだろう。なかなか読む気にはさせないが、実際に読んでみるとそれなりに楽しめたりするのも、きっと天龍イズムなのであろう。

『プロレスラーをめざして夢を勝ちとる方法』 ミスター高橋／三一書房／1300円+税

ピーターことミスター高橋による新日入門のための完全な実用書（当然、トレーニングにはピーターパワーをオススメしている）。なぜか入門心得に堂々と「喫煙は一人前になってから」が入っていたり、新年会は「十次会を限度とし、最後まで全員付き合う事。当日は無礼講とする」と最初から勝手に決められていたりするのには、どうこう言っても新日はやはり凄い団体だと痛感させてくれることだろう。

ついでに貴重な選手エピソードも豊富で、南海龍は「呑むと暴れる悪癖はついに直らず、解雇してサモアへ追い返し」たことや、「西村選手は温泉場から銭湯まで」のマニアだという非常にどうでもいいことがわかるのも、これからプロレス入門を目指すキッズファイターたちには非常にありがたいはずなのである。

『心に残るプロレス名勝負』　ジョー樋口／経済界／1300円+税

ハッキリ言って、本の中心となっている「ジョーが語る名勝負」自体はイマイチなのだが、後半にひっそり掲載されている自伝部分が文句なし。ジョーの魅力大爆発だったのである。

馬場に「下手なレスラーよりよっぽど受け身がうまい」と絶賛されたほど素晴らしいバンプで「失神レフェリー」の名をほしいままにしてきたジョー兄ィ（あしたのジョー調）。

戦時中には軍需工場勤務をサボって敵性音楽とされていたジャズを聞き漁り、プロレス入りすれば両親に勘当され、水商売を始めれば失敗したりという知られざる波乱の人生が、短いページ数にとことん凝縮されまくっているのである（映画出演時のスチール写真も収録）。

中でも最大のヒットは、ジョーのヘアスタイルの秘密である。当時、山本小鉄もジョーもスキンヘッドなので、レフェリーは髪の毛があったらいけないものなのかともボクは思ったほどなのだが、真実は違った。アメリカ永住を決めてNWAのプロモーターからもレフェリーとして内定を取り付けた矢先に全日へと誘われてしまい、やむなく「日本流のお詫びの印」として頭を丸めたのだ！　要するに、浮気が発覚して丸坊主になった猪木と似たようなものだったわけである。

『プロレス八百長論者撃滅宣言！』　椎麻芳生／文芸社／1300円+税

主張したいことはわからないでもないんだが、ひたすら読みづらさばかりを追求したかのような文章で、自費出版でお馴染みの文芸社からリリースされた謎まみれの一冊。

著者の想像に基づく様々な例文を並べていき、最後には「プロレスラーは喧嘩に弱くたって一向に構わん！」「レスラーは誰もがプロレスを真剣にやっている！　だからプロレスは真剣勝負だ！」「まずは隣の八百長論

者を論破せよ！　これは戦争だ！　一人一殺だ！」などとすっかり興奮して一気にまくしたてるが、これで八百長論者が撃滅できるとも到底思えやしないのであった。

さらにあとがきでは「プロレス漫画の原作の話があれば喜んで引き受けるので、興味を持った編集者の方は是非声をかけていただきたい」などと自分の売り込みまでする始末。

これで果たして彼氏に仕事が依頼されるのか？　個人的には八百長論者が撃滅できるかどうかよりも、そっちが気になるのである。

『猪木神話の全真相』 渋澤恵介／KKベストセラーズ／1200円+税

86年以降の猪木エピソードや「猪木の名言、奇言」などで構成しながらも、著者の思惑とは違う部分で猪木の奇言が大爆発する一冊。

これはボクも全く知らなかったのだが（山口昇に言わせると常識らしい）、猪木は87年に「ブラジルで眼の心霊手術に踏み切った」のを理由に試合を欠場し、糖尿病時代には「血糖値が致死量にまで達していた」というまでに爆弾を抱え続けてきたらしい。

ついでに怪我のみならず多額の借金まで背負ってきたことは誰もが御存知だと思うが、それでも「東京プロレスの旗揚げから、ずっと負債を負って、今日に至ってます。完全に至りまして、完至（＝寛至）で」と呑気にダジャレを連発し続ける猪木。これはボクの持論なのだが、「偉大な男はダジャレ好き（例／大山倍達、黒崎健時、金田正一など）」だという結論に、完全に至らせていただいた（＝寛至）次第である。

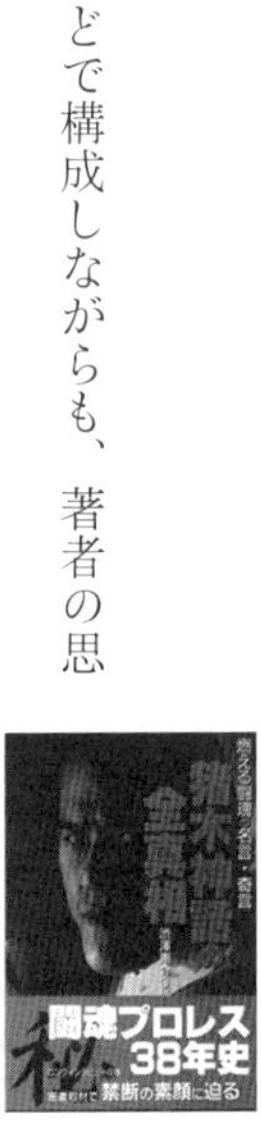

『もう一人の力道山』 李淳馹／小学館文庫／571円+税

力道山マニアのボクもうならせた傑作ノンフィクションの文庫版。なんと42ページにもわたる追加原稿では「韓国籍を持つ在日同胞」として星野勘太郎も登場し、かつて力

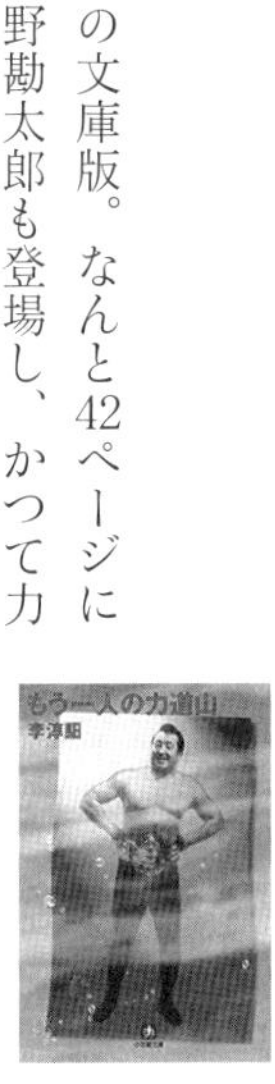

道山と同居していた幻の在日朝鮮人美女へのインタビューにまで成功しているのだ。これはハードカバー版を持っていても買うべきであり、もし持っていなければ絶対に買わなければならないと断言できる、男の必読書である。

『ヒクソン×高田戦の真実！』 Slam Jam・編／メディアファクトリー／1200円＋税

島田裕二レフェリーの顔に×印を付けるという、初期パンクラス的なビジュアルセンスに悪意を混ぜたような表紙が光るオフィシャルブック。

近藤隆夫君による冒頭の「序章・コラージュ」なる不思議なタイトルの原稿の時点で、「僕の中では終わっていたはずなのに、20世紀は終わっていなかったのか。いや、終わったことは事実なのだ」などと、勝手に20世紀を終わらせていたりするから非常に厄介なのだ。

さらにマスコミ報道徹底検証コーナーでは、唯一プロレス誌で髙田を全面支持した上でレスラーたちによる結果予想まで掲載した本誌をあえて無視し、ウチ以外のほとんどの雑誌を並べて「髙田がヒクソンに挑む……となれば、全国のトップレスラーからの応援メッセージといった記事が掲載されていてもよさそうなものだが、残念ながらプロレスマスコミは今回の一戦に対して、かなり距離を置いてしまったように思える」と臆面もなく書く。

これは以前、オフィシャルブックを書評で叩いたのが原因なのだろうか？　もしそうなら言わせてもらおう。応援できないよ。そして営業妨害だ（ヤスカク調）、と。

『アントニオ猪木の証明』 木村光一／アートン／1714円＋税

諸事情で書店には並べられなかったらしい『猪木論！』（有朋堂）の加筆訂正バージョン。「デビュー以来、馬場が猪木の前を走っていた」と木村光一君に言われると、「い

や、そのときジャイアント馬場は走ってない（笑）」と呑気に答えたり、猪木とゴッチのスタイルが違ってきた理由を聞かれると「俺がいい加減だから（笑）！」とこれまた呑気に答えたりと、相変わらずゴキゲンなアントントークが満喫できる。

だが、最も衝撃的だったのは「俺が北朝鮮で選挙に出たら絶対当選するのにね（笑）！」と語るほどに大成功を収めた平和の祭典を開催する3年前まで、力道山を日本人だと信じていたという事実であろう。良くも悪くも、何でも迷わず信じ切る男。それが猪木なのである。

12

前号で内容をソフトにしておいたので、とりあえずもう安心？　一部読者からの「ガンガン行け！」という要望に応えるべく、ほとぼりが冷めた頃にひっそりと路線を戻す、決して懲りることのない寝た子を起こす書評コーナー。

妄想原稿を堂々とリリースする根性はまさにロック！

『前田日明よ、お前はカリスマか！』　ローリング・ストーン／フットワーク出版／1300円+税

自分の会社をローリング・ストーンと名付けるだけあって、これまで「全女は府川のワカメ酒を客に飲ませなきゃダメだ」と赤裸々なことを言い出してみたり（＝SEX）、「初代タイガー対ウルトラセブンの試合は酷すぎて、俺は卵を投げた」などと妄言を吐いてみたり（＝DRUG）、海外マットに八百長があると聞けば勇気を出して天山に直接尋ねてみたり（＝R&R）と、その名に恥じない裏街道のならず者ぶりを発揮して転がり続けてきた大沼孝次君（35歳）の新作が、またもや登場。

どうにも「お前、何様のつもりだ？」と感じさせずにいられないタイトル（前田日明にこんなことを聞い

たところで「俺はカリ高!」と答えるに決まってるが)だけでも、長州的に言えば「この業界にいちゃいけない人間」であり、前田日明的に言えば「害虫」と認定されがちな彼氏らしいダメ仕事だと思うことだろう。まぁ、肝心の中身もタイトルとは全く関係のない、ファンなら誰もが知ってるような話を上っ面だけなぞっただけの代物なので、ズバリ言えばわざわざ読むまでもない。これまでの前田本を熟読しておけば充分というか、もはや『週刊プレイボーイ』の連載を1回読んだほうが、よっぽど初耳な話を知ることができるはず。

……と言いたいところだが、それでも大沼君はやっぱりケタ違いなのであった。

なにしろ大沼君によると、高校時代の前田は「ブラウン管に映し出される猪木と新日プロに熱い思いを抱いて」「高校を卒業したら新日プロに入りたい」と心に抱き、それも「全日本プロレスではなく、絶対に猪木の率いる新日本プロレスだと思っていた」そうである。

要するに、前田のプロレス入りに佐山や新間や田中正悟先生は全く関係なくて、もともと空手ではなく大の新日本プロレスファンだったらしい。そりゃまた衝撃の新事実発覚だ。

それで新日に入って長州革命が勃発すると、「正規軍の中に藤原、前田、佐山、髙田らも加えられ」たために、「前田の心の中で何かが弾けた。何で俺がこんな試合に出されなきゃいけないんだ。もう、まっぴらだ」と激怒し、「嫌気がさして飛び出した佐山聡に続くように、前田も新日プロを後に」して旧UWFは結成されたそうだ。

ここでも新間は関係なくて、悪いのは維新軍との抗争だったという誰も知らない新事実が勝手に明らかにされているのである。

これほどまでにSEX、DRUG、R&RのDRUG部分だけが大爆発したような妄想原稿を前田本として堂々とリリースする、その根性はまさにロック。転がりまくりである。

「猪木、前田がヒクソンと対戦できず、そして倒せないとなると、UWF神話ばかりでなく、これはプロレス史の崩壊を意味する」と結ぶのも、なんで歴史が崩壊するのかよくわからないが、さすが大沼君としか言えやしない。

ついでにローリング・ストーンの一員として参加している竹内規和君の視野の狭さも、かなりのものだ。ヒクソン対山本宜久戦で、フロントネックロックを仕掛けてきた山本をロープの外に放り投げて蹴りを入れたというヒクソンらしからぬ極悪な行為を「戦士らしい積極的な戦いをしようとしなかった山本への怒り」と言い切ったりと、完全に格闘技側のスタンスに立って前田本の原稿を書き殴るから、これもロックなのである。

たとえば「前田がパンクラスに対して暴言を吐いたことがあった。その際、パンクラス勢は戦いを辞さない構えを見せる」が、「リングス側からの返答がなかった」ため絶縁することになった、と。でも「あくまでも自分の道を信じる船木」は「一時期の前田を思い起こさせる」男だし、「パンクラシストが大挙してアルティメットに参戦するプランも進行中」で「客観的に考えても、恐らく、そのプランは成功することが予想される」。「そう、前田が見た夢の続きは、船木が、そしてパンクラスが受け継いでいるのだ」とのことなのである。

……もしかしたらキミたち、前田日明のこと好きじゃないね？ 褒めるなら褒めろ。叩くなら叩け。あからさまに前田引退に便乗した商売で中途半端なことばかりしてるのが、ボクに言わせれば最も不快な行為なのである。でしょ？

……と書いてきたところで裏情報が入った。どうやらこの本、リングスに無許可で出たブート本らしい。「せめて送本ぐらいするように」と事務所サイドが電話を入れると、彼らは「取材を受けてもらったわけではないので、ご購入下さい」と力強く言い放ったそうだ。

そういう経緯を踏まえた上で、この本をご購入するのかどうか判断していただきたいものなのである。

『裸のジャングル―衝撃の告白』

府川唯未／芸文社／1600円+税

「私は控室に入る事すら許されず着替えは暗くて寒い、今は使われていないような部屋や控室前の廊下でした。なぜって？　それは先輩に嫌われていたから……。ただそれだけ」

そんな調子の「衝撃の告白」ばかりが並ぶ府川の初単行本。雑誌などに掲載された学生時代の写真がどうにもヤンキー臭いとは思っていたのだが、彼女やっぱり元ヤンであった。

兄貴が「あんまり学校行かないで」「お母さんの事を殴ったり蹴り飛ばしたり」していたせいか、いつの間にやら「周りからは不良」と呼ばれるようになっていたという府川。

中学生にして教師やＰＴＡとのバトルを繰り返し、ヤンキーの先輩と交際していたという典型的ヤンキー道を突き進むが、「初恋の相手は女の子」だったという。

全女に入ったら入ったで、「いつ辞めてくれるんですか？」だの「あなたは全女の名を汚す」だのという差出人不明の手紙が届くわ、前述のように控室が使えず「ＣＤを出した時、歌の衣裳に着替えるのも、外の売店とリングトラックの間」。おまけに「後輩と話をしていれば『用事頼むな』『先輩ぶるな』と言葉の暴力なんて当たり前。いつも『気持ち悪い』って言われて」いたそうである。まさに全女イズム。

ちなみにギャラの遅配が続いて「事務所にお願いしにいくと『金食い虫だな』なんて言われ」た（やっぱり会長にか？）とのことで、「もぉ!!　あの赤のベンツどうにかしてって感じ」とヤンキーらしく激怒してたりもする。

そんな状況に救いの手を差し伸べた、つまり着替える場所と、ついでにアルシオンというイジメのない理想的な新団体を用意してさしあげたのがアジャコングだったというわけなのである。

「技だって規制されて、ビデオを見て『これをやりたい』と思って研究しても、やらせてもらえない。得意

技なんて、みんなやってみて一番きれいな人、説得力のある人がやるものだと思う」という府川の意見が通ったらしきアルシオン。「それだと下手したら、何の技も使えなくなるんじゃないか？」という疑問もあるが、府川の得意技は「ビジュアル」なんだからノー問題。なにしろこの本も「ビジュアルブックス」と銘打たれていたりと、かつてはアイドル扱いされることに腹を立てていたビジュアルファイター・府川の最大の武器を、嫌がらせのようにフル活用しているわけなのである。

『猪木イズム』 アントニオ猪木／サンクチュアリ出版／1600円+税

数え切れないほどリリースされた猪木引退本の中でも、桁違いに酷いと断言できる駄目な出来。……と、わざわざボクの知人が怒りの電子メールを寄こしたほどの一冊がこれである。

要するに猪木の知られざる暴走発言のみを小さな文字で紹介しまくった『悶絶！プロレス秘宝館Ｖｏｌ．２』でのボクの記事とは対照的に、ファンなら誰もが知っている発言だけをとにかくデカい文字で紹介しまくっているわけなのだが、それでも猪木引退試合の日にドーム周辺でビラを巻きまくったおかげで後楽園の書店で記録的なバカ売れぶりだったというのだから、世の中ホント間違っている（まあ、洒落にならないほどの混雑だったので中身を確認できたとは思えない以上、もはや事故みたいなものなんだが）。

実際、名目上は猪木名義ながらも本人が実際にコメントしているらしいのは前書き3ページ&最後の6ページだけでしかなかったりと、猪木本の中でも群を抜いてレベルが低く、少なくとも猪木イズム皆無なことだけは誰が見ても確実だろう。

過去の名言コーナーで同じ発言がダブって紹介されてたりと内容以前のミスも多いが、そもそも「猪木イズム＝アイアンハート」というチンケな図式のコピーをカバーに入れている時点で、すでに何もわかっちゃいないのだ。「世界でいちばん強く、いちばん優しいメッセージブック」という帯の一言も明らかに猪木を勘違いしているとしか思えないし、「レット・イット・ビー」「ビー・ヒア・ナウ」「バニシング・ポイント」といった曲名を各章のタイトルに使うロック魂も不快。つまり、いいとこなしなのである。

いくら25歳の社長が作った出版社からのリリースだからといって、この程度の本を『SPA!』だの何だので絶賛しまくるのは問題だろう。……と思っていたのだが、この本に挟み込まれていた「アイアンハートを受け継ぐのは、キミだ！」とかいう不可解なビラの「サンクチュアリ出版のトムソーヤ社長よりひとことと名付けられた発狂コーナーを見た瞬間、ボクはすっかり反省した次第なのである。

つまり、こういうことだ。

「オッス！　高橋歩（25）だぜ。俺は20代の仲間たちと『サンクチュアリ出版』という出版社を作り、熱い本を出版し続けている男だ。２年前に宝物だったバイクやギターを売り払い（略）今では『猪木イズム』みたいなイカした本を堂々と出版させてもらえるまでになった。アントニオ猪木に負けないくらい、強く優しいアイアンハートを手に入れるために、この３冊（名付けて「ホット・ユース・シリーズ」だそうである……）をぜひ読んでくれよな」

最高にゴキゲンじゃないか、トム！

で、そのウンザリするほど暑苦しそうな青春本シリーズでは「夜の街でのギター弾き語り」「潜在能力開発合宿での涙シャウト」「神秘のドルフィンスウィム」「聖者サイババと語ったインド旅行」といった自分の赤裸々すぎる体験について語りまくっていたりと、もはや完全にサイババと手相が同じと自負する将軍ＫＹワカマツ級。明らかに宇宙のパワーか何かが頭にステイしているとしか思えないね、彼氏。

この手のあからさまにウサン臭い人種もブラックホールのような磁場でどんどん引き寄せてしまう猪木は、やっぱり尋常じゃない男なのである。

『ゴング増刊号 30yearsグラフィティー』

日本スポーツ出版社／800円+税

見てみ、このジャケ！　キックボクシング系の増刊号がないのは惜しいとはいえ、現在ボクが必死にコレクトしている最中の『プロレス写真画報』や『ミル・マスカラス　その華麗なる世界1&2』『燃える闘魂アントニオ猪木』『猪木ーアリ夢のスーパーファイト展望号&詳報号』などをキッチリとカラーで紹介する、非常に有り難い一冊。親が死んでもマスカラスなボクや、元マスカラス・ファンクラブ会長の山口昇的には、これだけで合格なのだ。

ただ、当時の記事をガンガン再録してくれたらもっと面白くなったとは思うので、いつかは「カンフースターは俺様と違って全員ニセモノ！」だのと適当なことを吠えまくる初期のマスカラス記事&カラーグラビアをまとめた別冊でも出して欲しいものなのである。

『超時代的プロレス闘論──われらプロレス・ジェネレーション』

岡村正史、川村卓／三一書房／1500円+税

良くも悪くも初期『プロレスファン』のムードを色濃く感じさせる一冊。表紙こそnWoだが、現在40代半ばの著者がタッグを組んでプロレスを「あさま山荘」「つげ義春」「南沙織」なんかと一緒に語っちゃったりするアナクロな本をnWoファンは決して読むこともないだろう。

八百長問題に関する各媒体での記事を集めているのは評価に値することとは思うが、なかでも最もボクの心を打ったのは「山本編集長が解任されてからの『週プロ』に変化はあったのか？　浜部編集長になってからトップ記事に破天荒なところがなくなったものの、基本的にはそれほど変わってないように思う」とかいう岡村正史君の問題発言であった。

それほど変わってないらしいですよ、山本さん！

『ファイト縮刷版―アントニオ猪木引退記念』

週刊ファイト編集部・編／双葉社／1714円+税

旧『ファイト縮刷版』マニア（もう続きは出ないのか？　昔のファイトは表紙がタイガー・ジェット・シン＆花の応援団＆日活ロマンポルノ女優で志賀勝インタビュー収録だったりと、ポルノと野球とプログラム・ピクチャーと芸能が渾然一体となっていて実に最高であった）なボクのみならず、予想以上に安いのでとりあえず男なら「買わねば！」な一冊。

双葉社発行ゆえか、プロレス雑誌の取材はほとんど受けない小林まことがコラムを書いているのと、ミスター高橋が猪木のことを「狂っていて手が付けられない」と断言しているのもポイントである。やっぱり間近で見ていれば、そういう感想しか出てこないものなのだろう、きっと。

『格闘技スカウティングレポート１９９８―完全版』

近藤隆夫／ぶんか社／1400円+税

スポーツジャーナリストの近藤隆夫君が独断と偏見で総合＆打撃系格闘家の強さを測定しまくる、装丁の割には値段が高め（『ファイト縮刷版』との差は３００円）な一冊。読み物ではなく実用書なので書評するようなもんじゃないが、近頃の格闘家は覚えづらい名前ばかりなので、便利っちゃあ便利。

個人的には「あまり知られていないようだが、小路は実は元プロレスラーである。かつては誠軍団の一員として『誠軍団1号』という名でリングに上がっていた」と初めて活字化したことを評価したい。

そう、高田がヒクソンに負けたあの日。プロレスや20世紀を勝手に終わらせたつもりになっている単純な輩も多かったものだが、実はインディーがグレイシーと引き分けた記念すべき日でもあったのである。誠軍団1号がヘンゾと引き分けたぐらいなのだから、誠心会館のボス・青柳政司館長はきっと「バカ強い」（高田調）はずなのだ。

やったれ館長!! どれだけ卑怯な手を使ってでもいいから対戦をせまれ!!

13

「反響のない原稿は書かない」という勝手なポリシーに従い、『プロレスマスコミ観察雑記』を連載中止としたストイックな筆者が細々と続ける、「賛同させてよ!」(前号の不人気ページ)と言われれば「賛同できないよ!」とキッチリ答えるような、NOと言える日本男児のための書評コーナー。

猪木名義の著書の中では最高峰に位置する自伝。下ネタに注目!

『猪木寛至自伝』 猪木寛至/新潮社/1600円+税

本来、政治家とは綺麗事を言ってナンボという職業である。ゆえに我らの木村健悟兄ィが先日の選挙で惜しくも落選したのも知名度や学歴の低さなんかでは決してなく、何でも素直に話しすぎるという人間的には正しい姿勢が政治家的に問題があったために違いない。世の中、そういうものである。

それは当然、現役に限らず元・政治家であろうとも同じことなのだが、やはり猪木だけは例外であった。なにしろ猪木はたとえどんなダーティなことであろうとも、聞き手やファンが喜んでくれるのでさえあれば素直に何でも暴露してしまうのである。凄いぞ、猪木!

猪木名義の著書の中では最高峰に位置すると思われるこの自伝。数年前に障害者プロレスの映画を作ったことで知られる昭和のプロレス者・天願大介監督が構成したためか、いつもより余計に猪木が暴露しまくっているという、一人一冊必携の素晴らしき名著なのである。

どうもプロレス雑誌などでは「馬場が(力道山から)受け継いだのは、あの葉巻だけだ」だの「正直に言おう。私は藤波を後継者だと考えたことは一度もない」だのといった「キラー猪木のひとりごと」部分ばかりをピックアップしているようだが、ボクに言わせれば最も重要なのは下ネタなのだ（ゆえに馬場関係では、馬場に「その当時は好きな人がいて、それでも一緒になれないという悩みも持っていた。彼がアメリカへ行っている間に誰かが別れさせたのだと思う」という発言のほうが重要）。

たとえばブラジルでの少年時代の場合では、こういうことだ。

まずは「ドラム缶に沸かした風呂」に入ったとき、「どういうわけだかムスコがぐんぐん大きくなって」きたために「俺は体も大きいから、あそこまで大きくなってしまった……」「これは異常だ」と勃起しただけで「悩みに悩ん」でしまったことや、「自分を慰めることも知らないので、ただただ夢精していた」ことを、いきなり素直に告白する。

さらにプロレス界に入ってからも、「大木金太郎に連れられて遊び場に行って、無事童貞を捨てた。大木さんには誠に感謝している」という17歳での童貞喪失以降は、「福岡に巡業に行ったとき、中洲に女遊びに行った。金を払いベッドに寝て女を待っていると、いつまで待っても女が来ない。何のことはない、女に騙されて金だけ取られたのだ」などと、かつて猪木バッシングが吹き荒れていた当時、元美人秘書にあれだけ売春問題を糾弾されたというのに、懲りることなく赤裸々な売春告白を次々と明るみにしていくのである。

凄ぇ！

中でも最もシビレたのが、「リキパレスの隣が連れ込みホテルだった」ため「私も留守番で覗いているうちに、すっかり興奮してしまい、もう我慢できなくなって渋谷の町に女を買いに走った。で、朝帰りしたところを運悪く力道山に見つかって、怒鳴られてしまった」という、男らしくも非常に間抜けなエピソードだ。

後に東京プロレスの事務所を「渋谷の連れ込み宿」に設置したのも、きっと若手選手のことを考えての配慮だったのであろう、きっと。

その後も、生年月日が全く同じ最初の彼女と2人が20歳になった夜に結ばれたことから、アメリカ遠征中での17歳の家出妻との交際や売春婦との交渉話まで、いちいち克明に完全再現。

挙げ句の果てにはモンゴリアン・ストンパーに親切心から人参ジュースをジョッキで6杯飲まされて「異変が起き」、「ムスコが元気になってしまい、三日三晩立ちっぱなしになってしまったのだ。これには困った。試合のときも一向に衰えないのである」という素晴らしすぎるバカ話まで公開する始末なのだ。

どうやら元気が売り物の猪木は、股間にも元気な闘魂が宿っていた様子である。まさに闘魂棒。

他にも大手宗教団体・GLAの高橋信次が「アリの守護霊は物凄く強い！　パンチを食らえば一発で目が潰れます」と予言したかと思えば試合の前日に急死したことや、会社の経理に金を持ち逃げされた猪木が「もう新日本も潰れると思い、ヤケクソになってディスコで踊りまくった」ことなど、これまで聞いたこともないような衝撃の話が次々と登場。

それだけでも十分に定価以上の価値があるというのに、勢いに乗って二度も繰り返した離婚の原因まで堂々とカミングアウトしているのだ。

なんとアメリカ人だった最初の女房との離婚原因は「東南アジアを転戦し、試合が終わった後は恥ずかしい話だが私は幹部たちに誘われて連日夜の街に繰り出していた」ためであり、二度目の女房・倍賞美津子との離婚原因は「たまたま外国から知り合いの女の子が私を訪ねてきた。結局、一緒に泊まったのだが、そのとき美津子は」「雨の中、傘もささずに、マンションの前でずぶ濡れになって」「私の帰りを待っていた」ためらしい。なんとも切ない話である。

それにしても、こんなことまで素直にカミングアウトする政治家もおそらく猪木だけだろうが、そんなプロレスラーだって確実に猪木だけなのだ。

写真週刊誌に浮気を狙われたときも、咄嗟に逃げておきながら「すみません、写真撮らせて下さい」と言われると「私もバカだから、断ればいいのに撮らせてあげた」りする猪木を、ボクは全面的に支持する次第なのである。

『ドージョー010』　ローデス・ジャパン・編／光進社／1200円+税

010って何？　という疑問を誰もが抱かずにはいられない（SMAPのアルバムタイトルが元ネタらしい）不可解なタイトルだが、肝心の中身は自信を持ってお薦めできる、昭和の新日的な古き良き道場観を否定するかのような道場開放ムーヴメントの波に乗るレスラー&格闘家たちのインタビュー集である。

……って、これは別に花くまゆうさく先生や浅草キッド、松本ハウスといったお笑い界などのビッグネームと共にボクもコラムを書いているから言ってるわけでもないので、念のため。

個人的にはアレクサンダー大塚がバトラーツ道場について「他のスポーツクラブなんかに比べたら、設備がまず整ってないじゃないですか。練習終わって汗だくになって、でもシャワーも浴びられないっていうのはやっぱりダメだと思うんですよ」と語っているにもかかわらず、そのすぐ後で「練習で汗だくだくになっても道場の水道代のことを考えてシャワーを浴びずに帰る！　そういう道場思いの人たちにはぜひ来てもらいたいね」と臆面もなく言い出すニンジャ2号ことバトラーツのインチキ・レフェリーのユージ・シマダが最高だ！

なおニンジャ2号曰く、バトラーツ道場とは「あくまでもアクティブ、そしてしなやかに歌ってってって感じ」だそうである。こういうインチキなことを言わせれば日本一だね、この人は。合格です！

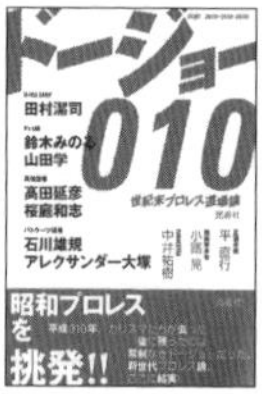

『弾圧』　ターザン山本／双葉社／1500円+税

「プロレス界に非常ベルが鳴っているのに、誰も気付かない！」
「俺の人生にも一回ぐらい幸せなことがあってもいいよな！」
そんなプロレス史に残る歴史的名言を長州から直接聞き出したにもかかわらず、その長州によって見事な

までにプロレス界（というか『週プロ』）から追放された落武者亡霊・ターザンによる、ちょっと時期外れの長州本。

いつものように「インタビューをしようとしたら、長州の右手には煙草があった」だの「私が『週刊プロレス』の編集長を辞任することになった最大の原因は、ベースボール・マガジン社が無能だったからだ」だのと派手なフライング発言を繰り返した挙げ句、取材拒否の原因となったとされる東京ドーム興行『4・2夢の懸け橋』に対しても最初は長州が大いに乗り気で「頑張れよ！　ただし天龍には気を使えよ。へそを曲げさせないようにな……」とわざわざ気を使って注意してくれていたことまであっさりと暴露するから、さすがはターザン。

そこまで親切にアドバイスされていながらも結局は天龍を激怒させるんだから、ある意味では本当に凄い男である、いやまったく。

それにしても長州とターザンといえば「山本、Uはお前なんだよ！」というこの本でも当然ながら取り上げられている長州の名台詞を抜きにしては語れないのだが、ここにも大きな誤解が存在するとボクは推測している。

長州に「Uはお前だ！」と言われたターザンは、「そうなのか！」と自覚した瞬間から暴走機関車ぶりに拍車がかかっていったと思われるのだが、ボクに言わせれば長州の真意はそんなものではなかったはずなのである。

新日にカムバックしてからの長州は、猪木という巨大な存在に対して牙を剥き、そしてひたすら猪木になろうとしていた。やがて、それが無理だと気付いたときに「力道山になる」と方向転換をしたことが国籍、性格ともにベストマッチしたために、現在の地位を築くことに見事成功。ゆえにマスコミ対応なども力道山テイストになっていったと推測されるわけである。

そしてこの「Uはお前だ！」発言は、長州はまだ猪木になろうとしていた頃に発せられたものなのだ。これはどういうことなのかといえば、ズバリ言って駄洒落なのである！

つまり、長州は「山本、お前はＵがどうとかいうけどな、俺に言わせりゃ『ＹＯＵ』は『お前』の意味だというか、ダハハハハ！」という程度の猪木チックなギャグを飛ばしたかっただけだったんじゃないかと、ボクは確信しているのだ。要するにユセフ・トルコの口癖として知られる、「ＵＷＦ？　ユーだかミーだか知らないけど」と大差ないはずなのである。

勇気を出して一世一代の駄洒落を言い放ったにもかかわらず「そうか、俺がＵだったのか！」とバンバン机を叩いて勝手に炎上するターザンを見て、長州は「いつか潰してやる！」と心に誓ったのに違いない。そう考えながら読むと非常に興味深い一冊なのである。

『実はこうだった!!―プロレス・格闘技あの謎が解けた』

プロレスマスコミ精鋭チーム／東邦出版／１３００円＋税

表紙やタイトルだけで完全に読者を読む気にさせなくしてしまうという、非常に珍しい一冊。ハッキリ言ってこの装丁と著者名から推測すると、プロレス知識の浅い著者がレベルの低いホラ話を適当に書き殴っているのに違いない――そう思われて当然なのである。

実は「佐山のスポンサーとのトラブル」や「冬木のＷＡＲ離脱の真相」「ターザン後藤のＦＭＷ離脱の真相」「全女分裂の真相」（京子が裏切ったので、みんなアジャ派になったとのこと。そうなのか？）といった、それなりの業界裏話をそこそこ暴露しているにもかかわらず、表紙だけで勝手に舐められてしまうのは完全にマイナスだろう。結局、本なんて見た目で判断されるものでしかない。稀代のダメ本『前田日明よ、お前はカリスマか？』が売れたのも、それだけの理由に過ぎないのである。

『ブル中野のダイエット日記』

中野恵子／ブックマン社／1300円+税

「ベビーフェイス（新人）のとき、いい役と悪い役に別れる」というファンタジー溢れる表現を見ればわかるように、プロレス知識があまりないと思われる人物（ダイエット・ライターか?）が構成したためなのか、ある意味では女子プロ版『ケーフェイ』的な面白味も意図せず出てしまった不思議な一冊。

　アジャと闘っていた頃のいわゆるブル全盛期にしても、「試合が終わったら、みんなで焼き肉屋さんに集結、脂身の多い上カルビをどっと注文して、怒濤のようにワーッと食べて、お酒をガンガン飲んで、カラオケで盛り上がって、そこでもグイグイ飲んで、最後にまた思いっきり食べて帰る」などと回想し、いきなり三禁の一つ「禁酒」を獄門党ぐるみで大っぴらに破っていたことを、まずはあっさりと公言。

　まあ、大酒飲んで大飯喰らうというのは、昭和の男子レスラーみたいで非常に好ましい行為でもある。そういう意味では全く問題なしだ。

　かと思えば、ついでにこんなことも告白開始。

「あれだけ好きだったお酒もキッパリ止めることができたのに、ただ一つ、どうしても止められないものがあります。タバコなんです。決してヘビースモーカーじゃないんですが、1日1箱（20本）というのが、プロレス時代からの習慣でした」とのことなのである。

　これで結局は二禁目まで破ったことになるのだが、ターザンによると長州だって吸ってるんだから問題なしだ！　獄門党というワルのキャラクターに徹する以上は、大酒飲むのも煙草吸うのも芸のうち。ブル中野、合格である。

『女子プロレス新世代総登場！』

メディアワークス／1500円＋税

女子プロの若手のみに取材したインタビュー集という、近頃の女子プロ界の逆風ぶりを考えると売れるわけもないと思うが、それでも個人的には評価してさしあげたい一冊。

なにしろ初期キューティー鈴木チックな「絶叫」系ファイトスタイルをとことん極めたかのような現在長期欠場中の貧血女王・高橋麻由美が発する怪しげな毒電波の素晴らしさに、心からシビレを感じてしまった次第なのである。

貧血で毎日ブッ倒れていた文科系少女（趣味は古代遺跡やピアノ、演劇）という、新生全女所属らしいとんでもないバックボーンを持つ彼女。

巻末アンケートによると、「これまでの人生で一番嬉しかった」のは「女に生まれたこと」であり、「一番悔しかった」のは「好きな人を取られたこと」、「一番腹が立った」のは「人に騙されたこと」、「一番悲しかった」のは「人に裏切られたこと」だそうである。

人生を感じさせるコクに溢れまくった回答の数々に、どうにもズバ抜けまくったセンスを感じずにはいられないのだ。

これまた現在失踪中のガチヤンキー・中原奈々も含めて、つくづく心から復帰が待たれる裏ビッグ２である。

ついでに言えば、好きなものに「イエローモンキー、すごいよ!!マサルさん、女囚さそり（梶芽衣子のみという指定付き！）」を挙げている、プロレス界では珍しく真っ当なセンスを持ったＪＷＰの渡辺えりかも合格だ！

『U多重アリバイ』　スコラ／1300円+税

世の中には大きく分けて文章を書いていい人間とそうじゃない人間の2種類が存在する。

ところが本来なら文章を通じて何かを発表するべき側なのにチャンスがないまま世間に埋もれている人がいるというのに、人様の前では決して文章なんか書いてはいけない側だと気付かずにのうのうと原稿で飯を喰っている奴もいたりする。この作者・Ｓｈｏｗ氏がどちら側なのかはわざわざ書く気もしないんだが、それが現実なのだ。まったくもって世知辛い世の中である。

唯一、ターザンがＳｈｏｗ氏に「お前はこの世界に向いてないから田舎に帰れ！」とズバリ言い放ってくれたり、座談会の部分でウチの山口日昇がＳｈｏｗ氏の駄目ぶりを糾弾してくれている部分だけは溜飲が下がる思いで読めるのだが、その座談会の扉でも眼伏せを入れた自分たちの顔写真を選手と全く同じレベルで掲載するという不快な編集センスを発揮してくれるのだから、不愉快極まりない。目障りなのである。

まあ、『スコラ』誌に掲載されたU系選手のインタビューをまとめた内容自体は、別にボクがどうこう言う筋合いのものでもないだろう。「前田日明っていう男は、自分で難しい本を読んで、その意味がわかってない」「山崎一夫っていう男は、俺らを気にしてるフリをして自分のことしか考えてねえ」などと無闇に吠えまくる中野龍雄なんかは確かに面白いし。

だが、新ネタとして「藤原対佐山」という誰がやっても確実に面白くなるはずの対談を実現しておきながら、いいギャグが炸裂するたびに「一同　大爆笑」だの「一同　やっぱり大爆笑」だの「一同　それでもやっぱり大爆笑」などの余計な文章を挟み込むお寒い編集センスでいちいち笑いを消していくのは、本当にいただけないのである。でしょ？

他にも「ク○」（糞）などと余計なところを伏せ字にしておきながら、以前ボクが本誌に掲載した佐山インタビューや藤原&荒川対談ですでに掲載したネタを「これ、載っけていいのかわかんないけど」という発言付きで載せるセンスもお話にならない。

「ウゥ〜ウルウル」などの不快な言語センスを炸裂させながら「坂本竜馬、出てこーい」と言い出す「あとがき」的なものを、「やっぱり松田聖子こそ『プロ』だと思う」という追伸で最後に締めるのも問題ありますよ（前田調）！

この編集を担当したスコラ氏は本書で「あとは、この本を『紙のプロレスR』の書評がどう扱ってくれるのかだけですよ……。どうせセンスないモン」とボヤき、Ｓｈｏｗ氏は「そうスネるなよ。大丈夫、俺の大好きな変わり者の吉田豪ちゃんだもん」とわけのわからないことを語っているが、ボクが言いたいのはそういうことです！

断言します。ボクは本誌で『Ｓ多重アリバイ』をやります！　こんなレベルの低いことされて誰が黙っていられるよ！　でしょ？　ボクが言いたいのはそれだけです！　ＳＷＳ万歳！

14

『U多重アリバイ』の書評が読者や関係者などの間で異常なまでに大好評。これはボクが支持されているからなのか、Show氏が異常に嫌われているからなのかは謎なんだが、そんなことはどうだっていいんです！　というように、ちっぽけな相手は決して視野に入れない、いつでもグローバルな書評コーナー。

活字の世界でもミスター・デンジャーはいつ何時誰にでも牙を剥く

『ミスター・デンジャー――プロレス危険地帯』　松永光弘／長崎出版／1800円+税

以前、ステーキ屋で「いま、本を書いてるんですよ」と松永に告白されたときのこと

だ。佐山チックな本になるのかと思って「じゃあ、『ケーフェイ』みたいな感じですか?」とボクが聞いたら、なぜか「ケーフェイ話は書きません!」とすっかり誤解されてしまったが、これは明らかに『ケーフェイ』以上に危険な一冊である。

さすがは会長が犬の鳴き声と花火を嫌うため、犬の飼い主や花火をしている子供を幹部に注意させたり、そこで反抗されたら木刀で犬を叩き殺させたり、ついでに飼い主までボコボコにさせて警察沙汰になった(『紙プロ』本誌でボクが取材した情報)という「猪木寛至と水谷会長が作り上げた地上最狂・最後の格闘技」寛水流の出身者。

なにしろ「あの水谷会長の狂気な目を思い出すたびに、ミスター・デンジャーの起源は寛水流にあったと実感させられる」と松永も証言しているのだが、その会長の付き人時代に花火を打ち上げた奴を実際に脅していたのが、実は松永だったのだという。

まさに闘魂は連鎖する、であろう。

ちなみに松永が寛水流時代、「一番困ったのは、水谷会長から千代の富士(現・九重親方)への挑戦状を渡されて、『これを横綱に渡してこい』と言われた時だ」「会長は以前にも、横綱北の湖に挑戦状を出そうとして、その時、新日本の幹部から『国技館が使えなくなるから、相撲協会を相手にするのだけはやめてくれ』と言われていた事を忘れていたのだ」というのも、さすがは寛水流。

まさに近頃の格闘家が忘れつつあるサムシングばかりをとことんまで凝縮した、異端の空手流派だろう。

そして「ジャイアント馬場にも挑戦状を出し」、「いつだったか、僕が水谷会長と話をした時には、『馬場の水平チョップなんて、あんなものは簡単にかわせるけど、ヘッドロックはちょっとキツイだろうなあ……』などと」クソ真面目に言っていたことまで公開するから、とんでもなさすぎである。

馬場への挑戦問題はちょっとばかりデンジャーなのでボクも『紙プロ』には伏せ字で誌面に載せたのだが、さすがは松永。そんなことすらノー問題だ。

新日でのグレート・ムタ戦が発表されたとき、松永は「もし、どうしてもドームに出なくちゃいけなくなった時は、俺、殺っちゃいますよ」と小鹿に断言したそうだが、その言葉にも説得力すら感じてしまうほどなのである。

要するに活字の世界でもやっぱりミスター・デンジャーな松永は、いつ何時、誰にでも非情に牙を剝くわけなのだ。伊達にFMW時代、付け牙を装着しちゃいなかったのである。

たとえば「電流爆破は見ておもしろいとは思ったが、あんなものTVのバラエティーでキャリー東野を相手に、天地真理だってやってたじゃないか。俺がやりたいのはTVのバラエティーなどで絶対真似できないようなデスマッチだ」と、まずは大仁田に牙を剝く。

そして、かつての盟友・金村ゆきひろが「他団体の練習してないような若手なんかと一緒にされたくない」とスーパーインディーを宣言すれば、「金村自身、W★ING時代は道場がなかったから満足な練習はできなかったし、新生FMWになってからは、『今年からは真面目に練習やりますから、ジム行く時は誘ってください』と俺に言っておきながら、1年間で15回しか来なかった」などと牙を剝き、えらく具体的なことまで暴露してしまうのであった。

その他、「おもしろいから」という理由だけで「世間知らずのポーゴ」をW★INGの副社長にしたことや、ポーゴがコックリさんに熱中して「霊にとりつかれてるんだよぉぉぉ！」と巡業先のホテルで大騒ぎしたこと。はたまたダン・スバーン戦の前に「サンボの経験がある神格闘十字軍の矢口壹琅に、ガードポジションだけを徹底的に教わった」ことなど、ボクらの夢が膨らみまくる素晴らしい話を次々と暴露。

それでも「俺は本書が暴露本であることを強く否定したい。だいたい、ミスター・デンジャーが暴露本を書いたら、こんな程度の内容で済むはずがない」という最後に負けず嫌いぶりまで発揮する松永を、ボクは全面的に支持する次第なのである。なにしろＳｈｏｗ氏の数十倍は文章も上手いし。必読。

『プロレスから学ぶ 一撃！必殺技完全マニュアル』

猫だましプレス／ビー・エス・ピー／1300円+税

思えば『東スポ』紙上で「レスラーの必殺技を紹介し、実生活でたまるストレスを晴らしてしまおうというユニークな一冊」という本書の紹介文を読んだときは、さすがのボクも衝撃を受けまくったものである。

「いじめでプロレス技が使われた！」などとマスコミでとかく糾弾されがちな昨今だというのに、まさか世間の感情を逆撫ですることを目的としてリリースしたわけじゃないだろうな、と。

ところがビックリ。その主旨は「なんとかプロの格闘家が開発した技をオフィスの中で生かしていきたい」という、ボクには全く理解できない不思議なところにあったのである。

つまり「派手なホストクラブに勤めているくせにあいつ、手堅くマンションのローンを組んでいるらしい……。まるでトップロープから飛び上がっても、ヒザ十字なんて関節技を決めてしまうケンドー・カシンにそっくりじゃないか？」などという説得力皆無の強引なギャグで様々な必殺技をオフィスで使うコツを我々に伝授してくれた後には、「出世争いに勝つためにも、この本で社会生活の傾向と対策を練ってみてはいかがでしょう」と、これまた強引に締めるわけなのだ……。

本文とデータを、ボクも個人的に好きな『ガロ』系漫画家・三本義治先生が手掛けているため、ちょっと言いづらいのだが、正直言ってちょっと読むにはキツい低レベルな内容でしかない。

普段、三本先生が漫画で描いている「ホームレスのハーリー・レイスがどんどん偉くなる話」のようなコクや深み、そしてファンタジーが皆無なのは残念である。

『My Bible』 蝶野正洋／ルー出版／1429円+税

今月の聖書その1。プロデュース&ディレクションを平成の猪木番・木村光一君が手掛けた、男（というかnWoファン）のバイブル。蝶野が入場時に持参することになるらしいアリスト・トリストの聖書と全く同じ代物を、会場売り限定で販売したというバージョンがこれである（書店売りバージョンとは表紙が異なるらしい）。

で、肝心の中身はというと『週プロ』の広告で「この本は読み物なんかじゃない」「感性を受けとめる準備をしてから手に取れ」「読むな。感じろ」などと、かなりとんでもないこと言い切っているだけあって、「白ははかない」「ファッションに惑わされるな」「リスクは甘い」「遊べ、ただ無心に遊べ」「無知は無垢ではない」「音楽は色彩だ」「勝利は美しい」「勝利は醜い」などの明らかに蝶野が考えたとは思えない、それでいて深いのか無意味なのかもよくわからないシンプルな言葉が1ページに2個ずつ紹介されていくという、シンプル極まりない構成なのだ。

なにしろ調べたところ、1ページ当たりの文字数は約40文字。本文なんて15文字程度だ。そういうわけで定価を考えると割高感を嫌というほど感じさせてくれる、非常に珍しい一冊であろう。

『船木誠勝の格斗誠書』 船木誠勝／ベースボール・マガジン社／1500円+税

今月の聖書その2。『ハイブリッド肉体改造法』がベースボール・マガジン社史上に残る記録的な売り上げとなった船木&ヤスカクおじさん（マイ・フェイバリット・ハイブリッド・ライター）の最強タッグによる第2弾である。

なによりも世間では宗教的だと言われがちなパンクラスが遂にバイブル（誠書）を出したという事実が、個人的には非常に感慨深い。

といっても『格通』で連載されていた船木の技術講座をまとめたものでしかないため、「セメントとの遭遇」や「ゴッチさんから学んだ心の強さ」などについて船木が語る第一章についてのみ軽くコメントさせていただこう。

相変わらず「5年もあれば、パンクラスの選手をバーリ・トゥードで勝てるようにできると思います」などとえらく長いスパンで考えている船木は面白い男だと再確認した次第なのだが、ちょっとした表現だけは気になった。

たとえば、「私はいろいろなジムに通い、または技術書を読み、レスリング、サンボ、ボクシング、ムエタイなど、さまざまな格闘技を知るように努めてきました」という、船木の前向きな姿勢が伝わってくる文章だ。

新日時代の船木が日本古来のとある有名な格闘技にハマり、リバプールの風（現・ライガー）と2人で道場に通っていたというのは、あまりにも有名すぎるエピソードである。

それが、「17歳のとき、某格闘技道場で出会ったのが廣戸聡一さんでした。関節技の師匠は藤原さんですが、打撃の師匠として初めて憧れた人が廣戸さんでした」などとすっかり格闘技名が隠蔽されているのはなぜなのか？

ぜひともボクに教えてチョンマゲ、ヤスカクおじさん！

別にパンクラスをどうこう言うつもりもないんだが、UWFや某格闘技団体（骨法）といった過去の関係を次々と否定していくのだけは、ちょっと応援できない傾向だと思う次第なのである。

『リングドクターがみたプロレスラーの秘密』 富家孝、林督元／三一書房／1600円+税

「リングドクターがみた」という割には医学的な部分とは一切関係のない、単なるプロレス本からの引用で埋め尽くされた、変わった本。

そもそも富家孝先生や林督元先生が、いちいち馳や新倉の本のみならず、『不沈艦スタン・ハンセンの必殺！ラリアート一直線』や鈴木庄一・著『宿命のライバルG・馬場A・猪木』などのマイナー本まで熟読した上で、わざわざそれを日本のプロレス史的な原稿を書く際に引用するとは思えない。とすると、やっぱりゴーストライター仕事ってことだろうか？

などと、謎は無限に広がってしまうのだが、そんなことは一切ノー問題。木村政彦の「最初はプロ柔道ですね。その年にハワイに渡ってプロ柔道の興行をやった。その後、プロモーターの依頼でプロレスの稽古をした」という地の文で書けばいい程度の発言でも、わざわざ『『Ｎｕｍｂｅｒ70』／文藝春秋社刊」などと出典まで明記して掲載する義理堅さに、ボクは敬意を表してさしあげたいのである。

なにしろ「『紙のプロレス』No.３／山口昇氏のゴッチへのインタビューから」という、聞き手のクレジットも入れたとんでもない引用まであるほどだし。

タイガーマスクを「黄金の仮面をかぶったレスラー」と表現したり（あれは黄色い虎の仮面であり、ゴールデン＝マスクはタイガーマスクの原作に登場したレスラー）、マスカラスは「〝ミスター・パーフェクト〟とも呼ばれた」などと聞いたこともないことを言い出すのも、とりあえずノー問題！

……と思ったが、ボクの記憶では「ジ・インベーダー２号」でしかなかったホセ・ゴンザレスを、「わが国のリングにも〝ウルトラセブン〟という〝仮面レスラー〟として登場したことがある」などと高杉（セブン）呼ばわりしたり「仮面レスラー」という勝手なジャンルまで生み出したりするのは、さすがにちょっと問題ありなのである。

『必殺！プロレス激本』 双葉社／933円+税

スーパーバイザーを務めたターザン山本氏には申し訳ないが、これは近年稀に見る悪質極まりないプロレス本である。それも全て「今時ダサいかもしれないが〝挑発するマ

ガジン〟〝本気マガジン〟をやっていくのだ！」というターザンの言葉に乗せられたらしき執筆チーフ＆編集長が、どうにも余計な暴走を繰り返したためなんだろうが。

なにしろ執筆チーフの須田鷹雄とかいう男は「競馬業界ではお笑いライターと呼ばれ」ているそうなのだが、そんな彼が考えたバーリ・トゥード用の秘密兵器というのが、なんとビックリ「超ワキガレスラー」「超モーホレスラー」「超足ツボレスラー」「超くすぐりレスラー」だというのだから、ボクにはもう言葉もない。競馬業界における笑いのレベルの低さを心から痛感させていただいた次第である。

チーフの時点でこうなのだから、他のライターが中田潤＆田端到の両氏を除くと非常にとんでもないことになっているのも当然というもの。

なにしろ巻頭の髙田延彦インタビューからして「プロレスは八百長だと30年以上も思い続けてきた」ライターに、ヒクソン戦は「どこまでマジだったのか」を「彼の言葉と表情から追及」させるという、完全に狂ったとしか思えない企画なのである。

こんなことで一体、編集サイドはボクらに何を訴えかけようとしているのだろうか？

続いて日本一ファンタジーに包まれた魅惑の団体・ＵＦＯの広報であり、タチの悪い発言で知られる佐山聡のインタビューの場合も同様だ。

「ＵＦＯのプロデューサーである佐山の話は私にとっては退屈なものだった。健康にして健全すぎるのである。毒がなさすぎると言い換えてもいいかもしれない」などと、『紙プロ』読者的には想像も付かないような結論を導き出すのみならず、文章の締めには佐山の言葉でもなければろくな伏線も張られてはいない「へっへへ……、こんなところでくたばれますかってんだ。生きてみせますぜってんだ」などという言葉を持ち出すのだから、つくづく本当に意味不明。

この本の主旨は「お寒いライター」の須田君に言わせると「業界のムラ人じゃないという立場を活かし、身もフタもない突っ込みを入れる」ことにあるそうだが、とにかくあまりに身もフタもなさすぎなのである。

そして最も問題なのが編集長の黒須田守君（元『別冊宝島』）による、本誌に掲載された格闘技選手やアマレスの五輪男・谷津などのインタビューに触発されたとおぼしき「敵か味方か!? アマレス五輪メダリスト・太田章」なる謎のインタビューなのだ。

そもそもボクに言わせれば、太田章はプロレスとの接点もろくになければ現役の選手（＝自分の発言に自分で責任を取れる立場）でもないため、最初から敵でも味方でもない。単なる別の業界の人間である。

それゆえ「プロレス？　どう考えてもあれはショーに過ぎないでしょ」というスポーツマンらしい考え方を持つ彼氏に、「パンクラスのような格闘技系のプロレスはどう御覧になってますか」だの「パンクラスは真剣勝負であることをかなり強調していますが」だのと無神経な質問をぶつけることには、何の意味もありゃしないのである。

結局、「俺には興味ない話」だと言っている太田章から、「本気っぽく見せてるけど、実際はプロレスだからね」「（パンクラスも真剣勝負は）絶対にやっていない」という答えを引き出すことにも成功するのだが、これをわざわざ「受け取り方次第で、あなたはプロレスファンをやめなければならなくなるかもしれない。ハッキリ言って太田氏の発言を通過するのは、茨の道を裸足で歩くのと同じである」などと銘打って発表する意味は、一体どこにあるのだろうか？

ボクの手掛けた「格闘家から見たプロレス」という本誌の企画はプロレスの幻想を守り、そしてプロレスと格闘技をリンクさせることで双方を盛り上げるための企画であった。

つまり、プロレスと近い位置にいる格闘家が格闘技専門誌でプロレス批判チックな発言をしているのであれば、ウチが直接真意を問いただそうじゃないか、ということである。

しかし、彼らのやろうとしていることは、無意味にプロレスを貶めるだけでしかない。

ターザンの主張する「挑発」とは、まさか「プロレスもパンクラスも八百長」だと断定することなのか？　だったら止めろ、こんな本。

黒須田君は「誰もやらないパンクラス徹底批判」なるコーナーで、「入場テーマ曲がぞんざい」「チケット代が高い」「観客が静か」などと低レベルに突っ込んでいるが、ゴチャゴチャ言わんと「クサいんです！」と言い切ったどこぞの格闘家のほうが、よっぽど説得力も男気もあってボクは好きだ。

なにしろパンクラスに「いますぐプロの看板を降ろしなさい」などとプロ意識を求めているくせして、そんな黒須田君の文章からプロ意識もプロとしての技術も感じられやしないのだから、どうにも問題なのである。

この本を「プロレスラー、プロレスマスコミ、プロレスファンに対して本気でケンカを売」るつもりで作ったという、喧嘩腰の黒須田君。

そんな彼の「歪んだ視点」の原点はどこにあるのか？　ちょっとボクが教えてさしあげよう。

以前、高野拳磁が「お前らマスコミってのはさぁ、結局プロレスラーになりたくてもなれない奴の集まりなわけだろ？」と言い出したことがある。

当然、ボクは「そんな奴いねえよ！」と思ったものだが、この黒須田君がズバリそんなタイプだったわけである。

「僕はプロレスラーになりたくて新日や全日に願書を出したのに、背が低くて通らなかったんですよ。ところが（いまは）僕より小さくてもどんどんレスラーになって……」などと誌面でいちいちボヤき続ける彼氏。これは、プロレスラーになりたくても背の低さなどのために挫折して格闘技界に進んだ男たちが、プロレスに噛み付くのと全く同じ構図だと思われる。

いや、格闘家たちの場合は「俺のほうが練習してるのに」「俺のほうが強いのに」など、それなりに筋の通った理由もあるからいいんだが、黒須田君の場合はただ単に「俺のほうがデカいのに」でしかないから本当にタチが悪い。

確かに、新間寿や宮戸のインタビューなど、追放された男たちにターザンが挑むインタビューは面白い。「私だったら、坂口社長と小川の柔道ジャケットマッチを組む」「ストロング小林戦のあとはジャンボ鶴田を引き抜きにかかった」「カール・ゴッチこそ、あんな弱虫はいない！」「前田とヒクソンやらねえかなあ。前田に今度、一度会いたいって言っといてよ」などと語る新聞は、おそらく「挑発」の意味を編集者以上によくわかっているのだろう。
だが、それ以外はほとんどがブルシットでしかないという、本当にとんでもない稀代のダメ本なのである。

15

『激本』の書評は最高だよ！　吉田君はプロレスのできる男だねえ」と落武者ターザンがなぜか絶賛し、『ダ・ヴィンチ』（メディアファクトリー）に掲載された「使える書評欄ベスト12」でも、『週刊文春』や『週刊朝日』などの大物と並んで堂々ランクイン。『ダ・ヴィンチ』曰く、「書評家の個性が暴走し、パワー全開」な「独断と偏見に満ちた書評コーナー」。

やはり問題はＳｈｏｗ氏にあり！

『格魂』　小学館／８５０円+税

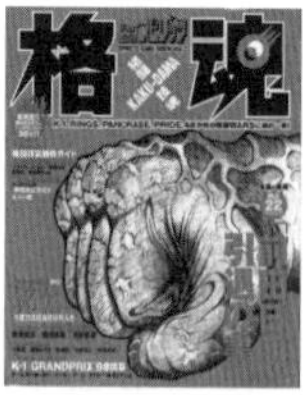

『ビッグコミックスピリッツ』増刊のコアムックシリーズ第３弾。そのブランドや出ている面子、そして作り自体は結構いいのに、正直言って深みはあまりない。
まあ、この手の本に深みを求めるほうが酷な話なので、とりあえずはノー問題だろう。
「前田という人間は、家に人が来てもお茶一つ出さないような人間だ」とターザンに書かれたことをいまも根に持ってたり、「ヒクソンが４００戦無敗？　ストリートファイトも入れていいなら、俺なんか２０００戦無敗いくで、ホンマ」とゴチャゴチャ言い張る前田日明に関しては抜群に面白いのだから。
ところが、だ。「僕（Ｓｈｏｗ）」だの「著者はＳｈｏｗなる謎の人物」だのという不快な単語が躍っている辺りから不安感は一気に高まっていくのだが、やっぱりShow氏がリングス勢とパンクラス勢を取材している部分は問題ありまくりなのである。

たとえば髙阪の場合。「結局、『アメリカで新生〝U系〟を』と明言はしなかったが、髙阪は心の中でそう断言していることは間違いない」などと本人が口にしてもいないことをインタビューの締めで使うのはどうかと思う。これはShow氏が『別冊アサヒ芸能』で行った髙田インタビューも同様なのだが、こっちの締めは「髙田の顔には『20世紀は二度も終わらせられないよ』と書いてあった気がした」なのだ。

KRSの広告では「この試合を見終わったら20世紀は終わっていい」と書いていただけなのでそこに髙田の勝敗は一切関係ないわけだし、そもそも20世紀なんてまだ終わっちゃいねえんですよ、ズバリ言って。

結局、寝言は寝て言え！　なのである。

『T多重ウェイブ』

スコラ／1300円+税

そういうわけで、こちらは問題のShow氏が作った『U多重アリバイ』の第2弾。

ヒクソンとの再戦を前にしてすっかり勢いに乗っていた髙田（ボクが『紙プロ』前号掲載の「馬場は抹殺」インタビューに先駆けて『smart』誌で行ったインタビューでは、「馬場って人間なの？　人類？」とまで言い切った挙げ句、その後は「アッポー」と呼び始める始末。最高）を軸に据えて、猪木や前田との対談まで収録するという誰がやっても確実に面白くなるはずの構成ながらも、やっぱり思いっきり肩すかししてくれる一冊である。

インタビュー中にいきなり鼻歌を歌いだしたり、謎の選挙出馬は悪いほうの鈴木健ちゃんと安生のアイディアだったことも告白したりと、髙田自身は抜群に面白いのだから、やっぱり問題はShow氏にあるのだ。

それは『U多重アリバイ』に対して「それぞれのインタビューなり対談の内容が深くないね。イマイチつまんない」とズバリ言い切り、「『料理の鉄人』は料理のバーリ・トゥードだ」と主張する元・Uインターの頭脳というか現・シェフの宮戸優光氏なら、きっとわかってくれることと思う。

いや、『格魂』での高阪インタビュー同様、「船木と会ったから〝U〟再編だ」と無闇に浮かれまくるShow氏に、「なんで『〝U〟再編』っていうのかねぇ？　そのいい方はおかしいよ」とたしなめた高田や、高田と船木のツーショット実現でやっぱり浮かれるShow氏に「よくあることじゃないですか」と答えた桜庭もわかっているはずだ。

Show氏は本書のまえがき部分で「ドン底からはい上がろうとする姿を、高田延彦だけの問題としてはいけない。日本のマット界は、10・11の敗戦があろうとなかろうと、一度ドン底を見る必要があったのだ」などと一見、熱いことを書いてはいる。

それは確かに正論なんだが、去年の10・11で高田がリングに向かうだけで思わず泣き、業界的には当然の出来事だった高田の敗戦に心から落ち込んでいたボクや山口日昇に対して、「なんでそんなに落ち込んでるんですか？　こんなの僕の知ってる『紙プロ』じゃないですよ」などと言い放って我々を怒らせているのは誰なのか。え？

そう、Show氏だったのである。

彼氏、今年は高田の敗戦で号泣していたのだが、ボクに言わせりゃ1年遅すぎる。

しかもアレクサンダー大塚の試合には全く興味がないのでろくに観ていなかったというからお話にならない。プロレスマスコミ失格である。

その点、高田は「プロレスファン上がりのプロレスマスコミが、いつのまにかプロレス批判をしだして自分の正当性を主張して、スポーツライターになっていく」と、非常に素晴らしいことを言っている。

そして、似たようなことを普段は全く熱さを感じさせない2人が熱く語っていたりしているのも、個人的には嬉しい限りだ。

「そういうところにシャシャリ出る格闘技側の発想っていうのは、ボクも一番ムカつくよね！　身も蓋もな

い世界で髙田VSヒクソンを説明するヤツ」（サダハルンバ谷川）

「『格闘技通信』は読者を洗脳してますよね。最初はみんなプロレスファンとして影響を受けたから、この世界に入ったわけでしょう。親に刃物を突き立てているようなものですよね……」（桜庭和志）

これは、かつてパンクラスにしか熱中できず、他団体の話をしていても「あれってシュートじゃないんでしょ？」といったクソくだらない一言で終わらせていたＳｈｏｗ氏にも非常に通じる問題なのだが、どうやら本人はそこに気付いてないようである。

本書によると、Ｓｈｏｗ氏がリングスや髙田道場に行くと「パンクラスの回し者が来た」と言われるそうだ。そこで「でも、決してパンクラスでも歓迎されてるわけじゃないですからね。正常なマスコミの人間だと思いますよ。そう考えると、結局はマスコミって団体とか道場に居場所がない人のことを言うんじゃないですか？」と語るＳｈｏｗ氏の主張もやっぱり正論のようでいて、これは道場でちゃんこを御馳走になったり、パンクラスに50万円払ってジムの永久会員になった男の言うべき台詞ではないだろう。

団体に居場所のないウチと、道場でちゃんこを喰うターザンの影響を受けるのはいいが、どうにも食い合わせが悪すぎなのだ。

確かに髙田夫人・向井亜紀の独占手記なんかは最高に面白い。だが、そこでレフェリングやルールミーティングの問題が何度も叩かれているというのに、島田レフェリーに直接話を聞いて検証しないというのは片手落ちの一言でしかないのである。

それだけではない。よりによって9・14のガイ・メッツァー戦で全く攻めきれず時間切れで判定敗けというメインにあるまじき試合をしでかしてしまったパンクラス柳澤龍志のインタビューを、「俺のルッテン戦くらいインパクトのある試合になるでしょうね。これが最後のチャンスかもしれないですよ」という船木のコメント付きで最後に載せている構成もまた、どうにも締まりが悪すぎなのだ。

「自信あります」「キッチリしたかたちで勝たないと、ＫＯかギブアップで」「勝った後のスピーチも考えている」と、いま読むのはチトつらい（浜部調）ことを柳澤が豪語しているのを、カラスの勝手とばかりに無視するわけにもいかないのである（浜部調）。

『新・馬場派プロレス宣言』 栃内良／小学館文庫／514円＋税

プロレス界では数少ない、コクがあって読ませる文章の書ける男。それが『週プロ』初期の頃には杉山編集長の代わりに巻頭記事も執筆していたという栃内良先生である。

あの天才・テリー伊藤までもが「男の人生には、いくら追いかけても追いつけない男が、ひとりくらいはいるものだ。私、テリー伊藤にとって、この文庫の著者・栃内良氏は、間違いなくそんな男と言っていいだろう」などと本書の解説で最大限の賛辞を送っていることからも、栃内先生の凄さはきっとわかっていただけることと思う。

これは、そんな栃内先生の代表作というべき名著『馬場派プロレス宣言』（白夜書房）と『馬場さんが、目にしみる』（飛鳥新社）をカップリングした文庫版なのだが、テリー伊藤に言わせれば「これはリンダ・マッカートニーの棺の前で行われたビートルズの再結成に匹敵する歴史的な出来事」とのこと。それは大袈裟かもしれないが、確かに内容も値段も文句なしの一冊である。

ちなみにカバーイラストは巨匠・河口仁先生だ。わ〜い、わ〜い。プロレスの神様、ありがと〜っ（河口フレーズ二連発）！

『闘魂ふたり旅―夢のみちづれ奇跡の真実』 永島勝司／いれぶん出版／1238円＋税

イラクとソ連での新日興行をテーマとした『闘魂二人三脚』（朝文社）に、『紙のプロレス』本誌17号掲載の猪木＆永島対談やら、引退前後のエピソードやらを大幅に追加収録した、演歌チックなタイトルの一冊。

平成の猪木番・木村光一君の編集によって、対談から「トニー（アントニオ）がホームに行ったらトニー・ホーム！」「アリには非常にアリがとう」「国家コーラ、なんつってな、ダハハハハ！」などの爆発的なアントンギャグが全て抹殺されてしまったのは非常に残念だが、未知の猪木情報が満載されているだけでボクは許すね、実際。

たとえば1978年頃、『東スポ』記者時代の永島氏は猪木に突然こう言われたという。「新聞を作らないか？　いや実はかねがね自分で新聞を持ちたいと思っていたんだけど、ちょうどいい話があってね」、と。

ところが猪木は新聞ではなくアントンハイセルに熱中したため計画はあっさり頓挫してしまったのだが、自分の新聞を持とうする心意気自体、さすがであろう。

それから話は飛んで、引退試合の場合。

「実をいえば、猪木の引退試合の対戦相手として、真っ先に手を挙げたのは藤波辰爾」だったのだが、キラーモードの「猪木は即座にきっぱり、ノーと言い切った」というのだ。永島氏曰く、「藤波の落胆の様子は忘れられない」とのことである。それにしても藤波の人生って、つくづくこんなことばかり。「こんな会社、辞めてやる！」と叫びたくなる気持ちもわかるというものだろう。

そうして藤波戦を拒否した猪木が始めたのが世界格闘技連盟ＵＦＯというわけなのだが、その理念をキミは御存知だろうか？

先日、『週刊プレイボーイ』誌上で佐山が「ガチガチの真剣勝負とは全然違います」「本当の真剣勝負は興行にすべきではない」「膠着するような試合をする選手は以後リングに上げないという項目もルールに入れる」などと身も蓋もない無茶な説明をしていたものなのだが、真実はこういうことらしい。

「『いつ、なんどき、誰の挑戦でも受ける』という猪木の信念を、新日本プロレスは決して忘れてはいない。だが時代が変わってきていることもまた確かで、のべつまくなしに挑戦を受けるわけにもいかなくなっている。それになにより、長州のポリシーと、プロレスを明るく楽しむようになったファン気質が一致し、盤石ともいえる新日本プロレスの世界が完成していることが大きかった。ならばその一部を取り出し『いつでもやってやる』という組織を作ればいいと猪木は考えた」というのである！

これだけでもUFO幻想が一気に膨らみまくるというものなのだが、個人的に最もファンタジーを感じたのは「いざというとき頼りになるのがマサ」なる一言であった。

やっぱりそうだったのか、マサ！

『獣神サンダーライガーの肉体改造塾』

獣神サンダーライガー／アスペクト／1500円+税

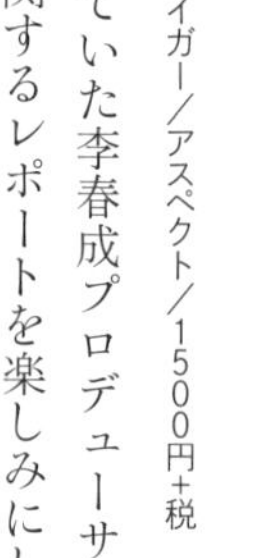

旧『紙プロ』的には「番頭さん」名義で活動していた李春成プロデューサーが、「かつてアポロ菅原が菊池孝さんのレスラーの食事に関するレポートを楽しみにしていたように、躰の大きさに悩んでいる子供たちに多少なりとも夢を与えられるのではないか」（本に添付していた手紙より）という思いで作り上げた、ライガー流の肉体改造本。

このジャンルでは「イギリスでもよくヌンチャクを振り回していた」（本書より）という『燃えよドラゴン』好きの船木、そして藤波というダブルドラゴンに続いての登場となるわけだが、船木とライガーは骨法繋がり、藤波とライガーはドラゴン・ボンバーズ繋がりなのだから不思議な縁である。

内容的には、船木チックにイギリスでのステロイド経験をカミングアウトしていたりするのもポイントではあるだろう。

だが、個人的にシビレを感じたのは藤田和之君が頭を打ってレントゲンを撮った際、「普通の人間よりも頭蓋骨がそうとう厚い」「類人猿の骨と匹敵する厚さ」だと医者に言われたという夢が膨らみまくるエピソードであった。さすがデビュー二戦目の時点でボクが「好きなレスラーは新日の藤田君」と『別冊宝島』で答えただけの男だろう。

藤田とカシンがいる限り、やっぱり新日は永遠にストロング・スタイルなのである。

『格闘技&プロレス〝栄枯盛衰〟物語』

オフサイド・ブックス編集部／彩流社／1200円+税

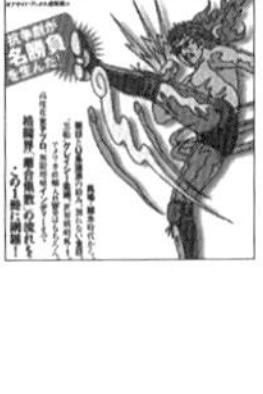

これまた『プロレス激本』同様、「本書はいわゆる業界本ではない」という外からのスタンスで作られた一冊。ただし『激本』との大きな違いは、向こうが嚙み付くために外側に居るとすれば、こっちは外側に居すぎて現実が全く見えていないというか。

要するに、「80年代まで25歳で引退という不文律が女子プロ界を覆っていたが、ブル中野がその壁を破り活躍しつづけたため、いったん引退したかつての女王たち、ジャガー横田、デビル雅美、長与千種、ライオネス飛鳥らがマットに復帰」（文／城戸朱理）などのあからさまな事実誤認や、10年ぐらい前の資料で書いてるようなレベルのネタばかりなのである（ちなみに25歳定年はミミ萩原やダンプ松本などの先輩たちも多数破っているし、デビルは定年直後からフリーとして活動していたのだから、なにもブルに便乗して復帰を決めたわけではない）。

まあ、こういった業界外ならではの情報不足は大目に見るとしよう。しかし、業界内に居ながらもタチの悪いことを書き殴る輩だけは、ちょっと許し難いのである。

それは要するに、熱狂的プロレスファンとして『週刊ゴング』に参加しておきながらも、やがて『ゴング格闘技』へと移動したらすっかり反プロレス野郎になった近藤隆夫君のことに他ならないわけなんだが。

「もっともニュートラルなルールはやはりノールール、つまりはバーリ・トゥードなのだ。プロレスのリングで戦えば……などという戯言はいい加減やめてもらいたい」

「たとえれば、『土曜ワイド劇場』が観たいと思えば、プロレス会場へ行けばいい。ノンフィクションを、ドキュメンタリーを観たければおのずとバーリ・トゥード・ファイトを直視することになる」

言いたいことはわからないでもないんだが、これこそまさしく「プロレスファン上がりのプロレスマスコミが、いつのまにかプロレス批判をしだして自分の正当性を主張して、スポーツライターになっていく」という髙田の主張通りのタイプなんじゃないかと。だからこそ、アレクサンダー大塚によるマルコ・ファス戦での劇的勝利にすっかり言葉を失っていたＰＲＩＤＥ解説者の近藤君には心から「ざまあみろ！」（小島聡&石川雄規調）の一言を贈るとしよう。

なお、猪木が引退試合の花道を歩いているときに考えていたのも、『週刊文春』によると「何に対してってわけじゃないけど、ざまあみろ！」だったのだそうだ。石川社長は、やっぱり猪木イズム継承者なのである。

16

前回、『格魂』というムックの書評でＳｈｏｗ氏のダメ仕事っぷりを叩いたのだが、Ｓｈｏｗ氏によると「『格魂』編集部は喜んでましたよ。そもそも僕を使えば書評に載るはずだって企んでいたから」とのこと。まさに完敗である。しかし、そういう情けない話を自分で伝えるＳｈｏｗ氏って？　というわけで『格魂』の掌の上ですっかり踊らされてしまった書評コーナー。

素晴らしき名著！　プロレス史に残る出来事の裏話も次々暴露

『プロレス、至近距離の真実』　ミスター高橋／講談社／１６００円＋税

これまでに「色が人間の運命を変える！」と主張する『幸福の守護色』や、「レスラーはいい車に乗っていい女を捕まえてビッグマネーを稼いで煙草を吸え！」と主張する『プロレスラーをめざして夢を勝ちとる方法』などをリリースしてきた新日の名レフェリー、ピーターことミスター高橋の新刊。

やっぱり「人間には各人のパーソナリティに合った守護色がある」だの「ホーガンを導いた幸福の黄色い

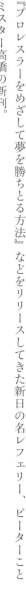

タイツ」だのといつものように主張していたりもするんだが、この本のキモはそんなことではない。帯に「門外不出の掟をすべて語る」と銘打っているだけあって、なんと今度は「プロレス界の内部にいたら、尻込みして書けなかったようなことも勇気を出して」書き、試合の中の「演出」や「彩り」、ついでに「いわゆるセメント」についても言及しまくるという「ファンのみなさんを驚かせたり、ショックを与えるような事実もあるかもしれない」恐るべき内容なのだ。凄え!

まあ、「私が最終的に伝えたいのは、プロレスの素晴らしさであり、プロレスというジャンルが持っている大きな可能性」とのことなので、まったくのノー問題。「坂口征二最強論」を主張するその姿勢の正しさが痛感できる、素晴らしき名著なのである。

なにしろ物騒なエピソード「前座時代の橋本が破った厳正なる『裏のルール』」をいきなり紹介するのだから、さすがだろう。

要するに、猪木とブッチャーのシングルマッチをリング下で見ていたヤングライオン時代の破壊王が純朴さゆえブッチャーの無法振りに激怒し、試合中だというのに裏のルールも無視して重爆キックをブチ込んでしまった、と。そのため当時マッチメイク担当だったピーターがしばらく破壊王をカードから外すこととなったのだそうだ。

そして「長い年月が過ぎて、橋本選手が押しも押されぬトップレスラーになってから」、破壊王は「あのときはすいませんでした」と、ようやくピーターに謝ってきたわけである。……もしかしてそれまで何が悪いのか全く気付いてなかったのか、破壊王!

まあ、いい。破壊王はこの手の素晴らしすぎる逸話を多数持ったとんでもなく素晴らしい男であり、本書では知られざる名勝負「ジャイアント・グスタフ対後藤達俊&橋本真也のハンディキャップ・シュートファイト(結果は試合放棄)」についても紹介されているのだが、マニアの間では「ジャパンプロ勢がカムバックしてきたときに破壊王がヒロ斉藤をボコボコにして、指の骨をへシ折った」ことでも広く知られている。

その真相もピーターによると、「ジャパン勢に反発していた一人の先輩が、血の気が多くて一本気な橋本選手を焚付けた」ためであり、「橋本選手の蹴りに、ライバル心ではなく憎しみを見た長州選手とマサ斎藤選手が、（控室で）橋本選手に厳しい制裁を加えた」のだそうである。恐るべし、マサ！

なお、マッチメイカーの変遷といった未知の情報も満載されていて、その流れで「蝶野選手は東京・三鷹の不良高校生上がりで、入門した日から煙草を吸っていたらしい。しかも自分が吸うだけでなく、同期の橋本選手にも煙草を教えてしまった」などと、やっぱり煙草話を暴露するのもピーターならではだろう。

喧嘩話になっても「道場で最悪の喧嘩師といえる奴は、サモア出身の元大相撲幕内力士、南海龍だ」と断言し、ドラゴンボンバーズの隠し玉・南海龍幻想を膨らませてくれるから、さすがはピーター。

しかし南海龍は暴走が過ぎて、「若手の間では『今度何かやらかしたら、みんなで潰しちまえ』ということになり、木刀まで用意」したそうだが、「リンチ事件勃発の直前というときに、南海龍が50ｃｃのオートバイに無免許で乗って六本木に出かけ酒を飲み、呼び止めた警察官にオートバイを投げつける事件を起こした」わけである。不祥事までいちいちスケールがデカいから最高だ！

これらのプロレス幻想を伝えるエピソードのみならず、プロレス史に残る出来事の裏話もピーターは次々と暴露してくれる。

それはべつに「寛水流の道場開き」の際、「来賓の（ファイティング）原田さんに（寛水流の）水谷さんが対戦を迫っていた」ことや、将軍ＫＹワカマツが「おい猪木、てめえの首をへし折るのに三分といらねえ。五分もあれば十分だ」という時間軸を無視した謎のマイクアピールをしたことだけではなくて、たとえば猪木対アリ戦の場合。

なぜか「アリやアリのバックにいたドン・キング氏と旧知の間柄」だったというベアキャット・ライトがピーターの依頼で新日との間に入って最初に猪木戦をアリに持ちかけたから、おかげでアリが「俺に挑戦する日本人はいないのか？」と大口を叩いたという衝撃事実を、まずは披露してくれる。

続いて猪木対グレート・アントニオ戦の場合。「エンペラー・ヒロヒト（昭和天皇）も、きっとオレ様に会いたいはずだ。ピーター、エンペラーを会場に招待しろ」とバカなことを言い出したアントニオが試合中も呑気に天皇を探し続けていたため、猪木が鉄拳制裁を加えたことも、ついでに披露。

そしてブロディ刺殺事件の場合なんて、この調子だ。「血を流し、のたうちまわっているブロディを、周囲のレスラーたちは大笑いして見下ろしていた」というヘヴィ極まりないことまで披露するわけなのである。

さらに「私は自分のトレーニングを兼ねて、地元横浜でボディビルのジムを主宰するようになった。新しい格闘技の実験もしていた」などと、伝説の格闘技・日本プロビルダーファイトのことまで披露しているから、ビルダー幻想も膨らみまくるのだ。

古代ギリシャ～ローマ時代の拳闘士風コスチューム着用、メリケンサック装備という物騒なスタイルで闘い、時間内でのギブアップ数で勝敗を決めるというパンクラチオンをヒントにした「いうならばU系スタイルに近い」格闘技を、なんと日本プロレス時代に生み出したピーター。そんな男の書く本が、つまらないわけもないのである。

『劇画バカ一代 梶原一騎読本』

日本スポーツ出版社／952円+税

ハッキリ言えば、全くお話にならない一冊である。『ゴング』には貴重な資料や写真が山ほどあるのに、こんなボンクラ本が誕生してしまうというのは本当に悲しい限り。

ここでインタビューされている島田十九八氏や真樹日佐夫先生、高森篤子夫人に対して、なぜか読んでるこっちが申し訳なくなってくるほどで、ぶっちゃけた話が「知らないなら作るな！」ということでしかないのだ。まあ、知らなくたって面白いものを作れるのなら一切ノー問題なんだが。

何が駄目なのかズバリ言わせていただくと、まずは冒頭の影丸譲也先生インタビューでも第一声が「梶原先生と知り合ったのは『空手バカ一代』の仕事がきっかけだったんですか？」だったりする底の浅さ（ボクが『マンガ地獄変』で書いた影丸&真樹先生論を読めば、2人の流れはわかるはず）。

続いての『虹をよぶ拳』レベルまでしか紹介しない「必殺技大全集」コーナー&格言コーナーの作りの緩さ（しかも「必殺技」の扉では「えっ!? こんな技できるわけがないって？『そんな奴は殴れ！ 俺が許可する！』」などと『マンガ地獄変』のネタを引用しているくせして、異常に底が浅すぎ）。

さらに、なぜか「やる側」に立ってしまった「第2の梶原一騎を目指せ！ 劇画作家への道」なる章の無意味さ&中身のなさ。『柔道讃歌』や『キックの鬼』すら持っていない男を「日本一の梶原劇画コレクター」として紹介する誇大表現ぶり（これより凄いのなんてボクも含めてザラにいる）。

そしてズバ抜けて梶原知識の足りない稲垣収とかいうインタビュアーも大問題で、村浜武洋が「そんなことも知らないで本を作るんですか？」と思わず口にする気持ちも非常にわかるというか。その結果、村浜が無知な彼に梶原末期の駄作『悪役ブルース』のあらすじを説明し続けるという無意味なインタビューになった上、そこに無意味な「（ウェイターがビールを持ってくる）」などの描写を折り込むから、本当に腹が立ってくるのである。

佐竹雅昭のページでも彼の大好きな傑作『カラテ地獄変』を『空手地獄変』と誤記していたりと、やっぱり稲垣君よりインタビューされる側のほうが詳しかったりするし、ついでに言えば山田学に取材する意味もサッパリ理解できない。ここはやっぱり先生と親交のあった佐山だろ、どう考えても。

真樹先生がトップ屋をしていたことすら知らない吉倉拓児とかいうインタビュアーも同罪で、「おい、そんなにビックリしないでくれよ（笑）」と真樹先生に突っ込ませてしまうのだから、とんでもない。挙げ句の果てには、ジョーの幻のラスト（ジョーは試合には負けたけどケンカには勝ったという、あれ）を聞いてもビックリしていたりと、結局は下調べ不足の一言でしかないのである。

そんなの全部、斎藤貴男先生の名著『夕やけを見ていた男』に出てる程度のことであり、本を作るんならせめてそれぐらい読んでおくのが一般常識だと思うんだが、この制作者側はわかっちゃいないようだ。

『ハリス無段』について「ちばてつやの『ハリスの風』ってのがありましたよね。てっきり、ちばさんが対抗して作ったと思ったら社名なんですね」という吉倉とやらの発言にはつくづく言葉をなくしたね、ボクは。朝潮をスポ根アニメでやる構想があったことや、正木亜都（梶原先生と真樹先生の合作ペンネーム）の幻の四作目『少年Aえれじい』が完成していたこと。梶原先生が『じゃりン子チエ』好きだったこと（最近、梶原先生が晩年に手掛けたギャグ漫画を発掘したボクとしては、非常に興味深い事実である）など、初めて明かされるいい情報もあるにはあるんだから本当にもったいない。

……などとボロクソに書いてしまったが、ボクが必死に集めた『一騎回想録・我が眼中の裸の男たち』という『週刊ゴング』の傑作連載を再録しているだけで全部チャラだ。

猪木対力道山のセメントマッチ。幻の大日本プロレス。ブッチャー引き抜き。ウィリー戦の真実。大木金太郎対極真。ミスターXの正体。幻の三代目タイガーマスク。

そんな梶原先生の持ちネタや、「あまり他人には明かさぬが実はジャンボ鶴田ファン」「付記すれば坂口も鶴田の次に私好み」という衝撃発言も含む文章の独自のリズムは、何度読んでもたまらない。ついでに、これまたレアな王貞治との対談まで収録されてるから、もう文句なし。どうせなら、この手の再録企画だけでリリースしてほしかったものなのである。

『マンガの本4』 三本美治／ミニコミ

No Photo

12号で紹介した『プロレスから学ぶ一撃！必殺技完全マニュアル』の著者でもある漫画家の三本先生から、自作のミニコミを送っていただいた。「ファンクラブの会報を書評欄に載せる神経はマスコミとして『?・』と『T多重ウェイブ』で『週プロ』浜部編集長は発言されていたようだが、ウォーリーでありピラニアでありヤマグチサンでもある山口雄介氏のインタビューが掲載されている上、会報ではなく単なるミニコミなので気にせず紹介させていただくとしよう。

肝心のインタビュー自体は全く嚙み合ってないのだが、「馬場さんの所でピンポン玉として働いていた」「馬場さんは俺に、毎月5万ずつくれてた」「新日本でも新間のお父さんにお小遣い貰ったりもしてた」などと金銭関係について素直にカミングアウトしてたりするのは、まさにミニコミならでは。

ついでに、ヤマグチサンの叔父が小説家・山口瞳だということや、ニュージーランドでの知られざるレスラー活動についても告白。

そして別のコーナーでは元「JJジャックスの変な髪型の方」ことノガちゃんも参戦する謎の劇団『うわの空・藤志郎一座』の詳細までわかるから、嬉しい一冊だろう。

『プロレス虚泡団体の真実』 竹内宏介／日本スポーツ出版社／952円+税

竹内さんがインディーの歴史を総括した、便利でためになる連載（『週刊ゴング』）の単行本化。SWS関連の記述が少ないのは残念だが、nWoを何度もNOWと誤記していたり（まあ、これは連載時からそうだったんだが）、取材協力団体に思いっきり「バトラーズ」と書かれていたり（正確には格闘探偵団バトラーツ）するだけでも個人的には満足である。

『無冠　前田日明』 佐々木徹／集英社／1400円+税

「前田日明、ちょっといい話」が毎週出てきた『週刊プレイボーイ』誌上の連載については、スタート早々に初めての国籍公式カミングアウトによって話題となったこともあるので、説明する必要もないだろう。

「ベニー・ユキーデを倒すのは俺だ」と言ってアリの下でボクサーになるためプロレス入りしたり、10年振りに会いにきた母親を「どのツラさげて俺に会いに来たんや！　今さら母親ヅラするつもりか！」と怒鳴りつけ、母はショックで自殺未遂をしたりする（母親に頭が上がらなくなったのは、これが原因だろう）とい

うへヴィかつパワフルな人生を、キッチリ取材して描いた一冊である。

　単行本版では「田中正悟」の名前が登場していること。そしてＵＷＦ末期に前田日明が自腹を切って払った給料を返してきたのは一人だけだったと『アウトロー』（神山典士／情報センター出版局）で書かれていたのが誰なのかわかるのもポイントだろう。おそらく山ちゃんだとボクも推測してはいたのだが、「お金を戻してきたのは髙田延彦と山崎一夫のふたりだけだった」というように、一人増えながらもやっぱり予想は当たっていたのであった。

『必殺！プロレス激本Ｖ．２』

双葉社／933円＋税

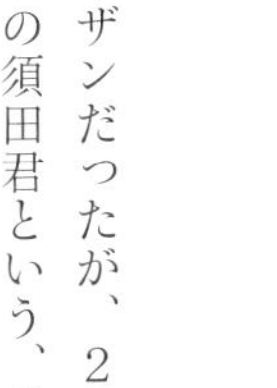

　1号目は「表紙がダメだ！」と炎上していたターザンだったが、2号目はこれ……。しかも裏表紙なんて編集長の黒須田君と執筆チーフの須田君という、誰も興味ない２人の似顔絵なのだから、本当に不快極まりない。これが彼らの主張する「挑発」なのか？
　1号の書評ではボクもこの２人のダメっぷりについてキッチリ書かせていただいたし、読者もまた「欠点が多すぎます」「全ライター・フリーハンデというのがあれば、皆さん30～40くらいじゃないでしょうか」などと巻末ページで文句を言っているのだが、2号目になっても相変わらずなのである。
　まあ、「太田章はプロレスとの接点もろくになければ現役の選手（＝自分の発言に自分で責任を取れる立場）でもないため、単なる別の業界の人間」というボクの批判に対して、「前回は太田氏がどれだけプロレスを見ているのか、どれだけプロレスに関わってきたのか、まったく明らかにしないまま稿を終えてしまっていた。それは筆者の責任である」と編集長の黒須田君が非を認めているのは、とりあえず良しとしよう。
　だが、前号で「僕はプロレスラーになりたくて新日や全日に願書を出したのに、背が低くて通らなかったんですよ。ところが僕より小さくてもどんどんレスラーになって……」という理由だけでチンケなプロレス批判を繰り広げていた黒須田君が、今号では「僕は学生プロレス経験者なのだが、どう見たって僕が学生時代にやっていたことと次元が同じレスラーがゴマンといる」などと爆弾発言をブチかましているのは問題だ。こんな奴にプロレス批判させてちゃ駄目でしょ、実際。お前が言うな！　である。

ついでに爆弾発言と言えば、「(パンクラスより)リングスの方が本気っぽい」と太田章が言い放ってたりもするんだが、「太田さんはプロレス好きなんです！」とフォローする馳にボクは猪木イズムを感じたね。

プロレス界の問題点は「新間寿がいなくなったというのも大きい」「(猪木に花束を渡させるような)礼儀の知らない奴らがやってるK-1なんてねえ！　こういうものがいつまでも陽の目を見るなんて思わないよっ！」と、やっぱり爆弾発言をブチかます新間もいいが、なぜか本書の中で最も斬れ味のいい視点を披露しているのが、漫画家のバトルロイヤル風間氏なのであった。

カムバック以降のミスター・ライヤー、USOといった嘘つきギミックを「みんなカムバックすると思ってたし、もう忘れてる。怒るほどには覚えちゃいない。そのことを思い出すだけでエネルギーがいる。僕が大仁田を嫌いになったのはカムバックが嘘だったからではなく、『じゃあ、お前ら嘘ついたことないのか!?』とか言ってた態度が見苦しかったから」と斬って捨てたり、現実的なJWP改革案なども含めて、正直言って彼氏を見直させていただいたのだが、そもそもバトルロイヤル風間氏がズバ抜けて見える誌面というのも大問題なのである。

17

前回の『劇画バカ一代 梶原一騎読本』批判に対して、「その通り！」の声が多数寄せられた。ついでに言えば、あれを編集したほうも「確かにその通りだけど、そこまで言わなくたっていいじゃないか！」と言っていたそうである。よくわからないが、とりあえず間違ってはいないらしい書評コーナー。

「猪木本に外れなし」。橋本VS小川戦の後だと考えさせられる一冊

『不滅の闘魂』 アントニオ猪木／海鳥社／1600円+税

ボクは常々「猪木本に外れなし」だと口を酸っぱくして主張しているのだが、『スポニチ』連載の猪木コラムをただまとめただけのこの本もまた案の定、期待通りの出来であった。

ましてや、あの1・4橋本VS小川戦を終えたいまになってあらためて読み返したら、いろいろと考えさせられた次第なのである。

そもそも、UFOとは最初から「プロレスラー時代に、わたしがやろうとして途中で挫折してきたものや、いろいろな障害によって邪魔されてきたもの……、さらに現役時代では実現不可能だったものに、果敢に挑戦していくつもり」とのことでスタートさせたのだという。

つまり、猪木は邪魔さえなければ橋本VS小川戦みたいなことを当たり前のように繰り返すつもりだったのだろう、きっと。

そして日本プロレス時代に自ら企画制作した「ブラジルPRビデオ」（ちなみに、このとき毒蛇に咬まれて死にそうになる）の撮影中に猪木が「ワニと戦った」のは著書などでも有名な話なのだが、実は「まあ、戦ったと言ってもそこでワニ狩りをしただけ」だったことが、いまになって発覚。

その狩猟方法というのも、「カピバラというネズミの仲間を鉄砲で撃って腹を裂いて池のほとりに置く」。すると「辺りを警戒しながら陸に上がってきたワニは、その肉を争うように食いちぎる。そして、〝食事〟に夢中になっているところを私が棒で殴りかかるのだ」という、とてつもなく残虐極まりない一方的な行為だったことまで、ついでに発覚してしまうのであった。

1999

こんなもの、冷静に考えれば闘いでも何でもありゃしないのだが、おそらくこのキラー極まりない冷酷さが橋本VS小川戦を生み出したのに違いない。恐るべし、猪木！

なにしろ卍固めの練習だけでも2人の足を折り、ジャーマンにしても「特別な努力なしでもゴッチの技より破壊力のあるフィニッシュに仕上がった。原因は私のアゴである。ジャーマンで投げてホールドしようとすると、私の尖ったアゴがちょうど相手の背中に刺さる形になる」という、とんでもないアレンジが加えられていたのである。

まさにキラー猪木というわけだが、猪木はこれ以降もキラーぶりを発揮していく。

つまり自慢の毒舌で橋本をやっぱりブッタ斬りすると、これまたとんでもなさすぎることまで口にしてしまうのであった。

「橋本が『闘魂伝承』のガウンを脱いだ行為も、私の気を引こうとして駄々をこねる子供のような印象を受ける。例えばタイガー・ジェット・シンは百貨店で買い物中の私を襲撃したし、ブロディも控室にいた私にチェーンを振り下ろしている。私がリングに戻ることは『神様の命令でもない限りない』と東京ドームでも言っているので彼らの挑発でリングに戻ることはないのだが、不可能を可能にするくらいの意気込みでやれば、トンネルは脱出できるのである」

もしかしたら、小川に一方的な試合をさせたのも、橋本を怒らせて挑発してくるように仕向け、自身の復活へ繋げたいということなのだろうか？　よくわからないが、猪木なら何をやっても許されるのである。

ちなみに、その「新宿伊勢丹百貨店前襲撃事件」についても、「世間一般では『あれは最初から仕組まれていたものではないのか？』という声がいまだに多いことも聞いている。正直に言えばあれは本当に仕組まれたのかもしれない。ただし、私には何も知らされていなかったのだ」と、これまた素直に告白。

じゃあ、もしかしたら会津若松で暴漢に襲われたのも、もしかしたら仕組まれていたのか？　そして、やっぱり1・4では橋本も何も知らされていなかったのか？

謎は無限に広がっていくのだが、あのＴＰＧによる両国大暴動に関しても、猪木は当事者ながら呑気にこう述懐している。

「暴動に私は手応えを摑んでいた。『まだ日本のプロレスは捨てたものではない』。暴動を起こすだけの情熱とパワーが客席からひしひしと伝わってきたのだ。いまのプロレスを見てみても暴動が起こるような要素はどこにもない。現代の若者の象徴とも言える〝無感動〟が、プロレスファンの中にも広がっているようである」

「レスラーもファンやマスコミに媚びを売るようないまのスタイルでは観客もついてこないし、暴動も起こらないのである」

そう。猪木はファンやマスコミに媚びないスタイルを持つＵＦＯ（まあ実際、マスコミで絶賛しているのはボクぐらいだし）を使った一連の挑発活動によって、再び暴動でも引き起こそうと企んでいるのに違いないのだ。橋本VS小川戦が終わるなり猪木が会場から姿を消したのも、もしかしたら暴動が起こることを予想していたためかもしれないのである。恐るべし、猪木！

ここで流れを一切無視して、話は猪木が生まれて初めて見たという外国映画『黒い牡牛』（56年・アメリカ）へと唐突に飛ぶ。

簡単なあらすじとしては、少年が育てていた牡牛が売り飛ばされて最強の闘牛となり、やがて少年が闘牛場に現れると牡牛は少年に向かって突進するが、激突寸前で見事にストップ。少年は大統領に闘牛を止めさせるよう嘆願し、なんとか願いが叶う。

……そんな内容の映画らしいのだが、少年の「自分の信念を貫くためにする努力」が「ブラジルへ渡る前の私（＝猪木）の目を虜にした」ために、猪木は「身の回りで起こることをこの『黒い牡牛』に置き換えて想像する」ようになったのだという。

つまり、猪木が政治家に嘆願したり、アントンリブで牛肉を売ったりしたのも、これが原点なのに違いない。この映画に影響を受けた以上、猪木が自分の信念を貫くためなら、自分の作った団体に喧嘩を仕掛けるぐらい、雑作もないことなのである。

そこで、このエピソードの登場だ。

「娘が、珍しく私に頼み事をしてきた。『メヌードのサインが欲しい』。メヌードというのは外国の人気グループで、日本でいうと少年隊のような存在だった。ちょうどそのグループが来日するというので、何とかお願いして歓迎パーティーに出席することが出来た。私はどこへ行っても目立つ存在で、このパーティーでもすぐに人に囲まれた。そんな私をよそに、娘は大人の中をかき分けてサインを求めに行っているのである。私が初めて見た『黒い牡牛』という映画は、少年が自分が育てた牛を体を張って助ける物語なのだが、勇気を持って突き進む少年と自分の娘の行動が重なって見えた」

単に外国人アイドルのサイン欲しさでしかないだけの娘の行動をも、やっぱりアカデミー原案賞受賞映画と結びつけて考える男・猪木。

おそらく今回の新日との揉め事にしても猪木の頭の中では『黒い牡牛』にたとえられていることだろうが、とにかくＵＦＯには少年同様に勇気を持って突き進んでいただきたいとボクも心から願う次第なのである。

『戦国プロレス＝格闘技読本』

〝Ｓｈｏｗ〟大谷泰顕・監修／メディアワークス／１４００円＋税

ボクは常々「Ｓｈｏｗ氏本に当たりなし」だと口を酸っぱくして主張しているのだが、この本もまた案の定、予想通りの不出来であった。

たとえば髙田と天龍の巻頭対談にしても、そこに何らかの意味を見出すのは困難だし（単に髙田と誰かの対談をしたかっただけだろう）、髙田の前でＳｈｏｗ氏がＳＷＳ話ばっかり聞いているのも無意味の一言。なによりも髙田に対して失礼である。

２人の再戦を煽るような発言の果てに、現時点で１勝１敗だから「じゃあ２試合すればいいんですよ」など言い出すのに至っては、もはやプロレスに失礼だ。

おそらく「2勝2敗にすれば角が立たない」と暗に言っているのだろうが、お前が両者の力関係のことを考えてどうするんだよ。

マサ斎藤のインタビューなどでもそうだが、不可解な質問を繰り返し、無闇に感情的になったりするのも不快なら、ヤマもオチも意味も皆無な書き原稿も不快。

個人的に興味深かったネタを挙げるとするなら、天龍が「荒川が入ってきてからおかしくなった」「(アポロやジョージを)ドン荒川が焚付けた」と語るSWS話によって、「橋本VSヒロ斎藤も北尾VSテンタも、荒川の焚付けが原因。そして、その焚付けもおそらく荒川のギャグだった」というボクの勝手な仮説にも信憑性が出てきたこと。

そして『週プロ』浜部編集長インタビューによって、佐藤正行記者と長州との抗争が明るみに出たぐらいなのである。

「俺は佐藤とは話をしないんだよ!」「佐藤が寄ってきたから『寄るな!』って言ったんだ!」などと長州は男らしく公言していたようだが、それを「山本さんがいなくなって、ちょっと佐藤で代用してるんじゃないかな。無視して、向こうがどう出るか、顔色を見ながら楽しんでる、ぐらいのものじゃないかなって俺は思ってるんです。実際、『佐藤を新日本の担当から外せ』とは言われないしね」とクレバーに判断して、呑気に語る浜部編集長。

あれっ？　たしか佐藤記者って、この年から新日の担当を離れてなかったっけ？

まあ、そんな細かいことは一切気にせず、ボクが書いている「ジャンボ鶴田最強論」と「青柳館長の打倒プロレス10年ロマンス」や、聞き手はアレだが山口昇インタビューも収録されているので、読者の皆様にはShow氏関連のページはオマケだとでも思って我慢しながら読んで欲しいものである。

『プロレススカウティングレポート1999』

赤平隆／ぶんか社／1400円+税

近藤隆夫君の『格闘技スカウティングレポート1998―完全版』に続いて、元『ファイト』赤平記者によるプロレス版スカウティングレポートが登場。とはいえ、格闘技の場合は強さや戦績が重要視されるのでデータがあると便利なんだろうが、プロレスにそのシステムを持ち込むのはボクもどうかと思う。

たとえば寝技と立ち技の2ジャンルに分けていた格闘技編とは違い、こっちは日本人、外国人、女子と大雑把な3ジャンル（人間種類3種類）に分けているのにも、そもそも無理があるというか。プロレスには全日、新日、U系、デスマッチ系、エンターテインメント系などでそれぞれ技術にしても違いがあるのだから、同じ基準で語ることなんてできるわけもないのだ。

この本でも、5段階評価で松永の技術が4なら永田も4、天龍も4、鶴田が4、桜庭も4、茂木も4で、なぜかデルフィンが5だったりと、どう見たところで一定の基準なんて存在しちゃいないわけなのだから。

『オレの人生・プロレス・旅』

ジャイアント馬場／ジャイアントサービス／1500円+税

数多くリリースされてきた馬場本だが、今回は表紙からもわかるようにリラックスモード。「馬場と酒」「馬場と麻雀」「馬場と甘いもの」「馬場と稼ぎ」「馬場と喧嘩」など、刺激的すぎる言葉が並ぶ目次を見ただけでも奇跡を感じるんだが、中身もまた期待通り。『オレは……』と書き出すと、本音が言えるんですね」との理由から一人称を「私」や「僕」ではなく自然体の「オレ」にしただけあって、とことんまで馬場が本音をブチまける無闇に熱い一冊なのである。

なにしろ中学生のとき教師に殴られたことをいまも根に持ち、「いまだになんで殴られたかわからない」「自分としては、悪いことをしたような記憶がないんです」「いまでもその先生の顔は会えばわかると思いますが、挨拶をする気はありません」と著書『16文の熱闘人生』（94年）でも恨みがましいことをさんざん告白していた馬場だったが、ここでの本音ぶりはもはや尋常じゃないほどなのだ。

その教師に殴られたのは「廊下を走った」という理由がちゃんとあったことや、「その先生は凄いハンサムで女子生徒にも人気があったんですが、オレは今でも嫌いです。催しものなどがあって三条に帰った時、その先生がいるとオレはソッポを向きます。顔を合わせたくないし、話もしたくないんです」と、ジェラシー全開で実際に会っても無視していたことまで素直に告白。

高校生のときも、ピッチャーとして完投寸前になって最後の走者をアウトに取ったはずがアンパイアにセーフを宣言され（グラウンドが敵地で、アンパイアも相手校のOBだったため）、「オレの高校野球の思い出は、このアウトがセーフにされた悔しさがすべてです」といった本音を口にする。

結局、馬場もまた猪木に匹敵するほどの負けず嫌いなのである。両者が団体設立後は闘わなかったのも当然だと思えるほどに。

それゆえ自分と同じ身長で「プロ野球界一のノッポ」だったスタルヒンと「後楽園球場の前でバッタリと出会い、挨拶をしましたが、背はオレの方が高かったんですよ」だの、プロレス界でも覆面男ザ・コンビクトとスカイ・ハイ・クルーガーが「オレより5センチほど大きかった」が「二戦とも、オレが勝ちましただのと、異常なまでに負けず嫌いぶりを発揮するのであった。

さらに馬場の素直な告白は続いていく。

日本プロレス時代も、「力道山道場の四天王などと呼ばれましたが、そういう目で見られるよりは、目立たないようにして楽をしたいというのが本音でした」という馬場は、やがてプロレス人気で収入が上がると「毎晩、渋谷のキャバレー『チャイナタウン』で飲んでいました。当時のオレは25歳ですが名前が結構売れ出し、収入も良くなっていたので、周囲からチヤホヤされた。それが楽しくてしょうがなかったんでしょうね」と、やっぱり素直に本音を語るのだ。つくづく正直な男である。

そして猪木の会社改革〜追放騒動についても、「いま思うと、幹部たちはどれほどもらっていたんだろうと小首を傾げたくなり、猪木がそれを不審に思って会社改革を唱えたのもわかるような気がしますが、当時のオレはそこまで頭が回らなかったんです。吉村道明さんが何かの雑誌で『馬場は金のことは一度も言ったことはないが、猪木は金、金としょっちゅう言って来た』と言っておられましたが、オレは沢山もらったことが無性に嬉しく、ただそれだけだったんですね」と、いまさらながら理解を示す始末。

ようやく馬場にも、猪木の気持ちがわかるようになったわけである。素晴らしい！

それだけではない。巨人軍二軍時代には汽車の網棚で眠り、羊かん36本を一気食いし、いつでも缶詰のアンコを持ち歩き、アメリカでは「人様には言えないレスラーしか出来ないようなバカな遊びを毎日のようにやり、ニューヨークでミュージカルを見れば居眠りし、大きな音を立てて椅子から落ちて周囲の客に睨まれ、暴力団員と喧嘩すれば殴り倒して海に放り込み、徹マンをやれば金を賭けてキッチリと50万円勝つ。

こんなことを本音で語るのみならず、女方面の話もいつも以上に披露するのである。

巡業に行けば、「ある選手が旅館の娘に岡惚れして、その娘さんが嫁に行った相手がオカマだったとか、旅館の主人が愛人の部屋で腹上死したとか、その土地に行くと思い出す話がいっぱいある」し、趣味の読書でも「〃知勇兼備の熱血漢だが女にはだらしがない〃といったイロ男の主人公がでてくるとそれだけで嬉しくなってしまう」人間味溢れる男・馬場。

これだけで馬場の下ネタ好きぶりは伝わってくるのだが、完治する確率1％の脳腫瘍手術に踏み切るとき、「オレは19歳で、童貞のまま死んじゃうのかなぁ」と悩んだことまで、とうとう告白するのであった……。以前、某女性週刊誌にこれにまつわる赤裸々な記事（死を覚悟した馬場が、どうにかして童貞を捨てるべく奮闘したというもの）が掲載されたこともあったのだが、それが単なるデッチ上げ記事ではないらしいことまでわかったりと、とにかく素晴らしい一冊なのである。サーチ＆マスト・バイだ！

『GRAY ZONE』

蝶野正洋、辻義就／アミューズブックス／1905円+税

蝶野が「番組を見ていると、辻さんは耳障りで不愉快な存在に映った」だの「生中継を俺らが控室で見てるじゃない。すると『この人何言ってるんだ!?』ってみんなが文句言ってた」だのとわざわざ言うまでもなく、辻アナは不快である。

個人的にはnWo蝶野のことを「まっくろくろすけ」と表現するような言葉選びセンスの致命的な無さが最大の問題だと思っていたのだが、この本を読んだおかげでもっと重大な事実にボクは気付いたね。

非常に単純なことなのだが、蝶野が「辻さん」と呼んでいるのに、辻アナは面と向かって「蝶野」呼ばわりしているのである。

かくも失礼な彼氏、猪木引退試合の実況担当を古舘アナに奪われたとき、身の程知らずにも「久々のゴールデンタイム2時間枠」なのに「俺がメインを張れない」という当たり前の事実を聞かされただけで「俺、この10年間、一体何やってたんだろう」と勝手にショックを受け、「テレ朝から気持ちが離れそうになった」のだそうである。これが幻のフリー宣言に繋がるのかもしれないが、いざ古舘の実況を聞くと「なんでこんな古い、堅い喋りをするんだろう」と偉そうにも思ったというのだ。

確かにあの日の実況はブランクもあってイマイチではあったが、自分の喋りが軽すぎるという事実にも気付いていない様子。

しかもファンレターに「古舘さんの実況は、喋りは滑らかだし、言葉遣いが本当に面白いんだけれども、辻さんにはある何かが古舘さんにはないような気がする。何かっていうのは、もしかして魂みたいなものかもしれない」と書かれてたことまで、のうのうと自分で口にするのであった。

辻アナがこんな調子でアナウンサー志望者へのアドバイスや自分のどうでもいい過去を語りだすのは、一体どういうことなのか？

そもそも古舘の場合、著書では自分の話をするとしてもオナニー話や情けないデート話ばかりで、あとはレスラーの素晴らしさをキッチリとアピールしていたものだ。

それなのに、ただでさえ「プロレスを利用しているだけの男」というイメージが強い辻アナが、過剰なまでにつまらない自分をアピールすることになっているのだから、蝶野ではないが、まさに不愉快な存在と言うしかないだろう。

ハッキリ言って蝶野に罪はない。

「新日に入る前は、テキヤの手伝いとか、掃除のバイトとかやってた」という過去。

「荒川さんは山本小鉄さんと一緒に、昼メシにビールをガンガン飲んで酔っ払って、そこらじゅうを裸で歩いてる」という昭和の新日道場話。

ブレーンバスターの上手な受け方講座。

「favorite cigarette：MILD SEVEN SUPER LIGHT」という、掟破りのプロフィール。

そして40歳引退宣言など、興味深い話もしてはいる。ただし、辻アナがそれを上手く発展させられないだけなのだ（本人曰く、インタビューには自信があるそうだが……）。

「引退した選手によるコーチシステムをつくって、その新人をひとつの商品としていかに伸ばしていくかという作業をしていかないと、新日の未来はないよ。猪木さんがコーチ役のときは猪木さんがブリッジが好きだから下にもブリッジをやらせる。『ブリッジできないヤツはレスラーじゃない』って。で、長州さんに代わると、長州さんは『ベンチプレスを上げられないヤツはレスラーじゃない』っていう（笑）。そして、教えていない技やテクニックを駆使して新人をギブアップさせておいて『お前はまだ俺より弱いんだから、言うことを聞け』みたいな感じの自己満足のシステムだったんだよね」

こんな興味深い話をしてくれる蝶野に対して「プロレス界にも小室哲哉みたいなプロデューサーが出てくると面白いよな。維震軍・プロデュースｂｙつんくとかさ（笑）」などと受け答える辻アナの想像を絶する呑気さには、もはや呆れるばかりである。
あとがきで蝶野が「やっぱりこの人とは合わない。以上」と言い切る気持ちも、痛いほどわかる。そんな一冊なのであった。

18

『戦国プロレス＝格闘技読本』の書評についてShow氏から直電あり。怒っているようだが、どうもピントが外れている。「あのね、内容はもう豪ちゃんは何を書いてもいいと思っているからいいんだけど、扱いが小さすぎるよ！」とのことである。はあ。それならつまらないものはできるだけ短く、面白い物はできるだけ長い文章で紹介していきたい書評コーナー。

ドラゴン節がいつもの調子すぎて記憶に残らない不思議な一冊

『無我』 藤波辰爾／主婦の友社／2200円+税

冒頭で「この本はファンよりも、むしろプロレスラーに読んで欲しい」とドラゴンが書いているように、もともとファンに向けていないためなのか、面白いはずなのにどこが面白いのか全く記憶に残らない不思議な一冊。

「今度ファンに見放されたらもう終わりかもしれない」「いまこそ団体の利害を超えたプロレスサミットを開こうではないか」といつもの調子でアピールしたりするドラゴン節は随所で炸裂しているのだが、いつもの調子すぎてつい読み流してしまうわけなのだ。

しかもバーリ・トゥード出身の新日留学生、イワン・ゴメスとのスパーで「簡単にチョークスリーパーで決められ」たり、そのくせ「グレイシー柔術のルールでは敗れた私も、プロレスのルールなら負けなかった」と強がってみせたり、ドラゴン・ボンバーズを結成すれば「私の行動力のなさが原因」で失敗したり、長期欠場を経て復活すれば「私の居場所は新日本にあるのかなと弱気に」なったりするドラゴンは無性に切ない存在だったが、無我旗揚げ後のいまはパワー全開。

近頃人気の新日ジュニアだってドラゴンに言わせれば「試合内容も方向性が間違っている。戦いが見えてこない」ものでしかないし、「理にかなったレスリングを見せているのはケンドー・カシンだけ」。そもそも「いま新日本のリングで繰り広げられている戦いのスタイルは、猪木さんの流れをくんだものではない」のだと、正論で牙を剝きまくるのだ。ボクも同感である。

それゆえ大技中心ではなくグラウンドで試合の土台を作っていくべきだとドラゴンは正論で主張するのだが、その理由もまた「こうした展開は、私の大好きな城にたとえることができる。基礎や土台の重要性においてもプロレスと城にははっきりと共通するものがあるように思う」と、やっぱり徳川家康マニアらしいものなのであった。

「城に再度たとえれば、石垣もろくに積まずに外観だけは天守閣らしきものを見せている、ハリボテ同然のプロレスまがいが横行している。まじめに石垣を積んでいる者までがそうした風潮に引きずられ、基礎工事が中途半端なまま、一日も早く天守閣を建て、他とは違うキャラクターをアピールしなければと焦っているのである」

無我を生み出した発端は、こんな考えと、「前田が第二次UWFを旗揚げし大ブームとなっていたころ」にドラゴンが猪木に語ったという独自の提案にあったようなのである。

「新日本はいま守りを固めようとしていますが、逆に攻めに出たらどうでしょうか。企業内企業みたいなものを作って、いったん新日本の外に出すんです。外から新日本を守るような。大名行列では行列を守る部隊が別に存在します。もし行列が攻められたときには外からはさみ打ちする戦略でした。同じように、的を新日本ひとつに絞らせるのではない戦略を立てませんか?」

歴史好きのドラゴンによると、これが無我とUFOの元ネタだったわけなのだ。

しかし「人と同じこと当たり前のことが嫌いな猪木さんなのに、世の中の格闘技ブームに乗ったようなUFOの旗揚げには釈然としない」と、なぜかUFOには批判的。

さすがは猪木に後継者だと思われていなかった上、引退試合の対戦相手として真っ先に手を挙げたら猪木にすぐさまキッパリ断られて落ち込んだという男（新日の灰皿役・永島氏の著書より）、ドラゴンである。

それでも「あえて言うなら、ファンの望みはやはり猪木・藤波戦ではなかったか」だの「できることなら無我に参加したいと思っているのは、実は猪木さんではないのか。私にはそう確信できる」だのと言い張る姿勢が、たまらないほどにドラゴンなのだ。

挙げ句の果てには「私は鶴田選手との対戦希望をいまでも持っている」と、この本の発売直後にジャンボが引退発表するとも知らず、呑気に発言。

これはさすがに大失敗かと思えば、『ゴング』のジャンボ引退記念号でも「まだ完全にあきらめ切れていない。二年間アメリカに行くジャンボが体調を戻して帰ってきて、その時に自分がまだ現役で頑張っていたら、戦えるような気もする」と言い切ったりと、懲りずにアイ・ネバーギブアップ精神をアピールしているのであった。本物だぜ、ドラゴン！

『ジャンボ鶴田のナチュラルパワー強化バイブル』

ジャンボ鶴田／ナツメ社／1500円＋税

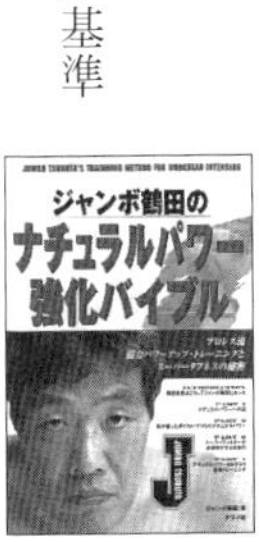

ナチュラルパワーを作り出すための実用書だが、ジャンボという規格外の人間が基準になっているようなのでちょっと不安が残る一冊。

なにしろジャンボが歴代レスラーをナチュラルパワー度数で評価していたりと（なぜかゴッチとテーズの評価が異常に高い）、全ての基準がナチュラルパワーなのである。

それだけでも個人的には合格なのだが、ドリーが「北海道で食事していたとき、近くにいた暴力団の組長みたいな人の刺身を『アイム・ハングリー』といいながら勝手に食べて」しまったことや、テリーが「脱ぐと、また明日はかなきゃならないから」「試合の後もタイツをはいたままシャワーを浴び、暖炉の前で乾かして、そのまま寝る」ことなど、どうでもいいエピソードも満載されていて非常にジャンボらしい呑気な内容なのである。

『プロレスラーカラー写真名鑑―携帯版'99年』

週刊プロレス・編／ベースボール・マガジン社／743円+税

毎年『週プロ』新年号掲載の選手名鑑を、ただカラーにしただけの非常に安直な一冊。スペースの大小に全く基準がない（アポロ菅原から小さくなる）のも気になるが、『週プロ』とは違う付加価値が会場リストぐらいしかないのも疑問だろう。

いっそ全ページをモノクロにして、これまでの歴代選手名鑑をまとめたほうが資料的価値も買う価値も出てきたはずなのである。

ちなみに名鑑としては、異常に外国人が充実した『ゴングプロレス名鑑１９９９』（日本スポーツ出版社）のほうがページ数も密度も下らなさも含めて上のはず。北沢幹之さんの紹介文が、「スパーリングでの強さはレスラー間で有名」だったりするだけでも合格なのだ。

『ウルティモ・レボルシオン』

ウルティモ・ドラゴン／ベースボール・マガジン社／1300円+税

本誌・ジャイ子が「表紙がイマイチ」と失礼にも言い放った一冊。『週プロ』連載の究極龍日記にウルティモ、シーマ、マグナム（いいレスラーだとは思うがインタビューはワンパターンでイマイチ。作ったキャラに縛られすぎである）のインタビューを織り混ぜたシンプルな構成である。

それゆえ語るべきことも、ブラソ・デ・プラタがブラック・マーケットでも顔だという裏情報ぐらいしかない軽くて緩すぎるノリなんだが、ウルティモがヒジの手術に踏み切って失敗する辺りから状況は一変。

「睡眠薬を飲んでも痛みで眠れず、本当に気が狂いそうで、指を切断しようとか自殺しようかなどと考えた」という切実な告白が続き、「俺は絶対にカムバックしてみせる」と誓ったところ（98年10月初頭）をオチに持ってきて、そこで強引に本を終わらせてしまうのだ！　え！　それからどうなった？　と思ったら、ウルティモの日記連載はいまも当たり前のように続いているのであった。

『グレート小鹿の馬鹿モン！文句あっか!!』 グレート小鹿／ベースボール・マガジン社／1500円+税

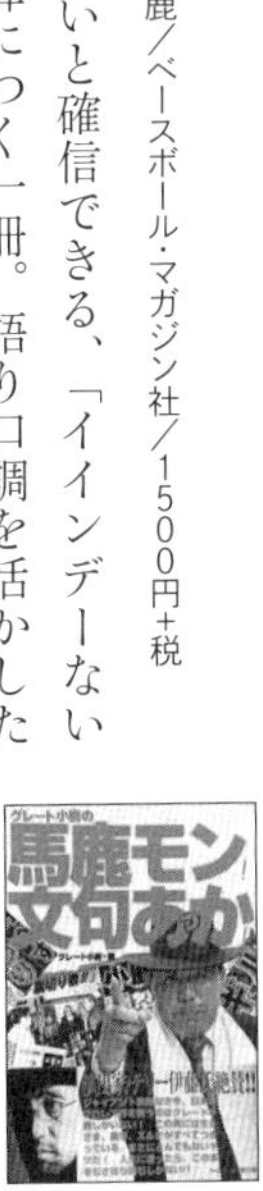

絶賛コメントを寄せたテリー伊藤は絶対読んでないと確信できる、「イインデーないの？」「〜だにッ」などの不快な文体がいちいち鼻につく一冊。語り口調を活かしたいのなら完全なインタビュー本にするべきだろうし、生き様を前面に出したいのなら講談社の小鉄本やマサ本ぐらいキッチリした構成にするべきだろう。

この中途半端さが、抜群に面白いはずの素材を台無しにしているのである。

そして運の悪いことに、日プロのクーデターのとき芳の里&吉村道明と馬場を呼び出したら、「馬場さんは『オレは乗り気じゃないし、猪木と木村が勝手にやったこと。オレはウンとも言ってない』と全面否定したけど、『さっき上田が全部、告白したぞ！』って言ったら、さすがにあわててた」など、死去直後ゆえタイミングの悪い馬場ネタも目立つのだ。

小鹿が全日を引退するときも同様である。

「函館の興行を売ってもらった。オイラの引退興行として、ね。普通さ、まぁ、功労金を出せ、とは言わないけれど、その代わりに、少しは興行代金をまけてくれそうなモンじゃない。ところが一銭たりとも安くしてくんない。定価ですよ。自分で一生懸命、キップを売って、自分で功労金を生み出さなくちゃいけなくなった。ふーん、冷たいもんだねえ〜。冷たいっていえば、全日本が25周年のパーティーをやったときに、オレんとこに招待状すらこなかったんだよ。グレート小鹿の全日本での12年間ってのは、消しゴムで消されちやったんですか？」

こんな発言がいま表に出るのは、小鹿にとってもきっと本望ではなかったはずなのだから。

それにしても、だ。大日本離脱時に中牧が言い放ったらしい「小説家になりたい……あっ、心配しないでください、大日本の暴露話は書きませんから」なる呑気な台詞は、本当に抜群だと思うのである。ぜひとも出してほしいものだね、桑田暴露本に続く第2弾を。

『みんな悩んで大きくなった！』

浅草キッド／ぶんか社／1400円+税

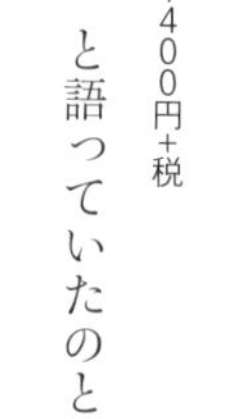

かつて猪木が「プロレスはSEXみたいなもの」と語っていたのと対照的に、「UWFはオナニーだ」と世間では言われていた。

それは要するに「単なる自己満足だ」という意味だったわけだが、単なるオナニーで終わらなかったのがUWFの凄いところであった。

なにしろ日陰の存在だったオナニーを、ゼニの取れる域にまで昇華させたってことなのである。

これはUWFに限らず、AVでもストリップでも何でもそうなのだろうが、そのオナニーが本気なのか演技なのかはともかく、面白ければそこに問題なんてあるわけもない。

たとえ演技だったとしても、そのときの感情を推理したり、たまに垣間見える本気を探し出すことに我々は喜びを感じるわけなのだから（なお、こういった下品な比喩を嫌う潔癖なUWF信者も多いようだが、シュートが射精の意味であり首投げがファックの意味でもあるように、両者の共通点も異常に多い）。

そこで狂信的UWF信者として知られる浅草キッドもまた、単なるオナニーをゼニの取れる域（＝プライドの持てるオナニー）に昇華すべく、著名人とのシュートなオナニー対談集をリリースしたんだと思う。

オナニーであれば妄想の中で誰とでもやれるため、「いつ、なんどき、誰の挑戦でも受けることができますからね（笑）。猪木イズムで」と語る浅草キッドに、道場論（＝見えない所での日頃の鍛錬＝オナニー）

を重視する昭和の新日流ストロングスタイルの幻影を見たのは、ボクだけではないはずだろう。
できればオナニーも知らずに育った猪木にも登場して欲しかった一冊なのである。

『プロレス「監獄固め」血風録』

マサ斎藤／講談社／1600円+税

小鉄、ピーターに続く講談社のハードカバーシリーズ第3弾は、またもや奇跡の傑作であった。なにしろ目次に「性《セックス》と麻薬《ドラッグ》、そしてシュート・ファイティング」という章があるだけでも、個人的には文句なし。

自ら「俺のレスラー人生そのものが一つのシュートだったのかもしれない」と告白するだけあって、子供の頃からマサの人生は徹底してストロングスタイルだったのだから。

なにしろ高校の時点で、「当時のテリトリーは池袋界隈だ。池袋西口にあった『ドラム』というジャズ喫茶が不良どもの溜まり場で、女の子と出会うのもそこ。お互い目的は一緒だから苦労しない。仲間とたむろして、女を見つけ、喧嘩に明け暮れる日々。だけどレスリングを忘れたわけではなく、不良を気取ってカッコつけながらも、トレーニングだけは欠かさずやっていた」というように、後のマサと寸分違わぬ男らしい姿勢が若くして完成していたわけなのである。

ヤクザの集団をKOして国士舘に転校すれば「今日から俺が番を張るからな」と宣言して「すぐに話がまとまって、俺が新しい番長に」なるし、大学に入れば「高校時代にさんざん遊んでおいたのがよかった」からアマレスに集中して無事に五輪出場を果たすマサ。

初めての海外試合で「向こうの関係者に〈マフィア〉という仇名をつけられた」のも、オリンピックに出ても「負けたら坊主。それも下の毛まで。それが大会前からの約束だった」ため約束通りに剃るのも、決して期待を裏切らないマサらしい。我々のマサ幻想を膨らませるエピソードでしかないのである。

日本プロレスに入門しても、やっぱりこの調子。

「スパーリングをやっていても、肛門に指を突っ込むような悪さを仕掛けられたりした。こっちも気が強いからレスリングの反則技で応戦してやる。俺がグラウンドで相手を潰して終わったところで、ふっと手を抜いた隙に関節を極めてくる。とても練習をしているという気分じゃやなかった」

当時からゴッチ仕込みの裏技が横行していたようなんだが、こうして鍛えられたマサの資質がアメリカで大爆発したわけなのだ。それもセックス、ドラッグ、シュートファイティング方面で。

旧『紙プロ』本誌16号での「英語はベッドイングリッシュで学んだ。ベッドで女にさ。あとはプリズン・イングリッシュ」という発言通り、「英語は皆目わからず十分なコミュニケーションはできなかったが、そんなことはノー・プロブレムだ。金髪女とベッドに入るのも、レスラーとトレーニングするのも同じようなものだ」と力強く言い切ってみせるマサ。男はこうありたいものである。

「試合が終わると仲間と一緒にバーへ繰り出す。そこにはレスラー目当てのグルーピーがいて、俺たちに声をかけられるのを待っている。そのあとどうなるかは、言うまでもないだろう。そのあたりの大胆さが南部の女は桁違いなのだ」「こんなことが毎晩のように続くから、女関係の揉めごとがあとを絶たない。遊びが過ぎて自分のワイフを他のレスラーに寝取られたり、同じ女とできて兄弟になったり、その女を取り合って喧嘩になったりはしょっちゅうだ」

しかも男同士で闘うだけでなく「タンパの女とオーランドの女が会場で居合わせて二人がシュートマッチをやらかして泡を食ったこと」すらあるそうなんだが、マサは「まあそんなことにブルッていたらフロリダでは生きていけない」とあっさり結論づけるのだった。

そしてドラッグ方面で「俺もフロリダ時代にレスラー仲間に誘われてマリファナの味を覚えた」とカミングアウトしても、やっぱり「吸ったあとのセックスは、腹上死するかと思うくらいの快感」と、余計なことまでカミングアウト。コカインも「ミネアポリス時代、レスラー仲間と酒を飲んでいるときに勧められて、ちょっと試した」そうだが、これまた結論は「セックスの快感はマリファナ以上」というものだったりするのだ。

まさにザッツ・シュート（歌／シーザー武志）な告白なのだが、文字通りのシュート方面でもマサは「相手の目玉をくり抜いたり、正真正銘のでかい熊と試合をしたこともある」（臭くて「このまま息を止めて死んでやろうかと思った」そうだ）のである。

「アルティメットでは噛み付きや急所攻撃、眼潰しなどは禁止されているが、俺のいた時代は完全なノー・ルール。正真正銘の『何でもあり』だ」「『サイトー、やるか』と聞かれたら、答えは『イエス』しかない」

そんな理由で素人の腕自慢（空手家）の挑戦を受けて目玉をくり抜いたとマサは、「目玉を引き抜くにもやり方がある。やり方は知ってるんだが、いざとなるとそう簡単にはいかないもんだ」と経験者ならではの感想を述べると、目玉から血を流して救急車で運ばれた空手家に対して「そいつは『プロレスラーってギミックだと思っていた。こんなに強いとは思わなかった』と、ほざいていたらしい。ざまあみろ」とクールに吐き捨てるのだ。

カッコいいにも程がある。花くま先生ではないが、これこそ「男の憧れ・マサ」だろう。

「肉食の習慣をDNAに刻み込んだ連中の凄さは、アメリカで二十年戦ってきた俺が一番よく知っている」はずなのに、「気の荒い客が多いテリトリーでは、毎日のように客をぶん殴」り、強盗に出くわせば「腹いせに渾身の力で強盗野郎をスープレックスでコンクリートの上に叩きつけ」てみせる。

こんな生活を送っていたら、ケン・パテラに巻き込まれて警官に暴力を振るい、刑務所に叩き込まれるのも当然だったのだ。

しかし刑務所に入れられたところで、マサの俺イズムは決して衰えることもなかった。

ガールフレンドが面会に来れば「相変わらずでかい胸に俺は思わず興奮」したり、「フロリダの女、メアリーとセックスした夢を見た。女が欲しい。クソー」と吠えたり、「昨夜は女の夢を見た。痩せた女とセックスした夢だ。おかしい。俺は痩せてる女は嫌いなはずなのに」と悩んだり、「秋田県のファンから小包が届いた。写真も送ってきた。秋田美人のかわいい女性だ。夜のトレーニングを張り切ってやった」とオナニーまで暗示してみせたりと、マサはいつなんどき、誰とでもシュートしていたわけなのである。

近頃の新日に噛み付く昔気質のファンがマサを決して否定しないのは、常にシュートで攻め込む、こんな姿勢ゆえなのだろう。

現場監督・長州に対する、「維新軍で暴れ回っていた頃は、寝るとき以外はほとんど一緒だった。滅茶苦茶な馬鹿騒ぎも毎晩のようにやった。しかし、結婚して子供ができて君は、リングを離れて馬鹿をやることはめっきり減った。いい意味で大人になった。これは皮肉じゃないぜ」というコメントもマサらしさが爆発していて文句なし！

最後には「言わなくてもわかってるとは思うが、俺のプロレス観は猪木さんと同じだ」と断言し、ブライアン・ジョンストンが近頃イチ押しのマサらしく、「ＵＦＯはプロレスを原点に戻すための団体だと、俺は解釈している。それならばウエルカムだ」と広い心で理解を示して終わるのであった。

やっぱりラジャ・ライオンやトム・マギー、リチャード・バーンなんかと闘った経験による発言と、目をくり抜いた経験による発言では、説得力が桁違いというものなのである。

19

前号で『激本』の書評を載せ忘れていたことを、『青空プロレス道場』の打ち上げで道場生に指摘されて、初めて気付く。失礼。ついでに前号のマサ本書評でのミス（作中に出てくる選手の正体を推測したら外れだったので削除済）も『紙プロ応援団』ＨＰの掲示板で指摘されて、初めて気付く。再び失礼。そういうわけで、マサの肛門に指を突っ込んだ日プロの選手が誰なのか気になってしょうがない、オリジナリティ皆無な書評コーナー。

須田君のダメっぷりに突っ込むしかない『激本』

『必殺！プロレス激本V．3』

双葉社／933円+税

読もうという気にはさせられても読む度に毎回ガッカリさせられるという、不思議なシリーズ。

彼らのコンセプトだという「つまらなかったものは遠慮せずにつまらなかった、と書く」に従うならやっぱり「つまらない」の一言でしかないが、なぜか『激本』もプロレスマスコミじゃないからメチャメチャ叩かれてる」などと執筆チーフの須田君とやらは勝手に被害妄想を抱いているから、本当に不可解なのだ。

須田君は「プロレスマスコミの中に、ターザンは生かしたい、須田と黒須田は利権を侵害する奴らだから叩いてもいい、というコンセンサスができているような気がする」とまで言い出している。2人を名指しで叩いたのはこの書評ぐらいなので、もしかしたらこのボクこそがプロレスマスコミってことなのだろうか？

ターザンは生き物として面白いから生かされるが、2人はつまらないから叩かれる。そんな簡単なことにすら、まだ気付いちゃいない彼氏。

ギャグでも何でもない、「それこそ『激本』なんかシナリオのヒントになりそうなことを書いてると思うけどなあ」などと、ただ単に増長しただけとしか思えないことを言い出す須田君が、「ヒールがベビーをキャメルクラッチにとらえて乳首コリコリ」する「エロ・プロレス旗揚げを考えて欲しい」という、誰もが「つまらない」としか表現できないヒントを提唱してちゃしょうがないのである。

殊更に業界外ぶりをアピールしているが、業界外ならではの利点もあまり感じないために、『週プロ』などの業界誌を批判しても説得力はまったくない。

『激本』が出る度に「あれ、見た？　ひどかったねえ！　叩いといてよ！」などと各地から電話がかかってきて、なぜか具体的な批判をいちいち聞かされるボクの身にもなってほしいものなのだ。

まあ、冒頭の「僕ら、こんなに嫌われちゃいましたぁ」とかいうコーナーで、ボクの書評（雑誌掲載時の表現がどうかしてたので、この本では削除済）を引用し、「すんません、ブサイクで」「（反論は）まったくございません」と黒須田君は完敗宣言しているので、とりあえずノー問題（4号目では「ブサイクデブ」を名乗るし）。問題は須田君だけである。

最新号でも前田対カレリン戦を太田章が絶賛したことを指して、須田君は「ブサイクとかなんとか言う前に、紙プロさん、突っ込むならこういうところですよ。いや、マジで」などと言い出しているが、それはプロレスに興味もない太田章から「プロレスはショーだ」というスポーツマンらしい感想を引き出して「敵か味方か!?」と無闇に煽ってきたキミたちが回収すべき仕事でしかない。

最初から「太田章は敵でも味方でもない。単なる別の業界の人間」だと主張してきたボクが突っ込むのは、やっぱり須田君のダメっぷりでしかないのである。以上！


『ジャンボ鶴田 第二のゴング』 黒瀬悦成／朝日ソノラマ／1600円+税

これは、まったく面白味のない地味な表紙のイメージをいい意味で裏切る、プロポーズを断られれば「トイレに駆け込んで泣いた」（夫人・談）りする鶴田の類稀なまでの呑気さと、完全に常識外れのプロレス観を忠実に描いた、最初で最後の名著である。
なにが呑気だって、医師に「何をしても無駄」とサジを投げられたため、「点滴の向こうに誰かの顔が見える」「壁が迫ってくる」などとあの鶴田が幻覚を見るまでに追い込まれて死を覚悟した「B型肝炎」という大病ですら、やっぱり呑気に語ってみせるほどなのだ。
肝炎に感染した理由を、鶴田は「ブッチャーのせいだと思うんですよ。彼とはいつも派手に流血戦を演じましたからね」と語り、死にかけたことも「入院して間もなくして、クリスマスになったんですよ。隣が教会だったんです。その教会の女生徒らしい方が、ミサに来るんですよ。てっきりお迎えが来たのかと思いました（笑）」と呑気に笑い飛ばす。

ついでに夫人も同時期に出産したら鶴田が倒れたため、「私も出産後だったからいたわってほしかったのに、まったくなんちゅう人かと思いましたね」と呑気にボヤく。

さんざん『悶プロ3』でも書いたのだが、この2人は猪木&倍賞美津子に匹敵するプロレス界で最強・最後のベストカップルなのである。

しかも大病を経てプロレス続行を断念した鶴田は、大学院に進学するときでさえ、夫人に「私立大は授業料が高いから、行くんだったら国立じゃなきゃ駄目よ」と言われれば国立にあっさり合格し、「2年間で取得する履修科目33単位を、最初の1年で取得」。「しかも成績はオールA」だったというから、もはや学業方面でも怪物と言うほかない。完璧なのである。

こうして鶴田は教授になっても教室で全盛時の自分の試合ビデオを上映し、「相手に技をかけられ、不利な局面にあるシーンは早送りして学生らの笑いをとる」という呑気な授業スタイルを貫き、やがて「あっちは洋服も大きなサイズがいっぱいあって選ぶのに苦労しないし、レスラトンでも出てくる食事の量が多いし。永住したっていい」との理由で渡米するまでに至るわけなのだ。

そう、「元気が売り物」だった猪木とは対照的に、鶴田は「呑気が売り物」だった。

それゆえ「バックランドやハンセンの身上が男性的な強さだとすると、私の場合は女性的な美しさが先に立っていた」などと呑気で不思議なプロレス観も顔を覗かせたりするのだが、この著者はこれまで表に出ることのなかった部分にまで光を当てていくのである。

理由は簡単。

著者の黒瀬氏は、数年前に『読売新聞』紙上で鶴田から「プロレスも年に数回真剣勝負をやって、あとは大相撲の花相撲みたいな地方巡業でもいいんじゃないか」「プロレスにも芸術点があっていいと思うんですよ。

技が綺麗だとか、技と技の繋ぎが上手いとかでも評価してほしい」などの問題発言を引き出した張本人だったのだ！

そのとき、鶴田はこう言い切ったという。

「プロレスはね、力と力の本気のぶつかり合いの部分と、ショー的な部分の線引きがね、はっきり出来ないと、つまりどこまでが演技でどこまでが勝負なのか線を引けるところがないと、学問的に言ってスポーツとして認知できないんですよね」

現役時に「演技」という表現を使っただけでもとんでもないが、そもそも鶴田にとっての名勝負とは、「試合において個性的な名人芸・演技力を発揮できた」ものでしかないらしいのだ。

そして、演技力を発揮しつつ「常に〝より強く〟を志向してゆく世界を目指すべきなのだと思う。どこかの団体がそれを突き詰め、質を高めてゆけば、他のプロレス団体も追随を始めるかもしれない」と、プロレス界全体のため根底にあるべき強さまでキッチリと重視しているから、文句なんてあるわけもない。最高に強くてショーアップされたプロレスを、鶴田は目指したわけなのである。まあ、いまで言えばUFOみたいなものだろうか？

さらに、将来的にはこんな興行形態まで企んでいるから、さすがと言うしかない。

「鶴田の構想では、プロレスの一日の試合を三部構成にする。第一部は、古代ギリシャのレスリングの型を儀式的に披露する。第二部は、楽しさを全面に押し出したエンターテイメント・レスリング。そして最後に本格的な格闘技の試合を持ってくる」

これが鶴田にとって理想の全日だとしたら、もし鶴田が実権を握っていたら想像を絶する世界が実現していたこと確実なのだ。

ついでに「アマレスのルールも、ある程度関節技とか絞め技が出やすいように変えて、一瞬の決着を巡る攻防を楽しむようにする。いわば、プロレスの要素を加えてみればいいんじゃないか」という変革も提唱したりで、ここまでくるともはや現役選手（取材時）の発想とは思えないのだが、ボクが『Ｎｕｍｂｅｒ』で取材した際、鶴田は自分の発想についてこう言い放ったものなのである。

「おかしい人がそんなこと考えるんですよ。いち抜けた～っ、ですから（笑）。なんてったってア～イド～ルだもん、ボク（笑）」

つくづくふざけた男だが、挙げ句の果てにはジャイアント馬場までこんなことを言い出す始末。

「みんなは格闘技だというが、プロレスに優るものは絶対にない。マスコミでも絞め技、関節技を凄い技のように言うが、プロレスでは、それも一つである。Ｋ-１が強いとか、格闘技が強いとか、やったらどっちが強いとか、そんなものはプロレスラーが強いに決まっている。どっちが強いとかは、角が立つから言わないだけだ」

言ってんじゃねえか、と突っ込みたくなるが、「死んだ人間にいろいろ言うのはいけない」（ＢＹタイガー戸口）のでノー問題！

馬場はともかく、明らかに強くてデカかった鶴田ならではの独自な発想の数々には誰もが震えること確実なのである。必読！

『プロレス年鑑 1999』 東京スポーツ新聞社／4762円＋税

なんと71年版（傑作！）以来、28年振りに発刊された『東スポ』のプロレス年鑑第2弾。

総ページ数の半分が1年間の試合結果コーナーだし、売りのはずだった携帯着メロ集にしても単なる楽譜だしで、読み応えのなさにはちょっとばかりガッカリしたのだが、さすがは『東スポ』。

まるで旧『紙プロ』の『プロレス用語大辞林』を思わせる、「所用欠場」「民主党23位」「やるって節」などの項目も含んだ『プロレス新用語事典』は、本当に最高だったのである。

たとえばＩＷＡの「浅野オーナー」の項目を「語尾に『〜よ！』と付く、オーナー節は本誌のＩＷＡジャパン関連記事でもおなじみ。日本マット界では『メジャーに越中の〃やるって節〃インディに〃オーナー節〃あり』と言われている」などと意味ありげに表現するセンスは、まさしく『東スポ流』。

高木圭介記者全面支持（ちなみに柴田記者も顔は全面支持）のボクとしては、これだけで「マスコミは東スポだけあればいい」と長州が断言する気持ちも非常に理解できた次第なのである。

『Ｕ．Ｗ．Ｆ．世紀末読本―生誕15周年記念』

日本スポーツ出版社／952円＋税

世紀末で読本で中身はＵ多重アリバイ系という非常にＳｈｏｗ氏チックな一冊だが、中身は明らかにこっちのほうが上。確かに掴みも締めも中途半端な構成ながらも、クマクマンボ熊久保＆渋澤恵介コンビが知られざるいいネタを聞き出しているだけで、もう合格なのである。

たとえば、北沢（幹之）さんが一試合だけマッハ隼人に化けて試合したことや、現在52歳のカト・クン・リーが「日本でも米国でもバーリ・トゥードの話があれば出場する」と豪語していること。現・修斗コミッショナーの浦田（昇）さんの眉毛が異常に長いことなど衝撃的なネタも多いのだが、やっぱり重要なのは前田の衝撃発言に尽きるだろう。

デビュー戦の直前にプロレスの「仕組み」を佐山に教えられた前田が「ビックリしちゃって」泣いたこともいい話だが、なによりも本誌別冊『紙の前田日明』で「ちょっと問題があったんですよ。折をみてまた話します」と語っていたムーヴィー・スターのこととしか思えない、「俺とずっと一緒にいた大阪のＴ」が起こした「問題」の数々が遂に活字化されたのが重要なのである！

旧ＵＷＦ時代から「前田の親父はヤクザで、組のカネをくすねて狙われてる。殺されるかもしれない。前田自身も借金の返済で困ってる。約１千万円ぐらい必要だ。それを出してくれないと前田はユニバーサルに戻れないんですよ」と裏で言ってては金をくすね、他にも「前田のためにカネを貸してやってください」と各地で涙してはやっぱり金をくすね、返済を求められると「前田は在日韓国人だし、片親でほったらかしにされて育ったどうしようもない人間だから、そういうことがわかんないんです。僕の友情に免じて許してやってください」とまた泣いてごまかしてきたという、大阪のT氏。

実際のこの辺りの話はボクも聞いてはいたし、これまで前田がいくら語っても事務所サイドで削ってきたはずなのだが、いまになってオープンになったのは前田引退による制限の緩和なのか、それとも『噂の眞相』の一行情報通り、単なる「事務所サイドのチェック機能の低下」ゆえなのか。

どっちにしろ読者にしてみれば謎が解けてラッキーなだけだし、UWFにおける金銭問題や分裂騒動はすべてT氏の悪事が発端だと仮定すると、全ての合点がいくようになるわけである。

こうして前田がオープンに衝撃事実を語ったためなのか、なぜかいきなりミスター鎖国こと船木までオープン化してしまうからビックリ。

久しぶりに「初めて学んだ打撃技が骨法でした」と言い切り、欧州遠征中には「プロモーターのオットー・ワンツや選手のトム・マギーらでボクシングやりました。グローブつけた骨法ですね」と、いきなり長州との爆笑異種格闘技戦で知られるボディビル系ダメ外国人なんかと「グローブ骨法」で対戦していたことまで男らしく認めてしまう船木。

この唐突な原点回帰にボク内では船木再評価が一気に高まったのだが、よく見るとこれだけ6年前の『ゴング格闘技』再録記事なのであった。

やっぱり船木の中でUWFは抹殺？

『ターザン山本の「天国と地獄」』 ターザン山本／芸文社／1600円+税

長州&天龍&前田に喧嘩を売るかのような表紙ながらも、中身はターザンがこれまでの編集人生を振り返る一冊（企画立案のみ山口日昇）。

正直に言えば同時期に発売されたターザン本『Ｇ・馬場二つの心』よりも楽しめる内容で、随所に絶妙な恨み節が織り交ぜられているのである。

たとえば「私は佐藤（正行）に『お前は性格的にマスコミの人間に向いていない』と何度も言い聞かせた」だの「後継者を作ることがいかにむずかしいかは、私と谷川氏がいずれも後継者作りに失敗した事実をみれば明白である」だのという、なぜか不思議と説得力のある新生『週プロ』＆『格通』批判。

そしてターザンがＳＷＳから「年収３千万円でベースボール・マガジン社から引き抜き」を図られていたこともカミングアウトし、「若松さんがＳＷＳを作る際、私に相談していたらＳＷＳは今頃、プロレス界に君臨していた」とまで断言してみせたりと、勢いだけは無駄に感じられて、とにかく最高なのだ。

それでも『週プロ』離脱以降は「働く気はなかったし、家でゴロゴロ」するだけの「粗大ゴミ」と成り果てたため、「カミさんは逃げ」、ついでに離婚後にできた彼女も逃げ出してしまうのだが、ターザンは決して死なない。ここでも「芸能界こそプロレスのライバル」と言い切るだけあって、なぜか浅草キッドへと牙を剝き始めたのである！

『浅草お兄さん会』への乱入や新宿伊勢丹前襲撃事件などについては『ＴＶ Ｂｒｏｓ』連載『お笑い男の星座』（作／浅草キッド）などに詳しいが、タレントとしてのターザンは確実に彼が書く原稿なんかよりも面白いのだ。

断言しよう。ターザンの発言を盲信する必要も、スーパー・バイザーとしてありがたがる必要も、まったくない。だがターザン批判を繰り返す頑固な方々も、とりあえず生ターザンのパワフルな壊れっぷりを体験すれば、その魅力をわかっていただけるはずなのである。


『烈闘生・増補改訂版』 武藤敬司、蝶野正洋、橋本真也／幻冬舎／762円＋税

小林和朋氏の構成ゆえゴング色（または新日パンフ色）は強いながらも、武藤の呑気

さや蝶野の計算高さ、そして橋本の下ネタ愛好家ぶりを濃縮させた名著に、99年収録の最新インタビューを追加収録した文庫版が、なぜか幻冬舎アウトロー文庫入り！

nWo入り以降「やっぱりムタっていうのはそう何カ月も持続できなかった。案外、エネルギー使うんですよ」と武藤が語る理由が「巡業行ってペイントしてっていうのを毎日、続けてたら面倒臭くなってきてね」というだけだったり、飽くなき賃上げ闘争を続ける蝶野が「ロッドマンを目玉にしてこっちで興行をやることを本当に計画してた」ことまで語っていたりと期待を裏切らない内容ではあるが、やっぱり小川直也に破壊された橋本による「栄光への独白」にはシビレること確実なのだ。

マッチメイク批判によりフロントから無期限出場停止となっても、決して懲りることなく相変わらずのフロント批判を続ける破壊王。

97年の異種格闘技路線にしても「一・五軍」の「K-1戦士」（ジーン・フレジャーやフーベルト・ヌムリッヒといった2軍レベルの選手）相手ゆえ、「格闘技戦を組むストーリー的なお膳立てとか、試合へ向けての宣伝とかが何もなかったから、それが何より不満だった」と憤慨し、生涯初のG1優勝を果たしても「G1の後のシリーズは、G1優勝者が主役になるものだと思ったら、全然、別の方向性でカードが組まれてたしね。『俺が優勝しちゃいけないのか？』って」と激白。さらには、「若い選手も、会社の組んだカードに従ってるだけじゃなくてね」などと、若手の決起まで無闇に煽っていくのである。

そんな橋本にとっては、1・4の小川戦の結果も必然であり、「簡単に言えば〝見せしめ〟でしょうね。なんとなく『危険分子は潰しちゃえ』というようなものを感じたし」と結論付けると、試合が壊れた原因も「試合を組んだ会社側、ブッカーの配慮が足りなかった」ためだと、会社批判に結び付けていくのであった。

やっぱり蝶野があのとき叫んだように「ウチの会社（＝新日）は腐ってる！」のだろうか？

当然、会社の復帰要請に対しても「このまま何食わぬ顔して試合ができると思う？　俺は今、リングに立ったとしても、手も挙げられないよ」とあっさり否定し、「そもそも、なんでウチの会社が退いちゃったの？

俺は当事者だけど経営者の立場で考えれば、こんなビジネスチャンスはないと思うよ」と再戦を主張する破壊王。まさに正論であり、それはボクも同感だ。

それでもUFOには乗り込まないとも断言したりするから、さすがは異種格闘技戦に関して「みんな中途半端なこと言うから揚げ足取られるんだ。俺は（新日マットの）外には出ない、出る必要がない！」と言い切った男なのである。

橋本は来るべき復活の日に向けて、「自分をもう一回、鍛え直して、自分を見つめ直して、ない頭を最高に絞って、プロレス界の話題の中にまた飛び込もうと思ってます」と誓うのだが、やっぱり頭より身体を絞らないと説得力は出ないはず。デルフィンの復帰同様、見た目がとりあえず変わってさえいれば、どうにかなるものなのだから。痩せて幻想を取り戻すか、あの体型のまま冬木系のマッチョバディ・キャラに転身してプロレスに関しても冬木チックに開き直るか、いっそ逆に大増量して200キロぐらいにしてみるか。いまこそ、その重要な岐路なのである。

『G・馬場二つの心』

山本隆司／同文書院／1300円+税

馬場の死去と自分の失恋という、同時期に勃発した以外には何の共通点もない事件を完全にシンクロさせて「私が彼女のことで苦しんでいた1月、馬場さんはガンと闘っていた」と勝手に熱くなる冒頭は個人的に大絶賛できるのだが、その後の馬場論には異常なまでに説得力がない不思議な一冊。

馬場を褒めるために猪木が引き合いに出されているのだが、ターザンが自称・猪木であるために、皮肉にも馬場を褒めれば褒めるほど逆に自分の首を絞めてしまうわけなのである。

思えば、ターザンの元彼女は「あの人（ターザン）、本当はプロレスが好きじゃない」とまで発言していたものだ。まあ、好きじゃないとまでは言わなくても、明らかに馬場よりも彼女に対する壊れた感情のほうが本物であり、有無も言わせぬパワーがあるのは事実だろう。

なにしろ、ラブレターを100通以上出したかと思えば、失恋すると彼女の自宅と職場に「思い切り彼女を罵倒し、中傷する」〝絶縁状〟を送り付け、「〝絶縁状〟を出すと気持ちがいい」と男らしく言い切るほど異常なまでに振り幅の広い彼氏。

この本でも「友人のひとり」としてボクが登場し、「山本さんって、現代ではめずらしい人ですね。恋愛に愛はあっても、憎しみの感情は今の若者たちの間にはないものなんです。それでは女性とうまくいきませんよ」と語ったことが出てくるのだが、ここまで見事な壊れっぷりを見せてくれる53歳なんて、もはやターザン以外にいるわけもないだろう。

そんなことを本人に伝えると数時間後、『紙プロ』編集部に電話をかけてくるなり「人間は壊れているのが正常なんですよぉぉおっ！　それに俺は気付いたよぉぉお！」と絶叫し、すぐに「はい〜」と電話を切ったほどに壊れているターザン。

つくづく面白い生き物なのだが、ラブレターの書きすぎゆえかちょっとばかりポエムの多いこの本は、正直言ってあまり面白くないのである。

20

「おい、吉田豪!!　少しはShow氏の『オーバー・ザ・シュート』の手腕を見習えよな。オモチャの本(悶プロ)なんか作ってねえでよお。バーカ!!」などとペンネーム「nWo野郎」君に怒られてしまった(同様0通)「スーパーダメバイザー」(命名/nWo野郎君)がお送りする、nWoファンを喜ばせる気なんてあるわけもない昭和世代のための書評コーナー。

理解の範疇を超えているShow氏のあとがき

『オーバー・ザ・シュート——最強プロレス=格闘技読本』

"Show"大谷泰顕・監修/メディアワークス/1400円+税

そういうわけで噂の『プロレス=格闘技読本』第2弾は、なぜか山口日昇も含む豪華メンバーのインタビュー集。橋本に船木、さらには大仁田から鶴田までブッキングできるＳｈｏｗ氏の手腕は素直に評価してあげるべきだし、不快さも以前（『紙プロ』本誌時代）に比べれば薄れてきているのだが、やっぱり気になる点は多々あり。

まず、「シュートを超えたものがプロレス=格闘技」だと断言しておきながら無防備に橋本と小川を同時に肯定してしまう、その強引さだ。

高田は「いまのプロレスは全然、シュートを超えてないんだよ。要するに、俺がヒクソンに負けたりしているでしょ?」と他人事のように語っているが、そもそも過去のプロレスというか「シューティングを超えたものがプロレス」と最初に定義した馬場自身は本当にシュートを超えていたのか?

そういうことを一切考えることなく、ただ馬場発言の尻馬に乗るだけのＳｈｏｗ氏は問題だと思うんだが、そういうボクもペンネームｎＷｏ野郎君によるとインタビューで「くだらねえ5流のツッコミ」を入れているそうなので、ここは大いに反省して書評でも遠慮なく5流のツッコミを片っ端から入れていくこととしよう。

まずは、99年の1・4ドーム小川戦で頭を蹴られたことについて、「もし俺があそこで脳内出血をしていたら（猪木を）殺しに行こうと思ってたんだから」と言い放つ破壊王・橋本からである（聞き手は『週プロ』佐藤正行記者）。

この発言には、さすがドン荒川に「やっちゃえ！」と煽られて新日に戻ってきたばかりのヒロ斎藤を骨折させるまで蹴り飛ばし、控室で長州&マサに制裁された過去を持つ男だと痛感させられる次第なのだが、その事件についてのコメントも別枠で掲載されている（構成はShow氏）。

「長州さんに対しては、いつまでも根に持ってた。ホントあの時は殺してやろうと思ったんだから。あとで靴下がよれてきて荒川さんに『なんだこれ？』って言われたから、『殺してやろうと思って』とか言ってね」

こんな興味深い話を聞いても現場で「靴下がよれてきたって、どういう意味ですか？」と突っ込まず、「話の内容から察すると、靴下になにか凶器を忍ばせていた、ということなのでしょうか」との文を後から付け加えてしまうShow氏の編集センスには本当に苛立たせられるわけなのだが、気にせず話を続けてみよう。

これらの経験から、破壊王は「シュートだったら、怖くて受けられませんよ」（これは「技を」という意味なのだが、「試合を」という意味にも聞こえるから不思議）と素直に断言し、周囲の「痩せろ！」という声すらも「俺は〝破壊王〟として体重を武器にしている男だから。誰が軽量級になった俺の姿を見たいわけ？」とキッパリ否定。

この相変わらずのトンパチぶりには、ボクもシビレを感じずにはいられないのである。

「プロレスラーだから外車を乗り回して、おいしいもんを食ってるわけだから。それのなにがいけねえんだ？」

「俺は子どもの頃、家庭が裕福じゃなかったから、俺は絶対に強くなって、いい家に住んで、いいもん食って、外車に乗って……というのが夢だったんだよ」

TVで「破壊王、生き別れの父親と涙の再会」を見た者であれば、これだけで何も言えなくなってしまうこと確実だろう。

エンセン井上についても「いい総合力を持っているよね。ただ、あんまりカッコよくはねえよな」と臆面もなく語る破壊王のズバ抜けた破壊力は、欠場中でも相変わらずなのであった。

ところがカッコよくないはずのエンセンは、その橋本を「ちゃんとトレーニングしたら痩せると思うよ。いまは、ちょっと太りすぎ（苦笑）。プロレスファンは頭が飛んでる人ばっかりだから（苦笑）、橋本さんが一番強いと思っていたんだろうけど、あの身体を見たら、ちゃんと手入れをしていないよ」とカッコよく一刀両断！

そのくせ、皮肉なことにエンセンは電気屋・大仁田のことを「性格とか心は厳しい人だと思うよ。彼は格闘技用の人だと思うよ。絶対、格闘技のできる人だよ、心は。好きよ、彼」と、なぜか大絶賛してしまうわけなのである。

おまけに「馬場さんは死ぬ前も男だったけど、死んでさらに男になったね」などと、馬場がエンセンのお気に入りフレーズ「男で死にたい」を実践していたという衝撃事実までブチあげるから、さすがはエンセン。男である。

古き良き昭和のプロレスラーそのものだとしか思えない、「私の目の前で『シューティングは弱い』とか『選手がくだらない』とか『八百長だ』とか言う人がいたら殴ります」という発言も、もちろん文句なしなのだ！

ただしＳｈｏｗ氏のあとがきだけは、文句どころか理解の範疇を超えていたのである。

医大時代に「御遺体様」を解剖したことがあるというＳｈｏｗ氏は、「いまだに、その時の自分がした行為への整理がついていません。それに関しては追々、活字にする日もくるでしょう」だのと、いちいち宣言。そんなことをなんでボクらが読まされなきゃいけないのかサッパリわからないのだが、さらに前田を解剖体に見立てていたＵＷＦ増刊号の広告を『週プロ』誌上で目撃しただけで、「こんなことで神聖なる『御遺体様』を茶化されたら、自分のしていることに対しての言い訳が成り立たなくなる！」との理由で抗議の電話まで入れたのだそうである……。で、そのとき電話を受けたのが佐藤記者だった、と。

最近も、自衛隊発砲騒動の原因となった北朝鮮の不審船が「逃げ切れなかったら自爆しろ」という日本の特攻隊チックな作戦行動を取っていたと聞けば、「かつて日本に存在していたものが他国に存在」したことに驚いて、素直に「それを普段から心掛けているという姿勢に感銘を受け」たりしてしまう無防備な男・Ｓｈｏｗ氏。

人体も解剖すれば抗議の電話もかけるし、自衛隊の発砲（シュート）騒動が起きれば北朝鮮に感銘を受ける。この男こそ、ある意味（＝悪い意味）ではまさしくシューターなのである。

『馬場本』 ベースボール・マガジン社／762円＋税

何かの使い回しとしか思えない「名勝負●●選」や目新しさのない年表ばかりで埋められた別冊が横行していることを思えば非常に良質な、元『週プロ』市瀬記者の企画・編集協力による一冊。

とにかく再録インタビューが抜群に面白いので（なお、聞き手のターザンは「オレにギャラは入らないのか!?」と絶賛憤慨中）、どうせなら野球選手時代や『月刊プロレス』時代も含む馬場のインタビュー集にするべきだったとボクは思う。

実際、ＮＷＡ幻想を打ち砕くフミ・サイトー原稿や、ラジャ・ライオン幻想を打ち砕く元・全日広報による内幕暴露なんかは非常に興味深いのだが（Ｉ編集長は別格）、それよりもボクは馬場自身の声を聞きたいわけなのである。

たとえば天龍革命当時、つまりＳＷＳ誕生前に「天龍がなぜいいかと言うと、彼は人に迷惑をかけていないでしょう。だから信頼と言うかね、俺は天龍が謀反を起こすなんてことは、この小指の先すらも考えていないよ」と呑気に語る馬場。

新生ＵＷＦだけは異常人気ながらもマット界は不況だった当時、大好きな『水戸黄門』への出演依頼があって浮かれていたためなのか、「馬場さんにも今、外側から大きなプレッシャーがかかっているんです。わかります？」とＵＷＦ問題について聞かれれば、「水戸黄門に出演することか？」と呑気に即答する馬場。すべてが最高なのだ。

個人的には、昭和30年の『ベースボールマガジン』に掲載された「これまで巨人なるがゆえに起こした出来事で一番困ったことは？」なる失礼な質問に、「高校時代、バスケットのゲーム中、相手選手の足を踏んだら、その選手の足がつぶれて、病院に通わなければならなくなったとき」と答える、その頃からすでにプロレスラーらしかった呑気なキラーぶりに心から震えたね、実際。

高校時代の馬場は喧嘩になっても相手の上にただ乗るだけだったとのことだが、それはきっと本気を出したら相手が壊れるからだったのでは？　と勝手に妄想が膨らみまくる、シュートを超えた馬場らしい見事なエピソードなのだ。

還暦を迎えたときも、松山千春に「ビルの2階や3階から落ちたって大丈夫」と全日ならではのバンプの技術と身体の丈夫さを自慢していたという話もたまらないんだが、それでも外部ではなく内部からのダメージには勝てなかったというわけなのだろう。とりあえず合掌。

『強くて淋しい男たち』

永沢光雄／筑摩書房／1800円＋税

幻の優良雑誌『レッスルボーイ』掲載の上田勝次インタビュー（『悶プロ3』で絶賛した傑作）に始まり、『おとなの特選街』掲載の渕正信に木村健悟、そしてタイガー服部のインタビューまで収録しているだけで買うべきだと断言できる、人選も内容も本当に素晴らしいコクのありすぎる一冊。

著者・永沢光雄（『ＡＶ女優』や『風俗の人たち』で知られるノンフィクションライター）は「プロレスはおろか格闘技全般にまるで無知」とのことなのだが、無知ゆえにＡＶ女優や風俗嬢への取材とおそらくやり方をほとんど変えることなく、家庭環境からじっくりと話を聞いていくのである。

そうやって過去のドラマを聞き出されてしまうのは、修斗時代に取材された佐山も同様だった。

「三人兄弟の末っ子だったが、兄と姉とは母親が違っていた。父親の前妻は胃ガンで亡くなっていた。佐山が子供の頃、家では夫婦ゲンカが絶えなかった。本当に、毎日のように父と母はケンカをした」

そのために、佐山は母の実家に何度も預けられ、家に居づらいばかりに外で遊び回ったため、体力に自信を付けていった、と。

そんなこれまで聞いたこともない過去の伏線が、佐山のドラマに深みを加えていくわけなのだ。

続いて、父親に「プロレスなんかしょせん八百長なんだぞ」と言われながらも上京した佐山は、「キング・オブ・スポーツ」だと信じていた新日に入門。だが、やがて父の言葉が重くのしかかっていくことになるわけである。

「『プロレスこそ真の格闘技だ。なぜなら真剣勝負だから』と言った佐山に、ある先輩レスラーが薄笑いを浮かべながら、『じゃあ俺にボディスラムをかけてみろ』と言った。相手はベテランレスラーである。佐山が必死になって向かっていってもビクともしない。『もう一回やってみろ』と先輩レスラーが言った。今度は見事に決まった。先輩レスラーが佐山のかけたボディスラムに、自分からかかってくれたのだ。『な、プロレスは協力のし合いっこなんだよ。プロレスなんてしょせんショーさ』。信じていた思いが強いほど、それを裏切られた絶望感は重い」

このショックを他人にも味わわせるべく、佐山はデビュー戦直前の前田にプロレスの「仕組み」を教えて泣かせたわけなのだろうか？

佐山はデビュー後、「最初の四十から五十試合は連敗した。すべて営業サイドから『負けろ』と指示されたからである。しかし佐山のプライドは傷つかなかった」。それでも耐えられたのは、打・投・極から成り立つ格闘技部門を新日内に作るという理想があったためなのだという。

それにしても引用するこっちが恐ろしくなるほどの物騒極まりない内容は、プロレス界の常識に無知でなければ書けるわけもなかっただろう。

挙げ句の果てには知識の無さゆえ、新日離脱時に佐山が猪木を批判したことについても「彼は決して人を呼び捨てにするような人間ではない」と、一度会っただけで証言してしまう始末なのであった。当然、そんなわけもないんだが。

なにしろ当時の佐山に言わせれば、旧UWFにおける前田との不可解な金的蹴り試合は「ショーでも真剣勝負でもない。ただの駄々っ子を相手にしているような試合内容」でしかなく、「しょせん、あのUWFに集まったレスラーたちはプロレスというショーがやりたかったんですよ」とまで言い切ってみせるほどなのだ。

前田ならずとも、思わず「ゴッチさんに謝れ!」と言いたくなる暴走ぶりもいま読むと凄いが、ここまでブチまけていた佐山を許しきってUFOに入れてしまった猪木の懐の深さには、改めて感服する次第なのである、本当に。

それに比べると、「今でも小説を書いている。最近はジャンルを広げミステリーやSFものも書いているそうだ」という意外な面もある男・渕は徹底して呑気そのもの。入門早々アメリカ修行の話を先輩から聞くと、「さっき入門を許されたばかりなのに、もう俺の頭の中には自分がアメリカでベルトを取って、女を両手に抱えて凱旋帰国する姿が」浮かび、実際に海外遠征が決まると「嬉しくて、それまでつき合ってた女と全部手を切ってアメリカに飛んだ」だのと、いまも独身貴族の割には女のこと以外一切考えていないのである。

だが、帰国すると「タイガーマスクのような派手な試合が全盛でね、俺みたいなゴキブリのようなプロレスはなかなかファンにアピールしなかったんだな。でも日本人って本物が好きでしょ」。そんな理由で、ゴッチイズム溢れる試合を続けていたということなのだ。ゴッチさん、ありがとう!

しかし、最もしみじみさせられたのは元祖クラッシャー・木村健悟の話なのである。

「僕が物心ついた時には、もう家には母親はいませんでした。後から知ったんですけど、僕を産んですぐに母親は父と別れて大阪で再婚してたんです。だから僕は、ひとりっ子ですけど、異母兄弟は三人いるんです。貧乏でした。オヤジは自営業というか、鉄クズなんかを安い値段で買って来て業者に売る、今でいえばリサイクルですか、そんな仕事をしてました」

これだけでもすでに貰い泣きしそうになるというのに、隣の家が母の実家だったため盆や正月に帰省する実の母と会えば、「お母さんの顔なんか知るわけもない。優しいおばさんだなと思ってました」と。そこで「こんな人がお母さんだったらいいのになあと思いました。そして、子供心にボンヤリと、もしかしたらこのオバサンが僕のお母さんかもしれないと思いました。すぐに、そんなことは夢だと思い直しましたけど」と続けられた日には、みんなもう泣くしかないって！

男なら誰もが心の底に隠し持っているイナズマ魂がこれだけで思わずうずき出すはずなのだ。

淡々と「僕って、スター性がないんですよね。だから便利屋みたいに使われちゃう。僕って本当に運の悪い星の下に生まれちゃったんだなって」とボヤく健悟と、同じような家庭環境ながらスターになり、便利屋を否定する道を歩んだ佐山。

個人的にはどちらも大好物ではあるんだが、とりあえずこの本のおかげでおそらく健悟のほうがいい人だということと、いい人なだけではこの世界では大成しないのが事実だと思い知らされた次第なのである。

『「修斗」読本』 日本スポーツ出版社／952円＋税

ズバリ言うなら、もったいない本である。

売り物のはずのルミナ対数見肇＆エンセン対山本美憂という二大対談にしても、前者が当たり障りのない中身で、後者は美憂へのアドバイスが中心と、どちらも『ゴン格』本誌向きの企画でしかない。そこで「美憂選手はいろいろ理由があって山本姓に戻りましたが、これから心機一転頑張ってください」と最後にまとめる司会者に「私もちょっと美憂に対して、頑張っちゃおうかな（笑）」と答えるエンセンは最高なんだが、どう考えても修斗初の公式ムックなら選手の人間性や考え方を読者に伝えるべきであり、2人は単独ロングインタビューにするべきだったと思う。

12人しか答えていない観客アンケートをデータにしてインタビューしたり、佐山インタビューだけ再録だったりと不満なポイントもまだあるんだが、自然児・桜井マッハ速人の自然体なロングインタビューがあるだけでボクは許す。

そしてプロレスファン的には、浦田コミッショナーが佐山のUFO解任事件について語っているだけでも必見なのである。

それによると、UFOの「バーリ・トゥードのプロレス」に「一番屈辱を感じて」いた「株一つ持ってない代表」で「人寄せパンダのような社長」の佐山は、誰になのかは謎だが「大衆の面前でものすごくプライドが傷つけられたことを言われた」ために、UFOの打ち上げパーティで大爆発したそうなのである。

そんな佐山も、近頃は「ルミナの試合はどう見ていますか?」という新たなる問題提起を始めたそうで、これは浦田コミッショナーによると「話し合いか何かがあったということに見えたんですよ、6秒の試合が」とのこと。つまり八百長じゃないか、と。

プロレスに続いて修斗の幻想まで順調に破壊しつつある佐山のミスター・ケーフェイぶりは、もう誰にも止められないのである……。

『小橋健太［青春自伝］熱き握り拳』 小橋健太／ぶんか社／1400円＋税

正直言って『紙プロ』読者に熱狂的小橋ファンという人種は、ほとんど存在しないと思う。

それも結局、「熱く生きていれば、それを笑う人もいるかもしれません。でも、結果は必ずついてくると思います」だのと前向きなことしか言わない爽やかスポーツマン系イメージが強いからなんだろうが、ボクに言わせれば小橋は断じて単なる爽やか野郎じゃない。

「自分が物心ついた頃にはすでに両親の仲が悪かったので、ほとんど父親は家に帰ってこない状況になっており、覚えていることといえば親父とお袋の喧嘩する声がよく聞こえてきたことぐらい。とにかく父親に対する思い出というのは……、何回か酒を飲んだ親父に殴られたことぐらいでした」

「うちは自転車はもちろん、電話もなくて緊急の用事があれば近所の家に呼び出してもらい、ラジカセ、レコード・プレイヤー、カメラなどはもちろんなく、あったものといえばテレビぐらい」

「本当にボロボロの家でした。柱のところどころがシロアリに食われ、自分が2階ではしゃいでいた時に、1階の天井に穴が開いたことすらありました。それでも、住む家があるだけでもマシだと子供心にも思えたんですから、皆さんにもうちのおかれていた状況がわかってもらえると思います」

これらを踏まえた上なら、工員だった小橋がスラム街出身のタイソンに触発されて退職し、プロレスラー目指してトレーニングを開始する気持ちもわかろうというものなのである。

それだけではなく、せっかく生み出した必殺技を『週プロ』佐藤正行記者に「健太ッキーボム」と名付けられたことや、全日ガチャガチャのフィギュアが自分と似ていないことなどにトークショーでは怒りを爆発させているらしい小橋が、その無闇なまでの熱さを活字に託してグーパンチを次々と炸裂させていくのだから、まさに熱き握り拳。とりあえずマスコミ批判が多いようなので、『週プロ』のバックナンバー片手に軽く検証してみよう。

92年7月には「パトリオットと組んで自分がやり始めたことを、一部のマスコミ（市瀬記者？）が批判し、その影響でタッグ解消になったことに「怒りにも似た思いを覚えました」「納得がいきません」と、まず激怒。

93年10月、武道館への前哨戦として川田による小橋バッシングが始まると、佐藤記者が「要するに小橋の試合は、その場その場で面白くても、あとに引きずるような余韻に乏しい」と川田の発言を勝手に要約して試合レポートに書き加えたためなのか、これにもまた激怒。

「あるマスコミは川田さんの発言をそのままストレートに受け取り、自分を批判するような記事を書いていたし、別のマスコミは事実だけを書き、その展開を見届けたいというように書いていました。マスコミの人たちが試合を盛り上げるためにそういった部分を強調して書くことは別に構いません。でも、人間そのものを否定するような書き方だけはしてほしくない、それがプロレスラーと記者の人たち、取材する側とされる側の最低のルールだと思います」

他にも「会社がどういうつもりでこういうカード（モスマンと組み、グラジエーター&保坂とタッグで対決）を組んだのか、自分には何の説明もなかったのでわかりません。もちろん、組まれればそれに従って試合はちゃんとします。でも、ファンの期待をないがしろにしてほしくない」というマッチメイク批判や三沢革命支持宣言など、社内体制がどうなるのか見えなかった執筆時期を考えると十分に過激だと思えるんだが、最も意外だったのはこの発言なのである。

「自分はUWF系の試合ができない、もしくは苦手だとよく書かれることがありますが、学生時代にずっと柔道をやっていましたし、空手の有段者やキックボクシングのプロ経験者の方に教わったり、今でもそういった練習は怠りません。むしろそのようなスタイルは好きな部類にも入ります。馬場さんの〝プロレスとはシューティングを超えたものである〟という言葉を自分も信じています。また、それを実証する時がいつ来てもいいように、そういうトレーニングを今でも欠かさずやっています」

そう、実は小橋こそがオーバー・ザ・シュートだったというわけなのである！

21

『本の雑誌』6月号「このライターが好きだ！」アンケートで、「とことん意地が悪いが、実はその指摘は的確で、何と云ってもボク的にはズバリ言って面白すぎるから全くノー問題なのだ（こういう文体）」と答えてくれた結城さん（37歳）、貴方は正しい！　でも、ボクの意地は悪くない！　というわけで、遂にフミ・サイトー先生&片岡〝幻〟亮記者と横一線に並んだ（この2人も同誌で絶賛されていた）書評コーナー。

異常に男っぷりのいい自己紹介をブチかますGKに万事OK

『あの話、書かせて貰います3 プロレス取材(裏)話』
日本スポーツ出版社／952円+税

普段は裏話をほとんど表に出さない『ゴング』ゆえ、予想以上に楽しめる人気シリーズ第3弾。

元『ファイト』赤平記者のザ・シーク看病話や、「今はまだウエイティングだよ」「ホットなヤング抗争」などの横文字センスがいちいち抜群なドクトル・ルチャ清水のウルティモ浅井話。

そして『レディゴン』原記者得意のジャパン女子話や、小佐野元編集長による幻のヒクソン対安生戦話（「ヒクソンとは戦いたいけど、佐山のリングは嫌です」と安生が言い出したりで消滅とのこと）、それにもちろん竹内宏介先生も含めて、ビッグネームたちのネタはさすがのクオリティなのである。

ギャラ問題で団体側と揉めていたマグニフィセント・ミミが日本を嫌いにならないように「僅かなお金をそっと手渡して別れ」ると、「帰国したミミからプレゼントとメッセージが送られてきた」と語る原記者の見事な男っぷりの良さにはボクも本気でシビレたね、実際。

「原稿ボツも覚悟！」と意気込みつつ不快な文体&ギャグで折原話を書いた木幡一樹君も、これっぽっちも裏話ではない小橋話を書いた鈴木淳雄君も、少しは偉大なる先人たちを見習って欲しいものなのである。

もちろんGK金沢編集長も、我々の期待を裏切らない見事すぎるまでの仕事っぷりであった。

あの1・4UFO襲撃事件を「ハッキリ言って小川はバカである」と結論付けたことにより、新日の永田選手に「あそこまで断定したモノの書き方をすると、今後、金沢さんが第二のターザン山本になっちゃうんじゃないかって、そういうふうに心配する奴もいましたよ」と言われたことや、インターネット上で「金沢は最悪のバカだ！」「長州の子分が遂に正体を現した！」「長州と金沢は死んだ方がいい」「業界から追放したい男……ワースト3。1ターザン山本2佐山聡3ゴング金沢」とバッシングされたことを、まずは男らしくカミングアウト。

そして長州との「正常な関係」ぶりをアピールすべく「長州と食事や酒の席を共にしたのは数えるほど」とキッパリ言い放つと、その後は長州に無茶飲みさせられたエピソードを次々と披露していくのである！……って、ボクが思うにこれが世間で誤解される原因じゃないのか？

まあ、そんなことはどうでもいい。なにしろ金沢編集長が「書くことより喋りの方が得意で、プライベートでは自他共に認める不良オヤジである」という異常に男っぷりのいい自己紹介をブチかましているだけで、個人的にはもう万事OK（おい・金沢）な一冊なのである。

『修斗オフィシャルブック』 光進社／1905円+税

平成の道場本『ドージョー010』（原タコヤキ君・作）をリリースした光進社の格闘技本第2弾。『010』の巻末では「NOW PLANNING。昭和プロレスの逆襲、始まる――」と記して昭和道場本のリリースを匂わせていたのだが、出たのは修斗本。ここの社長はパンクラス好きだと聞いていたのだが、それでも修斗なのである。

恐るべし、修斗。これを馬場チックに表現すると「プロレスを超えたものがシューティングなんだよ」ということなのだろうか？

なお、アニメ好きシューターとして知られるレッド・スレイヤー・ガイもプロレス失望組のようで、「入門するまでプロレスがどういうものか知らなかったから、アホやったんでしょうね。でも、あんまりプロレスにおったっていう話はしたくないんですよ。これから強くなって、トップになったときに『アイツはプロレスではペーペーやったのに、シューティングやったらトップやで』って言われたくないんで」と剛軍団出身者らしく発言している。まぁ、気持ちはわからないでもない。

中尾受太郎によると、彼に「シューティングという格闘技があって、かなりハードな競技らしいってことを教えて」あげたバイト先の「インディー団体の食えないプロレスラー」は、「シューティングのオープントーナメントの1回戦で桜田（直樹）さんにヒールホールドで一本負け」したらしいのだ！

さらにアマチュア時代の中尾がワンマッチで対戦した相手も「元プロレスラー」で、中尾は「簡単に勝てました」とまで断言する始末。

ちなみに軽く調べてみたところ、前者は「小野和彦」、後者は「剛田武」とのことである。何者だよ、これ？ジャイアン？

よくわからないが、新格闘プロレス勢以外にもプロレスラーは水面下で修斗に負け続けていたのだろう。恐るべし、修斗！

しかし、ことインタビューに関してはまだプロレス側に勝てないのも事実である。

なにしろ、エンセン以外では、「今の修斗は自分の理想の格闘技からはかけ離れてしまいましたね」「いるじゃないですか、打撃系の選手に寝技、すなわちルールで勝って、俺が最強だとか何とか言ってる奴が。俺に言わせれば、それで負けるような奴は犯罪ですよ！」「シューティングの連中もどこかの弱い外人から一本取って喜んでないで、他の格闘技に挑戦しろって言いたいですね」などと全方位に向けて吠えまくる初代ライト級王者・田中健一が抜群なぐらいなのだから。

そういうわけで、今後のマッハに期待！

『たたかう妊婦』北斗晶／メディアワークス／1300円+税

北斗のデビュー作『血まみれの戴冠』（ペヨトル工房）は時期的に彼女のピークと重なったためもあるだろうが、異常なまでの赤裸々さと壮絶さが入り交じった名著だった。

ところが、続く『北斗晶が嫌われる理由』（ベースボール・マガジン社）は、時期も結婚後で微妙だしターザン&仁香夫人色は濃すぎるし内容も薄いしで、本当に駄目な本だったものだ。

そして、今回の本は赤裸々さが違うベクトルに向いてしまった、男子が読むにはかなり生々しくてしょうがない、女のための出産本なのである。

つまり、面倒臭がりの北斗が医者の言うことを無視したばかりに、出産でさんざん酷い目に遭うという非常に教訓的な内容なのだ。

なにしろ、いきなり「女には『排卵日』っていうものがあるってことも知らず、『ヤレば出来る』と思っていた」北斗が、いくらヤッても子供ができないため産婦人科に行き、「下着を取って足を開いて横になると『診察しますね』って言っただけで急に指（だと思う）を入れられて痛えのなんの」と医者に指を挿入されたことを告白するのだから、この描写だけでボクはプロレスファンに向けて書いた本ではないことに気付いた。

確かに、「プロレスラー同士は友達にはなれない。だって、プロレスは『闘い』なんだもん」と言い切る部分など、全盛期を思わせるフレーズもないわけではない。

しかし、母親学級でようやく友達のできた北斗は「『妊娠するとおりものが多くなりますよね』っていうことを北斗晶は聞けないけど、佐々木久子は聞ける。『腹が出っぱっちゃって、自分じゃ毛が見えなくなるよねえ』なんておしゃべりを佐々木久子は出来る」などと言い出すのである……。

この時点で、ボクはようやく気付いたのだ。これは北斗が書いた本なんかではなく佐々木久子、つまりチヤコが書いた本だということに。

食事制限を無視した結果、やっぱり妊娠中毒症となり、「陣痛を起こすために子宮に刺激を与える」べく、アソコの「中に手を全部突っ込まれてかき回され」ることになるチャコ。

このときの痛みを、よりによって小倉由美のロープ2段目からのツームストン・パイルドライバーで「首の骨を折ったときに、頭蓋骨にドリルで六か所穴を空けてボルトを刺す手術をしたんだけど、その痛みよりも痛い」と表現し、『血まみれの戴冠』で最も壮絶さを感じさせたデンジャラスクイーンらしい「頭蓋骨ドリル」のエピソードを全く無意味にしてしまうのも、チャコならではなのだ。

そして、出産時。きばりすぎて「ウンチ出ちゃうかもしれないよ〜」と泣き言を口にするチャコと、なぜか「ウンコぐらいどうってことないよ。出しちゃえ、出しちゃえ」と猪木譲りの「どうってことねえよ」節をこんなところで発揮して、旦那・佐々木健介はエールを送ったのだという。

夫婦で一緒に入浴しているらしい健さんは「診察室にも一緒に入ってきて、私が足をおっぴろげて中を見られてる内診のときも、横に立って見ていた」ほど好奇心に溢れた格闘探偵団のようで、もちろん出産時にもビデオ片手に最後まで撮影したそうなのである。

そんな旦那の前で、妊娠中毒症のため「会陰切開をする間もなく」チャコの「膣もその奥も裂けてしまった」とはいえ、とにもかくにも無事出産。

やっぱり乳首マッサージも無視していたために「助産婦さんに乳首をギュウギュウもまれた」りもするんだが、おかげで母乳の出もよくなり、「外出するときもけっこう平気でおっぱいポロン」と授乳できるようになったそうである。

挙げ句の果てには、退院指導で「いちばんの課題はセックスのことだった」とまで発言。

さらば三禁！　こんにちはセックス！

最後にチャコは、こう締めるのであった。

「健之介の笑顔を見ていると、ママが大人になるにつれて増えていったイヤな気持ち、たとえば妬みとか人を嫌う気持ちとか、いっぺんに消えてしまいます。健之介はママの心の消しゴムです」

これらのネガティブな感情が彼女をデンジャラスクイーンに仕立て上げたのだとしたら、それが消えたのはレスラーとしては不幸でも人としてはとても幸福なことなのだろう、きっと。

おめでとう、チャコ！

そしてさようなら、北斗！

『アントニオ猪木殺害計画』

板坂剛／夏目書房／1800円+税

旧『紙プロ』誌上ではフラメンコダンサー・ＺＯＲＲＯとして活躍した板坂剛先生。彼が久々に放つ猪木本は、愛する猪木が醜く朽ち果てる前に自分の手で殺したいと考えた男が板坂先生に相談を持ちかけることから始まるという、あらすじを紹介するのもためらうほどに物騒な小説である。
なにしろ『プロレスファン』発行で知られていた「鹿砦社社長・松岡利康」なんて、リムジンを見せびらかす成金のＳＭ狂で、ウンコも喰うし女子事務員とも社内で日夜ＳＭプレイに励む完全な変態男として登場する始末。
そして猪木殺害に関わる「二水会の鈴木邦明」なる男は、モデルが誰だか小学生にだって特定できるというのに、何も気にせず「著作も、勝手な思い込みと妄想ばかりで事実に反することがほとんどだと関係各方面からつねに批判を浴びている」し、「超の字がつくマゾ」だとまで表現してしまうのである。
そのため「二水会の中では、内ゲバやら警察の拷問にも耐えられるように、いろいろなプレイを研究してた」ら、「あんまりきついＳＭやってたもんやから、とうとう死者まで出してもうたらしい」と、おそらく作家・見沢知廉先生がモデルだと思われる内ゲバ殺人のことまで平気でＳＭ扱いする。相も変わらずの命知らずぶりには、こっちが怖くなってくるほどなのである。

とにかく全てがこの調子で、小説（フィクション）なのをいいことに「講演中に暴漢に襲われて頭部を負傷したりという事件も、実は猪木自身が仕組んだヤラセだった」だのと、板坂先生は力強く断言。

そして「猪木がマゾヒストであるという説はジャイアント馬場の同性愛説と共に七〇年代以降の日本プロレス界の隠された定説であった。しかし、スカトロジイの愛好者であるとまではさすがに読めなかった」だの、「猪木さん、言ってたわ。タッグの試合で外人組につかまって三人がかりで反則攻撃されたりすると、自分でも気づかへんうちに股間が硬うなってしもてるて」だのと、猪木までＳＭ＆スカトロ趣味にしてしまうわけなのだ、凄え！

ブロディ刺殺事件も猪木側による殺人依頼だったと書くのはさすがにちょっと引いたが、最終的には「悪いのは馬場」という結論に至るオチに、猪木への歪んだ愛情を感じさせていただいた次第なのである。猪木チックに言うなら、「結局、あの人もアントニオ猪木のファンなんですよ！」というか。


『必殺！プロレス激本Ｖ．５』 双葉社／933円＋税

のっけから断言しておく（Ｓｈｏｗ調）。
ハッキリ言って完敗である。
中田潤や田端到、バトルロイヤル風間といった読ませる原稿の書けるライターが姿を消したり、取材できる団体が順調に減ったりしたためか、膨大な量の座談会（ほぼ全ページに黒須田君もしくは須田君の顔写真入り！）で誌面を埋め尽くし、明らかに原稿が落ちたとしか思えない「激本に登場した闘神たち」なる有り合わせの写真だけで4ページ埋めたりしてみせる、巧みな編集技術。
そして、前号で「『紙プロ』から挑戦状。次号で本誌と直接対決」と事実無根なことを勝手に騒ぎ出すなり、わざわざ表紙に「しょうがないから、相手にしてあげます」とまで銘打って全23ページ＋αも割いた薄っぺ

らな『紙プロ』バッシングを敢行する強気な姿勢も尋常じゃない。こんな連中に、ボクらが勝てるわけもないのである。

そのくせ「宣戦布告」しておきながら、「この戦いはおそらく『激本』がお二人（山口&吉田）に突っ込まれまくるものになるだろう」なんて、いきなり弱気なことを言い出すのもキュートでいいぞ、編集長の黒須田君。やる前から負けることを考える馬鹿がいるかよ！　帰れ！

とにかく「誌面で直接対決」と勝手に煽り、勝手に自分らの雑談で座談会をセッティングしてきた彼らの姿勢と、どうやら東大卒らしい須田君に敬意を表して、ウチでいちばん高学歴な中村カタブツ君とジャイ子（どちらも生意気に大卒）を派遣させていただいたのだが、この記事がまた凄いのだ。

当初、「とりあえずボクが負けて、豪さんたちの試合に繋げばいいんですよね」などとつまらないことを言っていたブチに、ボクはスーパーバイザー（この肩書、言うまでもなく『激本』のターザンへのオマージュである）らしく勝つための攻め所を伝授しつつ「潰せ」とアドバイスしておいた。

ところが黒須田君は戦術通りに闘うブチの言い分に対して、「ハッキリ言って、しゃらくさいけど、これがなぜかそれなりの批評になっている（少なくとも吉田氏の書評よりは）」と言い出すのだから、さすがと言うしかないだろう。もはや完敗なのである。

この対談の原稿チェックも我々にさせないまま、自分らが批判された箇所を大幅にカットしたつまらない記事に仕立て上げた『激本』側は、「だったら、こっちがチェックしてない旨を記事に入れておくように」との主張も当たり前のように無視して、送本すらもしてこない。この無駄に喧嘩腰な姿勢もいいぞ、『激本』！

挙げ句の果てには黒須田君が執筆する「拝啓　吉田豪様。しょうがないから反論してあげましょう」なるコーナーに、なんと4ページも割く始末なのである。なんで？

それによると、山口昇の批判に「反論は若干あるけど、ま、いいです」と答え、ボクの書評には「（反論は）まったくありません」と黒須田君が答えた理由は、なんと完敗宣言ではなく「吉田豪の批判は反論するに値しない」「的を外しすぎ」という意味だったのだそうである。そうだったのか！

黒須田君は「吉田豪は原稿を読めない」だの、「文字になっていないルサンチマンやワープロを打つ手に込められた情念」がたっぷりの原稿なんだから「行間を読むのが書評を記すモノの最低の資質であろう」とプロ書評家のボクにわざわざ忠告してくれるわけなのだが、だったら頼むから行間の読める文章を書いてくれ。こっちは原稿すらも読めないいんだから。……というボクの文章の行間も読みとってくれると幸いである。

そして、ボクが「完全に狂ったとしか思えない企画」と表現した、「プロレスは八百長だと30年以上も思い続けてきた」ライターに、ヒクソン戦は「どこまでマジだったのか」を追及させる高田インタビューを誌面でやった理由というのも、また抜群すぎだった。

何かと思えば、取材によってライターの中で変化が起きたため、「高田は自力で新しいファンを一人獲得したわけである。それって、今のプロレスがもっともしなくちゃならないことのひとつだと思うけどな」と言い張るのである。おめでとう、高田！

……って、たった一人のライターのためにやるなよ、そんな企画。しかも巻頭ページで。

それに、どうせやるなら継続させなきゃ意味はないのだから、前田でもマサでもいいからどんどん取材して、そいつに片っ端から「あの試合はマジなのか？」とか質問をぶつけさせるべきだとボクは思う。少なくとも「プロレスの進行性閉鎖」なるものをキミが本気で嘆くのであれば。

アマレス王・太田章を「敵か味方か!?」と無闇に煽って登場させて「（パンクラスは真剣勝負を）絶対にやってない」と言わせたのも、「今のプロレス、本気でやってないように見えますよ」という警告のためだったのだそうだが、その警告は読者ではなく団体側に向けられるものでしかない。

それを「あなたはプロレスファンをやめなければならなくなるかもしれない。ハッキリ言って太田氏の発言を通過するのは、茨の道を裸足で歩くのと同じである」などと「八百長だって言ってますよ、この人！危ないですよ！」とばかりに煽ったのはキミたちだろう。それが不用意すぎるとボクは言ってるだけなのである。こんな姿勢だから太田章も『激本』に出なくなったわけなんだろうし。

下手な言い訳するぐらいなら、学生プロレス出身らしく「しょせんバンプ取ったことのない奴に、プロレスはわからねえんだよ！　まあ、この俺様にはわかるけどな」ってぐらいに開き直ったほうがまだマシだ。「プロレスファンよ、考えてくれ」だの「吉田君はせめて考えてみていただけないもんですかね」などと他者にいろいろ要求する前に、キミが一度じっくり何かを考えてみるべきなのだとボクは思う次第なのである。

なお、落武者・ターザンはボクの書評を見て「クロスダさーん、吉田豪が単なるプロレスファンであることが、これでハッキリしたよぉ！」と向こうに電話したそうだが、こっちには「豪ちゃん、ありがとう。豪ちゃんはプロレスをわかっているなあ。豪ちゃんの言ってることは全部正しい！『激本』がつまらないのは俺のせいじゃないんですよぉぉ！　あれは黒須田と須田がやってることだから」と電話してきたものだ。

つまり、この試合はターザンが勝手に仕掛けただけでしかないのだろう、きっと。

なぜなら執筆チーフ・須田君との対談で、ターザンは「紙プロが須田さんと黒須田さんにアレルギーを起こすよねえ。それは須田さんも黒須田さんも業界の人間じゃないということなんだよ。業界の匂いとかしきたりとかわかってない人がプロレスの世界を語るのが許せないということなんですよ。あいつら、須田さんと黒須田さんはプロレスをわかってないと言うんだよな」とまで発言しているのだから、ターザンのプロレス下手ぶりには呆れるばかりなのである。

言ってねえですよ、そんなこと。それを口にしたのは言うまでもなくターザン本人であり、ボクらは業界のしきたりなんか一切わかっちゃいねえんですから。わかってたら新日も全日も取材解禁されてるって。

そもそも、ボクは『週プロ』を毎週読むようになってまだ5年程度（買ってたのは半年ぐらい）であり、プロレス本を怒濤のように読み漁ったからどうでもいい知識は人並み以上にあるとはいえ、プロレス自体はそんなにわかっちゃいない。そんな若造に突っ込まれること自体が問題なのである。

さらに、ターザンは「紙プロというのは、専門誌にしてみれば異端だったんだよ。ところがもう一個、異端が出てきた。だから、彼らにしてみれば、自分たちの存在を脅かす連中なんだよ」とまで言い出すのだが、ぜひとも『激本』に脅かされてみたいものなのである。というか、頼むから脅かしてくれ。

結局、ターザンは両者を揉めさせることによって自分が脚光を浴びたいわけなのだろう。

自称・猪木のターザンにとっておそらく『紙プロ』は新日であり、『激本』はＵＦＯなのだ。

自分を使わなくなった新日に対し、ＵＦＯを使って攻撃を仕掛ける。それは面白くていいんだが、猪木と違って『紙プロ』を作ったのはターザンじゃない。そして何より、『激本』には小川役がいないのである。

むしろ、いるのはサンボ浅子という完全ＵＳＯ状態なのだから、もはや話にならないだろう。

そう、ターザンは猪木ではなく大仁田なのだ。芸能活動への色気。芝居がかった大袈裟な言動。ワンパターンな主張。プロレスの下手さ（それ以外のアジテーションは面白い）。破廉恥さと下品さを好む芸風。著書のスカスカさ。Ｕ系団体との不仲ぶり（それでも馬場とは家族気分）。プロレス界での嫌われ具合（元部下含む）。すぐ開き直るしぶとさ。すべてがいちいち大仁田すぎて、何だか寒気すらしてくるほどである。

結論。ターザンが再び浮上するためには、大仁田ばりに天龍と電撃和解して長州の首でも狙うしかない。とすると、もう無理なのかもしれない。残念。

22

一部で評判の健介自叙伝は、『紙プロ』読者なら全員必携と断言できる奇跡の名著である。あまりにも素晴らしいので次号でじっくり紹介することに急遽決定！　そういうわけで読者アンケートでは安定した人気を誇りながらも、富山在住の和泉弘昌君（44歳）にだけは「生理的に合わない」「不要だ!!」「好きくないパターンの内容」「切り口が好きではない」などと、なぜか毎号ズバ抜けて評判が悪い書評コーナー。

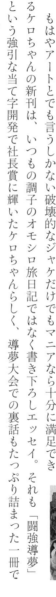

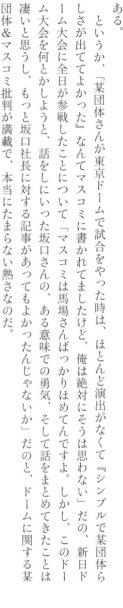

いちいちツボに入るE選手の幻想高まるエピソードの数々

『ケロの燃えろ！　闘強導夢』

田中秀和／三一書房／1238円+税

読んでたもれ（ケロちゃん語）！

もはやアートとでも言うしかない破壊的なジャケだけでもマニアなら十分に満足できるケロちゃんの新刊は、いつもの調子のオモシロ旅日記ではなく書き下ろしエッセイ。それも「闘強導夢」という強引な当て字開発で社長賞に輝いたケロちゃんらしく、導夢大会での裏話もたっぷり詰まった一冊である。

というか、「某団体さんが東京ドームで試合をやった時は、ほとんど演出がなくて『シンプルで某団体らしさが出ててよかった』なんてマスコミに書かれてましたけど、俺は絶対にそうは思わない」だの、新日ドーム大会に全日が参戦したことについて「マスコミは馬場さんばっかりほめてんですよ。しかし、このドーム大会を何とかしようと、話をしにいった坂口さんの、ある意味での勇気、そして話をまとめてきたことは凄いと思うし、もっと坂口社長に対する記事があってもよかったんじゃないか」だのと、ドームに関する某団体&マスコミ批判が満載で、本当にたまらない熱さなのだ。

さすがはケロちゃん。伊達に猪木の「1、2、3、ダァーッ！」を考案したり、ベニー・ユキーデの招聘や猪木対ウィリー・ウィリアムスの再戦という『四角いジャングル』世代にはたまらないことを実現させてきたわけではないのである。いや、マジで。

個人的には、我々の永源遥幻想を一気に高める「E選手」エピソードの数々がいちいちツボに入ったので、ざっと引用してみるとしよう。

ケロちゃんはE選手と相部屋になるのが嫌だったと本気でアピールしているのだが、その理由はまず「トイレのドア開けたままウンコするんですよ。人が部屋にいようといまいと」という無駄にオープンで開放的な姿勢と、そして「E選手って部屋に入ったらすっぽんぽんなんですよ。その上、『ケロ、薬塗ってくれ』と渡されたのが、なんとインキンの薬。断れませんからねぇ。あたしゃ、塗りましたよ、この指で」という独自のスキンシップゆえだったそうである。

さすがは大相撲立浪部屋出身者。相撲レスラーなら全裸なんて恥ずかしいわけもないし、新弟子にケツぐらい拭かせるのだって当たり前の話（想像）。相撲に関しては無知なのでよくわからないが、おそらく熊本のホテルでケロちゃんがE選手に続いて風呂に入ったら出来たてのウンコがプカプカ浮いていたというのも相撲界では日常的な出来事でしかないのだろう、きっと。

かつて長州は全日の試合スタイルを「ぬるま湯の中のオナラ」と表現したものである。つまり風呂の中で屁をしたつもりが実までブチかまし、素知らぬ顔をして逃げ出すイーゲン、もといE源選手が新日のベテランながら全日へと移籍していったのも、ある意味では必然だったのかもしれない。

それにしてもウンコでセミ獲りをする高橋名人のように、ツバだけではなくウンコまで攻撃に使うE源選手のような傑物が新日からいなくなってしまったのは本当にもったいなかったと心から痛感する次第なのである。まあ、他人事だから言えることでしかないんだが。

『たかがプロレス的人間、されどプロレス的人生』

『プロレス・ファン』編集部・編／エスエル出版会／1400円+税

絶賛休刊中の『プロレス・ファン』編集部が久々にリリースした本作『たかされ』は、帯に「単なるプロレス本ではない」と大書しておきながら『プロレス・ファン』収録の佐山インタビュー（聞き手・夢枕獏）や杉作さんの連載再録に、板坂剛VS鈴木邦男&ターザン山本VS鈴木邦男VSエスエル社長・松岡利康の対談と大仁田物語（高山文彦・作）を加えた、単なるプロレス本であった。

かつてはあれだけバッシングしていたターザンをとうとう自分の土俵に引っ張り出したというのに、「平素は口下手の私も、どうしても聞きたいこと、言いたいことがあったので、これは絶対にドンといこうぜ！」という松岡社長の過剰な思い込みが空回りするばかりで、ターザンを叩くわけでもなく調子に乗らせるわけでもなく、なぜか共感してしまうのだから本当にいただけない。

取材拒否問題が聞きたいのかターザンの生い立ちが聞きたいのか理解不能で、テーマ不在なまま各方面に飛びまくるまとまりのない会話。それをそのまま原稿にするのはプロの仕事ではないだろう。

こんなのは編集者が現場で上手く司会したり原稿の前後を上手く入れ替えたりすべきであり、本来ならボクなんかが言うまでもないレベルのことなのだ。

思わず読み飛ばしがちだが冷静に考えるとよくわからない、「シューティングというのはカッコいいわけでしょ。あれが格闘技と言えますか？　佐藤ルミナだとかマッハは髪を染めているんだよ」だの「慧舟會というのは、たとえて言うと、道路の中央を歩けない人たちだよね」だのといったターザンの発言に突っ込むことなく、「当たっていますね」と呑気に答えてしまう松岡社長。

ボクシングはメイン以外、全部前座だとターザンが吠えれば、「そうですか。今思えば、長州というのはどんな人なんですかね」と唐突に話を変えたりと、話の腰を折ること山の如し。

「『紙のプロレス』は、僕が出ると（団体が）みんな取材拒否するんだよ。『紙のプロレス』が僕のことを載せられないの。本当は、僕を大々的に使いたいわけですよ。（他の雑誌も）普通だったら、僕を使いますよ」

ここまで勝手なことを言い出すターザンに対しても、松岡社長は「『紙のプロレス』も山本さんはずいぶんかわいがったんでしょ」と言い出し、ターザンも「親戚みたいなものですよ」とズバリ断言。よくわからないが我々はたっぷりかわいがられた親戚であり、ファミリー軍団だったようなのだ。

「僕なんかは今、パッとこうやって女の人を見たら頭がおかしいぐらいに全部好きになっていくね。全部好きになっていくから、去年の八月に好きになった女の人とバーッと行って、バーッと相手が逃げたもの（笑）」

こんなに突っ込み甲斐のある発言をみすみす見逃してしまうのは貴重な資源（ターザン）の無駄遣いでしかないと心からボクは思う。

ボクらが親戚なのかどうかはともかく、少なくともこんな発言を53歳にしてブチかますターザンの異常な素晴らしさだけは本物であり、キャバクラ専門誌『クラブアフター』で暴走を続ける連載ポエムも必見なのである。

『修斗創世記―虎の奥義を目指して』

横山哲雄／福昌堂／1500円＋税

これは第1回シューティングトーナメント優勝者の手による初期修斗の内幕本……なのかと思えば、いきなり作者の喧嘩自慢から物語はスタートし、「目つきが悪い」「ごつい顔」などと言われたため「美容整形」したことまで赤裸々にカミングアウトする、横山哲雄なる男の自伝。
ジュースが出ないだけで佐山がブチ切れて自動販売機を破壊する実に佐山らしいエピソードや、『修斗オフィシャルブック』でも毒舌全開だった田中健一（格闘結社田中塾）が「教団の武装化を企てていたオウム真理教から武闘派への勧誘」を受けて「オウム食ではなく普通食を一日三食。給与も支払うという好待遇に加え、女も自由自在との条件」で引き抜かれそうになったことなど、気になる男2人の幻想がさらに高まる

いい話もあるにはあるが、とにかく書かれているのは横山哲雄という見知らぬ男の生き様ばかりなのである。つまり、こと試合では敵なしだの、俺は天才だの、スナック（NOT菓子）が大好きだの、AV女優のヌード撮影会に参加したら雑誌に載せられただの、上野のサウナでパンチパーマの中年に股間をまさぐられただの、大塚のスナックで働く女子とスッポンを喰いに行き、腕の関節を極めてホテルに連行しただの、ベッドに押し倒しただのといちいち余計なことをカミングアウトしていくわけなのだが、この凄まじいまでの勢いもなぜか途中で急停車。

試合では坂本プロデューサーに連敗し、佐山に電話したら他の選手に告げ口だと思われてバッシングされ、職場（国鉄）でもパソコン仕事への配置転換のためいつしか出社拒否となり、すっかりノイローゼと化すのであった。

頭痛。呼吸困難。心拍数アップ。手の痺れ。不安感。そんな病が次々と襲いかかり、「このまま駅にいったら、ホームで誰かに突き落とされる」との勝手な妄想まで抱く立派なアルコール依存症になると、いつしかその勢いに乗ったためか精神安定剤&睡眠薬にも依存開始。

こうして職場で何度も不安発作を起こしたり睡眠薬使用過多でどこでも眠りに就いたりするような、会社的には厄介者扱いされるタイプの自律神経失調症患者と成り果てるのであった。

さらに、同僚は次々と飛び降りや首吊りで自殺し、同じくパソコン業務のストレスで鬱病となった別の同僚は、睡眠薬を使っての熟睡中にシーツが足に絡まって血が止まり片足切断……。

こうして不幸のどん底に落ちた彼は「先輩と友人の死、つらい過去を忘れて新しい世界に挑戦し、病気を克服する」べく、なぜかホッパーキング（現スーパー・ライダー）に誘われてプロレス入りを図るのだ！

社会人プロレス（SPWF）マットに衝撃走る！……のかと思えば、なぜか個人練習だけですぐ断念。すっかり夢を失った彼は、「このまま気が狂っちゃうんじゃないか」とノイローゼにも拍車がかかり、「もう、たくさんだ。何度も何度も襲ってくる死の恐怖。そのたびに救急車で運ばれて・・・・・・死のうか」と入水自殺まで決意するのであった。

最終的には食事療法で治ったからいいだろうが、修斗の過去が知りたくてこの本を読んだ読者には確実に想像を絶する展開ばかりなのである。

まあ、国鉄内部の気に入らない上司たちを次々と実名で告発したり、練習の描写で「スタッ」という単語を1ページに100連発させたり、「バシン！」を80連発させたり132連発させたりする偏執的な文体もそんな経緯ゆえだと思えば非常にうなずけるし、それを踏まえた上で読むなら非常に楽しめる一冊だろう。ある意味では必見だ！

『胎動─プロレス新世紀論』

三沢光晴、蝶野正洋／アミューズブックス／857円+税

さすがにちょっと手軽に作りすぎという気もしないでもない、『週刊プレイボーイ』掲載対談の「完全ロングバージョン」を中心としたムック。
いつものように蝶野は「現実問題としてテレ朝の連中はどうしようもない」と深夜枠問題や大仁田中心の番組作りを批判したり、「俺は新日本プロレスという会社自体を信用してないですから」と会社を批判したり、「（全日勢が）新日本、というか俺のグループ（笑）に参加したいと言ってくれたらうれしい。そうなれば、今後の新日本の主導権争いも俺に有利になるわけだしね（笑）」と裏側の部分まで出してみたりするのだが、対する三沢社長もまたいつも以上に自然体。
いきなり「蝶野選手が俺から吸収したいのは、俺の下ネタの切れ味かな？　抜群に面白いよ、俺の下ネタ話は（笑）」と口にするなり、いかなる話でもオチだけはほとんど田上ネタか下ネタに持っていくのだから、さすがは三沢だろう。話術でもやっぱり三冠王なのである。
そんな三沢の「試合を見ればそいつの夜の生活までわかってしまうからね（笑）」なる猪木のプロレス＝SEX論チックな発言に乗せられてか、なんと蝶野までもがここで下ネタ解禁。

「確かにプロレスは夜の生活にたとえられる部分もあったりする（笑）。例えば今日はこっちがガアーッとバックからガンガン攻めても（笑）、次の日はこっちの体調がよくなくて、相手の口だけでイカされちゃうこともある（笑）。プロレスというのは相手を先にイカせながら自分もイカなきゃいけない。また、その反対もある。それができない、自分でマスだけかいてるような奴の試合は救いようがないよ」

これは別にマルティナ夫人との性生活を生々しく語っているわけではないのだろうが、それにしても蝶野。ちょっとやりすぎなのである。

こうして蝶野すら惑わせた三沢は、「あと言っておきたいんだけど、サスケは（全日から）『頼まれたから出た』みたいな発言をしてたけど、あれは新崎選手が俺に頼んできたんだよ、『サスケが出たいって言ってるから出してやってくれませんか』って（笑）」とメジャー団体を股にかけたサスケ発言の真相も、勢いに乗って暴露。

1・4の橋本対小川戦についても、「正直なところはね、もっと橋本選手が突っかかればいいのにな、とは思ったけどね。俺なら突っかかってた（笑）」と誰もがうなずけることを男らしく言い切ってみせるから、たまらないのだ。

恐るべし、三沢。おそらくプロレスの枠内で限界までクオリティを高めた試合を続けている三沢も、かつての猪木や前田同様、「何を言っても許される」域に達しつつあるのだと思われる。

「プロレスって一番頭を使って闘う格闘技だと思うんだ。だから俺は、ある意味、ノールールの試合もおもしろいなあ、と思ってたまに見てるけど。おもしろいの意味合いが違うんだけどね。そういう試合を見てて思うんだ。こいつら、闘うのがラクでいいなあ、とね（笑）。ただ相手を倒して本能のままに顔面を殴ってりゃいいんだもんな」

この発言も格闘技好きにはおそらく評判悪いことだろうが、三沢が言うならしょうがない。

プロレスの枠からは出なくても、枠内の限界に挑むことで「プロレスは格闘技の頂点に立たなければならないもんだと思う」というモットーを証明しようとする三沢の姿勢は、ボクも全面支持する次第なのだから。

『新日本プロレス事件簿』 竹内宏介／日本スポーツ出版社／800円+税

「俺の名は竹内宏介。スポーツ雑誌〝ゴング〟の記者だ。ことわっておくが実物はもっとハンサムである」（竹内さん協力による『少年画報』連載の30年前のプロレス漫画『けだもの』より）

そんなハンサムガイがまとめた本書には、ボクみたいに無知でボンクラな若造には知る由もない新日波乱の歴史がたっぷりと詰まっている。

たとえば、かつて坂口一派が新日に加わる前に「猪木が新日プロを発展解消させた上で坂口以下、13人の日プロの選手たちは独立し、双方がドッキングした形で〝新・日本プロレス〟なる新団体を発足させる計画」なんてものが水面下で進行していたことを、キミは知っているだろうか？

さらに、新日との吸収合併計画に反対して御破算にした張本人・大木金太郎との試合で、「〝あの時、俺の計画に反対したのに日プロが潰れて行き場がなくなったら知らぬ顔して来るのか〟みたいな気持ち」から、坂口が「勝ち負けなんか度外視してガンガンいったよね。イスで殴るにしても思い切り殴った」ことはどうだろう？

その大木と闘う際、猪木も「レフェリー・チェックの折りに大木のカリフラワー状の右耳あたりを狙ってパンチを叩き込んだ。そこに痛烈な一撃を加えることで猪木は『こっちもセメントでいくぞ！』を大木に対してアピールした」というセメント暴走未遂事件は？

世の中まだまだ知らないことばかり。やっぱりプロレスも新日も奥が深すぎるし、10代でプロレス雑誌の編集長を務めたハンサムガイ・竹内さんの見る目もつくづく鋭すぎるのである。

さらに、いわゆる「ＵＷＦは猪木が作った」説の真相らしきものまで、竹内さんはあえていま公開。

「（猪木は新日の）クーデター未遂事件によって、すっかり人間不信に陥り、新日プロという会社にも愛想を尽かせていた。そんな時に長年、自分の右腕として仕えてきた新間氏が新団体設立のプランを持ち込んできたのだから、心が動かないわけがなかった。だが、41歳という年齢を考えると、それだけの冒険を冒してまで、もう一勝負するだけの自信もなかった。そうした猪木自身の迷いが……結果的にUWF参加疑惑として残ったのである」

どうやら当時は立場上ゆえか「迷わず行けよ！」というわけにはいかなかったらしい猪木。それも確かにショックだが、個人的には暴露本の鬼・門茂男先生の死亡がここで発覚したのが一番のショックなのであった。

『暴露―UWF15年目の予言』

ターザン山本／世界文化社／1500円＋税

かつては長州に「Uはお前だ！」と言われ（ちなみに「U＝YOU」という駄洒落説もあり。っていうか、ボクが勝手に提唱しているだけなんだが）、いまは「はっきり言って、前田よりオレの方が強い！」「いまのボクには恐いものがない！　だからボクこそがノー・フィアーなんですよォォォ！」などと勝手に吠えまくるミスターUWFことターザンが短期間で一気に書き上げたUWF本。

旧UWF黎明期に選手引き抜きのアドバイスを関係者から求められた際、迷わず「藤原！」と即答したほどUWFの何たるかを理解していたターザンが、誕生から15年の時を経たいまUWFを一体どう結論づけるのか？

そんなボクの期待をあっさり裏切るかのように、ターザンは「シューティングとK-1は共に非プロレス型UWF」「プロレス型UWFのリングスやパンクラス」「力道山は全身UWF」などと、かなり強引なレトリックでUWFを語ってしまうのだった。Uは力道山なんだよ！　とばかりに。

そして「プロレス型ＵＷＦ」をやっているＵＷＦの選手たちは「向上心のなさと志のなさがプロレスラーだとしたら、彼らはプロレスラーそのものだ」とキッパリ断罪。

これだけでも十分に物騒なのに、懲りることなく明らかに前田が読んだら怒りそうな説ばかりを連発していくわけなのである。

「前田は大仁田厚のことが大嫌いである。しかし、誰が見ても大仁田は立派なレスラー。大仁田をレスラーとして認めなかったらプロレスそのものを否定することとなる」

「前田がプロレスをけなせばけなすほど、プロレスへの愛情から出た言葉と、ファンはそう思い込んだのだ。これほど美しい誤解はない」

「前田、船木、鈴木は佐山になるしかないのに、誰も佐山になろうとしなかった」

これをボクが勝手にまとめてみると、大仁田は立派だが前田はプロレスをわかっちゃいないし、ファンも彼をただ誤解しているだけ。だから前田は佐山になれ、お前は虎になれ（作詞／糸井重里）ということになるのだろう。まったく失礼な話である。

そのくせ本誌18号でターザンが怒っていた、前田を取材しようとしたら「謝罪文を書け」と言われたことについても、「謝罪さえすれば対談はできたわけである。そのことで前田がいかに人が好いかもわかった。このへんのことは大変に憎めない印象を与える」と余裕の姿勢までアピール開始。

さらに、前田ファンとして知られる徳島フクタレコード店主の発言により、マザーの偉い人に「社長だったらどんな形にしろいい車に乗っていなければだめだ」と言われた神社長が安いボロボロのベンツを買ったら前田に「お前、ベンツとは何事じゃ?」と言われたという、まるでサスケ社長のリムジン問題と似たようなことがＵＷＦ内部でも勃発していたことや、酔っ払った前田が「ＵＷＦはオレが作ったんや。ＵＷＦはオレなんや!」と絶叫して鈴木みのるをブン殴っていたという力道山チックな過去も次々と発覚するのだ。

結局、前田とターザンの確執は「オレがＵＷＦ」という思いのぶつかり合いでもあるのだろう。

まあ、ターザンは前田より強いらしいから、ゴチャゴチャ言わんとどっちが強いかハッキリさせたらええんや！　でしょ？

なにしろ最終章でも、また前田の神経を逆撫でするように『ケーフェイ』制作秘話を披露し、「私は自分で自分をほめたい衝動にかられる」と自画自賛した挙げ句に、ターザンは臆面もなくこう断言してみせるわけなのだから。

「『ケーフェイ』にびびっていたらレスラーもファンもどうしようもない。ああいうことを言われたり書かれたりするのがプロレスの宿命である。それが避けて通れないのだから、そうであるならみずからの力と存在感で、それらをねじ伏せてみろ。私の狙いはそこにあった。しかし残念ながら私は佐山同様にずっと誤解され続けている」

要するに前田も佐山ファンに誤解されているが、ターザンも誤解されているんだ、と。

ちなみに本書の女性編集者にターザンは「山本さんみたいになんでも他人のせいにする人、初めてです」とあっさり見抜かれたそうなのだが、そんなことは気にすることもなく「できることなら今後、私は女性編集者と仕事をしていきたい」と後書きでスケベ心をアピールするターザン。

そんな前田的には問題の一冊なのだが、この本について何かを聞かれたところで、きっとターザンはいつものようにこう言い切ることだろう。

「作ってしまって、できてしまったら、これはもうオレの本じゃやない！」

ここまで何でも他人のせいにする53歳を、ボクは今後も冷たく見守っていこうと思う。

23

『書評の星座・芸能編』『男の書評』『アイドル本殺しアム!! ～牙～』などなど、他誌の書評連載も絶賛急増中！　さらに今回はネタが多いので、『紙プロ』用にも3ページ分の原稿を執筆！　すると原稿執筆後、坂井ノブの手違いで2ページしか取ってないことも発覚！　さらに『書評の星座』嫌いの和泉弘昌君(44歳)にも、またもや「好きじゃない」とあっさり一言で流されてしまった、悲しき書評家の書評コーナー。

どうなる健介!?　全人類必携の一冊

『光を掴め！』　佐々木健介／メディアワークス／1600円+税

妊娠時の恥ずかしい話を女房が著書で赤裸々に告白したことに続いて、なぜか健介も衝撃告白！　これは刺激的な言葉ばかりが並ぶ目次だけでも巨大な奇跡を感じさせる、全人類必携の一冊である。

まずはプロレスラーの定石通り、「オヤジの暴力と家族の我慢」「オフクロが安心できるのは便所だけ」「オヤジへの鬱憤をケンカで晴らす」（目次より）などと幼い頃に味わった父親の暴力についてたっぷりアピールするが、この関係がレスラーになっても続いていたという辺りから予想も付かない展開へと一気に突入していくわけなのだ。

つまり、健介はプロになっても父親に「俺が観に来ているのに、なんで負けるんだ」と怒られたり、馳が臨死状態になったときにも、それどころじゃないのに「今日のお前の試合はなってない」「お前はダメだからプロレスは辞めろ」などと、いちいちアドバイスや説教ばかりされていたのだという。

さらに、当時付き合っていた彼女を実家に連れていけば「帰れ！」と一喝され、強引に彼女と別れさせられたりで、挙げ句の果てには弟の結婚にも強硬に反対されてしまう始末。

健介のアドバイスもあって、これがやがて両親の離婚話へと発展していくわけなのである。

予想もしなかった離婚話にすっかりパニックとなった父親は、なぜか警察署で「息子に脅されている」と訴えた後、健介の留守電に自殺をほのめかす謎めいた言葉を残したまま首吊り自殺……。

こうして「家族の離散――オヤジの死の真相」「オレが殺したんだ！」「ノイローゼ」（目次より）と落ち込む健介の前に、Kというあからさまに怪しげな男（自称・占い師）が登場し、Kに誘われた健介が母の生き甲斐にすべくプロレスショップやらプロレス茶屋やらを開店させたため、不幸はこれだけでは終わらなかったのである。

Kが父親の遺体を運んでくれただけで全面的に信頼しきった健介は、父親の保険金を1億円近く着服されたり、結婚式の祝儀を盗まれそうになったり、母親も100万円の水晶玉や観音様の彫り物を売りつけられたりで家族ぐるみでカモにされ、「Kの悪事――煙と化したオヤジの保険金」（目次より）という状態へと突入してしまうのであった。

どうなる、健介!? ……と読者をハラハラさせたところで、「私の直感が働かずに騙されてしまったのは全日本女子プロレスの松永会長だけ」というチャヤコ（北斗晶）のズバ抜けた勘の良さのおかげで、いまさらながらKの疑惑が急浮上。

どうにかKと絶縁し、副業のせいですっかり失われていた新日内部での信用も、チャヤコの助言によって順調に修復されていくわけなのである。

これにて一件落着。……するのかと思えば、ここまでされても健介はなぜか「泣き寝入り」。

それどころか、Kが健介の父親に「死んだ保険金で家族に償ったらどうだ」とそそのかして金を奪ったのではないか？　というリアルすぎて寒気がしてくる推理まで披露し、読者の心に巨大なモヤモヤを残して消化不良のまま本が終わるのであった。健介、お前噛み付かないのか！

かくも凄惨な内容なので、最後にマサ斎藤のちょっといい話を公開して終わるとしよう。

イビキが異常にノイズ・アバンギャルドなことで有名なマサは、寝ながら大声で「ガッ・デエーム（チクショー）！」「サ・ノ・バ・ヴィッチ（このヤロウ）！」となぜか英語で叫んだり、他にも「寝ているのに歌を歌ったり、ヤクザ映画のビデオを観た日は、そのヤクザのセリフを言ったり」と、寝言でもいちいち男の憧れぶりを発揮しまくっていたというのだ！

　やっぱり父親を殺されて1億円着服されても全然噛み付かない健介より、寝ながらでもガンガン噛み付きまくるマサのほうが魅力的なんだよなあ。

『SWSの幻想と実像』

小佐野景浩／日本スポーツ出版社／800円＋税

　いきなりだが、国会図書館でこの本の資料調べをしていた小佐野・元『ゴング』編集長を、中村カタブツ君が目撃したときのことである。いきなり無意識のまま「あっ、熊久保さん！」と人違いした上、いまでも現役編集長だと思い込んでいたばかりに「最近のゴング、面白いですねえ」と余計なフォローを入れたりと失礼なトークを繰り広げたそうなのだが、この本は果たして面白いのだろうか？

　個人的には『S多重アリバイ』の単行本用に軽く資料調べをしていたためか、これといった目新しいネタは正直さほどなかった。

　藤波の「私の提唱した部屋制度が逆利用された」というSWS批判が実は的外れ（SWSのほうが先にプランニングしていた）だったと発覚したり、「新日本は平成11年6月まで続いた坂口体制の中で、ひとりも離脱者を出さなかった」と小佐野イズムで青柳や彰俊の存在も無視してズバリ言い切ってたり、天龍が「日本マット界にとって、SWSは力道山の次にインパクトがあった！」と男らしく断言したりするのが、ちょっとツボに入ったぐらいのもの。

　そう思い込んでいたら、久々に正式な取材を受けたメガネスーパー・田中八郎社長の発言が、予想通りの見事な爆発力だったわけなのである。

もともと「会社（メガネスーパー）は〝いきなり変なことを言い出した〟と思ったでしょう。だけど、私はワンマンですから、私が〝やれ！〟と言ったら、やらざるを得ないんです」という見事なワンマンぶりと、「どこかの企業を欲しいというなら買いに行けばいい。UWFでも新日本でもね。それこそ当時、ゴングを買いに行こうかと思いましたよ（笑）」という、幻想通りの強気さでスタートしていったSWS。

まずは武藤をエースにして「若さがあって、将来を担うようなプロレスラーを作っていこうと。キャラクター作りから始まって、グッズを含めて全部を作って、CMとかにもドンドン出して、WWFがホーガンを作り上げたように売り出して、プロレス界に新しいヒーローを作ろうと」したのだが、この予定がスタート直後に崩れたことから、すぐさま失速。

予定にはない選手が次々と入り、「それぞれの思惑で一部の選手が仲間の選手に声をかけて引き抜いちゃって、あたかも会社がやっているかのようにしてしまった」結果、「自分たちのギャラも含めて言いたいことだけ言ってくると。で、やることは自分たちで勝手にやっちゃう」という、「もう会社としては抑えきれない」悲惨な状態になったのだという。

そこまでは正直言って想像通りだったが、「同時にある週刊誌に叩かれに叩かれちゃったから会社側に妨害とか、いろいろ嫌なことがあって、ウチも客商売ですから、会社の幹部自体が引いちゃってきて、最終的には私自身が会社内で突き上げを食い、孤立してきた」ことも発覚。

要するに『週プロ』（というかターザン山本）の弊害により、「私自身も流れの本流から外れた形になって、今、社長は女房がなって、専務も息子がなっているから。本流を外れた基本はこれ（SWS崩壊）があるんですよ。この40億円（の負債）の流れっていうのは、幹部も含めて社員たちに責任を取った形になった」という、悲しいドラマまでもが発覚してしまったわけなのだ。

そもそも猪木のアントンハイセル構想ばりにレスラーの老後を考えて、「将来的には予備軍としていい人材を集めてきて底辺の層を厚くして、同時に卒業した人たちを受け入れ、収益を年金のような形で配当できるようにするというのが本当の目的」でSWSを設立したほど偉大な男にそこまで洒落にならないリスクを背負わせてしまったのは誰なのか？　言うまでもなく当時の『週プロ』ファンに決まってる。

ちょっと問題ありますよ！　と、当時は全く『週プロ』を読んでなかったボクは思わず無責任に言い放ちたくなった次第なのである。

『チャンピオン―三沢光晴外伝』

長谷川博一／主婦の友社／1400円+税

全日四天王のインタビュー集『これがプロレス』の聞き手であり、「大きくなったらロックンロールの曲と同じような暮らしがしたかった」とロック魂全開で語る38歳の著者が、「三沢革命」や「プロレスとロックンロールの相似性」についてじっくり描いたルポルタージュ。

三沢の「こんな試合してたら、俺たち本当に死ぬな」「試合中のダメージで、死んじゃったら死んじゃったでいいやと今は思ってますね」などのスーサイダル・テンデンシーズな覚悟や、「思った通りに言葉がでない」「日中でも立ちくらみがする」「視力低下」などの深刻極まりない危険な受け身のダメージ告白なども含めて、予想以上にヘヴィな一冊である。

なにしろ三沢の母親が「普通の家庭よりもずっと惨めだった」としんみり語る旦那の酒乱&暴力カミングアウトがまた、かなりのしんどさだったのだ。

自分が浮気したくせして嫁に離婚を迫ったり、離婚を断られるとナイフで刺して長期入院させたり、退院すれば浮気相手を連れて来て一緒に住もうとしたりと、その健介の父親すらもあっさり超越した見事な極悪非道ぶりは、まさに鬼畜！

温和な三沢が「絶対に許さないですからね。たとえ年を取って死にかけていても、相手のことを哀れには思わないでしょうね」と父親に対して言い切る気持ちも頷ける次第なのである。

そんな三沢の気の強さは、某選手（谷津っぽい）が試合前に「田舎の試合だから手を抜いていいよな」と言っていたのを耳にしたときにも発揮された様子である。

なんと三沢は「川田やるぞ」と告げるなり、某選手を「プロレスのよほど通じゃないと何が起きているのかわからない範囲で、試合中、いじめぬいた」ため、その結果として「間もなくして某選手は全日を退団することになった」というわけなのだ！　衝撃の退団理由発覚であろう。

もしかして、これは「三沢、川田ともう1回ガチンコでやっても、目ぇつぶって30秒で勝てるよ！」と『紙プロ』誌上で何度も断言してきた谷津へのメッセージなのだろうか？

とにかく、こうして三沢のガチンコ幻想を膨らませた作者は、さらにロック魂で八百長論を直撃開始。三沢も「プロレスが八百長じゃないと証明する機会があるなら、ぼくは『朝まで生テレビ』に出てもいいですよ」との思いで、素朴ながら危なっかしい質問に逐一反論していくのだ！

三沢革命万歳！　星の貸し借りは「少なくともぼくにはなかった」だの、「もちろん、事前の取り決めはないですよ」だの、『Ｔａｒｚａｎ』誌上でルー・テーズが指摘した「試合中にタイツを直すな！」問題も「こっちにはこれだけの余裕があるぜ、まだタイツのことを気にしてられるぜ」という駆け引きだっただのといちいちキッパリ言い切ってみせる三沢の姿勢を、ボクは断固として支持するのである！

なお、もし三沢がヒクソンと闘ったなら、対抗手段は「チョーク・スリーパーを食らうとする。そしたらヒクソンを持ち上げて、そのまま後ろに落とせばいいんじゃないか」とのこと。

ヒクソン戦でやっぱりタイツを直して汗を飛ばす三沢を、ボクはちょっとだけ見たいと思う。


『ザ・格闘家』　光文社／1200円＋税

雑誌『週刊宝石』掲載の記事をまとめたためか、下ネタが異常に豊富な格闘家インタビュー集。
ゆえに、蝶野が「手っ取り早いのは、風俗なんだよな。自分で言うのも変だけど、20代前半の若手のころ

は大好きだったよなあ。道場から近いんで、もっぱら川崎のお風呂（ソープランド）だった。佐野なおきさんも好きで、しょっちゅう一緒に行ってた」と佐野のことまで告白してたりするんだが、やっぱり下ネタに関してはここでも三沢が五冠王なのである。

たとえば、左膝の負傷ゆえ医者に「安静が必要」と言われれば「膝を使わないと正常位ができませんよ」と切り返すし、「自慢じゃないけど」と言いながら「中学2年で初めて女と付き合ってから彼女を切らしたことがないんです」「ある女とホテルに泊まってたら別の女に乗り込まれたとか、それなりの修羅場もくぐってきた」と余計な自慢しまくる彼氏。

そして、「いい意味で遊ぶことができるようになれば、それが試合にも出ますからね（笑）。たとえば、浮気がばれたときにどう対応するか。2人の女に迫られたとき、どっちを捨てるか。そういう咄嗟の判断力は、プロレスにおいて必要不可欠ですから（笑）」と、英雄らしく色好みな自分をキッチリ正当化してみせるのだ。

そんな下ネタのみならず、武藤の「膝ボロボロだけど、足の一本ぐらいプロレスにくれてやる覚悟はあるんだよな」発言や、天龍の「最近は『格闘技』が人気らしいけど、俺はあんまり興味ないんだ。ガチンコは、相撲で腹一杯やってきたからね。俺はね……プロレスの〝いかがわしさ〟や〝いいかげんさ〟が好きなんだ。でもね、土俵の丸さといっしょで〝いかがわしさ〟〝いいかげんさ〟は無限大なんだ」発言などのように、シビレを感じさせるネタも多数収録。

しかし、最も印象に残ったのは詩人としても活躍する猪木の言葉なのであった。

「サンタモニカの自宅でテレビから流れてくるアメリカン・プロレスを、最初のうちは『こんなもの！』と馬鹿にしてました。ところが、少しずつ『なるほど……』と感心する部分があることに気づいてね……。結局、そのコミカルな〝勝ちっぷりや負けっぷり〟のパフォーマンス、そして肉体美の醸し出すエロティシズムというのは、日本のレスラーが真似しようとしても真似できない、表現力の賜物なんですよ。だから、もし日本のプロレスがこのままアメリカのスタイルに近付いていったら、それは非常に危険な傾向と言わざるをえない。同じ土俵に立ってパフォーマンスを競っても、日本人はアメリカ人に勝てっこないんだから」

この発言は、明らかに新日のフロントに向けて発せられているはずなのである。

『クロスゲーム―風雲プロレス＝格闘技読本』

〝Ｓｈｏｗ〟大谷泰顕・監修／メディアワークス／１４００円＋税

自称・大衆芸術家などと寝ぼけたことを公言するＳｈｏｗ氏が定期刊行を目指したら、すっかりテーマ不在となった一冊。

「本書は『なんちゃって紙プロ』ではありません」との一文や、「専門誌は、もはやプロレスを違うものにしようとしている気がして買う気が起きないので、Ｓｈｏｗさんの本や『紙プロ』に頼るしかないのです」なる読者ページの意見などに嫌な電波を感じるんだが、ズバリ言って一緒にされたくねえんですよ、正味の話。

なにしろ、この本。最も肝となるはずの巻頭ページに登場する武藤インタビューの摑みを得意の初恋話にしたため、すっかり摑み損なったまま最後まで突き進む、迷走機関車のような一冊なのである。

田上、多聞、安田など人選は文句なしなだけに「こうじゃないだろう」と思うこと山の如し。

それでも、さすがに田上と安田の呑気な魅力だけは黙っていても滲み出てくるのであった。

バーリ・トゥードについて聞かれて、「なんだ、なに？　バ、バリー、なに？」「なんだよ、そのアルティメットって」「ケンカか」「ヒクソン？　強そうに見えないんだけど、それに負ける髙田は、もっと弱いということか？」などと、相撲イズムであっさり結論づける田上。

Ｕインターとの対抗戦を「調子こいて、弱い桜庭とか金城でしたっけ？　そうそう、金原。その辺とやってた記憶はありますけどね。見る人が見れば、自分が（金原＆桜庭を）オモチャにしてたのはわかってもらえると思いますよ」と切り捨て、１・４の乱闘を「あの村上（一成）っていう弱い選手が粋がってたでしょう？　それで、やっちゃったらあんなん（負傷）なるし……」と振り返る安田（ちなみにプロレス入りの理由は「相撲時代に博打の借金」。さすが！）。

そして、どんな話題でも強引に下ネタへと引きずり込み、いつ何時でも下ネタに臨む覚悟を客前のトークでもアピールする三沢の魅力は、やっぱり爆発していたわけなのである。

そんな調子で下ネタが炸裂しまくった三沢トークショーでも、司会のＳｈｏｗ氏は何度も観客を引かせたり反論されたりブーイングされたりする不快なキャラクター通りのトークを見事発揮。

山口昇＆柳沢忠之のＹＹ砲がＢＩ砲を語る対談も、仕切りのＳｈｏｗ氏が「猪木さんはつまんない。何が面白いんですかね」と言ってただけあって、両者の光を消すような出来。結局、読者の「Ｓｈｏｗ氏はつまんないが、読者に〝たまごっち〟的な感情を抱かせる」との意見も、ボクにとって「ダメならリセットしたい」という意味でしかなかったのである。

なお、蝶野は「『週プロ』にしろ、『紙のプロレス』なんかを見ていても思うけど、たとえば個人として見た時に、俺がもし中学とか高校の時だったら、こいつら単にイジメてるだけの人間だろうなって（笑）。とても、いっしょに群れをなして遊べる人間じゃないなと。コイツらに俺のことをとやかく言われたくないっていうのはありますよ（苦笑）」と発言しているが、よく考えてみればこれが収録されたのは97年6月。つまり蝶野の『紙プロＲＡＤＩＣＡＬ』表紙奪取以前であり、ボクらは会ってもいない時期だったのであった。


『格闘技ＢＯＯＫ―闘うココロ闘うカラダ』 Tarzan特別編集／マガジンハウス／762円+税

幻の名雑誌『ｒｅｌａｘ』（復刊の噂あり）の女子編集者（空手家）や自腹を切ってアブダビまで行った『Ｔａｒｚａｎ』の編集者といったマガジンハウスの変わり者たちが過剰なまでの思い入れをブチ込んだ濃密な一冊。
ゆえに、菊田軍団、中山先生、スナックぶすなどの項目にページを割いたり、フランシスコ・フィリオか

ら「最近はなんとメタリカがお気に入り」という情報を引き出したり、リングス東大出身者の宇野薫は海外旅行に行った母親が勘違いで買ってきた土産のエアジョーダンでファッション開眼したことを公開したりと、やっぱりいい情報満載なのだ。

船木の自己分析が「自分の気持ちとは裏腹に周囲から期待されてしまう選手」という「俺に打倒ヒクソンは期待するな。ほっといてくれ」とでも言いたげな代物だったのにもシビレたんだが、最もシビレたのがbisのヴォーカルを思わせる短髪&金髪姿が専門学校生チックなPUREBRED大宮ジム所属の「国内敵なしの女柔術家」こと、渡辺千景の紹介記事だったのである。

ここで彼女は、何の根拠もない「自分最強説」を確かめるべくLLPWへと入門しただの、「まだレフェリーやらされてるような時期に、場外カウントで『ファイブ！　シックス！　セブン！　イレブン！』ってついつい数えちゃって（笑）」、そのためか「夜逃げ」しただのという知られざる過去をズバリ告白！

そう、これは95年の『週プロ』選手名鑑で「とりあえず、場外カウントはもう間違えません！」と答え、「セブンイレブン前田」と呼ばれていた巨乳レフェリー・前田絵美のことに他ならないのだ。「女子プロでは実戦的な技はほとんど教えてもらえなかった」彼女が、やがて修斗で敵なしとなり女柔術家となっていたわけなのである。おめでとう！

なお、純粋なプロレス団体では闘龍門だけが登場し、「選手のリングネームは単純に思い付き。ランパブにマグナム（TOKYO）を連れてった時、茶髪で真っ黒だったから〝AVやっててスカウトに来たのよ〟って言ったら女の子に大ウケしちゃってね。当時マグナム北斗しか知らなかったから、じゃおまえ、マグナムなって」（ウルティモ・ドラゴン）との発言で、ボクがかねてから編集部内で提唱していた「マグナムのAV男優という過去はギミック」という仮説の裏が取れてスッキリしたこともお伝えしておきたい。

『大仁田厚のこれが邪道プロレスじゃ〜！』

大仁田厚／双葉社／1000円＋税

これまでのタレント本チックな大仁田本とは違い、意外なほど本音の詰まった一冊。この本音がまた、大仁田嫌いの多い『紙プロ』読者でも無条件で頷きそうな「いまの『週刊プロレス』はつまらなくなっちゃったよな」読んでいて引っかかってくるものがないんだよ」「パンクラスは面白くないんじゃ！」などのものばかりなので、不思議と説得力があるのだった。

なにしろ、「俺と天龍さんが寿司屋で会談したとかいう話があったよな。過去の因縁を清算するための会談だとか言われてたけど、あれは『週刊ゴング』があの写真を撮りたいって言うから、それに応えてあの寿司屋に行っただけ」と、たとえプロレス的な裏側だろうともあっさり暴露。

そのため、「悪いけどバトラーツはあそこまでだな」「俺だったら大塚をもっと別のやり方で売り出したね。もっと大塚を大事にしなきゃ」「髙田が弱すぎるんだ」などの発言にも、色々と考えさせられた次第なのだ。

そんな大仁田が最も本音（シュート）で牙を剝きまくっていく相手は、やっぱり古巣のFMWであり、そして荒井社長だったのであった。

「（大日本の）蛍光灯デスマッチには気持ちがこもってる。ハッキリ言う、いまの中途半端なFMWよりは断然いいよ！」

「いまのFMWをダメにした一番の責任者は誰なのか。おい、おい、おい、おい、荒井昌一、お前だよ。お前が一番悪いんだよ」

「いまのFMWって、プロレスはやらせです、って言ってるようなもんじゃないか！」

「荒井よ、目を覚ましてくださーい」

そう、「小川は強い、大仁田は弱いという違いはあるけど、目指すところはいっしょのはずだよ」という不可解な発言の真意は、きっとこの姿勢にあったわけなのである。ちょっと対象はピンポイントすぎるんだが、それもまたシュートの証明。

24

読者の方から「書評の批判をすれば名前を出してもらえるんでしょうか?」というハガキが届いたが、そんなことはねぇんです！　むしろボクは褒められなければ原稿を書く気がしなくなるタイプなので、「面白い記事」として票を投じてくれた山本貴司君、福田透君、津崎貴光君、宮脇博司君、山岡正明君、前山勲君、そして「書評がいちばん面白い」と発言しているらしい新日本の倉掛さんといったセンス溢れる方々のおかげで連載が続いている書評コーナー。

福田和也が手探り状態のまま無闇にいただけない新日批判

『女子プロレスNEWアイドルFAN★BOOK』 芸文社／952円+税

ハッキリ言って選手の悪い面にスポットを当てた相手の光を消すグラビア（特に納見佳容、浜田文子、田村欣子、阿部幸江）は全くいただけないが、モノクロページは無闇に熱いので押さえておいたほうがいいムック。

なぜなら匿名ライターが「陳腐なアングル」などと物騒な単語を使って新日のフロント陣なんかをバッシングしたり、「ムタ二タ戦のような滑稽な試合（というよりもショーか?）」だの「男女混合プロレス（ミックスド・マッチと称しているが）などという場末酒場のコミックショー」（カッコ内も原文ママ）だのとピュアなハートで毒舌を爆発させていくのみならず、こんな衝撃情報までひっそりと織り交ぜているわけなのである。

「全女はメドゥーサと専属契約し、売り出しにかかる。メドゥーサはミネアポリスのマーキー・インターナショナルと契約していたため、全女はマーキーと契約を交わした」

なんだか不思議と聞き覚えのある事務所名である。……って、これは『スター爆笑Q&A』の元構成作家で、言わずと知れたミネアポリス在住の歌手・元プリンスが設立したペーズリー・パークの日本事業部総代理でもあった『ボーイズはボーイズ』作者・斎藤文彦先生の事務所の名前だよ！

この情報によってフミ斎藤先生がメドゥーサのことを「メの字」などとえらくフランクに呼ぶ理由が、ようやくわかった次第なのである。

『オ〜っと！危ないマンガプロレス毒本』

古川一朗／芳賀書店／1200円+税

『週刊ファイト』の4コマ漫画『ファイト一発』で知られる古川一朗先生の、2冊目のプロレス本。どう考えても猪木本人が書いているとは到底思えない「Mr.古川のプロレスマンガは私も大ファン。一押しの一冊です。アントニオ猪木より〃愛〃をこめて！」なる帯のコメントも衝撃的なら、なぜか古川先生の全てがわかるロングインタビューをたっぷりと収録している構成自体もいちいち衝撃的すぎる、物好きな古川マニアにはたまらなすぎる一冊だ。

このインタビューがまた、日本のプロレス史を古川先生が振り返るという不可解極まりない内容なのも悪い意味で衝撃的なんだが、聞き手を務める元『東スポ』記者のKoji Shiraishiなる謎の男が過去に外国人担当としてモンスターマンの面倒をみたりルー・テーズのマネージャーをしてきたというシビレるエピソードの持ち主なので、それだけでもうノー問題なのである。

なにしろKoji Shiraishiは、かつて猪木と異種格闘技戦を行うために来日したW・ルスカが日大アマレス部で行った出稽古も目撃しているのだが、そのとき五分に戦えたのは当時大学1年生の谷津嘉章だけだったとキッパリ証言。

これについては、ゴッチ道場を1日で辞めた谷津が「あれ（＝ゴッチ道場）は子供騙し」などと問題発言をブチかましまくる雑誌『問題実話』のインタビューでも、「クリス・ドールマンも一緒だったけど、これは2~3分で息が上がってまったくダメ。でも、ルスカは僕と互角の勝負をしたんだ」と谷津もキッパリ証言していたから、さすが日本アマレス・ヘビー級最強の男。「眼をつぶって30秒」発言は伊達ではなかったのである。

そんな『東スポ』記者の暴露トークに乗せられたためなのか、なぜか古川先生もSWSによる武藤引き抜き未遂事件を「もう時効だから言っちゃいますが、某団体のM選手を呼ぶのに『契約金＋マンション＋車』という条件だった」と正直にブチまける始末。

それに続いて、なぜか引退してから成功しているレスラーの具体名としてスナック店主のキラー・カーンなんかと一緒に栗栖正伸と藤原組長の名前もついでに挙げるという、とんでもない失態を晒してしまうのであった。

もしかして、これが古川先生の「毒」なのか?

ちなみに『ゴング名勝負シリーズ・三沢光晴BEST100』(日本スポーツ出版社)なる本にも、「菅原伸義(現・引退)」という失礼な表記を発見。アポロには悪いが、どうやら関係者の方々でさえ誰が現役で誰が引退しているのかサッパリわかっちゃいない様子なのである。

『真剣勝負』 前田日明、福田和也/草思社/1400円+税

キャッチフレーズが「平成の暴れ論客」というだけあって、かつて『SPA!』誌上で「グレート・カブキの正体は高千穂遙」だとズバリ言い切る見事な暴れっぷりを披露したため、ターザン山本にまで叩かれてしまった男・福田和也。

言うまでもなくカブキの正体は高千穂明久であり、高千穂遙とはカブキと永源遙をペンネームの由来とする『クラッシャージョウ』や『ダーティペア』でお馴染みのSF作家なのだが、間違い自体はどうだっていい。

そんな自称パンク右翼の福田和也が同じ保守派でもある前田日明とたっぷり語り下ろす対談本をリリース！

予想以上に会話がスイングしているためプロレス系のネタは少ないんだが、作家・北方謙三が酒を飲めないと聞くなり前田が「それじゃ、なんちゃってハードボイルドでしょう（笑）」といつもの調子で断罪したりと、それ以外のネタも非常に楽しめる一冊である。

しかし、福田和也がプロレスを「ある種の予定調和のストーリーが成立する格闘技」、リングスを「リアルファイトの世界」と暴れ論客らしく定義付け、「頭につくりものの角を生やしたり、顔にペイントしたり、NWOと言うんでしたっけ」などと手探り状態のまま無闇に新日批判を繰り広げたりすることだけは、本当にいただけないのだ。

そもそも前田に言わせれば、プロレスとはこう定義付けられるべき代物なのである。

「プロレスというものは、純粋にスポーツとして見ようとしたら、勝ち負けではなくて、試合のイニシアチブの取り合いを楽しむものだと思うんです。ロープに投げ飛ばしたら返ってくる。相手との絡みのなかで技を仕掛ける。受ける。反撃する。こうしたやりとりは、一応、各自が瞬時に選びながらやっているんです。新日本プロレスの全盛時代というのは、そのときの前座はみんなそうだったんですよ。イニシアチブを取り合うゲームという感覚でやると、あれほどいいスポーツはないですよ。充実感もあります。それにちゃんとイニシアチブをとれれば、自然な形で相手が思うように動いてくれるんです。でも、いまのプロレスは、そういう動きのなかで何か決め事をつくったりとかして、選択の幅を狭めている」

これはいわば前田版『ケーフェイ』宣言のようでありながら、不思議とプロレス愛を感じさせる発言だと思う。つくづくUWFとはプロレスの原点回帰運動だと痛感させられる次第なのだ。

思えば一部の頭の悪いマスコミが「UWFは真剣勝負だ！」と無闇に騒ぎ立て（一般誌方面に多かった）、その幻想を船木のような外部の選手までもが鵜呑みにしてしまったのが問題だったわけであり、前田はいつ何時でも理想的なプロレスラーであり続けたはずなのだから。

さらに、前田はこれまで批判してきた村松友視先生の『私、プロレスの味方です』についても、「村松さんのをはじめて読んだとき、俺もハッとしたんです。これはすごいなと思った」と評価してみせたりと、引退後ゆえなのか素直になった発言が味わい深い。

「自分の感情を素直に言えば、UWFの仲間は俺から離れていった、絶対に許せない連中なんです。許せないんですけど、一方で何とか彼らを理解しようとしている自分がいる。理知的な部分で何とか理解しようとしているんだけれど、それによって今度はどんどん自分の感情に自分が傷つけられる。それが錯綜しているうちにだんだん訳が分からなくなってきて、ますます自分を苦しめてしまう」

こんなことを告白していた人間が数か月後にはUWFの仲間に後ろからブン殴られ、一撃で失神KOされたところをUWFの仲間に囲まれてしまうんだから、つくづく世の中わからない。

ちなみに事件の数週間前にボクが他誌で行った取材で、どんなに揉めても相手を理解しようと努める姿勢について前田はこう語っていた。

「それが『関わる』っていうことじゃない？　それがホントの人間関係ですよ。どっかに熱いものとか激しいものがないと、人間って絶対分かり合えない」

やはりレスラーや格闘家であるならば絶縁だの訴訟だのではなく、激しい関わり合いをしていってもらいたいものなのである。だから安生は許す。

『格闘家に告ぐ！実戦格闘技論』

小島一志／ナツメ社／1500円＋税

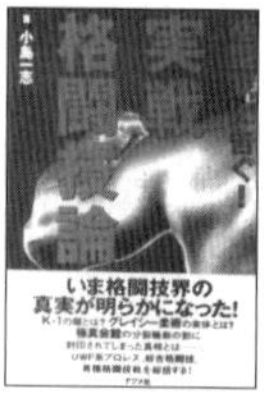

ボクもいままで知らなかったのだが、この本によると格闘技の試合を興行などで「簡単に観て楽しもうという姿勢は、彼ら（格闘家）に対する冒瀆」であり、「格闘技とはそれを学ぶ実践者のためにあるのだ」そうである。はあ。そうでしたか。

これは、そんなお堅い考え方をした元『月刊空手道』編集長が、「格闘家を自認する者たちに告ぐ！あなたたちは、いまこそ格闘技を自分たちの手に戻すことを考えるべきなのだ」と、とことん読者を限定しきった熱い主張をブチ上げる、かなり不思議な一冊なのだ。

ここまで堅苦しい考え方では、もはや認められるのは大会を開かない少林寺や合気道ぐらいになること確実であり、そんなわけで著者が絶賛しているのは大会もしていなければ館長の芦原英幸が公式な試合もしていない空手流派・芦原会館というわけなのであった。

言っちゃあ悪いが、試合をしないことによって梶原一騎が生み出した幻想を守り続けたケンカ十段・芦原やゴッドハンド・大山倍達は、著者が嫌うプロレスラーの姿勢にも非常に通じるものがあるとボクは思う。

ところが著者はレスラーに対して「彼らの鍛え方は半端ではない。その辺にいる柔道家や空手家よりもずっと厳しい鍛錬に耐えている」とフォローを入れつつも、「プロレスは『格闘演劇』であり、プロレスラーは『役者』」だの「リングスやパンクラスのアマチュア部門は単なるファンクラブ」だの何だのと失礼なことばかり言いやがるわけなのだ。

「リングス・ルールといわれる格闘技スタイルによる試合だが、滑川康仁や山本宜久の試合を見るかぎりでは、かつてのUWFから何一つ進化していない『プロレス』」

「（前田と闘った）カレリンは、レスリングのマットで見せる迫力とは程遠いただの大男でしかなかった。両者の戦いからは、最初から最後まで、本来格闘技の試合にあるべきはずの緊張感が感じられなかった」

「パンクラスの試合についていうならば、基本的に選手たちは『競技』として戦っていると私は見ている。ただ、幾つかの試合にかぎっては『演劇的要素』が含まれていることもまた否定できない」

これらの発言は、なんだかアマレス五輪メダリスト・太田章みたいだと思ったら、どうやらこの2人には親交もある様子。

ゆえに、太田章とのスパーリングでは最強・谷津嘉章さえも「子供同然に弄ばれていた。組んではバックを取られ、そこから簡単にホールドを決められてしまう」状態だったことを証言したり、太田章による「いまの極真には三瓶さんがチャンピオンになっているけれど、実戦実戦ってあまりいわないほうがいいと思うよ。僕はもし三瓶さんと戦ったならば10秒以内に勝つ自信がありますから」という谷津ばりの「目をあけて10秒」発言まで紹介するから、さすがなのだ。

こうして著者は猪木対ウィリー・ウィリアムス戦が八百長だのと空手家らしくさんざん主張した後で、「ただ、プロレスラーが行った異種格闘技戦のなかで、唯一『競技』つまりは真剣勝負として行われたと思える試合がある」として、PRIDE．1&4の髙田対ヒクソンを挙げるのだった。それだけかよ、おい！

結局、こういう人には「プロレスラーが何もできずに負けた試合」しか「競技」には見えないわけなのだろう。チンケな話だ。

なお、ヒクソンに負けた髙田がA級戦犯だと叩かれるなら、図体の馬鹿デカいだけのイゴール・メインダートに不可解な負け方をした上、さらにそのメインダートが新日本プロレスの猪木引退試合対戦者決定トーナメントに参戦してドン・フライに敗れるという残念な展開になった黒澤浩樹もA級戦犯だとボクは常々主張しているのだが、その辺りは黒澤本を多数リリースしてきた著者としてはどうなのか。

そう思ったらメインダート戦は「完全なる『競技』として行われたかどうかについてもはなはだ疑問に思っている」「試合は最悪の茶番劇だった」と、著者は男らしく全面否定。

まあ、黒澤に感情移入しすぎてPRIDEの観客は「イベントを見にきたのである。男たちの戦いではなく、アイドルに見立てた選手たちの姿を見にきたのだ」と勝手に決め付けたりするのは全くいただけないが、こうして実際に接点のあった人物を批判する部分だけは抜群に面白いのも事実なのである。

つまり、「正道会館の長である石井和義を、武道家として、いやそれ以上に一人の人間として評価していない」「ドスを利かせた声はまるでヤクザまがい」だの、マス大山の娘婿は「その傲慢で卑屈な性格は、武道家以前にもはや人間以下」「三瓶啓二は常に松井を陰で罵倒し続けてきた。何度、民族差別的な言葉を三瓶から聞かされたか、私自身数え切れないほどである」だのと、空手関係者への感情的な批判は、いちいちエゲツなさすぎるので、もう文句なし。

なぜ太田章が唐突に三瓶の名前を出してアピールしたのか、非常にうなずける次第なのである。それに比べると、プロレスに関してはろくな接点もないのに狭い視野で批判するから決定的にリアリティが全く感じられないわけなのだ。

著者はこうも主張している。

「なぜ『極真空手は最強である』と大山は言い切ったのか？　私は思う。『極真空手を学ぶ人間ならば、常に最強を目指せ』と大山は言いたかったに違いないと。そしてそのためにも、極真会館の道場生たちに『妥協のない厳しい鍛錬』を強い、同時に『最強を求めるプライド』を持たせようとしたのだと私は理解している」

大好きな大山倍達にはこんなに甘いのに、どうして「最強を求めるプライド」を持ってキング・オブ・スポーツを標榜してきた新日本プロレスには噛み付くのか、それがボクには全く理解できないのであった。猪木が言ってることと主旨は全く同じですよ。


『最狂超プロレスファン烈伝 第1巻』 徳光康之／まんだらけ／553円+税

プロレスそのものではなく周辺の雑多な出来事だけを徹底してファンの視点で熱く描くプロレス漫画の金字塔が、なぜか唐突に復刻開始。オリジナル版を持っているボクも思わず買い直したほどの、全てに単行本未収録作品と録り下ろし対談を必ず入れるという親切極まりない構成が嬉しい一冊である。
とにかく「力道山が木村政彦に負けたためプロレスの代わりにプロ柔道がブレイクした、力道山が死ななかった世界」を描く3巻ラスト周辺の異様な盛り上がりは本当に泣けるので必見であり、99年2月発売予定のオール書き下ろしによる4巻も期待大なのだ。

ちなみに、馬場（戸羽）と猪木（猪狩）のノー・ピープル・マッチに、なぜか馬場の急死騒動まで絡めて描いた『グラップラー刃牙外伝』（板垣恵介／秋田書店）もようやく単行本化されたので、こっちもマスト！ＵＷＦ系は嫌いでもＢＩ砲に対する愛はたっぷり溢れている板垣先生や、河口仁すら超越する全方位に向けたプロレス愛を持つ徳光先生の姿勢を、できれば少しは前田襲撃事件を至近距離から、それも腕を組んでクールに眺めていた猿渡先生にも見習って欲しいものなのである。

『プロレス最強神話は終わった』

竹内宏介／日本スポーツ出版社／952円＋税

長年、プロレスを守り続けてきた『ゴング』の良心・竹内さんが、とうとう「プロレスは〝最強〟の看板を掲げ続けることにも無理が感じられる」などと素直に本音を漏らしてしまうという、桜庭が身体を張って「プロレスラーは本当は強いんです」ということを主張したいまとなってはちょっぴりタイミングの悪い一冊。

それでもプロレスから〝最強〟の看板を勝手に下ろしたことで肩の荷がすっかり下りたためなのか、随所にいい感じのネタばらしが散りばめられているのであった。

つまり、アマレス協会の八田一朗会長が当初モハメド・アリVSジャンボ鶴田を考えていたこと（最高！）。バーリ・トゥード出身の新日留学生イワン・ゴメスの挑戦をゴッチが拒否したこと。「格闘家というよりも奇人変人」（猪木・談）だったレフトフック・デイトンの首絞めパフォーマンスでロープを引っ張ったのがウォーリー山口と竹内さんだったこと。「現職の警官で空手の達人」キム・クロケイドが「カナダのカルガリー地区においてカラテ・キッドの名前で活躍していたプロレスラーであった」こと。「山崎一夫が小林邦昭に対して長州－前田戦を再現したような喧嘩試合を仕掛けた」ことなどなど。

取材の対象外だったはずの新格闘プロレスの敗北に一切触れられていないことを除けばいい情報満載なのだが、個人的に最も興味深かったのはターザン山本幻想が膨らみまくるこんなエピソードであった。

旧UWFで藤原と闘い、「どうだ、見たか！　10年前はこういうプロレスをやっていたんだ。これが格闘技なんだ」と前田が叫んでも、「観客の大半はまだ十分に、その事を理解してはいなかった」し、「我々、取材陣に関しても〝前田の1人よがり〟という見方をしていた人が多かった」ような頃。

記者が「いつもの試合後の会見のようなたわいのない質問を浴びせ」ていると、いきなりターザンが「今日は何回ぐらい決められた？」と前田に質問。「決める」＝「相手からフォールを取ること」という解釈ぐらいしかなかった当時としてはあまりにもシュート極まりないこの質問に対して、理解された喜びから「前田は初めて嬉しそうな表情を見せながら『4回ぐらい腕が折れる寸前までいったね』と答えたため、竹内さんはショックを受けてしまったのだという。

「こんなやり取りは、それまでの選手と取材記者の間では絶対に交わされた事のないやり取りだった。私はそのやり取りを側で聞いていて自分の知らない分野のプロレスが、すでに始まっていた事を知らされた」

ヒール、ケーフェイ、アングルといったプロレス界の隠語をどんどん表に出していったのみならず、こんな革命までひっそり起こしていたターザン。こうしてターザンはUWFブーム、すなわち格闘技ブームの原点を生み出して、プロレスに致命的な打撃を与えることとなったわけである。罪作りな男だ。

しかし、果たして現在、本当にプロレス界は格闘技幻想に呑み込まれつつあるのだろうか？

冷静に考えてほしい。ヒクソンが藤波社長を表敬訪問したり、桜庭が「新日本に出てみたい」と口にしたり、新日本が猪木&小川と復縁したり、LAボクシングジムと提携したり、道場内で絶賛バーリ・トゥード特訓中という噂が流れてきたり、中西というプロレスでは不器用でも明らかに強いであろう男がG1の頂点に立ったり、10・11の東京ドーム大会に「ノー・ホールズ・バード」と名付けてみたり、おそらく交渉決裂前にはそこで髙田と誰かが対戦するつもりだったであろうことを考え合わせてみる限り、明らかに新日本内部で何かが動いているはずなのだ。

数か月前、インターネット上で「木村健悟が秘密裏にグレイシーと闘って勝ったという噂を聞いたんですが……」という、えらく真剣な、おそらく木村政彦と間違えたのだと思われる書き込みを目撃して爆笑したこともあるのだが、下手したらそれも夢ではなくなるわけである。

中西にアルゼンチン・バックブリーカーで担がれても身体が柔らかいので大丈夫だったが、健悟のトライアングル・スコーピオ（通称キムラ・ロック）で屈辱のタップを奪われるホイラー！　山ちゃん引退試合の相手が急遽、永田からヒクソンに変更し、髙田の仇を取る山ちゃん！　新日マットで桜庭VSキモが再び実現し、リベンジを果たした桜庭の「プロレスラーは本当は強いんです」というマイクに大きくうなずく小島や髙岩と、それを横目に「相撲の方が強いっス」と小声でつぶやく安田！　悪の首脳陣・永島勝司とマイクでシュートな舌戦を繰り広げる髙田（セクシーマネージャー・向井亜紀付き）！　その流れに一枚噛もうとして記者と歓談中の長州を後ろから殴り、「プロレス道にもとる」と言われて追放される安生！「僕と真剣勝負して下さい！」と、場違いなマイクアピールをして黙殺されるヤマケン！　そして、またもや当たり前のように行われるライガーVS佐野！　これこそまさに、何でもありだ！

そんなプロレス幻想ならぬ妄想ばかり考えていたら竹内さんみたいに意気消沈する必要なんか全くないはず。結局の所、プロレスはやっぱりキング・オブ・スポーツなのである。

25

『クロスゲーム』でShow氏が突如ブチ上げた「『紙プロ』編集部のその他大勢」批判。そこにボクも含んでいやがったらどうしてやろうかと思ったが、『SRS-DX』の忘年会でカタブツ君に確認させたところボクは関係なかったとのこと。オッケ～イ！　そういうわけで最近、「批判してもいいので紹介して下さい」とのメッセージ付きで本を送ってくれる方が急増し、なぜか小池書院からも『クライングフリーマン』（池上遼一・画）が送られた書評コーナー。

ルチャ幻想が無限に膨らむエピソードをたっぷり披露

『素顔のマスクマン』

浅井嘉浩／講談社／1600円+税

小鉄にピーター（ミスター高橋）、それにマサと新日大御所の名著が続いた講談社のハードカバー・プロレス本の新作は、なんとドラゴン！　干支も見越した最良の選択に心から乾杯だ！

……といきたいところだが、なぜか新日の大御所・藤波ドラゴンではなく単なる練習生でしかなかったウルティモ・ドラゴンの本だったりするんだから、これが新日本の流れなのか（前髪をハサミで申し訳程度に切りながら）？

確かに人選も不可解なら、昭和新日イズム溢れるこれまでの物騒な男たちと比べて「四日市ぜんそくに苦しむ公害病認定患者」の地道なサクセスストーリーは、さすがにちょっとコク不足。

それでも昭和新日幻想の代わりにルチャ幻想が無限に膨らむエピソードをたっぷり披露してくれるから、個人的には文句なしの一冊なのだ。

なにしろ、世間では「自由への闘い」の意味だと思われてきた「ルチャ・リブレ」も、なんとウルティモに言わせれば「本当の意味は『自由な闘い』だ。つまり〝何でもあり〟ということで、これは〝バーリ・トゥード〟と同じ」。

つまり、ルチャとブラジルのルタ・リーブリは全く同じものだったわけなのである！

「メキシコのレスラーは、普段はリングの上でお笑いをやってるような選手でも、喧嘩をやらせたらムチャクチャ強い。彼らは貧しい家に生まれて、不良をやりながら生活の糧としてプロレスを選んだような連中だ。なんたって、レスラーになるまでの道程が違う。日本のマニアがアメプロやルチャを馬鹿にするのは、喧嘩をしたことがないし奴らの腕っぷしの強さを知らないからに過ぎない。甘く見たら殺されるぞ。リングの道化師みたいな連中の中にも、ヒクソン・グレイシーに勝てるやつは絶対にいる」

つまり不良上がりのクラッシャー、前田日明や木村健悟みたいな凄玉がメキシコにはゴロゴロしてるわけであり、かつて健悟や佐山聡がメキシコ遠征に行かされたのも、長州の顔面を蹴り飛ばした前田がメキシコ行きをフロントから命じられたのも、きっとそういう理由だったのに違いないのだ！

さすがは新日！　ビバ、メヒコ！　日本在住のもやしっ子クラブたちには到底理解できないだろうが、ボクに言わせりゃルタよりもルチャのほうが10倍強いのである（妄想）。

ドン荒川に入門試験で落とされたとはいえ、昭和の新日イズムを秘かに受け継いでいたウルティモ。ゆえに、彼が作り上げたジムの根底に新日イズムが流れているのも当然の話だろう。

「闘龍門がやろうとしているのは、学生プロレスを発展させたような〝プロレス〟じゃない。プロのレスリングテクニックを土台にした本物の〝プロレス〟だ」

そんな正論とストーカー市川の存在は明らかに矛盾しているとしか思えないが、これも荒川イズムを受け継いで「ひょうきんプロレス」を実践しているからなのに違いない。きっとそうだ。

「日本だと、いわゆる〝追っかけ〟のような熱心なファンって、特にオシャレな女の子ってイメージはないんじゃないかな。ところが、メキシコでは街中の女の子が藤原紀香だ。自分から近付いてくるような女の子のうち、日本なら10人中の8人はいける。だとすれば、メキシコは10人中3人以下だ」

こうして聞いてもいないのに下半身の赤裸々ぶりを具体的にアピールするのも、まさに昭和の新日イズム。そもそも外国人女性と結婚するのも猪木ばりなので、もはや足りないのは覗きの経験ぐらいのものなのである。ウルティモ、合格だ！

なお、最後に彼が見たという橋本VS小川戦ばりに物騒な試合についても紹介してみるとしよう。

「アメリカでは似たような試合を見たことがあった。秒殺で売り出し中だったビル・ゴールドバーグを、グラウンドテクニックに優れた某イギリス系レスラーが、その華麗な技でパワーを封じて子供扱いにしてしまったんだ。しばらくの間、その男はＷＣＷからほされて、某インディー団体に活路を求めることとなった」

ヒクソンばりに１７５戦無敗を誇り、車だって破壊する青い目の秒殺男をあっさり子供扱いにした技巧派とは一体、誰なのか⁉

まあ、実名こそ出していないがこの「Ｖサインの男」は言うまでもなくスティーブン・リーガルであり、一時は猪木引退カウントダウンの相手に選ばれておきながらその後はろくな活躍もなかった理由は、つまりそういうことだったのだ。

ＰＲＩＤＥでもリングスでもバトラーツでもいいので、いまこそリーガルの再来日もしくはＵＦＯ軍団入りを強く希望する次第なのである。ダメ？

『プロレス雑学簿』

竹内宏介／日本スポーツ出版社／８００円＋税

プロレス古本コレクターのボクでさえまだ見たことのない力道山＆東富士漫画や力道山ジャケの『少年マガジン』が並ぶゴキゲンなカラーグラビアを見ただけで、思わず即買いした一冊。

しかし、明らかにそれらの中身を読まずに紹介しているし、肝心の本文も『ゴング』掲載済みコラムだしで、ちょっとガッカリ。

まあ、「小橋健太、小島聡といった私好みのレスラー」や「由美かおるや小柳ルミ子などの写真集なら私ぐらいの年代でも〝見てみようか〟という気になる」などの竹内さんエピソードがいちいち最高なので、それだけでボクは許すのである。昭和のプロレス記者、万歳！

『トリプルクロス』

"Show"大谷泰顕・監修／メディアワークス／1400円+税

なぜか「『圧倒的なるもの』をコンセプトにマット界のファッション化に警鐘を鳴らす」ことを目的としながら、ただ単に新日とPRIDEとK-1関係のインタビューを無意味に羅列してしまったという、同じShow氏の『T多重ウェイブ』に匹敵するテーマなきダメ本。

なぜかムックなのに読プレのコーナーを設け、そこで「マット界のファッション化」に荷担するかのようにTシャツばかり並べたりと、そのテーマ不在ぶりはもう底なし。

なにしろ、ただでさえコンセプトが不鮮明なのに、前田襲撃事件もネタに入れたためさらにピンボケとなったのみならず、挙げ句の果てには前田のインタビューが飛んだのに表紙の写真も差し替えないで、穴埋めのために高橋義生のインタビューを持ってくるんだから、本当にとんでもないのだ。

前田襲撃事件直後、会場で抜群の笑顔を各誌で無防備のまま晒したことをShow氏がろくに反省せず、「論旨を履き違えて僕を嘲笑するなら、僕はその人間を許さない。それだけは覚えておいてほしい」などと後書きで逆ギレすることも含めて、リングスが怒るのもやむなしなのである。

そうまでして実現させたインタビューで、高橋は前田事件についてこう語っている。

「安生さんが『(尾崎允実)社長どこ?』って言ってきたんですよ。で、俺が『あっちですよ』って言った覚えはある。指さしたとかそういうのは覚えてないですね」

「前田狩り？　俺が一人でやろうとしただけで、『狩り』だったらみんなで囲むでしょう」

「別に『不意打ち』とは思わないし、まして『闇討ち』とは思わないですね」

「共謀説とか出るんだったら、俺は自分でやったほうがよかったと思ってます」

結局、ここまで説得力皆無の弁解を晒したパンクラス側にとっても、そんな高橋に突っ込めないShow氏にとっても、このインタビューはマイナスにしかなっちゃいないのであった。

確かに「ファッションなんてクソくらえだよ。そんな能書きは文句なしにブッ潰したくなる」だの「ソーリー、ソーリー、ごめんなさ〜い」だのと、Ｓｈｏｗ文体が爆発した無闇に熱くて、なおかつ寒いＨＯＴ＆ＣＯＯＬな前書きと後書きは相変わらずズバ抜けて面白い。

しかし、そこで新日と全日という対立概念をテーマにした前作『クロスゲーム』が「実は『男』と『女』の『恋愛』を語った書籍」だったため、武藤が初恋、三沢がセックス、山口日昇がキャバクラを語っただのと説得力のない後付けの言い訳をいまさら披露してどうする。

どうせ今回も後から「裏テーマは家族」だのと不可解なことを言い出すのだろうが、ボクに言わせればそんなものよりまずは表のテーマを読者にキッチリ伝えることが先決なのである。

そもそも基本コンセプトの「プロレス＝格闘技」という主張すらろくに伝えきれちゃいないことは、会場の盛り下がりっぷりが誌面を通じてもビンビン伝わってくるＳｈｏｗ氏司会のエンセン井上トークショーの再録記事を読めば明白だろう。

10・11の橋本対小川戦を「これプロレスだよ」とエンセンに言われたとき、「言ってる意味がわからないけど、百歩譲ってそうだとしても、小川選手の強さがわかった試合」などと理解不能な言い訳を始めるＳｈｏｗ氏。百歩なんか譲るまでもなく、あれは間違いなくプロレスである。そもそも、キミは「プロレス＝格闘技」だって言い続けてるんだから、プロレスでいいはずじゃん。

結局、プロレスを差別用語だと受け止め、格闘技とイコールだなんて思っちゃいないのは、他ならぬＳｈｏｗ氏自身だったということなのだ。

なお、『紙プロ』のその他大勢は礼儀知らず」だと吠えるＳｈｏｗ氏は「前田は礼を欠いた」という猪木の珍しく常識的な発言にえらく興奮していたようなのだが、そもそもスキャンダルに巻き込まれた最中には「やはり佐藤（久美子・元秘書）の顔が悪かった」と言い放ち、大量離脱の直後には「大掃除ができた」と言い放った猪木がいちばん非礼だったことを決して忘れてはならない。それで呑気に喜ぶのは、猪木に「時間を大切にしろ」と珍しく真っ当なことを言われて喜ぶ藤波みたいなものでしかないのである。

『笑顔は無敵だ』

吉川良・作、瀬野丘太郎・絵／PHP研究所／1200円+税

なんと「小学中級以上向」の馬場伝記が、遂に登場！

あからさまに教科書風のイラストも抜群なら、巨人軍に入れば「元子がつくってくれた特製スリッパ」を「おれの守り神」として大切にしたり、風呂場で転倒してプロ野球を断念すれば「伊藤元子に手紙を書くこと。それしか自分にできることはない」と決意したりと、全てのエピソードが元子夫人に直結していく愛に満ち溢れた構成が本当に抜群すぎ！　まさに「元子、元子って伝記に書いてたんです」状態なのである。

つまり、世界一巨大な文通マニアの馬場は「元子に手紙を書こうか書くまいか」と大いに悩み、「結論は出ていた。元子に手紙を書いてはならない。野球人生が終わってしまったのだから、元子との文通にもピリオドを打たねばならぬだろう」と野球に続いて文通を断念すると、やがてようやくプロレス入りを決心。「どう考えても、このでかい身体を活かすしか道はない。見せものみたいな、はずかしい身体しか自分にはたよるものがない」

本当に馬場がこう思ったのかどうかは定かではないが、とにかく吉川良先生に言わせれば馬場のプロレス入りも「元子に手紙を書ける人間にならなければならんのよ。それは何かに成功しなければということではない。自分が懸命に、ひとつのことに打ち込んでいるぞという自信を感じたときに、またおれは元子に手紙を書く」という文通のためでしかなかったらしいのである。凄え！

海外修行の最中にも「日記に元子の名を書く日が多かった。力道山の死を知らされてから、元子、元子、元子と名を書くだけの日もあった」し、晩年になっても「元子との静かな暮らしが幸福だった」という馬場。こんな夫婦愛ぶりというか元子ラブな姿勢を小学生の脳裏に刷り込む、本当に素晴らしい一冊なのである。

『板垣恵介の格闘士烈伝』

板垣恵介／徳間書店／1400円+税

自衛隊空挺部隊出身の漫画家・板垣先生が、『刃牙』のフレーズ&図版を引用して格闘家を測定しまくる一冊。基本的には「やる側」かつ「格闘技側」の人なので太気拳に道場破りを敢行したりの物騒なエピソードも多いんだが、「やらない側」のボクでさえ共感できる主張も非常に多い。

かつては「格闘技をやる者の弊害――。他を認めない症候群に汚染されていた」とのことだが、いまでは大山倍達の強さに疑問を抱きつつも人間力だけは絶賛し、合気道や中村日出夫&拳道会幻想にシビれ、プロレスも評価できるようになった板垣先生。

ゆえに、どれだけ格闘技にハマろうとも「猪木は本当に強いと今でも思っている。ファンにそう思わせるのが猪木の凄みだ」「大人になってくると、馬場の凄さってようやく見えてくるんだよね」というBI砲の魅力を本書のみならず、作品中でも伝えてきたわけなのだろう。

「二人（馬場と猪木）に共通しているところは、多くの人に恩を感じさせてくれたこと。たくさんの恩を俺は二人から受けてきたし、たくさんのものを得た。彼等のとてつもなく大きな人間力、凄みってことだよ。長州力には、少しそういうモノ感じたけど、格闘王・前田日明に関して言えば、俺はそうとも思わない。プロレスの基本構図に格闘技のいいとこ取りを策した前田のやり方は、ハッキリ言ってズルイよ」

そう、プロレスに寛容な板垣先生も、目次に「UWFは疑似格闘技だった」「エセ格闘家よ、もう詐欺行為はやめろ!」「UWFという詐術」などの物騒なフレーズを並べずにはいられないほど、U系だけには冷たいのであった。

それでも、まだ前田に対しては「前田は、模擬をやり通した。前田日明は格闘技側から見ればはぐれ者でも、一流のプロレスラー」「人間力では優れていたのかも知れないね。最後の最後まで、前田ファンには神

2000

様であり続けたんだから、稀代の名プロレスラーだと思うよ」などと、レスラーとしては認めていた様子が伝わってくるからいいんだが、問題は髙田延彦。とにかく、その嫌いっぷりたるや尋常じゃないのであった。

「髙田はヒクソン戦以外で、真剣をやってほしかった。プライド3のカイル・ストュージョン戦。俺、リングサイドで怒鳴りまくったよ。『おかしいぞ、今の』って。マーク・コールマン戦しかり」

「髙田は、格闘技側からすればペテン師みたいなもの。強いか弱いか、格闘技かプロレスか、それとも八百長かなんて言う前に、髙田延彦、格好悪いんだよ、あなたは。つつがなく人生を送った普通人以下！」

……どうしてここまでU系、なかでも髙田を嫌うのかと思えば、「プロレスラーの魅力、凄みっていうのは、UWFという模擬格闘技で、それこそ汚されてしまった、と俺は信じて疑わない」ためなのだろう。

つまり、UWFを評価するなんて、ステロイドを服用しつつも、「我が身を削って素晴らしい仕事をやってのけた」ため、「鬼気迫るプロレスを見れば、彼が弱い存在に映るはずがなかった」し、「アルティメット大会に出場したら、何かをやってくれたんじゃないか」と思わせたダイナマイト・キッドに対して申し訳が立たない、と。なるほど、この批判には愛がある。

だが、「髙田は、どうしようもなくなってしまったファンに支えられている」「現実にはもう最強じゃなくても、自分が信じた髙田がいて、自分には最強に見えればいいと考えるファン。もう、ヒクソンには敵わないことは知っている。髙田より、強い格闘家は何人でもいることも、薄々気付き始めた。でも、そっちの現実を見ようとしないで、自分の中にある最強幻想だけ見続け、自分の支えにしようとしている」という批判だけはどうかと思う次第なのだ。

もはや、そんなファンなんて存在するわけもないし、念のために言っておくとウチ（『紙プロ』）も髙田が最強だなんてこれっぽっちも思っちゃいない。

ただし、そんな髙田が絶対にやるわけないと思われていたヒクソン戦へと挑むなら、他のマスコミ（Show氏含む）が「勝てるわけがない」と冷ややかな態度を示そうとも、ボクや山口日昇（山口昇改め）は必死に自己暗示をかけて試合当日には「髙田が勝つ！」という精神状態にまで持っていった。そして敗戦後には思いっきり落ち込んだものである。それが覚悟を決めた髙田に対する礼儀だと思ったから。

髙田を毛嫌いしてヒクソンを敬愛する「髙田を認めない症候群」に汚染された人たちに、ボクは言いたい。かつてヒクソンが「作り事のある試合の混ざった興行には出場しない」と発言した以上、ヒクソンの出る興行は全ての試合がシュートであるか、もしくはヒクソンが嘘吐きの単なる守銭奴であるか、そのどちらかでしかないだろう。

髙田の試合が「あやしい」のなら、あやしい試合を組んできたＰＲＩＤＥというイベントによる、そんな髙田との再戦にのこのこ出てきたヒクソンも同時に糾弾しなければ片手落ちでしかないのである。


『プロレス雑誌大戦争！』 竹内宏介、山本隆司／芸文社／１６００円＋税

19歳で『週ゴン』編集長となった竹内さんと、41歳で『週プロ』編集長となったターザンという同学年ながらキャリアも志向も全く異なる２人がお互いに編集の姿勢などを原稿でぶつけ合う、奇跡の共著。
しかし、いきなり冒頭から竹内さんが少年期に好きだった力士や月光仮面なんかについてダラダラ書いてたりと、編集には思いのほか難あり。編集担当は誰かと思えば有限会社ストロングスタイルなのであった。それでいいのか、新日の広報雑誌！
まあ、ターザン側の言い分に関してはこれまで何度も活字化されてきたのでここでは省略するとして、今回ツボだったのは竹内さんの知られざる暴走人生ぶりに他ならないだろう。
弱冠19歳にして編集長となり、「若気の至りで、かなり強引で身勝手な雑誌作りをしていた」ため「他の編集部の先輩の編集者たちからも、間違いなく反感」を買い、「編集長就任から僅か10か月足らずで私は会社を辞めさせられる結果となった」というアウトサイダーな竹内さん。

そんな竹内さんが目撃して衝撃を受けた、桜井康雄先生の「アメリカから送られて来た単なるレポートも櫻井氏の手にかかると、たちまち興味深い原稿に変わった」という『東スポ』仕込みのパワフルなリライト技術（＝捏造センス）。

どちらも素晴らしすぎであり、しつこいようだが昭和のプロレス記者、万歳！　なのである。

さらに、竹内さんは「私がここ数年、誰にも言わずに温めていた〝夢〟についても書いておきたいと思う。それは〝山本氏と五分に組んで雑誌を作ったら、どんなプロレス雑誌ができるか〟という事であった」という暴走発言まで勢いに乗って披露！　これにはボクもすっかり期待したのだが、「今はこの〝夢〟を実現したいとはまったく思っていない。それは山本氏がこの業界のオピニオン・リーダー的な立場にいた時に、その価値があった事」と、いまのターザンにまったく価値を見出さない現実的なオチを付けてしまうのも、さすが竹内さんなのであった。

『極真外伝―極真空手もう一つの闘い』

中村カタブツ君・編／ぴいぷる社／1400円+税

いつ何時でも金欠の中年独身男・カタブツ君が、ビッグマネーを手にするべく『新宿ファイター』の企画協力と、ボクのスーパーバイズ＆資料提供を受けて作り上げた、まさに奇跡の一冊。

前書きと後書きが内容に似合わず無意味に堅苦しいことや、カメラマンのクレジットを入れ忘れていること、一部インタビューが手違いでタメ口になっていることなど問題もかなり多いとはいえ、予想以上に面白いのでボクは許す！

なにしろ、基本的には極真がキックなどのプロ興行に進出したときの証言集なのだが、極真がプロ空手をやったときには「見てわかる通り、ガチンコじゃないから。自分がシナリオを作ったんだけどさ」（郷田勇三・談）などと、つまりはワークであったことを関係者がハッキリと明言しているわけなのである！　凄え！

それも、「ある程度の技の出し合いがあってから、それで最後に合図があるとこういう決め技がくるぞと（笑）。気合いを大きく入れるとか、あるいは改めて構え直すとか」（廣重毅・談）や、「審判の方が『佐藤さん、何ラウンドで倒しますか？』って聞いてくるから、『え？』って（笑）。そしたら『プロってそういうものなんですよ』って言われたんで、しょうがないから『2ラウンドで、飛び後ろ回し蹴りでどうですか？』」（佐藤勝昭・談）と、無意識のまま細かく描写しているから、もうとんでもない。本人は「それってヤバいの……？」と言っていたが、これはワークのやり方をキッチリ書いた、おそらく史上初の書物なのである。

シュートを超えたものがプロレスであったように、いわばワークを超えたものだった極真空手。

そもそも、いまでこそストイックなイメージの極真も、元はと言えば俳優が指導員をやり、館長は俳優の姉と結婚し、各界の有名人を次々と弟子にして、積極的にＴＶや映画に出演し、梶原一騎＆真樹日佐夫先生の力で凄まじいまでのプロパガンダを繰り広げた、邪道拳の名に相応しい素晴らしくプロフェッショナルな流派であった。

「『松井が館長になってからプロ化してる』とか言う人間もいるけど、『ちょっと待て』って話だよ。オレがプロ空手をやったのは誰の指示？　ウィリーが猪木とやったのは誰がやれっていったの？」（郷田勇三・談）まったくもってその通り！　だからこそ、ボクがこの本で掲げたテーマは「対世間」であり、千葉真一、長嶋一茂、マッハ文朱といったシビレる面々のインタビューを取り（当初は渡嘉敷勝男、志穂美悦子、ジョニー大倉、長渕剛なども予定）、映画や漫画、歌も含めたメディアミックスぶりも検証すべきだとアドバイスしたわけなのである。

ボクの命名した仮タイトル『極真カラテ地獄変』が版元の意向により却下されたのは非常に残念だが、それでも寛水流・水谷館長が猪木に挑戦したときに勝負を受けると宣言したのが殺人空手・大塚剛だっただの、猪木の後でアリに挑戦を挑んだのも大塚剛だっただのという「プロレス界ちょっといい話」もたっぷり聞き出したカタブツ君の仕事っぷりは、ズサンながらもいい感じ。

編集作業中、自宅で凍死しそうになったり、寝不足でパニックになって同じ話を3〜4回繰り返さないと何を言っているのか理解できなくなったりと駄目っぷりは相変わらずではあったんだが、結果良ければ全て良しなのである。

26

森下社長のイイ話たっぷり。PRIDEに関わる人材に外れなし

『クロスゲーム』の後書きに続いて、『SRS-DX』でShow氏がまたも逆ギレ。「裏テーマがどうこう後から言う前に、表のテーマをキッチリ伝えろ」というボクの主張に対して「このアホ、ボケ、カス！　裏テーマは●●なんだよ！　そんなこと書く暇があったら大仁田VSエンセン（企画・吉田豪、司会・チョロ）の対談をもっと上手く仕切れ！」と言い返されたら、もう完敗と言うしかないのである。そんな「その他大勢」の手による書評コーナー。

『「プライド」の野望』　百瀬博教・監修、Free&Easy・編集／扶桑社／1238円+税

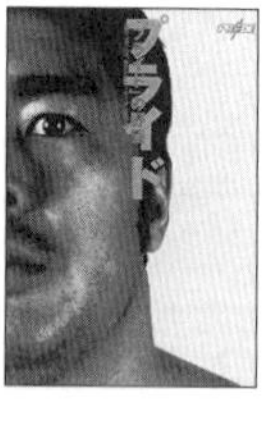

元バウンサーの百瀬さん監修でターザン山本VSサダハルンバ谷川対談も収録という、あからさまに『SRS-DX』色濃厚なPRIDE煽り本。

技術解説コーナーに登場するのがシド・ヴィシャス&ボブ・マーリーのイラストだったり、選手や関係者の口調がエンセンばりに「〜ヨ」「〜ネ」で統一されてたりと随所に不思議な電波を感じさせてくれるが、基本的には徹底したPRIDE絶対主義をアピールしまくる一冊なのであった。

たとえば、常連の桜庭やアレクサンダー大塚を「従来のプロレスでは、それまでメインを張れないファイターであった」とズバリ言い切りつつ（2人とも張ってはいる）、コントロールしにくい小川直也やヒクソンは「ファンは闘う相手を選ぶような男は、その時点でファイター失格という判定を下す」と断罪。

それでも最も電波系だと思えるのは、やっぱりターザンが暴走しまくる座談会なのであった。もはや『SRS-DX』座談会を凌ぐ暴走っぷりで、まずは「山ごもりなんていう神話も崩壊しちゃいましたよね。僕は取材に行きましたけど、よくよく考えれば結構いい別荘与えられて、料理人までいましたから（笑）。『あれは全部PRIDEの人がお金出してたんだ』とか『ファーストクラスに乗ってたな』とか」と、いまになって谷川さんがヒクソン神話の裏側を暴露開始！

それに続いてターザンが「我々をナメてる！　ナメきってる奴は殺すしかない！　昔だったら俺、テロして殺してますよ！　これが幕末時代だったら許さないよぉ」とヒクソン相手にキレまくるから、とにかく尋常じゃないのである。

幕末のやり方を現代に持ち込むのはどうかと思うが、落武者だからしょうがない。相手も侍だし。挙げ句の果てにターザンは、不屈の落武者イズムでこうも言い切ってみせるのであった。

「PRIDEは全プロレス団体に招待状を出すべきだと思う。リングスの田村が本当に強いのか確かめないと。出なかったとしたら『リングスはエンターテイメントなんですね』と言い切るしかない。FMWにも招待状を出すべきだと思う。で、『関係ありません、エンターテイメントだから』と言い切ればいい。言い切ったらオレは許す。言い切らなかったら負けとみなす！」

なぜ田村がKOKで勝つだけでは許されないのか？　そもそも、なぜターザンが勝手に選手を許したり負けとみなしたりするのか？

もはやボクにはサッパリわからないが、これも対談時に食事やお車代などを「ごっつぁん」してくれたスポンサーへの過剰なサービス発言に過ぎないことは、前号の本誌座談会を読んだ読者の方々にはきっとわかっていただけることだろう。だからボクは許す。

ついでに言えば、ここには今回のPRIDE・GPで「何もできずにあっさり負けた」と批判された高田延彦や佐竹雅昭、そして「観客の神経を逆撫でするマイクに腹が立った」と批判された森下社長のイイ話もたっぷり詰まっているので、その3人についても断じて許せる次第なのだ。

たとえば「有能でキレる、クールなイベント・クリエイター」という森下社長の場合。ああ見えて彼氏、実は「学生時代、追っかけをやるほどハウンド・ドッグのファン」であり、「バンドから発散する熱に打たれ、人間が集まってひとつのものを懸命になって創り出すことの素晴らしさ」を知ったため、やがて「作り手として、PRIDEのリングにその純粋な『熱』を起こしたい」と思うようになったというのである!

そんな夢のリングに登場した佐竹も、「オレが(K-1を)脱退したとたんに、リングスの前田さんも『試合に出てくれ』、PRIDEも来てくれ、パンクラスも来てくれ、新日も来てくれ、FMWも来てくれと言ってくれた」と、新生FMWからお呼びがかかっていたことを告白! ああ見えて彼氏も、ウィリー・ウィリアムスとの再戦、もしくはウィリー高山やタレック・パスカといったウィリー軍団との異種格闘技戦が計画されていたほどの男だったのだろう。

さらにPRIDEの暫定エース格・髙田に至っては、「最強」ではなくてもとりあえず「最高」ではあると自信を持ってオススメできるほどの素晴らしさなのである。いや、本当に。

なにしろグレイシー一族と並ぶオイシさをたっぷり味わっているためなのかは知らないが、「(PRIDEに)出ない選手については、まあ、いろんなしがらみもあるんだろうけど、こんな『オイシイ』ところになんで出てこないのか」と、えらい素直な心境をいきなり告白。

紙に適当な言葉を書けと言われれば、迷わず「こう見えてもバンビちゃん」「二日酔い、12/25現在」「道場するなら金をくれ」「ホイスをホウキでホイスアッスア」「ついにホイスとデート実現。ドームで6時半待ち合わせ」「1月30日、結婚記念日」などの名文句や、森下社長名義の領収書、そして自分だけシードで一戦もしないで優勝する独自のトーナメント表を書き殴るから、いちいちセンス抜群なのである(格闘センスは除く)。

PRIDEに関わる人材に外れなし！

そう痛感させられたところで、近頃は水素をエネルギーにするべく燃えている闘魂・アントニオ猪木の発言を最後に引用して話を終えるとしよう。

ここでもやっぱり、期待通りに「豆腐パンを売りたいという人がいるんです。ビタミン剤などのカプセルものはどこか人工的じゃないですか。自然でいいナ、と思いましてネ。ビジネスをお手伝いしようかと……」だの「いまは、磁気のエネルギーに注目しているんです」だのと、格闘技とは無縁の巨大な野望しか語っちゃいない猪木。

そんなことに比べたら、一部団体のマルチ商法関与疑惑なんてものは屁でもないのである。

『格闘技スカウティングレポート―完全版2000』

近藤隆夫／ぴいぷる社／1500円+税

佐野直（国際プロレス・プロモーション）似の顔がたまらなく魅力的な近藤隆夫君の代表作に、続編が登場！　前回の版元・ぶんか社から何ランクか下がってぴいぷる社（字面は似てる）からのリリースとなったが、他社からまったく同じ作りの本を当たり前のようにリリースする見事なビッグハートぶりには、ただもう敬服するばかりである。
同時に、格闘技の語り部として重宝されてきた作家が「格闘技についてはまったく理解できないにもかかわらず、好き勝手な発言により、格闘家の皆様の精神を害した」などと反省しがちな昨今にあって、選手の技術や実績を主観だけで数値化してみせる姿勢にも、敬服するしかないだろう。
こういう本を執筆することには詫び状程度では済まないほどの巨大なリスクを伴いかねないことを、著者が果たして気付いているのか否か。
それでも多少は気付いているのか、マルコ・ファス戦の解説で「2ラウンド目はないと思っていたので大健闘」などの失言でしくじったためとは思うが、前回は名前すら登場していなかったアレクサンダー大塚に対してかなり気を使った表現をしている様子だけはうかがえるのであった。

『大和魂で勝つ！——エンセン井上オフィシャル・ブック』 メディア・グローヴ／1800円+税

「大丈夫、相手はプロレスラー（新格闘プロレスの茂田信吾！）だから」という佐山聡の悪魔のささやきによって、衝撃の修斗秒殺デビューを果たしたエンセン初の単行本（技術書寄り）。

思えば、これまで本誌でもエンセンのタチの悪すぎる悪戯は何度も紹介されてきたわけだが、ボクに言わせればそれこそ佐山イズムなのである。

ゆえに、この本で「佐山さんは寝技ほとんど知らない」と暴露し、「みんなPRIDEの試合で何百万ももらって（試合時間が）25秒とかいうけど、そういうこと言う人は私の2か月前からついてきてって言いたい」と憤慨しつつ「今のペースだったら2年後、3年後には家が建ってるよ」と言い切る素直な姿勢も、まさに佐山イズムそのもの！

ついでに、会ってみたい人が西田ひかる（ハワイ繋がり？）という単純なスケベ心には前田イズムすら感じさせるわけなのだ。井上、男だよ！

そう考えれば、本書になぜか新生UWFの語り部だった二宮清純が登場していることもきっと誰にでも頷けるはず。彼がUWF本のタイトルに使ったジョルジュ・サンドの言葉「闘いか、しからずんば死」を扉で引用（別名・使い回し）するのも、要するにそういうことでしかないのだ。

なお、エンセンVS二宮清純の対談に2人で睨み合う写真を入れ込む構成っぷりも、驚くばかりの素晴らしさ。取材・文として近藤隆夫君の名前がクレジットされているのは伊達じゃないのであった。

『カラダ改造　格闘技トレーニング』

格闘技研究会・編／永岡書店／1500円+税

これまた非常によく働く近藤隆夫君仕事ゆえ、元プリプリ・富田京子などのどこかで見た面子が並んだ、完全実用主義の肉体改造&技術書。

そういうことはやっぱり「最強の格闘家から学べ！」ということで、プロレス～総合系ではルチャT着用の船木にエンセン、そしてなぜかキャンディー奥津（最強？　それに格闘家？）までもが講師陣として登場しているんだが、『紙プロ』的に最も重要なのは言うまでもなく「安生流・ストリートファイトに備えるセルフディフェンス」なる本当に真意の測りかねるコーナーなのであった。

なにしろ「リング以外の場所でのファイトが印象的なせいなのか、どうもストリートファイトのイメージがつきまとう」割にディフェンスの印象は薄い安生に、背後から襲われた場合（ちなみに「後ろから殴られた場合」というシチュエーションはなし）などの対処法を教わろうというのだから、もはやシュールすぎ。

おそらくこの充血した目を見る限り前田襲撃直前に取材したのだろうが、それをこうして掲載するのは物騒にも程があるわけなのだ。

グレイシーに道場破りを仕掛けたり前田を襲撃してきた過去もすっかり忘れたのか、「口で終わらせられるケンカなら、口で終わらせた方がいい」「ケンカはしない方がいい」と読者に対して道徳的極まりないアドバイスを送る安生。

どうにも話が違う気もするんだが、「安生流ケンカ５ヶ条」によると「男にはやらねばならぬ時がある」（その４）とのこと。

つまり、やむにやまれず「状況を見る目を養え」（その５）というモットーに従ってヒクソンや前田相手にストリートファイトを実行へと移した結果、「自ら売るな社会の恥」（その３）となってしまったのであった。安生オチ上手すぎ。

『ハイブリッド肉体改造法2』

船木誠勝／ベースボール・マガジン社／1400円+税

なんと「外資系調査会社、新聞社報道記者を経てフリーのスポーツライター」となった安田拡了記者（ちなみに、裏情報によると風俗ライターでもあったらしい）の編集による、大ベストセラー待望の第2弾。

あの本が売れすぎたためにいつしかパンクラスとの繋がりが濃密になり、記事に偏りが出るようになったのとかく世間で批判されがちなヤスカクおじさんだが、ボクに言わせればどんな原稿であろうとも偏ってなきゃ面白くもなんともない。

だからこそ、「誰でもどこでもいつでもできる」肉体改造法を派手な偏りもなく淡々と伝えるこの本は、前回の船木によるステロイド・カミングアウトのようなわかりやすい引きもないため、これまでの作品と比べるとバランスが取れすぎていて正直ボクにとってはイマイチなのであった。

まあ、それでもヤスカクおじさんが人間モルモットとして1か月半で10キロの減量に成功した後で行った巻末対談だけは、さすがに話が別。

前田に限らずパンクラスを宗教的だと批判する人が多いことも一切気にすることなく、「船木さんはさすがだな、見てなくてもわかるんだな」と奇跡を手放しで絶賛し、「船木さんは神様です（笑）」で対談を締める。そういう偏りまくったヤスカクおじさんが、ボクは大好きなのである。

『熱闘！プロレス・クラシック』

ブレット増井／イカロス出版／1700円+税

雑誌『プロレスの達人』などに執筆しているというファン歴20年の全日派な著者が、「ハイスパート・レスリングよりもチェス・ゲームのような試合が観たい」とひたすら主張しまくる一冊。

気持ちはわかるが、ドロドロした人間ドラマ的な部分ではなく技やスタイルに注目して、「スタミナを温存するために試合の前半をじっくりとしたレスリングで構成すべき」とアドバイスしたり、「足なら攻めるのは左足から、腕も左腕から攻めます。ルチャ・リブレは右手が必ず前にくるけれど、アメリカン・プロレスでは左手が前にきます」（カブキ・談）という発言を載せたりする部分に、良くも悪くも「プロレス研究会イズム」が感じられてしまうのであった。

つまり、「Ｋ‐１はあくまでもキック・ボクシングであり、アルティメットはただのケンカだ。プロレスとはまったく違うものであることを認識してほしい」というプロレス愛に溢れた発言にしても、気持ちはわかるが熱くなりすぎ。

しかし、誰がモデルかもわからないイラストのセンスと、インタビューで登場するのがアニマル浜口とグレート・カブキ、それに菊池孝先生という地味なことこの上ない異常なクラシカルさは、文句なしなのである。

浜口はいつも通りだし、カブキの「今のハイスパートというのは思いつきだけで、何も計算されていない」という憤慨ぶりもいいんだが、なにより抜群なのは昭和のプロレス記者・菊池先生の喧嘩腰っぷり！

なにしろ、いきなり「力さんは、プロレスをそういった真剣勝負だと受け取られないように、最初にシャープ兄弟を呼んだ」と物騒極まりない告白を始めたかと思えば、「ハンセンが最初からスパートをかけるというのは、ブキッチョだからです。自分で試合を組み立てられない。長州も同じです」と、新日の現場監督を容赦なく断罪開始！

さらに「本当の意味のハイスパというのは、最後にフォールを取りにいくために、激しくたたみ込むことをいったんですよ」と物騒な隠語の説明までしたかと思えば、「（Ｕスタイルは）真剣勝負というより、私に言わせれば『真剣勝負風』です」とＵＷＦまで容赦なく全面否定してしまうのだ！

結局、菊池先生もターザン山本に匹敵するマスコミ界のノー・フィアーだったわけなのである。

『全日本プロレス2000年鑑』 BABジャパン／1143円+税

データ中心の無難な原稿で埋められた、いわば『プロレスの達人』全日本特集・ワイド版。ゆえに、「シュート」などの単語が躍る中田潤先生の原稿がズバ抜けて面白いのは当たり前だろう。

個人的には、中田潤先生が「パンクロックの嵐が吹き荒れていたあの時期、私はやっとそれなりの音が出せるバンドを組み、小さなライブハウスで数千円の金を得ることができたり、自主制作でレコードを出そうとしたり――そういうことに明け暮れていた」と、遂に元イル・ボーン（トランス・レコード所属）としての一面を覗かせてくれたのがツボに入りまくったのだが、それでも昭和のプロレス記者・ビッグ2にだけはやっぱり敵わないようなのであった。

なにしろ菊池孝先生は、馬場が腸閉塞の手術を受けたと聞けば「強度の便秘症だった馬場チャンならありそうなことだ。パイプが通ったら元気になるだろう」と一人で呑気に安心するし、門馬忠雄先生は観戦の注意事項として「ご注意願いたいのは、永源のツバ爆弾対策だ」「木村のマイクには春夏秋冬の挨拶と忘れかけていた祝日の意味なども織り込まれており、プロレス文化村の雰囲気だ」などと呑気に解説する始末。

さらにこのビッグ2は百田光男、ラッシャー木村、渕正信も加えた座談会でも、その呑気さで選手たちから物騒な発言を引き出しまくるのであった。

つまり、前座の鬼・百田が「天龍の離脱はジャンボが強すぎたせい」という予想もしなかった持論をブチ上げれば、赤鬼・渕も「新日が全日批判をしなくなったのは、ジャパン・プロ相手に僕らがガンガンやったから」と激白！

さらに当時、ジャンボ鶴田が「長州はやっぱり凄いな。アイツはウルトラマンだからなぁ」と相手を認めるような発言をしたかと思えば、すぐさま「いや、アイツら3分ぐらい経ったら息が弾むんだよ」という絶妙なオチを付けていたことまでカミングアウトするわけなのである。

　つくづくジャンボ抜きで最強を決めようとする行為がいかに無意味なことなのか、痛感させられた次第なのであった。ジャンボ、最強だ！

『ネェネェ馬場さん』

馬場元子／講談社／1600円+税

　昔から極真の松井章圭館長と三沢光晴社長は顔が似ていると常々思っていたのだが、顔のみならず組織の象徴的存在が亡くなると跡を継ぐことになったり、門戸開放したら批判の声が飛んだり、遺族との不協和音がマスコミで伝えられたり、内部分裂の噂が流れたりと、その傾向に拍車がかかりつつある今日この頃。お互い本当に頑張っていただきたいものだが、そんな全日の内部事情がうかがえる貴重な資料がこれである。

「現在のぼくには、世間にある程度の名前もできた。しかし、やはりあなたはこのような仕事を持つぼくにはもったいない人だ」

　本書の売りは、世界の巨人にここまで言われた元子夫人が「彼からの手紙のなかに『大好き』や『ＬＯＶＥ』の文字を見つけては、何度もそこを読み返した」り、馬場さんが試合で足を攻められれば「私、できることなら馬場さんのリングシューズの中に入りたい！」と名乗りを挙げたりする夫婦愛ぶり……ではなく、生身の元子夫人から伝わってくるガチンコぶりなのであった。

　なにしろ、彼女お手製の特大スリッパをプレゼントしたことが馬場が恋に落ちるきっかけとなったという美談すら、「実のところ、私は裁縫などあまり得意でないし、ほとんど手伝った記憶もない。正確に言うと、姉たちが特大スリッパを作った」とあっさり告白するから、もう最高！

　こんな調子で、ゴルフをやれば「打ちにくい場所にボールが行ってしまうと、平気で拾って真ん中に持ってきては打ち直す」という元子夫人の、マイペースさというか、ぶっちゃけた話が「子供の頃から変わらない一度言い出したら聞かない性格」をたっぷり伝えてくれるわけなのである。

秘密のベールに包まれていた事務所での仕事風景も、これを読めば手に取るようにわかるのだ。

「私はこうと思ったことはすぐ顔にも口にも出してしまう。しかも、いったん怒り始めると止まらなくなり、最後の最後まで相手を追い詰めてしまうところがある。ときおり大変な剣幕で社員を叱り飛ばして、グウの音も出ないところまで責めてしまう。私がガンガン叱ることで気が付いて直してくれる人もいたが、弱い人ほど屈折してしまったり開き直ったりすることが多かった」

これこそ、まさにキラー馬場元子！　馬場さんがベビーフェイスすぎたため必然的にヒールをやらざるを得なかったのだろうが、こうして逆ギレした社員に「あなたは馬場元子でもミセス・ババでもないじゃないか。河合元子だろ。馬場さんの正式な妻でもないあなたに、そんなことを言われたくない！」と反論されたからなのか、やがて2人は入籍したわけなのである。正式な妻ならノー問題だ！

さらに社外に対しても、「広報の窓口」として取材の依頼を「八割がたはお断り」したり、路上で馬場さんを目撃した子供が「うわあ、でっけえ」と口にすれば「ジャイアント馬場が小さけりゃジャイアント馬場じゃないっ！」と絶叫したりと、様々なキラー極まりないやり方で馬場さんをガードしてきた元子夫人。

そのため「私自身への批判の声」がFAXや手紙で届いたり、馬場さんに「おい、気をつけろよ」と注意されれば「はーい」と「おどけて舌を出したり」していたそうだが、馬場さんの入院中にも「私はもう、人から何も言われたくなかった」「彼のお姉さんたちが『会いたい』と言ってわざわざ上京されたときも、私は頑としてICUに入れなかった」という、まさにガイ・メッツアーばりのガードの堅さを発揮したために、身内からも批判の声を浴びてしまうのであった。

本人に癌だということを内緒にするためには、それも確かにしょうがなかったとはボクも思う。

しかし、何の説明もしないでそんな気遣いが周囲に理解なんてできるわけもなく、「馬場さんが入院してからというもの、身内である彼女（馬場さんの姪で全日役員の馬場幸子嬢）は何かにつけて私のやり方に難色を示し、言うことを聞いてくれない」状態が続いたのだそうである。まあ、そりゃそうだ。それは馬場ファミリーが正しい。

そして馬場さん崩御後も、馬場ファミリーからの「納得できない」という意見に耳を貸すことなく、「私のやり方にいっさい口を挟まないでください」とのモットーで通夜も葬儀も秘密裏に行ったが、報道の加熱ぶりを目の当たりにして、ようやく「馬場さんは私ひとりの馬場さんではなかった」と気付いたそうなのである。遅すぎるよ。

こうして一人になった元子夫人は、馬場さん急死のショックで「会社はどうなってもいい。あとはみんなで好きにやって頂戴」という思いを抱き、自宅に閉じこもりふさぎ込んでいったのだ。

しかも愛する馬場さんは夢にすら登場せず、ようやく出て来ても「とても恐い顔」で「試合カードが書いてあるノートとペンを持って、眉間にしわを寄せて私をずーっと見ている」から、さあ大変。そこで元子夫人が和田京平レフェリーに「あなたたち、もしかして馬場さんを怒らせるようなことしてないでしょうね?」と質問すると、京平ちゃんは否定しつつも仏壇に「社長、すいません」と平謝りするばかり。スタッフに「ねえ、インターネットで何か来てない? ファンが怒っているとか、そんなことない?」と聞いて、ようやくリングアウト決着や観客への暴行などの「馬場さんが嫌っていたことをやってしまったレスラーがいた」ことが発覚したのだという。

そんな経験を経て、元子夫人は「これは、彼が私に、みんなをちゃんと見ていなくちゃダメだと言っているのかもしれない」と受け止め、いつしか「私の中で使命感のようなものが再び目覚め」て、プロレスの現場に戻ってきたのだそうである……。

最近も「全日本から外国人の数を減らそうという意見が出て、私は烈火のごとく怒った」とのことで、どうも一周忌を過ぎてから徐々に元子夫人がパワーアップしてきた気がする今日この頃。

とりあえず、ボクの素直な気持ちは馬場さんの名言、「ユーにはギブアップだよ」そのものでしかないのである。頑張れ、三沢社長！

27

親切な小池書院さんから『書評の星座』へと順調に送本されてくる『クライングフリーマン』（作・小池一夫、画・池上遼一）。ところが先日リングス事務所にうかがったところ、なぜか日明兄さん宛てにも送本されていることが発覚！　このピンポイントぶり、つくづくセンス良すぎである。そういうわけで今後も絶賛送本受付中の、ヒンズースクワットすらできない「その他大勢」の手による書評コーナー。御意見・御感想は〈※当時のメールアドレス〉までどうぞ。

小川はパンク。でも佐山、猪木のほうがよりハードコア

『「反則ですか？」――対橋本真也戦闘魂録』　小川直也／アミューズブックス／1524円＋税

ちょっと遅すぎるとさえ思えるＮＷＡ王者・小川初の単行本が、遂に登場！　柔道時代の話や安生戦などのあまり語られてこなかった部分ばかりに興味がある者としては橋本戦のみに絞った構成に若干の不満は残るが、構成担当が三沢本や四天王本など全日系ではすっかりお馴染みとなったロック魂の持ち主・長谷川博一先生なんだから、それだけでボクは許す。なにしろ、この本では「ああ、この人はパンクの人なんだな」と小川を表現しつつ「パンク＝破壊」の部分にスポットを当てていくのだから、橋本戦をテーマにするのもやむなしなのである。

そんな長谷川先生のロック魂は、小川に向けて「同じ日に佐々木健介選手が大仁田選手と闘いましたよね。できるだけ、大仁田を射止めないようにする配慮があるのが見ていて分かったんです。場外でのパイルドライバーも机が綺麗に真っ二つに割れたりする。ああ、この日はギミックもありなんだなと想像しました」と直撃していくことからも、容易にうかがえることだろう。

それに対して、小川は「それは俺の範疇じゃないから分からないです」とあっさり受け流しつつも、「ブレーンバスターはあまり肯定したくない技なんですよ（苦笑）。技を受ける側にも、ある程度、『これは観客のために必要なんじゃないか』という気持ちがあるんじゃないかな」だの「ここで負けたら、『ああ、プロレスは1勝1敗の世界なんだな』と世間の人に思われるでしょ」だのと、佐山イズムで『ケーフェイ』ばりのことを平気で口にしていくから、さすがなのだ。

かくも物騒な姿勢で99年1・4ドームのリングに立った小川は、「柔道の専門家も試合を見てますからね。有無を言わさないようにしないと」という思いから橋本を完膚無きまでに破壊すると、命知らずにもその矛先を混乱の中でリングに上がり、最後に美味しいところを奪っていった新日本の現場監督・長州力にも向けていくわけなのである。

「長州さん、近くにいたカメラマンに蹴りを入れてリングに上がってくるでしょ。さすがプロレスラー、やりますよね。でも、このカメラマン、歯が折れたらしいですよ。参っちゃいますね（笑）」

「長州さん、ガーンと殴ってきたから俺が『この野郎！』って叫んだ瞬間、摑みかかってきたじゃないですか。そこで『行け、お前ら！』って叫んだんですよ。あ、汚ねえな、人間ちょっと見えたかな、という気になりましたよ」

こうして外様（アウトサイダー）の強みで権威の象徴である新日の現場監督をあっさり否定し、10・11のタッグマッチ以降に「マスコミが一斉に『橋本は変わった』とか『完全復活』とか翌日、書いてましたよね。まあマスコミも新日本の悪口は書けないんだろうけど」とマスメディアすら否定してみせる小川は、確かにパンク。きっと「ベジタリアンという人の気持ちが最近はよく分かるし。この前、『買ってはいけない』を読んだんですよ」という呑気な発言も、左寄りなメッセージに違いない。少なくとも、菜食野郎のボクは勝手にそう受け取った！

そう、小川はパンクなのだ。しかし、そのセコンドで「オーちゃん、もう行っちゃっていいよー！」「もうアッタマきた」「もう、やっちゃおうぜ、やっちゃおうぜ!」と物騒なことを叫び続けていた佐山や、小川の背後で「坂口はできねえな、寝技」とか言ってたはずが小川が暴走するとあっさり姿を消した猪木のほうが、より以上にハードコアなのも事実なのである。

なお、個人的には小川が当たり前のように口にしている「リングスの山本(喧一)選手からの挑戦」という謎のフレーズが最もツボに入った次第。田村潔司のみならず小川にまで噛み付いていたのか、ヤマケン! まさか本気で勝てる気なのか!?……と思えば、もちろん正解は「山本(宜久)」なのであった。まあ、そりゃそうだ。

『アントニオ猪木自伝』

猪木寛至/新潮社/514円+税

ここ数年にリリースされたプロレス本の中で最高の出来だったと断言できる、異常なまでの下ネタ爆発ぶりが実に見事だった『猪木寛至自伝』。

なにしろ構成担当が、近頃は新潮社の月刊写真集シリーズで様々なアイドルに複雑な家庭環境や男関係の質問をシュートでぶつけまくっている活字アイドルの鬼・天願大介監督だったのだから、そりゃあ赤裸々なのも当然だろう。

勃起しただけで「俺は体も大きいから、あそこまで大きくなってしまった……」「これは異常だ」と若き日の猪木が大いに悩み、「自分を慰めることも知らないので、ただただ夢精していた」という衝撃の告白に始まり、17歳での童貞喪失告白や「リキパレスの隣が連れ込みホテルだった」ため「覗いているうちに、すっかり興奮してしまい、もう我慢できなくなって渋谷の町に女を買いに走った」という売春告白。さらには人参ジュースをジョッキで6杯飲まされた結果、「ムスコが元気になってしまい、三日三晩立ちっぱなしになってしまった」ことまで、いちいち細かく己の闘魂棒との闘魂一人三脚ぶりをカミングアウトしていくのだから、もうたまらない。

そんな歴史的名著が、「ジャイアント馬場の思い出、新団体UFOを熱く語る書下ろしを加えた」「改題、大幅加筆」（帯文&裏表紙の解説より）の文庫版で遂にリニューアル！　大幅と言いながらも実際にはエピローグを12ページ追加しただけでしかないんだが、たとえページは少なくともその密度の濃さたるや尋常じゃないのである。

まず最初に、猪木は「最近、プロレスを論じている中で、『あの選手は上手い』などという声を聞くことがある。ちょっと待って欲しい。私たちは職人ではない。『上手いか下手か』よりも『強いか弱いか』がテーマではなかったのか」とブチ上げ、強さの追求を忘れていったために新日でも「選手の甘えが芽生え」、「組織も年功序列型で攻めの姿勢を忘れるようになった」のだという。

つまり、1・4の橋本戦で小川が暴走したのも新日を力尽くで目覚めさせるためにはやむを得なかったと言い張るわけなのであった。

「それが新日本にショックを与え、結果的に沈没を食い止めていると私は思っている」

「いくらきれいな試合をしようと、どんなに技が切れようとも、ファンが新日本に期待しているのは、力道山から猪木へと伝わった『闘魂』なのだから」

これらの発言には、ボクも非常に同感である。

しかし、それを証明するためにアンチ猪木を口にしているパワーファイターやアメプロ志向の選手ではなく、ただ一人だけ「闘魂伝承」を口にしていたナイスガイ・橋本を潰してしまうのはちょっといただけないというか。

それでも新日の強さを象徴する存在を潰すという強引極まりないショック療法によって、猪木はファンや選手に「気付き」を与えたわけなのだ。

そのくせ「あのまま小川と闘えなければ、橋本はもう終わっていた」というほどの仕打ちを与えておいて、再戦を組むなり橋本に対して「馬鹿になれ／かいてかいて恥かいて／裸になったら見えてきた自分の姿」という自作の素晴らしいポエムを贈り、猪木が橋本完全復活に向けて手助けしていったのは御存知の通り。

そう、いま思えば1・4のあの事件とは「闘魂伝承」のための儀式だったのである。たとえ人前であろうとも力道山に靴ベラで殴られたりの屈辱を味わってきた猪木は、「闘魂伝承」を勝手に掲げる愛弟子・橋本にも力尽くで力道山譲りの闘魂を伝承させるべく、ドームに集まった数万人の客前で屈辱を味わわせようとしたのに違いない。いや、きっとそうだ！

もちろん、橋本に屈辱を味わわせた側の小川は「師匠に殴られたことは一度もない」し「過去の実績」もある「NWA王者」ということは、すなわち馬場役ということなのだろう。それならリング上で橋本が小川に一度も勝てず、いくら橋本が吠えたところで冷たくあしらわれてしまうのも当然の話。師匠・猪木を刺し殺したいと思えるぐらいに憎んでこそ、真の「闘魂伝承」と言えるわけなのである。

なお、ボクの読みではこれから猪木は橋本（下半身は闘魂伝承済）の相撲界入りを勝手に企んだりするはずなのだが、現実はまだそこまで行ってもいないのでそろそろ書評の話に戻すとしよう。

近頃はミネラル革命に熱中している猪木は、もちろん橋本のミネラルだって検査済とのこと。

「不足しているミネラルを調べるため、橋本の毛髪をシカゴ大学に送ったところ、信じられない数値が出たのである。重金属をはじめとする有害物質の量が、検査出来ないほど大量に検出されたのだ。これはもう病気寸前というか、闘っていること自体が不思議なほどひどい肉体だということだ。有害物質を取り込むことによって、ミネラルのバランスが崩れ、疲れやすくなったり、精力が減退したり、いわゆるキレやすい状態になることは、もう周知の事実だ。つまり橋本はキレる寸前だったということだ。彼がもし女だったら、到底、正常な妊娠は望めないというような、恐ろしい値なのである」

あれだけ精力には自信がありそうな橋本を、デブだというだけでとうとう「精力の減退したキレやすい妊婦」扱いしてしまう猪木。こうして小川がキレて橋本を潰したことすらも相手がキレそうだったからとの理由で正当防衛だと強引に主張していくから、つくづくシビレる限りなのである。

さらに、「たまたま磁力を使った画期的なモーターが開発されていることを知った。私は実現に向けて手を貸すことになった。といっても、出資をするわけではない。発明が早く世に出られるお手伝いをするのである」と、飽くなき事業欲だってアピール開始！

挙げ句の果てには、「もちろん夢はそれだけではない。突然だが、今、アメリカは豆腐ブームだ。イソフラボンという重要な成分が、豆腐の中には凝縮されていて、健康食として売られている。その豆腐をパンにしようとしても、ボロボロで不味いものにしかならなかった。それをある技術で美味しいパンにすることが出来るようになった。その事業も私は手伝っている。その豆腐パンに、日本人が一番不足しているマグネシウムなどを加え、制癌作用も持つ理想のパンを作った」などと、新たなる事業・豆腐パンの魅力だってたっぷりと主張し始めるわけなのだ！

豆腐パン万歳！　いますぐ新日はチャンコをやめて豆腐パンにしろ！　制癌のためには西村も豆腐パンさえ喰っておけば、万事ＯＫだ！

とにかく勝手に闘魂伝承すべく連日連夜納豆（オメガオイル抜き）を食べ続けているボクは、豆腐パンもついでに伝承（＝豆魂伝承）することをここでひっそりと宣言する次第なのである。

『やまちゃんがいっちゃった！』

山崎一夫／メディアワークス／1400円＋税

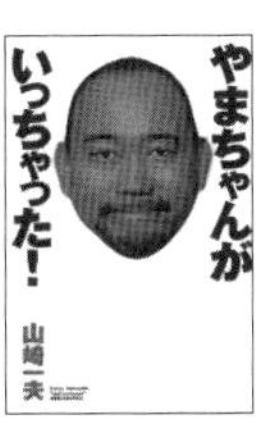

いつ何時、どの団体でも派閥間の板挟みとなって誰よりも必要以上に苦労を味わってきた山ちゃんが、とうとう引退のドサクサで過激な暴露本を発表⁉　そう思わずにはいられない物騒なタイトルながらも、やっぱりＵＷＦ分裂時に各派閥の間を取り持つべく親切心で飛び回っているうちにＵインターでの居場所がなくなったことや、他の選手とは違って前田に給料を返しに行ったことなどには一切触れることなく、酒の席での無難な暴露話ぐらいしか披露しないから、さすが山ちゃん！

結局、取材・構成が元『ゴング』の小林和朋君というだけあって、「座右の銘が『自然体』」という山ちゃんの人の良さばかりが伝わってくる、非常に心遣いに溢れた一冊なのであった。

なにしろ、「小学校に上がって、鉄棒の逆上がりが最初に出来たというのが唯一の自慢」だの、「小学校の高学年の頃、人間嫌いになったことがあるんですよ。イヌとかネコって正直に生きてるじゃないですか」だのと、子供の頃からすでにシロネコというか見事なまでに「山ちゃん」だった彼氏。「僕は自分のことでキレるって、まずないんです。でも、自分の周りの人のことでキレることはあるんです。最近では、東京ドームの小川－橋本戦の時がそうでした。小川と、その後ろの人に対して、あの時は久々にブチキレてました。ただ、手を出して突っ込んでいけなかったのは、一宿一飯の恩義がある佐山さんが僕の前に立っちゃったからなんですけどね」

結局、たまにキレても恩人がいたためまったく動かなかったというわけなのである。さすがだ！

そんなプロレス界でも数少ない常識人の山ちゃんは、「僕らが新弟子だった頃のプロレス界は、世間の一般常識と違うところにあったような印象なんです。でも今の新日本プロレスは、一般常識の中にあるプロレス団体という気がします」と語っているわけだが、昭和新日＆ＵＷＦ時代の非常識な男たちの思い出の数々を振り返るだけでも、山ちゃんの気苦労は痛いほどわかるはずだろう。

なにしろ入門早々、姉の車に乗って合宿所に入れば前田がすかさず「お姉さん。お茶飲みに行きましょう！」とナンパ開始！「お姉さん、早く逃げなさい！」と木村健悟が気を利かせてくれたおかげでなんとか姉は助かったものの、「よくウンコをする」先輩が「酔っ払ってタクシーで帰ってきて、ズボンを下ろしながら玄関を入ってきて、広間と更衣室の間の廊下を歩いていくうちに、ボトボトボトッて3か所ぐらいウンコを落としがちだったりする合宿所では、到底気が休まるわけもないのである。なお、「その先輩は今、新日本プロレスの選手会長やってますけどね（笑）」とのことなんだが……。お前、平田だろ！

それに「髙田さんとか仲野信ちゃんは〈ピーッ〉さんにケツ触られた」とのことでストロング小林の魔手もすぐに伸びるし、過激な仕掛人・新間寿は「お前を日体大に入れて、体操部でちょっと練習させて、二代目のタイガーマスクにする」などと無茶な仕掛けを考え出すし、「一生に一回だけストリップを観に行った」らストロングマシーン2号こと力抜山が最前列で手相撲（自慰）してるしで、これでは気苦労の多い山ちゃんの頭が徐々に薄くなるのも当然なのだ。

かくも過酷なプロレス界で頼りになるのは、やっぱり藤波社長に決まってる。ドン荒川が「辰っつあんほどのムッツリスケベはいないんだから！」と語っていた通り、「知り合いの人がやってる店でスッポンの鍋かなんかを食わせてくれて、そのあと〈ピーッ〉に連れて行ってくれ」たため、山ちゃんは「あぁ、やっぱり藤波さんはいい人だ」と思ったのだそうである。そんな御主人の風俗通いについては御存知でしたか、かおり夫人！

この状況はＵＷＦに移籍してもあまり変わらなかったようで、「たまたま最初の試合のチケットが何十分かで売り切れちゃったと。そういう部分で戦略的なアドバイスをしてくれる人がいて、いつも『何分、何十分で完売だよ』っていうのをどんどん謳っていって、チケットが余っててもそれをやっていったんです」とチケット完売神話の裏側を暴きつつ、私生活でも一枚岩だった前高山時代の暴露へと突入していくのであった。

母親が部屋を掃除したら女子のパンツが2枚出てきて正座で説教される前田。「酔うと、しょっちゅう絡んでて、ヤクザに絡んじゃった時は大変でした」という高田。ついでに言えば、この2人と山ちゃんが六本木で飲んでタクシーに乗っていると、渋滞して止まっているボンネットの上を踏み越えて道路を強行横断する武藤敬司。

みんな文句なしの素晴らしさだが、最も重要なのは高田ファンの女子を安生の部屋に送り込んで「ファンなんです」と言わせたらどうなるのか、それを押し入れの中から前高山&組長が観察するという、明らかに『お笑いウルトラクイズ』の「人間性クイズ」でしかないエピソードなのであった。

どう口説くのかと思えば、いきなり「マッサージしてくれ」と女子に頼み、「なんか、まぶしいなぁ」とおもむろに電気を暗くして「下手だなぁ、こうやるんだよ。そこに寝てごらんよ」と下心丸出しのマッサージを始める安生。そこで前田らが押し入れから総登場し、『スターどっきり㊙報告』、大成功！」状態のまま話は終わったようだが、できることならUWF勢はこういう楽しげな関係であって欲しいものなのである（なお、「宮戸は前田さんの空手の弟子というか、弟分みたいな繋がり」だったとの衝撃情報もあり）。

きっと山ちゃんにとっても、3人で遊んでいたこの頃がよっぽど楽しかったのに違いない。

だからこそ「僕と前田さん、髙田さんの3人が1つの場に揃うのは、公の場ではUWF解散以来なのかな。金原（弘光）の結婚式のパーティーがあって、そこで本当に久しぶりに会ったんですよ。その時の雰囲気がね、みんな酔っ払ってますから、昔に戻ってすごくいい感じだったんで、1月4日（引退式）は何も心配してなかったんですけどね。前田さんを殴る奴もいねえだろうし（笑）、髙田さんに野次を飛ばす奴もいねえだろうってね」と、最後に泣かせる話をしてくれるから本当に嬉しい限り。だけど、『ファイト』でさえ伏せ字にしていた金原の結婚を大々的にバラしちゃ駄目だよ！　これこそ、まさに「やまちゃんがいっちゃった！」というわけなのだ。

まあ、そもそも前田が先に『FIGHTING TVサムライ』の武藤の番組（最高！）にゲスト出演した際、「この前、ウチの金原の結婚式でね……」と思いっきり実名でバラしていた以上、もちろん山ちゃんに罪はない。結局は山ちゃんの持論通り、「前田さんは喋り過ぎ。髙田さんは喋らなさ過ぎ」というわけなのである。それでもボクは前田派だ！

『最狂超プロレスファン烈伝　第4巻』　徳光康之／まんだらけ／686円+税

これまでリリースされてきたボーナストラック付きの復刻本に続いて、とうとう誰もが無謀だと思った完全描き下ろしの新作が登場！　元『クイック・ジャパン』の赤田祐一氏も入社した『まんだらけ』出版部、つくづく恐るべしである。

まあ、どうせ完全新作といっても崩壊後の地球で『週プロ』を発掘する話や、馬場が崩御した途端に馬場派を気取りだしたエセ馬場ファンに牙を剝く話など、他誌掲載の外伝も当たり前のように収録されるのかと思えば、これがまた文字通りあの無茶苦茶な3巻の続編！　つまり、プロレスではなくプロ柔道が栄えたパラレルワールド編を経て、猪木対馬場がマッチメイクされたオールスター戦を前に戦争が勃発した中で東京ドームにファンが集まり開演を待つという、明らかに後先考えずに高揚感だけ高めまくった最終回から先のドラマを7年ぶりに描く、文字通りの大完結編なのだ。

この構造自体にはいまさらながら『エヴァンゲリオン』を感じずにいられないが、仲間と開演前にプロレス話をしていて「この時間が永遠に続いて欲しいなあ」と主人公が口にするのには『うる星やつら　ビューティフル・ドリーマー』を、未来に飛ばされた主人公が巨大な猪木ブロンズ像に出会うのには『猿の惑星』だって感じさせるはず。

それでも、自ら作中へと登場するなりこの作品が「アンケートは常に最下位。単行本はまったく売れず、1年ちょっとで打ち切り」だったとさんざんボヤき、この仕事のおかげで数多くのレスラーたちに出会えたことにすら愚痴をこぼしていく徳光康之先生を見る限り、やっぱりこれは『エヴァンゲリオン』の最終回&劇場版なのであった。

「会わせてもらった相手が大物であればあるほど、ひとり自室に帰り着いた時に襲いくる寂寞感。自分とその大物との人間の大きさの格差に愕然とし、自分が何物でもない矮小な存在だと痛感させられる。この虚しさ、寂寞感、自己嫌悪、お前にわかるか」

そんな内面告白の後で「オレもうプロレスファンじゃないから。この漫画描く資格ないから」と言い残すと、そこから作品は「下書きだけの未完成原稿」になっていくのだから、ちょっと『エヴァ』にも程がありすぎ。まあ、続編の発売日が2か月ばかり延期されていたことから考えると、これは物理的な時間の無さをギミックに転化させたわけなんだろうなとボクは思う。

果たして徳光先生は本当にプロレスファンを辞めたのか否か。ネット上ではそんな議論が盛んだったようだが、「人間は必ず死ぬんだな。あのジャイアント馬場ですら死ぬんだもんな。問題は死ぬまでに何を残せるかだ。馬場が今の全日を残したように。オレたちプロレスファンは何が残せる」というシビアな台詞を読む限り、まだまだ何かやってくれそうな予感は感じられるはずなのだ。

新作の一部に登場する、「プライドGPは……対戦カードはメチャクチャ面白いのに、試合内容がつまらなかっ……た……」と言い残して水道橋界隈で倒れ込む面々を目にして「おおっ、みんなプライドGPがおもしろすぎて失神してるのかあ」と呑気に語る「プライドシリーズ主催者・森下直人ファン、怒理蒸提示円縦面都」や「有邦大学プロレス研の彦浮法図」など、新キャラを取り込んだ更なる続編の刊行をぜひとも期待したいものなのである。頑張れ、まんだらけ!

28

アドレス公開後、続々と送られてくる応援&タレコミメール。なかでも千葉県のブル様から送られた、開業医紹介の小冊子における藤波社長の名勝負ぶりが本当に抜群すぎ。真面目に経営の話をする泌尿器科の先生に対して、猪木の狂気を別の意味で受け継いだ藤波は「ボクも花の40代、前立腺が気になる年頃」と切り出し、「パイプカットには保険かかるんですか?」と質問攻めにするほどの狂気を発揮していたそうである……。今後もそんな情報をひっそり受け付けている書評コーナー。〈※当時のメールアドレス〉

前書きを読んだ編集担当が本気で脅えていたのは…

『情念』 石川雄規/ワニマガジン社/1619円+税

真樹日佐夫先生が描く大河浪漫『無比人』に匹敵するほどの長期連載だった『紙プロ』

名物の『闘いの美術館』が、遂に単行本化！

ある業界最大手のプロレス雑誌編集長は、この本を見て「どうせ山口編集長がゴーストで書いてるんでしょ?」などと失礼なことを口にしていたそうだが、それはあまりにも馬鹿丸出し。あのグータラな山口日昇が、こんなにも大量の原稿を書けるわけがない。

そもそも、あの男が単行本一冊分の原稿を書き下ろせる器かどうか、もしくは一回も落とさずに雑誌の連載を続けられるだけの器かどうかすら見切れないようでは、もはや明らかに編集長失格。最初に原稿を受け取ってからこの本を出すまでに丸1年かかった男を舐めてもらっては困るのである。ねえ浜部さん。

さて、喜怒哀楽のやたら激しい石川社長の文章自体については、クレバーな『紙プロ』読者の方々には説明不要だろう。個人的には大の石川シンパでもある強豪・浅草キッドとの録り下ろし対談を摑みにしたり、自伝部分にしても刺激的なプロレス話などを冒頭に持ってくるなど適度な編集を加えるべきだと思ったのだが、石川社長は小細工を拒否。ひたすら時間軸に沿った、ハードカバーのキッチリとした自伝を作り上げたわけなのだ。

そのため若干のめり込むまでに時間がかかるが、やっぱり読ませるし泣かせる文章だとつくづく痛感させられた次第なのである。

「それゆえ、こだわりは半端ではない。まるで自分の羽を抜いてハタを織る鶴のように身を削って書いているわけで、だからこそ一字一句正確に校正してもらわないと納得がいかないのだ。句読点の位置も、ひらがなが漢字になったり、漢字がひらがなになったり、私の意志以外のところで勝手に変えられたりしたら私は激怒するタイプだ」

この前書きを読んで、勝手に句読点の位置を連載時に変えたりひらがなを漢字に直したりしてきた担当の松澤チョロが本気で脅えていたことは、もちろん言うまでもないのであった。

『RIKI力道山、世界を相手にビジネスした男』

東急エージェンシー力道山研究班・編／東急エージェンシー出版部／1600円+税

相手の肛門に指を突っ込むゴッチ直伝の裏技も出せないまま、引退後の猪木がタッキーに敗れ去った衝撃の力道山メモリアル。これは別にその開催記念というわけではなく、実はいまも「東京・赤坂台町の高台に立つリキ・マンション」から貴重な8ミリ映像が発掘されたことにより誕生した一冊なのであった。

そのため図版は画面撮りオンリーだし、文章量もかなり少なめなので一気に読めるし、これといって目新しい話があるわけでもないしでアレなんだが、そんなことは狂信的力道山シンパのボクにしてみたらどうだっていい。

なにしろ版元が大手広告代理店なだけあって「本書はあくまでもビジネス本である」とのことなのだから、これをプロレス本として評価しようとするほうが非常に間違っているというものなのだ。

そういうわけで、「寂しがり屋で短気で猜疑心も強い」し「トイレに入るときもドアは開けっ放し」というタチの悪い私生活と、「本気で闘っていた」ため「マムシの生き血や興奮剤を飲んで試合に臨む」というタチの悪いプロレスを続けていた力道山先生。

その姿勢は、鉄人ルー・テーズに「リキはリング上で決してギミックを使おうとしなかった。なぜなら必要がなかったからだ。リキのプロレス観とは、ただリングに上がり、そして勝つことにあった」と証言されるほどのガチンコ野郎ぶりながら、なぜかリング外ではプロレス的なギミックを使いまくっていた様子なのであった。

つまり、「日本一のゴルフ場を作れ！」などとどんなビジネスでもプロレスラーらしく力尽くで日本一の座に立とうとしたため、業者たちは「注文主は尋常な人間ではないから、予定通りできなければ殺される」

と本気で脅えたのだそうである。まあ、確かにリキ・トルコ（いわゆるソープランドではなくサウナ風呂）建設中、工事の進行状況を見に行けば「こんな手抜き工事をやりやがってッ！」と激怒して、ほぼ完成した客室を次々と破壊して警察に連行されたりするんだから、それも非常に無理はない話ではあるんだが。

本書には、そんなゴルフ場の会員権を第一次募集で買った石原まき子夫人が語る、力道山と裕次郎との関係、力道山が後援会長を務めていたパリジェンヌ・岸恵子が語る、マーロン・ブランドと共演するハリウッド映画の打ち合わせと力道山に誘われた花火大会が重なって花火を選択した男っぷりの良さなど、ちょっといいインタビューも収録済なのでマニアなら必読だろう。

なお、遺族（百田兄弟）の意向で本書の執筆者からターザンが外されたと噂されているが、ビジネスとは無縁の人生を送るターザンを蚊帳の外に置くのはビジネス本として考えれば断じて正しい姿勢なのである。

合格！

『力道山がいた』

村松友視／朝日新聞社／1700円＋税

どうも『プロレスの味方』直撃世代ではないボクにとっては他人事でしかないんだが、『紙プロ』関係者周辺には巨大な村松友視幻想というものが存在するようである。
確かにプロレスをクソ真面目に見る姿勢や発言には、これまで色々と考えさせられることも多々あったものである。本作に登場する「プロレスを秘かに楽しもうという感覚」「私は、魔界に入り込んだ迷子のような気分に陥っていた」「〝反則〟のレベルを超え、これはもう〝反則ワザ〟だ」といった村松さんらしいフレーズは、相変わらずの味わいだと思うし。
こちらは定番ネタではあるんだが、「リングの上で俺の邪魔をするやつは、誰でもこの歯で噛み殺してやる。それがたとえ、俺のオフクロでもな」「俺は絶対に力道山を噛んでなんかいない。（「しかし、フィルムにちゃんと映っているではないか？」と問われて）それは、フィルムが嘘をついているんだ」といったフレッド・

ブラッシーの名言にシビレを感じるセンスも間違いないだろう。

しかし、しつこいようだが狂信的力道山シンパのボクにとって、帯文で「誰でも知っている力道山。誰も知らなかった力道山。二つの力道山が、この一冊に結晶した！」などと派手にブチ上げるこの本は、期待に反してあまりにも物足りなかったのである。

なにしろ、新たなる視点を一切提示することなく誰もが知っている力道山像だけを淡々と伝えていくだけなのだから、そりゃあ物足りないのも当たり前。「誰も知らなかった力道山」という意味では明らかに名著『もう一人の力道山』（李淳馹／小学館）のほうが遥かに上であり、さらに連載バージョンでは1回分がまるまる当時の記事の完全引用だったりした掟破りの構成ゆえ、いちいち入り込みづらい一冊なのであった。

当時の「力道山取調べ、大阪で2人を殴る」「力道山また暴れる」「力道山暴れる。米人2人がケガ」「力道山大暴れ」といったスキャンダラスな見出しの新聞記事なんかをいちいち完全掲載してくれるのは、確かにマニアとしては有り難い限りである。

しかし、引用書評のプロフェッショナルを勝手に自認するボクにズバリ言わせれば、引用にも一流から五流まであるというか。

そもそも引用するときに重要なのは作為的に抜き出すそのポイントの選び方であり、全文を当時の表記のままダラダラ引用していたら読みにくくてしょうがないわけなのだ。

「プロ・レスは一種のショウだから八百長もある。四十八州中三十三州（七割）がほとんど八百長をやっている始末で、北部は正々堂々と真剣にやるが、南部ときたらまるっきり八百長ばかりだ。とに角アメリカでは、八百長云々よりもショウとしての面白さが第一らしい」（報知新聞）

「アメリカでは八百長を平気でやる。そこを私は八百長をさけて真面目な勝負をしたらアメリカ中に人気が出た。そこですよ。ただ単なるショウではなく、真剣な試合を見せることがこれから普及しようという日本では肝要です」（報知新聞）

それらの力道山自身による発言や、以下の記事などに書かれた「昨今ようやく『予定の筋書でやる八百長試合じゃないか』などと、批判の声も高まってきた」などの八百長バッシングなど、料理次第でいくらでも面白くなる素材を並べておきながら、あえて放置しているのも残念極まりないのである。

「力道の修行の辛さは、いかに巧みに八百長試合をやるか、ということ」

「パンクラシオンはいざ知らず、現代のプロ・レスは明らかにショーとしてアメリカで育ち、アメリカの観衆は、むろん八百長は承知の上で、ただ楽しんで見ている」

「日本のプロ・レス関係者は『プロ・レスがショーだ』と言われることを極端にきらう傾向がある。結局日本の選手は無表情だし、テクニックの点からもマがもてないので『選手権をかけた真剣勝負』を看板にせざるを得なくなるのではなかろうか。もしプロ・レスが『真剣勝負』であり『人間闘牛』であるならば、興行の倫理性という立場から許されるべきではなかろう」

これらの現在も通用する普遍的なテーマに対してはほとんど言及せず（「プロレスの中の真剣勝負と本当の真剣勝負のあいだには微妙な一線があり」という秀逸なフレーズもあるんだが）、近頃再評価が高まりまくる拓大柔道の鬼・木村政彦が力道山との巌流島決戦で放った急所蹴りについても、いまでは「当たっていない」などの説が有力になりつつある中で「木村の〝急所蹴り〟は、プロレスらしいストーリーで戦うことを断たれたあげくの、苦肉の策だったのではないか」と断定してしまうのは、『プロレスの味方』としてどうかと思うのだ。

もしかしたら当時の空気感を出すために、後に書かれた暴露本的な資料にはあえて目を通さず、当時の記事だけをデータにしてみたということなのかもしれないが、それが効果的だったとは到底思えない。

……と憤慨していたのだが、村松ファミリーのシビレる話を読んだ瞬間、ボクの気持ちは見事なまでに和らいでいたのであった。

たとえば祖父であり作家の村松梢風氏は、当時67歳にして「ナイトクラブへある女性をよく連れて行ったが、その女性には力道山もご執心だった」りと、「ひとりの女性を間にして、力道山と祖父は張り合っていた」というエピソードが、まず発覚！

そして村松さんのクソ真面目っぷりも、ここまで見事すぎるほどだったわけなのである。

「力道山の勝ちを確認して、私は安心して電車に乗って清水の家へ帰った。そして風呂に入って湯船に身体を沈めようとすると、パンツをはいていることに気づいた。それを脱いでふたたび沈もうとすると、下着のシャツを着ていた。つまり、プロレスの興奮の余熱が私をボーッとさせていたのだろう。シャツを脱いで湯船に浸かろうとして、少し冷静になった私は腕時計を外さなきゃいけないと気づき、外そうとしたが手首に腕時計がなかった。街頭テレビで興奮してプロレスを見ていたとき、当時はやった腕時計ドロボウに盗られていたのだ」

ここまで呑気な話をクソ真面目に淡々と語る村松さんには、確かにとてつもない魅力や幻想が感じられる次第なのであった。

『プロレス記念日』

週刊ゴング特別編集／日本スポーツ出版社／800円+税

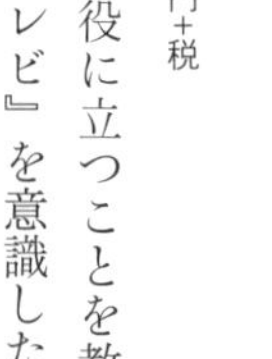

今日は何の日、フッフ〜！　というわけで、「身体に役に立つことを教えてくれる」ので佐藤ルミナ君も欠かさず見ている、『おもいっきりテレビ』を意識した『週刊長州力』もとい『週刊ゴング』の誰が喜ぶのかわからない不思議な長期連載が遂に単行本化！

当然、長州現場監督の誕生日や結婚記念日などの情報が満載……というわけでもなく、それならカレンダー代わりになるのかと思えばなぜか77日分しか収録されていないのだから、もうたまらない。

さらに、無難なプロレスネタばかりの目新しい情報皆無な中身の薄さも含めて非常にひっかかる次第なのだが、「近い将来、必ず『プロレス365日』という壮大な企画（別名『年刊長州力』?）にチャレンジして、これを一冊にまとめて残しておきたい」という無駄に巨大な意気込みに免じてチャラにしておくこととしよう。

『別冊宝島 男を鍛える本【実践編】』

宝島社／743円+税

適度な中身の薄さがないと世間にはまず届かないと言われがちな、どうにも世知辛い昨今。そういう意味ではリニューアルを重ねて大判化しつつも極限まで中身は薄くなった『別冊宝島』の新生プロレス・シリーズは世間にもかなりの確率で届きそうなものなんだが、少なくともボクには全く届かないのであった。

選手個人については誰もが知っているレベルの情報をあっさり紹介するだけで、ひたすらトレーニング法と格闘技術だけをやっぱり浅めにブチ込んでみせた、この本。「サーフィンは格闘技より凄いスポーツかもしれない」という名言を放つ佐藤ルミナ君を筆頭に、船木誠勝（担当は当然、ハイブリッド・ボディとなって生まれ変わったヤスカクおじさん！）、チョコボール向井、ケビン・ヤマザキ、桜庭和志、中井祐樹、ビル・ロビンソン、佐山聡、アレクサンダー大塚、村上竜司、極真、さらにはビンス・マクマホンJr.（担当は杉作J太郎！）まで、参加メンバーにいちいち外れはないはずなのに肝心の中身が外れになってしまうのでは、まったくお話にすらならないだろう。

馳浩の肉体を称えるページでなぜか腹のポッテリ感が目立つ写真をチョイスしたり、筋肉美を強調されがちだが写真集を見る限りそうでもない神取忍を無闇に絶賛したりと、とりあえず編集に問題があることは確実なのだ。

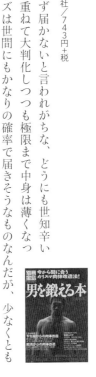

そもそも編集者側に、もし選手個人の人生に対する興味よりも身体作りのほうに興味があるのだとしたら、それはもったいなさすぎるとボクは心から思う。いや、むしろ後者への興味すらもないからこそ実用書としてのパワーにも決定的に欠けているのだろう、きっと。

それでも平成の『宝島』イズムゆえなのか、これらの記事と同列で「オットセイ博士の下半身トレーニング・ペニスビル」や「真珠中毒ギャル急増中」「催眠術でインポを克服」などの下世話な実用企画が並ぶアナーキーな編集には、ちょっぴり感服した次第。

そんなわけで「間もなく37歳を迎え、さすがにそちら方面（下半身）の衰えが隠せぬ筆者」という須山浩継記者が赤裸々な告白を始めたり、新宿ロフトプラスワンでチョロ相手にノーパンで顔面騎乗したプチ伝説を持つＳＭの女王様（38歳）の顔が拝めたりするのが、この本の最大の収穫なのであった。

『君は小人プロレスを見たか』

高部雨市／幻冬舎／571円+税

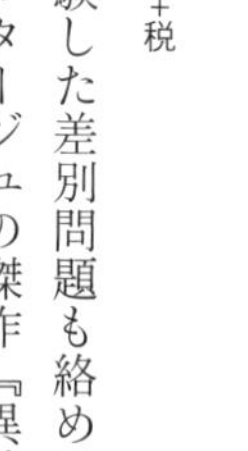

84年のクラッシュ・ブーム絶頂期から自分の経験した差別問題も絡めつつ、たっぷり時間をかけて「小人プロレス」を追い続けたルポルタージュの傑作『異端の笑国』。90年に現代書館からひっそりリリースされていたそんな名著が、外れのないラインナップで知られる幻冬舎アウトロー文庫から加筆&改題されて遂に登場（ちなみに同時リリースは障害者繋がりでホーキング青山だ）！

しかし、いきなり『君は小人プロレスを見たか』と聞かれたところで、ＴＶで放送されてないんだからそうそう見られるものでもないし、空気投げを連発したりする演劇性の高い近頃の「小人プロレス」を見たぐらいでは完全に片手落ち。そういうわけで奇跡のビデオ『ミゼット物語』（ポニーキャニオン）に収録された80年代初頭のタッグ戦の映像を、まず観ていただきたいものなのである。

なにしろ、女子プロ流のハイスパート・レスリングにルチャ的な小ネタを盛り込み、迫力の無さをカバーするため全力で相手をマットに叩きつけていく当時の試合は、文字通りの「明るく楽しく激しいプロレス」だったのだ。

しかも「こんなプロレスを続けたら10年続くプロレス人生が1年で終わってしまうかもしれない」という猪木の言葉を忠実に再現するかのように、次々と再起不能になる選手を出しながら文字通り「命懸け」で闘

っていたのだから、面白くないわけがないのである！

「俺たちは、俺たちの動きや、俺たちのプロレスが、俺たちにしかできないという誇りでやっているんだヨ。猪木たちにはできないプロレスがネ」

この文庫版には、そう語っていたプリティ・アトムや唐柔太といった選手の死去から始まる全42ページのヘヴィな追録とドッグレッグス北島行徳氏の解説も収録。後ににっかつロマンポルノに転出した佐藤ちのや浅草キッドのコメントも押さえたりと、単行本のリリース後も地道な取材活動を続けているようで本当に頭が下がる次第なのだ。

思えば『異端の笑国』リリース後、翌91年には『吉田照美のやる気まんまん』にリトル・フランキー、角掛留造、プリティ・アトムが出演し、自ら「小人プロレス」（もちろん放送禁止用語）を連呼したり、92年にはフジテレビが深夜特番として『ミゼットプロレス伝説』（本当に面白い。必見）を放送したりと、何かが動きつつあった頃に比べて「小人プロレス」を取り巻く状況は現在、順調に悪化中。リトルゴジラにリトル・フランキーが入るのもいいが、彼らを単なる着ぐるみスターにしておいてはいけないと本気で思う今日この頃なのである。

29

相変わらずボクのアドレスに続々と送られてくる応援&タレコミメール。今回のヒットは「飯田橋のスポーツジムで新間寿さんとトレーニングしてる会社員、31歳」からのもの。『紙プロ』はけしからんっ！　編集長にヤキ入れた！」と吠える新聞さんに「僕は素晴らしいところもあるとフォローしておきました。特に吉田氏は良いと」と言ってくれたそうですが、ヤキを入れられたのは編集長と間違えられたボクです。あの親子、まだわかってなかったのか……。というわけで、今後もそんな情報をひっそり受け付けている書評コーナー。〈※当時のメールアドレス〉

日本人初のバーリトゥーダーの姿を確認するために必見！

『PRIDE&バーリトゥード最強読本』

ゴング格闘技特別編集／日本スポーツ出版社／952円+税

近頃、『ゴング格闘技』の評判が一部で宜しいようである。確かに内容はともかく「頑張ってる感」がビンビン伝わってきて読者に「読みたい」と思わせる誌面になってきているのは事実だし、この別冊でもエンセン井上相手に「（ＰＲＩＤＥ．５で対戦した）西田（操一）さんとは友人関係にあったと聞いてますが」と聞きにくいことでもズバリ追及している藁谷記者の仕事っぷりには目を見張ることも非常に多い。

それに加えて藁谷記者は、ブラジル在住ゆえかマスコミに登場したことのない柔道&実戦空手を学んだ日本人初のバーリトゥーダー・奥本芳徳という最高すぎる素材まで発掘してきているのだから、もう文句なし！　猪木や極真の磯部師範を見ればわかるように、ブラジルという国は日本人をいい意味でおかしくするということを、あらためて痛感させていただいた次第なのである。

なにしろ彼氏、殺し合いみたいなものでしかなかったバーリ・トゥードをグローブ着用にしてスポーツ化させ、「グレイシーたちはそれを見ていまのスタイルをつくっていったんです」「僕らがあいつらのおじさんとかに（柔道を）教えてました」というように現在のシーンのベースになる部分を作り上げた知られざる人

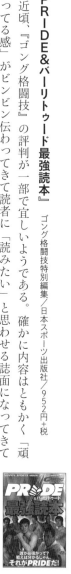

物らしいのだが、そのためか他の発言もかなり飛ばしまくり。「X（某有名プロレスラー）にも喧嘩売ってますよ。あいつがブラジルに来たときに、『本当に強いなら俺と戦え』といって挑戦したんです。そしたら新聞社が飛びついて、『負けたら俺は腹を切る』といったんですが、結局奴は逃げとるんです」などと豪語するのみならず、とんでもない新情報までブチ上げていくのであった。

まずは、柔術のライバル競技で古くはイワン・ゴメスに始まりマルコ・ファスやウゴなんかがやってるルタ・リーブリのことを、「プロレスですね。昔、ボボ・ブラジルというのもいたでしょ。あれもルータ・リブレですよ」「ルータ・リブレは昔からあったんですよ。力道山も来てましたし」と容赦なくキッパリ断言！ 思わず「それってルチャ・リブレと混同してないか？」と誰もがツッコミたくなること確実だろうが、それでもなぜか藁谷記者は決してツッコミを入れることなく淡々と話を流していく。

挙げ句の果てには、この発言なのだ。

「バリトゥードというのは、素手じゃなかったんですよ。刃物を持ったり、汚いことをしよったんです。（略）ホントのバリトゥードというのは懐にナイフを隠したり、いろんな物を持ったりするのが始まりだったわけです。（略）バリトゥードは筋書がなくて、いわゆる暗黒街でやるものです。（略）賞金を賭けたりします。飲み屋とか路地裏みたいなところでやったり」

そう、どうやら本来のバーリ・トゥードとは上田馬之助やミスター・ポーゴやCZWがやってきたような武器片手の何でも許されるデスマッチみたいなものだったらしいのである！ 凄え！

かくも衝撃的すぎる発言の数々を「（キッパリ）」などの『紙プロ』用語も駆使して見事に引きだしながらも、なぜか「それじゃ、ただの喧嘩じゃないですか」「それは日本でいうと〝決闘〟という感覚ですか」「では、バリトゥードには試合場もありませんね」などと笑いもせずにやっぱり淡々かつ冷静にいちいち受け流していく藁谷記者。こうして相手の技を真正面から受けることなく適度にサバきながら核心を突いていくスタイルは、確かに格闘技的だと言えるだろう。

しかし、ここまでプロレス的な素材をお蔵出ししておきながら、ろくに相手の技も受けることなく取材しているのを見ると非常にもったいなさすぎて、思わずボクも「もっとしっかりバンプを取れ！」と叫びたくなってしまう次第なのだ。

相手の技を受けたら派手に倒れ込んで巨大な音を響かせるプロレスのように、インタビューだって受け身が重要。相手の技の威力をより効果的に観客へと伝えるためには、派手に笑ったり「ナイフですか！」「暗黒街ですか！」などと刺激的なフレーズをオウム返ししたりすることでわかりやすくしつつ、なおかつリズムを良くすることに務めるのがベストだとボクは確信しているのである。

とにかく、日本初のバーリトゥーダー・奥本芳徳の勇姿を確認するためにもこの本は必見だ！

『オーバー・ザ・シュート―熱血プロレス＝格闘技読本弐』

〝Ｓｈｏｗ〟大谷泰顕・監修／メディアワークス／１４００円＋税

扉ページと裏表紙にデカデカと書かれた「心は死にますか？　愛が好きです」というさだまさしイズム丸出しの不可解なフレーズだけでも〝世迷い人Ｓｈｏｗ〟氏の世迷い言ぶりがウンザリするほど伝わってくる、相変わらずの狂った一冊。

「心は死にますか？　そう聞いたところで誰も答えちゃくれない。ああ、絶対に本など開いて言葉のアラを探すより、果てしなく宇宙を見上げている方が賢くなれる……」

そんな前書き部分にも、本のアラ探しどころか内容すらも一切紹介しないで自分の愚痴ばかりをさんざんこぼし続けて全読者に顰蹙を買っていた旧『紙プロ』連載の書評コーナー『世迷い人Ｓｈｏｗの　ああ、今夜も星がない……』を思い起こさずにはいられないのであった。

ちなみにこの『書評の星座』とは、もともとＳｈｏｗ氏の書評があまりにも酷すぎるのでそれを反面教師として始まった、自分のプライベートは一切語らずに本の内容をキッチリ紹介するための連載だったりするものの、どうやら一部に誤解があるようなので念のため言っておく。

本書の読者コーナー『俺たちＳｈｏｗ数派!?』に「『紙プロ』の吉田クンは、自分より詳しくなくて文章も下手と判断した同業者を見下してボロクソに言う悪いクセがある。たとえ当たっていても、あれはプロのすべきことではない」という投稿が掲載されていたのだが、とりあえず書評におけるボクのモットーは「レスラー名義の著書は基本的に批判せず、長所を探して褒めてさしあげる」という「良かった探し」が基本である。

だからこそ、これまでにレスラー名義の著書ではプロレス道にもとるサンボ浅子本ぐらいしか批判なんてしなかったわけであり、そもそも余計な批判で敵を増やそうという気だって毛頭ない。

ただし、構成者のクレジットが入っているのならばボクも元編集者として同じ目線で技量を評論させていただくし、明らかにレスラーよりも裏方であるべき自分を殊更に売り出そうとしている不快な電波を感じる代物（辻アナ本など）に関しては、「俺が俺がじゃ駄目だっちゅうの！」と同じ原稿書きとして上田馬之助ばりにキッチリ糾弾させていただく。ただそれだけの話なのである。

Ｓｈｏｗ氏の場合、殊更に自分を出しすぎるというのもそうだが、その自分というものに無自覚なまま不愉快なキャラを垂れ流しにしているのも非常に腹立たしくてしょうがないわけなのだ。

そもそも、こうしてわざわざ書名にするほどに「プロレス＝格闘技」だと断言しまくって、「なんでこんな当たり前のことを書かねばならないのか」と毎回のように一人で勝手に憤慨しているＳｈｏｗ氏自身が、過去にどこの誰よりもプロレスと格闘技の間にハッキリとした一線を引いていたことをボクは絶対に忘れることはできない。

「バトラーツって、プロレスなんでしょ？」

「パンクラスは確かに面白くないかもしれないけど、真剣勝負だからしょうがないでしょ」

常日頃からそんなことばかり口にしていたのは誰なんだよ。そして、キャバクラでプロレス八百長論をブチ上げてばかりいたのが某団体の耳に入ってこっぴどく叱られたのは誰なんだよ!

山口日昇の影響で「プロレス=格闘技」と言い出すのはいいが、それには過去を振り返ってしっかりと自己批判しなければ、借り物の発言に説得力が出てくるわけもないのである。

まあ、秋山準が「馬場さんが点数で評価するならわかりますけど、馳さんくらいのレベルで僕らを点数で評価するなんて、まだまだだと思いますね。僕から言わせれば過信も過信、大過信ですよ」と馳に噛み付いてたり、微妙にスイングしてないとはいえ中西学のインタビューもあったりと、Show氏の全方位外交による「幅」に関しては確かに評価にも値することだろう。

藤波の社長室に猪木の「道」ポエムと並んで相田みつをの「道」ポエムが額装されていることをスクープしたり、『ゴング』金沢編集長の独占インタビューを掲載したりしているのも、正直言ってボクには嬉しい限りではある。

「あの人(長州)は『スカイパーフェクTV!』にも入ってるみたいで、結構(VT系の)その手の番組は好きらしくて見てるみたいなんですよ。(略)選手たちが練習している中で、長州さんが中心になってそういう練習してますよ」

ところが、そんなシビレるエピソードを語ってくれるGK金沢編集長に、なぜかShow氏は「ついでに聞いておきたいんですけど、『紙プロ』についてはどう思ってますか?」と脈絡もない質問をぶつけていきやがるわけなのだ。

「あれはプロレスが大好きな人たちが作ってるんだなって思いますね。本当にプロレスが大好きなんだろうって、毎回思いますよ。(自分の似顔絵が出ることも)だから『どうぞ勝手に遊んで下さい』っていう感じですね」

かくもカッコ良すぎるスタンスで『紙プロ』を語ってくれるGK金沢編集長に対して、「ふ〜ん。あ、それから、これは金沢さんに聞く話じゃないのかもしれないんですけど、この業界って誰ということではなくて、挨拶ができない人って多くないですか?」と、これまた脈絡どころかもはや意味すらもないことを聞いていくのは一体何のつもりなのか。

山口日昇&谷川貞治編集長との座談会でも、「ダブルクロスの『その他大勢』に比べれば、僕の方が全然必要だと思いますけどねえ」だの「あれ（吉田豪）も山口さんに比べたら、『その他大勢』以外の何者でもないけどね」だのと、特に後者は現場では言ってもいないことを後からわざわざ付け足しているらしいのだが、文句があるなら直接言って来いって。

どうも「豪ちゃんは現場に来ないからダメ」だのとフリーライターという職業をまったく理解していない発言も過去に繰り返していたので言わせていただくが、ボクはダブルクロスの社員でもないし、わざわざ自分で言うのも馬鹿らしいがＳｈｏｗ氏とは違ってプロレス専業のライターでもない。おそらく彼はボクをプロレス村の住人にさせたいのだろうが、面識のある人（門馬忠雄先生など）にはもちろん挨拶しても、こっちは村社会に入った覚えはないんだから知らない人にわざわざ挨拶なんてするわけがないのだ。でしょ?

ついでにＳｈｏｗ氏がパンクラス道場でスクワット３０００回を敢行したことに関してもちょっと言わせていただくと、あれはパンクラスの道場幻想が高まるわけでもない、無駄にプロレス幻想を破壊するだけの行為であった。

「スクワットを３０００回やらされたもんです。今、こんなことをやらせたら新人はすぐ逃げ出すでしょう。倒れると水をかけ、起き上がってまたやっては倒れ、流れ出た汗がたまった水たまりに顔をつける」

そんな馬場のスクワット発言のみならず、新日道場幻想すらも無にしてしまう誰も得しない自己満足の行為でしかないということに、せめて気が付いてほしいものなのである。

『新世紀プロレスマガジン 凄玉 Vol．1』 福昌堂／943円+税

旧『紙プロ』というか『激本』というか『達人』というか、つまり近頃は商業的に苦

戦を強いられているらしいコンパクトな判型の新雑誌が、あの『フルコン』増刊という意外な形で登場。

表紙や人選も悪くないので同じ判型の先達『達人』よりは好意が持てるものの、村松友視先生の造語から雑誌名を採り、ターザンの造語「プロ格」をテーマにして、そこに浅草キッドがネタを書いたり脚注を多用したりの旧『紙プロ』テイストも落とし込むという「借り物競争」っぽさが目に付くのはどうにも否定できないところだろう。

できたばかりの新雑誌ゆえ応援してさしあげたい気持ちは山々ながら、大道塾・東孝塾長インタビューの聞き手が「大道塾出身で、プロレスラーになった人はいますか」だのと質問し、「黒木ってあの闘龍門JAPANのマグナムTOKYOの黒木ですか」「これ、書いてもいいんですか」と派手に驚いてたりで、あまりにも調査不足な部分が気になってしょうがないのであった。

そんなのは本誌17号のインタビュー（聞き手・中村カタブツ君）でもたっぷり追及し、ついでに大道塾の機関誌でも大々的に紹介された有名なネタでしかないのだから、お話にならないのだ。

まあ、今回は編集長の青山英司氏からわざわざ送本していただき、「前田日明選手と揉めた当時のフルコンタクトKARATE編集長・山田英司さんとはまったくの別人であることを、念のため申し添えておきます」という釈明や、「初期『紙のプロレス』の時代より、吉田様の文章に関しては、シニカルなところが非常に笑えて面白い、と個人的には思っておりましたので、もしできますれば吉田様御担当の『書評の星座』で当『凄玉』をご紹介いただき、鋭いツッコミのひとつでも入れていただければ光栄の至りでございます」というフォロー込みの丁寧な手紙まで一緒に添えていただいたので、個人的には非常に好感が持てる次第。

今後も頑張っていただきたいというか。

できることなら前田日明が表紙を飾り、特集『ザ・ラリアート』といったプロレス技の実践講座（なんと合気道と比較したりする！）を当たり前のようにやっていた初期『フルコン』を大好物とするボクとしては、そういう発狂した自社のセンスも貪欲に取り込んでいただきたいと勝手に願うばかりなのである。

『格闘ボーダレス』 ソフトガレージ／1500円+税

本誌前号の読者プレゼント・コーナーに掲載された表紙の図版から桜井マッハ速人の名前が消えた（なぜかカラーグラビアには残っている）、聞き手のクレジットもない怪しげなインタビュー集。

修斗は消えたが、慧舟會とヘンゾ・グレイシーとPRIDEとリングスが残っているという人選に、ヘンゾと肩を組んだ記念写真が紙面でも使われている元リングス広報で現PRIDEブッカーであるK氏の影が見えるのはボクだけだろうか？

まあ、いい。おそらく短期間で作り上げているため一瞬で読むことのできる内容だったりもするんだが、新日道場幻想を「それはグレイシーといっしょですよ」と言い切る桜庭。その桜庭との再戦を「今までの流れも含めて、極端に言ったらリップサービスでお互いの悪口を言ってどうなんだ、っていう状況でやってもいいですし」と語る田村。「対髙田延彦に関しては、あれが僕の真剣な闘い方、真剣な仕事だったんです」と語るアレク。「みんなヒクソンのことを〝神様だ〟という。でも、神様に私が100回ヒザ蹴りを入れても効かないけど、ヒクソンは痛がるよ。彼は決して神様じゃない」と語るエンセンなど、とりあえず資料的価値は十分にあり。

それにしてもPRIDEによるギルバート・アイブル引き抜き問題で、ブッカー・K氏の命に別状が起こらないことを他人事として祈る次第なのである。

『ぼく。』 桜庭和志／東邦出版／1333円+税

「小難しい本なんて、ぼくには似合わない。試合も本も、やっぱりわかりやすくて楽しいほうがいいに決まっている。いろんな人に遊んでもらいたいから、シールをつけてみ

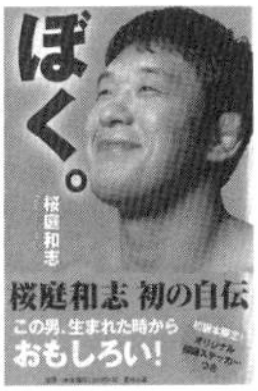

た。いろんな人に読んでもらいたいから、価格もできるだけ低く設定してもらった」

そんな桜庭の希望通りに作られた、あっさり読める初版限定シール付の本書。元はと言えば山口日昇が構成を依頼されていたようだが、あの男に短期間で単行本を作ることなんて到底できるわけもないので、今回は『週プロ』のファッションリーダー・藤本かずまさ記者が構成を担当している。

内容的には『紙プロ』読者には馴染みの、幼稚園の帰り道に表情も変えずにウンコをしながら歩いて友達にバレなかったというエピソードに始まり、それを「ぼくは試合でフェイントをよく使う。人をダマす快感、人にウソをつく重要性を、このときのうんこで学習したのだ」だの「早めにギブアップしてしまえば、もうあとはスッキリ。この辺の潔さは、ぜひともホイラー・グレイシーにも学んでいただきたい」と語ったりで、とにかくウンコ話とホイラー批判がしつこいぐらいにたっぷり詰めこまれているのであった。

その後もウンコ愛好家ぶりのみならず、「うんこだけではない。寝小便も日常茶飯事だった。ぼくの寝小便歴はかなり長い。小学校の4年生ぐらいまでは、ほとんど毎日ふとんのなかでおしっこをしていた」だの「小学校の昼休みには、よくトイレでおしっこを飛ばして遊んでいた」だのと、なぜかついでに小便への熱い思いまでもアピール開始！　Uインター時代、熟睡しているスタッフの布団に酔っ払って小便をかけ、やがて退社に追い込んだ（一部誇張あり）のも、ある意味では必然だったというわけなのである。

サクがなぜ『週プロ』で金村キンタロー&邪道と対談したのか、これでようやくボクにもわかった。要するに、ウンコや小便などのドリフ系ギャグに欠かせないアイテムを愛する精神が共通していたのに違いない。きっとそうだ！

高卒後すぐにプロレス入りするのを断念したときのことも、「行動するのも早いが、ぼくは諦めるのも早い。この辺の潔さはぜひホイラーにも……。ま、その話はいいや」と自分で落としていくのにもドリフばりの笑わせる技術を感じるんだが、それよりもっと衝撃的なのは以下のカミングアウトだったのである。

「ぼくは他人のウチに忍び込んでしょっちゅうお金を盗んでいた」

「(大学の寮では)寝る前には必ず〝ひと仕事〟やらなければならない。コレは思春期の男性には絶対に欠かすことができない、重要な任務だ。寮での集団生活において、コレをいかにして遂行するか。コレはコレで、大きな問題だった。ぼくは要領よく、みんなが寝静まってからコッソリと……」

……正直、ボクはこれまで数限りないほどレスラーの著書を読んできたが、カツアゲや万引きなどを告白して自分のワルっぷりをアピールしたり、もしくは自分のモテっぷりをアピールする選手はいくらでもいたものの、「他人の家から金を盗む」だの「要領よくオナニーした」だのと告白してみせたのは、おそらく桜庭が初めてだろう。

ファンに「目が笑ってないので笑顔が怖い」などと言われがちな桜庭ではあるが、確かにあらためて彼の人生を追ってみると大学の教師にブチ切れて電話で怒りをぶつけただの金を盗んだだのと、本当に怖いのはこういうタイプだと確信できるエピソードが確かに多いのであった。

なにしろ、あのヤマケンについても「あんなにやかましい先輩がいたら最悪だ。アイツと長時間一緒にいるのはツラかった。だって話が長いんだもん。なんだかよくわかんない話を、ひとりで熱くなって語るのだ。ぼくは山本が口を開くたびに『わかった、わかった』といってはスッとどこかにいなくなっていた」とキッパリ断言。

Uインター勢(とくに田村)が誰もが頭を悩ませた新日との対抗戦についても、話を持ちかけられた瞬間に「テレビに出てた人と闘えるう! はい、やりますやります。うれしくなったぼくは、思わず髙田さんにこんなことを聞いてしまった。『長州さんとも試合できるんですか?』」というぐらいに場の空気も読まずにはしゃぎまくっていたというのだから、もう本物だろう。

さらに、U-JAPANでのキモ戦を前にして「全プロレスラーの代表として闘う」「レスリングでも負けないし喧嘩でも負けない」「あいつの知らねえショービジネスってものを教えてやる」と吠えていたバンバン・ビガロとスパーリングした際、「ビガロに腕十字決めちゃって……。ビガロ、落ち込んでました(苦笑)」と、大事な試合の前に余計な心の傷を与えていたことまで、ついでに発覚。

そんな、小川直也が長州力のことを「外見は谷啓を長髪にしてゴツくした感じ」「動きはカブトムシのメスに酷似」などと『東スポ』で表現していたことにも匹敵する、サクのドリフ直系なギャグセンスと類稀なタチの悪さは、『笑福亭仁鶴に似たホリオン』という的確すぎる表現にすべて集約されているのであった。

30

え〜、珍しいお客さんからの応援&タレコミメールが入りました。まず『週プロ』常連の蜷川マクベス新右衛門君からは、「『オーバーザ・シュート弐』のキャッチコピーは海援隊のパクリ」との報告あり。そして、花くまゆうさく先生からは「我王銀次ファンとして私も『魔女卵』をリクエストしたいです。山口日昇さんと我王銀次はそっくりだと思いませんか？」という謎のメールが……って、これは『BURST』へのリクエストでしたね。失礼。そういうわけで、今後も読者の皆様から様々な情報を受け付けている書評コーナー。〈※当時のメールアドレス〉

Show氏よ、気概がないのならとっとと辞めるべし

『ターザン山本 怨念のプロレス』 山本隆司、乃木武／芳賀書店／1500円+税

ブレーキの壊れた狂える暴走戦士・ターザンが、なぜか全編ローテンションで語り下ろす不思議な一冊。おそらく聞き手が大学時代からスポーツ文化の研究を始めた謎のスポーツジャーナリスト・乃木武（50歳）というのが全ての元凶なのだろうが、語尾を「です・ます」調にしたり「！」や「（笑）」を封印するオールドスタイルな編集によって、すっかりターザンの暴走ハリケーンな勢いが完封されているのが残念でならないのであった。
それでも要所要所にキラリと光るターザン・イズム（飽くなき「ごっちゃん体質」など）は感じられるの

だが、何よりも『紙プロ』の青空プロレス道場でも明らかになった『東スポ』との揉め事が遂に活字化されたことこそ最大のポイントなのである。

まず、『東スポ』のM記者が書いた「巌流島には底なし沼があって、試合の成り行きによっては危険極まりない」との原稿を読んだ『週刊プロレス』のI記者が、わざわざ現地に乗り込んで地元の人々に「底なし沼はあるのか」と空気も読まずに直撃。しかし「そんなもんあるわけねえ」とあっさり断言されてしまい、その後もさんざん島中を歩き回ったが底なし沼はなかったとキッチリ記事にしたところ、『週プロ』はプロレスの心がわからない。無粋なことを山本がやらせている」と怒られたのだそうである。まあ、そりゃそうだ。

そのためか、「東京スポーツのYさん、Kさんも私に対して〝険〟がありましたよ。ある時はちょっとしたことがきっかけで殴りかかられました」とのことなのだが、この件に関しては『東スポ』側が断じて正しいとボクは思う。

続いて「WCWの試合にしても日本の新聞には克明な速報が載っています。しかし、あれは現地の通信員連中が相談して時間を決めているんですよ」と、勢いに乗って巌流島幻想のみならずWCW幻想までついでに破壊！

しかし、なぜか「馬場がポツリともらしたことがあった。『稽古中に力さんを決めたことがあった。それ以後、私に対する態度が変わった』」との発言や、新日との交流戦で「出場する全日本の選手を集めてゲキを飛ばしたんです。『相手が変なことをやってきたら、こっちも行け！　絶対に引くな！』と。要するに、〝シュートで来たらシュートで行け！〟と言ったんですよ」と馬場が指令を出したことなどをいまになって暴露することで、馬場幻想だけはとことん巨大にしていくから不思議でならないのであった。

『ターザン山本のマイナーパワー宣言』

ターザン山本／インターメディア／1400円＋税

前書きの時点でいきなり「やっと、言いたいことを吐き出せる。読者からの反論にも、本気で喧嘩を買ってやれる」「名もなきプロレスファンの一人として、ターザン山本は死に物狂いで戦い抜く」「ターザン山本は不死鳥のように、叩かれても蹴られても蘇る」などとすっかり炎上しまくり、「この本を読んで、私と激論を交わしたければ、ぜひともアクセスしてほしい。熱く、熱く、語り合おうぜ……」とらしくもない口調で有料ホームページ『MINOR POWER』への加入を勧めていくターザンが抜群に面白い一冊。

しかし、ネット上の『MINOR POWER』は内容のみならず字が解読不可能なために続出する「マングル」などの誤字も含めて抜群に面白いのに、この本がイマイチなのはなぜなのか?

できることなら余計な編集もなく、「往生際日記」込みで発表順に並べたほうがマット界の流れもわかってよっぽど面白くなったはずなのであった。「このシリーズも続々と刊行されるので、期待してほしい」と言われても、これではまったく期待できないのだから。

『兄貴―梶原一騎の夢の残骸』

真樹日佐夫／筑摩書房／660円＋税

思えば小さな『紙プロ』誌上で連載されていた『書評の星座』が復活したのは、『RADICAL』2号の単発企画「男の必読書」で真樹先生の著書『兄貴』（有朋堂）を紹介したのが全てのきっかけであった。

ところが劇画王・梶原一騎急逝直後にリリースされた『兄貴』のオリジナル版『荒野に一騎咆ゆ』（日本文芸社）は絶版になり、そこに書き下ろしを100枚追加した『兄貴』は版元の社長がダイブしちゃったとの噂ゆえかあまり世間では流通しなかったのだから切ない限り。そんな調子でこれまで正当な評価をされずにきた名著が、遂に文庫化されたというわけなのである！

極真の用事でロスに行けば迷わず金髪のコールガールを呼び、「ジャンケンで相手を決め、ベッドを並べての兄弟タッグと洒落こんだ」上に、「柔道の寝技を悪用し考えられる限りの体位をとらせて攻めたて、しっかりと締め括りをつけたところで、後戯はバイブレーターに委ねる」しで、プロが金を受け取らず「生気の失せた顔で腰を落とし帰っていった」という普通なら実兄の追悼本でまず確実に出すわけもないエピソードを明らかにする姿勢には、男なら誰もが憧れるはず！

さらに文庫版では、著書『あさってのジョー』で梶原先生を取材した経験を持ち、「目と鼻の先に真樹道場があり、いつか覗いてみたいと思っていた」という猪瀬直樹の解説も追加！　これは猪木の自伝同様に、オリジナル版を持ってる人も携帯用&布教用に持ち歩くべき男の必読書なのである！

『喧嘩空手一代―東海の殺人拳　水谷征夫』　安藤昇／双葉社／495円+税

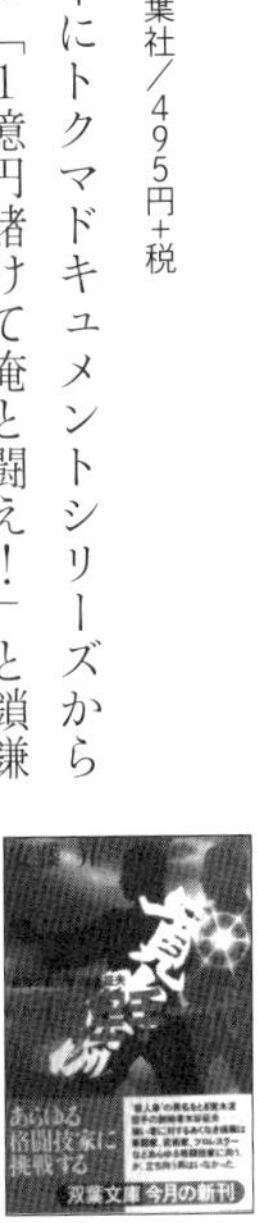

かつて雑誌『話のチャンネル』に連載され、82年にトクマドキュメントシリーズから単行本化された『東海の殺人拳』の文庫版。猪木に「1億円賭けて俺と闘え！」と鎖鎌片手に真剣勝負を挑み、気が付くと新間に説得されて2人でケンカ空手・寛水流（猪木寛至と水谷をミクスチャーさせた名称）を作り上げた故・水谷館長の自伝的小説である。

まあ、オリジナル版のようにジャケに猪木の顔はないし、裏ジャケも猪木&新間&水谷館長という最高のスリーショットじゃないし、あとがきは削除されてるしと不満は多々あるのだが、こうして気軽に読めるようになったことだけでも心から感謝する次第。なにしろ、力道山を脅したことで知られる渋谷系愚連隊・安藤組のボス・安藤昇が執筆しているという事実だけで、ボクはもう心から満足なのだ。

内容的には、やっぱり安藤昇の手による水谷館長の自伝的小説『野望』同様、猪木は巻末にちょっぴり登場するだけで水谷館長の「空手と酒と女と喧嘩」な若き日々を描いているのだが、「拳闘家、武術家、相撲、プロレス、あらゆる格闘家に対しての挑戦」を繰り返し、挙げ句の果てには馬場にまで真剣勝負を挑んでいったのはどういう男なのか、理解するためには格好の資料だろう。

あとは、『やさぐれ必殺拳』（井上義啓・著、アントニオ猪木・協力／日本文芸社）と、「近所で花火が鳴れば力尽くで止めさせて、犬が吠えれば力尽くで黙らせる（反論されたら犬は撲殺！）」という証言を引き出した『紙プロ』本誌21号の寛水流二代目館長独占インタビューを読めば、もう完璧。

そうしたら寛水流出身の後藤達俊と松永光弘にも恐怖を覚えるようになること確実なのである。

『激白プロレスラー烈伝』

別冊宝島編集部・編／宝島社／657円+税

これは『別冊宝島』のプロレスシリーズから「反響の大きかったインタビューを厳選したアンソロジー」とのことだが、もともと『別冊宝島』とはコクのあるルポルタージュを売りにした硬派な読み物だったはずである。

それなのに「珠玉の激白の数々をこのまま埋もれさせてしまうのには惜しすぎる」との思いから、中身が薄くなってすっかり業界誌化した『プロレス読本FILES』収録の時事ネタ・インタビュー中心に構成してしまうのは、逆に「惜しすぎる」ことなんじゃないかとボクは思う。

まあ、取材したことすら本人がすっかり忘れていた山口日昇の手によるインタビューで、ザ・グレート・サスケ社長が「プロレスラーは芸人のような存在」「芸人根性を持たないとダメ」と当時から一本筋の通ったことを口にしていたりと、興味深い発言もないわけではない。

なにしろ、「みちのく所属選手がもし団体離脱しようとしたら？」という質問に対して、サスケ社長は「何がなんでも引き止めますね。説得して」「デルフィンにしても誰にしてもリング上では敵ですけど、そういう根底での信頼というか絆というのは強いですから」とキッパリ言い切っているのだから、もうたまらない。

こうして過去にユニバーサルの社長を務めた新聞ジュニアが「親父見てて、裏切りって非常に怖いんで、信用できる人間で固めたかったから、完璧に身内で固めてますよ」と言った矢先にサスケ社長がみちプロを旗揚げした（それを『紙プロ』でネタにしたらボクが呼び出されてお膝蹴りをいただくことになる）過去を、再び繰り返していたことが発覚したわけなのである。まさに因果応報。

『グレイシー秘伝 最強肉体改造術』

佐藤公一／徳間書店／1200円+税

何故か「全面協力」という肩書でしかない平直行の名前が全面ならぬ前面に押し出されてしまった一冊。「大道塾が世界最強の格闘技」だと確信していた夢枕獏シンパな作者が、市原海樹がホイスに敗れたことによりグレイシー・シンパへとあっさり鞍替えし、我々にグレイシー・ダイエットの真髄を教えてくれるわけなのだが、感想は一言、ふざけるなグレイシー！　なぜなら奴等は「炭水化物は1種類しか食べてはいけない」と主張しているため、米と大豆の組み合わせも麦と豆の組み合わせも駄目ということになり、つまり納豆御飯や豆腐パンなどの猪木イズム溢れた食料を否定しやがるわけなのである。ファッキン！

酒を飲んで煙草も吸ってる桜庭に一族が負けた現在、もはや説得力に欠けつつあるグレイシー・ダイエット。とりあえず「体が軽くなって調子が良くなった」と証言する平直行を見る限り、体だけではなく頭髪部分も軽くなっているようなので髪には効果がないと思われる今日この頃なのであった。

『プロレス2001年を読む』

日本スポーツ出版社／800円+税

おそらく別冊シリーズに移動となった小佐野元『ゴング』編集長の趣味なんだろうが、従来の『ゴング』勢に「プロレス崩壊」をブチ上げるターザンを加えた「他では絶対に揃えられない超豪華な10人の執筆陣！」による別冊ムック。

基本的には何度も流れた分裂説も無視して「三沢新体制の2年目は他団体によくある体制に造反行動を起

こす反乱分子も出ず、内部からの批判や不平不満の声も聞かれずに、結束が一段と強まったようだ」と言い切る菊池孝先生に代表されるように業界的配慮が過ぎる原稿が多いものの、最近すっかり勢いに乗っているGK金沢現『ゴング』編集長の原稿がズバ抜けて面白いので文句なし！

まず、GKは89年の暮れに坂口社長が言い放った「来年度より興行のあり方を見つめ直し、変革していくことを考えています。一言でいえば大都市中心の興行形態に切り替えたい。もちろん、その合間に地方興行もやりますが、それはあくまで地方用の試合。そう言うと誤解を招くかもしれませんが、大相撲の地方巡業と思ってもらいたい。ですから、そういった地方試合はテレビはもちろん、新聞、雑誌にも取材していただかないという基本方針なんです」という知られざる爆弾発言を紹介していくわけなのである。

これはターザンが『週プロ』編集長時代の末期に「地方で手を抜く新日本」と書いたこと以上の問題発言だと思われるのだが、GKは「この10年、やはり新日本は静かにゆっくりペースながら、このプランを進行させてきたようにも感じる」とやんわり肯定してみせるのだから、さすがなのだ。

そして、「4・7ドーム大会に当初、WCWのアルティメット・ファイター、タンク・アボットの参戦が予定されていた」「プロレス志向の強いマーク・コールマンなど、いつでも出撃準備に入ることだろう」「DSEから新日本に対して、カシンの出場、さらに、飯塚、安田への出場打診もあったようだ」というインサイダーならではの情報力だってアピール！　飯塚ですよ、飯塚！　日本の陽気な奴ら！

さらに「天山、小島をキャラクター・プロレスと揶揄する連中もいる」と前置きした上で、「レスラーとしての総合力でいうなら、私は天山がNo.1だと確信している」「小島の表現力の豊かさは、天才・武藤に迫るものがある」と言い切る姿勢も完璧だろう。

往年のターザンに匹敵するほどの無闇な勢いを感じさせる、最近のGK。これが長州の復活でさらに勢いづくように本気で願うばかりなのである。

『南原清隆のリングの魂』 南原清隆／光文社／1200円+税

雑誌『Ｒｉｎｔａｍａ』に関わった経験ゆえか、あまりいい印象のないナンチャン。『週刊宝石』に連載された「裏リンたま」も、明らかにゴーストライターが執筆している感じが伝わってきて、複雑な感情になったものである。

そんな連載をまとめたこの本を読んでも、予想通りボクの思いは一切変わることがなかった。たとえば桜庭を「赤塚マンガのキャラクターみたいなトボけた顔」と表現するセンスは確かにいいものの、「高山選手は、新日の蝶野選手と並んでオシャレ。そのファッションセンスも全日に導入してほしい」と言い切るのには正直微妙。やがて、この連載で馳先生に「新日の武藤と全日の三沢を１００点としよう。新日は、蝶野が98点、橋本が97点、健介が90点かな。全日は川田が99点、小橋が98点、田上が97点、秋山が90点だな」と選手を採点させたことで秋山準が激怒（『オーバー・ザ・シュート弐』より）するまでに至るのも、非常に納得できるわけなのであった。

それでも、単行本のために三沢と武藤の対談を実現させたことは素直に評価すべきだとボクも思う。内容はともかく、こういうことはとりあえず実現させることに意義があるのだから。

なお、個人的に印象深いのは「俺がライガーとか橋本とか健介の後輩だったら、すぐ辞めてるね」「先輩たちがみんないなくなっちゃったんで、だから橋本やライガーがイジメッコになっちゃったんですけどね、マジで（笑）」という武藤の新日内部いじめ告発と、「秋山は面白いですよ、どこに出しても」という三沢の他流試合進出宣言ぐらいのものなのであった。できれば秋山対馳のシュートマッチをＰＲＩＤＥで見たい！

『愚か者の伝説―大仁田厚という男』 髙山文彦／講談社／1600円+税

エロ本化する前の『宝島』で「オリンポスの箱船」という大仁田ドキュメントを連載

した後、少年犯罪の実名報道で名を上げた大宅賞受賞作家による、コクに溢れた大仁田物語。

そういうわけで、「オリンポスの箱船」の頃から夫婦間の不和ネタまでキッチリ暴露していた著者が、過去にさんざんアピールしてきた「高校を三日で辞めた」という武勇伝も実は「悲しい作り話」で「高校へは進学していない」とあっさり暴露するのみならず、控室の中から病院にまでとことん密着する丹念な取材で、様々なことを明らかにしていくのであった。

つまり、小学校時代は「蝶ネクタイにスーツ」姿で高級レストランに連れていかれるようなボンボンで、「十四歳のとき、ドイツの独裁者（＝ヒトラー！）の演説シーンに憧れた」という過去に始まり、FMW旗揚げ会見の「案内状にはわざわざ『乱入あり』と思わせぶりな添え書き」があったことまで暴露開始。

なにしろ、著者は「リングの片づけもたまには手伝い、男子レスラーの額の傷を手当てしたこともある。女子レスラーに説教し泣かせてしまったこともあれば、悪役を演じる女子レスラーふたりが、口から火炎を吹き有刺鉄線をぐるぐる巻きにしたバットを振るうまでになって、よくぞ悪逆非道のかぎりを尽くせるようになったものだと褒め讃えながら、ふたりを前に泣いてしまったこともある」ほど内側に入り込んでいたのだから、その取材力たるや本当に尋常じゃないのである。

退団したフライングキッド市原に「パンディータをやるのがいやだったのか」と非常に聞きづらいことをズバリ直撃し、「違います。自分はパンディータをやることには誇りをもっていました。パンディータは自分にしかできないって思ってましたから」という名台詞を引き出したのも最高だ！

さらに、FMW荒井社長にも「小学生の頃からいじめに遭い、中学では校内暴力の嵐に巻き込まれた」という衝撃のカミングアウトまでさせてしまうのだから、もうたまらない。

「自分、もう死んだほうがいいって思ったりしたんですよ。小学生のころからいじめられっ子で、中学に入ってからはいじめられないようにいろいろと考えるわけですよ」

つまり、教師の側に立ってみたりワル側の言いなりになったりという自分の行動を恥じた荒井社長は、やがて「ボランティアサークルへの参加、身体障害者の生活訓練施設『アカシアの家』に就職、精神薄弱者の施設『ひまわり作業所』に就職」などのコク深い人生を歩み、そこでまた挫折してFMWに入ったのだそうである。以前、日本語を喋れないはずのグレート・ニタが、なぜか唐突に荒井社長を通訳にして「いじめは止めろ！」と訴えた謎が、これでようやく解けた気がするのであった。

かくも深い絆で結ばれていた2人の仲も、大々的な引退ツアーを経てすぐに復活してきた大仁田と会社側の折り合いが悪くなったことでやがて決裂。しかし「俺は欲の深い人間だよ。みんなから無視される存在にだけはなりたくないんだ」「俺が怖いのは試合だけじゃない。プロレス界からサヨナラしたあとのことが怖いんだ」といった大仁田の生々しい台詞を聞くと、長州戦後に引退したところでまた何度でも復活してきそうな気がしてならないのであった。大仁田・ノット・デッド。

『BRAIN―船木誠勝』

船木誠勝・述、〝Show〟大谷泰顕・監修／メディアワークス／1300円+税

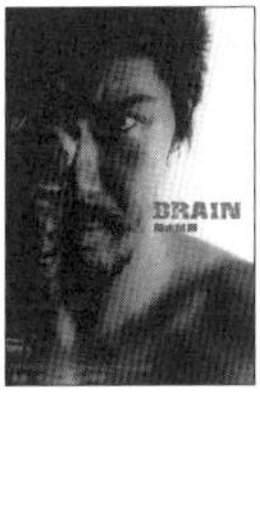

船木が「スクワット2000回やったら本を出しましょうか」という条件を出し、Show氏が3000回こなしたことで出版できることとなったという『スコラ』&『SRS-DX』再録インタビュー集（録り下ろしなし）。船木対ヒクソン戦の直前に発売されたためドーム横の山下書店では爆発的に売れたものの今後の売れ行きについては心配したくなるのだが、「100％勝つ自信がある」はずだったヒクソンに負けて船木が引退したいまになって読み直すと、いちいち矛盾が多くて逆に楽しめる傑作なのであった。

まず、94年の時点で「タレント業に進むということは考えませんか？」というShow氏の質問に、船木は「タレントは嫌いです」と即答！

それ以外にも、今年からパンクラス公式ルールがほぼ修斗同様「なんでもあり」になったというのに、かつて「今、時代は〝なんでもあり〟ですよね。でもかと言って、シューティングみたいにルールをそっちに

変更させるようなことは一切しないです、ウチは」とズバリ断言！

自分もヒクソンにバックを取られてチョークで絞め落とされてしまったというのに、「(ビガロは) ハッキリ言って練習不足だと思います。知っていれば、絶対に後ろに回られないと思いますから」と、なぜかビガロを個人攻撃！

ヒクソン戦後には「今日のは格闘技です。スポーツじゃないんですよ」と語っていたというのに、試合前の取材では「昔の闘いだったら死ぬまでやってましたけど、レフェリーストップはアリだと思うんですよ。俺はやっぱりスポーツですからね」と、えらい矛盾したことを発言。

さらに、試合後のコメントでヒクソンを「強い選手です」「40歳を超えてあそこまで集中力があるっていう人はなかなかいない」と絶賛していたというのに、「勝てると思って (VTの世界に) 入ってる人が負けた場合は、みんな口を揃えて『いや、あれはまぐれだ』って帰っていくし、『負けてもいいや』って売名で入っていく人は、『やっぱりヤツらは凄い』って言いますよね。それは人間の心理的な言葉だと思うんです。ホントに練習をして、『これだけ練習すればもういいだろう』って思って自分から技術をぶつけて、それでも潰されて帰ってくれば涙を流しますよね。心から苦しいから」とも過去には発言していたわけなのである……。だったら心から泣けよ、船木！　悔しくないのか!?　『スクール☆ウォーズ』の滝沢先生ではないが、船木に対して最も物足りなかったのは負けてサバサバしていたことに尽きるのである。

結局、この敗北は「ヒクソンに勝つには、ヒクソンにならなければいけない」「(他団体との技術交流は) なんで交流をしなきゃなんないの？って言いたいですね」などの頑なすぎる姿勢が裏目に出たということでしかないのだろう。別にヒクソンになる必要もないし、交流は大いにやるべきだとボクは思う。

それと「プロレスファンの在り方に嫌気がさした」ために引退するのもいいが、「近藤っていう人間は、アクがないですよね。だから悲しいヒーローなんですよ。ヒーローになれないヒーローなんですよ」と語る素材をエースに据えるのには無理があるとは思わないのだろうか？　本当に近藤をエースにしたいのなら、自分が近藤に敗れて引退していかなきゃ駄目なはずなのに。

そして「別に、僕は『格闘家』ではない。自分にその『自覚』はないが、どうやら周囲の人は僕のことを『ライター』だと思っているらしい」「というのも、僕は自分でも『文才がない』と思っているからだ。だから『小学生並み』だと皮肉られても、思わずそれを認めてしまう。ところがその『小学生並み』の人間が、年に何冊も単行本をプロデュースし、出版しているのもまた事実」「ただね、ひとつ疑問があるのは『あの人の書いた文章は面白い』と言われるものを読むと、それは僕が『アマチュア時代』に書いてきたものと大差ないと感じることだ。僕はそれが嫌だったから『プロ』になったのである」だのと、後書きでいつも通りにさんざんボヤき続けるShow氏にも、あえて言っておきたい。

もしライターでないのなら、一体キミは何のプロなのか？　肩書を見る限り、プロ「大衆芸術家」？　それともプロ「世迷い人」？

船木にとっての「プロレスラー」という肩書同様、それを名乗るだけの気概がないのならとっとと辞めたほうがいい。とりあえず交渉事には長けているのだから、早くそっちに専念したほうがいいと勝手にスーパーバイズさせていただく次第なのである。

いくら原稿を書いてもなかなか終わらないと思ったら、なんと普段の倍近い文字量になっていたことが発覚！　これもすべては『海人』が面白すぎるためなのであった。しょうがないから、鉄拳主義で「絶対に泣かない子供」にする船木の教育法や、シャムロックのフェイク問題については泣く泣く割愛！　もう書いちゃった『闘人烈伝』（夢枕獏編・解説／双葉社）や『格闘技・超勝負列伝』（メディアワークス）は次号掲載ということで。ついでに、各種タレコミも相変わらず受け付けている書評コーナー。〈※当時のメールアドレス〉

31

船木衝撃の名著。ヤスカクの身勝手な言い分も…

『アメリカンプロレスＴＶパーフェクトガイド』 白夜書房／1500円＋税

いきなりだが、このムックの担当編集者は『紙プロ』に入社すべく面接に挑んだらあっさり落ち、悔しさのあまり会社の下に座り込んで独り言を呟いていたかと思えば「もう一回面接して下さい！」とリベンジに挑み、それでもやっぱり落ちてしまったという恥ずかしい過去を持つ青年であった。

ところが、過去の経緯をすっかり忘れていた『紙プロ』編集部は、なぜか人手不足に陥ると彼に平気でお手伝いを頼んだりしていたのだから本当に失礼な話。そんな彼が白夜書房の契約社員となり、アメプロに対する己の熱い思いをぶつけるべくこの本の企画を立ち上げたのだから、その成り上がりっぷりにはボクも感心するばかりなのである。

ところが、なぜか借りられるはずだったＷＷＦのオフィシャル写真は一切使えなくなるし、原稿を大量に書く予定だった杉作Ｊ太郎先生は行方不明（それでも、いつも以上に長くて熱い原稿は掲載済）になるしというアクシデントが次々と勃発してしまったため、切羽詰まった担当編集者もついでに失踪！　やむなく別の編集者が後を引き継ぎ、杉作先生の代打で本誌・坂井ノブが大量に原稿執筆したら「ノブがフリーになる

「らしい」なる根拠のない噂が蔓延するという、まったくよくわからない事態に陥ってしまったのであった……。

そういうわけで正直言って本の作り自体は非常にアレながらもどうにか完成した、本書。

これまでアメプロを誌面で伝えようとすると、経営的なスケールの大きさを無闇にアピールするだけだったり、初心者向けのキャラクター紹介だけで終わってしまったり、別段面白くもない選手の素顔にスポットを当ててしまったりで、初心者の興味も惹かなければマニアも喜ばない内容になりがちだったのだが、表面的なストーリーを面白おかしくなぞるだけでも十分楽しめることにボクもいまさらながら気付いた次第である。

別にマニア受けを狙ってドラマの裏を暴かなくても、「今後は日本やアメリカのアニメや映画も参考にして、方針を劇的に変えていきます」という開き直りの成果というべき、外部の脚本家も登用したストーリーを伝えるだけの筆力（ノブが普段より明らかにのびのびと執筆し、ギャグも連発）さえあれば、どうにかなるとわかる一冊なのであった。

『船木誠勝 海人』 安田拡了／ベースボール・マガジン社／1500円+税

桜庭もハマったゲーム『シーマン』とも、ジョージ秋山先生の漫画『海人ゴンズイ』とも無関係らしい謎のフレーズ、海人。これは、そんな言葉をヤスカクがタイトルに選んだ理由だけでも巨大な奇跡を感じずにはいられない、衝撃の名著なのであった。

つまり、船木によると「小さい頃、お母さんが俺を霊感の強い人のところへ連れていったんですよ。将来、俺は船乗りになって旅をするといわれたらしいんですね」との過去があったらしいのである。

それ自体は別にどうってこともないだろうが、すっかり勢いにのって「人の敷いたレールの上に乗るのではなく、自らの道を自分で舵をとりながら航海してきた」のも「海にはレールがない」のだから当然の話だし、そもそも「魚座」だし、「母が旧姓に戻り、船のつく船木姓になった」しで、やっぱり「海人」なのだと強引に結論付けていくのだから、本当にとんでもなさすぎ。ヒクソン戦を終えたら「海に行きたい」と言い放った船木の完全脱力主義発言にしても、海人なんだからしょうがないわけなのだろう、きっと。

敬愛していた松田優作に関しても「あまりにも自分と酷似していたのである。松田優作は本名である。船木の本名は優治だ。（松田優作が優しさを作る。俺が優しさを治める。不思議だ……）」と勝手に運命を感じ取ってしまうのだからセンス抜群。それなら宮戸優光や船木勝一にも何らかの運命を感じていたのに違いないのである。

この強引なこじつけっぷりには「今年は辰年、ドラゴンの年です！」と笑顔で呑気に言い放つ藤波辰爾にも近いセンスを感じていたところ、世界の荒鷲・坂口征二もこう証言していくのであった。

「（船木は）泣き上戸でね。いつも泣いてた。俺はね、藤波二世にしようとしてたんだよ。もう、あんなやつ、出てこないだろうな」

藤波二世！　そう、最近になってようやくファンが楽しみ方を理解できるようになってきた船木の突拍子もなさすぎる発想は、過去に付き人をしていた藤波仕込みだったのである！

当時の船木が「差別されていると思った」とボヤイてばかりいたのも、藤波二世なんだからしょうがない。坂口が言うように、藤波や船木のようにピュアハートを持った中卒ファイターは今後まず出てこないこと確実なのだ。

そんな船木が「女が男に体を許すような感じで、私は拡了さんの取材をいつも受けていました」（前田流に訳すと、「俺が女だったらやらしてやってもええで！」）と衝撃告白をブチかます本書では、知られざるキラー船木（＝藤波直系の恨み節）ぶりが見事なまでに炸裂！

芸能界きっての暴走戦士だった松田優作との共通点なんて「優」の字ぐらいのものだと思っていたら、知られざる船木の暴走ぶりが今回ようやく明らかになったわけなのであった。

まずは「本当の自分を書いてほしい。万引きの話も何もかも」（でも骨法や前田との確執については書いていないから不思議）という船木の要望により、万引き話をカミングアウト。

何かと思えば、「4年生になったある日、船木は友達と万引きをした。みんなと万引きの計画を立てて、ボールペンやパンを店から盗ってきた」のだが、すぐに船木が部屋に引きこもり「友達と物を盗んだ。俺、死なねば駄目だ」と母親に告白したため事件が発覚。これは一緒に万引きした友達にしてみれば、たまったもんじゃないだろう。

この騒動も「なんで俺だけ貧乏なんだ、クソ！」という苛立ちゆえに起こしたようなのだが、とにかく船木を考える上で最も重要なのは父親に対する憎しみなのである。

プロレスラーを目指せば「クソ親父！」と心で叫びながらトレーニングに熱中し、やがてブルース・リーなどの映画にも没頭して現実逃避するが、そのくせ「電車賃がなくなったからタクシーで帰っていいか」と言い出したりと家の経済状態も考えない行動を繰り返すから、いちいち船木。

中学に入れば「教室の3階の窓から飛び下りる」という自殺願望丸出しのアクションに熱中するから、まさに田舎のブルース・リー。そんな船木は、「俺ら東京さ行ぐだ」とばかりに上京して新日入りし、そこで鈴木みのると出会うと、2人で練習を繰り返していくのであった。

「しばらくすると、鈴木がどんどん太ってきた。練習をさぼったことがないのに太ってくるというのはおかしい。船木は『アルコールか』と思った。夕方になると、ドン荒川が鈴木を飲みに誘ってくるのを知っていた。大先輩だから断れるはずがない。まもなくして鈴木が暗い顔をして帰ってきた。話を聞くと、酒を飲まなかったために荒川に殴られたらしいことがわかった」

こんなところでも、やっぱり期待通りに暗躍していたドン荒川。とりあえず酒席で飲まずに場をシラケさせるような新弟子を殴るのは、昭和のレスラーとして正しい姿勢だとボクは思う。

その後、「せっかく相棒になった鈴木を荒川に横取りされているようで嫌だった」という非常に女性的な感情で鈴木を奪い返した船木は、二代目藤波の座を捨ててUWF入りするわけである。

「船木と前田はブレーメンの街で酒を酌み交わし、前田に誘われるまま道端で連れションをした。連れションというのは不思議なものだ。男同士の友情というのが生まれてくる。その時の船木も例外ではなかった。（この人ならついていける）とその時、思った」

この、どうにも前田らしい行動に最初は船木も心を動かされたようだが、やがて骨折と失恋、そして食生活の悪さゆえというかステロイドのせいなのか必要以上にイラついて練習生を怪我させて前田に怒られたり（『ハイブリッド肉体改造法』情報）、インタビューで何を聞かれても「あなたがそうしろと言うなら、そうしますよ」と答えたり（『ストレイト』情報）するほど荒れていくのだった。失恋は大きな痛手だった。一時はこの失恋の痛手で、自殺を考えるほど落ち込んでいった。

「この時期、何もかもがうまくいかない自分が嫌になっていた」

ケタ外れの借金で自殺を考えたときも、どうせならライオンと闘って商売にしようとした猪木に比べるとあまりにもスケールが小さい理由だが、それも含めて船木らしいだろう。

そして、UWF分裂に至る会議で前田が「一人でも欠けたら解散だ！」と言った直後、「安生洋二、宮戸優光が部屋から飛び出した。そのあと居たたまれず鈴木が飛び出した。船木と富宅があとを追いかけると、鈴木は合宿所で泣きながらカツ丼を食べていた」というのも、本当に鈴木らしいのであった。どうしてまたそのタイミングでカツ丼？

なお、この「涙」というのもパンクラス勢に共通した特徴のようで、藤原組時代には高橋義生が暴走開始。酒を飲めば「いつになったらやれるんですか、俺たちのプロレス……」とシクシク泣き出し、船木が「トイレで泣いてこいよ」と言えば「はい」と「情けない声を上げて」トイレに直行。しばらく経って「高橋、まだ泣いてるのか」と船木が聞いても、やっぱり「はい」と「情けない涙声が返って」くる始末。やがてパンクラスが始動して全女の道場で練習をするようになれば、「みんなと練習できるのが嬉しくて嬉しくて……」と「シクシクと泣いていた」りで、想像を絶するピュアハートぶりなのだ。

しかし、それらの興行性重視団体を経て完全実力主義のパンクラスを旗揚げすると、ヤスカクの発言にも妙な選民思想が見え隠れするようになってしまうわけなのである。

「選手たちはみんな安い給料だったが、それでもやってこられたのはパンクラスに理想があったからだし、トップの船木が信じきれる男だったからだ。それだけをとっても、パンクラスは他人に批判されるような団体ではなかった。まるで江戸時代に弾圧を受けたキリシタンと同じだった」

どう考えてもこれは何の反論にもなっていないし、こうして被害者意識ゆえなのか自分たちをキリシタンに重ね合わせたりするから宗教的だのと揶揄されてしまう（＝これが弾圧？）のだとボクは思う。

ところが、船木の言い分のズバ抜けた破壊力の前では、そんな細かいことはどうでもよくなってくるから不思議なのである。船木、最高だよ！

たとえば不得意な打撃勝負を挑んで惨敗したルッテン戦にしても、「船木はその頃、藤原組時代に結婚していた妻とうまくいっておらず、精神的にまいっていた。生きるのがシンドイと思うようになっていて、引退まで考えていた」ためだったことが発覚。明日また生きるぞ！

ブラガ戦のときに打撃でボコられたのも、「3日後、船木の離婚調停が成立した」ためだったのだから、しようがないわけなのである。

そんな船木が引退を決意したのは、ガイ・メッツァー戦で「直前に風邪をこじらせて、体がいうことをきかなかった」ためにやむなく膠着してしまうと、「試合中、これまで浴びたことがないような野次」を飛ばされながら判定負けしたのが原因だったのだそうである。

「野次で変わりました。あそこにいた人がみんな、俺がどんなになろうとも応援してくれるのなら、ずっと現役のまま続けていける。残念ながらそうじゃない」

応援しないなら辞めてやる！

かくも無茶な論理で「ファンと握手するのも嫌がった」りするまでになった船木は、引退を決意してヒクソン戦へと動き始めるのだった。

まずはタックル特訓である。

「船木のレスリングは、高校レスリング出身の山田恵一から簡単に教えてもらった程度だったのだ。もしも船木が15歳から本格的なレスリングをやっていたなら、その基礎を武器にさらにすごいレスラーになっていたことだろう。船木が『猪木のバカやろう！』と思わず叫んだ。それは、15歳からこれを本格的にやっていれば『俺も超人になっていたかもしれない』という悔しさの表れだった」

……これは絶対に猪木のせいじゃないとボクは思うんだが、それでもパンクラスは他人に批判されるような団体じゃないのである！

さらに須藤元気とスパーリング中、「精も根も尽きたという情けない顔をして」「つい弱音を吐いてしまった」ほどスタミナ切れした須藤が、船木の打撃に「恐怖で顔をひきつらせ」「怖さから逃れたいためにやみくもに出した顔面パンチ」が船木を直撃！　流血するなり事件が起こったのだ！

「無表情でいた船木の顔が、一瞬にしてこわばった。勢いよく起き上がると、猛然と須藤に襲いかかった。『このやろう！』転がるように逃げる須藤を追いかけて、かかとで蹴りを何度も入れた。日頃は静かで、そんな船木を見たこともない須藤は震え上がった。おさまらない船木は、いつも高橋が使っている素振り用のバットを探すために血相を変えてリングを降りた。今度はバットで殴ろうとしたのだ」

この失礼な記述に対して須藤は怒り、ヤスカクは尾崎社長立ち会いの上で和解したそうだが、確かに船木のキレっぷりだけは本当に怖いとボクも思う。試合直後の「ヒクソンを日本刀で斬ろうと思いました」発言も含めて、船木はまさに「キレやすい10代」。本当の意味での「なんでもあり」なのだ。

そして、ヤスカクのキレっぷりもまたかなりのものだったりするのである。

「船木はヒクソンの裸絞めでタップをせず、死に直面した。果たしてこれほどの覚悟を持って試合をした男が過去にいただろうか。敗れたことで船木に対する批判もあるが、タップをしなかったという恐るべき現実の重みの前では、あまりにヒステリックで身勝手な言い分であることがよくわかるだろう」……？　骨を折られてもタップしなかったというなら褒めるにも値するだろうが（ワセリンを足の裏に塗ったことで勝手に骨折するのは褒めるに値しない）、もしチョークでタップしなかったことを本気で褒め称えたいのなら、ヒクソンのデータもろくにない時期にキャリア3年に満たないながらヒクソンに反則暴走させるまでに追い込んだ上、タップしなかった山本宜久のほうが褒めるのに値するはず（ヘルニア発症以降の戦績は無視）。

もう覚悟を見せる時期は終わったのだ。

これだけヒクソンのデータが蓄積された以上、結果を出さなければしょうがないし、あの試合内容で無闇に褒め称えるのはあまりにヒステリックで身勝手な言い分でしかないのである。

『CIMA』　CIMA／まんだらけ／1800円+税

カバーデザインとCGを古川益三まんだらけ社長自ら担当したという、謎のフォト＆エッセイ集。

エッセイ部分には特筆すべきことも一切ないし（というか、エッセイと呼べるほどの文量もない）、唯一シュートな感情が出ているのが「メキシコ行く前に日焼けサロンにＣＩＭＡと2人で行こうとして、『電車代浮かして自転車パチりましょう』と言ってパチった。けど警察に捕まって事情聴取でめちゃめちゃ怒られたんですよ。それをマグナムに怒られた。とにかく俺らマグナムが嫌いだったから。それで今のＣＲＡＺＹ ＭＡＸができました」というＳＵＷＡの証言ぐらいという、書評的には非常に扱いづらい一冊なのだ。

それでも版元がまんだらけだからなのか、ＣＩＭＡのコスプレ写真や徳光康之先生の描き下ろし漫画『最狂超ＣＩＭＡファン列伝』（残念ながら1Ｐのみ）が掲載されてたりもするから、マニアにしてみればたまらないはず。

ただし、CIMAの描くマンガを掲載しているのはまんだらけ的にどうなのか？　とりあえず古川益三社長は『ガロ』出身の漫画家としてどう思っているか？　ちょっとそれが気になってしょうがない今日この頃なのである。

『高校生日記』　大仁田厚／ティ・アイ・エス／1200円+税

ゴーストライターが『SPA！』誌上でさんざんボヤいていたとの噂（メールでタレコミ有）も頷ける、ちょっと深みが足りない一冊。

なにしろ「俺はたったの3日で高校を辞めていた」なる発言を載せている時点で、「それは悲しい作り話であることを私は知っている。高校へは進学していない」「高校を3日でやめたとは、コンプレックスと自尊心のギリギリのはざまで吐かれた悲しいおとぎ話である」と『愚か者の伝説』（高山文彦／講談社）でハッキリ書かれたいまとなっては、致命的なまでに説得力皆無なのだ。

さらに、なぜか大仁田を「はちきれそうな筋肉のでかい男」と表現したり、「俺は軽く腕を振り払った。すると2人の先生はコロンとその場に尻餅をついてしまった。俺、ぜんぜん力入れた覚えはないんだけどな」と告白したりで、いちいち「プロレスラーは本当は強いんです！」とばかりに屈強ぶりをアピールしていく姿勢が、個人的には引っかかりまくった次第なのである。

近頃の大仁田の凄さはそんな部分ではなく、「邪道で何が悪いんじゃあ（涙）！」というレベルからさらに一歩踏み込み、とかく強弱ばかりを語られがちなプロレス界にあって「俺は弱い＝お前らと同じなんじゃ〜っ！」という特殊なスタンスに立ったことにあるのだとボクは思う。

どんなに暑くても皮ジャン姿で「Ｏｉ！　Ｏｉ！」と叫ぶのみならず、「俺は不器用だ。才能もない。ただ真っ直ぐぶつかるだけだ」「規制規制でお前たちを縛ろうとするこの世の中をぶっ壊すつもりで暴れてみろ」といったパンクバンドにありがちなフレーズばかりをファンに対してアジテーションしていく大仁田。

技術や体力のなさを開き直り、引退（＝解散）＆復活を繰り返し、酒や煙草を嗜み、ひたすら悪態を吐き、権力に対して勝てるわけもない闘いに挑み、インパクトを残そうとする行為は、まさにパンク！「じゃあ！」という口癖にしても「ＪＡＨ」、すなわち神への愛を示すラスタな精神ゆえ飛び出した心の叫びに決まっているのだ（妄想）。

大仁田がＬＡのマイナー・パンクバンド・Ｘの楽曲『ワイルド・シング』を入場テーマに起用しているのは、決して伊達じゃない。いまさらながらバンド結成を宣言したのも、必然的な行為だったというわけなのである。大仁田・ノット・デッド！

『馬場さん、忘れません』

栃内良／椎出版／1500円+税

精神的支柱を失った馬場派の論客・栃内先生の放心ぶりがたっぷり詰め込まれた、普段よりひときわウェットな馬場追悼本。とにかく馬場崩御直後の理解しかねる行動に関する描写を読むだけで、栃内先生のズバ抜けた馬場派っぷりが嫌でも伝わってくることだろう。

「仕事などできる状態ではなかった。誰か人と話もしたくなかった。テレビも見たくなかった。新聞も読みたくなかった。僕は街に出た。特別な目的はなかった。部屋で電話の音を聞くのも嫌だった。映画館に入り10分ほどで出てきた。初めての焼き鳥屋に入り、3回もビールをこぼした。靖国通りを意味もなく行ったり来たりした。食べたくもないのにカレー屋に入り、ほとんど残して出てきた。サウナは怖かった。僕がサウナにいる時に馬場さんは死んだ。また、何か起きるかもしれない。ただ、怖かった。精神のバランスが崩れていたのだろう」

なんと馬場の死が原因で、精神崩壊！

そんなファンは、おそらく世界でも栃内先生ぐらいしか存在しないはずなのである。

その後も、飲み歩いているうちに「3軒目のバーで顔見知りの男」に「ジャイアント馬場、死んじゃって、忙しいんじゃないの。栃内ちゃんの昔の本とか売れちゃってるんじゃないの？　うらやましい」と言われれば、「うるせぇーんだよ」と怒鳴って水割りをぶっかけたりするのだから、もう完璧！　テリー伊藤が栃内派を名乗りたくなる気持ちが、ボクにも痛いほどわかるのであった。

32

前号で不可解なほどに好評だった『海人』書評。そのノーカット版公開を希望するメールが殺到したものの、今回もネタの多さゆえやむなく断念。しかし、財布の紐が固そうな名古屋在住の主婦からメールでいただいた「書評されるご本の価格を一緒に載せていただきたいのです。吉田様の評価と値段設定で損得が一目瞭然になると思われます。いかがでしょうか」との要望には応えて、今回からは税抜価格は表示させていただく次第である。こうして読者の声をできるだけ反映させていく、「カリスマAV監督」（『VOCE』より）の書評コーナー。〈※当時のメールアドレス〉

夢枕先生にしては知名度に頼りすぎたコク不足な人選

『闘人烈伝』　夢枕獏編・解説／双葉社／1200円+税

最近は『格通』掲載の「格闘技については、まったく理解できないにもかかわらず、好き勝手な発言により格闘家の皆様の精神を害した」なる格闘技方面での絶筆宣言だとしか思えない謎の詫び文で話題となった夢枕獏先生が、構想13年を経て遂に完成させた短編格闘小説＆漫画アンソロジーがこれ。

冒険小説の大家・船戸与一（祝・直木賞受賞）のプロレス短編を筆頭に、中島らも、村松友視、椎名誠、橋本治、景山民夫、今野敏、高森真士（真樹日佐夫）、大仁田厚、藤岡真、夢枕獏、安部譲二、勝目梓といった豪華メンバーが集結している以上、「はっきりここに書いておくが、これはこのぼくにしかできなかっ

たアンソロジーである」と夢枕先生が自画自賛したくなる気持ちも非常によくわかる。

しかし、小説読みではないボクがプロの漫画読みとしてあえて言わせていただくと、漫画界からはちばてつや、板垣恵介、江口寿史（しかも『ＢＯＸＥＲケン』……）の３人しか登場していないという人選にはちょっと首を傾げざるを得ないのであった。

コンタロウは？　みのもけんじは？　山松ゆうきちは？　谷村ひとしは（これは短編がないか）？　そして梶原一騎先生の原作漫画はどうしたんだ？

これは漫画評論集（ジャケは二頭身の著者！）も過去にリリースしていた夢枕先生にしては、あまりにも世間的な知名度に頼りすぎたコク不足すぎる選択であり、思わずこのボクが本書と対になるような格闘漫画アンソロジーを頼まれてもいないのに作ってさしあげたくなった次第なのである（有難迷惑）。

『格闘技・超勝負列伝』

小川功・編著／メディアワークス／1400円+税

板垣恵介、花くまゆうさく、中井祐樹、長尾迪、若林太郎、さらにはしましま魚や慈村ゆんたといったネット界の人々まで登場する、かなりストイックな姿勢で作られた格闘技本。インタビューの質問項目から何からとにかくコアな格闘技ファンという非常に狭い読者層を想定しているだけのように思えて、個人的にはちょっといただけない一冊である。
なにしろプロレス的な物事に対する嫌悪感はそこはかとなく伝わってくるものの、かつての『格闘技探検隊』のごとくプロレスファンに喧嘩を売るわけでもなければ、ＰＲＩＤＥなどの有名選手を起用して世間に向けて電波を出すわけでもない。つまり「好きな人がわかってくれればいい」という非常に閉じた世界に収まっているようにしか見えないのが、ボクには不満でならないのだ。
そんな中で明らかに異質な光を放っていたのが、極真空手初段の評論家・平岡正明先生が国籍的な側面から語る「東洋の思想家」としての大山倍達論だったのである。

まず、関東大震災下の「朝鮮人虐殺」で親戚が殺され、「ショックで母親が精神に異常をきたし」たため姉の元で育てられることになったというだけでもすでに衝撃的すぎてしょうがないのだが、話はそれだけでは終わらない。

彼が特攻隊として死に損ない、戦後の焼け野原で暴れ回ったという『空手バカ一代』でも描かれた伝説にしても、国籍を通して見れば非常にわかりやすい図式になり、単なる武勇伝がとてつもなく染みるエピソードへと変化していくのであった。

「朝鮮出身兵は戦闘機乗りになれず、整備兵にまわされた。配置された先で上官の初年兵いじめに遭う。上官がやってきて朝鮮の民族衣装をつけた妹の写真をあざけり破り捨てた。怒った彼は上官を一撃、昏倒させ、反抗罪で八ヶ月の重営倉である。夜な夜なその上官が仲間を連れてやってきて竹刀で倍達を私刑した。倍達は自ら唇を噛んで出血し、病院に担ぎこまれ、そして病院から脱走した。戦時中の脱走は重罪である。脱走兵倍達は千葉県に強制連行されてきた朝鮮人徴用工の飯場に身をひそめた。戦後まもなく彼が君津の朝鮮人職業訓練所の隊長になり、日蓮修行の地である清澄山に山篭り修行する千葉県との縁は脱走してかくまわれた徴用工集落に由来するのである」

戦闘機乗りへの憧れと、異国の血。つい前田日明を連想しそうになるところだが、本当にヘヴィすぎる。なぜマス大山が屠殺場で牛を殴り殺したのか、これでボクにもようやく理解できたのだ。

ただ、ここまで深く取材しておきながら「レスリングやボクシング相手に実戦して勝利し、空手を東アジア産の奇妙なダンス視していた西洋の国に武道は東洋思想の精華であることを認めさせFBIに採用させた」などといまとなっては非常に信憑性の薄そうな情報を鵜呑みにして書いているため、せっかくの原稿のリアリティが疑わしくなってしまったのが残念極まりないのである。

ちなみに最近入った情報によるとマス大山が渡米中、反日感情の激しい州で地元の力自慢と闘い、相手の背後から正拳突きをブチかましたという事実はとりあえず存在するらしい。

それを聞いた格闘技マスコミのほうは「やっぱりマス大山は実戦をやっていた！」と興奮したそうなのだが、ボクに言わせればこれは明らかに日系人ヒール特有の「スネーキー」な試合スタイルであり、つまりは「プロレス」だったんじゃないかと思う。

ゆえに、「実戦」などのあやふやなセールスポイントを持ち出すより、日本人に迫害された男が、グレート東郷と共にアメリカで「悪しき日本人」を演じるうちに、やがて「日本人が負けたら腹を切るよ！」と叫ぶまでになる、その生き様に光を当てるべきだとボクは思うのであった。

『20世紀プロレス格闘フィギュア大全』

プロレス格闘フィギュアの会／太田出版／2238円+税

これまで『イデオン』に『ザンボット3』、『ボトムズ』といったボクのお気に入りアニメばかりを徹底検証してきた太田出版のオタク学叢書シリーズとは到底思えない、もはやオタクを名乗ることさえおこがましい一冊。

三沢フィギュア製作ドキュメントや猪木ブロンズ像作者・村田善則先生のインタビューなどやり方次第で面白くなりそうな素材こそ多いものの、致命的なまでにコク不足なのであった。

ハッキリ言って興味深いのは、自分のフィギュアを見て「俺はこんなに細くない。もっとガッシリしている」とヒクソンがゴネたといった、キャラプロ（フィギュアメーカー）関係者の証言ぐらいのもの。未知のアイテムが『噂のチャンネル』のデストロイヤー人形程度なのは『悶絶！プロレス秘宝館』でさんざん掘り起こし尽くしたためやむを得ないのかもしれないが、せめて入手容易な新日の1500円フィギュアぐらいコンプリで並べるべきだとボクは思う。内容的には足りない物のほうが多いぐらいなのにこの強気な値段設定は、ちょっと無茶すぎるはずなのである。

なお、ボクの原稿を巻頭12ページにわたって掲載し、それでいてボクではなくなぜか山口日昇宛に送本してきたのも非常に衝撃的だったんだが、ボクへの原稿依頼だってかなりのもの。

なぜなら「吉田さんにはポピーのスーパープロレスラーシリーズ（梶原一騎認定）について原稿を書いていただきたいんですけど、初版なので金馬場入りでお願いします」（馬場人形はないので、ユージンのガチャガチャと混同しているものと思われる）だの、「ブルマアクのデストロイヤーの原稿もお願いします」（これも、同じマスクマンのミスターＸと混同していると思われる）だのと担当編集者が口にした時点で、オタク学を名乗るには学力不足だということはすでに発覚していたのであった。

『クマと闘ったヒト』 中島らも、ミスター・ヒト／メディアファクトリー／1300円+税

ピュアなＵＷＦ信者だった中島らも先生と日プロＯＢで現在お好み焼き屋マスターであるミスター・ヒトとの対談を、雑誌『ダ・ヴィンチ』連載時とは異なるロング・ヴァージョンで再構成した単行本。

「おれはＵＷＦができたときに、確かに試合を見ておもしろくないんだけど、これでやっとオレはプロレスファンだと人に言うことができると思ったね」

「おれ、ターザン（山本）好きじゃなくてね。編集長はニュースをよくわかるように伝えるのが仕事だと思うんです。でも、あの人の書いたものは、読んでて気持ちが悪いんだよね。あれはポエムです（笑）」

　そう語る中島先生がいまでは『週ゴン』すら買わなくなったのは、ＦＭＷのブリーフ・ブラザースを見て「プロレスラーがプロレスを茶化すようなことをしているようじゃもうだめだと思って、それで少し愛が冷めた（笑）」ためとのこと。ここまでピュアハートな中島先生にも、「今いちばんおもしろくて、お客の心をつかんでいるところは、ＦＭＷ。あんな上手いレスリングをする団体はないです」と言い切るヒトにもなかなか感情移入できないというのが、ボクの正直な感想なのであった。

　しかし、だ。猪木至上主義者なボクにしてみれば、カルガリーを主戦場としていたヒトの「藤波選手って、いいやつだと思われてるけど、あれほど肝っ玉が小さくて、ずるいやつはいない」「藤波みたいに人を蹴散

らかしてでも、というやつが上に行くんです」と、藤波はもとより馬場に猪木、ゴッチにロビンソンまであっさりと全面否定してみせるスチュ・ハート（カルガリーのプロモーター）至上主義ぶりが妙に新鮮でたまらないのである。

つまり、ここで褒められているのは馳やライガー、ビッグ・タイトンに南条隼人といったカルガリーな匂いのする面々ばかり（それでもカルガリー遠征を経験した川田については「顔を見たら、馬場さんの奥さんの悪口を言っている」と時節柄物騒なことまで暴露。さすが全日のボヤキング・川田である）。「キックボクサー上がりで、宙返りもするすごいレスラー」を全日と1万ドルで契約させたら4000ドルしか支払われなかったとヒトが激怒しているのも、実は長州のお笑い異種格闘技戦の相手を務めたトム・マギーのことだったりで、つくづく物事は立体的に見なければいけないと心から痛感させられた次第なのであった。

なお、注釈＆原稿チェックは連載時からボクが担当しているのだが（注釈は単行本用に全面書き直し）、本文の内容には一切関知していないので念のため。連載で「セール」などの隠語解説が出てきた時にボクは「これはさすがにマズいんじゃ……」と編集者に忠告したこともあるのだが、それでも平気で誌面に載せてしまったのは、担当編集者がプロレスを知らないからこそ生まれた奇跡だったのだ。

物騒すぎて時節柄削ることになった部分も多々あるが（馬場の人としてどうかと思うネタなど）、それでも十分に物騒極まりないのだから本当にとんでもないのである。

ちなみに最もとんでもなかったのは、原稿チェック時に気付いた「ルー・テーズに1000万円取られている」のがセッド・ジニアスではなく「テッド・デビアス」という、さすがはミリオン・ダラー・マンだと唸るしかない見事な間違いなのであった。

『防御は最大の攻撃なり!! 上巻』

竹内宏介／日本スポーツ出版社／952円+税

熱心な馬場派として知られる『ゴング』の竹内さんも、かつては「ジャイアント馬場に進言する！　いまこそ猪木を倒すべきだ」と誌上で対戦を煽ったため、「ゴングを営業妨害と名誉毀損で告訴しようと思ったんだぜ」と馬場に言われたこともあるのだそうである。

そんな竹内さんが、馬場は世間で言われているような「石橋を叩いても渡らない人」なんかではなく「ここ一番の勝負どころになると、まさに〝石橋を叩く前に飛び越えるような人〟だった」ことを経験を活かして書き上げた、この本。

一体何のことかと思えば昭和50年に全日が開催した『オープン選手権大会』には、実はかなり物騒極まりない裏側があったとのことなのであった。

「あえて〝オープン〟という名称を付けた真意は〝猪木の参加要請に応じる〟という狙いがあって付けられたものだった。さらに参加外人選手たちの選考に当たっても、ともかく〝ガチンコの強い選手〟……つまり、相手がルール無視の喧嘩ファイトを仕掛けてきても十分に対抗できるだけのシュートに強い選手たちがピックアップされた。ドン・レオ・ジョナサン、パット・オコーナー、ホースト・ホフマン、ディック・マードック、ミスター・レスリング、ヒロ・マツダ、ハーリー・レイス……この顔ぶれを見れば、レスラーとしてのネームバリューにプラスして、そうしたセメントに強い要素を持った選手たちばかりである事がよくわかる」

つまり、策士・馬場はこれらのシューターたちを連続して当てていき、リング上で生意気な猪木をシュートで潰そうと企んでいたわけなのだ！　恐るべし、キラー馬場！

さらに、猪木が「力道山の十三回忌の追善興行への出場をボイコット」すると、「この前後から猪木と新日本に対する周囲からの風当たりの強さは想像を絶するものだった。当然、その筋からのいやがらせも相次いだ」と、竹内さんは暗にヤクザ絡みの嫌がらせがあったことまで暴露するのだ！
ひたすら喧嘩を売りまくった猪木も、その挑発にこう返してみせた馬場も、揃いも揃って文句なし！
プロレスとは興行や人間関係のシュートさにスポットを当てればいくらでも語ることのできる、まだまだ底なしの魅力を秘めたジャンルなのである。

『佐藤ルミナ100%』

メディアレブ／1800円+税

100%を名乗るだけあって「当時、本当にUWFは信じていました。これで格闘技に目覚めた。悔しいことに（笑）」と語る元UWF信者のルミナ君がチンチンまで公開してくれる、マニアには嬉しい一冊。

本人の全試合解説コーナーでの「勝ち名乗りを受けた後で、佐山さんに怒られたんですよ。態度が悪いって（笑）。終わってから挨拶もしなかったら、『ルミナ、挨拶しろ！』って」という発言に佐山が掣圏道を生み出した原点を見るのは、きっとボクだけではないことだろう（しかし、ほぼ同時期に佐山と前田が挨拶の重要性を訴え始めたのは興味深い事実である。原点は小鉄イズムか？）。

そして、「国境も、人種も、宗教も、ルミナはその壁を壊していく。友人になり、アニキになる。笑顔は男たちをも夢中にさせる」といった『格通』高島学記者の手によるちょっと寒々しい文章がルミナ幻想を作る上で逆効果になっている気がするのも、おそらくボクだけではないはずなのである。

この本に掲載されたインタビューでも「自分の中で『カリスマ』とか言われて、ギャップとかありますか」と聞かれたルミナ君は「あおりすぎの雑誌はあるかな」と正直に答えているのだが、それはズバリ言って『格通』のことに他ならないのだとボクは思う。

たとえば高島記者は「時折、ファンだけでなく総合系の選手や修斗OBからも『ルミナは強い選手と闘っていない』という声が上がるが、ルミナが正真正銘この世界のトップなのだから、その指摘はあさっての方向を向いているとしか言い様がない」と本書でブチ上げてもいるのだが、むしろこの反論こそあさっての方向を向いているのではないだろうか？　以前はともかく、いまのルミナ君は決してトップではないし、ここ最近ビッグマッチ以外では強敵と闘っていないはずなのだから。

思えば『格通』でも「ロンブーとのトーク番組出演に始まり、スポーツドキュメント番組での特集や有名アイドルとのＴＶＣＭ出演の話もある。格闘家でなかったら、『格通』のスタッフなど声も掛けられぬスターではないか。プロシューターでなければ、雲の上の存在の話ではないか」だの「最近はルミナ選手が一般誌やテレビに多く出られるようになって、すっかり遠い存在になってしまったような気がします（笑）」だのと、不思議な煽り方をしてきた高島記者。

しかし、そんな浮わついた幻想にばかり頼るよりも、横山やすしのファンで将来は「お笑いの構成作家もやりたい」と語るルミナ君の実像をキッチリ伝えるべきだとボクは思うのである。

『プロレス年鑑２０００』 東京スポーツ新聞社／4762円+税

ジェシー・ヴェンチュラや藤波&三沢の社長インタビュー、ノーフィアー対談に中西&永田対談、そしてやっぱりＩＷＡ浅野社長ドキュメントも収録した今年版の東スポ年鑑。

新日の解説者でもある柴田惣一記者が「思えばレスラーが道場でバーリ・トゥードに取り組むのは当然のこと。実際、現在でも行われている。もう黙殺してはいけない。声を大にし、バーリ・トゥードにも乗り込んでいく時だ」と攻撃的な意見をブチ上げていたりと興味深い情報満載なんだが、まったく期待していなかった中西&永田対談が抜群だったので、ぜひともここで紹介してみたい。

新日マットで激しい大仁田バッシングの嵐が吹き荒れまくる中で、なぜか呑気に古き良き大仁田の思い出話に花を咲かせていく２人。

「オレは、大仁田厚と聞くとチャボ・ゲレロからNWAインター・ジュニアヘビー級選手権を奪った試合が印象深いね。あの時は、テレビを見て泣いたよ、本当に。あと、チャボ・ゲレロに血塗れにされた時も、戦慄を覚えた。いい選手だったよな〜。大仁田厚って」（中西）
「オレはヘクター・ゲレロ戦の後、リングから飛び下りてヒザを骨折した場面が忘れられない。あとは、マイティ井上さんに負けて『引退を懸けて戦います！』って再挑戦して、また負けちゃうんだ……。そして本当に引退しちゃった。あれは感動したのと同時に、ある意味、プロレスの厳しさを教えてくれた気がする」（永田）

これだけでも十分にセンス抜群だというのに、さらにこう言われたらボクはもうメロメロなのだ。
「実はオレ、ディノ・ブラボーに憧れてプロレスラーになったんや。ああ、オレもブラボーのように生きたい」（中西）
「（鈴木）健三の暴れっぷりを見ていると、一昔前の中西学を思い出すよ。この間も、先輩（中西）が恍惚とした表情で梅沢富美男の『夢芝居』を歌う中、健三と棚橋（弘至）がフルチンで踊っているのを見て、悪酔いしちゃったもん。今度、ぜひとも謎の覆面レスラー、ケンゾー・カハンシンとして試合して欲しいね」（永田）

そんな発言をあえて引き出す『東スポ』の遊び心には、つくづく共感を覚えるばかりなのである。

他にも、全日で実現していたケン・シャムロック対鶴見五郎といった幻の試合レポート集（「若々しいシャムロックと当時から汚かった鶴見」という写真のキャプションも絶妙）や、鶴見の胸のSOSマークが「これは当初、SWSと描かれていたモノだったが、SWS自体が崩壊してしまったため、窮余の策として『W』の字を『O』に付け替えたモノだった。モノを無駄にしない、生活の知恵が感じられる、マット界ちょっといい話である」と解説する用語辞典など、『東スポ』の企画センスも中西&永田ばりにまた抜群！

なにしろ、パイナップルにフェイスクラッシャーする武藤やマグナムTOKYOのフルチン写真なんかを集めた「東スポ写真部・面白写真集」という呑気なコーナーで安生の前田襲撃写真も掲載して「面白写真」扱いするのだから、さすがは『東スポ』。本物の恐い物知らずなのである。

『真実』 大仁田厚／テイ・アイ・エス／1600円＋税

本宮ひろ志先生の帯文だけでもシビレずにはいられない、大仁田の新刊。「冬木は俺をFMWから追い出そうと必死だった」「南条（隼人）が俺の顔を見て、目と目が合ったにもかかわらず、挨拶もしないでまるで俺を無視するかのような態度でそこを通り過ぎて行った」「藤波の頑固ぶりというか、バカさ加減には怒りを通り越して、あきれてしまうものがある」などのシュートな発言もあるにはあるが、長州戦への軌跡が主軸なので予想以上に淡泊な一冊である。

それでも長州戦決定を伝える電話がかかってきた瞬間について、「カーステレオからは最近、お気に入りの椎名林檎がかかっていた。たしか曲は『本能』だった気がする。いまの若者の心をつかんでいる彼女の曲はそのムキ出し加減が俺ととても相性がいいようだ」「面倒くさいと心では思いつつも、体はなぜか電話に出る方を選んでいた。これこそ『本能』ってやつなのかもしれない」と時事ネタ交じりに述懐してみせる大仁田のセンスは、これもまたさすがと言うしかないだろう。

そう、いまの大仁田の売りはこのズバ抜けた「センス」そのものなのだ。新日マット初登場時の相手が、センス皆無だと言われて久しい二代目長州力こと佐々木健介だったというのも、いま考えれば極めて好対照だったというわけなのである。

「佐々木が俺を『プロレスラーとして認めない』っていくら叫んだところで、俺はどこに行ってもプロレスラーとしか見られない。佐々木には悪いが、世間一般では俺の方がプロレスラーとして認められている」

「だいたい俺は自分で自分を『バカ』だと言っているし、『弱い』ことだって認めている。いまさらそういうありきたりの悪口で〝口撃〟されたって、痛くもかゆくもない」

ここまで大仁田に開き直られたら、もはや健介がどれだけ強さをアピールしても無駄というもの。なにしろ大仁田は「俺は新日本に人生を賭けにきているのだ。生き残った時点で、俺は負けてないと言ったっていいじゃないか?」という勝手なルールで生きているため、新日勢は大仁田を殺さなければ勝ったことにはならないという無茶な条件を突きつけられてしまったわけなのである。

さらに自分の弱さを素直に告白して「いち抜けた」状態になったことで、こんなことまで無責任に言い出すのだからとんでもなさすぎなのだ。

「考えてみてくれ。〝ストロング〟と新日本の選手は口々に言うが、いま、まさに格闘技界が沸騰している中、なぜあんたらはプロレス界にとどまらず、格闘技界に進出しないのか。全日本プロレスには理がある。なぜか?　受け身を主体とすること、これこそがプロレスの王道なのだ。相手の技を受けて、どこまで耐えられるか。それを極めてこそ、プロレスといえるのではないか。いま、まさにファンまでをも奪われようという現実に、なぜ新日本プロレスは闘いを挑もうとしないのか、俺にはわからない」

こうして新日に対して試合の勝敗以外の部分でのみ勝負を仕掛けた大仁田のやり方は予想以上に巧妙であり、そして効果的なのである。

33

雑誌『TVチョップ』(エンターブレイン)の連載企画「男気万字固め」で取材させていただいたガッツ石松兄ィのマネージャー、金澤氏からたったいま電話有り。いきなり「原稿を読んだけど、感動しました! あなたはかなりのガッツ石松マニアみたいだし、ウチの大将のお墨付きでもあるから、一緒にガッツ伝の最高峰を作りましょう!」と言われちゃいました。答えはもちろん、「よし、やろう!」。そんなガッツ信者がお送りする、「ダイ・ウィズ・ガッツ」な書評コーナー。〈※当時のメールアドレス〉

新日クーデター&ジャパンプロ内部を克明に描いた便利な資料

『昭和プロレス維新』 小佐野景浩/日本スポーツ出版社/952円+税

新日クーデター&ジャパンプロレス内の具体的な金の動きや細かい派閥の問題まで克明に描いた便利な資料であり、今号掲載の永源インタビューを読み解く上でも非常に役立つサブテキスト。

ジャパンの大塚直樹社長が、トム・マギー(単なる重量挙げ選手)との世紀の凡戦に続く「長州の異種格闘技路線としてカナダ・プロフットボールのフレッド・ウォルツィー、WWFの『レッスルマニア1』でホーガンとタッグを組んだミスターTをリストアップ」していたことなど衝撃情報も多々あるが、重要なのはもちろん藤波!

かつて新間寿が名著『プロレス仕掛人は死なず』(84年/みき書房)で「藤波辰巳らの魔の手」「山本小鉄を担いだのが彼らの失敗だ」とブチ上げたように、ここでもクーデターの悪役として描かれている2人というか、ぶっちゃけた話で言えば藤波エピソードが面白くてしょうがないのである。

もともと、大塚直樹が新日を辞めようとして山本小鉄に相談したところ、なぜかそれが気が付くと新団体設立構想となり、そこに永源が賛同したのが発端だったという新日クーデター。

そこでキーポイントになってくるのがよりによって藤波なのだから、もうたまらなすぎるのだ。「（新団体を）スタートするかしないかは藤波次第というところまで話は進んだ。つまり、藤波をエースとした新団体構想が出来上がったのだ。その後、役員人事は社長＝山本、副社長＝藤波、専務＝永源、大塚とし、新団体は『ワールド・プロレスリング』として59年3月に独立という計画は練られた」

どうですか、この完璧な布陣！　それでも井上義啓さんが「藤波だけが猪木を裏切らなかった！」と言い続け、著書『オレが天下を取る』（85年／ワニブックス）で「自分の城を放棄してなぜ他団体に移らねばならないのか!!」と吠えた藤波が、新日という大事な自分の城を捨てるわけがない。

ところがビックリ。「山本取締役から新団体構想を打ち明けられた藤波は二つ返事でOKした」とのことなのであった……。

「藤波も新日本の収益が合法的に『アントン・ハイセル』に流出していることにかねてから疑問と危機感を持っていたのだ。また『ハイセル』のために愛妻の実家から千万単位の金を何度も借り入れ協力もしていたし、この年の契約更改ではノーギャラアップだったこともあり、我慢の限界に達していたのだろう」

疑問と危機感を持っていた割にはちょっと金銭的に協力しすぎという気もするんだが、だったらなぜ藤波は初期『Ｎｕｍｂｅｒ』誌上で「クーデターに参加した奴等はゴキブリだ！」などととんでもないことを吠えたりしたのだろうか？

結局、クーデターが「営業＆経理派、タイガー派、出向役員派、本来は大塚氏と一心同体であるはずなのに各派と接触を持つ山本取締役、藤波という複雑な絡みの中で決行」された結果、藤波がコンニャク（ＢＹ永源）だったばかりにクーデターが失敗し、そのことを関係者に叩かれまくった藤波が女房の手前、逆ギレしたとしかボクには思えないのであった。

その後、藤波にはジャパンプロレス移籍の噂が流れたこともあったが、大塚氏によれば「実際には、一度も誘ったことはありませんでした。なぜなら藤波さんは自分一人で決められる立場ではありませんでしたから……」とのことなので、どうも当時からかおり夫人の許可がなければ立場的に身動き取れなかったらしい彼氏。

つくづく「藤波について考えることは喜びである」と声を大にして言いたくなる次第なのだが、そのうち長州率いる維新軍団があえて藤波をターゲットにして革命をブチ上げた理由もクレバーなボクにはボンヤリとわかってきた。

そう、マサ斎藤が「本当に強い奴がトップを取らなければ、日本のプロレスは駄目になる」と主張して、長州も「俺たちは俺たちの考えているプロレスをやりたい。それは実力で勝負するプロレスです」と「実力主義」をしつこいぐらいに口にしたのは、猪木に続いてトップに立つはずだった藤波を「あいつは俺たちよりも弱い！」と暗に告発していたのに違いないのである。

『いちばん強いのは誰だ』

山本小鉄／講談社／780円+税

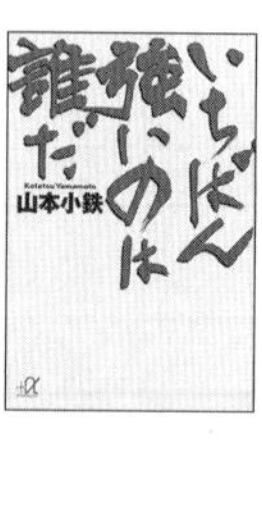

3年前にリリースした時点で「髙田や船木に喧嘩試合はやらせたくない」「このままいけば、あと3年で小川には誰も勝てなくなる」と予言していた鬼軍曹・山本小鉄の名著が、遂に文庫化。

それに合わせて「馬場さんと試合させられる三沢や川田が可哀想だ」「船木がルッテンに打ち合いで勝てるわけがない」「頭半分抜けている橋本、いちばん伸びる可能性のある健介」などの項目が消え去り、代わりに「本当はPRIDEで藤田のセコンドにつきたかった」(「実は、ある人を通じて、藤田のセコンドについてくれという要請があった」とのこと)「今だからこそ語る〝橋本VS小川〟の全て」「小川の真価は中西戦で見える」などの書き下ろし原稿が追加されたので、たとえ前のバージョンを持っていても男なら買うべき一冊だとボクは思う。いや、本当に。

なにしろ、いきなり「断言するが、格闘技でないプロレスなど学生プロレスの遊びと同じだ。強さを追求しない奴はプロレスラーじゃない」とブチ上げて、小鉄はこう断言するのだ。

「僕からすれば、藤田や桜庭クラスなら、そうそう簡単に負けないことはわかっている。それよりも、ろくにトレーニングも積んでいないような二流、三流プロレスラーをぶっ潰して、プロレス界に衝撃を与えてくれた選手たちに感謝したい。ダメな奴はダメ、強い奴は強いという当たり前のことを思い出させてくれて、アルティメットよ、PRIDEよ、ありがとうという感じだ」

それ以外にも、迷わず全面支持できる発言ばかりが追加収録されているわけなのである。

「現在はプロレスのスタイルも当時とは変わってきて、総合格闘技と呼ばれるような〝外敵〟にも立ち向かわなくてはいけない。ファンの目が、どんどん厳しくなっていることを、レスラー全員が自覚するべきだ」

「やっぱり高田、船木は汚いことができなかったなと。特に船木は、ヒクソンを転がして上になるというチャンスをつかみながら勝てなかったのは、精神面の弱さが原因だ。一撃で眼底骨折までさせたのに、なぜ〝殺す〟ことができなかったのか」

まあ、確かに「僕もヒクソンの試合のビデオを観たりすると、〝ちくしょう、30年前だったらオレがやってやるのに〟と血が騒ぐ。ああいう闘いは昔から大好きだからね」という発言も含めて、自分が引退しているからこその無責任な言いっ放しという気がしないでもないが、そんなのは面白ければ問題なし！

かつて全日に向けられていた牙が、「日本で『エンターテインメントプロレス』なんてほざいてる奴もいるが、しょせんはマニアックな狭い世界でしか通用しない」「大仁田はタレントがプロレスをやっているのであって、もはや本業が逆転している」とFMW方面に向けられるようになったのも、面白いからOKなのだ。そのタレントを新日マットに上げたことについてどう思っているのかも、ぜひ知りたいものなんだが。

それと、もうひとつ。この文庫版で抜群に面白いのは、状況が変化したため微妙に文章を書き直している部分を見比べることなのであった。

たとえば、「レスラーの中でも、そういうセオリー破りみたいな試合が好きな奴は、他流試合に自分から望んで出ていく。プロとして名前を売るには絶好の機会だからね。今の新日本で言えば、気質的には、橋本や武藤、健介、それに石沢常光や永田裕志も、この種の闘いを好むタイプだ」という文章の代表例が、この文庫版では「永田や中西、石沢常光（ケンドー・カシン）」に変更。

タックルが下手な選手の代表例も、やっぱり山本宜久&高山善廣から橋本へと変更。

蝶野&橋本の写真に付けられたキャプションにしても「武藤にSTFを仕掛ける蝶野」「現時点で仮想実力日本一の橋本真也」から、「昔のような技のキレが見られない蝶野」「なまくらになってしまった橋本」に容赦なく変更。

そして「新日本以外で仮想実力日本一の最短距離にあるのは髙田だろう」という文章も、「やっぱり小川が『日本最強』に、いちばん近い場所にいる男だと思う」に変更。

パンクラスを批判して「橋本VS小川の（最初の）二連戦は、本物のプロレスを見せてくれた試合だった。あの緊張感と迫力こそが、ストロングスタイルの真髄だと思ったね」と新日を持ち上げた文章も、「正直に言えば、今の新日本だって僕の考える怖くて強いプロレスとは違うよ。残念なのは、猪木さんの時代から受け継いできた『強さ』へのこだわりを、しっかり継承していくべき選手の一人だった橋本が、途中でなまくらになってしまったことだ」に変更。

全日は実戦の練習をやっていないという批判にも、やっぱり「しかし、これは、当時の全日本の選手だけではなく、パフォーマンスにこだわりすぎる一部の新日本の選手や、他のインディー団体の選手も含めて指摘したい」という文章を追加し、「僕は特に秋山準という選手に注目している。今すぐにでも中西や永田とやらせてみたい」という説得力のあるオチで文章を締める。

こうして平成の新日もキッチリ批判していくから、ボクにも共感できることこの上ないのであった。

なお、3年前の予言のうち最も当たりすぎていてボクが怖くなったのは冒頭の発言ではなく、「藤波自身は、『無我』は趣味でいいと言うかもしれない。しかし、『無我』に入門した若い選手はどうなる。責任を持って育てて一人前にするのは大変なことだ。もし適当なところで放り出したら、インディーが犯しているレスラー乱造の過ちを新日本の幹部が同じように犯すことになる」という非常に正しい指摘だったのだが、さすがにカットされてしまったのが個人的には残念でならない。

その代わり、今回は藤波に何と指摘しているのかと言えば、「かつての馬場さんが言っていた『生涯現役』を、最近、藤波も口にしているようだが、とんでもないことだ」とのこと。

どうやら新日クーデター失敗以降、この2人はシュートで仲が悪い様子なのである。

『週刊プロレス・スペシャル2 劇的引退&復活伝説』

ベースボール・マガジン社／762円+税

それにしても、TVというか単なる構成作家（おちまさと）がブチ上げた『小川に負けたら即引退スペシャル』によって引っ込みがつかなくなり引退に追い込まれ、同じ構成作家が作るスポーツ・バラエティ番組の千羽鶴企画で復帰させられることとなった橋本は本当に不幸だとボクは思う。

橋本が愛車のボンネットに「小川」と落書きされたのは最初の対戦で負けた直後の出来事だったのに、それをあえて意図的に時間軸をズラし、1・4事変で小川に破壊された後の出来事だったように報道してきたのも問題あるだろうし。

そう、いまの新日には問題ありなのだ！

というわけで、これは橋本復活に合わせてリリースされた『週プロ』増刊の第2弾。業界の内側にいるため無難な発言しかできない選手や、外側にいすぎて現状を知らないOBばかりが登場するこの本の中でもズバ抜けて光っていたのが、意外なことに「同じことを思っている選手はいっぱいいると思いますよ。ただ、現役だから言えないだけで」という立ち位置で容赦なく新日に牙を剝いてみせる『スナック・カンちゃん』（近々歌舞伎町に移転予定とのこと）のマスター、キラー・カンだったのである。

カンちゃんは分裂騒動に巻き込まれて引退することとなったというジャパン最大の被害者（アニマル浜口と新倉史祐も引退したが、後に復帰）ゆえなのか、かつてのリーダー・長州に対する毒舌ぶりはまさにキラーの一言！

「もし（ジャパンが）ダメになったらみんなで辞めようとまで誓い合ったのに、あの頃のアタマの長州とかが（新日本に）戻ったというのを聞いてね、なんだか男らしくないなあと思った」

「あっちに転がりこっちに転がりしてると、そのたびに金が動くでしょ。みんな戻って金をポケットに入れて『フザケるな！』と思いましたよ。自分の会社を見捨てて金を出す方に転がるなんて、フザケるなと」

そんな調子で当時の長州を批判するのはまだわからないでもないが、現在の長州も容赦なく断罪してみせるからカンちゃんは本当にキラーなのだ。

「俺は長州にいいたいんだけど、三流四流のレスラーに踊らされて戻ってきたら、あなたも三流四流になっちゃうよと。俺はこれで長州の見方変えますよ。『三流になりましたね』っていいたいですよ。そんな人間をジャパンプロレスの社長にしてたのかと思うと、ガックリきますよ」

長州は三流！　それじゃあ一流は誰なのかと思えば、「あの人、強いですよねえ。立派なもんですよ。カッコイイですよ。魅力ありますよね。笑顔もいいし（ニコニコ）」と、同じモンゴリアンチョップ仲間の桜庭を褒め称えるのだから、ズバリ言って文句なし！　断じてボクもカンちゃん全面支持なのである。

『東京アンダーワールド』 ロバート・ホワイティング・著、松井みどり・訳／角川書店／1900円+税

著書『菊とバット』などで知られるロバート・ホワイティングが、六本木のピザ屋『ニコラス』の店主であり「東京のマフィアボス」と呼ばれたニコラ・ザペッティの人生を緻密な取材の上で描いた衝撃のドキュメントがこれ。

一見プロレスとは無関係だと思うかもしれないが、著者はもともとリキ・マンション在住で上の部屋から

「馬場がバック転の練習をする音がときどき聞こえてきた」（後ろ受け身のことか?・）と不思議なコメントを残すような男であり、主役のザペッティも元プロレスラー。

そして、木村政彦の国際プロレス団が招聘した「ネブラスカの野牛」ことゴージャス・マックの宝石泥棒事件を計画したため、共犯で逮捕されているほどの男なのである！

当然、その事件についてもゴージャス・マックがホテルで宝石を奪った直後にロビーでサインに応じていたなどの呑気なエピソードも含めてキッチリ描かれているんだが、そんなことよりも「プロレスとは何か?・」と考えさせられる裏ネタの数々がいちいち本当に衝撃的すぎなのだ。

なにしろ、当時のザペッティは身長173センチ、体重100キロのジュニアヘビー級で「海軍時代に四種類のホールドを習った程度」のレスリング歴しか持たなかったというのに、1試合500ドル（当時の平均的サラリーマンの年収以上）の契約でプロレス・デビュー。

同じ海兵隊員で「プロレスについてはほとんど何の知識もない」のみならず「不法入国」で多額の「借金」があり、「鬱病」で「日本の若い男にも目がない」というとんでもない男、ジョン・マックファーランド三世に至っては、身長190センチというガタイだけでスターとなり「ゴージャス・マック」と呼ばれるようになったというのだから、「ゴージャス」を名乗って強盗するなよと思わず突っ込みたくなる気持ちでいっぱいなのである。

こんな素人たちがどうやってプロレス仕事をこなしていったのかと思えば、答えは簡単。

「興行主はザペッティとマックファーランドに、トランクスと100ドル札の詰まった封筒と、3つの基本ルールを記したリストを手渡した、①30分から40分は、リング上でねばること。②スポーツと勘違いしないこと。自分は役者だと思え。③勝とう、などとは間違っても考えるな」

「試合には、シナリオがちゃんと用意され、本番前にリハーサルまで行われていたのだ。アメリカ人レスラーたちは、喜んで協力した。あとでたっぷり報われるからだ」

つまり、そういうことだったのである。

なお、『ニコラス』にピザを食いに来たペッパー・マーチン（渡米中の猪木と組んでタッグ王座に就いた元フットボーラー）も、引退したザペッティにこう告白していたのだという。

「ダンスの振り付けなみに、すべて決まってるのさ。ここでフォールして、あそこでフォールしろ。これをやれ、あれをやれってな具合に。試合全体のシナリオができていて、ファンを喜ばせるキックもたっぷり盛り込まれてる。デカいアメリカ人が、最後にはリキの空手チョップで大の字にのびる、という筋書だ。その代償に、1試合につき800ドルが闇ドルで転がり込んでくる。ビールはたらふく飲めるし、女の子には事欠かない。お前も復帰したらどうだ」

かくもエゲツない活字『レスリング・ウィズ・シャドウズ』と表現したくなる仁義なき内幕暴露ぶりが、本当にスリリングなのだ。

さらに怖い者知らずにも、力道山のかなりブラックな人脈もズバリ追及。

「力道山が新たに手に入れた東京のペントハウスが、韓国や自民党の高官、児玉（誉士夫・右翼の大物）、町井（久之・東声会会長）、さらにはKCIAの幹部などの、極秘の会合場所として利用されはじめるのは、このころからだ。そして会合の締めくくりには、みんなで六本木にくりだして、ピザを頰ばった」

「力道山を『日本甦生のシンボルであり、保守、右翼の宣伝マン』ととらえた児玉は、このプロレスラーに湯水のように金をつぎ込んだ。東京における試合のセッティングや、営業許可の申請、警備体制の確保などは、もっぱら東声会の連中にまかせ、児玉自身は、夕刊紙『東京スポーツ』を買収して、みずから経営者におさまり、プロレスの〝バイブル〟へと仕立て上げた。言うまでもなく、共産主義を打破するためには、愛国心が欠かせないからだ」

こうした黒い交際によって、力道山邸で「映画スターやビジネス界の重鎮、自民党議員、東京の暴力団幹部。さらには警視庁の上層部」というメンバーたちによる一口最低10万円のオイチョカブが行われ、力道山門下生がショットガン片手にガードマンやウェイターを務めていただのと『プロレス・アンダーワールド』な光景まで描いていくから、ロバート・ホワイティング恐るべし。

そんな力道山も、六本木で酔っ払い「いきなりズボンのチャックを下ろして、マスターベーションを始め」たりの暴走はしても、友人には優しかったとザペッティは証言するのであった。

つまり、ニコラス・ピザをメニューに加えた商売敵がいるとザペッティから聞けば「嵐を起こしに行こうぜ」と男らしく立ち上がり、ライバル店で「猛烈な喧嘩ごっこ」をスタート。相手を殴ると見せかけてお互いにウェイターをブン殴り、椅子をブン投げ、ピアノを破壊していたりしたのだそうである。リアル嵐を呼ぶ男！　うん、確かにいい奴だ！

「力道山はいい奴だったよ。いったん知り合いになると、本当にいい奴なんだ。世界一いい友だちさ。何だってやってくれる。ただ、酒が入ると人が変わる。とんでもないクソッタレになっちまう。もちろん問題は、しらふのときがほとんどないことさ」

そう証言したザペッティも、泥酔した力道山が女子をボコボコにする様を目撃すると元レスラーなだけあってステゴロ勝負を決意（未遂）。彼が「力道山との試合を少しも恐れていなかった」理由は、「最近のリキはやけに衰えが目立っている。リング上でもさっぱり生彩がないのに結局は勝っている。彼の試合は大半が八百長だからだ」とのことで、その後はボクシングやプロ野球、相撲の八百長問題にも言及していくのであった。

なお、こんなエゲツない内容ながらマーチン・スコセッシの手による映画化も決定したとのことなのだが、力道山は一体誰が演じるのか？　できれば長州力や前田日明であってほしいとボクは心から願うばかりなのである。

34

各方面から大量にバッシングが寄せられているShow氏監修の『猪木語録―闘魂伝書世紀末篇』（メディアワークス）や、元猪木秘書・沢野慎太郎氏からのみバッシングが寄せられている柳沢忠之氏（『SRS-DX』発行人）構成の『猪木詩集「馬鹿になれ」』（角川書店）については次号で紹介予定。「A．M．1：30頃、佐山聡とPの尾崎社長が旭川の街を一緒に歩いていた。佐山は余裕で100キロを超えているのがわかるジャージ姿でした」（abecchi君より）などのタレコミもまだ受け付けている書評コーナー。〈※当時のメールアドレス〉

髙田夫人の壮絶なカミングアウト

『おしゃべりなからだたち―向井亜紀式交友録』 向井亜紀／双葉社／1300円+税

髙田夫人・向井亜紀が芸能人の身体のパーツにまつわるエピソードのみならず、ついでに「マルコ・ファスさんの前腕」「桜庭和志さんの心臓」「髙田延彦のアドレナリン」も紹介してくれる一冊。

当然、髙田のことを「勝っても負けても〝チャンピオン〟と呼んで」いる赤井英和や、試合会場で「握り拳をブルブル震わせ、殺気すら漂う形相」のまま「うちのダンナを汗ダラダラ状態で応援」していたという草野仁、パーティーで偶然隣り合わせた髙田と「瞬間湯沸かし器的に意気投合。目撃談によると、2人して怒濤の勢いで酌み交わしていたかと思ったら、最後は髙田がキーさんの膝枕で眠ってしまった」というキーさんこと吉川晃司など、髙田にまつわるちょっといい話も大量に収録するのみならず、「サク（桜庭和志）は後輩たちと飲むためにサラ金に借金までこさえていた」なる情報まで出ているのだから、マニアとしてはたまらないエピソードだらけ。

そして、それ以上に重要なのが思わずヒクソン対髙田戦直後の前田日明ばりに「髙田（亜紀・本名）は壊れてたんや！」と言いたくなってしまう、彼女の壮絶なカミングアウトなのであった。

「やっぱ髙田と結婚するんやな。おめでと。でも、スポーツマンのところへ嫁ぐいうことは、覚悟せなあかんで。ええか、いっつもヘラヘラした妻でおれよ。ダンナが勝って帰ってきても負けて帰ってきても、同じヘラヘラで迎えることや。勝った時、〝うわぁ、やったね〟って、派手に祝ってしもうたら、負けた時、なーんも声をかけられへん。〝あら、今日、試合だったんだっけ?〟って、たとえ、それまで泣いてても、ヘラヘラ言う。それが一番いい妻なんやからな」

島田紳助にそうアドバイスされても、いざ結婚すれば「今、連絡があってサ、髙田、負けたんだって、試合。……どうしよう。私、東京へ帰りたくなってきちゃった……」と思いっきりうろえたまくっていた彼女。

友人の竹内郁子に「そんなこと言ったら絶対ダメ! 亜紀ちゃんだけは普通にしとかな。ね、しっかりしなくていいから、頑張らなくていいから」と言われてなんとか髙田の元には戻ったそうだが、彼女は桜庭とは違ってヘラヘラできない体質だったのだろう。

なにしろ、25歳でペットの死を原因とする自律神経失調症になってしまった彼女は、「吹き出物が顔中にマジで200個以上でき、なかなか治らなかった」ほどに「肌がボッロボロ」となり、髪の毛も「脳天部分が丸く束になって白」くなってしまうという状態に突入。それがさらに「29歳の時、両親に結婚を反対されて倍増」し、やがて「ダンナの試合の度にチョコチョコと円形脱毛症が出現しては消え……」というほどになってしまったらしいのだから、とんでもない話なのである。

こうして「考えることは暗く堂々巡りというひどい状態」になった彼女を見かねた石井苗子が「亜紀と私は同じ控室にしてちょうだいね」とスタッフに頼み、「亜紀はいいコ。ちゃんとみんなを幸せにしてるよ」と言いながら「紫色のセクシー・ランジェリー姿でギュッと抱きしめてくれた」という誤解を受けかねない告白も、抜群すぎ!

髙田があまり試合をしなくなったのも、彼女の健康のためには結果的に良かったわけなのだろうが、ボブチャンチン戦決定により彼女の円形脱毛症も再発必至。どうする、どうなる、彼女の頭髪！

なお、そんな衝撃情報の詰まったこの本の中で最も個人的に衝撃的だったのが、「今月下旬に、宮澤正明、黒田征太郎、長友啓典の3氏セッションによる高田の写真集&絵本が出版される」という一文なのであった。何それ？

『ケロの世紀末プロレス必笑作戦』

田中秀和／三一書房／1238円+税

冒頭でケロちゃんが「この『旅日記シリーズ』の主役といえば、橋本真也。その橋本は、1999年はほとんどお休み。巡業も出ていません。橋本以外の選手で、毎日ネタがあるのかってことですが、果たしてどうなったか」と書いているように、このシリーズの中でもズバ抜けて盛り上がりの少ない一冊。
めぼしい話題といえば、ブライアン・ジョンストンが巡業にギター持参しているだの大谷がAVの通販トラブルに巻き込まれただのという他愛もないことぐらいで、あとは人の名前を間違えまくったり解説席で泥酔したりするマサ斎藤（G1をジーアイと呼ぶ男）や、『なすび』の影響で『ケガをしない舞』を控室で躍りまくる安田忠夫など、『紙プロ』好きのする昭和な男たちが面白いだけでしかない。
そのため、後書きでケロちゃんが「いかがでしたか。以前より、少しソフトになった感じ、しましたか。やはり、爆笑王、橋本がいないと、こうなってしまうんでしょうか。早く帰ってこいよ、この『旅日記』のために……」とボヤくのも非常に頷ける次第であり、ほとんど興行には参加してないながらも体育館に太鼓があるだけで全員に「今日は叩くなよ！」と言われ続け、「みんな同じことを言うなぁー。でも、やっぱりこれをやらせなきゃ」と『いなかっぺ大将』のテーマを打ち鳴らす橋本が最大限のインパクトを残しているようでは、長州主導の新日はハッキリ言ってノー・フューチャーでしかないのである。
そんな状況でただ一人光り輝いていたのが、いきなり表紙にも抜擢された藤田和之だった。

何が凄いって、控室で先輩たちに誕生日を祝われれば「パンツをはく前、つまり下半身モロ出しの中、ローソクの火を消し」てみせ、バスに乗れば堂々と一番前の席に座って発車と同時に爆睡。その巨大なイビキで長州を激怒させる藤田は、まさに大物としか言い様がないはずだろう。

「藤田！　お前、前に座ってもいい。いいが、寝るんだったら後ろに座れ。いいか、寝るんだったら後ろに座れ、いいな。何だ、何か文句があるか！　わかったな」

ここまで長州に説教されようとも、当の長州が新幹線で帰ろうものなら藤田は「やったー」と大声で叫んで、一番前の長州の席を堂々と奪取！

長州の右腕である越中に「藤田、てめー、寝るんじゃないだろうなぁ。寝るんだったら後ろに行け！」と怒鳴られても、藤田は動じることなく「いいじゃないですか。大丈夫ですよ、一番前ですから。声は前に行きますから」と豪語して、大音響のイビキをバス中に響かせてみせたというのだ！

デビュー前に道場で見たときからすでにふてぶてしさの塊だった藤田だが、どうもその姿勢だけは相変わらずの様子。しかし、その藤田すらも既に離脱してしまったのだから、長州主導の新日に語るべきことはもはやほとんどなさそうなのである……。

『三沢さん、なぜノアだったのか、わかりましたー。』

中田潤／BABジャパン出版局／1400円+税

純プロレスと格闘技の間に立たされた中田潤先生が「プロレスからレスリングのムーブがなくなったのはなぜなのか」を追い求めていくという、著者の揺れる思いがビンビンに伝わってくるこの本。雑誌『BRUTUS』のルー・テーズ会見記や『プロレスの達人』の原稿なんかをノンストップ三沢ミックスというべきスタイルで編集しているため新たな発見は少ないんだが、一気に読ませる技量はさすがだと唸らされる一冊である。

そもそも秋山準に「もっとレスリングの動きを取り入れなければ」などといまさら指摘されるまでもなく、

プロレスとは元来レスリングの動きが必要不可欠なはずの代物だった。

「馬場さんが立ち上がるために背中を見せた瞬間、（ジャック・）ブリスコの地を這うようなロータックルが飛んできた。立ち上がった馬場さんの表情に緊張が走り、明らかに腰が引けているのがわかった」

「馬場さんが脳天唐竹割りを繰り出しても（ビル・）ロビンソンはそれをことごとくディフェンスしてしまう。一瞬でも隙を作ると、ロビンソンが片足タックルで飛び込んでくる」

あのジャイアント馬場でさえ、かくも「シューティングを超えたプロレス」と言うべきレスリングに根付いた攻防を繰り広げていたのだから、もちろんジャンボ鶴田に関しては言うまでもないだろう。

「若きジャンボ鶴田は、相手がビル・ロビンソンであろうが、ラッシャー木村であろうが、アブドーラ・ザ・ブッチャーであろうが、常に両足タックルから試合を組み立てていた。タックルで崩し、素早い体重移動でバックを取り、関節技、打撃技に移行する」

それが、いつしか三沢に言わせると「内向的で保守的で予定調和的な全日本プロレス」へと試合スタイルも含めて移行してしまったのだから、全日から離れたことで「自由」をテーマにアマレスの動きを取り込もうとしているノアの方向性は断じて正しいし、ボクも全面支持できるわけなのだ。

一時期、思慮に欠けるプロレス批判で無駄に敵を増やした太田章に対しても、「太田さんには『スパーリングをやろうよ』と声をかけたことがあります。俺はいつでもいいですよ。俺は太田さんとアマレスをやります。じゃあ太田さん、プロレスやりますか?」と言い切ってみせたという三沢。

そこには誰もが幻想を感じることだろうが、やっぱり三沢が語る川田エピソードのほうにこそボクは巨大な幻想を感じずにはいられないのである。

「部に入ってきたとき、川田はなんにも喋らないやつでね。暗いやつだなあ、と思いましたね。寮に入っても周りと馴染まないやつで、よく先輩に殴られてた。喋らないのに一言多いやつなんですよ。『〇〇先輩、練習そんなにやってないのに強いっスねえ』とか言っちゃうの（笑）。後輩にそう言われたら、やっぱ殴るしかないでしょう」

これ自体は足利工大付属高校レスリング部時代の有名なエピソードかもしれないが、さらに三沢対川田が壮絶な試合になった理由をあっさりとこう語ってみせるのだから、もうたまらない。

「川田は、中途半端にやると中途半端なことを言い出すやつだから。『この次やったら絶対、負けない』とかね。それまで、積もり積もったものもあったんですよ。お前、ちゃんとやれよ、みたいな試合ばっかり川田はやっていましたからね。試合中に気に入らないことがあると、ふてくされてパートナーがやられていてもタッチしなかったり。俺と小橋と川田で組んでタッグマッチやってたとき、何が気に入らないのか試合を投げ出して怒って帰っちゃったこともありましたね。小橋がフォールにいって、俺しょうがないから外人2人ガーッと抱えてね、やっとのことでスリーカウント（笑）」

あのふてくされた表情がギミックでも何でもなくて、単なる地だったのであろうことがようやく徐々にわかってきた彼氏。新日との対抗戦では「積もり積もったもの」がないため普通にスイングする試合になってしまったようだが、できれば川田には独自のボヤキ節でレスラー間のヒートを買ってから試合して欲しいと心から望むばかりなのである。

『船出―三沢光晴自伝』

三沢光晴／光文社／1200円+税

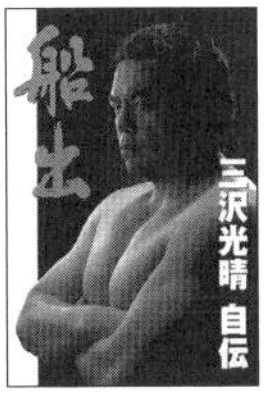

もはや演歌の7インチにしか見えないジャケが「凄いねプロレス」と思わせる、三沢名義としては初の著書。文字が大きく、あからさまに聞き書きでしかない内容はかなり薄味なのでマニアには正直言ってお薦めできないが、値段相応なので問題なし！

なにしろ「馬場さんには命を預けられるけど、オーナー（元子）は違う」と三沢が何度もアピールしていた真意がなんとなく推測できる、「馬場さんは、いろんな意味で本当に男の気持ちを考えてくれる人だったんですよ」という馬場の男気エピソードの数々が本当にシビレるわけなのである。

まずは某写真週刊誌でもすでにバラされた事実なのだが、三沢がデビューするなり馬場はポケットマネーを渡して「これで越中と一緒に（風俗）行ってこい」と男らしく言い放ち、おかげで三沢は晴れて風俗デビュー（ちなみに「越中さんは好きでしたよねえ」とのことで、一緒に行くために「風俗代を前借りさせられた」こともあるらしい）。

さらに「デキちゃった結婚」することを馬場に報告したら「その女でええのか？」と単刀直入にズバリ聞いてきたというのだから、「言葉が判別しずらいでしょ」というハンデを超えて三沢が心を開いていったのも当然の話。同時に、三沢が元子夫人に心を閉ざしたのも当然の話なのである。

そして高校時代の「夜這い」写真を公開したり、「俺、奥手は奥手だったと思いますよ。中1まで、子供がどうやってできるか知らなかったもん。センズリも知らなかったし」と聞いてもいないことを告白したりするのは予想通りとしても、前田日明にも通じる鉄拳主義ぶりを赤裸々に告白し始めるのが、予想外ゆえ非常に興味深いのだ。

つまり、息子がデパートで理不尽なおねだりをしようものなら、『『ふざけんな、このヤロー』って、パーンと張りますね。デパートの通路だと、3メートルぐらい吹っ飛んでいきますよ」というほどの体罰を容赦なく敢行！　続いて「子供って2〜3分後は笑ってますよね。まるで川田みたい（笑）」とのことで、あくまでも明るいノリで川田への鉄拳制裁も告白していくのであった。

まずは高校時代、後輩の川田に後がまを任せて階級を上げられるはずが、川田が弱かったためやむなく70キロ級で続けることとなり、減量に苦しんだことから始まったらしい両者の確執。

「川田は階級を落とされたことでブーブー言うし。『お前がもっと強けりゃ2人とも減量しなくてすむだろう』ってね。アイツその頃から一言多いんですよね。試合が終わって疲れてるのに、『三沢さん、強いっスねえ。あんまり練習しないのに』なんて言うから、ボコボコに殴りつけてましたよ。これはイジメじゃなくてシツケですから（笑）」

こうして「あんまり練習しない」先輩が実は三沢だったと発覚したところで、三沢は壮絶な川田のシツケも告白していくわけなのである。

「冬木さん、川田とは仲良くなかったんですよ。あれは俺がいけなかったのかなあ。川田は俺の1年後に合宿所に入ってきたでしょ。俺は高校のときから知ってるから、入門当初から容赦ないわけですよ。アイツがまた余計な憎まれ口を叩くから、思い切りぶっ飛ばして、うずくまっているところに階段の上から膝蹴りを入れたり。冬木さんはびっくりして見てるんですよ。『普通、そこまでやんねーだろ』って。あれで冬木さんもそう思っちゃったのかも。ただ、川田はいくらやられてもケロッとしてるんですけどね」

当然、リング外でここまでハードヒットな痛みの伝わる戦いを繰り広げていたのだから、リング上のプロレスが激しくなるのも当たり前。

「小橋にはどんな技でも思い切りできるんだけど、川田は受けが上手い方じゃないんで、考えながらやらなきゃいけない。結局、打撃系なら思い切りやってもそれほどの怪我はしないだろうと、そうなっちゃう。だから、意外に俺と川田の試合は非情に見えるんですよね。それは俺が川田を信用していないから、そうなるんですよ」

信用がないからこそ名勝負が誕生する！　日本流の純プロレスがエンターテイメントや格闘技に勝てるのは、こういう生々しい部分しかないとボクは心から確信した次第なのである。

『プロレスラーの「？」』　プロレスマスコミ精鋭チーム／東邦出版／1333円＋税

桜庭本『ぼく。』のヒットで勢いづく東邦出版がリリースした、美麗なジャケが目を引く本書。しかし、実は藤原らしき似顔絵がジャケを飾った『実はこうだった!!―プロレス・格闘技あの謎が解けた』の続編だったりするのだから、あまり期待しないほうがいいだろう。

なにしろ、著者は「プロレスマスコミ精鋭チーム」を名乗っておきながらプロレスマスコミでも精鋭でもないため、「安生によって流れた藤田のリングス移籍」「船木戦実現へ（小川が）パンクラスに直談判!!」など、一度は表沙汰になっているネタを大仰に書くばかりなのだから正直いただけないし、全ての団体を全方位で褒めちぎるスタイルに説得力はほとんどありゃしないのだ。

あと、「（猪木は）自ら社長を務めた東京プロレスから古巣・日本プロレスに復帰した67年2月以降、新日本プロレスの放送が夕方枠に移行する88年4月まで、ゴールデンタイムに実に21年間も毎週連続登場していたのだ」など、初期新日にテレビ放映がなかったという当たり前の事実すら見逃していたりと（日プロ放映終了〜新日放送開始の間に極真ジムも参加した『ワールド・キックボクシング』中継もあったらしい）、詰めの甘さが目立つこともキッチリ指摘しておきたい次第なのである。

『格闘魂』 アントニオ猪木責任編集／角川書店／838円+税

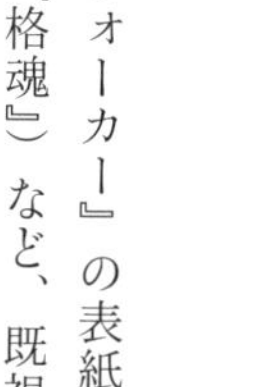

どこかで見たような写真（というか『メンズウォーカー』の表紙）、どこかで見たようなタイトル（というか小学館の格闘技ムック『格魂』）など、既視感だらけでフックの弱いジャケの本書。ぶっちゃけた話が『ＳＲＳ-ＤＸ』が手掛けた『メンズウォーカー』格闘技特集号のネタも大量に流用した休刊記念ムックみたいなものなので、Ｓｈｏｗ氏とカタブツ君が大活躍しているという実に強烈な代物である。

そのためか絵面&話題性重視な対談の数々（エンセン対桜庭あつこ、佐竹対デヴィ夫人、船木対石井聰互など）はハッキリ言って内容的には全滅であり、面白いと思えるのは桜庭対豊永の同門対決ぐらいのもの。「ホイス戦では足4の字固めって必殺技にはならなかったんですか?」「自分、ＫＯＮＩＳＨＩＫＩだったら勝てると思うんですよ。あと、末期の頃のジャイアント馬場さん」などとつまらないことばかり言い続ける不肖・宮嶋対桜庭対談のように、世間への擦り寄り方がいちいち裏目に出たマッチメイクばかりなのであった。

巻頭の村松友視対アントニオ猪木対談も、村松さんが木村政彦の「朝鮮人」発言をスクープしているぐら

いでちょっとイマイチなんだが、さすがは猪木。「キラー猪木の独り言」とでもいうべきとんでもない告白を淡々と始めて圧倒的なインパクトを残すから、やっぱりレベルが違いすぎるのだ。

「俺が夜遊びをしたというか、たまたま六本木あたりをチャラチャラと遊んでて。それで酔っ払って帰っていったらね、ケンカしたわけじゃないんだけど、俺は家に帰るとすぐにパンツ一丁になるから、ズボンを脱ごうとしてよろけたんですよ。そうして女房の目を突っついちゃった。で、コンタクトをはめてたんで目に傷がついちゃった。そこにワケのわかんない菌が住み着いちゃったというか。で、日本とアメリカで有名な医者にかかったんだけど、わかんないんですよ、とにかく原因がね」

そんな明らかに猪木を原因とする無意識の眼潰しゆえ、女房が「失明しちゃうんじゃないか」という状態になったらしいのである！　凄え！

「俺はこれまで3人、目ぇやっちゃったじゃないですか。だからこれが怨念というか、それが因果応報で回ってきてるのかなあと思って。（アクラム・）ペールワンとパク・ソンナンと、アメリカの修行時代に1人いるんですよ。だから一回、ペールワンとパク・ソンナンの墓参りをしてこなきゃいけないかなと思ったりしてるんです」

あくまでも淡々とこう語っていく猪木。やっぱり、この手の巨大なドラマを背負っているようなプロレスラーに、ちょっとやそっとで勝てるわけがない。そういう意味で「やるよお、俺は。事件史じゃなくて名を残すから」と語る前田日明は猪木イズム最狂・最後の継承者だったはずなのだが、リング外での「また暴れる」的な暴走行為の噂を聞くにつれ、猪木というより力道山イズムの隔世遺伝だったのだと痛感させられる次第なのであった。

なお、他に重要な企画といえば、ＰＲＩＤＥの過激な仕掛人・百瀬博教の力道山コレクション（ちなみに、マニア注目の『力道山を刺した男』村田勝志インタビューはイマイチ）。そして、ボクが参加＆スーパーバイズした元『週プロ』編集長・ターザン山本対現『週ゴン』編集長・ＧＫ金沢（ウィズ山口日昇）という、確実に川田対健介よりも注目に値する世紀の対決だと断言して間違いないだろう。

まるで古き良きNWA王者のごとくノラリクラリとしたファイトを続けるターザンに容赦なくシュートを仕掛け、「活字プロレスっていうのが僕、嫌いでね！　何が嫌いかって言ったら、『活字プロレス』と『プロ格』。『なんだよ、それ！』っていうね」「あと『密航』！　なぁ〜にが密航だ、ふざけんじゃねえよ」と、豪快に吠えまくるGK。

この頂上対決は言うまでもなくGKの圧勝であり、読めば必ず誰もが「ワーク活字の第一人者、GK恐るべし！」と思い知らされるはずなので、ボクはぜひとも皆様にオススメしたいのである。なあ、金沢！

35

キャバクラ雑誌の連載でメールアドレスを公開しているためか、面識もないキャバクラ嬢からメール有り。「源氏名の名字を付けて貰いたいんですが、お願いできますか？『智美』に合うやつをお願いします！」とのことだったので、上品な雰囲気の「流」という名字を付けてあげたら非常に喜んでくれました。これで赤坂のキャバクラに流智美出現！　それ以外にも、近頃は原田久仁信先生からのメールや、読者からの「アステカは福岡でちっとも有名ではありません」などのタレコミが殺到している書評コーナー。実はシュート活字なジェシー・ヴェンチュラ自伝は次号で紹介！〈※当時のメールアドレス〉

暴行疑惑から修斗協会との確執まで告白。最初から最後まで男！

『リアルファイト×リアルトーク』　エンセン井上、滝田よしひろ／メディアワークス／1400円+税

旅や自然が得意分野で、普段は『地球の歩き方』などの「ガイドブックを執筆」している「格闘技は初心者に近い」著者が、PRIDE参戦後を中心にしてマーク・ケアー戦をクライマックスに描くというタイミングの悪い構成で描いてしまった一冊。

まあ、格闘家になる前の記述に現在の暴走戦士・エンセンが誕生するに至る要素が隠されたりもしているので、そこだけでもとりあえず必見だろう。

たとえば、高校時代に「サイコ（＝狂人）」と呼ばれていたエンセンは、昭和のプロレスラーが人前で大酒を飲んだり大喰いしたりコップを齧ったりして殊更に人間離れした凄味をアピールしてきたように、かなり自己演出していたのだという。

「いつの間にか、自分でもそのイメージをキープしなくちゃと思うようになっていた。ケンカを売るのが嫌なこともあった。少し怖いと思うこともあった。でも、『サイコ』のイメージがあるから、みんなが期待しているから、やりたくなくても、当たり前のようにやらなきゃいけない。そんな無言のプレッシャーを感じていた部分もあった」

これがエンセンから格闘家らしからぬ「プロフェッショナルさ」を感じられるようになった原点であり、だからこそラケットボールの選手時代にもこんな試合をしていたわけなのだろう。

「ゲームを楽しませるショーマンシップみたいなものがプロには必要。観客は、常に勝ち続ける強い選手だけを見ているわけじゃない。負けてもギャラリーが満足できる試合ができれば人気が出て、その選手の試合をみんな観に行く」

そこまでわかっているのなら、なぜ本書のクライマックスであるケアー戦で猪木対アリ状態になったときエンセンはやられる覚悟で立ちにいけなかったのだろうかとも思ったりするんだが、そんなことは本書未収録のボブチャンチン戦で大和魂（＝特攻精神）をたっぷり見せつけられたいまとなっては問題なし！

そして、噂では聞いていた記者への暴行疑惑と修斗協会との確執についてもキッチリと告白してみせるのだから、さすがはエンセン。最初から最後まで男なのである。

まずは、「レスリング協会の理事であり、山本（美憂）選手を小さい頃から知っていた」新聞記者が、一部で美憂とエンセンとの関係が噂になっていたため「『いまならふたりが一緒にいる写真を撮れる』と、あるスポーツ新聞の記者が話している。一緒にいない方がいいよ」と親切に忠告したときのことだ。

賢い野蛮人のエンセンは冷静に「誰がそのことを言っているのですか」と聞き出そうとするが、「マスコミにもルールがある。それを言うことはできない」と言われたため、つい暴走。「トイレで記者を壁に押し付けながら」「誰だか言え!」と問い詰めたため、これが問題になってしまったのだそうである。

「処分については、修斗側でもいくつか意見が分かれた。その人は、相手側が厳しい処分を出さなければ告訴すると言っている、と会議の席で話した」

つまり、修斗の某フロントがそう言ったためエンセンのベルト剝奪やら大宮ジムの一時興行停止やらという厳しい処分が下されたわけなのだが、後から当の新聞記者に事情を聞いてみると話が全然違ったというのであった。

「そこまでは言ってません。処分を出すか出さないかは、修斗協会の判断に任せていました。自分が望んだのは、しっかりした対応できちんと謝ってほしかった」

この行き違いは「エンセンが他団体の選手たちと練習したり、プライドなどで活躍するようになっていたことを、修斗側で面白くないと感じていた」フロント(おそらく東大卒)が生じさせたものとのことで、彼がやがて修斗から離れていったのはある意味では必然だったのかもしれないのである。

『猪木詩集「馬鹿になれ」』 アントニオ猪木/角川書店/1500円+税

原宿界隈に出没する326というか相田320(藤波社長や田村潔司、山本宜久もお気に入り)モドキでしかないインチキ詩人どもに強制的にでも読ませてやりたくなる、異常にパワフルなポエムを多数収録した珍品。

「不安だらけの/人生だから/ちょっと足を止めて/自然に語りかけてみる/『元気ですかーっ!』」

「どうってことねえよ!/俺の魂が革命の雄叫びを上げた/幸せ気分でコモエスタ!」

そんな同じアゴ詩人・326の人生応援ポエム以上に元気が出てくること確実なポエムのみならず、「そうか／もう十歳になるのか／俺のガキ」「『男なら』／毒をも承知で飲む勇気」といった非常識なポエムや、「隣の席の／笑い声がはじける／それを肴に／グラスを傾ければ／俺の駄洒落もピッチが進む」「いつまでも拗ねていないで／心の扉を開いておくれ／冷蔵庫の納豆／食べちゃってごめんね」といったキュートなポエムまで収録したりで、思わず馬鹿になりそうなたまらない内容なのだ。

「大きな写真でかつぎ上げ／櫓太鼓ではやしたて／派手な衣装で身を包み／デッカイ活字が肩を張る／『東京スポーツ』ってそんなもんだろ？／誰かが誰かにもの言った／『そんな言いぐさいいのかよ……』／ばかやろうっ！／『東スポ』だけは許されるんだ／そんな人を食った態度が／俺は好き」

なぜか『東スポ』をこんなポエムで表現したりもする猪木のほうがよっぽど「人を食った態度」であり、もちろんボクも大好きなのである。幸せ気分でコモエスターッ！

『猪木語録―闘魂伝書世紀末篇』

アントニオ猪木・述、"Show"大谷泰顕・監修／メディアワークス／1500円+税

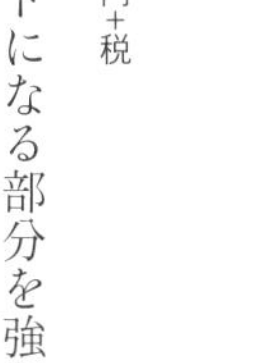

ろくなテーマも持たせず、ろくに編集（キーワードになる部分を強調したり、それぞれにコメントを付けたりなど）もしないまま、ただ引退後の会見とコメントと発表済みのインタビュー（しかも雑誌掲載のものならともかく、ここ2〜3年に出したムックからも完全再録……）を時間軸に沿ってダラダラと考えもなく並べただけという、あまりにもお手軽すぎる一冊。監修者が単行本を大量に出したい気持ちはわからないでもないが、せめてプロならもうちょっと内容的なクオリティを高めていただきたいものなのである。

たとえばモハメド・アリが引退試合に来場したことについて、猪木は試合後の会見で「本当にありがたい」とコメントしているのだが、北朝鮮の興行にアリが同行したときにも「アリには非常にありがとう」と言っ

てたり、アリを語るときにはいつでも「ありがちな話ですが」と前置きを置いたりすることからもわかるように、これらはすべて駄洒落でしかないのだから「アリがたい」と表記しなければならないはずなのだ。でしょ?

それでも巻末の山口日昇&柳沢忠之という旧『紙プロ』のトップ対談は本当に抜群なので、そこだけでも全読者必見。『SRS-DX』の対談では自分が言いたいことをターザンに言わせるように試合を作りつつ自分は常に一歩引いている社長（柳沢忠之）が、ここでは前面に出ざるを得なくなって大量に喋っているため、普段の対談以上に深い話（「集団主義」と「孤立」をキーワードにした力道山、長州、前田の在日コリアン論など）になっているのであった。

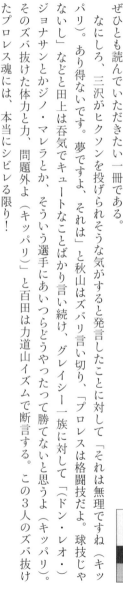

『THIS IS NOAH!』

長谷川博一／アミューズブックス／2000円

ネットに「読んだ方は中身について教えて下さい」との書き込みが多々あったりと、カレンダー付きのビニ本ゆえ中身が確認できず躊躇している人も多いと思われる、この本。秋山&田上&百田のロングインタビューをボクが手掛けているので、『紙プロ』読者の皆様にはぜひとも読んでいただきたい一冊である。

なにしろ、三沢がヒクソンを投げられそうな気がすると発言したことに対して「それは無理ですね（キッパリ）。あり得ないです。夢ですよ、それは」と秋山はズバリ言い切り、「プロレスは格闘技だよ。球技じゃないし」などと田上は呑気でキュートなことばかり言い続け、グレイシー一族に対して「（ドン・レオ・）ジョナサンとかジノ・マレラとか、そういう選手にあいつらどうやったって勝てないと思うよ（キッパリ）。そのズバ抜けた体力と力、問題外よ（キッパリ）」と百田は力道山イズムで断言する。この3人のズバ抜けたプロレス魂には、本当にシビレる限り！

しかも「ダメ、三沢クンのせいで馬場さんが死んだんだから」という衝撃の元子発言や分裂に至る経緯のみならず、「元子さんからされた理不尽な行いなんて、そりゃあ数えればいくらでもあるでしょう」とのことで仲田龍リングアナが悪行三昧ぶりをいくつかバラしていたり、三沢が「ウチは新日本という団体とやりたいとは思ってない。向こうのフロントの連中、好きじゃないから」とシュート発言をかましていたり、ジョニー・スミスが「こんなに大きいのは初めてだ！　見たことがない！」と志賀の股間を見て驚いたことも暴露していたりと、暴露ネタだって値段相応に収録済だから最高なのだ。

なお、三沢が「ノー・プロブレム。それはノバ」という前田と同じセンスのギャグを事前に飛ばしているだけあって、髙阪&前田のコメントも収録されているのでリングス好きも必見。いつものように「新団体旗揚げっていうのは本当に大変だよ（しみじみと）。三沢君の場合は抱えている選手が多いでしょ。もう給料のことだけでも大変だよ。そういう苦労はよくわかる（キッパリ）！　まあ、一番いいのは1人で旗揚げすることだけど、それは俺以外はハッキリ言って不可能だと思うね（笑）」と自画自賛を始める前田日明と三沢社長のエロ社長対談を、いつか実現させたいものなのである。

『First Step 船木誠勝』 佐々木健／サンクチュアリ出版／1200円+税

史上最悪の猪木本『猪木イズム』や元チーム0の軌保本などで知られる宗教チックで不快な出版社・サンクチュアリ出版が、これまた宗教色溢れるジャケの船木本をリリース！

冒頭から「人間には信じられる何かが必要だ」とのことで、著者がいつ何時でも「船木を信じた」というフレーズを連発しまくり、「船木のすべてを信じたわけではもちろん、ない。『どうして？』と思うことも多かった。そんな時はとにかく船木を信じて時を待つ、僕にとってはそれがすべてだった」などと偏愛ぶりをいきなり告白していくから、つくづく船木はファンに恵まれていないと痛感させられた次第なのである。

とはいえ、船木の天然っぷりが伝わる発言も予想以上に隠れているので個人的には文句なし！

たとえば海外遠征で「マサ斎藤などが外国で暴れたときと同じ田吾作スタイル」で暴れてから帰国した頃のことを、なぜか船木は「自分を知っている人は船木はだいぶ変わったと思ったんじゃないですか。飲みに行ってもまず人に注ぐ、注がれたりということをしなくなりました。そういったことも含めて自分の力で生きていくということですね」と語ってみせるのであった……。

果たして手酌で飲むことが自立の証明なのか？

そしてUWF時代にやりたいことができなかったという葛藤については、この調子である。

「積極的に自分が動いて、『こんなことを俺は思ってるんだ』というのを周りに伝えないと、誰もわかってくれない。だま〜って座ってても、他人はわかんないんですね」

そんなもの、他人がわかるはずもないのである。

さらに、「今は日本全体が休みが必要な時期だと思います。このまま行ったら、いつか新宿がニューヨークになってしまう日が来るんじゃないですか」だの、「『僕は船木です』と言っても誰もタダで飯は食わしてくれないですからね。やっぱりお金を払わないと」だのといった常人にはちょっと理解不能な発言で、ハイブリッドな不思議ちゃんっぷりを発揮しまくる船木。

挙げ句の果てにはヒクソン戦をこう振り返っていくのだから、完璧すぎなのである。

「俺が呑み込みすぎた、余裕コキすぎたかなっていうのもありましたよね（苦笑）。そのまま絞り上げたらある程度すごい展開になってたろうなと感じたんですけれども、高橋に『今何分？』って聞いたら『まだ休んで、休んで』と言われたんで、『ああ、絞めたらいけない時間なんだ』と思って」

こうして船木がヒクソンを余裕で呑み込んだと告白し、高橋義生がイズマイウに勝ったことを「日本人初のグレイシー柔術超え」と著者が言い切ったりする様を見ているうちに、なんだかボクも不思議とパンクラスを信じたくなってきたのであった（嘘）。

『魂のラリアット』

スタン・ハンセン／双葉社／1600円+税

ハンセンの「ブレーキの壊れたダンプカー」ばりにパワフルなムーブが山本小鉄の言うように「近眼だから」完成したわけではなく、「ラリアットは絶対にフィニッシュにしか使わないこと、そしてブッチャー、シンの2人に対抗する為に、試合が開始してからラリアットに至る迄を、動いて動いて動きまくること……このふたつを常に念頭に置くように心がけた」とのことで、あくまでも計算尽くだったことがわかる、よくできた一冊。

なぜかミスター・レスリング1号（ティム・ウッズ）が素人の挑戦者に指を食いちぎられた事件やストロング小林の男好き疑惑についてハンセンが言及しているため、どうやら流智美ゴーストライター説も一部で囁かれている様子である。

まあ、「（ビル・）ワットはレスラーとしては扱いづらい相手、試合が下手な〝プア・ワーカー〟として有名だった」だのといった調子で、「アングル」や「オーバーする（getting over）」、そして「ヒート」などの隠語を当たり前のように文中で多用していくから、さすが我らの流智美（勝手に断定）。マニアにはたまらない仕上がりなのだ。

「（ドリー・ファンク・）シニアがバックランドをサーキットさせてやった理由はただ一つ、バックランドが〝マークス（marks）〟を相手に出来る実力者だったことに尽きる。〝マークス〟というのはプロレス界の隠語の一つであるが、試合場で飛び入り出場を好んでやる、賞金稼ぎが目当ての無鉄砲な若者のことをいう。これを迎え撃つには確固たるアマレスの基本がないと話にならない。なぜならマークスの多くはアマレスでいい所までいった奴らだったからである。ファンク・シニアも若い頃は好んでマークスをリング上で徹底的にいじめまくる血気盛んな存在だった」

そんな隠語交じりのアマレス＆ガチンコ話も流智美イズム丸出しでいいんだが、やがて全日のカウント2・

9プロレスにも通じる試合の「やり方」まであっさりバラしてみせるから、本当に衝撃的。

「〝フォールス・フィニッシュ（false finish）〟と呼ばれる攻防で、これは相手をカバーしながらもカウント3ギリギリで肩を上げてフォールを防ぎ、観客の緊張を20分、30分と持続させていく試合の運び方のことだ。これを上手にやるとなると、レフェリーを巻き込まねばならぬ。いくら上手にフォールス・フィニッシュを繰り返しても、レフェリーが機敏にカウントの体勢に入ってくれない限り成立しないからである」

ここまで開けっ広げなことを描写できたのは、選手が大量離脱した全日が四天王プロレスから「痛みの伝わるプロレス」へとシフトしていったからなのだろう、きっと。

それ以外にも、ディック・スレーターが日本で干された理由を「テリー譲りの鼻っ柱の強さは時として致命的であり、一度全日プロのリングで長州力の顔面にナックル・パンチのストレートを叩き込んで長州の怒りを買い、結局はこれがスレーター最後の全日本プロレスの来日となってしまった」と暴露したり、「プロモーターは俺達のエネミー（敵）でしかない。奴等の言葉は嘘だらけで、俺達をダブルクロスしてばかりではないか……。これからは俺がプロモーターをダブルクロスしてやる」と息巻いていたブロディが「最後は試合でワットを完全にダブルクロスし、この時の復讐を遂げている」ことを暴露したりと、どうやらハンセンは原稿方面でもブレーキがかなり壊れている模様。

そのため試合の裏側をギリギリのレベルでバラすのみならず、ダンプガイらしくレスラー&関係者の裏側まで次々と暴露していくのであった。

「プロレス界の隠語で〝ストゥージ（stooge）〟というのがあるので、この際知ってもらおう。こいつらは、あることないこと周囲の人間に吹き込むことによって、自分に利益をもたらそうとする人種のことだ。オフィスで働いている人間がそうであるケースが多いが、レスラーがストゥージであるケースも多い（そのケースが一番厄介なのだが）」

このストゥージ（ちなみに直訳すると「馬鹿」）の代表格として、ハンセンは猪木の右腕だった過激な仕掛人・新間寿の名を挙げている。

なぜなら「新間はいわゆる〝ストゥージ〟の一人であったに違いないが、それにしてもここまで権限と権力を持ったストゥージというのを見たことがない」とのことで、ハンセンの全日移籍を止めるために「パラオにある〝イノキ・アイランド〟を君に譲渡することも考えている」というとんでもない餌まで持ち出していたことまで発覚！

実はその後、イノキ・アイランドが「シンマ・アイランド」になっていたことから考えても、一時期の新間がストゥージとして恐ろしいほどの権限と権力を持っていたことだけは間違いないのである。

それに比べてハンセンは、「リング上で善玉を演じるレスラーは、往々にしてエゴイスティックな性格が実生活にも及んできて、周りでこびへつらう関係者や、ファンを利用して少しでも利益を享受しようとしてしまう傾向にある」が「ヒールは善人でないとつとまらない」などと、暗にヒールであり続けた自分の善人っぷりもアピール開始。

確かにデビュー2戦目で先輩レスラーにイタズラされたためとはいえ、ヘルニアのレスラーにボディスラムを連発してしまったことをいまも心から後悔している様子だから、ハンセンはかなりの善人なのだろう。

「観客不在のこんなイタズラをして許されていいものか?……と、私はこの仕打ちを一生忘れまいと誓った。ボディスラムを連発して腰痛を悪化させてしまったことが、私には一番心残りだった。事前にそのことを知っていれば、私は絶対にスラムを仕掛けなかっただろう。同業者を故意に怪我させるような技は決してトライしてはならぬ。それはデビュー戦にテリーやシニアから口を酸っぱくして忠告されたことだった」

相手に怪我をさせるようなレスラーは一流ではない。それは非常に正しいが、後にハンセンはボディスラムの失敗でブルーノ・サンマルチノに大怪我をさせたり、その再戦で「試合後にマクマホンから聞いた話では、この試合で7人のショック死が出てしまった」りしているから、もはや反省しているのかどうかサッパリわからないのであった。

なにしろボディスラム絡みのこんなエゲツない暴露までしてみせるから、その勢いたるやまさにブレーキの壊れっぱなしなダンプカーなのである。

「ボディスラム、でいつも思い出すのがストロング小林のことだ。彼は体が非常に硬く、ラリアット以外の技は仕掛けにくい相手だったが、なぜかボディスラムだけは容易に掛けさせてくれた。小林はボディスラムで持ち上げられると、右手で相手の急所を握るクセがあった。小林は腰が悪かったから、投げられる時のショックを少しでも和らげようとしていたのだろうが、股間をつかまれると確かに力が入らないもので、その意味では小林のテクニックは理にかなって？　いた」

こうして暗にストロング小林をゲイだと匂わせてみせる悪質な記述は、流智美ならではというべきか。なお、日本人選手の強さに対する記述も非常に興味深くて、猪木を「〝強い！〟と思ったことは一度もないが、とにかく試合運びが巧妙で、終わってみたらピンフォールを奪われている」と称したかと思えば、「これに対して、常に〝強い〟という印象を持ったのは坂口だ」「試合がおわってホテルへ戻ったあと、肉体的な強さ、疲れを感じたことはシリーズで2度、3度あったが、その夜の相手は決まって坂口だった」と、いまも最強論が囁かれているビッグ・サカを大絶賛！

新日では坂口、全日では「鶴田との試合は疲れる。足が地に張り付いたようで、持ち上げるのに一苦労だ。その点、馬場が相手だと楽だ」（ブロディ・談）とのことで、鶴田最強論をブチ上げてみせるのだった。それにはボクも同感である。

そんな坂口も鶴田もリングから去ってしまった現在、昭和のレスラーの強さを世間に見せつけるべくハンセンは現役を続けてきたのに違いない。

「〝ハンセン・スタイル〟のプロレスリングを見せられるうちは、絶対に引退などするつもりはない。ステロイドを使わないプロレスラーのボディ、そしてカーディオバスキュラー・システム（心肺機能）が、いかに長持ちするものであるか、もう少し今のファンに認識させてやりたい」

そんな「自分のプロレス人生に一つの区切りをつけ、まだまだ現役を続けていく意志をより強固なものにするためにも、この本を残しておくことにする」との思いでコクのある自伝をリリースした直後に突然の引退が決定してしまったのだから、つくづく人生とは皮肉なもの。

それでも、下手に新日の後ろ髪が長い選手たちと絡むラリアット伝承マッチなんかが組まれる前に引退できたのは、もしかしたら幸運だったのかもしれないのである。

36

大阪の女性パンクラス・ファンから、こんな手紙が届きました。「ゴーゴーは期待賞を取ったんだよ。もう新聞で読んだかなあ、昨年の智恵子大将の発表。プロレスラーや格闘家が多い中で、週刊プロレスの安田拡了さんと鈴木健さんと吉田豪さんが期待賞を受賞しました。おめでとう、ビバビバ！　去年も忙しかったなあ。智恵子教を立ち上げてからは時間が経つのが早いわあ」……ということで、21世紀も期待度の高い書評コーナー。なお、次号で紹介する真樹先生の『すてごろ懺悔』は本当に傑作なので、全男子必見！　船木の『明日また生きろ。』も最高だ！〈※当時のメールアドレス〉

北斗の親馬鹿ならぬ馬鹿親ぶりに衝撃

『格闘技がみたい！──WINNERS DEAD OR ALIVE vol.1』　新潮社／900円+税

しかし、どうして対世間を視野に入れた格闘技本を作ろうとすると、ルールや選手データや技術論ばかりの単なるガイド本になってしまうのだろうか？　こうして素人が読んでも好き者が読んでも面白くない本ばかり量産していたら、せっかく形になりかけた格闘技ブームを自滅させるだけでしかないはず。GK金沢が「時勢に便乗して、次々と単発の格闘技雑誌が発行される。内容は……底が浅い。プロレスファンなら見向きもしないような企画で溢れている」とズバリ

言い切ったのも、非常に正しいと思うのである。

そもそも対世間を考えて有名人との対談を組むというわかりやすい企画にしても、佐藤ルミナ対三國シェフ、宇野薫対Jリーガーなんかを読む限りではお互いの光を消し合っているだけでしかないし、小川直也などの単独インタビューにしたって深みは皆無。

どうせなら新潮社にしか絶対できない、『フォーカス』の歴代格闘技スキャンダル記事の再録といった物騒な企画でもやって欲しかった次第なのだ。

とはいえ、雑誌『コマネチ！』の版元だからこそ実現した桜庭対ビートたけしの巻頭対談だけは、予想通りの面白さ。スパーリングしかやらない桜庭を「私生活で練習する横山やすし」と比較するたけしもいいが、「死の恐怖っていうのはあんまりないの？」「宗教に興味なんか持ったことない？」といった事故で死にかけた経験から出てくるたけしの質問にも「ないですね」とあっさり受け流し、「苦しいときの神頼みは全然しないの？」との問いには「お腹苦しいときとかはありましたけど。10年くらい前かな、『お母ちゃん、助けて！』って言ったことはあります」と答えていく桜庭は、深みはないながらもやっぱり絶妙なキャラなのである。


『コラッ！健之介』 北斗晶／主婦と生活社／1300円+税

我が子へと無闇に牙を剥いてみせる喧嘩腰なタイトルとは違い、「ケンカになると、健之介は弱い。すぐ泣いて逃げてくる。女の子にさえかなわないんだから、マイッタもんだヨ。だけど、そういうときだけ『ママ〜』って言ってくれるから可愛いんだけどね」という北斗の親馬鹿ぶりがたっぷり詰まった、この本。
強烈なジャケ＆「おいおい、オレのイメージが壊れるよ！」（健介）という呑気な帯のダブルインパクトに負けてボクもついついブックオフで新刊を100円で購入したのだが、そこに描かれた親馬鹿ならぬ馬鹿

親ぶりは本当に衝撃的なのであった。

なにしろ、冒頭で北斗がいきなり「子供が少なくなってるご時世だけど、ジャンジャン生める人は生んで欲しいね。そうすれば、お産はプロレスと似てるから、プロレス人気もグーンとウナギ上りになるのにな〜！」などと、思わず聞き流しそうになる説得力皆無な主張を受け身も取れない角度でブチかましたりするのだから、ボクはもう閉口するばかり。

あれだけプロレス的センスに溢れた喋りと行動で、一時は「女・猪木」とまで呼ばれていた北斗が、なぜこんなことになってしまったのだろうか？

それはズバリ言うと、「子供ができたら何て呼ばせる？」と北斗に聞かれて迷わず「父上、母上ってのはどうだ」と答えてみせたという馬鹿親・健介の悪影響だと考えて間違いないはずなのだ。

まあ、いい。北斗はともかく、「仏壇はチンチンって鳴らす鐘がどこにでもあるじゃん。これもすぐ覚えたから、『チンチンしてナンマイナンマイして』って健之介に言ったら『チンチン、ナンマイナンマイ』って自分のチンチンをモミモミしてから仏壇に手を合わせた」りするほど順調すぎるぐらい健介イズムを伝承しつつあるらしい健之介の将来に、今後は期待するばかりなのである。

『野獣降臨』 藤田和之・述、"Show"大谷泰顕・監修／メディアワークス／1400円+税

Show氏が『SRS-DX』『サブラ』『週刊プレイボーイ』『格闘魂』『オーバー・ザ・シュート弐』で発表した藤田インタビューに、Show氏司会によるトークショーの模様と船木対談をカップリングさせた一冊。面白いインタビューができたから単行本にするのではなく、最初から単行本にするために各誌で取材を組んでいるとしか思えない（そのくせ単行本レベルの内容にはなっていない）やり方はどうしても好きになれないが、その行動力だけは大したものである。

それにしても、藤田は『紙プロ』のインタビューでも『炎のファイター』での入場を「究極のプロレスご

っこ」と言い切ったりで、GK金沢に「営業用猪木イズム」とズバリ言われるのも当然だとは思っていたのだが、やっぱりケン・シャムロック戦に対して猪木が「一番危ない試合だった」と評したことに対して、こう言い切っているのであった。

「猪木さんはもう『やる側』じゃないでしょ？　だったらお前がやってみろ！　って」

この怖い者知らずな姿勢は、まさにリアル・ノー・フィアー！　当然、ケロちゃん本でも暴露されていたように、藤田はたとえ現場監督の長州相手であろうともまったく動じないわけなのである。

「合同練習があったんですけど、その日の朝に帰ってきて、『いいや今日は』って言って寝てたら（長州に）起こされたんですよ。『何やってんだ、お前！』って。『だって今日は練習できない』って言ったら殴られました（苦笑）。『座れ』って言うんで『なんで座んなくちゃいけないのかなあ』と思いながらイスに座ったら、『何やってんだお前。下だーッ！』って。で、（アグラかいて）座ったら、『バカッ、正座だーッ！』って。俺、頭痛くなっちゃった（笑）」

……これならマーク・ケアーを前にして、まったくビビらなかったのも当たり前。結局、藤田の強さの秘訣とは決して相手の幻想に呑み込まれることのない桁外れの「ふてぶてしさ」にあったはずなのだ。

そして藤田の毒気に当てられたためなのか、珍しく船木も猪木バッシングをスタートさせていく。

「結構、（猪木に）意地悪もされたんですよ（苦笑）。俺が合宿所で練習をやって飯を食ってるじゃないですか。そうすると、猪木さんが上からこうやって『俺の鼻ク○だ、食え』みたいに俺の飯に入れたり（笑）。だから『汚いことするなあ』と思いながらも、『いただきます』って食ってましたよ。実際はその振りだけで、それ（鼻ク○）を入れてはいないんですけど」

どうも藤田のカラッと激しいパワフルさとは違って、船木の告白には陰湿な何かを感じてしまうのであった……。気のせい？

なお、『ＳＲＳ-ＤＸ』の石澤叩きに対して「かわいそうですよ、あの１戦（ハイアン戦）だけで。俺だったら電話で抗議します。『殺す』とは言わないです。それは犯罪ですから」と肩を持つ船木は男らしくていいんだが、だとしたら高橋義生の「俺が殺す！」発言も犯罪なのだろう、気のせい？

『プロレスラー知事』

ジェシー・ヴェンチュラ・著、真野明裕・訳／飛鳥新社／1800円＋税

直訳しすぎな「世界レスリング連盟（ＷＷＦ）」「世界選手権レスリング（ＷＣＷ）」「全国レスリング協会（ＮＷＡ）」などの団体名や、原語の発音に忠実すぎな「ビリー・グレアム」「ヴァーン・ガネイ」「ブルーノ・サマルチーノ」などの人名からもわかるように、プロレス知識皆無な中学生が辞書片手に訳したような堅苦しくて読みづらい文章が正直、かなりいただけない一冊。しかし、だからこそ無防備ゆえのとんでもない奇跡が起きまくっているのでプロレスファンなら全員必読だろう。

なにしろ、元国会議員ながら童貞喪失話から買春話まで赤裸々に告白した『アントニオ猪木自伝』ばりに、ヴェンチュラも現役知事ながら「16歳の誕生日に童貞を失った」だの「わたしが初めてマリファナ煙草を吸ったのは高校時代」だの「拳骨重りを使うと、それこそやすやすと相手を倒せる。わたしたちはいつも拳骨重りをポケットに忍ばせていた。事実その必要が時折生じた」だのと、セックス＆ドラッグ＆バイオレンス方面の物騒な話ばかりを片っ端からカミングアウト！

とにかく「女牧場でも偵察しに行こうか」なる失礼な表現も使って買春の思い出を語り、自らを「ネヴァダの娼家に入って金をもらってきた世にも珍しい人間の一人」だと自慢する、その見事な男根主義ぶりには圧倒されるばかりなのである。

「ＳＥＡＬＳ（彼が所属していた、軍隊で最もハードだと噂される海軍特殊部隊）には、下着のような無用の日用品はなしですますあっぱれな伝統がある。どこかのバーで一夜、仲間の誰かがひょういとテーブルに飛び乗って『下着検査！』と怒鳴ろうもんなら、我々は一斉にぱっと立ち上がり、そんなものは穿いていないことを証明するためズボンを下ろした。いまだにわたしはたいていの場合その伝統を守っている」

そう、ヴェンチュラ知事はいまも男根主義者というのみならずノーパン主義者であり、そしてついでにノーブラ愛好家でもあったわけなのだ！

「わたしはSEALSの隊員だった頃でさえ、平和集会に出てデモ行進をしたことがある。正直言うと、それは大いなる平和愛好心のためというよりも、女性との交際を大いに愛したがためだった。運動内部の女性たちにとって、わたしはこの恐るべき戦争に意に反して送り込まれた哀れな悩める体制の犠牲者というわけだった。海軍には徴兵制度はないのを彼女たちは知らなかったのだ！　わたしはノーブラの女の子が大好きだった。なにしろ異性を愛することにかけては人後に落ちない」

そこまで自分のことを平気で暴露してみせる男が、プロレスの内幕についても同じように暴露していくのは、やっぱり必然的なことなのであった。

「プロレスは演劇だ。わたしは常々プロレスを『暴力を伴うバレエ』と呼んでいる。舞台で見るもろもろの出し物とまったく同様、プロレスにはドラマがある。ただしそれが『演劇』だというのはインチキだということではない。『バレエ』の側面とは、動きの一部が演出され振り付けされて、前もって予定されている場合もあるということだが、暴力は本物だ」

……思わずニック・ボックウィンクル先生の「相手がワルツできたらワルツ、ジルバできたらジルバを踊る」という名言が脳裏に浮かんでくる、衝撃の「プロレス＝バレエ」論。アメリカではプロレスの「情報公開」が当たり前のように進んでいることを、つくづく思い知らさせる次第である。

「プロレスの大事な心得は、自分の身を守るように相手の身を守ってやることだ。お互いそれで暮らしを立てているんだから。本当に危害を加えずにできるだけ真に迫ったものにすることをおぼえなくてはいけない。だがそれは断じてインチキという意味ではない。ボディスラムをやられる場合、相手のやり方が正しければ怪我をすることはないが、間違いなく身に応える！」

ドラマなので本当に危害は加えないけど、それでもボディスラムは身に応える！　かなり微妙な表現だが読者にインチキだと短絡的に受け取られないよう、ヴェンチュラ知事はさらに危険な領域へと踏み込んで詳しくプロレスの説明を続けていくのだった。

「プロレスはまさにパフォーマンス・アートで、それに暴力が伴うだけだ。ドラマティックな盛り上がりを生み出すことに努める。エキサイトする瞬間もあれば、沈静化する瞬間もあるが、選手双方がうまく気分を高め合えば、最終的にはいわゆるピークに向かって一挙に盛り上げていく。そして決着をつける。善玉が悪玉をフォールするか、あるいはむしろ悪玉がフォールされずにすむように何か失格になるようなことをやって、試合終了となるのが普通だ」

「同じ相手と連続3回かそこら試合して、互いの間に敵対心を高める。勝つのはたいてい善玉のほうだが、それを決めるのはプロモーターだった。私は悪役だから、通常負けるのが仕事だった。だがたとえ試合には負けても、観客を集めたのはわたしだから、こっちの勝ちだった」

どうですか、この無防備にも程がありすぎる日本版の完訳っぷりは！　いわゆる試合の「やり方」までこんなにあっさり書いちゃって大丈夫なのかと、ついこっちが心配になってくるほどなのだ。

「20年前にこんなことをべらべらしゃべったら、えらい目に遭ったろう。プロレスの内情がかなりさらけ出され、ルールも変わったからこそこういう話ができるのだ。プロレスがショーだということは今や誰でも知っている。しかし昔は、どういうやり方をしているのか部外者に漏らすことを許さない不文律が業界内にあった。誰かがインチキ呼ばわりしたら、それは選手の職業上のプライドを傷つける侮辱と見なされ、おそらく拳骨が飛んだろう」

だからこそ、かつてはヴェンチュラ知事も「あれ（プロレス）がすべてまやかしだってことは誰でも知ってる。そうだろ?」なんて誰かが堂々と口にする「大罪を犯した」りしようものなら、容赦なくすぐに実力行使していたのだそうである。

たとえリング上でシュートを仕掛けられても、「わたしのような経歴を持った男にそういうことをするのは利口じゃない。それほど本気で腹を立てはしなかったが、ひとつ『コツン』とやってやった——つまり本格的に拳骨で顔面を殴りつけたのだ。相手はノック・ダウンした」というSEALS仕込みの技術を持った上で、あえてエンターテイメントに徹していたヴェンチュラ知事。

そのうち喋りの上手さが買われてWWF入りするまでに出世するんだが、裏で組合結成を画策すると猪木ばりに仲間からチクられてしまうのだった。

「ハルク・ホーガンがプロレス界最大のスターだということはわたしは重々認めるし、それにけちをつけたくはない。だが、我々みんなと友達のようなふりをしながら、陰でこそこそやって、我々の言ったことを逐一ヴィンス（・マクマホン）に告げ口し、我々の生活をいろんな面で改善することにつながったはずの組合結成を結局邪魔したのは、ずいぶんとけしからん話だ」

そう、ホーガンがWWFであそこまで出世した理由は、こうして巧みにヴィンスへと取り入ったためだったに違いないのである！　この商売上手！

これによっぽど腹が立ったのか、「怪我の治療のために医師の指示の下に使った以外はステロイドを使用したことがない。（ステロイドをやるなら）ヴィタミンを摂取し、体を鍛え、お祈りをしなさい」と奇麗事ばかり口にするホーガンに対して、「どんなヴィタミンだい、ホーガン？　口から飲むやつか、それとも注射でやるやつか？」「彼がステロイドを使っているのは、アメリカのプロレスラーの多くが知っていることだった」とズバリ断言し、ステロイドは「わたし自身、時折使った」と自分でもカミングアウトするから、ヴェンチュラ知事は本当に信用できる男なのだ。

しかも、それだけ口が軽いのになぜかベトナム戦争での体験についてだけは一切語ろうとしないから、謎に溢れすぎ。さすがに不気味というしかないだろう。

「これまで誰にも話したことはない。向こうで見たこと、やったことは一切口外無用と厳命されたからだ。わたしはこれまでずっとその命令を固く守ってきた。選挙運動中、わたしのヴェトナム体験について質問が出てもあくまで命令に忠実だったし、これからも守り続けるつもりだ」

……もしかしたら昔の外国人レスラーに凄まじい迫力が感じられたのは、戦争などによる「人を殺した経験」の有無だったのかもしれない。当然、殺人者の目をしたキラー猪木以上にヴェンチュラ知事も地獄のような経験をしてきたはずなのだ！

かつてピストル問題でバッシングされた猪木のように「銃器秘匿所持の許可証を持っている」とバッシングされようとも、「持っているからなんだというのだ？　それがどうしてニュースになるんだろう？」「(わたしは) 誰よりも銃の扱い方の訓練は受けている」と開き直ってみせる彼氏。

世間で「銃規制」が騒がれることについても、「銃のコントロールは大賛成だが、ただわたしの場合、その言葉の定義がちょっと普通とちがう。25メートル離れたところから同じ穴に2発撃ち込むことができる力、それが銃を駆使する能力、つまりガン・コントロールというものだ！」と断言し、「麻薬と売春は管理統制すればいい」とブチ上げたりと、もはや「永田町にプロレスを持ち込んだ」(佐藤秘書・談) 猪木以上の暴走ぶりなのだからキラーなんてもんじゃない。強烈すぎなのだ！

「知事として初めて出した公式の布告のひとつを教えようか。ローリング・ストーンズがミネアポリスでコンサートをやると聞いて、わたしは2月15日をローリング・ストーンズ記念日にすると宣言した。ミネソタ州はわたしが退任したあとあとまでも、毎年2月15日にローリング・ストーンズ記念日を祝うことになるだろう。トップに立つというのはいいものだ！」

こういう輩に権力を与えるのはちょっとどうかと思うが、面白いから問題なしなのである。


『人間爆弾発言』 山本小鉄／勁文社／1619円+税

インタビューをそのままベタ起こしした構成はちょっと大雑把ながらも、見開きで小鉄の顔写真や後頭部のアップが載ってたりするインパクトで一気に読ませる一冊（「サ

イン入り竹刀プレゼント」企画も最高！）。

相変わらず小鉄が「どこかの団体に卵の白身ばっかり食べてる奴らがいるけど、俺から言わせれば黄身だって大切だよ！」「パンクラスのスタイルというのは、プロレスの進化じゃなくて退化なんだ」などとパンクラスに噛み付いたり、「ジョージも俊二もアホだ。頭、使わないもん。人としての感性がまともじゃなかったんだ」「俊二は俊二で、こいつも人でなしなんだ」などと「高野のバカ兄弟」に噛み付いたりとピンポイントで攻撃していくから、思わずこっちが「ちょっと待って下さい」と言いたくなるほどなのであった。

しかも今回は「坂口もどっちかって言ったら練習しない方だった」「一番練習嫌いだったのが木村健悟」と、タブーというべき内部告発までスタート。

それで最後は「昔は面白いやつがたくさんいたんだよ。今は残念だけどそういう面白い奴がいなくなった。ちょっと寂しいな」と結論付けて、「プロレス＝格闘技」だと頑なに主張していくのだから、これは昭和のプロレスファンにしてみればまったく文句なしだろう。

「橋本と小川の第3戦目の、いったい何処が異常事態なの⁉　小川が橋本に馬乗りになって顔面にパンチを浴びせてるけど、そんなものプロレスなんだから当たり前のこと」

「プロレスラーが格闘技戦で勝つと最近やけにみんなはしゃいで万歳したりしているけど、俺から言わせればバカ野郎だよ！　プロレスラーが勝って当たり前だろ。はしゃぐなって言いたいよ。勝って当たり前の試合に勝って何が嬉しいんだ」

「格闘技戦の他流試合をするのは『プロレスじゃない！』っていう人もいるけど、バカ野郎！　そういうモノに立ち向かって行って勝てるのがプロレスラーだ！　って言いたいね。今、藤田や石沢が闘っている総合格闘技は、俺たちが現役の頃『プロレス』って言っていたモノなんだ」

こうして中途半端な平成新日に苦言を呈してＰＲＩＤＥを絶賛していくから、さすがは昭和新日！

「ゴッチとヒクソンが試合したらどうなるか？　話にならない。ゴッチが圧勝する」

「もし現役バリバリの俺がプライドのリングに上げられたら暴れちゃう、暴れちゃうよ。暴れて絶対マイッタしない」

そんな負けず嫌いぶりもたまらないんだが、どうしても新日の別会社勤務という微妙な関係ゆえかいまでは説得力が感じられない発言もブチ上げてたりするのであった。

「俺は、いろんな角度から考えても石沢がグレイシーに敗けるとは思わない。しかし石沢がここでグレイシーを決定的に倒すと、同じグレイシーの一族であるヒクソンは新日本プロレスや小川と対戦することはなくなるだろうな。もし石沢が敗ければ、『新日本プロレスはたいしたことないじゃないか』ということになって、ウチのリングにヒクソンが上がって来るかもしれない。そっちの方が興行的にはいいかもしれないな（笑）」

「ライガーはヒクソンより強いよ。もしヒクソンが上がってくるんだったら、中西、永田とは是非やらせたいな。最後は蝶野とやらせたら面白いだろうね。中西だったらヒクソンをタックルでひっくり返して5分だろうね。永田もそんなもんだろう。蝶野だったら15分だろうね（笑）。蝶野にはお客に見せる部分があるってことだよ」

これらの新日至上主義な発言と「残念ながらプロレスラーは実力が欠けているよね」という正直な発言の間には、巨大な矛盾が生じているはず。

「これからのプロレスは柔術やバーリ・トゥードにも対応できる選手を育てていかなければダメだ。ノア、全日本プロレスじゃできないよ。結局、ウチしかできないんだ。三沢、小橋、川田じゃ対応できないし、まずやらないと思うよ」

それは、新日本もまだバーリ・トゥードに対応できる選手を育てられてはいないという正直な告白でもあるとボクは勝手に解釈する次第なのだ。

「長州もどちらかというと視野が狭くなってしまう方で、どうしてもワイドになれないんだよね。『コイツは可愛いけど、コイツは可愛くない』それじゃダメ。みんな平等にしてやんないと」

「桜庭を新日本プロレスのリングに上げることは難しくないね。俺だったら上げる。俺がもしマッチメイカーで新日本の社長だったら、どんな関係でも上げちゃうね」

そんな発言からは「長州ではなく俺が実権を握ったら、総合格闘技も取り込んだ面白いことをしてみせるのに……」という小鉄のモヤモヤした思いが感じられてならないし、そうなることにはボクも全面賛成である。いまこそ小鉄を社長にすべきなのだ！

なお、他にアレクサンダー大塚とのまったく盛り上がらない対談（試合のみならず、対談もまったく駄目……）や、前田とのお互いにいつもの持ちネタを話すだけの対談、そして最もスイングする藤原組長との対談も収録。

「佐山、前田、髙田、山崎……。それから山田、健介だとかね。その後が、船木だとか鈴木だとか、俺が教えるとみんなおかしくなっちゃうんだよな（笑）。みんな天狗になっちゃうんだよ」

組長はそうボヤいているが、確かにとんでもないメンバーばかり集まっていたといまさらながら痛感させられる次第なのであった。特に健介。

37

なぜか近頃、ボクの脳内では船木ブームが吹き荒れ中。ファンの間では全面肯定と全面否定の両極に別れがちな船木ではあるが、あんなに素晴らしい素材をプロレス界は失ったままでいいのだろうか？　せっかくヨガで若返ってタックルも覚えたんだから絶対に現役復帰して、代わりに（腰が）爆弾小僧・鈴木みのるがVシネマ俳優になるべきだとボクは思う。これが本当の適材適所。プロレスラーに必要不可欠な「狂気」を持つ最後の世代・船木の居場所は、芸能界ではないはずなのだから。……と、単なるアンチ・パンクラスだと誤解されがちな筆者が心から訴える書評コーナー。〈※当時のメールアドレス〉

ジャンボのケタ外れの呑気さの裏に隠されていた悲しい影

『つぅさん、またね。』 鶴田保子／ベースボール・マガジン社／1500円+税

思えばバラエティ番組などで旦那の情けない話（ナサバナ）をクールに語る保子夫人と、その横で呑気にボケ続けるジャンボは、伝説のアントン&ミッコにも匹敵する素晴らしい夫婦であった。

それでいてこっちは離婚もしてないし、ジャンボの死によって保子夫人は「躁鬱の気が著しくなり、病院に通って」いたのみならず、「子供さえいなかったら後追い自殺していた」としんみり語るほど深い愛を最後まで持ち続けていたぐらいなんだから、ボクはただもう憧れるばかり。

ジャンボが大学講師になった頃、保子夫人が弁当の「ご飯の上の海苔をハート形にしたら、周囲の先生に冷やかされたらしく『恥ずかしいから、やめて！』と照れて」いたなんてほのぼのエピソードを聞くだけで、きっと誰もが幸せな気持ちになれるはずなのだ。

プロレスラーとしては確かに致命的な欠陥だったのかもしれないが、そんなジャンボのズバ抜けた呑気さがボクにとっては大好物だったのである。

たとえば、「山育ちのくせしてセミにも触れないほどの怖がり」で、「毛虫などもってのほか。蚊を殺すのがせいぜい」だったジャンボ……。子育てでも「夜中にミルクを飲ませるのも嫌がらず、家の外でおむつを替えるのも誰が見ていようがお構いなし」だったジャンボ……。そして、幼稚園のハーモニカの発表会で「長男が苦手だったハーモニカを吹けるようになった」のを見て、「ビデオを構えたまま教室でワンワン泣いた」ジャンボ……。

なんだか試合よりも家族サービスを重視するドラゴン社長と微妙に被る気もするが、ジャンボの場合はプロレスラーとしての素材が圧倒的だから不思議と全てを許せてしまうのであった。呑気が一番！

……かと思えば、保子夫人は「怒った私が彼にお茶をひっかけたのに、それでも黙って」いたとの衝撃告白もブチかましてくれるから、ジャンボ以上に夫人の最恐幻想も高まるばかり。

「毎朝、彼の歯ブラシには歯磨き粉をつけてあげていました。その程度のことでも素直に喜ぶ人でしたから、私としては実に操縦しやすい。逆に言えば、歯磨き粉がついていないだけで相手の気持ちが変わったのではないかと思うぐらい寂しがり屋でした」

そう、実はもともと「『お天気』だけで何時間も話がもつ人」であり、一度別れてから「再会したとき、なんと1時間以上も別れたときの恨み話をしてきた」ほど粘着質で無趣味な男だったジャンボがカラッと明るい巨大なシティボーイになったのも、すべては操縦してきた保子夫人の功績だったわけなのである。

「食事をしていても、ほとんど喋りません。自分をあまり表に出さないので、ボーイフレンドとして物足りなさを感じたこともありました。また、当時はニューミュージックが全盛なのに、車の中で聴く音楽といえば、都はるみ。オシャレというものにも鈍感な人でした」

そこまで世間知らずで、アマレス時代には「下宿のおばさんに『訳のわからんスポーツをやって、メシの食べすぎ』と家から締め出された」という、切ない過去を持つジャンボは、保子夫人によって家庭と子供を大切にする史上最強のマイホーム・パパ（別名マイホーム・コマンドー）へと生まれ変わった。

だからこそ、夫人が2人目の子供を流産したときにここまで激しすぎるショックを受けたのだという。

「その日の夕食のメニューはおでんでした。そして彼は次の子供ができるまで、一切おでんを食べませんでした」

嗚呼、ジャンボ……。ケタ外れな呑気さの裏にはここまで悲しい影が隠されていたわけなのだが、どうやら全日内部でもヘヴィな出来事があった様子。

なんとB型肝炎でセミリタイヤ後、学業のためアメリカに旅立つ決意をしたジャンボに対して、「あるレスラー」が「今度はアメリカ？　全日本の金でアメリカに行くの？」とあっさり言い放ったため、怒ったジャンボはドラゴンばりに「こんな会社、辞めてやるよ！」と憤慨していたというのである！

果たしてジャンボを怒らせたのは誰なのか？

それはいまも謎なんだが、とりあえず「馬場さんの密葬のとき、寂しい人間関係の一端を垣間見ていました。全日本生え抜きのレスラーが隅のほうに追いやられ、新日本プロレス出身の人が中央で堂々としているのです。みんな同じ全日本の選手と言ってしまえばそれまでですが、主人には真似のできない〝したたかな〟生き方がそこにはありました」というのが永源ラーメンのオーナーらしいことだけは、まず間違いないはずなのであった。

『明日また生きろ。』

船木誠勝／まんだらけ／1429円+税

歴史的快作『海人』に匹敵するほど面白い、「エッセーを超えた格闘メッセージ集」。その理由が3本ばかり収録された「安田拡了特別寄稿」のおかげでもあるのは、もちろん言うまでもないだろう。

「あのときの船木は怖かった。いまにも人をあやめてしまいそうな、そんな危ない状況だった。自分に関した、ある記事を読んだ船木は神経過敏になっていた。『船木にドスを突き付けてやりたい』という記事だった。船木のキレようは凄まじかった。その記者に会いたいとまで言ったらしい。もし、会っていたらどうなっていたのかはわからない」

こうしてターザンが『SRS-DX』で言い放った比喩表現に不可解なぐらい激怒する船木を見て、なぜか「とうとう船木は狂いはじめたか！」と思ったり、「日本刀でヒクソンを斬ってしまいたい衝動にかられましたね。牢屋に入ってもいいと思いました」と語る船木を見て、「あまり考えすぎて狂ってしまったのかと思った」と告白するヤスカクの見事な狂いっぷりは、ボクも迷わず全面支持！

しかもヤスカクに負けず、「本当はヒクソン戦のことなんか二度と語りたくない」とボヤく船木がいきなりこう言い放ったりもするのだから、もはや面白いなんてもんじゃない。そりゃあ並のエッセーぐらい軽々と超越していること確実なのであった。

「『負けて何が悪い』とは言えません。でも、けっこうしつこく非難されると俺も少しは言いたくなってくる。『じゃあ俺の命を救ってみろ』ってね。俺が命を懸けて試合して、もしも死んだとしたらみんなは俺の命を救えたの？　それをできないでしょ？」

なんと衝撃の「俺の命を救え！」発言炸裂！　整合性を求めるあまり無難なことしか言えなくなった格闘家ばかりが増殖した昨今にあって、矛盾を物ともしない船木のノー・ガードぶりは本当に貴重なのである。

たとえば、衝撃のステロイド告白に続いて「実は22歳から25歳くらいまで、俺は白髪だらけだったんだ。黒く染めていたんだよ」と白髪染めの過去も告白したり、「洞察力をつけるには、人を信じないことだ」「俺って友達……いないよなあ」「家族でさえいづみ（夫人）以外にはいらないとさえ思うときもある」という人間不信ぶりを告白したりと、その開けっ広げな馬鹿正直ぶりはまさに唯一無比！

当然、引退の理由についてもファンが聞きたくないことまで素直に告白してみせるのだ。

「引退したのは肉体的な限界が原因だけど、みんなに必要とされてないことを感じていたからだろうね。必要とされていないのに、なぜダラダラやらなきゃいけない？」

そりゃそうだ！　なお、かつて「新日本プロレスを辞めた」のも「ＵＷＦの人たちに『必要だ』と言われたから」とのことなので確かに筋は通ってるんだが、そのくせファンに必要とされれば逆に反発するから、つくづく船木は奥深いのであった。

「ファンと握手するのはパワーを取られそうでいやだった時期もあった。あのころは家庭が本当にうまくいっていなくて、そのことにものすごいパワーを取られていたから、人に会うことや、外に出ること自体がいやでしょうがなかった。だから、ファンが『頑張って下さい』と言いながら俺のパワーを吸い取っていく……みたいな気になってしまったのかもしれない」

明らかに気のせいなんだが、こうして船木はファンであろうとも容赦なく噛み付いていくわけなのである。「一番イヤだったのは、途中で俺が神様みたいに扱われるようになったとき。あれが一番つらかった。『俺は人間だ！』とみんなに訴えたかったよ。人間だから風邪ひくんだよ。神様だったら風邪ひかないからね」

どうやら彼氏、ガイ・メッツァー戦で時間切れ判定負けを喫した直後の「風邪ひいちゃいました」発言でファンからバッシングされたのが、よっぽど悔しかった様子。

「リングの上っていうのは自分の家みたいなもの。そこに集まってくれるファンっていうのは、俺にとって家族みたいなものだ。俺は家族との縁が薄いから、家族みたいに思っている人たちに罵声を浴びせられて本当につらかった。だからメッツァー戦のときは、家族みたいに思っている人たちに罵声を浴びせられて本当につらかった」


これで「ファンから必要とされていない」と感じた船木はとうとう早すぎた引退を決意するわけだが、以下の発言を読む限りボクにはどうしても自業自得のような気がしてならないのだった。

「パンクラスでの悩み……。それは、真剣勝負でありながら『お客さんを楽しませなきゃいけない』というプロレス的な考え方からなかなか抜けられなかったことだった」

それが、バス・ルッテンやフランク・シャムロックに負けてからは「『面白く見せる』ということを考えなくなり、ようやく自分の闘いだけに集中できるようになった」そうなのだが、観客を意識しなくなった結果、船木とパンクラスから求心力がなくなってバッシングが増え始めたのはしょうがなかったのだろう。

ルッテン戦のように観客を意識した壮絶な負け様を船木が反省して観客を意識しない判定負けの道を選ぶようになったら、そりゃあ金を払っている観客からバッシングされるのも当たり前でしかないのである。

そして「レスラーには変人が多いと言われるが、今の俺は変人が変人をカバーして生きようとしているということだろう。次なる変人へのスタートだと思う」とのことで、よくわからないが芸能界という名の新たなる変人街道を歩み始めた船木。

「俺はバラエティの出演を断るつもりはない。必要とされてるわけだから。確かに俺はバラエティは向いていないことを知っているよ。『なんだ、船木ってバラエティに出られねえのかよ』と言われるのが嫌なんだ（笑）」

なるほど。考えてみれば映画に出たのも監督に「必要とされたから」だったのだから船木の姿勢は一貫しているし、格闘家が最終的な「あがり」として映画スターを目指すのは断じて正しい。

「格闘家と言いながら、みんな映画スターを目指しているじゃないか。ヒクソンだってそうだし。結局みんなそうなのに、俺がたまたま一本出ただけでなんであれこれ言われなきゃいけないんだと思うよ。みんな、やっていないだけで『出たい、出たい』って言ってるんじゃないかとも思う」

そこで怒る気持ちはわかる。ただし船木の場合、まだ映画スターを目指すのには早すぎるから、みんな「あれこれ」言ってるだけのことではないのだろうか？

「格闘技って、本当は俺に似合っていないものだったんだと思う。辞めてますますそう感じてきた。だから俺は、やっちゃいけない男だったんだなと思う。見てるほうがよかった、やっちゃいけなかったんだよ」

「きっと『そんなお前のファンだった俺たちは一体どうなるんだ』って、ファンの人には怒られると思うんだけど」

いくら本人がいまになってそうボヤこうとも、船木を本当に必要としているのは映画界やバラエティではなく、格闘技界のはずなのだから。

『船木誠勝リアル護身術』 船木誠勝・監修・実演／大泉書店／1200円+税

酔っ払って暴れがちな同業者ばかりいる格闘技界では少数派な非暴力主義者・船木が「明日また生きろ」とばかりに、「長生きしたけりゃ護身術です！」とアピールしまくる実践的護身マニュアル。

「もし仮にケンカになったら相手を殺してしまう可能性もあるので、ケンカになりそうな状況は避けて生き

てきました」

そう言った舌の根も乾かないうちに、「目潰しは思いっきりえぐること」「相手の股間を踏みつける」「顔面踏みつけ」「顔面を狙ってのつま先蹴り」といったエゲツない急所攻撃や、「金的を摑んだら引きちぎるくらいの気持ちでねじり上げることがポイントです」なんて物騒なアドバイスを淡々と読者に叩き込んでいくから、つくづく船木恐るべし！

タックルへの対処法として「膝蹴りがポジション的に難しい場合は目潰し」「思いっきり耳に嚙み付く」とアドバイスしたり、嚙み付きから急所蹴りへ繫ぐ極悪なコンビネーションも教えたりと、ここには明らかに護身というには過剰防衛なスキルばかり詰め込まれているわけなのである。まさに喧嘩芸！

巻末の自社広告にある『使えるロープワーク』なる謎の本も気になるところなんだが、それより船木の嚙み付き顔が何度も登場したり、船木が新弟子の頭にバットを振り落とす衝撃写真（仮想・須藤元気？）もあったりで、完全に突き抜けた写真を見るだけでも幸せな気持ちになれる一冊なのであった。

しかし、だ。名著『明日また生きろ。』（まんだらけ）に「船木の願いはバーリ・トゥードが日本に広まらないことだった。少年犯罪が多い世の中に、ひょっとして自分たちが犯罪に荷担しているのかもしれないと思うと、つらかった」というヤスカクによる衝撃の記述があったことを決して忘れてはならない。

それでいて、船木はバーリ・トゥードでさえ禁止している物騒な技術ばかりを、ここで素人相手に伝授しているからとんでもないのである。凄え！

しかも冒頭部分では「自分も小学校入学した時に、すぐいじめられたんですよ。３人がかりで、鉛筆で頭刺されました、入学式当日に。その時は母親がいたんで助けてくれたんですけど、次からは俺、そいつらの仲間に入りました。今度は俺もいじめる側になったんです」などと、正直に「いじめ」の過去までカミングアウトしている船木。つくづく格闘技界は世の中の常識とはズレている素晴らしい人材を失ってしまったと、いまさらながら痛感するばかりなのであった。

『REAL HEART―「真心」』 船木誠勝・述、"Show"大谷泰顕・監修／二見書房／1300円+税

この度、とうとうパンクラス出入り禁止処分が下されたShow氏による、2冊目の船木本。

メディアワークスで出した1冊目の船木本『BRAIN』と構成から何からほぼ同じ本を別の版元から出すビッグハートぶりは相変わらずさすがだが、これだけ単行本を出したなら「ボクはライターじゃないから原稿は下手でもいい」というプロ意識皆無な言い訳も、さすがにもういい加減通用しないはず。

当然、単行本としてのクオリティが低いのは言うまでもないが、「今から7年以上前、パンクラスを設立した時に『完全実力主義』というスタイルをリング上で実現させることを宣言しました。(略)ところで、2000年はずっと『真心』の年でした」という飛距離の大きすぎる前書きも、巻末の「自分でやって面白く一番満足ができる職業プロレスラーになれたら、ぼくは『ああ、面白い人生だなあ!』と満足して死ねるだろう」という中学の卒業文集再録も含めて、船木はやっぱりズバ抜けて面白いのであった。

たとえば昭和新日の異常な伝統「覗き」について、船木は「17歳になったかならないかですから。普通の女の人が身体を洗っている場面ってなかなか見られないじゃないですか。凄いんですよ。結構、みんな入ってくるんですよ。興奮しますよ(冷静に)」と馬鹿正直に語るのみならず、とんでもなく恥ずかしいことまでわざわざ告白してみせるのだ!

「もう俺、我慢できなくなって、ひと足先に部屋へ帰ってセンズリしちゃったんですよ(笑)。それで知らないフリして座っていたら、猪木さんとかみんな集まってきて『なかなかよかったなあ』とかって。そしたら猪木さんに『お前、やったろ?』って言われちゃいましたね(苦笑)」

なんと船木、隠れてやったオナニーが猪木にあっさりバレていたわけなのである! おら死なねばダメだ!

そして桜庭対ホイスという歴史的名勝負に対しても、「ヒクソンがあれを見てますから。ヒクソンもあれ

で勉強しちゃったと思うんですよ」とのことで、「ホントをいえば、なかった方がよかったと思います」と別に言わないでもいい本音をストレートにブチまけてみせるから、やっぱり船木はさすがなのだった。

その後、近藤有己をオルグしてPRIDE参戦表明をさせることになるShow氏が、「ボクはパンクラスの一番下の選手から全員、みんなで順番に（グレイシーの）道場破りに行かないとダメだと思ったんですよ」とどれだけ一人で熱くなろうとも、「そういう発言はやめた方がいいですよ。最近、物騒ですから」「だったら大谷さんが最初に自分で行ってください。人にやらせておいて、書くだけっていうのは良くないですね。責任感がないですよ」と、あくまでもクールに受け流す船木。

できることなら文才皆無なShow氏ではなく、他のライターや本人が書いた船木本（ヤスカクによる『海人』の続編『変人（かわりびと）』でも可）もどんどん読みたくなってきた今日この頃なのである。

『すてごろ懺悔―あばよ、青春』

真樹日佐夫／フル・コム／1500円＋税

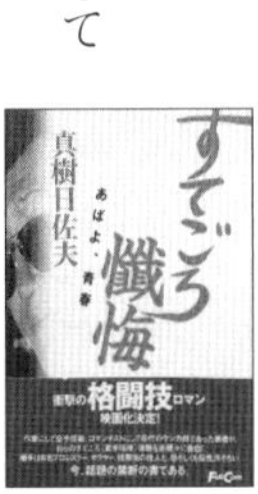

平成の真樹日佐夫を目指して生きているボクはその過程で大量に真樹作品を読破してきたものだが、これは明らかに最高傑作だと断言できる逸品である。

以前、取材で会ったムツゴロウ先生は「文章よりも実人生の面白さを選んでしまったから、作家としては後悔している」と語っていたものだが、それは真樹先生もまた然り。だからこそフィクションの『無比人』のみで真樹先生を判断することなく、騙されたと思って読んで欲しいものなのである。

なにしろ、どれだけ優れた小説でも太刀打ちできないぐらいに実人生が面白すぎる以上、自伝がとんでもない傑作になるのは当たり前の話。

美人ＯＬ（小説もキッチリ読み込んでいる真樹先生マニア）と飲み歩きながら真樹先生がその土地土地の想い出を語るというダンディズム溢れるドリーミーな構成はもとより、そこに描かれたリアル『カラテ地獄変』な暴走人生ぶりにも男ならシビレを感じること確実！　とにかく、文中に登場するフレーズだけでも男の魂が必要以上に揺さぶられまくるはずなのだ。

たとえば、真樹先生が「傷害、恐喝、窃盗、器物損壊、暴力行為と罪名のオンパレード」で少年院に送られ、3日に1度のペースで喧嘩を繰り返していた頃に院内の古株から喰らった「地獄の三丁目キック」。美人ホステスに惚れられたためにヤクザの親分から差し向けられた屈強な用心棒「スコルピオ」。ダンス好きの真樹先生が得意とした横浜ジルバ、通称「ハマジル」。やっぱり真樹先生と恋仲になったため彼女のパトロンである米軍兵から発砲される原因となった「クイーン亜里砂」。もはや真樹先生の人生そのものが劇画と言うしかないほどドラマチックだし、そこに出てくるフレーズもいちいちたまらないのである。

梶原先生がぼったくりバーのママを逆さ吊りにすればすぐに「下の口」からウィスキーを飲ませ「絶景かな絶景かな」、「心底、木戸銭を惜しくないと感じた」と素直に感想を述べる真樹先生。

当時はスケート場が不良の溜まり場だったとはいえ、「ローラーにはまって」「マイシューズを預けていた」ほどスケートが得意だったというほのぼのエピソードが登場したかと思えば、喧嘩相手の手を容赦なくアイススケートで轢き、「手指が何本か切断されて氷上に転がり、血が飛び散っている」とクールに描写したりするエゲツなさは、まさに劇画『ワル』の女殺しで冷酷な主人公・氷室洋二そのもの！　梶原先生が「劇画『ワル』は真樹日佐夫の自伝」と言い切った気持ちが、ようやくボクも理解できたのであった。

なお、『空手バカ一代』で描かれた蒲田駅前で29人を相手にしたバトルや、関東一ステゴロが強かったヤクザとのバトル、そして伝説の〝キラー〟バディ・オースチン戦なんかの真相も描かれているので、プロレスのみならず男の闘いが好きな者ならば絶対に必読！

なぜならオースチン戦ではピンチのとき梶原先生が背後からチョークスリーパーでフォローを入れていたことや、ついでに真樹先生がとんでもない強豪相手に無茶をしていたこともキッチリ描かれているのだから。

「ホテルのトイレを借りることにしたんだが、いい気分で用を足してたら突然目の前の壁が動いた。実は先客がいて、その背中をめがけてなにをやっていたわけなんだな。酔いがまわっていたのと、相手が黒ずくめの服装で覆面までしていたんで、うっかり壁だと錯覚してしまったんだねえ。これがなんとプロレスのミスターXだったのさ」

　そう。なんとあの伝説のシュート・レスラーとして知られる強豪・ビル・ミラーの背中に、命知らずな真樹先生は小便をぶっかけていたというわけなのだ！

　案の定、ミラーは洒落にならないぐらい激怒したそうだが、この闘いを見終わったら20世紀どころか21世紀だってもう終わってもいいのである。


（あくまでも無表情のまま）藤波、大好き！　……ということで、戌年の筆者が原因不明の体調不良&空前の締切ラッシュに巻き込まれたため、連載が落ちるかと思われた今回。それでも46歳主婦から「老眼の私に細かい字はキツイ」という読者ハガキが届いていたから、もう大丈夫。要望に応える意味で『東スポ』ばりに大きな活字を使えば、ちょっとの文章量でこなせるので、一挙両得！　そういうことで、大好きな藤波に敬意を表したワンマッチ形式でお届けする、人にやさしい書評コーナー。〈※当時のメールアドレス〉

38

この先ノー・フューチャーなアメプロ『読本』

『新世紀アメリカンプロレス読本』 洋泉社／1200円+税

　元『別冊宝島 プロレス読本』シリーズの編集者・内池久貴と、ミスターBD（ブサイクデブ）の名を欲しいままにする元『プロレス激本』の編集者・黒須田守が夢（であって欲しい）のタッグを組んで企画編集した、日本初の非グラビア系アメプロムック。

　実家にケーブルTVを導入したことで一足遅くWWFにハマったボクは迷うことなく自腹で購入したんだ

が、正直言ってこちら側の過剰な期待に応えるだけのクオリティに達していた原稿はごく一部でしかなかったのであった。ファック！

何が駄目だって、シュート活字の提唱者・田中正志の記念すべき商業誌デビュー原稿も、普段ネットで書き殴っているときの無闇にギラギラした毒素が抜かれているため致命的にフックが弱いし（「俺が、俺が！」感が足りないというか）、担当編集コンビの原稿は田中正志の主張を数十倍薄めたような内容だからまったくお話にならないし、ジミー鈴木はプロレス村の村民らしい無難な原稿を書いているだけだしで、ただもう残念の一言。

第一歩としてはこんなものでいいのかもしれないが、『激本』コンビの片割れ・須田鷹雄の原稿が明らかに面白く感じられるようでは、この先ノー・フューチャーなのである。

まあ、いい。それでも和製〝キング〟ジェリー・ローラーこと杉作J太郎先生のWWF最終回予想（ベタな夢オチながら、読むだけで心からシビレること確実！）があまりにも素晴らしすぎるから問題なし！

そして何より、洋泉社繋がりで起用されたと思われるミスターBDならぬBB（バーカー・ボーイズ）の町山智浩氏（出版業界で数少ない尊敬に値する編集者&ライター）が手掛けた「プロレスという謎に満ちた職業の仕組みを、初めて世間に通じる言葉で暴いて」みせたミック・フォーリー自伝『ハヴァ・ナイス・デイ！』の紹介ページが本当に素晴らしいなんてもんじゃないのだから、ここだけでも絶対に必見なのである。

たとえば、カクタスという耳なしレスラーが誕生した経緯を読むだけでもプロレスという特殊な世界の奥深さは嫌というほど伝わってくるはずだろう。

「ベイダーにロープに飛ばされたカクタス・ジャックことミック・フォーリーは、二本のロープの間に頭を引っかけて首吊り状態を演じた。『ハングマン』と呼ばれる技（ムーブ）だ。しかしWCWのロープはゴムで包まれた鋼鉄のワイヤーだったうえに、その会場ではロープを強く張りすぎていた。ロープはカクタスの頸動脈と気道を締め付けた。意識を失う寸前でロープから頭を引っこ抜いたカクタスは、マットに滴り落ちる血を見て、『いいジュース（流血）だろ?』とベイダーに言って、試合を続けた。レフェリーはマットに落ちていた『生の鶏肉みたいなもの』を拾った。それは千切れたミックの左耳だった。〈そこで試合中止になるのがいわゆる「真剣勝負のスポーツ」だ。でもプロレスは「インチキのショー」だから、その後も続いた〉」

そして同様に、カクタスが前歯なしレスラーになった経緯を読めばダイナマイト・キッド幻想まで無限に高まること確実なのであった。

「（デビュー）二戦目で当たったのは、ブリティッシュ・ブルドッグス。新人は事前に対戦相手に挨拶して『受けられる技』を伝えるのだが、ミックは『僕はバンプが得意なんで、どんな投げ方してもいいッスよ』と言ってしまった。これにカチンときたのがダイナマイト・キッド。『お前さ、これが何試合目?』。ここでうっかり『2試合目です』と正直に言ったのも、さらにマズかった。自信家の新米の鼻をへシ折るため、キッドはロープに振ると見せかけて、いきなりミックのアゴにエルボーを喰らわせた。これで顎関節を壊されたミックを、キッドは連続バックドロップとスープレックスで叩きつけた。動転してバンプのできないミックは失神。レフェリーに担がれて退場するハメになった。しかし、意識を取り戻したミックは慌てて半死半生の体でキッドの控室に行き、『ありがとうございました!』とプロの洗礼に礼をした……」

その結果、ミックは『翌日の試合では関節が膨れて顎を閉じられないまま投げられたので、口が閉じた衝撃で前歯が二本吹っ飛んだ』そうなのだが、あくまでもショーという前提があろうとも、それを超えて余りある様々なアクシデントが入り込むだけの余地がプロレスには大量に用意されているわけなのだった。

なにしろ「プロレスは事前に打ち合わせがあると世間は言うが、アビー（アブドーラ・ザ・ブッチャー）相手には不可能だ。なぜなら打合せの内容を覚えちゃいないからだ」との例外もあるようで、タッグパートナーの「ブッチャーが凶器を忘れていつまでもポケットをまさぐっていた」ときには、リック・スタイナーが「いいかげんにしろ!」と激怒!「いきなりカクタスに投げっぱなしジャーマン。意表を突かれて受け身を取り損ねたカクタスは、脳挫傷で聴力を失う」ことすらあったようなのだ。

IWAマットでブレイクして「デスマッチの帝王」と呼ばれた頃にしても、東京ドーム『夢の懸け橋』出場分はノーギャラだったりと、気苦労の多かったカクタス。川崎球場で行われた『キング・オブ・デスマッチ決定戦』の裏話なんて、もう涙なしで読めるわけがないだろう。

「日当はいつもどおり三万円。一試合一万円だ。血まみれで控室に帰ると、そこには真夏の炎天下の試合にもかかわらず飲み物は水すら用意されていなかった。コーラの自動販売機に行くと、IWAの浅野社長が立っていた。カクタスがおずおずと『優勝したんだから少しはボーナス……』と言うと、浅野社長は『ボーナス。これでどう?』と缶コーラを差し出した。優勝のトロフィーは浅野社長に取り上げられ、カクタスの手元に残ったのは缶コーラ一本だった。彼はいまでもそれを保管しているという」

どうですか！　これですよ、これ！

確かに「見る側」によるシュート活字もいいだろうが、やっぱり「やる側」のコク深い告白こそがボクらのハートを思いっ切り鷲掴みにするというか。

他に町山氏の『ビヨンド・ザ・マット』評もあるんだが、「オヤジは当時十三歳だった娘をレイプしてオレを産ませたんだ」「妹は五十歳の男と結婚して、彼の前妻に誘拐されて殺された」「人気があった頃は毎晩一人女を抱きたくなった。次にはそれが二人になり、しまいには三人になり、しまいには一時間に一人ずつやらないと満足できなくなった。ドラッグもそれと同じさ。体が痛いから鎮静剤を飲む。眠いから覚醒剤、眠れないから睡眠薬……」といったジェイク〝ザ・スネーク〟ロバーツの衝撃告白も紹介しているから、シュートにも程がありすぎだよ！

いつでも腰を振りまくるエロキャラがここまでシュートだったりするから、アメプロは本当に底が丸見えの底なし沼なのである。まあ、和製腰振りキャラの両巨頭・馳浩&井上京子も考えてみたらエロなんだが、レベルが違いすぎるし。

結局、シュートにしてもシュート活字にしても技術なしにできてしまう以上、やっぱり重要なのは技術、すなわち活字表現の場合は個々の文章力だとつくづく痛感させられた次第なのであった。

39

ボクの私物古本販売コーナーを『グレートアントニオ』（神保町）＆『タコシェ』（中野）の2店に設置したりと、ショップ展開もスタート！　そしてなんと『Title』（文藝春秋）では橋本真也＆前田日明＆マサ斎藤＆ガッツ石松＆輪島大士という5大大物インタビューにも挑戦！　そんな調子でこの連載にも力を入れたいのは山々であり、あと何本か書評しようと思ってたんだが、たったいま編集サイドから「明日までは待てないので、それだけでいいです」と言われてしまったから、今回もまたコーナー縮小となった書評コーナー。〈※当時のメールアドレス〉

あまりに神がかり的なことを言い出す神様ゴッチイズム！

『佐山聡の掣圏道』　佐山聡／ぴいぷる社／1500円+税

基本的にはスーツ型道着で話題となった掣圏道の技術解説に、路上では寝技よりも打撃が有効という掣圏道スタイルの元ネタになった路上の王・藤原敏男先生との対談なんかも絡めた一冊。この2人ならバカ話をしただけで単行本を作れるぐらい面白いはずなんだが、お堅い作りなのでちょっと物足りないのが正直なところ。

しかし、だ。佐山聡という素材自体があまりにもズバ抜けすぎなので、そんなのどうだってよくなること確実なのであった。

たとえば、業界内で「天才」だの「常に10年早い」だのと常々言われているだけあって、89年にサンボ着を使ったジャケットシューティング構想を発表した時点で「競技化にこぎつけたら、背広に似せた襟のついた道着をつくる予定」だったと語る佐山。

それぐらい先見性はあるのも事実だし、「私の判断が正しければ、その後掣圏道は大変な格闘技になる」とまで言われたらだんだんそんな気もしてくるほどなんだが、掣圏道自体はともかく近頃の佐山イズム溢れるフレーズだけは10年後に流行るとは思えない。それが、ボクの素直な感想なのであった。

なにしろ、「佐山格闘技」に「トータル格闘技」、「タックラー」に「未来を打つアッパー（ロシアンアッパーの別名）」である。

これまでの「ロシアンフック」や「ライフバランス」も含めて、佐山の常識を超え過ぎた言語感覚は、もはや真似しようと思ったって誰にも真似なんかできないはず！

ぶっちゃけた話、ちょっと電波系チックな気もするんだが、やっぱり天才と何とかは紙一重ということなのだろう、きっと。

……と思ったら、なんとビックリ。

「文明と神を存在させるものこそが格闘技なのだ」「闘いから生ずる覚悟は、アドレナリンを最大限に上げ、無限の境地を極め、いざという時その器が大地の基礎となり、地表においてリラックスさせた不動の姿が自然に表れる。これこそ神に導かれた真の格闘技者なのだ」などと、あまりにもスケールのデカすぎる神がかり的なことまで言い出しているのだから、さすがは佐山！　とりあえず、これもプロレスの神様・ゴッチイズムだと考えれば合点がいく次第なのであった。

『真の勇者とは―ブレイヴ・オン・ハート　キレたら負ける』

佐山聡／ビジネス社／1300円＋税

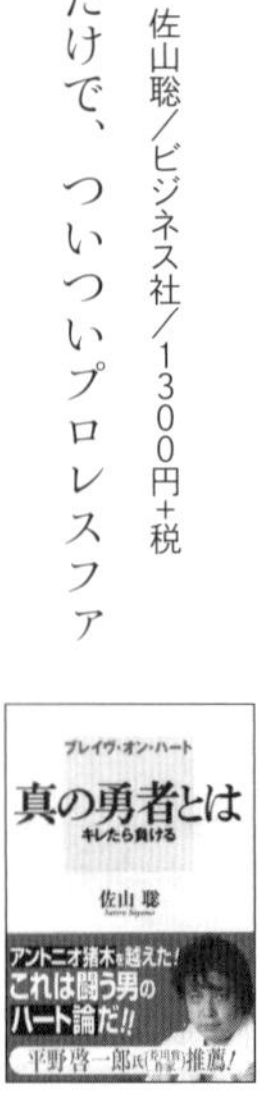

表紙に書かれた「キレたら負ける」という副題を見ただけで、ついついプロレスファンなら突っ込みたくなる衝撃の一冊。

なにしろ、佐山聡のUFO電撃離脱直後にボクがインタビューしたところ、猪木はこんなことを言っていたものなのである。

「いまは原因もなくて、いきなり怒りだすのが見渡すといっぱいいるんだけど、最近その原因がわかったんだよね。ミネラル不足！　先日、佐山（聡・初代タイガーマスク）がキレちゃった（興行の打ち上げの際にキレて団体離脱）のもミネラル不足なんです、本当に！　甘いものを摂ると、すごく大量にミネラルを消費するんです。だから佐山には、早く健康になって欲しいなと」

　そんな調子で「キレやすい若者」扱いされていた佐山が、「格闘技に、そして武道にキチンと取り組んでいる人間が、いわゆる『キレる』状態になってしまうことは考えられない」「私のように、格闘技をやっている者は、いわゆるケンカ（ストリートファイト）というのをしない」とまで言い切ってみせるんだから、本当にとんでもなさすぎ。

　そもそも、マーク・コステロとキック・ルールで闘った際、「コステロの腕関節まで極めた。大反則である。のちにテレビ放映でもここはカットされていた」りのエゲツないことをやってきた男が、キレもしなければケンカもしないわけがないのである。

　少なくともボクが数年前にインタビューした限りでは、「ここだけの話、喧嘩の数は数えられないです。もう、何百っていうレベルですね」と小声でニヤニヤしながら告白していた彼氏。

「身体が大きくて『俺は強いんだぞ』って偉そうに歩いてくる奴が駄目なんですよ。ボディビルダーとか。目の前からそういうのが現れると、『やるのか？』ってなるわけです。昔は道路の反対側からデカいのが粋がって歩いてくると、道路を渡って『てめえ、この野郎！』って始めました（笑）」

「ボク、新日時代にある先輩とやっちゃいましたからね、道場で果たし合い。耳に齧られた跡あるでしょ。そこまでの喧嘩だと思わなかったのにいきなりガ～ッと齧られて、肉片をペーッと捨てられたの。普通だったら怯むでしょ。俺、怯まないでガーンと目ぇ突いて、そのままハイキックを2発入れてバ～ンとひっくり返したら、イビキかき始めちゃったの（笑）。『ああっ、殺したな』と思って、キャハハハハハ」

以前はそんな調子で楽しげにストリートファイトを語っていた佐山が、いまでは「ストリートファイトとはしょせん憤慨した者同士の、単純権力争いである。どちらが先に多くアドレナリンを出したかによって勝敗がつく、馬鹿らしい世界である」と断言するまでになったのだから、サヤマニアとしてはシビレずにはいられないのである。

……とすっかり浮かれていたら、「私を支持してくれるサヤマニアの人たちは、世間でよく言われる『オタク』に属していると言える」とボクも含む読者にオタクの烙印を押してみせるのだから、さすがは佐山。まあ、自分のことも「格闘技オタク」と自称しているので別にいいかと思ったら、そこにもカラクリがあったようなのである。

「私は私自身を、格闘技オタクですと自己紹介する。すると、格闘技知識の浅い人ほど喜んで肯定したがる。今はそういう時代なのだ。実は私はいつもこの言葉をバロメーターにさせてもらい、その人の格闘技の器を測らせてもらっている」

そういうことなので、ボクは「格闘技知識が浅くて器の小さいオタク」に決定！

まあ、そんなことは別にどうでもいい。

なぜなら、ここで佐山が修斗との確執らしいことに珍しく触れているという事実だけで、ボクはもう大満足なのであった。

「総合格闘技というものは、まだまだ歴史的には浅く、いろいろな試行錯誤を必要とする時期である。ほんとうにカッコだけではない、命をかけた革命の最中なのである。欲望、裏切り、弱さ、お金、すべてが本物の革命と同じことが起こる。いずれ真実は暴かれるであろうが、今、私がそんな苦労話をしている、男の腐った人間であるべきではないと思う」

果たして、人間的な弱さから金という欲望に負けて裏切っていったのは誰なのか？

これまたボクがかつてインタビューしたとき、修斗を離脱することになった件について佐山はこう語っていたものだ。

「まあ、それも裏がいろいろあってね。金のために動いてるような人間見てると、すごい馬鹿みたいでしょ。策士策に溺れるっていうからさ（笑）。いまお金に溺れた人間は、お金がなくなったらものすごいあたふたするわけだから、今度どういう行動に出るのかなあっていうのが楽しみですね。悲しいかな、みんなお金で動くんですよぉ」

　実際に何があったのかは知らないが、余計なことをゴチャゴチャ言わずに達観している佐山はやっぱりカッコいいのであった。

　ついでに言えば、いまも掣圏道の道場訓に「掣圏士たるものクールであれ」というフレーズがあるのはかなりカッコいいとボクは思っていたのだが、それもそのはず。

　佐山によると、「ここの、『クール』という言葉は、冷静さということを言っているのではない。英語でいう『かっこよくあれ』といっている」のだから、もうビックリ。

　最後は、スポンサー筋のことも考慮して「掣圏会館はトータルエネルギー（ガス会社）が私の理想を現実化してくれたからできたのだ。掣圏道は必ず格闘技の歴史にナンバーワンの実績をつくらせていただく。その時の最強の後援者がトータルエネルギーであることを、皆さんも頭に入れ、後々まで語り継いでほしい」とキッチリ言い残してみせる佐山は、最高にクールなのである。

しばらくコーナー縮小が続いていたところ、読者の方々から「物足りない！」との声が多数届いたので、今回は久しぶりに通常版でお届け。すっかり紹介する機会を逃したままになっていたアミューズブックスの袋綴じムック・シリーズと、ターザン本を一気に紹介させていただく次第なのである。なお、『月刊松山 SAGA』（アミューズブックス／500円）の第2号に馬場と松山千春との対談が再録されているものの、構成は佐々木徹だからなあ。……というスーパーバイスも決して忘れない書評コーナー。〈※当時のメールアドレス〉

40

橋本という最高の素材をただ無駄にする構成者

『Missing Person』 橋本真也／アミューズブックス／500円+税

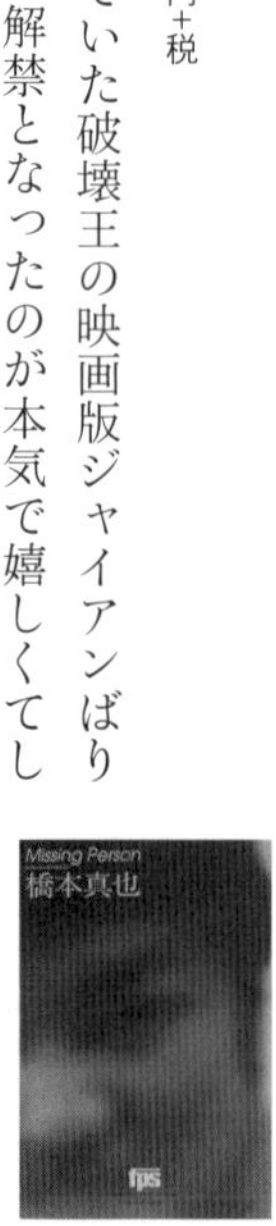

小川直也に潰されて以降、しばらく鳴りを潜めていた破壊王の映画版ジャイアンばりに無茶なキャラクターがZERO-ONEの成功で解禁となったのが本気で嬉しくてしようがない今日この頃。

当然、そんないまの破壊王の本なら誰が作っても爆発的に面白くなるはずだが、なぜか「本書の最大の目的は橋本の口から『空白の185日間』を聞き出すことにある」というどうにも不可解なテーマを設定し、「あの約半年間、橋本はどこでなにをしていたのか。そして、なにを考えていたのか」なんてことばかり追求しようとしてしまったから、これがまた驚くぐらい期待外れな一冊と化してしまったのである。

どうせなら、長州体制を批判したせいで無期限出場停止処分になったはずなのに、なぜいきなりリングに上げられて小川に潰されたのかなどについて話を聞くべきじゃないのだろうか？

「中西は会社に焚き付けられてものを言ってただけ。違う？」

「健介なんて惜しいんだよ。あいつがさ、長州さんに牙を剥いたら、それこそ俺たち三銃士さえ超える男になると思うよ」

これらの発言からも見えてくる新日内部の派閥抗争的な部分にスポットを当てていくのが、純プロレスをいつまでも楽しんで見続けるコツだとボクは思う次第なのだ。

そもそも、この本を構成した佐々木徹氏（代表作は『禁談・前田日明対談集』など）はインタビューの受け答えにかなりの創作を加えて面白くおかしく構成しがちなタイプだったりもするのだが、そのやり方は橋本という最高の素材をただ無駄にするだけという気がしてならない。

なにしろ、「小川の本のタイトルって『反則ですか?』なんだ。じゃあ、俺の本のタイトルは『反則ですよ!』にしておいてくれる?」という橋本的には非常にどうってこともないギャグに対して、「これには笑った。そうだよ、そのセンスだよ、と橋本のでっかい背中をバシバシと叩きたい気分だった」と大絶賛してしまうのだから、ボクはもう閉口するばかりというか。

読者の方々ならわかるだろうが、橋本の面白さはそんなもんじゃないのである。

まあ、『負けたら即引退スペシャル』&折り鶴復帰運動について突っ込まれても、「負けて散ってもゴールデンタイムの生放送中に塵となるわけだから（笑）。それはそれでいいじゃん（笑）」だの「今度は逆に『頼むから辞めてくれ』運動が起きるまで辞めねえよ（笑）」だの「あの運動がたとえテレビ局の書いたシナリオであったとしてもだよ。あの子たち、あの兄弟の俺に復帰してほしいという気持ちは本物だっただろ?」だのと、相変わらず「呑気が一番」な受け答えで返す破壊王には一切、ボクに文句なんかあるわけもない。

欠場中、前田日明が「よかったらウチに来いよ」と言ってきたことや大日本の小鹿社長から電話がきたことなども開けっ広げに打ち明けまくる姿勢もいつも通り最高であり、偽装解雇と噂されたZERO-ONE旗揚げに至る流れについても当時の時点でここまで素直に告白していたのだから、やっぱりもう完璧なのであった。

「裸一貫でやってもいいよ。でも、それだと一から土台作りをしなければならないだろ。土台から始めて夢を実現するのには一体、どれくらいの時間が必要だと思う? だから、利用できるものは最大限に利用してさ、そこから新しいムーブメントを作り出すことができればね、ファンの期待にも充分に応えることができるはずなんだよ」

「だいたい、対抗戦がどうのと言ってもさ、試合している連中が同じ道場で練習してたら説得力がないだろ。世間はバカじゃないんだから。本当の敵と言えばいいのかな、『ZERO-ONE』をそういう敵に仕立て上げれば、それだけスリリングな興行を回せるわけでしょ」

結局、橋本&藤波の間ではZERO-ONEがノアとも新日とも闘える開放的な無我とでも言うべき、新日傘下の対抗戦用組織になるはずだったのだろう。

しかし、それが最終的には結果オーライになったとはいえ、長州&永島ラインとのシュートな揉め事に巻き込まれたことから当初のプランが一気に崩れたことだけは、まず間違いないわけなのである。

「権力を握っている連中は、例えばこれは絶対に面白いアイデアだとか、こうすれば会社はもっとよくなるというような意見が下から出されてもね、おや、もしかしたら自分の座を脅かそうと思って、そういうことを言い出したんじゃないかと頑なになる。そうなると、建設的な意見なんてものは一向に汲み上げられなくて、常に握り潰されてしまう状況になるわけだ」

つまり、ボクが勝手に要約すると、看板しか残っていない全日との交流を重視する長州&永島体制にノアとの交流プランを握り潰された橋本は外へ出ていくしかなくなったとのことなのだろうが、果たしてなぜこのプランが失敗に終わったのか？

「藤波社長の決断が遅かったんだよ。今から言うと卑怯になるかもしれないけどさ、あの時、社長がこうするからな、と決断力を見せてブッカー側を抑えていればなんとかなったかもしれない」

なんと、またもやクーデターの失敗が藤波の責任だったことが橋本の証言によって明らかになったから、藤波幻想は無限に膨らみ続けるばかりなのであった。

『プロレスの創り方』　永島勝司／アミューズブックス／500円+税

ノア＆音楽周辺で活動する長谷川博一氏が構成した新日本プロレス企画本部長・永島のナマハゲ本が、遂に登場。

猪木との闘魂二人三脚時代ではなく、大多数のファンが彼にボンヤリとした不信感を抱きつつある時期のリリースなだけあって、やっぱり腹立たしい発言がたっぷり詰まっていたから、さすがなのであった。

まずは、「プロレスとは、リング内外の終わりのない壮絶な闘いである」などとそれらしく定義付けてみせたかと思えば、その理由としてこんなことを言い出すこと自体、まず許し難いばかりだろう。

「片方が完全な勝利を成し遂げたら、もう一方は完璧な敗者になってしまいます。その後の選手生活だったり団体の運営だったり、大きな傷がついてしまうのです。一人勝ちを望むのは、ハナから野暮なことなのです」

……って、違うだろ！　猪木が圧倒的なスーパースター足り得たのは、どれだけ野暮であろうとも「闘魂＝人の誠意を踏みにじる覚悟」（©新間寿）で一人勝ちを続けたからであり、それに比べて藤波がスターになり損なったのはヘビー級転向によって一人勝ちできない状態となった上、長州の踏み台にされたからだったはず。

それに比べて近頃のプロレスがつまらなくなったのはバランスを重視してトップクラス全員がそれなりに光る複数スター制の弊害だとボクはこれまで口を酸っぱくして主張し続けてきたのだが、そうなるに至った悪の元凶が永島のナマハゲだったというわけなのだろう。

「一流のレスラーならば試合の勝ち負けなんていう、私の立場から見れば些細なことにいつまでも頓着しないこと。勝ち負けばかりにこだわる選手を見ていると、私ならこんな風に思います。ああ、じゃあ今回のチャンスは違うレスラーにあげよう。あいつが頑固でいたいなら、第一試合からまたやり直せばいいんだ、なんてね」

それでも、小川がいまプロレス界でも頭ひとつ抜けたスターの座に就いている理由は、他のレスラーと比べて誰よりも勝ちにこだわったからこそなんじゃないかとボクは思う。

「最近の新日の若い選手には、ピ〜ンと張り詰めた殺気が足りないかもしれない。いわゆる全日本的な〝いい試合〟をやろうという気持ちが強すぎるみたいなんだよね」

永島はそんな不満を口にしているが、ボクに言わせれば新日の選手から殺気が消えたのは、勝ちにこだわらない物分かりのいいレスラーばかりに会社がチャンスを与えてきたからに違いないのである。

思えばドーム大会開始直前の88年に新日へ入社してたりと、闘魂二人三脚ではなくむしろ長州体制の平成ドームプロレスと二人三脚で歩き続けてきた彼氏。

かつて『東スポ』記者だった頃は、猪木に「じゃあここで、3人まとめて相手にしてみたら?」「拉致されなよ」「相手の頭、蹴っちゃいなよ」などと無責任かつ素晴らしいアドバイスを送ったり、専修大学の後輩・長州に帰国を勧めて「『噛ませ犬』発言」のアドバイスも送ったりしていたそうだが、いまや猪木に「お前のやること全て先が見え見えで、何も面白くない!」と言われるようになってしまったのだから、まったくお話にもならないだろう。

それでいて、他団体との交渉では「立場の優劣はつけないこと」と「相手の立場に立ってモノを考えること」を肝に銘じているなどと、髙田や大仁田に名指しで批判されたとは到底思えないことだって断言。しかし、「嘘をつかないこと。その度に本音で話して、誠心誠意でやっていく。私と猪木さんが似た所は、そういう部分だと思うんです」なんて不可解なことも言い出すから、もはや自分で嘘吐きだと証言しているようなものなのであった。

「橋本真也。彼はもう、ハートが足りない。この一言。アントニオ猪木や私が続けてきたスキャンダラスなプロレスの面白さがまだ理解できないいんだよね。残念だよね」

そんな批判にしても何かと思えば、川田とのシングルマッチで電撃復帰するプランを橋本に蹴られたことについての恨み節でしかないみたいなのだから、それのどこがスキャンダラスなのかボクにはもちろんサッパリ理解できないのである。

「長州もね、ある年の蔵前での猪木戦、あれはプロレスのルールの中ならば何をやってもいい、という試合でした。他にも彼なら経験があるでしょう。だから長州なんかＰＲＩＤＥの人気に平然としてるでしょう。ちっとも怖いと思っていない」

この発言も競技としての怖さとライバル団体としての怖さを混同して答えているからもちろんサッパリわからないんだが、それでも総合格闘技への対処法は考えているみたいだから、さすがはキング・オブ・スポーツ。腐っても新日である。

「ヒクソンがロスに道場を持っていますね。そこに新日の選手を入門させて、柔術の稽古をつけてもらう。そんなことも考えています」

そういえば新日の若手で「小川さんみたいになりたい」との思いから総合系の選手と技術交流している奴がいるって噂も聞いたのでこれは期待できると思ったら、「ロスに行くのは健介か、もしくは飯塚クラス。それくらいじゃないと、面白くはならないよね」と、まったく面白くないプランをブチ上げてみせるのだから、もう完璧すぎ。この永島が交渉事の窓口に立っているのだから、そりゃあ新日が面白くなるわけもないのであった。

まあ、いい。

それでも全日との「友好ムードの中に、アチャーと水を差してくれた事件がありました。藤波社長のおかげです（笑）」と唐突なノアとの交流宣言について嫌味を言われていたり、長州対大仁田戦が決まっても「そこで何をやるのか、藤波社長にはまだ内緒だったんですよ。社長は２人の対戦に慎重な考えだったし、あらかじめ知ってたりしたら余計なこと言っちゃうから（笑）」とのことで社長なのに箝口令を布かれていたりと、いちいち情けなくて面白い藤波は和製ビンス・マクマホンに最も近い男だと痛感させられた次第なのであった。

『プロレスLOVE論』

浅草キッド、ターザン山本／東邦出版／1333円+税

なぜかまえがきの時点で「私は自分以外の人間に対して『ＶＩＰ待遇しろ！』と言いたいのだ。金のあるヤツ、地位のある人間は俺のことを最高にもてなせ。つまり、『うまい物を食べさせろ！』と私は言っているのだ」と猪木以上に格闘ホームレスらしいことをしてブチ上げてみせたりなど、プロレスへのＬＯＶＥが一切感じられないターザンが自己愛ばかりアピールしまくる一冊。

ターザン転がしの名手・浅草キッドが、プロレス以上に無茶苦茶なターザンの人生（最初の結婚では13年間毎日ファックしていたことなど）について本人も交えて語り下ろした対談集なのだから面白くなって当たり前のはずだろうが、脚注の入れ方や「※一同笑い」なんてフレーズが登場する対談のまとめ方、そしてエッセイや年表が唐突に入ってくる本自体の構成などにセンスが一切感じられないから、残念ながら笑いを消すこと山の如しなのであった。

まあ、ターザンが前払いで破格のギャラを貰ったまましばらく放置していたせいでわずか数日で作り上げたという裏事情を考えれば十分に健闘しているのも事実ではあるし、三島由紀夫自決報道を聞いて「三島の生まれ変わりとして、俺が三島の分まで生きてやる」と当時すでに20歳を過ぎていたのに勝手に確信したという、明らかに当時から狂っていたとしか思えないエピソードが収録されているだけで、ボクは満足できた次第なのである。

『プロレスがわかるのはオレだけだ』

ターザン山本／ＫＫベストセラーズ／533円+税

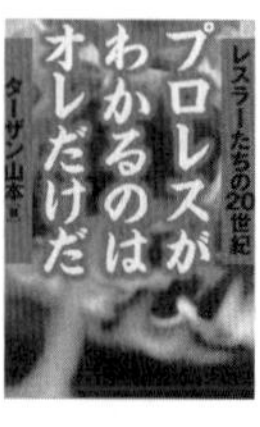

ついつい「プロレスがわかってないのはお前だけだ！」と容赦ないツッコミを入れた

くなる人も多いであろう不遜なタイトルが実にターザンらしい、書き下ろし文庫本。

　書き出しが「この本を手にした君は、大変に幸運だと思う」というだけでボクはすでにお腹いっぱいなんだが、あれだけ大絶賛していた全日本の四天王プロレスに対してもいまさらこんなことを言い出すハシゴの外しっぷりがまたターザンらしくてたまらないのであった。

「三沢や川田はレスラーというよりも、普通の〝兄ちゃん〟なのだ。健介や橋本もその意味ではみんな同じ。四天王のプロレスは別名〝あんちゃん〟のプロレスと言ってもいいかもしれない。あれは確実に〝あんちゃん〟のプロレス。彼らは背広を着た姿が格別に似合うわけでもなく、格好いいとも言えない」

　そんなこと、背広が似合わないどころか冬でも『デラプロ』特製Tシャツを着て常に腹を出していた（『プロレスLOVE論』情報）ターザンにだけは絶対言われたくない台詞だと思うんだが、大橋巨泉に対しても「むかつくおっさんである。自分の下品さをよく鏡を見て、反省しろと言いたくなった」と平気で毒突くターザンに、そんなことは言うだけ無駄なのだ。

　他にも「日本のプロレス史においては、いろんな事件があったが、私は1996年に起こった新日本による『週刊プロレス』の取材拒否によって、日本のプロレスは終わったと考えている」との発言で、近頃のターザンが「プロレスは終わった！」と触れ回っているのは「死なばもろとも」な姿勢ゆえだったらしいことも、これで発覚！

　挙げ句の果てには「PRIDEは私の考えを代弁しているような組織である。PRIDEの出現は私の考えが正しかったことの証明だと、そう考えている」とまで言い出すから本当にとんでもないのだが、確かに膠着しまくった挙げ句に「金返せ！」と観客に言われたりもするという意味で、当たり外れの異常に大きなPRIDEはターザンそのものなのかもしれないのである。

41

読者の方々から「物足りない！」との声が多数届いたので、前号は頑張って通常版でお届けしたわけだが、それほど大きな反響もなかったから本当に寂しい限り。そういうことで近頃はプロレス本の発刊も少なくなっているので、今回もさほど反響がないようなら容赦なくコーナーを縮小するとここで勝手に宣言する、読者の声にとことん左右されやすい書評コーナー。あ、そうそう。秋山が結婚を決めたのは「彼女の誕生日と僕の誕生日に避妊しないでしてみた」結果、彼女が妊娠したからららしいので、チョロもせいぜい気を付けるように。〈※当時のメールアドレス〉

ノアに加われなかった男・川田の人間性を全面否定！

『すべてが本音。』 秋山準／アミューズブックス／667円+税

同じシリーズから出た定価500円の橋本&永島のナマハゲ本よりちょっと値段が高い分だけページも多い、長谷川博一氏構成による初の秋山本が登場。

いろんな意味で平成新日の選手よりよっぽど新日らしい秋山ではあるが、格闘技方面のことを聞かれればすかさず「プロレスをキング・オブ・スポーツと呼んだのはぼくじゃないから、そう呼んだ人が自分で刈り取ればいいんじゃないかな」と新日に責任を押し付けたりするタチの悪さもやっぱり新日らしくて、シビレる限りなのであった。

プロレスに対する姿勢にしても、「自分から掟は破りませんよ。でも相手がそのつもりなら、こっちだって目の中に指突っ込んだっていいんだから。いつもそれくらいの覚悟は決めて試合やってますからね」という物騒な代物（三沢イズム？）だったりするから、秋山には絶対に乗れるはずなのだ。プロレスラーはこうじゃなきゃいけねえんです！

しかし、あえてその姿勢をわざわざ前面には出そうとしないのが、秋山の秋山たる所以なのである。

「小橋さんとの試合は、心を悪魔にすれば、僕があの人より上に見せることはできるんですよ。まずはグラ

ウンドでコントロールすれば、小橋さんは力では返せない。僕が一度、後ろに回ったら絶対にスイッチさせない。するとお客さんには、僕が相手を圧倒しているように映るでしょう」

そこで心が悪魔にならなかったのは小橋に対する恩義や尊敬の念があったからなのだろうが、こと喋りの面では「僕は大口なんか叩いてないですよ。心の中のドロドロした思いを、ストレートに吐いてるだけですよ」という姿勢で、なぜか川田利明に関してだけはとことん心を悪魔にしてドロドロした思いをストレートに吐き出していくわけなのであった。

まずは「陰でどうのこうの言う人なんで、レスラーじゃなく人間として腹を立てたこともあります」と、ノアに加われなかった男・川田の人間性をあっさり否定！

さらに、「川田さんだって、自分があれだけ言ったんだから秋山がどんな気持ちでいるのか、それくらいは分かるでしょう。気付かなければアホですよ」と言い切るから、何を言ったかはともかく後輩にまでアホ呼ばわりされてしまう川田の幻想は無限に膨らむばかりなのである。

三沢が「喋らないのに一言多い」「余計な憎まれ口を叩くから、思い切りぶっ飛ばした」だのとしつこいぐらい口にしていたように、とにかく陰で余計なこととつまらないギャグばかり言っていたらしい川田。

それは、川田が飲みの席でも「吉田豪っていう人はボクのこと嫌いなんでしょ」とボヤいたり、「渕さん、（水道橋）博士はね、『紙のプロレス』で俺の悪口ばかり書いてる吉田豪のインタビューを受けろって言うんですよ」と愚痴をこぼしたりしているらしいことからも容易にうかがえるんだが、それはそれでキャラクター通りだから個人的には一切問題なし！

しかも、こうして馬場にまで駄目出しされていたことまであっさり暴露していくから、川田をトップに据えたいまの全日がどれだけデンジャラスなK（会社）なのかつくづく痛感させられた次第なのであった。

「確か三沢さんと川田さんの試合の時だったかな、ボクは馬場社長の所にわざわざ呼ばれて『試合を見とけよ』と。川田さんがガンガン蹴りを使うんだけど『な、余り強く見えないだろ?・』なんて指導してくれるんですよ。蹴りを多用すると品がない。品がないというのはトップとしてダメなんだと、おっしゃってました」

垣原&長井がなぜ全日で冷遇されたのか謎がようやく解けた、この馬場発言。

そして、なぜ秋山がここまで強気でいられるのかという巨大な謎も、この発言であっさり解けたわけである。

「はっきりいって僕を潰すなんて無理ですよ。試合の勝ち負けなんかじゃ僕の心は折れないし、どうやったって僕の心を折るなんて無理な芸当なんです。はっきりいって背負ってるものが違うんだから、折れるものなら折ってみろという気持ち。僕の気持ちが落ち込むとしたら、身内が死んだ時くらいでしょう。それ以外は落ち込むことなんてない。みなさん考えが甘いですよ」

さすがは秋山。しかし、ここで秋山が唐突に「身内が死んだ時」なんてたとえ話を持ち出すのは果たして何故なのか？

実は彼氏、「どうしても手に入れたいものがあるんですよ。僕の手で一軒家と犬と子供部屋を手に入れたい。僕は子供のころからお金の心配が絶えなかった。だから子供には一切、お金のこととか、大人のドロドロした世界なんかを見せたくないんです」との小市民的な夢を抱いていることからもわかるように、背負っているものの違いとはどうやら「身内」だったとしか考えられないわけなのである。

しかし、身内以外のことでは気持ちも落ち込まないはずの秋山が、「今のままだと心配が多すぎて、僕の自律神経の病気なんか治らないかもしれない（苦笑）」と告白したりで、どうやら想像以上に心配性らしいこともここで発覚。

「風呂に入っていて急に呼吸ができなくなって、体に石鹸をつけたまま風呂場から出て床に倒れたりしましたね。ノアはこのままだと、どうなるんだろう？　ウチの家族はどうなるんだ？　若い奴らはどうなるんだ？　どこかインディー団体にでも入って、試合のない時はアルバイトをするみたいな生活を強いられるのか？　そんなことを考え出すと、もう心配で寝られなくなるんですね。大体、試合前に精神安定剤を飲んで闘ってるレスラーなんて、自分だけじゃないですか（笑）」

これだけいつ何時でも団体のことを考えて自律神経を病むまでになっている秋山にしてみれば、どう見たって何も考えていない川田や田上明への発言が自然と厳しくなるのも確かに当然の話なのであった。

『格闘技の描き方』 原田久仁信・監修、林晃・著／グラフィック社／1500円＋税

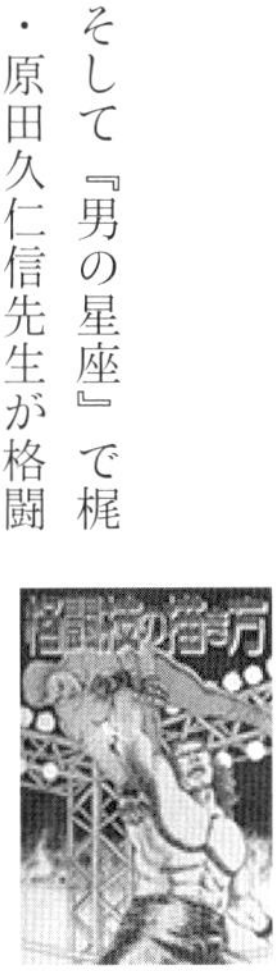

プロレスファン的には『プロレススーパースター列伝』や、そして『男の星座』で梶原一騎最後のタッグパートナーを務めたことで知られる漫画家・原田久仁信先生が格闘シーンの描き方をスーパーバイズする、漫画家志望者のための技術書。実はこれまでにも『バトルの描き方』『格闘技資料集』なんて代物が人知れずリリースされていたらしいから版元のグラフィック社も侮れないが、収録されたインタビューを読めば原田先生も侮れないなんてもんじゃないことに気付くはずだろう。

なにしろ原田先生、もともと「大学のばりばりの応援団員で空手部だった」というから、そりゃあ梶原先生とも意気投合できるだろうし、そんな強豪を侮れるわけもないのであった。

しかも、あの逮捕騒動でいきなり連載終了となった『列伝』に梶原先生のお気に入りレスラーだった幻のジャンボ鶴田編が存在し、「鶴田の話の下絵がすんで、表紙描いてるときに『連載終了です』の連絡が入ったんだよ。下絵して、ペン入れしようとしたら電話が鳴って……。その話をしたら、『読みたかったなあ』って言ってくれて、『いつか描きますよ』って返事して……」という秘話があったことも、ここで告白してくれるわけなのだ！

さらに、『コロコロコミック』で、タイガーとキッド（ダイナマイト・キッド）の話……佐山がいなくなって、スーパータイガーになって、ていう話」を描いていたことも発覚するから、もうビックリ。

ただし、最も驚いたのは原田先生がいま〝よみうり文化センター川越〟で似顔絵入門講座の講師をやっているという衝撃事実だったのである。入門させてよ！

『写真集・門外不出！ 力道山』 田中和章・撮、流智美・佐々木徹・編／集英社／２５００円＋税

古本屋で創刊号から１００号までのセットが50万円という高値で池袋の古書店に並んでいたり、それをボクが勇気を出してわざわざ現金で一括購入したりするほど貴重なプロレス黎明期のレア雑誌『月刊ＦＩＧＨＴ』（編集・田鶴浜弘）。

そこに掲載された写真を中心とした力道山のビジュアル本に果たしていまニーズがどれだけあるのかはまったく推測不可能ながらも、とりあえず親が死んでも力道山信者なボクは迷わず即買いの一冊。

案の定、デザインが異常にカッコいい『月刊ＦＩＧＨＴ』や『月刊ＲＩＫＩ』（ボクもカネやん＆リキさん＆北原三枝の３人が表紙と巻頭鼎談をしている新春創刊号を持っているが、広告モデルも何もかもが全部力道山という奇跡のような雑誌だった）の表紙の再録ページには本気でシビレた次第であり、ついでにセッド・ジニアスの天敵・流智美先生の仕事っぷりにも心底シビレたわけなのであった。

なにしろ、これまでの力道山写真集とは違って全ての写真に長文のキャプションを付けるという、非常に苛酷な作業に挑んだ彼氏。

どう考えたって力道山についてそうそう語ることはないのでキャプションのネタが一部被ったりするのもしょうがないだろうが、それでも「大木（金太郎）はいまでも日本プロレス再建をあきらめていないという」などのちょっといい話を随所に折り込んでいくセンスは、さすがと言うしかないだろう。

「日本では報道されていないが、（ボボ・）ブラジルの私生活における艶福家ぶりは有名。前妻との間に生まれた子供は元レスラーを含む６人だが、長年共に暮らしてきた白人女性（葬儀でも彼女が付き添った）により、再婚しないまま全米各地に13人の子供と25人の孫がいることが明らかにされている。合計19人も子供をつくったのだから、少子化の現在では考えられない〝精力絶倫男〟（?・）」

こんなエピソードを普通に紹介する流智美イズム溢れる文章もやっぱり抜群なんだが、遺族側のチェック

ゆえなのか写真もエピソードも力道山に関してはどうやら無難なものしか載せられないでいる様子なのが残念でならないのであった。

特に顕著なのが巻末インタビューに登場するマティ鈴木の証言であり、まずは「お酒もね、そんなに飲まなかったです。付き合いで飲むことはありましたけど、ベロンベロンに酔うほどは飲みません」と、なぜか力道山の数限りないほどある酒乱エピソードを彼はあえて完全に無視。

地方巡業でも「キャバレーなんかに出向くと大変な騒ぎになりますからね。旅館の自分の部屋にいました」という意外な真面目さをアピールするから、力道山信者じゃなくても驚くばかり。

そして、「豊登を呼びつけて、『おい、キャバレーからひとり、女を連れてこい』と命令するわけです」「豊登は力道山の好みの女性のタイプを知っていますから、すぐに連れてくる」というボクらの大好きな力道山らしいエピソードが登場しても、やっぱり「いや、違うんですよ。連れてきてお酌をさせるだけなんです。一杯だけお酒をついでもらうんですね。で、その女性はさっと帰らせる。力道山は実に遊びに関してはきれいでしたよ」と否定するから不可解なのだ。これは、選手の前で読み上げられない原稿は書かない主義だったという田鶴浜イズムなのだろうか?

それはそれでいいのだろうが、ボクにとっては「随分迷惑もしましたよ。飲むと暴れるから(笑)」「リキさん暴れ者だもん」「店全部壊しちゃったの!」という、力道山と義兄弟同然の付き合いをしていた張本勲による証言のほうがよっぽどリアルに感じられてならないのであった。

木村政彦をリング上で潰した伝説の試合についても同様であり、「俺は2ヶ月前からもの凄く鍛えた。それなのに、あいつの体見たら遊び呆けてる。これは負けらんない」と憤慨してチャンスを狙った力道山が、木村の「なんだ、この朝鮮人が!」という不用意な差別発言にブチ切れて容赦ない手刀を叩き込んだ。そんな張本証言の圧倒的なリアリティに比べると、マティ証言はあまりにも奇麗事すぎて心にまったく届かないというか。

そもそも、ビデオで確認する限りはほとんど当たっていないので、おそらく木村を潰すためのきっかけでしかなかった木村の金的蹴りについて、マティはこう語って見せるわけなのだ。

「控室のドアが閉まった瞬間です。山が崩れ落ちるような感じでドサリと力道山が倒れ込んだんです。リング上では平然とした顔をしていましたけれども、必死に痛みをこらえていたんでしょうね。腰を押さえてね、うめき声を上げながら、しばらくは立ち上がれなかった。それくらい、木村さんの当たりが強烈だったわけですよ」

試合後にはこれだけのダメージが残っていたとセコンドのマティが証言したためか、そのうち聞き手も力道山暴走の原因をこう推理するまでに至るのであった。

「リズムの悪さをとらえて、あの試合を真剣勝負だったと評価している人は多いのですが、実はそうではなく単に木村さんのレスラーとしての技術が未熟だったからではないか」

つまり、「木村の野郎、金的を狙いやがって。真剣勝負なら自分のほうが強いとか豪語する前に、お前はレスラーとして知っておかなければならない基本もろくに知らねえじゃねえか。そんなことも知らずにプロレスのリングに上がってくるんじゃねえぞ」という意思表示で力道山が木村を潰したんじゃないかとの推測を口にすると、「まったくその通りだと思います。その推測はほぼ間違っていないでしょう」とマティは断言し、こう言い切ってみせるから驚くばかりなのだ。

「ただひとつ言えることがあるとすれば、観客の前で見せる格闘技はどんな試合でも真剣勝負などありえない、ということです。これは真実です。だからといって、プロレスが八百長であるとか、そんなくだらない次元の話でもないんですよ」

真剣勝負はありえない！

ただ、それならこれがどういう次元の話なのかというツッコミもないまま話が終わっているので、できればこういうOBインタビューは共著なのであれば佐々木徹ではなくシュート話の大好きな流智美先生にやっていただきたいものだと心から痛感させられた次第なのである。

『梶原一騎伝』

斎藤貴男／新潮社／743円＋税

最近、『音楽生活』という雑誌でボクが書いた原稿『夕やけニャンニャンを見ていた男たち』の元ネタとなった梶原研究本屈指の名著『夕やけを見ていた男』が、えらくわかりやすいタイトルに改題＆補筆ページも加えてようやく文庫化。

ただ、タイトルはともかく東映の副社長と銀座のクラブのママに追加取材した約6ページの補筆部分は正直言って蛇足だとボクは指摘せずにはいられないのであった。

スムーズに流れていくドラマの中に、いきなり講談社社員への「暴行事件」の現場となったクラブに梶原先生が初めて行ったときのエピソードや、ママの「もちろん多少のトラブルはありましたよ。でも、そんな時は次の日、少し早めにいらっしゃって、小切手をひらひらさせて、私を呼ぶの。『オイ、静香ちゃん』。普段は〝静香〟と呼び捨てなのに。茶目っ気たっぷりの、失礼だけれど、すごく可愛い部分を持っていらした方でした」という証言などが入ってくるのは、いかんせんエピソードの長さと事件の核心とは関係ない部分が多いせいもあって文章のリズムが崩れ、作品から致命的に浮いているというか。

文庫用あとがきで篤子夫人が白冰冰《パイ・ピンピン》について語るエピソードを追加しているのだから、いっそ巻末に追加取材用のページを作ったほうがボーナス感も出るし、前のバージョンを買った読者にとってもどこで書き加えたのかすぐわかるから、そっちのほうが有り難いはず。

……と、ボクはそう思ったのだが、それだと前の読者には立ち読みだけで済まされる可能性が非常に高いので、どこを加筆したのかわからないようにしておいたほうが商売としては正しいのだと気付かされた今日この頃なのである。とりあえず、いい本なので必読。

42

祝・復刻！　……ということで、鬼の黒崎健時先生の名著『必死の力・必死の心』（日本スポーツ出版社）はここで紹介するスペースがないから、『ゴン格』の連載を参照。さらに皆様からの応援メッセージですっかりやる気が出てきてつい原稿を書きすぎてしまい、2冊分（ターザン本とキム・ドク本）は次号送りとなってしまった書評コーナー。〈※当時のメールアドレス〉

エリオでもヒクソンでもなく「ハンサム野郎」の無限に膨らむ幻想

『すべては敬愛するエリオのために―グレイシー一族の真実』

近藤隆夫／毎日コミュニケーションズ／1800円+税

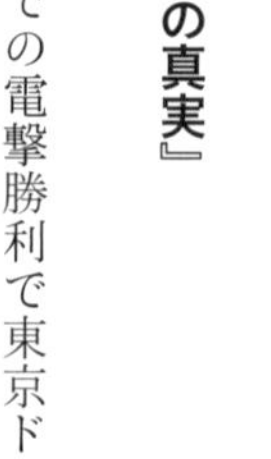

思えば下馬評を完全に覆したマルコ・ファス戦での電撃勝利で東京ドーム中に感動の嵐を吹き荒れさせたはずのアレクサンダー大塚も、いまや貯金がなくなったと言われて久しい今日この頃。だったら、その試合でアンチ・プロレス魂に溢れた暴走テレビ解説をしたため「何を言ってるんだ、ボケ！」（アレク）だの「そんなこともわからんとつべこべ言うな、アホ！」（前田日明）だのと当時各地で突っ込まれまくった近藤隆夫君の借金もそろそろチャラにしてあげていいんじゃないだろうか？

そういうわけで、「二宮清純になりたい人」とでも言うべきスポーツライター・近藤隆夫君が二宮清純の推薦文付きでリリースした、装丁だけは異常にカッコいいこの本。

どうも「グレイシー本をいま出すのはタイミングがズレている」なんて声が聞こえてきそうな気がしてならないんだが（幻聴）、ハッキリ言ってそんなことはどうだっていい。

むしろ、これまで『グレイシー柔術 アルティメットの一冊』（日本スポーツ出版社）ぐらいにしか書かれていなかったホリオン・グレイシー対ベニー・ユキーデ戦のことや、そのホリオンが『刑事スタスキー＆ハッチ』のディレクター宅へと掃除に行って夫人から「あなた、そんなにハンサムなのにどうして清掃をしているの。映画に出ればいいじゃない、俳優になれるわよ、私が主人に言ってあげるわよ」と言われるなりハリウッド進出を目指したことなんかを知れば知るほど、エリオでもヒクソンでもホイスでもなくハンサム野郎・ホリオン幻想が無限に膨らむばかりなのであった。

さらには、これである。

「UFCをスタートさせる際には、試合場をどう設定するかについて、彼は随分考え迷った。選手が逃げられないようにするために金網に囲まれたオクタゴンを用いたわけだが、別の案も多くあったそうだ。『周りに水をためたタンクを設置し、そこにワニを放り込む、あるいは電流を流すというのもあった。当時は真剣だったけど、まあ半分ジョークのようなアイデアだった』」

そう、ホリオンはもはや完全に松永光弘ばりにデスマッチな発想（W★ING魂）の持ち主だったわけなのである！　凄え！

こんなグレイシー一族の魅力をキッチリ引き出せるのは、ヒクソンとの信頼関係を築き上げた数少ない男・近藤隆夫君ぐらいのもの。

できることなら思いっ切りグレイシー側に偏った原稿を書くことを期待したんだが、桜庭に負けたホイスが「私は、やめるとは言わなかった。タオルを投げたのはホリオンだ」と言い訳するなり、近藤君は「その言葉を聞きながら、私は虚脱感に見舞われた。それはないだろうと思った」と常識的なことを言い出すから本当に残念なのだ。

これまで信じていたグレイシー一族に裏切られた……。おそらくそんな心境だったのであろうことは、かつて『語ろう！　プロレス』（95年／竹書房文庫）なる書物に残していた近藤君のこんな発言を読めばわかるはず。

『紙のプロレス』という雑誌があるでしょう。あの本の作りというのは従来のプロレス雑誌とは、まったく違うもので、その手法は、それはそれで面白いのだろうけれどインディ団体と一緒で、もういい加減にしてくれよという部分もある。『世間とプロレスする雑誌』でしたっけ、そういう言葉にも表れているようにね、プロレスが茶化されているんですよ。そう茶化された時点で、もう絶対的なレスラーが生まれないで、お笑い系と化している。プロレスもお笑いも一緒だというのは、本質的には正しいとは思っていても、プロレスファンが、ああいう本を作って、それを迎合して読むファンがいるというのは、僕が好きだったプロレスの世界とは、もう違うんだよ。寂しい気分になりますね」

そんな思いから、幻想の持てる絶対的な存在・グレイシー一族に感情移入をしていたらしい近藤君。ところが敬愛するグレイシー一族まで『紙プロ』や『SRS-DX』に茶化されたのみならず、目の前で当の本人からも説得力のない言い訳をブチ上げられてしまったのだからグレイシー最後の良心・ヒクソンに夢を託す気持ちは決してわからないでもないのである。

なお、マラカナン決戦でエリオを敗った柔道の鬼・木村政彦に対して、当のエリオがこんなことを言っていやがるのがボクにとってはこれまた腹立たしい限りなのであった。

「マラカナン決戦から半年ほど経った頃に、木村は二度にわたりブラジルで、ワルデマ・サンタナという男と試合をしている。ワルデマは、かつてエリオの弟子だった男であり、エリオは公私ともに親身になってワルデマを道場で指導していた。しかし、ある時、エリオはワルデマを破門にした。理由は彼が、『フィクスド・ファイト』に身を染めたからである。フィクスド・ファイト……それは八百長試合のこと。つまり、あらかじめ勝敗を決めているにもかかわらず真剣勝負に見せかけて行われる試合のことである。木村はワルデマと2度戦っているが、その時、ワルデマはすでにエリオに破門されていた。2試合ともフィクスド・ファイトであった」

つまり、エリオは木村政彦のことを「この八百長野郎！」と北尾光司ばりに糾弾していたわけなのだが、そのくせよく読んでみるとワルデマ戦はこんな内容だったらしいのだからボクには非常に納得がいかないというか。

「彼らの取り決めは次のようなものだった。1ラウンドから4ラウンドまでは観客の興味を引くために、お互いが技をかけ合って、いずれも決めることはせずに戦い続ける。そして最終の5ラウンドにはフィクスド・ファイトをやめて真剣勝負を始める。結果、2試合はいずれも5ラウンドの30秒過ぎに木村が勝利を収めている」

そんなの、「あらかじめ勝敗を決めて」はいないんだから八百長であるわけがないし、むしろそれはそれでサービス精神に溢れた単なるプロフェッショナルな真剣勝負だとボクは思う。

そして後日、エリオの甥であるカーウソン・グレイシーとの試合を木村が申し込んできたら、エリオはこう断ったらしいのだ。

「あなたはワルデマとフィクスド・ファイトをしましたね。本当は1ラウンドで簡単に決めることができたにもかかわらず、5ラウンドまで戦った。そんなことをした後でカーウソンと戦って、あなたが1ラウンドで勝ったら、世間の人は、どんな風に思うでしょう。カーウソンよりもワルデマの方が強い、そう思うに違いない。そんなことが私に許せるとでもお考えですか」

戦う前から負けることを考える馬鹿がいるかよ！　出てけ！　ボクはエリオにそう言ってやりたい気持ちでいっぱいなのであった。

『マッキーに訊け！——真樹日佐夫のダンディズム人生相談』

真樹日佐夫／ぴいぷる社／1400円＋税

元『フルコン』山田編集長が創刊した『格闘Kマガジン』の連載が、遂に単行本化。その後書きに真樹先生らしい筆致でクールに描かれている連載開始時の呑気なエピソードを、まずはざっと引用してみるとしよう。

「ページを開いてみて、『な、なんという——』。思わず絶句。声は裏返り、目は点に。次に山田編集長が来訪した折、『マッキーとはなにかね、マッキーとは』。眉を吊り上げてみせると、わざとのように彼は顎を縮込めつつも、『斬新かつ愛嬌があると、大変評判がよろしいのですが』。『俺はマッキーなのか、え？　なぜ事前にひとこと言ってくれなかった』。『こりゃあッ。どやしつけられて終わり、とわかってましたもので』。ご丁寧に物真似までされて、すっかり調子を狂わされた」

こんな調子で始まったらしい、この連載。

自流派を率いる身ながら、空手の雑誌で「空手なんて、いざという時に役に立つもんじゃないよ。だけど、『自分も死ぬ代わりに相手を道連れにしてやる』というくらいのことはできる、と思いたい」なんてことをクールに言い切る真樹先生にはつくづくシビレる限りなんだが、なにしろバスジャックなどで続発する少年犯罪について読者に聞かれれば平然とこう答えてみせるほどなのだ。

「（俺も）青酸カリをひとビン抱えて、『貯水池に叩き込んでやる』って山を彷徨したこともあるくらいだからなぁ（笑）。それを考えるとバスジャックなんて可愛いもんだよ」

なんと真樹先生が少年時代に無差別殺人を計画していたことが、いきなり発覚！

さらには「日本プロレス史上、セメント最強の男は誰だと思われますか？」と聞かれれば、思いっ切り意外なことを即答していくから本当に衝撃的すぎなのである。

「豊登じゃねぇかなぁ。力道山は生前、『いちばん強いのはトヨだ』と言っていたというしな。豊登というのはちょっと桁違いだったんじゃないか？　現役時代に会ったこともあるけど、なんというかオーラが感じられたね。セメントで強い奴というのはもう技術じゃなくて、腕相撲が強い奴だよ」

最強・豊登！　なお、個人的に最も衝撃的だったのは「フランスの雑誌が俺の特集を組むというので取材された」という一文なのであった。フランスで真樹先生ブームが!?

『これが勝ち組！ 12人の成功プロセスだ』

大浦淳司／ビジネス教育出版社／1500円＋税

スカイ・シンク・システムなる会社の代表取締役が聞き手となって各界の「勝ち組」にインタビューするという構成で、絶賛スカパー放送中らしい番組『21世紀・成功への旅』。そのうちゲスト12人分のエピソードが、ひっそりと単行本化されたのだが、読んでビックリ。

米長邦雄、桜井章一、オール巨人、有森裕子といった大物たちと並んで、なぜか藤波辰爾と森下直人という自分の力で会社を成功させたとはどうしても思えない2人の社長が登場しているのだから驚くばかりなのであった。本当に「これが勝ち組」なのか!?

「その番組でゲストのみなさんと接するうちに感じたのは、12人すべてが現在も勝ち続けていらっしゃる、まさに『勝ち組』と呼ぶにふさわしい方々であり、『一時代を築く人はそれなりのストーリーをお持ちになっている』ということでした」

果たして藤波はいまも勝ち続けていて、社長らしいそれなりのストーリーを持っているのか？

どうしても「例えば試合中に手がだらんとなって、気合いが抜けているような光景が見えると、控え室から（猪木さんが）飛んでくるわけですよ。で、試合をしている僕らを殴るわけですよ。お客さんは何が何だか分からない。もう、ハプニングですよ（笑）」といったプロレス人生の有名なエピソードを披露しつつ、「プロレス以外の世界にも、いろいろ興味はあります。山登りなんかも好きです。料理なんかも好きですし」などと趣味人ぶりをアピールする藤波を見る限りでは、勝ち組らしい要素は皆無なのだ。「無我夢中でやれば道は開ける」という成功へのアドバイスにしても、同じ道なら猪木の「迷わず行けよ、行けばわかるさ」のほうが圧倒的にインパクトがあるし。

そしてK-1との違いを「K-1はキックボクシングに近いルールで、PRIDEはケンカに近いルールです」とシンプルに説明する森下社長の場合。人生にドラマがあまり感じられないのはもとより、『裏プライド読本』と並べて読めばこの発言にも奥深い何かが感じられてならないのであった。

「格闘技の世界でビジネスを興そうと思ったときに、やはり相当覚悟がいった部分はありました。まったく知らない世界ですし、個人的に、第三者的に見るとかなりグレーな部分が多い印象がありましたので。それまで普通のビジネスを展開してきていたので、グレーな部分に足を踏み込まなければいけないという覚悟がいりました。ただ現状では、いろんな問題が法律上で整備されていますので、興行という世界も、法律に守られる部分がかなりあると思います」

……この発言はフォローしているようで、逆に格闘技興行の恐ろしさをアピールすることになっているとしか思えないのである。

『裏プライド読本――超人気格闘技 もう一つの楽しみ方』 西本贋司／同朋舎／1300円+税

「『あんまり（PRIDEのことを）ほじくっているとマジで埋められるぞ』。突然、彼はそう言った。彼とは、格闘技やプロレス業界に強い影響力を持つ、人気格闘技大会のプロデューサーである」

おそらくK-1の石井館長じゃないかと思われる物騒な発言も引用してPRIDEのダークサイドを謎の著者が推理しまくる、この本。

著者プロフィールや、前田日明に対する「何といっても〝プロレス〟と書いた編集長を女子トイレでボコボコにした御仁。悪口を書いたライターを名指しで『殺してやる』と言ってたりする、シロウト殺しですからね」という表現を見るだけで、ボクは「お前、西田健（K-1本もリリースしてる『噂の真相』ライター）だろ！」とツッコミたくなった次第なのであった。

まあ、西田健名義で『噂の真相』に書いたPRIDE暴露記事とかなり内容が被っているので正体はまず確実だったりするんだが、かつて前田ネタを書いたときには「西田健とかいうヤツを絶対捕まえる！　草の根分けても捕まえる！　俺の全人格、全人生懸けても絶対捕まえる！」とまで言われておきながらも気にすることなく平気でこんなことを書いていくビッグハートぶりには、つくづく感服するばかり。

「リングスは、ＷＯＷＯＷの撤退、エース田村潔司をはじめとする選手の大量離脱と続き、２００１年４月には、『リングス解散』という風評まで流れる始末。事実上、崩壊したといっていい」

いっていいのかよ！　……とまあ、とにかくよく取材してはいるんだろうが著者のプロレス〜格闘技に関する知識不足ぶりがちょっと気になってしょうがない一冊なのである。

たとえば、「ガラスのチャンプ」やら「『高山の腰巾着』やら『忠犬』などと心ないファンから呼ばれているらしい「プロレスのビデオ収集が趣味というオタクの入った現代っ子」（すべて初耳）という桜庭の強さについて、彼はこう語っていくのだ。

「桜庭の肉体は、レスラーとしては、打撃に対する耐久性も、長い時間を戦う持久力もない、実に脆弱なものでしかないのである。つまり、弱っちい選手でしかなかったのだ。今でこそ一流選手と誉れ高い桜庭が、ＰＲＩＤＥ参戦前はまったくの無名だったことが何よりの証拠であろう」

確かにＵインター時代の桜庭の戦績はイマイチだった。

しかし、「プロレスがグレイシー柔術登場以前に異種格闘技戦で強かったのは、圧倒的な防御力で、あらゆる攻撃に耐えることができたからだ」という発言を読む限り、Ｕインターや一連の異種格闘技戦を迷わずガチと捉えているようだから、それでは他の暴露発言にも説得力がなくなってしまうはず。

「各団体のチャンピオンというのは、団体のレベルを測る絶好のサンプル。いくら〝プロレス〟といえども、チャンピオンになれるかどうかはガチンコの実力で決める」

こんなことを言ってるから、彼がプロレス自体を正しく理解しているとは到底思えない次第なのである。

それは、近頃の橋本についてこう書いていることからも容易にうかがえるはずだろう。

「ＺＥＲＯ-ＯＮＥを旗揚げした橋本真也が、プロレス的格闘技大会『真撃』で、ＷＷＦの選手を招聘しようとして『ＷＷＦの妨害にあった』と断念したというが、ＷＷＦにしてみれば、余計なお世話なのである。別に『世間一般』に対して『強い』とは言ってもいないし、八百長とカミングアウトしているＷＷＦ選手を、ガチンコの大会に呼ぼうとした橋本は営業妨害そのもの」

もちろん、あれはＷＷＦではなく米国の弱小インディー団体から身長だけは大物なタッグチームを真撃に招聘しようとしただけのことだったし、それで真撃＝ガチンコ、プロレス＝八百長と短絡的に結論付けてしまう姿勢にもちょっと問題ありすぎなのだ。

他に「ＰＲＩＤＥのファイトマネーは、前座クラスでも５００万円以上」という、谷津やアレクが聞いたら憤慨しそうなデータも載っていたりするものの、その辺に目をつぶりさえすればそれなりに楽しめるはず。「谷川が、血まみれになった桜庭の姿を『凄惨さこそガチンコだ』と煽り、その姿がスポーツ紙の一面を飾ったと喜ぶ。正直、読んでいるうちに吐き気すらした。桜庭のコンディションが悪く、今回のルール変更がいかに危険であるかをとうとうと述べたてた後に、平然とこう書けるのだ。『桜庭敗れて一人勝ち』、と。本が売れ、雑誌が売れ、自分の番組出演が増えるからだろう。ＰＲＩＤＥが盛り上がり、自分たちが潤うから、そう言いたくもなってくる」

こうして谷川さんにだけは必要以上に牙を剝き出しにするのも最高だし、『プロ野球ニュース』での高田は「中卒でレスラー一本だから常識もないうえ、まったく他のスポーツのことを勉強しない。あげくの果て、本番中、居眠りまでした」だのと、どこから聞いたのかもわからないが不思議と説得力のあるＴＶ関係者のコメントもかなり絶妙なのだ。

「トーク番組だったんでいつものダーやビンタが定番。打ち合わせのとき、せっかくだからと、こちらからＰＲＩＤＥやプロレスの話題はどうですかと聞いてみると、全然、反応しない。それより猪木さんが熱心に話していたのは『豆腐パン』や『ダイエット』の新しい手法。マジでこちらに『みのもんたさんを紹介してもらえないか』、と。『おもいっきりテレビ』で豆腐パンを紹介してほしいみたいでした（笑）」

こんな猪木に関する証言にもかなりのリアリティがあるし、何よりもボクが最近気になっている杉良太郎のちょっといい話も掲載されていたから、個人的にはもう文句なし！

「数少ないヒクソン・グレイシーの日本人の愛弟子に、タレントの山田純大がいる。杉良太郎の実息で、今は父の跡を継ぎ、水戸黄門の角さんを演じるが、ロサンゼルス留学中、ヒクソンの道場で学んでいた一人なのだ」

杉良ジュニア、恐るべし！

できればグレイシー・ジャパンの実力者らしい菅原文太ジュニアとのリアル『ネオ格闘王伝説・Jr.・WARS』（上川端通先生の傑作劇画）がぜひとも見てみたい今日この頃なのである。

★お詫び★ネットでのターザン日記にイニシャル表記で書かれていたため「SはShow氏？　それとも沢野慎太郎・元猪木秘書？」と一部で噂されていた件の真相が、遂に発覚！　本誌№37の『書評の星座』における佐々木徹氏の著書に関する一部の表現において、関係者各位に多大なご迷惑、ご心労などをおかけしたことをお詫びします。佐々木なだけに「正直スマン！」。という冗談はともかく、全日選手のタイツの穿き込みよりも深く反省します。〈吉田豪〉

なぜか近頃、誌面で発表したら命がなくなりそうな芸能界&格闘技界絡みのタレコミが次々と殺到中。ついつい、どこかの木の幹にでも「●●は男色！」だのと叫びたくなってしまうほどなのだが、もしかしたらこれはボクの口の堅さを調査しようと企んだ業界の大物たちによる実験なのだろうか？　そして、「じゃあ、●●と●●が仲いいのも、男色だから？」などと余計な妄想ばかりが膨らんで順調に仕事が手に付かなくなりつつある書評コーナー。〈※当時のメールアドレス〉

43

とんでもない『紙プロ』裏エピソードが読めるターザン日記

『プロレスのあばき方』

ターザン山本／エンタープレイン／1400円+税

近頃のターザン本では最も読みやすい、この本。クレジットこそ「花のぼんくら編集者」という匿名になっているが、聞き手は旧『紙プロ』編集者・松林貴である。

そんな本で一体、ターザンはプロレスの何をどうあばいているのかと思えば、「これは極秘中の極秘なんだけど、もうわかっていたほうがいいと思うんだよ」とばかりにとんでもないタブーを平気で暴露していくのだから、本当に驚くばかりなのであった。

つまり、こういうことである。

「レスラーは絶対に相手の右半身を攻めてはいけないということを知ってるか？　攻めるのは必ず相手の左半身。つまり、右半身を攻めたら相手は反撃できないでしょ。左半身を攻めていたら、右手、つまり利き腕で反撃できるんだと。逆に言えば、利き腕を攻めてはいけないということ。プロレスラーはまず最初に基本としてこれを教えられる。本当はファンはここまで知らなくてもいいんだけど、これは面白いでしょ。利き腕側を攻めたら、相手は反撃できないから試合がブサイクな形になるわけ。ところがUWFではそれを教えなかったから、UWF勢が新日本に上がった時に若手の選手が右半身を攻めていったんだよね。新日本からしてみれば『なにやってんだ！　何も教えてないのか』となったわけ」

これまでヒールやベビーフェイス、そしてケーフェイやアングルなどの隠語をプロレス業界一早く原稿で使ってきたターザンは、とうとうこんなことまで暴いてしまったのだ！　……と言いたいところだが、他には別に大したことを暴いているわけではないからさすがはターザンなのである。

たとえば、こんな調子だ。

「俺はいま、蝶野正洋に対してすごく腹立っているんだよ。彼は言葉で激しくプロレスをしてるよね。またはメディアで新日本に対する会社批判を堂々とやったりしてるでしょ。『藤波は社長を辞めろ！』とか『代わりに俺が社長になる』とか、そういう体制批判をどんどんやって、それが『東スポ』に取り上げられるよね。その発言に対して、坂口会長とかが『なんでこんなこと言ったんだ？』と聞くと、『あれはプロレスです』と言うんだよ。これほどファンをバカにした言葉はない。つまり社長批判、上司批判、体制批判をマスコミに対して言ってるのは、彼からすれば本音ではなくてアングルだと言ってるわけだよね。それを聞いた瞬間に、俺はシラケたというか、腹立って腹立って」

「あれはプロレスですよ！」はターザンの口癖でもあるのに！　ボクにしてみれば、蝶野のアングルに見せかけた本音の会社批判も、それに本気で怒るビッグ・サカや藤波社長も面白いからまったく問題なしなんだが、ターザンにとってはどうしても許し難い行為だった模様。

続いて、誰よりもファンをミスリードしてきたターザンが「マスコミを信用するな！」とブチ上げて、「癒着してるからだよ。つまりマスコミとプロレス団体、マスコミとプロレスラーがベッタリの関係なわけ」などと言い出したりするから驚くばかりというか。癒着していたのはお前だよ！

さらに、この調子で「井上（義啓）編集長はヘレン・ケラーだったんだよ！」だの「プロレスファンはユダヤだと思え！」だのといった不可解な発言で暴走定義王ぶりを発揮するものの、最後は「俺がこれまでに出した答えはすべて間違いかもしらんよ。ただ、俺は俺流を言い切ってるだけだから」とズバリ言い切るいい加減さも完璧なのであった。

『在日はなぜスポーツに強いのか』

康熙奉／KKベストセラーズ／680円+税

謎の男・本末典斗が『週ゴン』誌上で紹介していた、この本。確かに巻頭インタビューに力道山の義兄弟・張本勲や極真会館館長・松井章圭が登場するのみならず、プロレス界からは長州力や前田日明ではなくなぜか「母は日本人で、その母の戸籍に入っていた関係で国籍は日本だった」ものの「朝鮮学校にも通い、民族の誇りを絶対に失わなかった」男、キム・ドクを紹介しているというだけでも断じて評価すべき一冊だとボクは思う。

「小さいとき、どれほど嫌な目にあったことか。『おまえ、ニンニクくさいぞ』とよく言われた。悔しくて、5人相手に大ゲンカしたこともあるよ。強くなって相手を見返したかった。俺は力道山みたいになりたいと思ったんだ」

こうして第二の力道山になるべく日本プロレス入門こそ無事に果たしたものの、ドクが目にした現実はどうやら理想とはほど遠かったようなのだ。

「19歳のときにプロレスの世界に入って、キム・ドクは民族の大先輩である大木金太郎の弟子になった。『韓国人同士がつるんでいる』。そう勘繰って、若いキム・ドクを執拗にいじめる者もいた。『でも、俺は我慢した。どんなことをされても、必死に耐えたよ。絶対に見返してやりたかったし、人に負けたくなかった。その気持ちだけで頑張ってきたんだ』

皮肉なことに力道山が作り出した業界にまで民族差別が横行しくさっていたからこそ、キム・ドクはこう叫んでみせるのであった。

「プロレスの世界には韓国人が非常に多いが、彼らが民族の誇りをもってやっているか。それを強く言いたい。俺が日本の国籍なのに韓国の名前でやっているのは、祖先が散々苦労したのに、それを忘れちまって逃げるようなこすい人間になりたくなかったからだ」

この決して「群れない、逃げない」（『産経新聞』ＣＭでの蝶野のフレーズ）姿勢が異常にカッコいいぞ、ドク！　ｎＷｏやＴ２０００などの軍団で群れまくっている蝶野は、一刻も早く『産経新聞』のＣＭをドクと交代すべきだとボクは勝手に確信した次第なのである。

さて、そもそも『在日はなぜスポーツに強いのか』という肝心の問題についても、ドクの答えはあまりにもシンプルでわかりやすすぎたものだ。

「俺たちの民族は、何よりも具体的なんだ。金を儲けたい、いい暮らしがしたい、腹いっぱいにうまいものを食いたい、差別した奴を見返してやりたい……そういう目標がはっきり見えていたから頑張れたんだ」

なるほど！　……と納得していると、最後にドクはこんなことまで言い出すのであった。

「なんで韓国人が強いか本当のことを教えようか。尻の割れ目の上を見たら、すぐにわかる。韓国人は蒙古斑が濃いんだ。そういうのにスポーツをやらせたら最高。俺なんか、未だに蒙古斑が濃く残っているよ」

つまり、力道山や大山倍達、そして長州力や前田日明といった面々がプロレスや格闘技の世界でトップに立てたのも、すべてはケツが青いおかげだったというわけなのである。

『USAゴング WWFオールスター SUPER CATALOGUE』

日本スポーツ出版社／667円+税

どうせ底の浅いよくあるアメプロ紹介本だろうとすっかり舐めてかかっていたら、なんとＷＷＦオフィシャル雑誌『ＲＡＷマガジン』掲載のインタビューを掲載したりで想像以上にコク深かった嬉しい一冊。

とにかく冒頭の、文字通り「ストーンコールド・セッド・ソー！」なスティーブ・オースチンのインタビューを読むだけでも、その素晴らしさはわかっていただけるはずなのだ。

たとえば、「ロウ・イズ・ウォー50本分を分析した結果……相手の急所、あるいは股に攻撃を加えた回数

168回、中指を立てるなどの猥雑行為157回、セクハラ行為128回、小便行為21回」と2000年にインディアナ大学マスメディア研究科が発表したほどのエロレス団体だったWWF。

それがいまでは全米教育委員会＝PTC（不道徳な行為をリング上で取り締まる軍団ライト・トゥ・センサー＝RTCの元ネタ）のせいでエロネタを大幅に自粛せざるを得なくなったものの、「彼らが大騒ぎを起こしたことで、ケツの穴が小さくなった幾つかのスポンサーがフェデレーション離れを起こしたことは知っている」と語るオースチンは、こんなことを言い切ってみせるのである。

「俺に言わせれば、PTCだか何だか知らないが……〝クソして寝ろ！〟だ」

そう、オースチンはリング外でもキッチリとストーンコールドを演じていたわけなのだ！

……と思えば、「俺はこう見えても保守的であり、堅実に蓄えもあるし、ちゃんと税金も納めている」などと、ストーンコールドとしては別に言わなくてもいいビヨンド・ザ・マットな部分まで馬鹿正直に告白し始めるから、もうビックリ。

「俺の人生は極めてノーマルなんだ。子供の頃は何不自由なく育ったし、両親も良かったし、兄妹たちもまったく問題はなく、ハンティングが好きで、スポーツに励み、学業面でも悪い生徒ではなかった。この仕事に就いてからも、まあ苦労らしい苦労をしているとは思わないし、それはそれで良かったと思うし、俺はそれを誇りに思い、俺の人生なんてこんなものでいいんじゃないかというのが結論だ」

どうも、隠し事をなくそうとするWWFのやり方にはプロレスラーにとってマイナス面も多々あるような気がしてならないんだが、それでもプロレスラー自身が「みんな、試合のハイスパート（スポット）しか考えていないような気がする。本当は、そこに至るまでの何かが、もっと必要とされているのではないかと思う」などと当たり前のように隠語を使ってプロレスを語っていくコク深さにはボクもシビレを感じずにはいられないのだ。

「俺の復活は早過ぎた。体調万全ではないオースチンをなぜWWFはリングに上げたのかと、ミニコミ情報誌は騒ぎ立てたが『ふざけんなよ！』って。あれ以来、俺はもう、あんなものは読むまいと思ったよ」

なにしろオースチンは裏情報満載らしい現地のミニコミ誌にまで大っぴらに噛み付き始める始末だったのだが、しかしいくら別冊とはいえ、なぜ「ワーク活字」の殿堂である『ゴング』が、あえてこんな発言を公開したのだろうか？

そこにはおそらくミニコミ情報をベースとしたシュート活字＆田中正志に対する監修者・ウォーリー山口なりの反発があるんじゃないかと、ボクは勝手に解釈した次第なのである。

確かに「スクリプト・ライター」がストーリーラインを作る「スポーツでもあり、演劇でもある」団体・WWFは、「アメリカにおいて、自分たちがやっていることをプロレスリングと表することなく、スポーツ・エンターテイメントとしてディスクロウジャー……つまり情報を一般公開した」のは事実だ。

もちろんCEOであるビンス・マクマホンも、大学の講義などで自ら「今まで閉ざされていたプロレスリングの暗黙の領域を自らの口で公開することにも踏み切っている」。

ただ、そのためか日本でも一部で低次元なヤオガチ二元論が蔓延するようになったのだが、断じて彼らは「『プロレスは八百長です』などという野暮な一言で片付けたのではない」のだ。

「我々がやろうとしていることは、皆様と少しでも分かち合うことができるエンターテイメント・ビジネスなのです。ショックTVなのか、人生のパロディなのか……映画でもなければ、完全に演出された舞台でもない。これはスポーツをやる選手達によるエンターテイメントなのです」

これこそは、日本のプロレス界にも絶対に共通しているはずの真理なのであった。

『ターザン山本豪速球―時速160キロの豪腕日記』

ターザン山本／芳賀書店／1500円＋税

いきなり前書きの1行目から「この日記は芸人の浅草キッドと、若手の売れっ子ライターの吉田豪ちゃんが絶賛したものである」と書かれているように、ごく一部では熱狂

的に支持されているターザン日記が遂に単行本化！

　なにしろ「部屋のテレビでAVを見るヒマもない。いつもなら必ず見て一発、二発ヌクのだが……」といった赤裸々な私生活から「もうプロレスの原稿は書きたくない。宿題を抱えているみたいでイヤだよ、もう」「野郎たちとプロレスの話をするのは飽きた」といったストレートすぎる本音まで、一切ガードしないで全てをブチまけているから本当に面白いなんてもんじゃないのである。

　それも、「呪いになっていないような日記は〝へ〟と同じである。〝へ〟とは屁のことだ」との無茶苦茶な理屈で、「私の方から関係を切ったものや、何かの理由で相手が去っていったり、人間関係がおかしくなったものは、その後不思議なほどみんな没落への道をたどっている」などと恨み言を言い出したり、そのくせ後に険悪な仲となったサダハルンバ谷川氏について当時は「人徳がありすぎるとしか表現しようがない」と呑気に言い切ってたりしているから、ターザンの変化も克明にわかって抜群に楽しめる一冊なのだ。

　その上、説明もないまま個人名が飛び交う日記を補うべく書き下ろした（「ページが余ったからって無理矢理書かされたから、あれは全然駄目だ！」と本人は憤慨していたが）第1章「ターザンワールドマップ」がまたとんでもない内容だから、騙されたと思って読んでいただきたいのである。

　とにかく、これを読めば「月曜と木曜が燃えるゴミを出す日。金曜は古新聞と古雑誌の回収日。土曜日に燃えないゴミを出す。だいたい朝9時までに表通りに出しておけば大丈夫」だの「家の外には一匹、野良猫がいる。名前はニャウーという。朝、私が目覚めた途端、玄関に来て『ニャー』と泣く」だのと、まったく知る必要のないターザンの私生活が嫌でも全部わかるのだ！

　そしてなぜか、『紙プロ』の面々に関する情報もたっぷりと詰まっているわけなのだった。

「この私の日記を『面白い！』とほめてくれるのが『紙のプロレスRADICAL』の事務所を仕事場にしている吉田豪ちゃん。豪ちゃんは1ヶ月、20本を軽く超える連載を持っている若手の売れっ子ナンバー1のライター。ターザン山本を面白がってくれる人の中では、ベスト3に入る。でも私はなぜか豪ちゃんの文章はほとんど読んでいないという ひどい人間なのだ。そのことは豪ちゃんも先刻承知済み。私の性格をよくわかっていて付き合っているのだ」

よく読むとボクを一切褒めていないことに気付くんだが、こうしてスペースがたっぷり割かれているだけでもとりあえず喜ぶべきなのだろう。

それは、毎日のようにターザンからかかってくる電話の応対をしている他の編集部員に対する失礼極まりない扱いを見れば明白なのである。

「『紙のプロレスRADICAL』にはもうひとり愛すべき男がいてそれは、盛岡の田舎から東京に出てきた〝チョロ〟。私は彼の本名が何であるか知らない。〝ガンツ〟もいる。彼の本名もわからない」

さらに山口日昇に至っては、こうなのだ。

「山口さんとは15年以上も前からの知り合い。彼はプロレスラー、山田恵一のファンだった。山田選手を追っかけてイギリスまでいったファン。そんな追っかけファンが今や『紙のプロレスRADICAL』の発行人兼編集長になっているのだ。凄いことである。それとともにかく彼の奥さんは最高」

結局、山口については単なる「追っかけファン」扱いしただけで、後はひたすら山口夫人を絶賛（日記でも「この人は人間ができている。性格が抜群にいい。年齢からするとおばさんの部類にはいるが、心は天使のような人だ。あんな天使は世の中を探してもめったにいない」とまで褒めちぎっていた）し始めるから、つくづくとんでもない男なのであった。

ターザンがそこまで山口日昇に冷たかったのは、どうやらこんな理由だった模様。

「最近の『紙のプロレスRADICAL』はどうにかならないのか？　雑誌に求心力がなくなった。あれではもう一部のファンしか相手にできないどこかのインディー団体と同じである。『紙のプロレスRADICAL』創刊号はこの私がレスラーを差しおいて〝表紙〟になっているのだ。その意味を山口編集長は思い出す必要があるだろう」

求心力うんぬんはともかく、それは明らかに思い出すポイントが違うはずなのである。ターザンが表紙だったせいで、創刊号は大量に返本されたんだよ！

なお、前の彼女に「会場に行かなくちゃダメ！」と怒られてから現場主義になったターザンは、自分のことを棚に上げて「『紙のプロレスＲＡＤＩＣＡＬ』の連中は、試合をあまり見ていない。また試合を一生懸命に見ることもしていない。これでは話にならない」とも断罪しているが、これも明らかに勘違い。会場に行かないのはボクだけであり、むしろ他の連中が会場に行きまくっていることが誌面に反映されていないことのほうが問題なのだから。

まあ、そんなことは正直な話どうだっていい。

たとえば「貧乏臭くて、退屈な１日だけは生きたくない。プアーな人生は最悪だ」と言っておきながら、「月曜になると、ゼロ円生活になるケースが多い」だのと貧乏臭い発言を繰り返したりするターザンの矛盾点を突いたってしょうがないのは、『紙プロ』読者ならきっとわかっているはずだ。

それよりも、むしろ大不評だった新日本の４・９大阪ドームを批判しなかったと不満の声が挙がれば、「試合はつまらなかったがそれは初めからわかっていること」「みんながすでにだめだとわかっていることを私が批判して何の意味があるのだ」「私からすると４・９大阪ドームは批判する必要がないのだ。これは私が〝取材パス〟をもらったから、新日本プロレスに気を使ったということとは、まったく違う。まあ、そう誤解されるだろうが、私はそれにはなれている。誤解されるのは奇才の証明でもあるのだ。私のフェイント殺法を理解しなかったら、それは半人前だ」と勝手な自画自賛を始めるターザンを面白がるべきなのである。

「私は芸人よりも芸人らしい生き方をしている男。読んでもらったら、私の凄さはわかるはず。私のことがアンテナにひっかからない編集者はもぐりといっしょ。ろくなヤツでないと私は断言することができる」

そう、ターザンは確かに凄いのだ。いや。本当に。

「吉田豪ちゃん、斉藤雄一、松林氏の３人はいずれも会話でプロレスができる人たち。こういう人材は本当に数少ない。私は私のことをたまらなく好きな人だけをとにかく、無条件で愛す。それが私の生きている喜びである。その点、やはり女性は視野が狭い」

「朝、起きたら吉田豪ちゃんからFAXが届いていた。あるファンが『ターザン山本は文章が下手である』と言ったミスター・ヒトさんにその件について話をきき、その一部始終を自分のホームページに載せた。それを豪ちゃんがわざわざ私に知らせてくれたのだ。私にはどうでもいいことである。FAXを送ってくれた豪ちゃんには、私は愛を感じた。愛は心地いい」

『プロレス激本』の表紙の色校をみる。今回はフィギュアをやめる。これは吉田豪ちゃんから『やめたほうがいいよ』と言われたからだ。私は豪ちゃんの言葉は無条件で信じる。『登場人物が激本は地味すぎる。レスラーを出しなさい』とも忠告された。次はその通りにしようと思う」

ボク絡みのことだけでも事あるごとにここまでいい加減かつピュアな反応を示してみせるような55歳の男が、果たしてこの世の中に存在するだろうか?

「午前中、変な若者が来て床下を点検させろという。私は〞またか〞と思ったが、勝手にやらせたら『大将、大変ですよ。水がたまってこれじゃ家が腐ってだめになりますよ』とおどす。面倒臭くなったので風通しがよくなるように三方に換気扇をつけてもらうようにする。2時間か3時間で工事は終わる。30万円也。1年間、ローンで支払う事にした」

ターザンは、ここまで騙されやすかったり、実は「フォスタープランといって、アフリカの子供に毎月5千円ずつ仕送りをしていて、そのお金も1万5千円振り込んだ」という黒柳徹子ばりのイイ面や、「銭湯で2時間サウナに入ったり、水風呂に入ったりすると、自分が哲学者になったような気分になる」という呑気な面も持っている男なのだ。

別に誰も知りたくもないと思われる「目が覚めたらウンコをしたくなり、トイレでバナナのような長いヤツがひとつだけ出た。体も心もすっとする」「ウンチを7回もしてしまった。出かける前、家で2回。JR

水道橋のトイレで1回。WINS後楽園のトイレで2回。夕方、帰宅して家で2回。1度で出てくれたら楽なのに」といった脱糞情報であろうと、克明に報告してみせるカッシカン・バッド・アス。それがターザンなのである！

「2001年1月から4月までの日記をとりあえず本にしてみた。あとは〝買え〟。そして〝読め〟である。私の日記は2001年4月で終わっていない。5月以降も続いている。不思議なことに月を重ねるごとに、さらにパワーアップしているのだ。それを見たい者はWebマガジン『マイナーパワー』(http://www.nifty.ne.jp/minorpower/) の会員になれ。わずか500円で私の知的財産をたっぷり見ることができる」

宣伝さえもいちいち命令口調なのは偉そうで腹立たしいんだが、とりあえずWebで公開される日記もそれ以外の部分も面白いことだけは間違いない。

「3月16日の深夜、吉田豪ちゃんから電話がかかってきた。『山口が消えていなくなったんです。誌面に穴があいたので、山本さん、すぐに書いてくれない？』というではないか？　大好きな豪ちゃんから困ったからと言って頼まれると、私の全身は思いっきりボッキする。午前2時過ぎまたしても豪ちゃんから泣きそうな電話。本当は泣きそうなのではなく、風邪をひいていたから、そういう声に聞こえてきただけである。今回のことは豪ちゃんとの友情にたまらないエクスタシーを感じた。男というものはいい生き物である」

こんなとんでもない『紙プロ』裏エピソードが読めるのは、ハッキリ言って『マイナーパワー』だけなのだから。しかし、それでボッキするなよ！

44

先月の座談会で「WWF&モー娘。黒船論」を口にして以来、「モー娘。が黒船だって？　気付くのが遅いんだよ、ゴルァ！」「ゴチャゴチャ言わんと『紙プロ』でモー娘。特集やれや！」といったモー娘。原理主義者たちからの物騒な意見が次々と寄せられるようになった今日この頃。挙げ句の果てには「日本のプロレスより先に、吉田豪がモーヲタだとカミングアウトすべき」とも言われたんだから、もうビックリ。そんな辻ヲタ（辻希美ではなく辻アナ派）がお届けする書評コーナー。〈※当時のメールアドレス〉

まったくの正論も、やっぱり乗れないと痛感させられる長州本

『プロレス・スーパースターOB列伝』

コーチャン氏／新風舎／1000円+税

梶原一騎の名作『プロレス・スーパースター列伝』（画・原田久仁信）に流智美テイストを加えたかのようなタイトルだけでも購入意欲を無駄にそそられてしまう、この本。しかし、問題はコーチャン氏なる国籍不明な謎の著者名である。

これはボクが何の説明もなく「ゴーチャン氏」名義で執筆するぐらい「痛い」センスだと思うんだが、そこで感じた嫌な予感が見事的中！

つまり、実際に読んでみると著者がラスベガスのカリフラワー・アレイ・クラブ総会に行くことを決意し、パスポートを取ったり飛行機に乗ったりマニアと交流したりする様を何の盛り上がりもなくダラダラ描写した代物でしかなかったから、悪い意味で衝撃を受けた次第なのであった。これのどこが『列伝』なんだって！　そもそも、この程度の内容ならインターネットで発表しろよ！

なにしろ彼氏、ようやく選手に会えたところで話も聞かずただ観察しているだけでしかないし、唯一ちゃんと話ができたディック・ハットンにしても「詳しい話は近くゴングで発表されるSさん（『ゴング』坂井圭也樹記者）のレポートで楽しんで下さい」程度で話を終わらせてしまうんだから、これでは本が面白くな

るわけもないだろう。

……と、すっかり憤慨していたのだが「ボクシングの王者M・アメ」という手書き原稿を打ち間違えたとしか思えないパワフルな誤植や、東富士もしくは大刀光とでも言うべき著者の顔写真があまりにも素晴らしかったから文句なし！　それだけでも必見なのであった。

『猪木の弱点──燃える闘魂醜聞（スキャンダル）外伝』

竹内宏介／日本スポーツ出版社／571円+税

「猪木信者の人たちが書いた猪木本は読み飽きた。だから馬場信者の私があえて猪木本に挑んだ！」

これは、そんな『週刊ゴング』掲載の珍しく刺激的な広告コピーや、ターザン山本『激本祭り』における竹内さんの意外な暴走ぶりを見てすっかり燃え上がったこっちの気持ちを容赦なくチルアウトさせていく、いつもの竹内さんらしい一冊であった。

当然、これといって新しい情報もないんだが、「馬場の死が猪木の〝理性のブレーキ〟をより利かなくさせたと思うのは、私の偏見だろうか……」「〝馬場〟というブレーキ役がいなくなった事で猪木の舵取りは楽になったと思うが、その反面、猪木の最大の弱点である〝暴走癖〟が不安である」などと馬場派らしく現在の猪木に対する危機感をキッチリ表明していることについては、猪木派のボクも共感するばかりなのである。

そのため小川を使って橋本を潰したりと新日にいつ何時でも横槍ばかり入れまくる猪木について、最後にはこうまとめてみせるわけなのだ。

「改めて猪木という人の〝底知れぬ怖さ〟を見せられたような思いだったが、その真意が本当に何なのかは、まだ、ハッキリと把握できない。それは30年前の日本プロレスのクーデター未遂事件の時と同じような感覚だ。あの時も私は〝改革〟と〝乗っ取り〟が同時進行しているような動きと思ったが、現在の一連の猪木の行動と言動には、あの時の事が妙にオーバーラップされて見えてくる部分がある。本当に新日本に危機感を持たすための創始者としての誠意ある提言なのか、あるいは再び新日本の実権を握るための手段なのか……今の時点では残念ながら判断がつかない」

これはおそらくどちらの推理も正解であり、きっと猪木は「いまの新日は駄目だからこそ、俺が実権を握って金もうけでもしなければいけない！」と本気で考えているのだろう。だったらたとえ危なくてもブレーキを全部外して、どこまで猪木が暴走できるのかを最後まで見届けてみたい気持ちでいっぱいなのであった。

『期間限定 長州力』

長州力／アミューズブックス／952円＋税

大仁田厚に対戦を迫られたという口実で期間限定で復帰したものの、「今年の僕はある意味では本当に〝ピエロ〟の役割だし、〝客寄せパンダ〟ですよ。こんな言い方、ファンに失礼かもしれないし、マスコミにそう書かれたとしたら、かつての自分なら『この野郎！』と腹を立ててたでしょう。今はそんなに怒りはないですよ」とのことで、すっかりギラギラした部分が薄れてしまった長州力。これは、そんな長州のらしくもない発言がたっぷり詰まった一冊である。
なにしろ巻頭カラーでは自宅で撮った写真を公開しているから、娘とくつろぐプライベートショットや健介から贈られたという健介&長州の悪趣味なツーショット油絵もバッチリ拝めるし、よく一緒に酒を飲むのが「選手だったら誰かな、やっぱり飯塚（高史）あたりですかね。飯塚が隣にいるとしたら、話は何もしない。仕事の話なんかしないで、淡々と飲んでるな」ということだってわかるんだから、マニアにはもうたまらないはず。
しかも、聞き手が2ページにわたる「キムチ談義」をしてみたり、「健介さん、小島さん、中西さん。みんな肝心なところでラリアットを使いますね。そうした一連のファイト・スタイルを〝ラリアット・プロレス〟と呼んで、『何だ、単なる長州力のコピーじゃないか』と批判的に捉える向きもありますね。長州さんはそうしたラリアット・プロレスの氾濫を、どのように感じてたんですか」というシュートな質問を本人に直接仕掛けたりするだけで、ボクは迷わず全面支持するわけなのだ（なお、その質問を長州は無視……）。

まあ、基本的にはプロレス界で「自分を作り上げてプロデュース」していく商売上のコツが話の中心になっているので正直あまりコクは感じられないものの、選手に対する商売的な評価の部分は非常に興味深かった次第なのであった。

たとえば、ゴッチの息子・木戸修の場合。

「彼は彼で、自分の責任はすべて果たしているんですよ。仕事はね。でも与えられた任務を果たすだけだとしたら、何か刺激があったのかな、なんて僕なら考えるんですよ（笑）。一般の人は、あの人を凄く褒め称える。マスコミも『木戸は性格がよくて、優しくて忠実な人間だ』と評価する。でも俺はそれは違うと思うんですよ」

業界の先輩に対してここまで言い切るのは、やっぱり長州のゴッチ嫌いゆえなのだろうか？

続いて愛弟子・中西学の場合はこうだ。

「今、面白い例が一人いる。中西ですよ。こいつはどうしようもない奴なんだけど、将来は凄いものになるかもなあと思ったんですよね。海外にも出したしね……、ＷＣＷまがいのわけの分かんないパフォーマンスなんか日本に帰ってきてやって、それでイケると思っているオツムが困ったもんなんだけどね（笑）。何をやっても動きは鈍いし、何をやっても客から笑いが起きる」

確かにこれは「面白い例」ではあるんだが、「どうしようもない」ながらもやっぱり健介同様に長州のお気に入りらしいことは伝わってくる発言だろう。

なお、近頃どうも健介に飯塚、中西、越中といった長州派と呼ばれた面々の影が薄くなりつつある気がするのは、おそらく新日内部で長州の力が弱くなったこととやっぱり深い関係があるんだろうか？

まあ、それはともかく続いて小川直也の場合。

「これからも中途半端なあれで、ずーっとやっていくのかなあ。それはもう、いつかハシゴを外されますよ。

まあ、何言っても言い訳になっちゃうな（笑）」

そんな不思議と説得力のあるお得意の「あれ」発言に続いて、「家庭と仕事の問題はかえって切り離せないでしょう。その時、彼がどういう状態になるかだな。俺だったら35で結婚して、子供が一人ずつ生まれる度に、自分の形が変わっていったからね」と、「最近はもう、家庭の話をしだしたら普通の男になる」とまで公言する長州は、まるで「あいつも子供が生まれたら守りに入るようになる」というようなことを言ってみせるのであった。近頃やたらと猪木が小川に離婚を勧めているのはそういうことなのだろう、きっと。

そんな発言だけでも十分お腹いっぱいなんだが、それだけでは終わらない。いまは現役ではないとの意識ゆえか、長州は「正直に言えば、我々より強い人間は世の中にいっぱいいますよ。そんなもの対象にあげたら、キリがないですよ（笑）」とカミングアウトするなり、独自の格闘技論をブチ上げていくのであった。

まずは「腕っぷしが強ければPRIDEには上がれる。歌舞伎町辺りでブイブイ言わせてるそこら辺のアンチャンだって、『出して下さい』と言えば明日にでも出られるでしょう」と単なるガチンコがどれだけ低レベルなのかをアピールすると、長州のレスリング的な強さが見えたと大好評だった新日対Uインター全面対抗戦における安生戦についても思いっ切り駄目出しするから、もうビックリ。

「あれはダメ。全然面白くない。お金を払って見てもらう、という類いのものじゃないでしょうね。だからあれ以来、僕はベースにこだわった試合なんかしていないでしょう。ホント恥ずかしかったんだから（笑）」

当然、こんな姿勢でプロレスというビジネスを続けてきた長州が、ここ最近の新日〝プロ格〟路線について不満を感じないわけがなかったのである。

「確かにアントニオ猪木は異種格闘技戦というものをやってきた。でもあの頃と今は状況も時代も違う。K-1とかPRIDEの人気が高まってきて、猪木さんは今レスラーにそれをやれ、と言う。僕はそれは、はっきり言って無責任だと思うんですよ」

「だったら猪木さんは、例えばどうしてアキラ（前田日明）とかが第一次UWFから新日本のリングに戻ってきて、激しい試合を毎晩やってた80年代の後半に『やろう』と言わなかったんだろう。あの頃だったら、俺はベースを持ってたし、みんなバリバリに元気で体力もあり余ってたのに。どうして今交われと言うんだろう、なんて思いますよね」

これはまったくの正論ではあるんだが、その後の発言を読んでやっぱりボクは長州には乗れないと心から痛感させられた次第なのだ。

「俺と日明が試合でモメて、日明が新日を解雇されるという事件がありましたよね。船木がヨーロッパでの武者修行から帰ってきて、新日に残らずＵＷＦへ行くという出来事もあった。鈴木（みのる）も出ていった。新日育ちの選手が別の団体に出ていくという事態が起きた時に、新日は何をよしとして、今に繋がる形のプロレスを続けてきたんだろう。そしてここに来て、なぜ変えようとするんだろう。あの頃、会長が率先してそういう号令をかけたら、みんなそれについていったと思うんですよ。……不思議とね、俺が現場の仕事をやるようになってから事故が起きる（苦笑）」

途中までは誰もが納得できる意見なのに、どうして最後にいきなり事故の話を持ち出してしまうのだろうか？　以前から気になっていたが長州は総合格闘技を語るとき、あまりにも新日内部で起きた事故の話を持ち出しすぎるのである。

「プロレスにああいう形（＝総合格闘技）が入ってきて、できる人間とできない人間が出てくる。でもこの世界は、できる人間とできない人間を区別するわけにはいかない世界なんだ。その時にどういう状態（事故）が起きるかってことに対しては、すごく恐いですよね」

「現場を預かっている人間としては、これ以上事故を起こしたくないんです。福田のこととか、道場の練習中に他界した練習生（権瓶広光さん）は専修大の後輩だったし、俺は忘れることはできない。だから思いがけない事故を起こすようなリスクの高い闘いにウチのレスラーをすんなり出す、ということは俺は無責任だと思うんだ」

この場合、問題は総合格闘技の側ではなく、むしろ長州を含めたプロレスの側にあるはずだろう。

まず、なんで新日は「できない人間」をレスラーとして採用してしまったのか？　「できない」以上、やっぱり区別はしておくべきではないのか？　そもそも、プロレスの練習や試合における怪我を理由にして格闘技の危険性を主張するのは、まったく筋違いなことではないのか？

おそらく、長州が度重なる事故で心を痛めているのは事実だとは思う。マッチメイカーを辞めたのも、「若い選手が事故で寿命を縮めるのはイヤだ。だったら俺はもう、そういう部分のマッチメイクの仕事に携わらないほうがいいなと思った。だから今、マッチメイクの仕事から退いているんですよ」と言われたら非常にしっくりくるし。

ただ、それなら「プロレスで格闘技的な実力を見せるのは恥ずかしい」「格闘技は危険」などとよその団体のネガティブ・キャンペーンを張るのではなく、いっそ「プロレスは『できない人間』にもできる、格闘技以上に命懸けのエンターテイメントだ！」と主張したほうが、よっぽどプロレスの素晴らしさが世間に届くはずなのである。

『プロレス裏実況』

辻よしなり／アスキー／1400円+税

おそらく本誌読者のほとんどはアンチ辻アナだったと思われるが、本誌前号のインタビューと本書を併せて読めばこれから辻ヲタに転向する人も続出するのではないだろうか？

古舘アナが「俺は、お前の十分の一の取材、つまりネタでお前よりおもしろくしゃべれるよ」と豪語しているように、実況アナとしては正直言ってボクも彼のことはあまり評価していない。

しかしことプロレスの見方については『紙プロ』ともかなり重なる部分があるのだから、馬鹿の一つ覚えみたいに「辻、嫌い！」「不快だから読まない！」などとゴチャゴチャ言わずにまずはこの本を一読してい

ただきたいのだ。おそらく、そう言っている人たちよりは辻アナが深くプロレスについて考えていることが必ずわかるはずだから。

なにしろ、新日の解説を降ろされてからというもの「K-1での敗北で、新日はまた無視を決め込むのか!」と吠えるようになった『東スポ』柴田記者同様に、これまで「新日ヒャッホー!」な実況を続けてきた辻アナもフリーになったことを機にキツいフレーズをどんどん連発していくのだから、そりゃあボクらの心に届くのも当然の話。

これまでは実況をやっていても「(もうひとりの自分のほうが、絶対おもしろいのに……)とは自覚してるのに、それを言えないもどかしさ。言い出す勇気よりも、しがらみの怖さに怯え、安穏平和を求めてしまっている自分に出会う」状態だった辻アナがせっかく「それでは、ダメだ」と一歩踏み出したんだから、せめてボクらだけでも支持して差し上げたいばかりなのである。

そもそも、かつて『反骨イズム―長州力の光と影』なる本を出したほど繋がりの深かった長州に対して「こともあろうに大仁田厚を相手に復活を遂げてしまった」「正直なところ、かなり落胆した」だのと素直な気持ちをブチまけたり、復活の理由も「あまり釈然としないものだった」とズバリ断言しているだけでも、辻アナの変化は容易に窺えるはず。ネットで囁かれ続けている長州の副業話についても「長州は、第二の人生では、事業というものも考えていたのだと思う。それが飲食店の経営なのか、日韓を結ぶ貿易の仕事なのか」と言及しているぐらいだから、それなら確実に乗れるはずなのだ。ヒャッホー!

さらに、辻アナはこんなことまでズバリ言い切ってみせるから本当にシビレる限りなのであった。

「はっきり言おう。長州は、ジャパン・プロレス時代からの愛弟子、佐々木健介を依怙贔屓している。それに後ろめたさを感じる長州は、健介を贔屓する分、みんなを公平にしようとするから、無理な対戦カードが頻発する。だから、長州のマッチメークはおもしろくない。実況者の立場から言うと、一時期の新日本プロレスには、どういう風にしゃべったらいいわけ? という試合が多すぎたのだ」

おそらく『紙プロ』読者なら誰もが共感できると思われる、この発言。ついでに『紙プロ』的にはピンとこなかったものの世間では不思議なくらい評判が良かった川田対健介戦についてもちゃんと駄目出ししてくれるから、辻アナは最高すぎなのだ！

「我々がプロレスを観るとき、試合自体もさることながら、次はどうなるんだろうというフックが効いていると、試合後もワクワクする。健介の大仁田戦や川田戦には、悪いがそれを感じない。昨年十月九日の新日東京ドーム大会のメインに組まれた『健介×川田』戦。私は、『メジャーの看板を背負って、全日と新日のトップが初のシングル決戦に挑む。これはまさに馬場と猪木の代理戦争。どちらが勝つかまったく分かりません！』と実況しながら、違和感を覚えていたことを吐露しよう」

「新日が主催のリングで、長州がブッキングした対抗戦。長州が細かいことまで条件を整えて、この試合を作っているのだとしたら、勝つか負けるかは別にして健介は闘いづらいだろう。それを見せてしまう、作ってしまうというのは、マッチメークの失敗なのではないだろうか」

こうして「しばらく前の新日のプロレスは、長州が取締役の席に座って、机上で考えている安全なシミュレーションのような気がしてならない」というマッチメーク批判を公然としてみせるから、この調子だとマッチメークを批判したことで無期限出場停止処分となり小川に潰された橋本同様、『ワールドプロレスリング』から辻アナの姿が消える日も近いんじゃないかと思えるほどなのであった。

しかも、その牙は長州・健介のみならず、なんと橋本や武藤にまで向けられていたんだから、辻アナ恐るべし！

「最も許せないのは、五月五日の福岡ドームだ。その大会のメイン『小川・村上×長州・中西』戦で小川組のセコンドについた白覆面は、どう考えても橋本だ。なぜ何もアクションを起こさないのだろう？　なぜ覆面を剝がして長州に投げ付けないんだ？　試合後でもいいから、マイクアピールしないんだ？　もちろん演出の決め事に登場するだけとあったのだろうが、橋本がこれから一匹狼としてやっていくためには、それを破ってでも小川や長州より美味しいところをごっそり持って帰らないとダメだ。バックステージではどんな駆け引きがあったっていい。表舞台に出たら思い切り暴れてくれ！　橋本との関係を凍結するという新日のリングに現れて素顔を晒し、いきおい大暴れでもすれば、ファンがその抗争を後押しするだろう。相手が絶縁というなら、無理やりにでも引きずり出せばいいんだ」

こうして「演出の決め事」などを明らかにしながらも、そこから一歩踏み出していくべきだと主張していく辻アナの姿勢は断じて正しいとボクは思う。とにかく、決め事をそれなりにこなすだけのプロレスではPRIDEの緊張感にも決め事に徹したWWFにも勝てやしない以上、日本のプロレスは決め事を一歩踏み出したシュートな部分をアングルにしていくしかないはずなのだ。

ところがそれだけでは収まらず、辻アナはなぜか橋本に対して「コテンパンに負けてもいいから、PRIDEやK-1に単身乗り込んでほしい」とブチ上げ、さらには武藤に対してまで「PRIDEのリングで、そのルールで闘ってほしい。相手が立て膝の状態ではなくても、シャイニングウイザードをぶちこんでほしい」と言い出すから、さすがはミスターPRIDE侍。彼らをいまそこまで追い込んで一体どうするんだって！

そんなPRIDE好きの辻アナがいま大絶賛しまくっているのが、やっぱり猪木にまで「俺が考える人間のキャパシティを超えてるんだ」と言わしめたという野獣・藤田和之なのである。

「藤田は、食欲・性欲・睡眠欲という人間の三大欲求もすべてが半端ではない。新日時代の有名なエピソードがある。藤田が遠征先のホテルで昼頃まで寝ていると、コンコンと誰かがノックした。素っ裸で寝ていた藤田が、そのままドアを開けるとそこに立っていたのは掃除のおばちゃん。彼女は腰を抜かすほど驚いてドアを閉めたのだが、しばらくすると再び藤田の部屋を訪れた。ひと目で藤田の肉体にKOされて我慢できなくなってしまったらしいのだ。すると藤田は、当たり前のように手厚いおもてなしで、彼女を悦楽の境地に誘ってあげたという」

まさにビースト！　野獣降臨！　結局、藤田の「朝だろうが昼だろうが夕方だろうが夜だろうが、いつなんどき誰の挑戦でも受ける！」という夜の猪木イズム、すなわち燃える闘魂棒の部分を評価してたりする辻アナを、いまこそボクらもキッチリ再評価すべきだとボクは言いたい。

そんな辻アナの暴走ぶりを知ったなら、猪木に直談判して小川対橋本戦を組み、「今度の生中継が失敗したら、もう二度とプロレスがゴールデンタイムで放送されることはないと思うんだ」と説得して橋本に引退を賭けさせて『橋本真也34歳小川に負けたら即引退スペシャル』を仕組んだ過去も、いまではすべて許せるはず。そう。辻アナは、たとえ無様に負けてもいいから橋本が一歩踏み出さざるを得ないよう追い込んでいただけなのだ。

こんな「辻斬り」そのものというべき姿勢に共感したボクは、いつか必ずプラスワン辺りで辻アナのトークショー、「辻ロック・フェスティバル」を開催することを決意した次第なのである。

辻ちゃんですっ（辻アナが二重になったばかりの目を見開き、やる気ジュースを注入されながら）！　……ということで、モーヲタたちに「吉田豪氏よ、格好付けるにも程がある！　あなたは俺たちと何ら変わりのないモー（妄想）ヲタだ！」と糾弾されるようになった今日この頃。なお、「〝モーヲタ界最強の論客〟と言われる宇多丸氏と〝妄ヲタ〟吉田豪氏の越境対談希望」との意見も届いたんだが、この対談は非公式ながらすでに新大久保の犬鍋屋で行われていたので悪しからず。そんな、リアル『13階段のマキ』・後藤真希よりも後藤達俊＆真樹先生を支持する男の書評コーナー。〈※当時のメールアドレス〉

45

とんでもないなんてもんじゃない！　またやってくれた大沼君

『COMIC&DOCUMENT 桜庭和志』　やざま優作、小林保／講談社／780円+税

当時は「あまりにも絵が下手過ぎる！」「登場人物が誰も似ていない！」「キャラクター設定もデタラメ！」「センス皆無！」「許せない！」「『書評の星座』で潰して下さい！」などと誰もが怒りを爆発させた、『週刊少年マガジン』掲載の実録桜庭物語。これは別に取材協力としてクレジットされていた〝Ｓｈｏｗ〟大谷泰顕氏のせいというわけでもないんだろうが、そこまで評判の悪かった作品が活字ページも大幅に加えて単行本化された。

その活字部分では殊更に「戦いを仕事にしている男とは思えぬ柔和な表情に加えて、隣のお兄ちゃん的な雰囲気」だのと桜庭スマイルを強調しているものの、なぜか表紙でも中味でも桜庭が笑っている写真がほとんどないという見事なまでの不機嫌モード全開ぶりがなんとも言えないんだが、とにかく少年犯罪や体罰について桜庭に聞いたりするインタビュー部分に関してはこれといって特筆すべき部分はなし！　以上！

そして、『紙プロ』の読者コーナーにイラストを送ってきたりこの単行本を送ってきたりしてくれているペン獣・やざま優作の手による漫画部分も、やっぱり言うまでもなくお話にならない出来なのであった。

確かに、彼がプロレス〜格闘技に対する知識や愛を他の漫画家より持っているのは間違いないだろう。だ

が、そもそも格闘技ファンの漫画家が面白い格闘技漫画を描けるのかと言ったら大間違いであり、むしろボクに言わせれば野球を知らずに「巨人の星」をヒットさせた梶原一騎のようにジャンルに対する愛なんてないほうがいいはずなのだ。

そういうことで唯一評価できるのは、高田延彦をふんどし映えのする新宿2丁目系の髭を生やした怪しげな風貌の親父として描写しているという、あからさまに愛がなさそうな部分のみなのである。

『バーリ・トゥード最前線からの証言―第1回UFCからPRIDE15までの軌跡』

ローリング・ストーン・編／スタジオDNA／1500円+税

思えば小さな『紙プロ』時代から、「初代タイガー対ウルトラセブンの試合は酷すぎて、俺は卵を投げた」などと不可解なことを言い出したり（そんな試合は存在しない）、「海外マットに八百長があるって本当ですか?」と馬鹿丸出しなことを天山に質問したことなんかをボクが糾弾し続けてきた大沼孝次君（ライター事務所ローリング・ストーンのボス）が、またやってくれた。

なんと数年前にも「大の新日本プロレス信者だった前田は念願叶って新日入りしたものの、維新軍との抗争に嫌気が差して新日を離脱した」（要約）との記述が衝撃的だった『前田日明よ、お前はカリスマか!』（フットワーク出版）をリングスに無許可でリリースして問題になったというのに、今度はDSEに無許可でPRIDE．15出場選手の試合後のコメントや（しかも、それが単行本の締め。どんな構成だよ!）、そのときのバックステージで猪木、コールマン、堀辺師範、お宮の松（北京ゲンジ）、オフィス北野の斎藤マネージャーというジャンルを無視した5人に直撃して聞き出したコメントなんかを集めて、勝手に単行本化してしまったわけなのである。なんでだよ!

しかも、暴走ホームレス（クイントン・〝ランペイジ〟・ジャクソン）戦直後の桜庭が「いちおう頭のなかでは普段の練習通りできればいいかなあと思ってやったんですけど、本番になると緊張しました。（自分の試合までの）待ち時間が長いんで、そういうのも考えてやらないとダメだなあと思いますよ」「（ノー・ルール・ファイトは）仕事です。好きな仕事をやっているだけです」と非常に桜庭らしくコメントしていたのを、「ただの仕事です。そういうの何も考えていません」とわざわざネガティブに意訳して表紙の帯に載せてしまうのだから、もはやとんでもないなんてもんじゃないのであった。

彼氏、「入場後、桜庭は自作のチャンピオン・ベルトを持参していた。そのベルトには〝SAKU〟と記されている。自分で作ったチャンピオン・ベルト。やはり対戦相手を茶化しているのか」とも書いてたりするから、よっぽど桜庭のことがお気に召さないのだろう、きっと。茶化すって……。

しかも、同じくローリング・ストーン所属の寺田英司君とやらがまた、Uインターとの全面対抗戦におけるエピソードと混同して「ヒクソンに敗れ、背中を丸めて引き下がってきた髙田に向かって『前田が泣いてるぞっ！』と叫んでいたファンが居た」などと言い出したり、マルコ・ファスがアレクサンダー大塚に敗北したことを「期待に胸を膨らませていた観客は、落胆せずにはいられなかった」と言い切ったりする大沼孝次イズム伝承ぶりなので、正直言ってデータ的な価値もエンターテイメント性もない文章や対談ばかり並ぶ一冊になっている始末なのだ。

そのためインタビュー部分にしても、「ボブチャンチンにしたって、ただブン回しているだけですよ。日本拳法では、相手がブン回そうものなら、直線攻撃の前拳をバシャーンと入れられますよ」「ボブチャンチンとエンセンさんの試合は、街のケンカですよ」と吠える日本拳法主席師範・猪狩元秀や、過去の「天山・小島はいい死に方しない」発言を「プロレスをケチョンケチョンにけなして、やめたのは正しかったと自分を正当化したかった」「本当のことだから言っちゃやって、そうすればファンもわかってくれて、彼らも格闘技側に移ってきてくるかなぁと思ったら、大反感買って有名になってしまったという（笑）」と正直に振り返る菊田がちょっと面白い程度……と思ったら、やっぱり大沼孝次君はボクの期待を決して裏切らない男だったのである！

とにかく彼が手掛けた藤田和之インタビューは、出版に関わる者なら絶対に読むべき壮絶な代物なのであった。いや、本当に。

なぜなら、「〝強烈なトーク〟なんて、そんな期待されても……。期待に応えられないです。（改行）はい。自分はずっとアマレスやってましたから……」という書き出し部分だけでもわかるように、これは通常のインタビューの質問部分だけを削った、不自然極まりない画期的な独り語りインタビューだったわけなのだ！

なんだよ、それ！

通常、一問一答形式のインタビューをモノローグ形式にするときには、こちら側の質問を相手が自分で喋る形にしたり、「だから」などの接続語を入れ込むなどして答えと答えを上手く繋ぐよう編集するんだが、大沼孝次君に余計な小細工は必要なし！

こうして「アマチュアの丸いマットが四角いリングになったと、そういうことで。（改行）はい。普通に就職して、というのは全く考えず……」「社長に、直談判じゃないですけど。（改行）ええ。で、猪木さんに……」「いや、基本的に、戦いという意味ではアマレスもプロレスもフリー・ファイトも一緒だと思うんで。（改行）うん。熱い闘いをやっぱりやれば……」などと藤田が一人で相槌を打ったり、「4年周期で。（改行）ハハハハ。決めてるわけじゃないですけど……」などと一人で笑い出したりするインタビューを生み出してしまったから、これは出版界の歴史にも残る奇跡なのであった。

挙げ句の果てには、この言い草である。

「藤田、安田は、2～3年したら人々から忘れられるでしょ。でもヒクソンは2～3年しても忘れないと思うんですよ」

なんだ、そのあまりにも中途半端すぎる2～3年って時間設定は！　たかが2～3年程度で藤田や安田が忘れられるわけもないし、どうせヒクソンを絶賛するつもりだったら「ヒクソンは何年経っても絶対に忘れられるわけがない！」ぐらいは男らしく言い切らなきゃしょうがねえだろ！

この勢いで「ヒクソンの本は、10年後にも出ると思います。でも、藤田の本は出ないと思います」という何の根拠もないことも言い出しているんだが、それなのにどうして2〜3年で誰もが忘れるはずの藤田にインタビューしてるんだよ！　しかも、安田まで部下の寺田英司君がインタビューしてるし。

巻末のプロフィールに「著作は多彩」「著作が高い評価を受けている」などと臆面もなく書いている、63年生まれの大沼孝次君（38歳）。このキャリアで何をやっているんだとさすがに思わざるを得ないんだが、ぜひとも今後もこの調子で無闇に転がり続けていただきたいものなのである。頑張れ！

『俺の魂』 アントニオ猪木／あ・うん／1500円+税

向田邦子かよ！　……と、ついツッコミたくなる衝撃な版元の名称と、「俺は、モハメッド・フセインというイスラム名をいただいている」という時節柄さすがに衝撃的な情報だけでも十分にお腹いっぱいな、この本。

冒頭部分でいきなり猪木が「常識ってものは、ほとんどが嘘っぱちばかりだ。その嘘を見破ることが、常識から踏み出すことに繋がるんだ」と非常識極まりないことを言い出したかと思えば、すぐさま「言っとくけど、俺は俺自身を常識外れとか、常識破りだとか思ってなんかいない」と断言するのも、これまた衝撃的の一言だろう。

しかも、ホームレスのコスプレ姿でリングに登場したら「『実際のおれたちはあんなに汚くない』って、本物のホームレスから抗議が来た」というのだから、どう考えても猪木が非常識なことだけは確実であり、そしてどうこう言ってもやっぱり猪木には誰も勝てないことも確実なのであった。

たとえば、これは「南北朝鮮に力道山の銅像を建てる」という猪木の壮大なプランを世間に訴えるための本ゆえ力道山のエピソードが中心になっているのだが、師匠・力道山について猪木はこう語っている。「当時のプロレス興行では、暴力団やヤクザなんかの裏社会とのつながりは無視できなかった。試合を開催するときには、彼らといざこざが起きることも多かった。殺す殺されるということがごく普通に行われ、力道山はその前面に立って相手と向き合わなければならなかった」

ここで、あっさり「ごく普通」という言葉を選んでいるのも物騒でしょうがないんだが、こうして力道山を持ち上げたかと思えば「俺は世界中で、実際にそれこそ生きるか死ぬかという闘いを続けてきた。常に死に直面しているという意味では、ヤクザの脅しなんかとても比べものにならない」と俺自慢を始めるから、やっぱり猪木!

さらに、「別に亡くなった馬場と張り合うつもりは毛頭ないが、もしも仮に力道山イズムというものがあるなら、その継承者は俺だろう。いや、俺しかいない」と、故人相手に思い切り張り合う姿勢にもシビレるしかないのであった。それでこそ猪木だ！

しかも力道山イズム継承者のはずが、こんな情けない話も平気で告白していく始末。

「亡くなってから、ずっと力道山が夢に出てきた。眠っていると足のほうへ力道山が立っている。金縛りにあったような半覚醒状態で、うなされていると力道山の気配を足下に感じる。そこから漂ってくる気配。怨念のような力道山の想いが伝わってくる。そんな状態に悩まされ、電気をつけっぱなしで寝たこともあった」

あの猪木が、力道山の幽霊が怖くて電気をつけっぱなしで寝た！……というか、それって呪われてたんじゃないのか？

猪木が引退したことで、ようやく最近は力道山が夢に出てきても「それほど恐ろしい存在じゃなくなっている」(=少しは怖い)ようなのだが、これでは力道山イズムを受け継いでいるとは到底思えないのであった。

なお、引退後は「怒る人間がいないから、プロレスはどんどん変な方向へ変わってしまった」との思いから、やむなく新日本に噛み付きまくるようになったという猪木。

ところが、「いくら口を酸っぱくして助言しても理解してもらえない。いつも同じことの繰り返しだ」とのことで、どうやらいまでは「プロレス界に対する俺のストレス」も順調に溜まりまくっているようである。

そのためか、この本にもプロレスに対する手厳しい助言ばかりが収録されているわけなのだが、ボクに言わせればそれらは全て正しい。誰が何と言おうと断じて正しい。

つまり、だ。ここ最近の新日本は、猪木に言わせれば「興行に対してまったく深い考えも持たずに『こいつとだったら怪我しねえだろう』とかいって自分たちの都合のいいカードばかり組み、事なかれ主義で闘い、ルーティンのスケジュールを機械的にこなしているだけ」なのだそうである。

別に「プロレスを自分たちの自己満足、趣味の世界でやっているならそれはそれでいい」が、それなら「ごく一部のファンのためにひっそりと試合をしていればいいじゃやねえか」と。要するに、「終焉は突然、訪れるもんだ。なあなあの試合ばかり続けていたら、ファンにそっぽを向かれ、すぐに消えてなくなっちまう」はず。だから、もしでつけえことをしたいのであれば試合が壊れたら怪我しかねない緊張感溢れる本物の確執をアングルにしてビジネスにしろ！　猪木は、そう訴えているはずなのである。

「プロフェッショナルという立場で考えれば、人間関係をリングの上に持ち込むなんていうのは愚の骨頂。『あいつが嫌いだ』『あいつは会場に入れるな』とくだらねえことにこだわる前に、まずファンと夢を共有し、ビジネスとして成立させなければならない。観客の夢に応え、視聴率を稼ぎ、観客動員数を上げるという一つ一つが大切になるんだから」

「リングの上の闘いはそれこそ生きるか死ぬかの迫力で臨まなければ、お客さんを惹きつけることなんかとうていできない。お互いを罵り合って『ぶっ殺してやる』といった発言が新聞に載り、一触即発の緊張感が次にどう転ぶかわからないような意外性。知恵を絞り、工夫を凝らし、こうした展開を必死になって考えていく。それがプロレスというビジネスなんだ」

まったくもってその通り！　ただ、それなら猪木も「あいつが嫌いだ」と毛嫌いすることなく大仁田の対戦要求を受けるべきだったし、そうすれば本物の確執がビッグビジネスに繋がったんじゃないだろうか？

まあ、実際にやったとしても確実にいい試合にはならないだろうし、最終的には大仁田が美味しいところを全部持っていきそうな気もするんだが、「依然として俺の中では、ビル・ゲイツを超えるような世界一の金持ちになりたいという欲望がある」以上は、ぜひとも10年越しの確執をビジネスとして成立させてほしいものなのである。

『破壊から始めよう』

橋本真也、中谷彰宏／ダイヤモンド社／1400円+税

「Destroy or Die」

そんなパンキッシュすぎるコピーと共に、なぜか破壊王があの中谷彰宏との異色タッグでビジネス書の世界にも参入開始！

破壊王とビジネスとは「橋本は、株で痛い目にあった。650円で買った株が、40円台まで落ちた」との情報を聞くまでもなくまったく結びつきやしないんだが、それでも破壊王は金についてこう語っている。

「カネが欲しいなら欲しいで、中途半端なことをやるのではなく、とことんカネに執着すればいい。詐欺師になるのなら、天下一の詐欺師になればいい。それこそ頭がまわらなくて、ATMをバールでブッ壊してカネを抜いていくヤツもいます。そこまでリスクを背負っているのなら、決して推奨するわけではないのですが、それはそれでいいのです」

もちろん「それでいい」わけもないが、これこそまさに破壊なくして創造なし！

ということで、これは「叱られることに快感を感じよう」「演技力を身につけよう」「その後のエッチが高ぶるような仕事をしよう」「エッチの高揚感を仕事でも持とう」などの「破壊王になる56の方法」を収録した、画期的な本なのであった。みんな、破壊王になりたいかーっ（もちろん返事なし）！

しかも、ちょっと目次を眺めただけでも「プロレスは、SMに通じる」「プロレスの快感と、セックスの快感は似ている」「試合直後のレスラーとのエッチは最高だ」なんてフレーズが目に入ることからもわかるように、「小学校3年生の時、登り棒をやっていて、急に気持ちよくなって出ちゃったことがあるんです。

あれはイッた感覚ですね」といった下ネタの充実ぶりも驚くばかり！

「橋本は、昔、1人だけ外資系社長秘書っぽい女性とつき合った。それが恋人にバレた。彼女は、苦しまぎれに恋人にウソを言った。『呼び出されて、犯された。訴えようか迷っているってね』。橋本は、はらわたが煮えくりかえった。『あの時のおまえのあの言葉はなんだ。自分でオイル塗りたくってたじゃないか』。思ったが、言えなかった。東京スポーツの一面に出た。『女は恐ろしいなと思いました』」

こんな衝撃事実をバラしつつ、反省もせずに「僕は、つき合う女性を並べてとっておけるのだったら、とっておきたいです」と豪語する破壊王は、どうしようもないまでに男なのである。

中谷彰宏が変態ネタを振ってくれば「僕もSMをやりたいです。なぜなら、僕自身、壊している、壊していると言っているから、その破壊王を壊す女と会ってみたい。いい意味で、SMの世界に入りたいのです。『お代官様、オレを置いていかないでくれ〜』みたいなことを女に言ってみたいのです」と、SM願望まで正直に告白する破壊王。なぜ時代劇プレイ？

そのついでに、「あるレスラーもSMクラブに通っていたらしいです。いつも人を押さえつけているレスラーが、四つんばいになって、浣腸で『もうダメ!?』と言ったらしいです。いつも攻めている人が攻められた時、すごいところがなくなってしまうのですね」と、物騒な暴露話までブチかましてみせるわけなのだ！プロレスラーでいつも人を押さえつけている人といえば、ボクにはあの人のことしか脳裏に浮かばないんだが……。あ、だからクソ絡みの発言が多いのか？（以下自粛）

それはともかく、この赤裸々な破壊王のペースに巻き込まれたためなのか、なぜか中谷彰宏まで「私は、射精した後、アルファ波が出ていることがわかる。特にいい射精をした後は、超能力でスプーンが曲がる気がする」「私が女性なら、勝ち試合の後のレスラーともやりたいけど、負け試合の後のレスラーとも、違った意味で、したくなる」などと馬鹿なことを言い出すと、破壊王はこれまた素直に答えるのであった。

「試合後は、異常にセックスしたくなります。現役の間に一度、やってみたいですね。試合が終わって、汗ダクダクで帰って、コメントを断って、裏玄関を開けて、壁と壁の間でね」

ちなみに、試合後ではなく試合前に「濃厚なのをやったら、次の日、カクンカクン」になってしまうそうなのだが、どうやらそのせいで破壊王も痛い目に遭っていた模様。

「かつて、橋本は、ケガをしたことがなかった。『おまえはケガしないな』と坂口征二会長にも言われていた。その日の夜に、1時間半で4発やった。次の日、リング場（おそらく「リング上」の間違い。口述筆記で単行本を大量生産すると噂される中谷彰宏らしいミス）に立ったらなんか違った。次の日、膝をバーンとやって、ケガをした」

つまり、古傷である膝の負傷は、どうやら単にファックのヤリすぎが原因だったようなのである！　自分の膝も破壊王かよ！

中谷彰宏が「魅力ある人間には、匂いがある」「F1には独特な匂いがある。タイヤの焦げる匂いだ」と言い出せば、「それ、いただきですね。オレ入場の時だけ、匂いをまこうかな。葉っぱでも燃やしてもらおう」と呑気に答え、「女性は『あなたのマンションのエレベーターに乗った瞬間から、あなたの匂いがする』という」とロマンチックな話を振られれば、やっぱり「僕は、エレベーターに乗ると、へをこきたくなるんです」と素直に答える。まるで小学生のガキ大将のようなこういう姿勢がボクは心から大好きなんだが、ドラマへの尋常じゃないハマり方も愛すべきエピソードだろう。

「一時期、トレンディドラマはすべての作品がハッピーエンドではない、ということが続いたのです。グチャグチャになって、最後は死ぬんです。『星の金貨』を見ていたら、本当に頭に来たので、弟子にテレビ局に電話させたことがあります」

この件についてはボクもインタビューで「あれ。腹立ってしょうがなかった。カミさんと夫婦喧嘩したからな（笑）。『お前、これどうしてくれるんや！　何とかせい！　TV局に電話しろ！』って。TVブチ壊しそうになった（笑）。ドラマにハマると怖いよ、俺は」との話を聞いていたんだが、まさか弟子にもわざわざ電話させていたとは……。

「なぜ最後くらい手を繋がせてやらないんだ！　そうでないと、水戸黄門が印籠を出そうとした時に、せき込んで心筋梗塞で死んじゃったみたいなことになります」

……さすがにここまでくると「馬鹿なことを言っている」と思うかもしれないが、これらのことはプロレスにも通じるはず。

破壊王も「プロレスはつくりモノのように思われているけど、人間臭いものなのです」「日本のプロレスもまだこのままの形では浮上できない。決めごとと決めごとでない部分が半々というのがいちばんいいのです」と言っているように、プロレスは単なる決めごとなんかではなく、人間臭い感情やイレギュラーな出来事が混ざり合うことでようやく完成する。そんなものなのだ。

だからこそ、藤波社長について「人の器には、ハッタリもあります。藤波さんも、みんなは大きい、大きいと言いますが」と、要は「あの人は器が小さい」と暴露したりするのも、後に人間臭い感情が入り交じった試合の前振りになるのであれば一切問題なしなのであった。でも、怒るかなあ……。

46

なぜかいまさら「前田日明、戦慄のリンチ発覚！」だのと騒がれ始めた今日この頃。それとは関係なく、こんなタレコミを紹介したい。「私の高校のときの日本史担当教諭が、慶應で安生選手のお兄さんと同学年だったのです。で、私の先生は自治会の会長だか役員だかをやっていて、安生兄が結成した『プロレス同好会』を認可しなかったところ（安生兄はあまり人望がなかった）、ものすご～～く恨まれて、後夜祭だかコンパの席だかで後ろから一升瓶で頭を割られたそうです」とのこと。これこそ、まさに安生イズム！　当然、安生イズムよりもゴッチイズム（後藤真希＝ごっちんイズムではない）を信奉する男の書評コーナー。〈※当時のメールアドレス〉

経営学教授による分析の駄目さが証明されただけの一冊

『PRIDE大百科』 東邦出版／952円+税

異常なまでの桜庭特需が前回の東京ドーム（シウバと再戦したものの1Rドクターストップで連敗となった）で完全に終わり、PRIDEへの期待感がすっかり消え失せたいまになって一足遅くリリースされたPRIDE公式ガイドブック。

しかし、個人的に面白かったのは94ページに掲載された写真に、桜庭を笑顔で見つめる森下社長と並んで、なぜか鋭い眼光で睨みを効かせる元『紙プロ』、現『SRS-DX』の柳沢忠之社長（毒カレー林真須美似）の勇姿が写り込んでいたことぐらいだったというか。

ハッキリ言ってPRIDE公式ホームページのほうが数十倍楽しめるんじゃないかと思えるぐらいに読むべき部分皆無な一冊であり、ここまでヌルくなるんだったら「髙田は許せない！」とか吠えまくるガチバカな非公式本のほうがずっといいとさえ思えるほどの内容なんだが、近頃のPRIDEファンにはきっとこれぐらい完全初心者向けの作りにしたほうが丁度いいのだろう、きっと。

しかも、桜庭特需の恩恵に最もあずかった『ぼく。』と同じ版元&構成者ゆえか、桜庭がPRIDE常連選手にコメントしたり桜庭がルールや技術を教えたりと、とにかく桜庭大フィーチャリングによる構成は非常にタイミングが悪く、いまとなっては寂しさばかりが感じられてしまうのであった。

そして、こんな状況になったからこそどうしても引っ掛かる記述がこれなのである。

まず、「桜庭はほぼ毎日なんらかの取材を受けていた。大好きな昼寝をするヒマなんてほとんどない」、と。

そこまでは紛れもない事実なんだろうが、「桜庭はお昼寝の時間を削り、『これはありがたいことなんだ』と思いながら、連日にわたる取材攻勢をうまくハンドリングしていった」と表現しているのは、果たして本当なのだろうか？

ボクが見る限りでは、桜庭が本当にありがたいと思って取材を次々と受けていたとは到底思えるわけもないし、できることならそんなもの受けたくもなかったはずだろう。

ましてや、連敗が決して許されない状況だったシウバとのリマッチの前では当然だ。

つまり桜庭の敗因は、新間や宮戸といった参謀にリング内外でもガードされていた猪木や髙田なんかとは違って何のガードもないまま広報役として膨大な数の取材を受け続け、そして否応なしにメインの重圧と絶対に負けられないプレッシャーを強いられた上でガチンコを続けるという、かつてないほど苛酷な位置に立たされてしまったためじゃないかとボクは確信した次第なのである。

そんな桜庭にいくら勝ったところで、シウバはまだ本当の意味で桜庭に完全勝利したことにはならないだろう。もし本当に桜庭を超えたいと思うのなら試合の1か月ぐらい前から日本に乗り込み、ノーギャラでもいいから強引に売り込んで媒体を選ばず片っ端から取材を受けまくってみせるべきなのだ。

それだけメディアに露出した上で試合でも圧勝することができたなら、嫌でもスターの座に就けるはず。

だからこそ、いまシウバがやるべきなのは、タバスコがたっぷりかけられたスパゲティを食わされたり、ラツキィ池田の振付でクネクネ踊ったり、『スピリッツ』で人生相談をしたり、学生服姿で就職情報誌のCM（外国人留学生でもできるバイト特集号とか）に出たりすることなのであった。

もっと頑張れ、シウバ！

『プロレススーパーゲーム列伝』 馬波レイ、大地将／ソニー・マガジンズ／1400円＋税

原田久仁信先生が馬場と猪木の対決を描いた表紙だけでも、確実にボクみたいな『列伝』直撃世代のボンクラなら即買い必至だと思われる、その名の通りこれまで家庭用ゲーム機でリリースされたプロレスゲームの完全ガイド。

企画自体は悪くないが、このジャケながら梶原テイスト皆無なのと、プロレスとゲームの両方が好きじゃなければ楽しめない内容なのが非常に残念な一冊なのであった。

そもそもこの手のガイド本を作るのであれば、読んだだけでゲームをやった気になれたり、もしくは思わず中古で探したくなるほど購買欲を無駄にそそらせたりというように、面白さもつまらなさもとことん増幅させてゲームよりも文章のほうが面白く感じられるようにしなければいけないはず。しかし、あまりにもこの本はゲームと等身大でしかないというか（つまり8ビット級?）。

もうちょっと、「サソリ固めが必殺技の韓国人選手キム・リキ」（ゲームボーイ『プロレス』に登場）といったタチの悪いキャラに脚光を当てたりするシュートな姿勢があれば良かったと心から思う次第なのである。

そういう意味では、前田日明をモデルとする主人公がファミコンプロレスの象徴・馳浩に「お前がプロレスを駄目にした!」と嚙み付いたり、いいヤツ・山崎一夫と共に悪の権化・安生&宮戸をプロレス界から追放しようとしたり（この宮戸と山ちゃんの評価がやがて逆転することになるんだから、世の中わからない）といった94年当時のプロレスファンのシュートな思いを凝縮させたシナリオを『ファイプロスペシャル』で披露した須田剛一氏（当時はヒューマン所属）のインタビューを収録する姿勢は、とりあえず正しい。

もちろん、月刊化した直後の13号「ファミコンプロレスの逆襲」で早々と彼にインタビューしていた旧『紙プロ』本誌は、もはや正しいなんてもんじゃないだろう。

ところが、この本の作者たちはかくも偉大な旧『紙プロ』を「当時不定期刊行物であった」だの「〝人生とプロレスをする雑誌〟のコピー」だのと評していやがるのだから、本当に腹立たしい限り。ウチのコピーは「世の中とプロレスする雑誌」だよ! 同じ判型で「リングで人生する雑誌」（後に「リングで人生するメディア」へとコピーを変える。なんだよ、それ……）なんて恥ずかしいコピーを付けていやがった旧『プロレスの達人』なんかと混同するんじゃないって!

他にも「現在もWWFで活躍してるのは、ナスティ・ボーイズ（サッグス&ノッブス）」などという「ダッドリー・ボーイズ辺りと間違えたのかなあ」と思うしかない失言も含めて、ちょっと気になる間違いも目立つのであった。

「ヒューマンが許しても、このアタシが許さない！」（ＰＣエンジン『ファイプロ女子憧夢超女大戦　全女VSＪＷＰ』に収録された北斗晶のセリフより）

『プロレスの経済学』

野呂一郎・編／オーエス出版／1300円+税

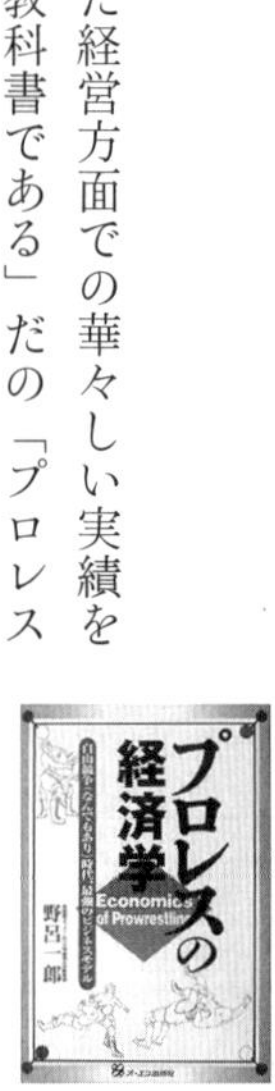

英国国立ウェールズ大学経営大学院東京校教授といった経営方面での華々しい実績を引っさげた編者が、なぜか「プロレスこそ生きた経済の教科書である」だの「プロレスの現象こそ、現代に生きる個人と組織の経済行動を理解するのに最適な題材」だのと想像も付かないことをブチ上げる、ちょっと不可解な一冊。
彼氏、大学での講義で「教科書に沿ってオーソドックスに教えようとして打ちのめされた」結果、「プロレスを題材に授業を続けていく」こととなったそうなんだが、いまでは「タイガーマスクの覆面をかぶって登場したり、４の字固めやＳＴＦを教壇で学生にかけたり、かけられたりは、もう当たり前の光景になってしまった」というのは、かなり痛い告白なんじゃないかとボクは思う。
まあ、それでも「ここ10年間新日本プロレスから本当に個性的なレスラーが輩出されたかと考えると、クエスチョンである。なぜだろうか？　ここにナレッジ・マネジメントの逆説がある」と、「ビジョナリー経営」「ナレッジ・マネジメント」「コア・コンピテンス」「ジョブ・アナリシス」「ＰＱ分析」といったボクにはサッパリわからない経済用語を使って平成の新日を否定し、猪木とノアを絶賛しまくる姿勢はまったく問題なし！
たとえば「三沢VS藤波　リーダーシップ比較論」なる企画だと、三沢は「断固たる決断力を併せ持つ」「誰もが認めるリーダー」だが、藤波は「一応は社長だが、橋本に反旗を翻され、武藤、蝶野にはやりたい放題を許し、常に創業者猪木の顔色を窺わざるを得ず」。それだけではなく、「選手としてのカリスマを確立したとは言いがたい」し「ドラゴン・ボンバーズ、無我もリーダーとしては中途半端な終わり方をしたことも尾をひく」し、「若手からの尊敬はいまいち」だのと藤波をとことん糾弾しまくるのであった。そもそも、最初から三沢と藤波を比べること自体が間違っているはずなんだが。

そして「新日本プロレスのレスラー＝東大生」なる持論をブチ上げると、「東大生に魅力を感じる人が少ないように、新日本プロレスのレスラーにも魅力を感じないとしたら？　両者とも実力は有り余るほどである。自信もプライドも半端じゃない。しかし、現状打破の気概はない」「新日本プロレスのレスラーも、東大生も、自分という者を喪失している気がしてならない。新日本プロレスのレスラーよ、東大生のままでいいのか？　目をさませっ！」と、今度は小川直也ばりにアジり始める始末なのだ。

さらにはプロレスラーがＮＨＢで結果が出せないことについても、「たかが喧嘩自慢の荒くれものに一回や二回負けたからといって、卑屈になる必要はない。それは〝プロレスラーのお仕事〟というものの大変さを理解すればわかる」と、田中正志ばりにズバリ断言！

てっきり「お仕事」方面のシュート活字的な表現に踏み込んでいくのかと思ったら、どうやら彼氏、新日本などで行われる異種格闘技戦をＰＲＩＤＥなどの競技と同じものだと誤解している様子なのであった……。

「先日の七月二十日の札幌ドーム大会で中西、永田が相次いでプライド戦士グッドリッジとコールマンに討ち死にしたのは記憶に新しい。このファイトで特徴的だったのは、中西、永田とも、決定的に有利な場面で攻め込まなかったことだ。例えば中西はグッドリッジを逆エビで攻め立てて、青息吐息にした。永田はローキックでコールマンを戦闘不能直前にまで追いつめた。しかしそのあとたたみかけずに、リング中央で余裕のポーズなどしていた二人」

それはボクが思うに、漫才で言うところの「ツッコミを待つためのボケ」に他ならないはずなんだが、彼の解釈はこの調子。

「プロレスラーは本能的に『客に見せる』ことを勝利よりも優先する。技術論を言えばきりがない。中西が打撃に慣れてなかったとか、マウントで攻めきれなかったとか、永田がコールマンのタックルを切れなかったなどは、いくらでも言えるだろう。しかしそんなことよりも問題なのは、こうした異種格闘技戦において、レスラーは『いい試合をしなければならない』プレッシャーとも戦うというハンデを負っている事実である」は？　つまり、そのプレッシャーゆえ中西や永田は客に対してアピールした隙を突かれて負けてしまったってことなのか？

その手の不可解さは、「ミスター高橋は、シンの凶器攻撃を見てみぬフリをしたり、猪木がフォールにはいるとわざとカウントを遅くしたりして、タイガー・ジェット・シンの〝味方〟をした」だのと、まるでミスター高橋の名著『プロレス、至近距離の真実』（講談社）あたりで学んだような知識を披露する部分にもやっぱり感じられたものである。

すると、ミスター高橋が「シンに味方することで、観客の怒りをヒートアップさせ会場を盛り上げていた」ことにしても、彼は「猪木もそんなことは知らなかったから、ミスター高橋を本気で怒ったのである。そのリアリティがまた観客の熱狂を呼んだ」と言い切る始末だったのだ。そんなわけないだろ！

とにかく、ボクにはこうした彼のプロレス知識がどうも単なる付け焼き刃でしかないような気がしてならないのであった。

それは、タイトルだけでもちょっと理解し難い「桜庭をブレイクさせた髙田延彦のコーチング」なる章を見れば明白だろう。

「髙田に『桜庭の成果と能力を改善する方法をあみだす能力』はあるか？　十分にある。たしかに反論もあろう。しかし、髙田というコーチがいて、実際に桜庭はグレイシー一族のホイラー、ホイス、ヘンゾ、ハイアンに4タテを食らわせると言う、前代未聞の快挙を成し遂げたという事実は動かない」

……って、おい！　そんな事実はいくらでも動くよ！　どう考えても「桜庭の勝利は髙田のコーチのおかげ」ってことはないだろ！

おそらく、ＰＲＩＤＥに関する最低限の知識を持ったファンなら確実にそう思うことだろうが、彼は気にせずこう続けていく。

「もし、高田が桜庭を将来のエースにするつもりで、キングダムを作り、満を持して桜庭をＵＦＣに送り込み、そしてプライドで開花させたとするならば、高田はプロレス界最強の戦略家といえる」

それ、『ドリフの大爆笑』ばりの完全な「もしも」トークだよ！　そもそもキングダムに高田は一切関係ないし、むしろ戦略家の称号は安生や宮戸のほうがずっと相応しいはずだって！

ところが、彼は「もし、これが計算づくで行われていたのであれば、コーチング・プログラム作りは見事というしかない」「結論として、高田のコーチングはほぼ、コーチング理論と合致し、コーチとしての高田延彦の能力の高さが証明された」と、なぜか勝手に結論付けてしまうのであった……。そんなの全然、証明されてないよ！　結論を急ぎすぎ！

結局、彼は経済についていくら詳しくてもプロレス、なかでも猪木のことはこれっぽっちも理解できていないのだと思われる。

「猪木自身は、なぜ自分の人生に最大の屈辱を与えた最も憎いはずの上田（馬之介）をリングにあげたかとの問いに、『理由はないね、別に。プロレス界のなかで必要な役割というのがあれば、それを全うしてもらえばいいだけで。プロレス界はもちろんのこと、新日本プロレスだって俺の私物じゃないんだから』と語っている。しかし、これは猪木一流の照れだ。困っているレスラーを、いくら自分にひどいことをしたといっても、救う。これが猪木なのである」

猪木が困っているレスラーを救う!?　猪木は「スキャンダルを経営に結びつけられない経営者は失格である」とのモットーの持ち主だから、本物の確執こそが巨大なビジネスに繋がるとの思いだけで馬之介とデスマッチをやったはずだとボクは確信していたんだが、彼に言わせればそんなものは大間違い。

「単なるビジネス上の計算としてやっただけ、スキャンダルをリングに持ち込むのが猪木流、そうみることも可能である。しかし、ファイトを含めいたるところにヒューマニズムの影がみられる猪木の実像に照らすと、それはあまり説得力を持たない」

そう、なんと猪木はヒューマニズムの人だったのである！ あんなにタチの悪いヒューマニストなんかいるわけないって！

「そもそも猪木のファイトは『風車の理論』。つまり相手の力を実際以上に引き上げて発揮させ、それ以上の力でしとめるのが流儀である。このこと自体、対戦相手の力を発揮させ、目立たせてあげているわけで、相手に対する思いやり、やさしさといえる」

それは、タチの悪い猪木が相手の良さをとことん引き出したほうが、自分もより強く見えると考えただけのことじゃないのか⁉

「〝キラー猪木〟だって考えようによっちゃ、やさしさの一表現だ、といったらいい過ぎだろうか。相手を傷つけてはいるが、プロレスの凄みを観客に見せ付けることによって『相手も生きた』と考えればやさしさに他ならないとはいえないか」

……これはもう完全に猪木を誤解しきってるなあと思ったら、やっぱり参考文献の中にサンクチュアリ出版の駄目本『猪木イズム』が紛れ込んでいやがったのである。

きっと彼氏、「猪木イズム＝強く優しいアイアンハート」という明らかに間違った定義の上で書かれた「世界でいちばん強く、いちばん優しいメッセージブック」の中身をすっかり鵜呑みにしてしまったんだろうが、そんな駄目本を読むぐらいなら参考文献の中に入っていなかった奇跡の名著『アントニオ猪木自伝』でもキッチリ熟読しろって！ それでまず、最低限の知識を身に付けろ！

本文中の「三沢光春」「アレキサンダー・大塚」「中西百恵」「高橋早苗」といった人名のミスや、「プロレスに学ぶ『安定経営』のビジネスモデル」なる章の扉にバトラーツ・島田裕二レフェリー（「『プロ格』時代の名レフェリー」だそうだ）のイラストを使うセンスなど、あまりにも間抜けなミスが目立ちすぎるのも問題ありすぎ。バトはちっとも「安定経営」じゃなかったんだから、そこに学んじゃ絶対駄目だよ！

「この原稿締め切りの直前になって、バトラーツが猪木軍入りのニュースが飛び込んできた。つまりこれは猪木のパブリシティ効果にあやかろうというもの。筆者の分析の正しさが証明されたか？」

その直後にバトは崩壊してるんだから、結局は編者の分析の駄目さ加減が証明されただけでしかないのであった。残念！

47

大人の事情で一回休んだら、モチベーションがすっかり急低下した今日この頃。しかも、電車で通勤しなくなり本を読むヒマも激減したので今後の連載続行に暗雲が立ちこめつつあるんだが、「田中正志の書評は絶対イヤ！」との非情な意見が予想以上に多かったのでヤマノリばりに「一気進展」頑張るつもりの書評コーナー。でも、まだやってない本が大量にあるのでミスター高橋本についてはまたいつかということで。あと、念のために言っておくと『ナンバー』猪木特集号のペールワン原稿は必読。2001年で最高のプロレス記事なのに、リアクション少なすぎだって！〈※当時のメールアドレス〉

巨大なリスクを背負い続けて一時期誰よりも光り輝いた男

『ピュア・ダイナマイト―ダイナマイト・キッド自伝』

ダイナマイト・キッド／エンターブレイン／1800円+税

英国貴公子チックなロングヘアに華麗さを感じた国際時代、スキンズばりの風貌に凄味を感じた新日時代、そして諸事情により細身になってもミッキー・ロークばりの渋味を感じた全日時代と、いつ何時でも美形好きの女子のみならず我々男子のハートにも火を点けてきた男。それがダイナマイト・キ

ッドである。

近頃横行しくさっている寸止めプロレス・ダンスなんかとは違い、レスリングの技術と蛇の穴（ウィガン）仕込みの関節技をベースにした上で持ち前の気の強さを全開にさせたハイリスクかつハードヒットなキッドの試合スタイルは、ハッキリ言ってシュートだのワークだのといった二元論がまったく気にならなくなるほどの素晴らしさ！

なにしろ、82年にMSGで行われた初代タイガーマスクとのシングル戦を、「あの試合は俺の見てきた試合の中でもベストに入る」とあのビンス・マクマホンJr.にさえ言わしめたぐらいなんだから、もう別格と言うしかないだろう。

そう考えると、「日本ではリングに入ったら、相手を蹴って鼻だの顎だのをへシ折ってしまうくらい激しいファイトが好まれた」とのニーズに従って繰り広げられたキッドと佐山との抗争を当たり前のように何度も観ることができた我々は、本当に幸せだったんだといまさらながら痛感させられる次第なのだ。

だが、しかし。試合中も対戦相手に「動くなよ」とつぶやくなりトップロープから顔面に膝を落として歯をへシ折ったりするのが日常茶飯事だった以上、キッドがリング内外で揉め事を起こしがちだったのも当然の話。

新日時代にも、リングに向かうときにファンが邪魔だったら何をやってもいいとミスター高橋からタチの悪いアドバイスを受けると、すぐさま言われた通りにしていたのだそうである。

「ファンのひとりがちょっと強く俺のことを叩いた。ふと、ピーターの言葉を思い出した俺はクルリと向きを変え、そいつをつかんで柵の向こう側から花道へと引きずり込んだ。そいつの服をすべて剝ぎ、床に叩きつけ、顔面に蹴りまで入れてやった。下着一枚の姿になったまま花道に残し、俺はリングへと向かった」

もちろんやりすぎだったため、キッドは「逮捕され警察署に連れて行かれると、ひとりで留置所へブチ込まれた」そうだが、新日本サイドが保釈金を払うと、3日後に釈放。

「留置されているあいだ、俺は2試合をスッぽかしたわけだがギャラはしっかりともらった。保釈されるやその話は新聞にまで書きたてられ、まるで問題児のように扱われた。それがビジネスにどう影響したかは想像がつくだろう。新日本が払った保釈金や試合もしないで俺にくれたギャラなんて、後で数倍にもなって返ってきたのだ」

こうして現実に起きた洒落にならない出来事を次々とアングルに転化させていった昭和の新日本は、まさに「過激なプロレス」だったわけである。

「俺の目から見て、当時の新日本はプロレス・ビジネスにかけては最もスマートな団体だった。優秀なレスラーを揃え、最高のストーリー・ラインが用意された上で激しい試合をファンに提供していた」

それに比べて「当時の全日本の試合は『おい、冗談だろ?』と思ってしまうものが多かった」そうだが、バッドニュース・アレンに対して「次のツアーに来る時はマスクを被ってくれ。それで『ブラック・タイガー』としてタイガーマスクと闘うんだ」と、ただ肌が黒いだけで言い出す新日フロントの発想も負けずに冗談みたいなものだったんじゃないかとボクは思う。

そしてキッドは、「冗談」のはずだった全日本移籍後も、大プッシュされていたナスティー・ボーイズに対してこんなエゲツない試合を仕掛けて、ジャイアント馬場を激怒させたりしていたそうなのである。

「試合開始早々から、俺たちはヤツらが繰り出してくる攻撃すべてに反撃を加えた。ヤツらに技をかけさせるスキも与えず、クズ同然に扱ってやった。ファンの目にはブルドッグスばかりが光る試合に映っていたはずだ。試合が終盤に差しかかったところでデイビー(ボーイ・スミス)が俺にタッチし、(ブライアン・)ノッブスと向かい合った。ヤツをターンバックルに打ちつけながら言ってやった。『クローズラインだ……、動くなよ』」

そう。「すべてのプロレスはショー」だとミスター高橋の本を読んで勝手に達観するのもいいが、プロレスは決して単なるショーではない。それは、ブレット・ハートが父スチュ・ハートに「ダイナマイトとは闘いたくない」と懇願したにもかかわらず組まれたシングル戦の描写を見れば、きっとわかってもらえることだろう。

「ヤツは硬直したままで動きもぎこちなかった。そこで俺は心を決め、ブレットをコーナーへと連れて行き、前腕で殴りつけて鼻を折ってやった。すると不思議なことに、ヤツの身体から余分な力が抜けた。試合は両者反則もしくは両者リングアウトの予定だったのだが、試合後にさっさと控室に引き揚げたブレットの鼻からは血が流れ出て、怒り狂い、今にもかかってきそうな勢いだった。それを察知した安達と桜田がなんとかブレットを抑えたが、もしあのふたりが止めていなければ、俺のほうがブレットを片付けていた。きれいさっぱりと……」

つまり、プロレスとは試合の結果自体は決まっていようとも、そこに至るまでにはリング内で何が起こっても決しておかしくない、とんでもなく自由度の高すぎるショーなのである！

さらに、ジョブ（ミスター高橋流に言えば「ジャブ」）を頼まれても「反則かリングアウトで負けるならともかく、ヤツらにフォール負けするなんてとんでもない話だ」とゴネたり、プロモーターから「キッチリとデイビーを倒して、ベルトは必ずここに置いて行ってくれよ」と依頼されても「デイビーボーイ・スミスのキャリアに花が添えられる」との理由で勝手に対戦相手のデイビーにすら内緒でわざとピンフォールされてベルトを渡したりと、もはやキッドの前では結果絡みの決め事すら無意味だった様子。

なお、暗闇の虎・アレンにも「彼に対して対戦相手が巻き投げやバックドロップで投げ飛ばしたところを見たことがない。それは彼がいつも試合の指揮を完全に握っていたから」というように相手の技を受けない面もあったそうだが、そこに〝ヒットマン〟ブレット・ハートは果敢にも立ち向かってみせたのだという。

「ブレットが軽率だったのか賢い攻撃に出ようとしたのかはわからないが、いつも胸を攻める代わりにアッパーカットをバッドニュースの顔面に叩き込んでいた。バッドニュースは何回かは我慢していたが、ある日ついにキレた。ブレットを床に叩きつけ、罵声を浴びせるとさらに首を絞め始めた。その後、ブレットはバッドニュースを怖れ、一緒のリングには二度と立とうとしなかった。そして、ほかの誰もが同じように怖れたため、結局最後には俺に回ってきた」

要するにキッドは、他のヤツとは違って「俺は誰の試合からも逃げたことはない」と男らしく豪語しているのであった。カッコいい！

その他、カール・ゴッチを「クソじじい」と言い切ったり、タイガー・ジェット・シンを「マット界において、おそらく最悪の人間」だの「レスラーとしてもとんでもないクズ」だの「己の栄光に固執し、自分が負けることをこの上なく嫌がった。だから、タッグマッチの時は常に『俺は絶対に負けない』と念を押していた」だのと断罪したりするレスラー評も、いちいちキッド節全開でシビレる限り。

いまも最強説が囁かれ続けるアンドレ・ザ・ジャイアントですら、キッドに言わせれば「実際のアンドレはみんなが彼のサイズから想像する怖さとはほど遠かった。彼が相手を引き起こす時には、相手のほうから彼のために起き上がらなければならなかったほどだ」「それほど彼には力がなかったのだ」「アンドレと同じリングに立つ時は、対戦相手が一から十まですべてをやらなければならなかった」と、強さもプロ意識もまったく認めていないことがわかるのだ。

それでも、「ちょっと狂気じみていて、酒好きで、いつでも小さな38口径スペシャルを携帯していた」というマフィアばりのエピソードが似合いすぎる美獣ハーリー・レイスのことは、さすがの爆弾発言小僧・キッドも大絶賛！

「彼の偉大さはそのNWA王座の奪取の記録にある。そこで知っておいてほしいことは、ひと昔前まではよほどのレスラーでない限り王者になる権利を与えられなかったということだ。つまり、たとえそこが路上であろうと、リング外でも自分を守れる人間でなければいけないということだ。なぜなら、世界王者が街でチンピラに絡まれボコボコにされたなんてことになればこの業界の大恥になってしまうからだ。こういう事実を踏まえた上でハーリーの記録を見れば、彼がどれほどのレスラーだったかわかってもらえるだろう」

やっぱりプロレスラーには強さとハートと有無を言わせぬ説得力が絶対に必要だと、いまさらながら痛感させられる素晴らしい一冊なのであった。

……と絶賛したいところだが、この本にはタチの悪いイタズラ話ばかり満載されているのでぶっちゃけた話、ボクにはほとんど共感できやしなかったわけなのである。正直、スマン！

普通ならプロレスラーのイタズラや喧嘩の話はカラっとしていて笑えるはずなのに、どうしてなのかこれっぽっちも笑えないキッドのイタズラ。

それはなぜかと言えば、ヒルビリーズのアンクル・エルマーという50歳過ぎのレスラーのイビキがうるさいというだけで彼の部屋に忍び込み、「非常に燃えやすい素材」でできた「白いテーピング用のテープ」を足の上に乗せて燃やしたり、リック・マグローを全裸にすると手押し車に乗せてエレベーターにブチ込んだり、デイビーボーイ・スミスの尻にステロイドではなく牛乳を注射したり、ジプシー・ジョーを火ダルマにしたりと、ハッキリ言ってキッドのイタズラは犯罪そのものであり、明らかにやりすぎだからなのだ。

アル・ペレスが「試合前にきっとジョークのつもりだったんだろうが、俺に気に入らないことを言ってきた」というだけで彼のカウボーイ・ブーツにダイナマイトを突っ込んで爆発させたことからもわかるように、キッドのやり口は爆弾小僧にも程がありすぎなのである。

それと、抗生物質に見せかけてマイク・デービスに下剤を飲ませると、酔い潰れたデービスの頭に除毛剤を塗りたくり、おまけにしっかりシャワーキャップも被せて「下剤と除毛剤のおかげで、マイク・デービスは日本へ来た時よりも身も頭も軽くなって帰国の途についたというわけだ」と述懐していたりと、まったく反省の色が見えないのも凶悪の一言。

しかも、テリー・ファンクが飲んでいたブランデーにイエローー・ジャケットとスピードをブチ込み、完全に潰れたテリーから真相を追及されたときにもひたすらとぼけ続け、「最後にはテリーも俺のしわざじゃないと信じてくれた。テリー、今だから白状する。薬を入れたのは紛れもなくこの俺だ」と言い放ったりで、行為自体をなかなか認めようともしないのも本当にタチが悪すぎるのだ。

ハーリー・レイスにステロイドを打ったときも、すぐさまハンセンやブッチャー、ブロディ、ゴディらにチクってみんなで笑い物にしておきながら、レイスには「誓うよ。俺は誰にも言ってないし、言おうとも思わなかった。だけど、ひとつだけは認めるよ。じつは、従弟のデイビーボーイ・スミスにだけは打ち明けてしまったんだ」とシラを切ったキッド。このため「現場にいたというだけでも、キミはきっと後から俺がやったとみんなに言い触らすんだろう」とビビって逃げたデイビーがレイスにボコられたりと、責任転嫁が上手いのもキッドの特徴。

ただし、レイスもそうだが、アレンにも下剤を飲ませたり、ディック・マードックのパンツを「床に落ちていたという汚れた下着」と取り替えて慌てさせたりと、かなりの強豪にも気にせずイタズラを仕掛けているのはさすがなのであった。

こんな調子で、とにかく誰かを丸坊主にしたり、悪事を働いては人のせいにして余計な揉め事を起こしてばかりいたキッドは、そのくせ当然のようにこう言い放っていたものである。

「確かにブルドッグスはひどいことをやらかしていた。しかし、それらは卑劣な手段ではなく、あくまでもユーモアに富んだものだった。その証拠に俺たちは数え切れないほど笑わせてもらった」

おい、笑ってるのはブルドッグスだけだって！

「確かに俺のいたずらは半端じゃなかったが、ケガをさせるようなことは決してしなかった。あくまで俺から言わせれば、俺にからかわれたヤツらのほとんどは、そうされて当然のヤツらだった」

しかし、キッドはこんな罪もない相手にも容赦なくイタズラを仕掛けていたわけなのだ。

「近所にフィリスという小太りの女性が住んでいて、たまに彼女のアパートで朝食やコーヒーをご馳走になった。自分でもなぜあんなことをしたのかわからないが、ある日、いつものように彼女のアパートへ招かれた俺は、引火性のフィエリー・ジャックのチューブを持っていった。で、フィリスがコーヒーを作っている間に、俺はトイレの便座にそれを敷き詰めて、笑い出さないようにジッとこらえていた。彼女がトイレへ行き、戻ってから1、2分ほど経った時、フィリスはモゾモゾとして、突然飛び上がって叫んだ。『助けて、お尻に火が！』」

……英国人のユーモアセンスは、どうも我々日本人には理解し難い気がしてならない。

やっぱり、熊と闘うと宣言したが州の競技委員会に反対されると白いペンキを塗って北極熊に仕立てたり、ついでにドリーが買ったばかりのキャデラックもペンキまみれにしたり、部屋を自分で破壊して警察を呼び、犯人はこいつだとドリーの部屋を案内したりしてきたテリー・ファンクのように、底抜けに明るいアメリカ的なイタズラとはあまりにもベクトルが違いすぎるのであった。

ちなみに彼氏、レイスとは「勝つか、負けるか、相打ちか、どうなるかはやってみなければわからない」とばかりに喧嘩にも挑み、「後ろからブーツで彼を蹴飛ばし、尻から地面に転ばせた」こともある様子（ついでに前田日明とも揉めた星野勘太郎とのバトル経験もあり！）。

どうしてまたキッドはエゲツないイタズラや喧嘩を繰り返したのか？　そして、なぜ危険な試合を平気で続けることができたのか？

それは、ジャンクヤード・ドッグにステロイドとコカインを教わり、ジェイク・ロバーツにスピードを教わったためなんじゃないかとボクは勝手に推測する次第なのである。

「ステロイドはただ単に肉体に影響を及ぼすばかりでなく、精神にも害を与えた。時にすごく攻撃的になり周囲の者が手をつけられなくなるので、誰も俺と目を合わせないようにしていた。俺自身、感情を抑えることができなかったのである」

こうした行き場のない感情が、洒落にならないイタズラに向かったり、命知らずな闘いへと向かったはずなのだ（なお、ステロイドについては「時には手に入れたものを他のヤツにくれてやることもあった。信じがたい話だと思うが、その多くが日本人レスラーだったこともある」とのことで、本国で売られているオリジナル版には日本人選手の具体的な実名も出ているとの噂)。

「巡業はいたずらや何やらで笑いの絶えない場でもあった。しかし、正直言うとそれでも俺の気分は散々だった。気分がひどくて、ベッドから起き上がるのさえやっとということもあった。俺にはその理由がわかっていた。長年の間に蓄積した完治しないままの負傷とステロイドだった」

常にキッドが不機嫌だったのには、こんな理由もあったのに違いない。しかも、この怪我の「根本的な原因は、佐山と繰り広げた激しい試合の数々にあった」らしいのだ……。

「25歳になった時、背中に激痛が走るようになっていた。その原因がブレーンバスターやパイルドライバーなどの技によって慢性的に背中を打ちつけることによるものなのか、あるいはステロイドによるものか、またはその両方が原因なのか、まったくわからなかった。時には肋骨や肝臓など、とにかくあらゆる部分に痛みが走った。それでもハイ・リスクな技を出すのはやめようと思ったことは一度もない。ファンはそういう技を見るために金を払っているわけだから」

この身体の痛みを麻痺させるためには、きっとドラッグに頼るしかなかったのだろう。まあ、そんな男が喫煙反対キャンペーンのCMで「チビッコのみんな、タバコは吸うなよ。健康に悪いぜ」などと視聴者にアドバイスしていたのが、いまとなっては皮肉でしょうがないんだが。

その後、キッドは全日に移籍。「新日本にいた頃は、テレビ中継のたびにピーター（ミスター高橋）に『こうしなければダメだ、ああしなければいけないぞ。長く闘ってくれよ』と口うるさく言われた」ものの、全日本のプロレスは意外にも「多かれ少なかれ、その場の流れに応じてレスラー個々人に任せていた」など、監修がウォーリー山口のためなのか意外な全日エピソードがけっこう多いので、ちょっと紹介してみたい。

「当時の俺の好きなフィニッシュは相手をコーナーに追い詰め、シャープなエルボーを相手の顔面にブチ込んで決着をつけるものだった。顔面にかする程度ではなく、モロに入れるのだ」

これを天龍にブチ込んだら、試合後に「今夜のエルボーはとてもシャープだったよ」と笑いかけてきただの、天龍のみならず「その頃の馬場はまだ確実に受け身を取っていて、多くの日本人レスラーに嫌がられている俺のパイルドライバーでさえ、彼はキチンと受けていた」だのと、全日幻想が高まるちょっといい話も満載（小橋のナイスガイぶりとか）。

ただし、その頃にはすでにキッドの身体はボロボロになっていたわけなのだ……。

さらには、WWFから完全離脱するため車椅子で飛行機に乗り、デイビーに支えられてリングに立ってチャンピオンベルトを失ったというのに、試合のギャラはわずか25ドル……。

同時期にデイビーとの確執（あれだけイタズラの被害に遭えば、従弟でも嫌になる気持ちはわからないでもない）や夫人との不仲も重なってプライベートでもボロボロになり、挙げ句の果てにはダニー・スパイビーから貰ったLSDで心臓停止！

ジョー樋口からは「リングでそんなにハードにやらなくても、ちょっと手加減すればいいさ。そうすれば続けられるよ」と現役続行を勧められたが、キッドは「それではダメなんだ。ケガをしていようがいまいが、試合中に手加減したことなど一度もない」と反論し、男らしく引退の道を選んでみせた。

しかし、やがてみちのくプロレスで一夜限りの復帰を果たしたことで、見るも無惨な姿を客前で晒すことになってしまったわけなのだ。

「当日会場入りする頃になると本当に具合が悪くなっていた。頭が朦朧として目の前に黒い点がチラつく状態がずっと続いた」

あのとき開場前に見掛けたキッドと目が合ったボクは、ついつい写真撮影を頼んだら思いっ切り睨まれたという切ない思い出もあるんだが、まさかこんなことになっていたとは……。

この試合後、発作を起こして緊急入院したキッドは歩行不可能になったのだそうである……。

LSDを渡したスパイビーが悪いのかともつい思うが、それが単なるきっかけに過ぎないことは「ダニー・スパイビーはいまだに連絡をくれる。彼の両脚は俺と同じくもう崩壊寸前だが、今でも俺たちから笑いが消えることはない」と、本人がまったく気にしていないことからもわかるはず。

「俺は生まれ変わっても再び同じ世界に身を投じるだろう。そして何が起ころうとも自分のやり方を変えるつもりはない。プロレス人生を車椅子という形で閉じてしまった男がこんなことを言うなんてどうかしていると思われるかもしれないが、これが俺の正直な気持ちだ。レスリングこそ俺の愛すべき人生そのものだった。決して後悔はない」

どうして、その状態で後悔しないんだよ！

キッドが活躍していた頃と比べて最近のプロレスはつまらないと、誰もが言う。

そんなことは当たり前だろう。そもそも、選手の背負っているリスクがケタ違いなんだから。

だからといって、ここまでのリスクをいまのプロレスラーたちに強いる権利なんかあるわけもない以上、我々にできることは巨大なリスクを背負い続けて一時期、誰よりも光り輝いた男のことを決して忘れないことだけなのである。

48

ターザン山本が編集部に電話をかけてきて、いきなり「豪ちゃんは天才だよ!」と叫んだので何かと思ったら、どうやら前号で初めて書評をちゃんと読んだらしいことが発覚。ようやく「豪ちゃんはボクの話をきちんと聞いてくれるだけじゃなくて、原稿も書けるらしい」とわかってくれたようである。遅すぎだけど、褒めてくれたから問題なし! そういうことで読者の方々から熱いリクエストが殺到したので、今月こそはあのレフェリーの本を紹介する書評コーナー。……あれ? ちょっと違う?〈※当時のメールアドレス〉

意味不明なタイトルに期間限定すぎるShow氏の本

『元気があれば猪木軍』 〝Show〟大谷泰顕/エンターブレイン/1400円+税

何を思ったのか、Show氏が12月31日の猪木祭りに向けて出場メンバーもほとんど決まっていない状態のまま一気に作り上げてしまったという、あまりにも期間限定すぎる一冊。

どう考えても意味不明なタイトルを見ればわかるように、そもそも「『猪木軍』なんていったって、みんなバラバラなんだから」「たまたま『見る側』が見やすいように、そういうふうにくくられただけ」と藤田和之自らカミングアウトしている「猪木軍」をテーマにすること自体が無謀だったとボクは思うんだが、そんなことShow氏にとっては一切問題なし!

藤田が自分の試合スタイルについて「まだオナニー状態だね(笑)。まだ『合体』はしてないな。他人を満足させられるところまではいってない。まだコントロールできてないね。自分だけの世界だね。まだ自己満足しかない」としっかり自覚しているように、この本もそういうものだと考えればきっと納得できるはずなのであった。まあ、自覚はないようなんだが。

そういうわけで、12・31といえば小川直也を「銭ゲバ」と罵りつつメインに抜擢され、一人(&娘)で美味しい所をかっさらっていった安田忠夫である。

師匠・猪木の持ちネタを引用して「現金がなければなんにもできない」と馬鹿正直に公言するのみならず、「お金もらうためにやってるんですから」とまで言い切ったりと、実は小川以上に銭ゲバ丸出しな安田忠夫。

思えば、小川が猪木イズムをすっかり継承し損なった現在、この銭ゲバぶりや借金の多さ、そして離婚と、安田が順調に猪木イズム（＝ズバ抜けたいい加減さ）を受け継ぎつつあるのは非常に興味深い限りなのであった。だから小川も、大金を提示されたらすぐ飛びつくような真の銭ゲバ野郎になれって！

それに比べて安田は猪木の「いつ何時、誰の挑戦でも受ける」イズムも順調に継承し、6日前に聞かされたK-1との対抗戦にも「『出ろ！』って言われたから」との一言だけで迷わず出陣。これがまた「言われるままにしてるのは楽でいい」「過去に『自分で決めてこうした』ってことは、あんまりない」ってだけの話だったのもいちいち抜群すぎだろう。

当然、「ホントに練習したのは正味1日だけ」だったためレネ・ローゼにあっさり失神KOさせられてしまったものの、すぐさま医者に「●●●（この伏せ字はソープかと思ったけど競艇場かも）行ってもいいっスか？」と聞いたというんだから、もう完璧！　その上、猪木が「安田は最近●●●●●（おそらくラスベガス）に行ってるって聞いてんだ」と証言しているように、レネ・ローゼ戦でどれだけ稼いでも「アメリカでK-1のギャラも全部使っちゃった」りする反省のなさにもシビレるばかりなのだ。

「借金してる人、ごめんなさい。あの試合で死んだと思ったら、べつに金がなくてもいいやって、そういう気がしてきちゃって。（略）また借金作っちゃいました」

そんな安田の剝き出しな生き様を見た元『紙プロ』発行人・柳沢忠之は、山口日昇との巻末対談で「安田って理想のレスラーじゃないかと思うよ。ちゃんとすごくてさ、笑えて、泣けて。もう俺の究極の理想とするエンターテイナーだなあ」と大絶賛！

こうして「猪木軍とは安田忠夫である！」というふざけきった結論を出すに至るんだが、なぜか12・31では実際その通りになっちゃったんだから本当に柳沢忠之恐るべしだろう。

ついでに言えばバンナに勝利後、猪木との間でギャラ絡みのトラブルが起きたとの噂が流れるから安田忠夫の銭ゲバぶりも恐るべしであり、ゆえに本書のタイトルも『現金があれば猪木軍』が正しいはずなのであった。「マネー！」（ドン・フライ）

『島田は見た！』 島田裕二／東邦出版／1333円+税

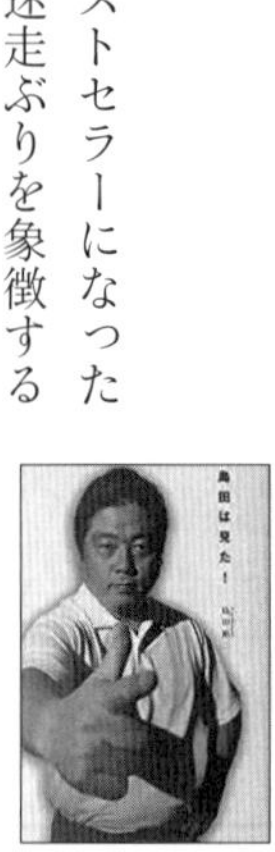

出版直後にミスター高橋という同業者の本がリリースされて大ベストセラーになったり、執筆中にもバトラーツの活動休止が決まったりと、バト末期の迷走ぶりを象徴するかのように奇跡的なぐらいタイミングが悪すぎた不遇な一冊。

せめて、もう少し発売が遅ければバト分裂劇の裏側にまで言及することもできたはずだろうから、本当に残念の一言。島田レフェリーから「『人間不信』と机に書き残そうとしたら、その前にバト事務所で自分の机がなくなっていた」といったエピソードを直接聞いたボクは、そう痛感させられた次第なのであった。

たとえば「石川は言っていることもファイトも会社経営も、ある意味、狂っている」「しかし、経営で狂うのは困ったものだ。私は石川が会社の通帳に目を通しているところを一度も見たことがなかった」というプロレスラーとしては最高でも会社のトップとしては明らかに問題のあるエピソードにしても、いまならさらに踏み込めたはずだと思うし。

そして、できることなら島田レフェリーがプロレスラー・ニンジャ2号としてウルトラマンロビンと対戦したりしていた過去やマレンコ道場での修行についても、できればキッチリ踏み込んで欲しかったとボクは思うわけである（いまこそ、ニンジャ2号対ムリーロ・ニンジャのニンジャ頂上対決がボクはＰＲＩＤＥで見たい！）。

「私もマットの上に上げられて、スパーリングをやらされる。もちろん初めての体験だ。よく例えで『ボロ雑巾のようにズタズタにされる』と言うが、このときの私はまさにその状態だった。空中さん、内藤さん、沢田さん。3人が交替でかける技に何度悲鳴を上げたか、自分でもわからない」

こうしてマレンコ道場時代のエピソードで実名を出すのであれば、名字だけではなく「内藤恒仁&ポイズン澤田」と表記しないでどうする？　同様に、島田さんが朝9時から夜の10時まで「やることがナニもない」ので延々と新聞を読んでいたという初期藤原組に同じく在籍していたPRIDEでお馴染みのブッカーKにしても、「スタッフの川崎さん」と名字だけしか書かないでいると面白さも半減してしまうはずなのだ。

……と言っても本書の中心は島田レフェリーが「自身の歩みも赤裸々に綴った」部分ではなくレフェリング活動みたいなので、そろそろ話題をそっち方面に移行していくとしよう。

「明らかにワセリンを身体に塗っているのに『俺は脂性なんだ』と言い張る選手もいる。これはオランダの選手に多い。悪質な選手になると、前日にサウナに行って汗を流したあとに、汗腺にワセリンを塗り込んでくることもある。翌日試合で汗をかくと、塗り込んだワセリンが溶けてヌルヌルになるという寸法だ。これをやったのはボブ・シュライバー選手」

そんなリングス・オランダ勢ちょっといい話や、「大塚は鼻血が出やすい。それはおそらく夜の生活に原因があるのではないかと私は考えている……」といったアレクサンダー大塚ちょっといい話など、さすがは島田レフェリーと言いたくなるエピソードもたっぷり収録されているんだが、なぜか勢いに乗ってMAキックの舞台裏まで暴露しているのも、さすがの一言。まさに怖い物知らず！

「貴重な体験をさせてもらったのにこんなことを書くのは気がひけるが、レフェリーという職業の未来のためにもあえて苦言を呈したい。『今日は客の入りが悪いから、ギャラを1万円減らすね』。試合当日に、いきなりこう言われたことが何度かあった」

なお、小さい頃の『紙プロ』との出会いについても触れられていたので、せっかくだからここで引用してみるとしよう。

「その日は『紙のプロレス』のスタッフが、道場に取材にくる予定になっていた。プロレス業界では、『紙プロに取り上げられると人気が出る』というジンクスがある」

そんなジンクスはもちろん聞いたこともないんだが、ここは気にせず話を続ける。

「そこで、私はある人を通じて、『紙のプロレス』さんに取材をしてくれるようにお願いをしていたのだ。当時の藤原組はリングス、ＷＡＲなどの他団体のマットに上がってはいたが、組長以外は名もない若手選手ばかり。マスコミの脚光を浴びる機会に恵まれていなかった。そこで選手たちは、最高のおもてなしで『紙のプロレス』のスタッフを迎えようと考えた。そう、バーミヤンスタンプだ」

バーミヤンスタンプとは何か？　当時からの読者であれば知っているだろうが、これは、小坪弘良選手が相手の顔面に容赦なく生尻を押し付ける、早すぎたＲＩＫＩＳＨＩのスティンク・フェイスとでもいうべき真の必殺技である。

「結果……。４人のうち２人は怒って帰ってしまったのだが、残る２人には小坪の生尻を大いに気に入ってもらい（？）、以来、『紙のプロレス』さんとは仲が良い」

思えば、このとき真っ先に逃げ出したのが柳沢忠之を筆頭とする後の『ＳＲＳ-ＤＸ』一派であり、逃げ遅れて汚ケツの直撃を受けた山口日昇は陰毛が喉に絡んで取れなくなったため、「あんなクソ団体、絶対にブッ潰してやる！」と本気で大憤慨！　そして、もう一人の被害者である成田メキシコ君（現在、子持ち）は「ああ、楽しかった！」と呑気に大喜びしていたのが、いま振り返るとみんなキャラクター通りで抜群なのであった。

『護身―最強のリアルテクニック』　佐山聡／日本文芸社／１３００円＋税

スーツ型道着の着用による市街地実戦型格闘技・掣圏道を立ち上げた「和製・路上の王」こと佐山聡が、いつものように護身術の重要さをアピールしまくる実用書。

しかし、「最近は、危ないヤツが、平気で街中を徘徊し、凶悪な事件を起こしたりすることも多くなってきた」だの「頭のおかしい〝鬼畜〟が、ウロウロしている〝危険地帯〟に、日本がなってしまった」だのと佐山が国を憂う気持ちはわからないでもないが、「そういう本人が十分危ないって！」とツッコミたくなる人もきっと多いはずだろう。

実際、「若い頃の私は、武者修行気分で、あえて危険な場所に乗り込んで、喧嘩を売ったり買ったりしたこともあった」との証言通り、昔から彼がかなりの暴れん坊だったことは『紙プロ』読者なら御存知の通りなのだ。

「自分から喧嘩を売ることも多かったが、その相手は、みんな身体がでかくて、イキがって街を練り歩いているような連中だった。若い頃の私には変な正義心（?）のようなものがあり、人より体格がいいというだけで、我が物顔で威張り散らしているヤツを徹底的に痛めつけたいという気持ちがあったのだ」

この「徹底的」という部分に底知れぬ怖ろしさを感じずにはいられないわけだが（実際、本人にこの辺りの話を聞いたら「マスク姿でブレイクしたから正体がまずバレないの、アハハハ！」って呑気に笑ってたし）、最近はこの「デカくて威張り散らすヤツ」としてアメリカという国家を想定するようになったんじゃないかと、ボクは勝手に推測しているのであった。

なにしろ、この本の後半は「クスリが効きすぎた占領政策」「〝操り人形〟と化した日本」「日本が国際社会から捨てられる日」（以上、目次より）といったフレーズばかり並ぶ思想的なコーナーになっていたのである！　さすが！

そこで佐山は「〝国を守る〟行為のどこがおかしいのか。〝愛国心〟のどこが間違っているのか」とブチ上げているわけなんだが、選挙出馬時に「暴走族は撃ち殺せ！」とシャウトしたことも含めて「最近の佐山はどうしちゃったんだろう?」「猪木が言っていた通り、本当にミネラル不足?」と疑問に思っている人もきっと多いんじゃないだろうか?

しかし、これは別にいまに始まったようなことではない。
なぜなら、これまでは「腰の低さ」や「甘い物好き」といった表面的な柔和さが全面に出ていたので目立たなかったものの、昔から佐山は「天覧試合をやりたい」だの「坂井三郎が好き」だのと公言していたほどの男なのだ！
他にも「パソコンへの興味」「キレやすい」「組織で孤立しやすい」など、不思議なくらい前田日明との接点も多いので、ここはぜひとも2人に電撃和解していただきたいものなのであった。どうにか『紙プロ』で対談でも組めないかなあ……。

49

すべてのプロレスはShowである（低レベルの意味？）……ということで、今月こそはミスター高橋本をキッチリ書評しようと思ったのに、ターザン山本編集のミスター高橋攻略本（というか便乗本）『プロレスファンよ、感情武装せよ！』（新紀元社）で言いたいことを全部言ってしまったため、すっかりやる気がなくなってしまった今日この頃。でも、やるんだよ！と、無理矢理やる気を出してみる書評コーナー。〈※当時のメールアドレス〉

自分の本音もカミングアウトしなきゃフェアじゃない

『流血の魔術 最強の演技――すべてのプロレスはショーである』

ミスター高橋／講談社／1500円+税

前書きの1行目から、いきなり「『プロレスに星の売り買いはあるのですか』。あるプロレスラーの本で、インタビュアーが当のレスラーに質問していた」という『チャンピオン――三沢光晴外伝』（長谷川博一／主婦の友社）に掲載されていた物騒なフレーズの引用で始まる、現在バカ売れ中のこの本。

あるガチンコ至上主義な大物漫画家は「読後感が凄く良かった。自分のために書いた本じゃないという気がして、プロレスに愛を持って書いたんだろう」という呑気な感想を残していたようなんだが、よく読めば新日本への複雑な感情を持って書いたことがわかるはずだし、もちろん読後感も悪いのは言うまでもないだろう。

そもそも、三沢は星の売り買いについて「少なくともぼくにはなかった」し「もちろん、事前の取り決めはない」と断言していたのに、なぜわざわざピーターが「プロレスは最初から勝負が決まっているショー」であり、「映画のように細かくシナリオが決まっているわけではないが、勝ち負けとおおよその流れは決まっている」と全面否定することになったのか?

結局、こうしてカミングアウトするまでに至ったのも、彼なりの理由があるはずなのであった。

「(いまは)入門したての若い選手に、いきなりハイスパット(見せ場)の練習をさせている。ハイスパットは闘う者同士が話し合ってつくるのだが、昔はセメントのできない新米に、ハイスパットをやらせることなど考えられなかった。これではインディー批判などできないのではないだろうか」

シュートの練習よりもロープワークを中心としたプロレスの練習が中心になってしまった新日本に対して、警鐘を鳴らしたい、と。そのために内幕をバラすという行為はともかく、そこまではボクもまったくもって同感である。

「馬場さん、猪木さんが一線を退いた後は、日替わり定食のようにエースが入れ替わり、順番にそれぞれがおいしい思いをする。マッチメイカーも気を遣い、みんなに花を持たせようとしてきた。長州のマッチメイクにも、それがよく出ていた。群雄割拠というよりは、ドングリの背比べだ。秀でた者が見当たらず、また秀でる可能性のある者を引き上げようともしていない。そして、みんなのギャラが少しずつ上がっていき、おまけに身体の動かなくなったベテランも高給を取り……これでは改革の進まない役所や特殊法人と変わらないではないか。そんなプロレス界に、ファンが夢を持てるのだろうか」

この発言も『紙プロ』がこれまでに繰り返してきた平成新日本批判とほとんど変わらないので、よくぞ内部にいた人間がここまで言ってくれたと正直思うほどだったりする。微妙な違いといえば、内部の人間だったピーターならではの「身体の動かなくなったベテラン」が引退しても「名目だけの役職を与えて、仕事もないのに給料を払う」システムを糾弾する部分の有無ぐらいで、それも正論だし。

しかし、そこから「プロレスがショーであるということを堂々と公表した時点で、プロレス界は大きく変わりはじめる。まず、秘密をばらされるのが怖いがために、プロレス村に置いておかざるを得ない、働かない連中をリストラすることができる」。つまり、「この本が出れば、その理由は意味を持たなくなるのだ」との主張に繋げていくのだけは、ちょっとどうかと思う次第なのだ。

それって、ピーターがもともと「引退後のレスラーの受け皿として、（新日本系列の）警備会社を設立」するはずだったのに、なぜか突然「新日本の態度が変わった」ため「話が突然消えてしまった」ことに対する私怨であり、単なる復讐じゃないのか？　プロレス村からリストラされた結果、秘密をばらしたってことなんじゃないのか？

もうちょっと具体的に言うと、「マスコミ関係者も、陰では、意味不明な猪木さんのやり方、迷走が常態化している藤波社長の姿勢など、口にしていることは山ほどあるだろう。それを正々堂々と議論しないのは、ファン無視ではないだろうか」との発言からもわかるように、もはや藤波の迷走コンニャクぶりに激怒したピーターが暴露本のリリースを決めたとしかボクには思えないのである。

なぜなら、前述の「身体の動かなくなったベテラン」として藤波を名指しするのみならず、「社長である藤波さんが、今さらドラゴンなどといってリングに立っていることが問題だ。セメントだったら、おそらく入門して一年の若手にも勝てないだろう」とまで言い切ってもいるんだから、まずそう考えて間違いないはず。この勢いでピーターは藤波を容赦なくバッシングしまくっているんだが、その批判のどれもがボクらにとっては藤波らしいとしか思えないエピソードだらけだったりするから、さすが藤波なのであった。

たとえば、「藤波さんは練習の虫のように言われているが、強さを追求するような練習は、それほどしてきたとは思えない」。つまりシュートの練習よりもプロレスの練習を重視しているのみならず、「掟破りの逆サソリ」といった他人のフィニッシュホールドを安易に使うことも含めて、いわば悪しき平成プロレスの原点になっていたらしい彼氏。

だからこそ「二人のレスラーがシリーズ途中で負傷帰国というアングルで、ドラゴンスープレックスの破壊力、ドラゴン藤波の強さを演出した」りで、プロレスは「上手くてスターの素質はあるが、格闘技の素質があったわけではない藤波さんを売り出すために、みんな必死になっていた」のだそうである。

しかし、実力はあるのに藤波売り出しに協力させられていた藤原組長&ドン荒川という新日本屈指の極悪タッグは、自分たちを冷遇する会社相手にこんなエゲツないギャラ交渉をしていたというのであった。

『『藤波がこんなにいいギャラもらって、俺はこれくらいなの?』。『だって藤波さんは会社を引っ張っていくスターじゃないの』。『あっ、そうかい。じゃあわかったよ。俺はいつも負けてやってんだけど、これからリングの上で何が起こるかわからないからね。俺と藤波がやって、喧嘩したらどっちが強いか……わかるよね』。そうやってギャラを釣り上げる。それが藤原さんと荒川さんの戦法だった」

藤波、ナメられすぎだって!　……と言いたいところだが、なぜ藤波の得意技があまりにも地味な「逆さ押さえ込み」なのか、ボクはこの一文を読んでようやく気付いた次第。

「クイックというのは、スモールパッケージホールドやバックスライド、サンセットフリップ、あるいはローリングクラッチホールドなどのように、瞬間的に技を決めて、レフェリーがカウントを早く数えてしまうようなパターンのこと。負けた相手が〝弱い〟という印象を残さないので、負けても商品価値を落としたくない場合や、ジャブ(負け役=ジョブのピーター流表現)を嫌うレスラーを納得させるときに使う」

要するに、藤波にだけはどうしても普通に負けたくなかったからこそ、誰もが一瞬で丸め込まれていたわけなのだろう、きっと。

そのくせ、未知の強豪だったベイダーが初来日したときには、「猪木さんが藤波さんにベイダーのジャブ役を依頼した」にもかかわらずあっさり「ジャブを拒否」してみせるんだから、ドラゴンの迷走ぶりは昔から筋金入り！

そこで、やむなく猪木が「しびれを切らせたように『それじゃあ俺がジャブをやればいいんだろう』と言い放った」ことが、「猪木さんの対ベイダー、長州二連戦の強行と、ベイダー戦でのあっけない敗戦、そして、二つの試合の内容に不満を爆発させた観客の暴動に繋がっていった」そうなのだ……。

ということは、あの忌まわしい両国暴動の元凶は藤波にあったわけである！

「あれ以来、猪木さんは藤波さんに対して、憎しみに近い不信感を持ったような気がする。『あの暴動はあいつのおかげ』。『これから先、絶対に浮かばれないようにしてやる』。実際、そんなことを何度も口にしていた」

いままで猪木が藤波に対して不信感を抱くようになったきっかけはクーデター時のコンニャクぶりだとばかり思っていたんだが、これで引退試合の対戦相手に名乗りを挙げた藤波をなぜ猪木が無視したのか、ようやくボクにも理解できた（というか、そんな経緯があるのに平気で対戦表明する藤波も凄すぎ）。

ただ、その手の裏話に気を取られすぎて、どうしてもクーデターを起こすしかなかった選手の不満や、その行動によって生じた人間関係のズレなどにこの本が言及していないのが、ボクには不満でならないのであった。

たとえば、プロレスというショーに失望していつ辞めてもおかしくなかった革命前夜の長州を思い留まらせるべく、「藤波辰巳さんとの〝名勝負数え歌〟」を「興行会議の席上、猪木さんが提案」したときのことだ。

そこで猪木が「長州が花道を歩いているときに誰かに襲わせて、長州を血だるまにして、試合をできないようにしちゃおうよ」と呑気に言い出しただの、しかも最初は襲撃する選手として「決して強さでは秀でてはいなかった藤波さんの引き立て役」の藤原ではなく、なぜか「小杉（俊二・引退）にやらせろ」と指名していただのといい話も多々出てくるんだが、問題はここである。

「もちろん、闘うことになった両者（長州&藤波）にも、このストーリーは伝えてあったので、リングを下りた後、『こんな会社辞めてやる』と言って裸で雪の中に飛び出していった藤波さんの言葉も、とっさに出た演技の一部だ」

あれが演技だって⁉　どう考えても札幌事件に関しては「藤波にだけはアングルを知らせていなかった」と仮定したほうが説得力もあるし、もし知らせていたとしても「ただでさえギャラをアントンハイセルに横流しにされてるのに、なんで俺がこんな役をやらなきゃいけないんだ！」というリアルな怒りの言葉であって、単なる演技ではなかったはずだとボクは思う。だからこそ、あのとき藤波は生まれて初めて付き人を殴り、そして後にクーデターを起こしたんだろうし（未遂）。

それに、長州の「藤波より俺の方が強いのに！」という本音をアングルにしたからこそ、実際には「強さの部分では天と地ほど差のある」2人の闘いが、どうにか〝名勝負数え歌〟たり得るものとなったはずなのである。

「強さという点で言えば、申し訳ないが藤波さんというレスラーは上位にはこない。いちばん元気だった頃でもだ。長州とのライバル関係など、プロレスだからこそ成立したことで、格闘技の側面で見たら、とても抜きつ抜かれつのライバル関係とは言えない」

なお、長州もああ見えてもともとは「練習嫌い」で、「トップの座についてから上手くなったと思うが、それでも外国人からは下手だと嫌われていた。蹴りがもろに相手に入ってしまい、なかなか寸止めができないのが大きな理由だった」とのこと。

それでいて自分が現場監督になると、「永島勝司企画部長との二人三脚でプロレスのシナリオを作り上げた上で「G1優勝を決めたのは、もちろんマッチメイカーの長州自身」という俺節溢れる行動に出ていたのだから、G1でなかなか優勝できなかった（クビを切られる直前に初優勝）橋本といつしか衝突することになるのも当然だったかもしれない。

「長州は自分を慕う者には親分肌で面倒見がよい反面、そりの合わない者を排斥する性質がある。人の好き嫌いが激しいのだ。橋本はまさに長州に嫌われた代表で、橋本も遠慮がないから、二人の関係は最悪に近かった」

これは、長州派が実権を握ったことでメイン・レフェリーの座から転落していったピーターにしても同じことだったのだろう。

そんなとき、ピーターは自分の企画で青柳館長率いる誠心会館と小林邦昭の抗争をブッキング。これが結局、低予算ながら「結末以外は真剣勝負のノリ」だし「最後まで、リングに上がらない青柳の門下生たちにはアングルを知らせずに通した」しで凄まじい緊張感に包まれて大成功となったものの、新日内部にもアングルを教えず「長州が真相を知ったのは、抗争の終盤になってから」だったため、ピーターは「マッチメイカーでもないのに出しゃばりすぎたせいか、会社はこの抗争を途中でやめてしまった」のである……。

それらが原因で、ピーターは藤波と長州を怨んでいるのに違いない。きっとそうだ！

ついでに、「私はこの本で猪木さんを批判していると思われるだろうが、少なくともプロレスラー猪木について言えば、まったく逆だ」と言い訳しつつ、猪木に対する怨み節もたっぷり炸裂させているのであった。ジェラルド・ゴルドー戦を終えるなり「足を引きずって控え室に戻り、もう出たくないと泣き言の言いっぱなしで、燃える闘魂のかけらもない有り様だった」のに、グレート・アントニオを潰したのは「こいつに何をしようが自分の不利益にはならない、という判断が猪木さんにはあった」だのと暴露することで、人間・猪木ではなくプロレスラー猪木のことも「強きを助け、弱きをくじく〝燃える闘魂〟」と結論付けていくピーター。

その流れで、猪木の試合で真剣勝負なのはアクラム・ペールワン戦とアリ戦の2試合だけだとも断定しているんだが、ピーターが「会場に来てからもルールでもめて、猪木さんをがんじがらめにした」「正真正銘のセメント」と主張するアリ戦も、新間寿が「がんじがらめのルールなどなかった！」と言い出したんだから、もはや何が何だかサッパリわからないというか。そういう意味でも、いまや単なる〝底が浅い水たまり〟と化した近頃のプロレスと比べて、やっぱり猪木は〝底が丸見えの底なし沼〟だと痛感させられるばかりなのである。猪木も藤波も最高！

それにしても、どうして猪木にもここまで噛みついているのかと思えば、やっぱり暴露へと至るこんな理由があった模様。

「猪木さんは強い外国人に気後れするところがあったのだ。明らかに自分より弱い相手ならともかく、そうでない限りは、自分が悪者にされるような行動には出ない。それが猪木さん一流の処世術なのだ。どうしても文句を言いたいときは、外国人担当である私に言わせるようにしていた」

こうしてピーターは、「私が矢面に立って注意したことに腹を立てた外国人レスラーと、殴り合いの喧嘩になったことが何度もある」と、尻拭いをやってきた実績と、外国人レスラーとでも平気で殴り合えるパワフルさ（ピーターパワー？）もしっかりアピール！

酒豪として知られるアンドレ・ザ・ジャイアントを毎晩飲みに誘って猪木に負けてもらうよう4週間かけて説得し、どうにか「ピンフォールはだめだ。イノキに腕を極めろと言ってくれ」と言わせ、ボディスラムを受けることまで了承させたという美談を紹介するときも（ここで調子に乗った猪木が、ついでに「投げはしないから、アンドレを肩車で担がせてくれないか。ファンが驚くと思うんで……」と無茶を言い出して、アンドレに「ファック・ユー」と言われるのも最高！）、最後に「今さら愚痴を言うつもりはないが、このときの酒代はすべて手相撲（業界用語で自腹のこと）だ」とボヤくから、ピーターの怨みは相当に根が深そうなのだ。

「日本人でありながら、私には、いわゆるタニマチのような人間関係の人は一人もいない。いつも外国人レスラーと行動していて、巡業先での部外者との交流をシャットアウトする役割を負っていたから当然だ」

これらの発言をボクが勝手に要約すると、「これだけ尽くしたんだから、警備会社の設立にぐらい協力しろ！　そこで掌を返す気なら、俺が握っている秘密を片っ端から暴露して、仕事もできないのにのうのうと居残っている奴らも辞めさせてやる！」……きっと、ピーターはそう腹を括ったのに違いない。

その気持ちは、かつて在籍した編集プロダクションを辞めるとき、社長から「しかしキミは仕事をしなかったねえ」と言われたのに腹を立てたあまり、会社に致命的な打撃を与えるべく「会社を辞めると楽しいよ〜！」という悪魔の囁きを繰り返して1年で10人ぐらい（社員数は全20数人）辞めさせた経験を持つボクにも非常によくわかる。いや、本当に。

ただし、それなら余計な奇麗事は一切言わず、ストレートに本音を出すべきだとボクは声を大にして言いたいのである。自分が「プロレスはカミングアウトすべき！」と主張するなら、同じように自分の本音もカミングアウトしなきゃ絶対フェアじゃないって！

新日ちょっといい話集としてはかなりの出来なのに、奇麗事が多すぎること（『紙プロ』の取材で言ってた「怨みつらみなんてものは全くない」「藤波に怨みがあるんじゃないかみたいに感じる？」などの発言も同様）、そして裏側を暴露したほうが業界が上手くいく裏付けとして田中正志の主張を借りたかのような、ほとんど知識のないWWFを持ち出してしまったのが、本の説得力を大きく失わせている気がしてならないのだ。残念。

で、最後にどう見ても船木でしかない表紙の謎についてだが、なぜかピーターが「実は、私は、船木がとても好きだ。世渡り下手なところが自分に似ているからかもしれない」と告白していることを思うと、これは「天国にいるアンドレ！　俺は（新日本と猪木に）ギブアップしなかったぞ！」という、ピーターなりのメッセージだと推測されるのであった（適当）。

前田（忠明）を全否定せよ！　……というわけで、「TV『特ダネ！』で〝映画『アリ』試写会に猪木が来た！〟という話題をやっていて、猪木VSアリ戦の映像が流れた時に芸能レポーターの前忠が『プロレスは打ち合わせがあるけど、この試合はガチンコなんですよ！』とコメントしてました。ミスター高橋効果がここまで……」とのタレコミが到着した、今日この頃。そこで、今回は高橋本がプロレスに与えた影響を裏テーマにしてお送りする書評コーナー。〈※当時のメールアドレス〉

50

糖尿病もインポも完治させた「生きがい療法」

『もう一つの闘い――血糖値596からの糖尿病克服記』

アントニオ猪木／三笠書房／1300円+税

ミスター高橋本の出版以降、プロレス界を守ろうとするのはいいけどすっかりポイントのズレたことばかり言い出す選手が続出していることに、キミは気付いているだろうか？　たとえばタイガー・ジェット・シンは、雑誌『映画秘宝』（洋泉社）で「WWFはシナリオのあるショーだが、IWAはいつもセメントだ！」と、まったく説得力のない独自すぎる主張をシャウト！　なんでだよ！

当然、常に隙だらけの藤波辰爾も『来襲！　アメリカンプロレス読本』（洋泉社）で「WWFと新日はまったく違う」と断言しつつ、なぜか「彼らはもうオープンに『プロレスというものはこういうものですよ』という部分でやってる。ミスター高橋本が話題になってるけど、あれを現実化したのがWWF」と、思いっ切り失言していたわけなのだ。……あれ、高橋本は新日のことだけ暴露してたんじゃなかったっけ？　だったら同じじゃん。

結局、下手にコメントすればこうなる始末なんだから、あえてノーコメントを貫き通そうとした団体側の戦略はいまにして思えば正しかったのかもしれない。新日の元企画部長・永島ナマハゲ勝司が『サイゾー』

（インフォバーン）で言っていた、「あの本のどこそこが嘘だと言えば、じゃあここは本当か、なんてきっと聞かれるでしょう。うかつに口も挟めないよね」との発言が、業界関係者に共通するリアルな本音なのだろう、きっと。

さて、そんな状況下で猪木がリリースした、この糖尿病克服本。伝説のアクラム・ペールワン戦について『Ｎｕｍｂｅｒ』が「ペールワンとは、実際には〝プロレスラー〟という意味でしかなかった」と暴露したいまもなお『『ペールワン』というのは『イスラム社会で最強の男』に与えられる称号」と当たり前のように書いてたりするから、昔ながらのプロレス幻想を守ろうとする隙だらけの本だと受け取る人もきっと多いことだろう。

ところがビックリ。表紙などでは糖尿病治療に役立つ実用書のように見せかけておきながら、猪木は本の中でブラジル時代に「農場では生水を沸かしもせずに飲んでいたから、よく赤痢などにかかったが、いつのまにか治ってしまっていた」などと自分の超人ぶりばかりアピールしまくることで、新たな猪木幻想を作り出していくわけなのである！

「何の拍子か斧が私の左足に突き刺さってしまったことがある。日本だったら救急車騒ぎだろうが、病院は遠い。仕方なく水で洗って放っておくほかなかった。だがそのうち傷は勝手に治ってしまった」

プロレスラーになる前からこんな調子だったので、「指の骨折くらいなら医者にもかからず、リングも休まず、自分で治して」いたと、まずはひたすら俺自慢を繰り返す猪木。

これらの経験を話したら、「医師から『普通の人の三十倍は快復力がある』と太鼓判を押されていた」というのに、皮肉にも猪木は糖尿病に侵されてしまったのである。

ただ、それでも猪木はさすがだった。

「やたらにのどが渇いてしかたがないのだ。ガブガブと水やジュース、炭酸飲料と、一日中、見境なく飲みまくっていた。だから、トイレの回数も増えて、一日に二十回以上も小用を足していた」

……というぐらい、「糖尿病の兆しは、これでもかというほど出ていた」のに、「呑気が一番！」な猪木は「ちょっと疲れがたまっただけなのだから、うまいものをたらふく食べて栄養をつければ、いずれ快復する」と考えて、「糖尿病治療でいえば最悪ともいえる栄養や糖分の補給を『疲れがとれ、体のためになる』と積極的に行っていた」わけなのだ！　それじゃあ、血糖値が常人の7～8倍になるのもしょうがないって！（これもさすが）。

しかも、「当時の私は一日に平均5000キロカロリーの食事を三回、つまり、1万5000キロカロリーを摂取しているのに、消費カロリーは4500キロカロリーに過ぎなかった」というから、こんな食生活を続けたら、10年続くプロレス生命が1年で終わりかねなくなるのも当然の話なのだ。

こうして猪木は、医者から「過食による糖尿病で、選手生命は断念しなければならない」とキッパリ宣告されてしまったわけである。

「ちょっと下世話な話になるが、男の下半身特有の生理現象がなくなったのもこのころだ。私も三十九歳の健康な男だったから、それまでもちゃんと勃つものは勃っていた。それがなくなったのだから、不安もよぎる」

つまり一時はインポにもなっていたのに、いまではすっかり糖尿病を寛至、もとい完治させた猪木。それらの経験から、まずは自然治癒力を高めるべきだと読者にアドバイスしていくんだが、問題はそのために役立つという「生きがい療法」の存在だろう。

そう。これを定義すれば「心に余裕とユーモアを忘れなければ免疫能力が高まり、治癒効果が上がる」とのことで、つまり猪木の「どうってことねえよ！」という余裕溢れる姿勢と、いつ何時でも連発するダジャレは、単なる「生きがい療法」でしかなかったわけなのである。さすがは猪木！　完璧だよ！

『プロレスへの遺言状』　ユセフ・トルコ／河出書房新社／1600円+税

伝説の猪木対ウィリー・ウィリアムス戦を裁いたユセフ・トルコが、劇画王・梶原一騎の梶原プロに所属していた84年に著書『こんなプロレス知ってるかい』（KKキングセラーズ）で「異種格闘技戦の八百長シナリオ」について暴露していたのは、おそらく賢明な『紙プロ』読者であれば御存知のはずだろう。

あんな昔から「オレがなぜレフリーをした？　セメントじゃなかったからさ。ドクター・ストップも台本通りだ」とウィリー戦をバッサリ斬り捨てた、いわば早すぎたミスター高橋とでもいうべきトルちゃん（梶原一騎調）が、なんと久しぶりに新作をリリース！

すっかり期待して即買いしてみたところ、なぜかそこでは猪木対ウィリー戦についてこんなことが書かれていたのであった。

「この試合にはリハーサルがあった、という噂があるらしいが、それはまったくの嘘だ。そんなことは一切ない。試合の朝、家を出るときに私は女房に『今日は生きて帰れるかわからない』と言った。それほどピリピリした状態で当日を迎えた。それが真相だ」

……いや、周囲の人間が殺気立ってピリピリしていたのは紛れもない事実だろうが、リハーサルの噂（というか、おそらく事実）を流したのはトルちゃんじゃなかったのか!?

なぜいまになってここまで猪木寄りの発言をするのかと思ったら、この本には当の猪木のみならず「八〇年以降アントン・ハイセルの事業を中心に活動する。現在はブラジルにてアガリスクを扱う会社を経営している」という猪木の実弟・啓介氏まで登場していることに気付いたのであった。なるほどね。

このデタラメさ、ボクは断じて全面支持！

まあ、本としては全体的に真面目な作りにしようとしているため、トルちゃんの独特なデタラメ・パワー

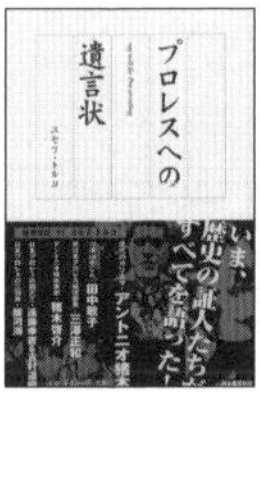

があまり感じられないのはちょっと残念なんだが、これらのやりとりではさすがにボクも爆笑した次第なのである。
「(東京プロレスの)旗揚げ戦では豊登さんが来ましたよね」(猪木啓介)
「そうなんだよ。猪木がさ、俺に内緒で呼んだんだよ。だから俺は頭に来ちゃったんだよ」(トルコ)
「でもトルコさんが『九州男児じゃないか』と豊登さんのことをパンッと叩いて、すばらしい挨拶をしたのを覚えてますよ」(啓介)
「だれが?」(トルコ)
「トルコさんが(笑)」(啓介)
たまらない、このデタラメっぷり。
それと、かつてルー・テーズと組んで日本のマーケットを牛耳ろうとしたグレート東郷に鉄拳制裁を喰らわせたとき、その隣の部屋にテーズがいたことまでは知っていたんだが、これまたデタラメなその後の話があった模様。
なんと「東郷のもろもろの件が落ち着いたころかな。ルー・テーズと私は結構昔から仲がよかったから、いっしょに屏風をアメリカに輸出する商売をやった」と、それまで本気でやり合ったはずの相手と一緒にビジネスしていたことまで発覚したわけなのだ!
このように過去の確執を飛び越えて平気でビジネスできる懐の深さといい加減さが、トルちゃんの最大の魅力なんだとボクは思う。
だからこそ、過去に「猪木は人間のクズだ。ホラとウソ、で塗り固めた臆病なペリカン野郎の化けの皮を剝いでやる! 悔しかったら俺様の挑戦を受けろ!」と噛み付きまくった相手と再びタッグを組むようになったトルちゃんも、そこまで言われたのに「『ユセフ・トルコの遺伝子』も俺の中に残っている」と言い出す猪木も、お互いに最高なのである。

そして、猪木はトルちゃんとの対談で「トルコさんには本当にかわいがってもらいましたよ。それに、いろいろな遊びも教わったしね。これは活字にはできないけど（笑）」との下半身方面らしい告白に続いて、「トルコさんって、なんとなく俺の兄貴に似てるんですよ。このいいかげんさがね（笑）」なんてことも言い出したから、ようやくボクにも謎が解けた。

過去の確執を越えて2人がここまで仲良くできるのも、猪木ファミリーとトルちゃんにたまらなくデタラメな魅力を感じていたのも、要するにそういうことだったのだろう。

それにしても、トルちゃんが「とにかく放漫経営は今すぐやめろ、無駄な金を使うな、世間に甘え続けるな、天罰は必ず下される」と吠えまくったり、猪木が「当時の日プロと最近の新日にはよく似た部分がある」といまになって言い出したりしているのは、一体どういうことなのだろうか？　つまり、いまの新日も日プロ時代と同じようにダラ幹部たちが放漫経営しているということなのか？

どうにも気になってしょうがないんだが、とりあえず最も気になったのは「なんで引退後も猪木コールが起きるのか。自分なりにそれを分析してみたんだよ。それは、『気』あるいは『オーラ』という脳の波動に関係があるんじゃないかと思う」という、サッパリ理解できない猪木のトンデモ発言なのであった。

51

え〜、今回は徳間書店からリリースされた新間寿著『アントニオ猪木の伏魔殿』＆荒井昌一著『倒産！　ＦＭＷ』の2冊、つまり「国会議員にまで登り詰めたカリスマに翻弄された背広組の告発本」をセットで紹介しようと思っていたんだが、大変なことになってしまった今日この頃。文字通り明るい未来が見えなくなったプロレス界で、無闇に明るさを振りまいてくれるのが武藤と橋本なのだ！　そういうわけで、「早く蝶野もこっちの世界に来い！」と言いたくてしょうがない書評コーナー。〈※当時のメールアドレス〉

あっけらかんとエゲツない本音が連発された異常な面白さ

『MUTO 野心90％』　武藤敬司／アミューズブックス／1905円+税

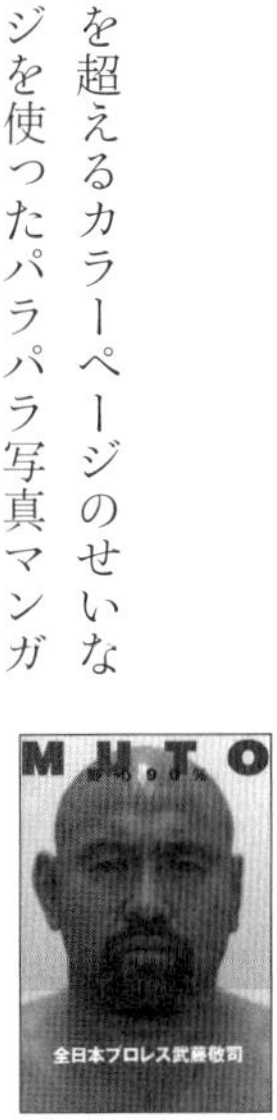

意外にも武藤単独としては初の著書ながら、80ページを超えるカラーページのせいなのか、いい紙を使っているせいなのか、それとも全ページを使ったパラパラ写真マンガのせいなのか（たぶん無関係）、定価がかなり高く設定されているのでどうやらあまり読まれていないらしい、この本。それでも武藤ぐらいにしか決して許されない、あっけらかんとしたエゲツない本音が連発されまくっていて異常なぐらいに面白いという。武藤ならではの一冊である。

なにしろ、「蝶野がもし新日のブックをやるんだったら」だの「最低、1カ月以上はアメリカのリングに上がらないと小さなアングルだって作れない」だのと物騒な隠語を平気で使ったりするんだから、それだけでもズバ抜けた奇跡っぷりはわかってもらえるはず。

とにかく「あいつら割り切ってるよ、ステロイドなんて俺らがお茶を飲むくらいの感覚でしかないから（笑）」といった全米ステロイド事情や、ゲイリー・ハート（ムタ時代のマネージャー）が「人間的には、ひでえ奴だよ（笑）。いわゆるクセ者だから。ドラッグやってるしさ（笑）。金銭的にも図々しいところがあるし」なんてことまで、全日入団で自由になった武藤がいちいちバラしまくっているのであった。

どうにも地味なタイトルだって、なんと全日移籍の真相が「マスコミにはあれやこれやきれいごとを言ってるけれども、正直言って90パーセントは野心だよ（笑）」という意味だったりで、とにかく「要は俺、成り上がりたいんだ（笑）」「いつかは……オーナーの座を目指したいよね（笑）」なんて野望すらも隠すことなく、馬鹿正直に告白していく武藤、最高！

「俺、元子さんにこう言ったんだよ。『元子さん、全日本を俺に下さいよ』。その時の元子さんの喜びようと

2002

いったら、なかった。（略）全日の興行の不振もあって、当時元子さんは精神的に凄いウツだったらしい。でも、それ以来、すっかり元気になっちゃったって、そんなこと今でもよく言われたりする」

そんな元子LOVEぶりについても、「元子さんに優しく言い寄る訳？　いやあ、ただ媚び売ってただけだよ（笑）」なんて、やっぱり馬鹿正直に言い切ってみせる武藤が、本当にたまらなさすぎなのだ。

当然、新日が抱える様々な問題点についても武藤は容赦なくブチ上げていくのであった。

「今、プロレス団体を経営していくなら、俺は東京ドーム大会なんかいらないと思ってる。ここ5年、10年、新日本プロレスが何で苦しんだかといったら、東京ドームで苦しんだ。金が回らないから年3～4回のドーム興行の収益に頼るという悪循環になってたんだよ。（略）東京ドームって一種の抗がん剤だよ。新日の台所事情を考えると、打たざるを得なかった薬かもしれない。けれども同時に、他のよい細胞も殺してしまう」

興行の流れ（それまでのアングルなど）をいちいち断ち切るドーム大会の乱発によって新日が迷走を続けるようになったのは、紛れもない事実だろう。しかし、そんなことよりも大きな問題が新日には存在したようなのである。

「新日本は余程、俺のことをプッシュしなかったんだなあ、なんて感じたりするね。闘魂三銃士の時代というのは、スターが3人いるという複数制だった。要は出過ぎる杭は程よく打たれていたんだよね。それはただの結果論かもしれないけど、出る杭を打っていたのは、もしかしたら長州さんが現場監督を務めていた時代の〝実害〟のような気もするんだよ（笑）」

「結局、新日本の悪しき伝統というのは先輩のレスラーが自分より強いレスラーを作らないで現役を退いていく、ということだったんだな。猪木さんしかり、長州さんしかりでね。それだけは俺の代で終わりにしたいね」

配下の選手に寝首を掻かれないように突出したスターを育成せず無難な複数スター制を作り上げた長州と、せっかく育成したスター同士（藤波と長州など）で潰し合いをさせていた猪木。どちらが正しいのかは知らないが、長州のやり方がビジネスとしては正しくても致命的に物足りないことだけは間違いないだろう。

結局、武藤が新日を離脱することになったのは「いつの間にか俺、このまま会社に長居をして、会社のいらない〝在庫〟になりたくないな、という気持ちを持ち始めたんだよ。失礼だけど、諸々の先輩みたいにはね」という発言からもわかるように、いらない在庫をのさばらせてきた長州体制の弊害でもあった様子なのだ。

「新日本プロレスの一番の問題というのは、能のない〝在庫〟を抱えすぎてることなんだよ。それが橋本の言う〝ウミ〟なんだと思う。レスラーも社員も含めて、在庫が多すぎる。結局、一部の人間の働きだけで多くの人間を食わせてる。そんなの、いつかパンクするに決まってるよ。藤波さんや長州さんを別にしても、実は俺よりサラリーをもらってるベテランの選手だっていっぱいいるんだよ。（略）選手や社員をクビにしない。肩を叩いたりしない。新日本のそういった社風は、逆に言えば凄く優しさがあると思う。ただいかんせん世の中がこんなに不景気だと、荷が重い会社はある程度、そこら辺でスパっと一線を引かないと残っていけないいんじゃないか」

ウミみたいな能のない在庫はスパッとクビにしろ！　武藤が言いたいのは、そういうことなのである。

肩書上だけでも社長になっている藤波はともかく、試合も裏方の仕事もろくにしていないのに現場監督も兼任する現役時代と同じギャラを貰っていた長州、そしてそれ以外にもいっぱいいたらしい無能な不良在庫たちが高額なギャラを奪っていたと武藤は電撃告発するのだが、果たしてそれは誰のことなのか？

とりあえず、この発言を読むと答えがボンヤリながらもわかってもらえるはずなのであった。

「もちろん、新日の先輩だって、かつてはＵＷＦとかジャパン・プロレスに参加して、しばらくして戻ってきた人もいる。それぞれに事情があったんだろうし、一概に悪くは言えないんだけど」

それって木戸？　山崎？　マサ？　小林邦昭？　保永？　タイガー服部？　それとも、まさかハリケーンズの平田やヒロのこと？

具体的にはわからないが、こうした長州の「俺が面倒をみる！」システムによって、外様のベテラン重視の不可解な年功序列システムが確立されてしまったわけなのだろう、きっと。

しかも、長州を外してマッチメイク委員会が新たにカードを組むようになったところで、やっぱり事態は好転しなかったようなのだ。

「新日本から全日本に移籍したフロント組の中には、新日のマッチメイク委員会の一員だった男性もいる。彼は去年、２００１・10・８の新日東京ドームとか、「猪木祭」のカード編成でクタクタに疲れてたんだよ。例えばマッチメークを先方と取り付けて、しかも2パターン、3パターン作ってから『これなら全部できる』と藤波社長に見せる。カードの決定権は、やっぱり社長にあるからね。藤波さんが『よし、これで行こう』と決断を下した後に、しかし猪木さんがカードに目を通してイチャモンをつける。せっかく自分達が一生懸命作ってきたものを、グチャグチャにしてしまう。すると往々にして藤波さんは自分で責任を取らないで『お前、ちょっとじかに猪木さんと話してみたらどうだ?』なんて振るらしいね（笑）。彼の場合は、そんなストレスが貯まりに貯まっての退社劇なんだよ。まあでも藤波さんの、あの優柔不断さは今に始まったことじゃないからね。みんな何年も付き合ってるんだから、分かってるんじゃない？（笑）」

藤波の揺るぎないコンニャクっぷりがこれでまた明らかになったわけだが、そんな閉塞感とアントニオ猪木の現場介入によるプロ格路線の強化によって、武藤一派は全日への移籍を決意したのであった。それなら「こんな会社、辞めてやる！」と思っても当然だって！

「最近、猪木さんが進めている総合格闘技路線は、どうしても賛同することができなかった。（略）プロレスと格闘技、両方の絶妙なミクスチャーなんて、ありえないんじゃないかな。（略）旬のレスラーがみんな格闘技のほうに派遣されて、可能性を潰されてるじゃない。たとえ試合に勝ったとしても、あれは何度もできないしね。反対にプロレスのリングであれを見せようとしたら、いわゆる〝なんちゃってＰＲＩＤＥ〟になる。ファンは共鳴できないでしょう」

もう、まったくその通り！　これは「勝ち負けの結果を踏み越えるような、試合という〝作品〟を残せなかったら、人気は続いていかない。それが俺の持論」と豪語するぐらい、自分の〝作品〟に自信のある武藤だからこそ言える正論なんだとボクは思う。実際、武藤は「まあ多くのレスラーは、作品をそれほど残してないけどね。俺、小川直也とかあの辺、作品をそれほど残してない気がするんだよ。それが格プロと呼ばれるものなのかどうか、知らないけど」とまで言ってるわけだし。

そんな武藤にしてみたら、ろくな作品をまず作れやしないことが最初からわかっている格闘技路線に無理矢理引きずり込まれていくのは、到底許し難いことだったはずなのだ。

「2001年の初めの頃は、俺は新日本で格闘技路線の試合を求められていたんだよな。本当はそんなの好きじゃなかったけど、それをやらないとレスラーとして食っていけないんだから、嫌々ながらやってたよ。その先に小川直也戦の予定もあったけど実現しなかった」

「(最初の猪木祭では) 髙田さんと組んでドン・フライ&ウェイン・シャムロックとやったのか。やっぱりあいつらとプロレスやってても楽しくねえな、と思ったよ。あの野郎たち、プロレスというものを一生懸命理解しようとしてないし、ちょっとプロレスを勘違いしてるなという気がしたし」

これまた非常に同感ではあるが、だったら武藤が考えるプロレスとは果たして何なのか？

「俺、プロレスとは何かと問われたら、やっぱりエンターテインメントだと考えてる。(略) 猪木さんは新日本プロレスを〝キング・オブ・スポーツ〟であると謳っていた。俺、個人的にあれはやめたほうがいいと思ってた。格闘技の頂点にいなくちゃいけないということで、何かと責められてしまうしさ。(略) 例えば野球なんてそんな考え方、眼中にないもんね。(略) だからプロレスは〝スポーツ芸術〟でいいんじゃないのかな」

確かに、新間寿という最強の頭脳を失い、カール・ゴッチや藤原喜明といった強さの指南役も失い、もはや道場幻想も失った新日が、いまも〝キング・オブ・スポーツ〟の看板を掲げ続けるのは、どう考えたって無理があるはず。

それなのに、〝スポーツ芸術〟の世界の人を格闘技の世界へと勝手に引きずり込もうとする猪木のことを、武藤は梶原一騎直撃世代らしくこんな表現で批判していくのであった。

「仮に星一徹のような人だったら、態度は厳しいけど野球を愛してるし、飛雄馬を愛してるでしょ。でも猪木さんは、一徹ほどの愛さえもないんじゃないか？（笑）」

そう。猪木にはプロレスLOVEも選手へのLOVEも一切ないのである。まあ、だからこそ圧倒的に面白いとも言えるんだが。

誰よりもWWEを意識している猪木が、ビンスに絶対真似のできないプロレスとして選手への愛を無視した格闘技路線を進もうとする気持ちはよくわかる。実際、武藤でさえ「もしも同じ土俵で、同じキャラでやった場合には、日本のプロレスはアメリカに太刀打ちできないよ。絶対、侵略される。だから俺たち日本人は、あえてこういう難しいプロレスを今まで築き上げてきた」と言ってるわけだし。

しかし、そんな武藤が考える「打倒WWEの秘策」がまた、実に武藤らしくて抜群なのだ。

「日本のプロレスが太刀打ちできるものは何か？　俺なりに考えてみた。いや、それは浪花節の感覚だと思うな。日本人の心の琴線に触れる人情劇というかね。そこら辺ならアメプロに負けないはず。だから俺はこれから、21世紀の浪花節を目指しますよ」

最近の武藤に喜怒哀楽の「哀」みたいなものをビンビン感じると思ってたら、どうやらそっち方面を強化するつもりでいたようなのである。

現在、WWEの日本侵攻やPRIDEなどの格闘技ブーム、そしてもちろんミスター高橋本の影響もあって危機的状況にあると噂されているプロレス界。それでも、武藤はこう語る。

「ミスター高橋さんの書いた暴露本が話題を呼んでるね。俺も実はあの本、読んだよ。マスコミには『読んでない』って言ってたけど。（略）特に俺のことが書かれているわけでもないし、余り気にならないというのが正直なところだな。（略）〝カミングアウト〟なんていう言い方に代表されるようなプロレスについての意地悪な見方って昔からあるものだけど、俺だったら誤解を生むようなコメントを出して、そうしたファンの気持ちを壊したくないね。ファンのことは裏切れないよ。（略）俺は〝作品〟に拘ってプロレスをやる。勝ち負けだけじゃなく、勝ち負けを越えた場所にも、闘いの美学はあると思う」

この姿勢、実に武藤らしくて文句なし！　人に適材適所がある以上、武藤は格闘技路線なんかではなく「作品に拘ったプロレス」方面に向いているのはまず確実なのだから。

「もちろんプロレスは生き残っていくとは思ってる。俺がそうさせるし。ただもう、そんなに大化けはしないんじゃないか、恐らくね。だから業界の人達がそれを分かった上で、コツコツコツコツ事業の努力を重ねていくべきだと思う」

えらくリアルで切実な発言だが、プロレスを死なせないために身体を張っている男が言うからこそ、心に大きく響いてくるというか。

「右ヒザが伸びないという状態は、もう冗談じゃ済まない深刻な話なんだよ。２０００年の春、アメリカに行く前に診察に行ったら、何もしなくてもヒザが30度くらい曲がってた。その時『この角度が60度になったら足としては機能しない』と医者に言われたんだ。そしてアメリカから帰ってきて、２００１年の5月にまた診察に行った。今度は曲がってる角度が、もう45度なんだよ。わずか1年で凄く悪くなったんだね。するともしかしたら、あと1、２年でドクターストップの可能性もあるわけだからね。仕事ができなくなるのは悔しいよなあ……」

こんな状態でハイレベルな〝作品〟を次々と生み出し、それでいて「今の俺だと補償の内容は、どんな感じなんだろう。あんまり契約書読まないから分かんないな。俺、値段のとこしか見ないからね（笑）」という極めて呑気な姿勢も忘れない武藤。

全日が株式上場を目指していることについても、オーナーを目指しておきながら「株式の上場の意味とか俺、詳しく知らない。でも何かいいじゃん。聞こえがいいよね（笑）」と言い切るから、武藤はいちいちさすがなのだ。

それ以外にも、この本では高校時代の「夜は風呂に入りたいじゃない。だから一度家に帰って風呂入って、また山に戻っていくんだよ（笑）。一応、山では寝るんだけどね。結局、3泊か4泊したかな」という『空手バカ一代』直撃世代らしい山籠もり話も良かったけど、なんと「俺、契約書は交わしてないけど、口約束ではOKしちゃったんだよ（笑）」というSWS契約未遂事件まで遂にカミングアウト。

つまり、海外遠征から「日本に帰ってきて、（田中八郎）社長とは何度も会った。お互いの家を行き来したり、東京駅近くのホテルでミーティングしたり、プランを練ったり」で、「いよいよ腹を決めて、Sに行こうと思って坂口会長に電話をした」ら説得され、あっさり残留を決意した過去があったようなのである。

「『すみません。やっぱり俺、新日本に残ります』って謝った。土下座したよ」

そんなことがあったのに、もしSWSに入っていたらとの前置きをした上で、「俺だったらさ、天龍さんの入団は歓迎しても、その後についてきたザコはいらないしさ。あんなの当時の全日本からすれば、在庫整理にちょうどよかっただけだもの」なんて本音をブチかます武藤は、タチが悪くて本当に素晴らしすぎ！

それらの武藤ちょっといい話だけではなく、西村の「私がガンになったのは、この東京という街のせいなんです」発言や、破壊王が空気銃で野良猫を狙い撃ちしたり、スズメを殺して食ったり、矢ガモ事件の犯人に疑われたり、ブラッド・レイガンズに「橋本のハンティングの腕は最高だ」と絶賛されたという一部では有名な伝説まで掲載されてるんだから、まずは騙されたと思って読んでいただきたい次第なのであった。

サッカー最高！（花火で跳ねながら）キャン・ユー・ディグ・イット・サッカー!?　……ということで、〝SUCKA!〟ことブッカーTが大好きなボクは、こう見えても流行り物だって大好物。いまは、やっぱりワールドカップ？　それとも、あえて田村対ボブ・サップ（「ップ」繋がり）？　いいよねえ、クルクル回るチャンピオンって（ブッカーTのスピン・ルーニーをうっとり見つめながら）……と、放っておいたらいつまでもボケ続ける流行り知らずの書評コーナー。〈※当時のメールアドレス〉

52

昭和のプロレスファンは絶対必読。プロレス仕掛人は死なず！

『アントニオ猪木の伏魔殿』　新間寿／徳間書店／1300円+税

　昭和のプロレスファンならきっとわかってもらえるだろうが、全盛期の猪木と元祖・闘魂二人三脚を繰り広げてきた過激な仕掛人こと新間寿は、まさにプロレス界随一のアジテーターであった。

　そのリズミカルで無闇に人を高揚させるアジテーションはいまもイベントなどで聞くと心からシビレてしまうほどなのに、原稿ではそこまでのパワーが感じられないのが本当に残念の一言。いっそ演説をそのまま活字化して、「声に出して読みたい日本語」というサブタイトル付きで売り出すのもいいんじゃないかとさえ、ボクは思う。

　さて、この本はそんな新間寿が「猪木寛至という男にこのままプロレス界を委ねてしまうと、日本のプロレス界は滅びかねない」という「本書はそうした危機感から緊急出版した」そうなんだが、さすがに猪木絡みのネタに関しては独自の裏話も多くて、かなりの説得力。

「プロレスラー・アントニオ猪木は『猪木の前に猪木なし、猪木の後に猪木なし』、史上最高のファイターだったと、今でも私は信じて疑わない。だが、人間・猪木寛至は多重人格者だ。人を裏切り、人を利用し、人の誠意を自分の成長の肥やしにしてきた最悪の男である」

そこまで言い切るだけあって、これは「闘魂とは人の誠意を踏みにじる行為」との言葉で体現した〝キラー猪木寛至〟部分にのみひたすらスポットを当てまくる一冊なのであった。

たとえば、第1回ＩＷＧＰでハルク・ホーガンのアックスボンバーを喰らった猪木が失神＆緊急入院したかと思えば、なぜか坂口征二が「人間不信」と書き残して失踪するに至ったあの事件の新事実も、かなりの衝撃っぷり！　なんと新間寿が入院先に見舞いへ行ったら、「猪木は私たちの目を盗み、夜中にこっそり病院を抜け出していた」ため、「ベッドには猪木ではなく、猪木の弟、啓介が寝て」いたそうなのである！　誰もが「猪木神話は終わった！」などと思っていたときに人知れず引田天功ばりの入れ替わりマジックに挑んでいた猪木、恐るべし！

さらに、あの福田赳夫元首相がアントンハイセル事業について「ブラジルという国は非常にインフレ率の高い国だから、ボクはブラジルに投資をすることには反対なんだ」と筋の通った忠告をしていた事実も明らかになるんだが、もちろん猪木はそんなことに耳を貸すほど聞き分けのいい男ではない。なんと素直に忠告を聞くどころか、こんな逆ギレまでブチかましていたようなのだ。

「新間、福田先生も老いたな。冗談じゃない。ブラジルには地下資源がいくらでも眠っているんだよ。金もある。銀もある。石油だってある。これからブラジルはどんどん発展していって、大変な金持ちの国になるんだよ」

もちろん猪木の目論見は大きく外れて結果的に多額の借金を背負う羽目になってしまうんだが、それでも決して懲りやしないから、さすが猪木。

「ただし、猪木が出したアイデアでなるほどなと思ったことがある。すごいなと感心したのは、将来、環境が悪化して地球上の酸素不足が深刻な問題になったとき、アマゾンの熱帯雨林が吐き出す酸素を止めるぞと世界を脅せば、各国はブラジルへの援助を惜しまないだろうという観測だった」

酸素をネタに世界を脅して、援助金を奪い取る!? それ、違う意味ですごいよ！

ただし、「猪木という男、時として天才的なひらめきを見せる。惜しむらくは、鶏じゃないが3歩歩くと前言を忘れて考えが変わることだ。猪木はブラジルは熱帯雨林を大事にすべきだと言っておきながら、同時にブラジルの東西を結ぶ一大鉄道を貫通させようという構想も練っていた」とのことで、やることに一切筋が通っちゃいないのも、やっぱり猪木。アントンハイセルへの興行収入流出疑惑が原因で山本小鉄らにクーデターを起こされたとき、「アントンハイセルはやめるわけにはいかん」「お前たちに迷惑をかけているのは新聞だから、新聞をやめさせる」と迷わず言い放った男は、一味違うのであった。

かくもタチの悪い猪木に美人秘書の告発による金銭スキャンダルが吹き荒れていた頃、『東スポ』などで拳銃密輸&地下射撃場設立疑惑が持ち上がっていたのを覚えているだろうか？

もともと「ロスで銃のインストラクターもやっていた」D氏が拳銃28丁、実弾1000発の密輸で現行犯逮捕されたとき、「実はアントニオ猪木に頼まれて、拳銃を持ってきた」と証言したことから始まった、この騒動。

「あの男のおかげで捕まったのに、自分には一言の見舞いもねぎらいもない、チリ紙1枚も差し入れしてくれはしなかった。いったい、なんてヤツなんだ」

なんと「8年も臭いメシを食うハメになった」D氏がここまで激怒していたため、猪木は彼から逃げるべくアメリカに移住しただの、PRIDEの怪人と行動を共にするようになっただのとここまで一部噂されていたんだが、なんとビックリ。もともと猪木は、D氏にこう話を持ち掛けていたらしいのである。

「Dさん、将来、日本でも拳銃を持つことができるようになるかもしれないよ、そのためには、やっぱり地下に射撃場でも作って、みんなに習わせるようなことも考えなきゃいかん」

……あれ？ ということは別に猪木も拳銃密輸までは命じていなかったのか？ 何かと思えば、この騒動の真相はこういうことだったようなのだ。

「悲劇だったのはDさんは日本語が話せても、小学校3、4年程度。その理解力たるや非常におぼつかないことだった。猪木一流の『ジョーク』を謎かけとカン違いして『ピストル持ってこい』という話だと早合点したD氏は、女性でも撃てる軽い拳銃ばかりを持って来日したというわけなのだ」

ジョーク!? だったら猪木は全然悪くないじゃん!

その他、「競馬を許すと、生活態度がゆるむ。巡業先でも競馬新聞は読む。漫画本ばかり読む。花札はやる。そのうちゴルフバッグ担いでプロレスの巡業に来る……。実はそれがクーデター首謀者・山本小鉄の素顔なのである」という天敵・小鉄批判や、「(倍賞)鉄夫は猪木の夫人・倍賞美津子の弟だが、とにかく仕事ができない。営業をやらせてもさっぱりで、しかたなくリングアナを任せていた」という倍賞鉄夫批判など、とにかくシビレるエピソード満載なので昭和のプロレスファンなら絶対必読! プロレス仕掛人は死なず!

唯一の問題は、もう一つの出版理由である「ミスター高橋のようにプロレスを食い物にしている輩と徹底的に闘いたかった」という部分が、ちょっとばかりパワー不足なことだけなのであった。

まず、「すべてのプロレスは筋書きのある出来レースである、とする彼の主張はK-1などの打撃系の格闘技を勢いづかせるだけ」とピーターの著書にダメ出しする気持ちは、ボクにもよくわかる。

ただ、「意識を失った(ストロング)小林に対して、首4の字で目を覚まさせた猪木の『情』がエンターテインメントというなら、しかたがない。だが、ミスター高橋、二人の試合は出来レースでも、仕組まれたものでも決してない」とキッパリ断言しつつプロレスをこう定義付けているのが、いまとなっては説得力が感じられないのであった。

「プロレスは相手に体を預ける。腕を与え、首を与え、足を与える。しかし、その与えるなかで、鍛え抜かれた肉体と精神力によって極限まで我慢し、相手もこれ以上やったら傷つけてしまう、その一歩手前で止め、我慢の限界を確かめ合うスポーツ競技である」

我慢のスポーツ……。そんな昔ながらのプロレス論よりも、「余人の知らない世界に身を置いたことを奇貨として、あのような本を書くとは何ごとなのか！」という一言に、彼の隠された本音を感じてしまうのはボクだけだろうか？

やっぱり、その辺に関しては同じ新間寿の文章でも、『週刊アサヒ芸能』で短期連載していた「アントニオ猪木『金とヤラセ』誰も書かなかった『闇素顔』」における描写のほうが圧倒的なリアリティが感じられたものなのである。

「かつて猪木が新日本プロレスを旗揚げして『いつ何どきだれの挑戦でも受ける』と標榜していたころ、道場にキックボクサーが殴り込みに来たことがあった。そのときに相手したのが藤原（喜明）で最初はすぐに腕を決めて勝った。ところが2本目になると、相手は間合いを取ってキックやひじ打ちをバカバカ入れてきて、藤原のほうが血だるまになってしまった」

永田がミルコにやられると、すぐさまこんな秘話を引っ張り出してくるのみならず、猪木対アリ戦についてもこんなとんでもないことをいきなり言い出すんだから、とにかく新間寿は最高なのだ。

「猪木は先ごろ出版した本の中で対アリ戦のルールについて触れて、そこでは、禁じ手のオンパレードだったということになっているが、真実はまったく違う。実際のルールは『両者正々堂々と戦う』という前提で、急所への攻撃禁止、目の中に指を入れてはいけないなど、現在のプロレスでも当たり前のルールにすぎなかった。それは私が今でも保存している書類を見れば一目瞭然だ。猪木が言う『がんじがらめのルール』などというのは存在しなかったのだ、私が交渉の最初から最後まで担当し、作り上げたのだから間違いない」

……え⁉︎　猪木がアリキックをやる以外に術がなくなってしまった「がんじがらめのルール」は、そもそも猪木が言い出したホラだったのか？

要するに「もちろん、猪木が〝言い訳〟をするのもわからないではない」「猪木も本当に深く落ち込んでいた。そんな彼に代わって私は必死に『過酷なルールだった』と説明し、彼の名誉を守った」とのことで、これは新間寿のホラだった模様。

ゆえに、「それを、いまさらルールのせいにしてはいけない」と糾弾していたはずが、なぜか単行本では「アリ陣営は試合直前、ルール変更を申し入れてきた」「アリは立ち、猪木は寝てという試合スタイルは、実はこの話し合いのときにできたルールの結果だったのだ」というように、まったく正反対の描写になっていたから、つくづくプロレスも猪木も新間寿も底が丸見えの底なし沼なのであった。

『倒産！FMW』 荒井昌一／徳間書店／1300円+税

正直言ってこの本を発売直後に読んだときの感想は、冷たいようだが「この人は、プロレス業界にも社長業にも致命的なまでに向いていなかったんだな……」というものでしかなかった。借金関係のエピソードは重すぎてとても他人に読ませるようなレベルじゃなかったし、社長業に関しても借金に関しても「なぜ、そこでそんなことを？」と言いたくなる行動ばかりで読んでいてイライラするしで、興味深く読めたのは裏話部分のみ。

つまり、ポーゴのいい人話やら、メキシコに行った「小兵のA選手」（おそらくバトレンジャー）の悪質なイジメ話やら、「お前なんか、とっとと死んじまえ」などなど引退後も「ファンを装って女子選手の悪口を書き連ねた手紙を送ってきた」女子選手（おそらく工藤めぐみ）の話やら、レズビアン話やら、そうした『アサ芸』イズム溢れる下世話な部分と、「お前今日襲われろ。ジュースいけ、ジュース」と大仁田から命令されるようなダークサイド部分に目がいってしまったのである。

「日本でも、最近、いくつかの出版物で、プロレスは真剣勝負でもスポーツでもなく、ショーであることが明らかにされています。ごくまれに、段取りなしの試合や、『アングルを作っておいたのに、選手同士が夢中になってそれを忘れてしまい、素で闘ってしまった』という例外はあるものの、プロレスというのは、基本的にストーリーも段取りもあるショーなのです」

「ミスター高橋氏の著作などで多くの人が知るところとなりましたが、プロレス団体において、マッチメイクというのは、対戦相手と順番を決めるだけではなく、基本的に試合のすべてを決めています。この中で、誰と誰がどんな因縁を持ちどのように闘っていくかの流れ、これをアングルといいます」

こうして荒井社長がミスター高橋に続くカミングアウトを果たしたのはなぜかと思ったら、「旧FMWでは、こうしたマッチメイクやアングルは、すべて大仁田さんが練り上げていました。当然、自分で『オイシイ』役どころを務めます」というように、要は大仁田の「俺が俺が」な姿勢をより強調するためだったのである。

なにしろ、ハヤブサこと江崎英治が大仁田引退の直前に長期海外修行に出ていたのだって帰国と同時にブレイクさせるためでも何でもなく、実はこんな理由でしかなかったらしいのだ。

「旧FMW体制にあっては、弾き出されていたともいえます。なぜ江崎が弾き出されていたかというと、大仁田さんが彼のことを嫌っていたからでした。江崎は新弟子時代、大仁田さんの付き人になったものの、たった1週間で外されてしまいました。理由は簡単で、大仁田さんにとって江崎の顔立ちが気に入らなかったからです」

それぐらいイケメンなハヤブサを新生FMWのトップに据えたら、そりゃあ大仁田が「江崎をエースにして、ツマんねえプロレスやってるらしいじゃねぇか！　俺の作ったFMWを馬鹿にしてんのか！」と激怒するのも当然の話。

やがて大仁田は「俺の興行の際には、選手を新生FMWから貸し出せ。NOと言う選手はクビにしろ」などの無理難題を押し付けるまでになっていくんだが、「彼を『お山の大将』にしてしまったのには、私にも責任があります。とにかく、旧FMWの頃からの習慣のようなもので、大仁田さんに怒鳴られると、原因はさておきとにかくまず『すいません』と謝ってしまわずにはいられないのです」と自ら告白しているように、FMWの迷走は大仁田ではなく彼の介入を許した荒井社長の弱さが原因だとしかボクには思えないのであった。

「今となってみれば、社長だった私が身体を張ってでも止めなければいけなかったのですが、それができなかったのが、私の弱さでした」

当然、現場に土足で介入してくる大仁田に対して選手たちは反発しまくったが、「当時の私には選手たちの怒りも諦めの気持ちも受け止めることができず、ひたすら大仁田さんのご機嫌取りに走ってしまった」というから荒井社長は明らかに社長失格なのだ。

まあ、「この頃の私は、すでに社長として、会社のリーダーであることを放棄していたような気がします。もともと、裏方で地道な作業を積み重ねる方が性に合っていたのです」とも告白しているように、自分が社長として不適格なことだけは自覚していたようなんだが。

その後、サラ金で最初に「家の権利書を持って来い！」と言われても「そんなものかと納得」して本当に持って行こうとしたり、そこで夫人が『何でそこまでしなきゃいけないの？』と烈火のごとく怒りだした」というごく当たり前のことを「トラブル」と表現したりで、借金にも不向きだったのは間違いないだろう。

「貯金は全て使い果たし、多額の負債を負うことになりました。金目のものは全て売りつくし、あげくは金融業者から追われ、家も取られました。親兄弟、親戚からも借金をし、親族にさえ会えない状態です。妻とは離婚し、最愛の娘の顔を見ることもできません」

思えば、新生ＦＭＷがスタートするとき、「借金するぐらいなら潰せ。赤（字）が出たら解散しろよ」とアドバイスしていた大仁田は、本当に正しかったわけなのである。といっても、その大仁田もまた新生ＦＭＷを借金だらけにした張本人だったりするからわけがわからないんだが。

最後は「横になりたい。誰の声も聞かずに1人になりたい。少しでもいいから眠りにつきたい。いや、今ならいっそ、永遠の眠りにでもつけれれば」などとヘヴィすぎる心境を告白しつつ、「死んでお詫びをしよう……あの2月14日以降、ずっと、そう思っていました。最後に態度で示せる、誠実しか取り柄のない、私の誠意だと思っていました。しかし、私は負けたままで終わりたくない。カウント2・99でいいから、立ち上がりたい」と、崖っぷちでアイ・ネバーギブアップな姿勢をアピールしてみせた荒井社長。

せめてボクも何かしら力になれないかと思い、この本の発売記念として荒井社長のインタビューを『紙プロ』でやろうと計画してみたのだ。間に入った担当編集者の尽力もあって一度は「ギャラが取っ払いなら」との条件付きでOKが出たものの、なぜか土壇場になってキャンセルされ、その数日後には自殺の第一報が流れてしまったのである……。

「……ほんとにこの前わざわざこっちまで来てもらってせっかく話をしてもらったんですけど、やっぱりいろいろ考えて、自分の気持ちは変わりません。……美学ってわけじゃないんですけど、そんなカッコいいもんじゃないんですけど、やっぱり何か迷惑をかけたのに、ずうずうしく生きていくようなこととかは、やっぱ、できなくて」

これは『週刊アサヒ芸能』に掲載された「『首吊り自殺』FMW荒井社長『遺言テープ』を衝撃公開！」なる記事からの引用なんだが、実はこの発言、ウチのインタビュー依頼の件で担当編集者が潜伏先に出向き、そのとき自殺を思い留まるよう説得したことに対する荒井社長の回答だったと、ボクは後から知ることになったのである……。

「まあ正直、死ぬのは怖いです。（大きく息を吸う）テープを事前に吹き込もう、吹き込もうと思ってたんですけど、（深いため息）やっぱり、もう、決行する当日ぎりぎりになっちゃいました……。ほんと、いろいろ言っていただいたにもかかわらず、ほんと、すいませんでした。（略）本を出してもらえることになって本当によかったと思います。もし何かまた、FMWの選手とか、うまく取り上げてもらえることになったら、ぜひよろしくお願いします。ありがとうございました。（力を込めて）さよなら」

結局、最後まで自分ではなく選手のことばかり考え続けた荒井社長の愛すべき生真面目さに合掌……。しかし、それでもあえて倍賞美津子の主演映画『生きてるうちが花なのよ　死んだらそれまでよ党宣言』を、ボクは荒井社長に捧げたい次第なのである。図々しく生きてこそ、人生！

53

ロフトプラスワンで定期的にやってるターザンとのイベントで竹内宏介&新間寿といった三者三様な大物たちとトークをしたり、LYCOSでターザンとインターネット・ラジオを始めることになったり、OH砲ばりに地方を活性化させるべく広島でイベントをやることになったり、安部譲二にプロレスラー時代の思い出を聞いたり、PRIDEの怪人・百瀬さんに衝撃的なPRIDE裏話を聞いたりと、このページとはまったく無関係にアグレッシブな活動を続ける男の書評コーナー。〈※当時のメールアドレス〉

とにかくマット界のキツい現状が嫌というほど伝わる一冊

『弾むリング』　北島行徳／文藝春秋／1381円+税

障害者プロレス団体・ドッグレッグスの代表であり、『無敵のハンディキャップ』（第20回講談社ノンフィクション賞受賞）や『ラブ&フリーク』といったドッグレッグスのドキュメントで知られる北島行徳の新作は、一連のシリーズの特別編。

人生に行き詰まった健常者レスラーのマチズモ神山がリング屋稼業を始めようとして知り合ったリング屋・ジャッジ金子や、「ヤクザのような風貌」をしたリング職人・諸岡（誠ジムのボス）といったリングの周辺で生きる男たちの人生を描いていく……だけなのかと思ったら、なぜかタイトル通り各団体におけるリングマットの弾力差についても明らかにしていくから驚いたのだ！　障害者問題に続いて、これはこれでまたもやタブーに挑戦だよ！

とりあえず、アレクサンダー大塚が「NOAHのマットはふわふわ」発言で叩かれたり、星野育蒔が「プロレスのマットは足がガクガクして踏ん張れない」と語ったりしたように、やっぱりプロレスには「男子と女子ではマットの弾み方を変える必要が出てくる。女子の場合はレスラーの体重が軽いので、弾んで音が出るくらいにマットを柔らかくするようにした。さらに追求するならば、男子も所属レスラーの体格によってマットの硬さを調節しなければならない」カラクリがあったようなのである。

つまり、派手な投げ技を連発する団体ほどリングは柔らかくなるし、本書に登場する別のリング職人によると「SWSのリングを作る時は、所属レスラーであるザ・グレート・カブキやジョージ高野からいろいろな注文を出された」のだという。

「マットは柔らかすぎても硬すぎても駄目。コーナーポストから叩きつけられる時には、凄い大きな音が出るんだけど痛くない。あの人たちはそんな注文を出すんだよ。正直言って、あの高さから投げられて痛くないようにするのは、どう逆立ちしたって無理なんだよ。だけどSWSは、選手に怪我をしてもらいたくないから、そんなリングが作れるのなら費用はいくらかかっても構わないとまで言うんだ」

こうしてウレタン部分担当のリング職人は「棒高跳び用のマット」を活用した痛くないリングを作り上げることにどうにか成功したんだが、「このスポンジでも完璧とは言えないんですよ。まず値段が高すぎる。SWSはメガネスーパーがバックについていたからいいけど、他の団体ではまずこのスポンジは使えない。それに吸収がいい分、音の迫力が半減してしまった気もしたね」と語るように、これもまたSWSが失敗した数ある原因の一つじゃないかといまさら気付いた次第なのであった。

続いて、パンクラスの場合。もともと、「電話があった時に『パンクラス』を『パンください』と聞き間違えて『ふざけるな、うちは鉄骨屋だ!』って怒鳴り返していた」ぐらい、「パンクラスのことも船木のことも知らなかった」諸岡氏に、船木はまず「リングの弾みを抑えるように調整して欲しい」と注文してきたそうだ。……抑えるだけ?

「変な奴だなと呆れたよ。だって、リングの弾みを調整することに、意味なんかないと思うじゃない、よく弾めば叩きつけられても痛くないし、格闘技をやりたければまったく弾ませなければいいんだから」

こうして、「プロレスほどではないにしろ多少は弾むようにはして欲しい」と依頼されて「格闘技よりは柔らかく、プロレスよりは硬い」リングを作ったものの、「三台目からは弾みをゼロにしたボクシングのようなリングになった」りと、試合スタイルの変遷がリングにも現れていたわけである。

そんな船木のことが気に入った諸岡氏も、パンクラスに対して多少の不満は感じていた模様。

「船木と鈴木の意見だと思うんだけど、要は自分たちにステータスをつけたいわけよ。パンクラスっていうのは格闘技団体だから、若手にリングを組ませないで、業者まかせにしてますよ、と。だけど、それじゃ人間教育ができない。（略）だから俺は会場では若手を捕まえて手伝わせたけどな」

好感を持っているパンクラスでもそうなんだから、他団体と仕事をしたら「プロレス界は嘘の固まりだ」と感じてしまうのも当然だったのだ。その原因は、どう考えても高野兄弟辺りのことを指しているとしか思えない出来事が原因だったんだが。

「とあるプロレス団体にリングを作った時の話だ。リング代が半分ほど納められた後、途端に入金が遅れだした。半年近く催促したが、一向に払う様子がないので、正攻法で裁判所に訴えることにした。リング代を踏み倒そうとしている社長兼プロレスラーは、裁判所に呼び出されると『諸岡に脅されている』と自らが被害者のように言い出した。諸岡は呆れて空いた口が塞がらなかった。体が倍以上も大きいプロレスラーをどうやって脅すというのだろう」

その後、「残金は月賦で返す」と言いつつも金を払わないため諸岡氏がリングを回収すべく倉庫に向かうと、倉庫代が払えずにリングは雨ざらしになっていた。それを見て、「どうしてこんな相手にリングを作ってしまったのか」と悲しくなり、リングを持って帰ったそうなんだが、いい加減なのはインディー団体だけに限らないというか。

「メジャーと言われている団体も似たようなものだった。レスラーが出演するVシネマの撮影用にリングを一台作ったのだが、入金の段階になって支払いは別の会社と言われた。（略）次々と会社をたらい回しにされ、その挙げ句にヤクザに脅された」

所属選手がVシネに出られるようなメジャー団体っていうと、やっぱり……？

この本は、そんなプロレス界のダークサイドのみならず、ジャッジ金子がスマックガールに関わっていたことから、〃力道山を刺した男の娘〃篠原光や〃元女子高生レスラー〃千春といった女子格闘家たちの壮絶な人生も徹底取材。篠原光が将来の夢として「子供のいじめ相談みたいな仕事をやりたいの」と真顔で語る場面も実にいいんだが、なんといっても衝撃的なのは千春である。

人気先行だったため対戦相手は「試合中にガチを仕掛けてくる」し、「地方巡業で試合を終えると、地元ヤクザの接待にも顔を出さなければならなかった」し、「ヤクザたちに体を触られたりすると、千春は怖くて泣きそうになった」しで、SPWF時代はかなり過酷な人生を歩んでいたらしい彼女。

「千春の気持ちを考えることなく、さらにSPWFは敷いたレールの上だけを走ることを命じた。その最たるものが日本大学通信科への入学と、レスリング部への在籍だった」

これはSPWF側が「女子高生レスラーの次は、女子大生レスラーとして売りたかった」ためであり、他にも北島代表は「高校を卒業した千春に、SPWFのさらなる命令は続く」「SPWFのがめつさはそれだけでは終わらない」「SPWFに妊娠した事実を隠してくれと頼まれた」（ちなみに相手であるNOSAWAとは「結婚してから会ったのは二回だけ」で、「彼とのことは消し去りたい過去」とのこと）だのと、SPWFのダークサイドをとことん暴きまくるのだ！　谷津、最強！

まあ、結局のところプロレス団体なんかどこもそんな調子だろうし、だったら格闘技はどうなのかと言えばスマックガールのギャラがなかなか貰えず貯金残高が8万円になったとジャッジ金子が最後に告白してるしで、とにかくマット界のキツい現状が嫌というほど伝わってくる一冊なのである。

それだけではない。あとがき部分では、障害者プロレスラーの「ゴッドファーザーが作った障害者と健常者の交流ボランティアグループ」に、いまは亡きFMWの荒井社長が高校時代に参加していたという知られざる事実にも言及。

「ある時、ゴッドファーザーが試合会場に行くと、座席に荒井氏が挨拶に来た。荒井氏は浮かない顔をして

『今度、社長になるかもしれない』と言った。その曇った表情と、彼の性格を知っているが故に、ゴッドファーザーは『やめたほうがいい』とアドバイスした。これが二人が交わした最後の会話となった」

かくもヘヴィな情報ばかり詰まったこの本の中で一服の清涼剤となっていたのが、篠原光の元恋人・太陽○アのズバ抜けた呑気さなのであった。

「篠原が父親のことを切り出すと、太陽○アは『オー！　ビッグニュース』と言って目を丸くした。太陽○アの叔父もプロレスラーだったのだが、過去に力道山とハワイでタッグを組んでいたらしい。詳しい事情はわからないが、叔父は力道山のことが嫌いだったらしく、太陽○アはよく力道山の悪口を聞かされていたという。『お父さん、怖いけど、凄い』。（略）太陽○アはまるで気にしていない様子だった」

少しは気にしろよ、太陽○ア！

54

『PRIDE』の怪人・百瀬さんにインタビューしたことがきっかけとなり、なんと百瀬さんが格闘技界との関係を激白する単行本のインタビュアーとして抜擢されることが緊急決定！　そんなこともあって、遂に実現したビートたけしインタビューの最中、何度か携帯が鳴ったのを後で確認したら「百瀬博教秘書」「新間寿　携帯」との着信履歴があったりで、なんだか数か月前には想像もできなかったような状況になりつつあることを実感している男の書評コーナー。〈※当時のメールアドレス〉

新間寿の復帰が期待されても著者がファンから期待されない理由

『背広レスラー』 永島勝司／メディアファクトリー／1300円+税

第二のリキプロダクションとでもいうべき『リキ・ナガシマ企画』を長州力と2人で

設立して、再びプロレス界に打って出ようと画策しているらしい平成新日本プロレスの仕掛人・永島勝司。しかし、彼の仕掛けでこれまでに面白かったものといえば実はUインターとの対抗戦ぐらいでしかないはずだと、ボクは勝手に確信している。

実際、あの対抗戦が下手に評価されてリキ・ナガシマ組が実権を握ってしまったばかりか、やがて新日が迷走しまくったのではないだろうか？

大仁田参戦と、それに伴う長州の復帰。愛弟子・健介の強引な売り出しと、言うことを聞かない橋本の解雇。盛り上がりに欠ける全日本との対抗戦と、それに伴う武藤の離脱……。その全てがどう考えてもいただけないことばかりであり、そんな永島が新日マットで展開した仕掛けの数々について自ら振り返ったのが、この本なのである。

するとどうだ。なぜか大日本との安上がりな対抗戦についても「力道山OB会のゴルフコンペがあり、なぜか私と小鹿社長は同じ組でラウンドすることになったんです。（略）一緒に回っている時に、私は単刀直入に金額を提示しました。（略）それを小鹿社長が受け入れて、交渉成立です」なんて対抗戦実現までの経緯を平気で明かすから、やっぱり問題ありすぎなのであった。

「この『グリーン会談』は、私の得意技の一つで、WARとの対抗戦の時には、武井社長ともよくしたものです」

この手の、読者が知ったところでこれっぽっちの幻想も膨らまない余計な裏話を明らかにしていくことに、一体何の意味があるんだろうか？

同様に、「ミツオ……私は普段長州のことを『ミツオ』と呼んでるんです」だの「健介は、私がいちばんかわいがってる子で、今のあいつを見ていると、じれったくて悔しくて仕方がない。今は改まって『健介』なんて言ってますけど、本当は『ケン坊』って呼んでるんだけどね」だのと長州派とのフレンドリーな関係をいちいちアピールするのも、辻アナが選手を目の前で呼び捨てにするのと同じぐらい鼻に付いてしょうがないというか。それで読者に伝わるのは、「永島勝司はゴルフと長州と健介が大好き」という非常にどうでもいい事実だけでしかないのだから。

さて、かくも長州好きの永島が仕掛けようとしたものの運良くというべきか運悪くというべきか流れてしまったのが、一部で噂だった長州（ミツオ）とヒクソン・グレイシーとのVT戦なのだ。

それにしても、なんでまた長州だったのかと思えば、永島は「長州がほんとに怒ってセメントの試合をしたら、いちばん強いです。そうでなかったらヒクソンと闘おうなんて思いませんよ」とキッパリ断言！　最強はヒクソンではなく、長州!?

ただし、具体的にどこがどう強いのかといえば、「長州にはヒクソンに対抗できる要素が充分あるんです。その力を長州が見せたことはありませんよ。かくいう私もまったく見たことがない。でもあるんですよ。うーん……。なんですかって聞かれると困っちゃうなあ。もう長州が潜在的に持っているもの、としか言いようがない。誰も見たことないんだから」とのことで、まったく根拠がないのも本当に驚くばかり。なんだよ、その理論！

……それでも長州対ヒクソンが実現しかけていたことだけは紛れもない事実であり、だからこそ2001年5月5日の福岡ドーム大会で小川直也が長州に何かを仕掛けてヒクソン戦を強引に潰そうとするんじゃないかとの噂が、当時は関係者の間で流れていたのである。

結果的に、長州と小川のタッグ対決は〝潰し合い〟ではなく〝探り合い〟のまま終わった。だが、この試合によって「長州の気持ちが、いわゆる闘うモードじゃなくなって」「戦闘意欲、……戦闘能力と言ってしまってもいいのかな、それがなくなった」ため、ヒクソン戦は消滅したのだという。

そう。なんと小川は、長州から意欲どころか戦闘能力すらも奪い去ってしまったらしいのだ！

それでも永島は、長州を徹底フォロー。

「確かに小川との闘いで圧倒されて、技術的な部分で自信をなくしたという見方をできないことはないかもしれないけれど、私はそれが原因ではないと思っているんです」

つまり、長州はセメントでいちばん強いんだから、「小川がはっきりしているなら、もっと凄惨な試合になってましたよ。長州はいつでもいいのに。エブリタイムOK」との状態だった、と。だったら戦闘能力がなくなった原因は何かといえば、「精神的なもの」であり「これは彼にしかわからない部分」と結論付けるのであった……。

もはやサッパリわからないが、こうして長州戦が小川のせいで消滅した後に永島が企画したのが、ヒクソンとケン坊のVT戦だったのである。

「けれどもそれは全然進まなかった。ヒクソンにはヒクソンなりに、どの試合を受けるか、彼の中で計算があるわけだから。確かに健介みたいなパワー・ファイターは、ヒクソンが嫌がるタイプですからね」

こうしてヒクソンが健介を恐れたなどと一方的に言い張るのみならず、「他の団体のレスラーと交わる時は、いちばん強い選手が出る。それが健介なんです」と、またもや力強く断言！

この勢いで、天山も「彼にバーリ・トゥード形式のものをやれと言えば、実はすぐにできる」などと言い出したりもするんだが、「それって、要はなんちゃってバーリ・トゥードのこと?:」と聞きたくなったりで、いちいち発言に説得力が欠けるのもこの本の大きな特徴だろう。

中西にしても、「彼はアメリカでは、『クロサワ』というリングネームでやってたんだけど、WCWでは危険人物というか、要注意人物になっている」と幻想を膨らませるのかと思えば、だからといって「誰かをケガさせたとか、そういうのはなかったと思うけどね」と平気で続けたりするから、いちいち隙だらけ。

挙げ句の果てに、永島はここまで説得力皆無かつ思いっ切り時代遅れな独自のプロレス最強論までブチ上げる始末なのであった。

「〝なんでもあり〟のバーリ・トゥードでも、たいてい、目つぶし・金的攻撃・頭突き・肘打ちは禁止されています。そうした禁止行為をやられても、プロレスラーは動じないんですよ。（略）PRIDE、K-1では、当然のことながら、試合中は相手の攻撃を防御しますよね。でも、プロレスは攻撃をあえて受けているんです。プロレスラーの体力で繰り出される技を受け合うんですから、命懸けですよ。急所に入ったら、死んでしまう。この緊迫感の中で試合をしているんだから、プロレスラーは強いですよ」

……は？　一歩間違えたら命を失う緊迫感に関しては、ガチンコのほうが上じゃないのか？　そもそも、プロレスのギミックとして使われる、ダメージがあるわけでもない目つぶしや金的攻撃に動じないだけで格闘技より上などと誇ってどうする？

結局、説得力が感じられたのなんて、「（永田に）一つ注文を言うと、顔つきに問題があるんですね。変な顔っていう意味じゃないですよ。本当に怒っているという顔ができない。坂口さんやジャンボ鶴田と同じ」というそのものズバリな発言と、「橋本は自分のこと『スター』だと思っているでしょう。でもあんなのまだ、単なるデブだもん（笑）」という子供みたいな発言ぐらいのもの。

その破壊王に対しても、「橋本は、もう馬鹿（笑）。馬鹿になりきれない馬鹿ね（笑）。5月2日の東京ドーム大会だって、出る出ないでさんざんもめたでしょう？　あいつから『出してください』っていえばいいのに、相手が頭を下げてくるの待っている。妙に利口なんだよね。猪木さんの『馬鹿になれ』というのは、そういうこと」などと常人には到底理解できないことを言い出すから、永島は本当にどうしようもないのである。

それに比べて因縁深い永島との対談に挑む破壊王は、発言にいちいち説得力がありまくり！

まずは「ドームのメインの三沢対蝶野なんか、俺は別に何とも感じなかったね。お互いに何であんなに譲り合ってるのかな、と思うだけで、ケンカしてくれないから」と容赦なく斬り捨てたり、「（藤波が）現場にどんどん口を出していくべき」という永島の主張を「無理だよ」「やったって迷惑かかるよ」とあっさり否定したりで、最後は「ブッチ、俺はお前とケンカしたつもりなんて微塵もないぞ。むしろお前を助けようとしたじゃないか」と言い出す永島に対して、こう言い放つのだ。

「そう思ってるんなら、それでいいよ。もう終わったことだしさ。でもな、大人はヌケヌケとこういうこと言うから腹が立つ！」

これはまったくもって破壊王の言う通りであり、新間寿の復帰が期待されても永島がファンから期待されない理由がよくわかる一冊なのであった。

55

新間寿氏から貴重な昭和の新日本プロレス・グッズ（初代タイガーマスクのゴミ箱や、ＭＳＧシリーズ開催記念の巨大鉛筆など）を譲り受けたり、百瀬博教氏から依頼されて力道山グッズをヤフーオークションで代わりに落札するようになったりと、大物たちとの交流が順調に深まりつつある今日この頃。ついでに、なぜかターザン山本と反吉田秀彦同盟を結成したので、せっかくだから揃いのハカマを穿いて坊主頭にでもなろうかとボンヤリ考えている男の書評コーナー。〈※当時のメールアドレス〉

レスラーに平気でケンカを売り大酒でも負けない門馬先生！

『ニッポン縦断プロレスラー列伝』 門馬忠雄／エンターブレイン／1800円+税

プロレスマスコミ屈指の酒豪として知られていたものの「平成5年4月18日に脳梗塞で倒れ」、「右半身マヒの障害者」となってしまった、ぼやき評論の第一人者・門馬忠雄先生。その「カムバック第1作」は、日本人プロレスラーの「スポーツ経験歴と、ローカル色という出身地の土地柄」に着目し、「利き手ではない左手での鉛筆書き」で完成させた、『コロコロコミック』に匹敵する全536ページの分厚い「プロレス紳士録」である。
もちろん、格モン・吉江豊を「格闘集団G-EGGSのあんこちゃん」と表現したり、イワン・ゴメスと

藤原喜明のスパーリングを「ワケのわからぬコンニャクと納豆のケンカのような練習」と表現したりする独自の門馬節は絶好調であり、「バイアグラ服用者などは彰俊のオシッコを煎じて飲めばいい」などの暴論だって容赦なく炸裂しまくり！

かつてボクが『紙プロ』で北沢幹之レフェリーをインタビューした際、「あのことに触れなきゃ駄目だよ！」と門馬先生が言われていた「母親が行方知れずだったことから母親を捜すために巡業が多いプロレスを選んだ」というヘヴィな過去にもキッチリ触れていたりするから、さすがは記者歴39年のベテランだと唸らされるばかりなのであった。

暴露を嫌うタイプながらも、菊澤光信についての記述で「最近は大阪プロレスに定着したらしい。どんな仮面のマスクマンなのだろうか」と軽くバラしてみたり、鶴見五郎は「若い頃のあだ名は〝水虫大王〟で、グレート草津は「全盛時は〝夜の帝王〟の異名で通った」だのとバラしたり、パチンコ狂のエル・サムライが「記者席に潜り込んできてタバコをプカリプカリ」やってるとバラしたり、ミスター林は「タバコを買わない人として知られ、レスラーであれ、担当記者であれ、左手の人差し指と中指の二本を突き出しタバコを要求」だのと故人の情けない話もバラしたりする姿勢には、『紙プロ』読者でもきっとシビレるはず。

そして、全日本の新人・宮本和志が「高校時代はかなりのツッパリ番長だった。自分の手下を連れてジャイアント馬場と面談。直接プロレス入りを願い出た」といった、昔から仲が良かったというジャイアント馬場（「馬場はアントニオ猪木同様に30代から糖尿病に悩まされていた」との記述もあり）周辺のネタがまた、見事なまでの秀逸さだったのだ。

たとえば、秋山準について「ジャイアント馬場が、一瞬『アポーッ!!』と天を仰いだ。それは新しいタイプのレスラーの出現だった」と書いているから一体どういうことなのかと思えば、続いて門馬先生はこんな呑気極まりないエピソードを紹介してみせるのである。

「『おい、秋山、シャツがはみ出しているぞ』と御大はセーターの裾からシャツがはみ出していることを注意したつもりだった。ところが秋山は『社長、これ、今の若い者の流行りなんですよ。これでいいんです』と返した。〝天上人〟のひとことは絶対である。ところが入団して2、3年足らずの新人がそれにハッキリと自己主張したのだ」

たったそれだけのことで秋山を「新しいタイプのレスラー」と言い切ってしまう門馬先生、恐るべし！　こうした門馬先生の凄さについては、以下のエピソードさえ紹介すればきっと誰にでもわかってもらえるはずなのであった。

「ジャイアント馬場のまんじゅうが怖かった。駆け付け3個食べなければインタビューに答えてくれない。涙が出るほど辛かった。決まって二日酔いの寝不足のような時にやられた。食べては吐き、涙ボロボロだった。『ちきしょう!!　身体が大きかったら蹴飛ばしてやるぞ！』『おお、面白いじゃないか、上等だよ』。口答えしようものなら、こちらの靴を16文でグイッと踏みつけてくる」

そう。門馬先生はたとえ相手がジャイアント馬場であろうともレスラーにだって平気で喧嘩を売り、巡業先ではレスラーたちと同じレベルで大酒を飲み続けたわけなのである（昔は息子にバットで腹を殴らせたりもしていたらしい）。

「馬ちゃん（上田馬之介）は〝クマさん（大熊元司）〟と並ぶ酒豪だ。巡業先ではよく一緒に飲んだ。相手は底なし、覚悟してのドリンク・マッチである。吐いても『よし、飲み直しだ。もう一軒!!』である。足腰がフラついていても、リバース・ネックハンギングで背中合わせで担いで運ばれてしまう」

この手の話はボクも酒の席で門馬先生から直に聞いたことがあるんだが、そのとき先生は「そんなことばっかりしてたから、こういう身体になっちまったんだよ」と豪快に笑うなり、迷わず医者に止められている日本酒を飲み干したんだから、本当にカッコ良すぎだって！

思えば、ボクが『Ｎｕｍｂｅｒ』でプロレス界のアウトローをテーマにインタビューしたときも、門馬先生は酒にまつわるこんな思い出話をしてくれたものだ。

「デストロイヤーたちが花巻温泉で芸者あげて遊んでたとき、『サントリーボーイ、来いよ！』って誘われてね。俺、いつも原稿用紙と缶ピースとウィスキー持って歩いてたから、そう呼ばれてたの（笑）。それでワイワイやってたら、黒人レスラーのスイート・ダディ・シキも一緒に入りたがったわけよ。そうしたら、あの人がいいデストロイヤーが『シッ！　ゲラウェイ！』と言うの。それでシキが『なんで俺はダメなんだ、一緒に飲めないんだ、ジョー！』って、外人係だったジョー樋口に泣きついてたんだよね……」

かくもエゲツない人種差別を目の当たりにした門馬先生は思わずシキを呼び戻そうとしたが、デストロイヤーに「シャラップ！」と腕尽くで止められてしまったのだそうである……。

どうにもヘヴィなエピソード……だと思ったら、なんとビックリ。門馬先生が酒絡みのプロレス裏話について書いた奇跡の名著『プロレス酔虎伝』（三一書房）によると、このとき門馬先生は「酒と怪しい脂粉の匂いには勝てるわけがない」とのことで、泣き崩れるシキを横目に芸者をヒザの上に乗せ、胸を揉みながら「豊か、豊か、海のパイナップルだね」などと言い出すまでに濃密なスキンシップを楽しんでいたらしいんだから、本当に完璧すぎなのだ！　これでこそ男だよ！

そういうわけで、もちろん今回の本にも酒絡みのエピソードは満載されていたんだが、桜庭和志が酒に「だらしなく強い」と聞くなり「桜庭の酒好きは県民性だろう」と断言したり、桜庭が取材記者から逃げ回ることについて「察するに二日酔いのため酒臭い息では『ヤバイ』と逃げ出したのだろう」と勝手に決め付けたりするのだけは、さすがに考えすぎじゃないかと思う次第なのであった。あれは、単なる面倒臭がりだって！

『プロレス社長の馬鹿力』

ターザン山本／エンタープレイン／1600円＋税

不況にあえぐプロレス界の社長にビジネスの話を聞くという企画自体は抜群なのに、人選的にちょっとばかりフックが足りない気がする、この本。

できることなら馬場元子社長、藤波辰爾社長、三沢光晴社長というメジャー団体のトップ3や、芸能界の首領でもあるUFOの川村社長、そして前田社長&尾崎社長やビンス・マクマホンといった曲者たちの話も聞いてみたかったとボクは思う。だって、藤波社長が城にたとえたりしながら真顔で語る経営戦略とか、本気で聞きたいでしょ?

ところが、ここではターザン人脈でビジネスとしてさほど成功していないインディー系の人たちばかり集めてしまったから、発言に破壊力があまり感じられないのが残念なのであった。

そんな面々の中で最も元気だったのが、なぜか最もビジネス的に失敗していて、最も借金が多いはずの全女・松永会長なんだから本当に驚くばかり。

ビューティ・ペアやクラッシュ・ギャルズなどで、「もう金の顔見るのがイヤになるね。やっぱりこういうのは少しオーバーに言わなきゃいかんだろうけど、とにかく金が次々に追っかけてくるんだから」「『日本の国はオレのもの』って感じ。日本全国津々浦々で待ってんだ、お客が金を持って」というほどの大成功を過去に納めた経験ゆえなのか、会社が倒産しようとも決して懲りることなく、「悩んだってしょうがねえもん」と呑気に言い放っていたわけなのである。

「普通預金の通帳はひとつあるけど、そんなとこへ金を入れたためしがないから、俺は。(略)だって、入れるものがねえもの。だから金が入っていたためしがねえ」

TV中継がなくなった上、ここまで金もないというのに、どうしてまた松永会長は異常なぐらい元気なのか?

まあ、「ノンバンクに(借金が)4500万あったのがね、ずっと払わなかったら『50万でどうですか?』って。50万払って4500万をチャラにしてもらった」りで借金から逃れる目処が付いたらしいんだから、元気になるのも当然の話なのかもしれない。

「あと5年なんとか凌いだら、だいたいなくなっちゃうんじゃないですか? だって考えてみなよ、30億借りたからって30億も返せるわけがないもん」

金は借りても返せるわけがない！　どうですか！　思わず目からウロコがボロボロ落ちる、この前向きすぎる発言は！

「（借金が）払えなければうっちゃっとくの。ただし、もうそれ以上は借りない。それで裁判所とかからどんどん書類が来るけど、それもうっちゃっとくの。とにかく家にも会社にも何もないんだから。それでも家とか会社に来られたら『どうぞ』って」

そうすれば、みんな「グル～ッと見て回ってね『取るものがない』って帰っていく」とのことで、「だからね、この世の中って楽しいよね」「なんにも怖いものがないもん（笑）」と、またもや呑気なことを言い出す松永会長。

挙げ句の果てには、「俺もどうせだったら30億なんてケチな額じゃなくて、１００億ぐらい借りておけばよかったよね。失敗しちゃった」とスケールのデカい反省を始めるんだから、松永会長のインタビューを読むだけでもこの本を買う価値はあると断言できるのであった。ＦＭＷの荒井社長にも、こういうふてぶてしさを見習って欲しかったよなあ……。

他の社長のインタビューでは、同じく元気な破壊王が「いま世界はユダヤ資本が占めてるでしょ。ユダヤに対抗できるのは（ターザン）山本さんしかいないから、やってくださいよ」などとわけのわからないことを言い出す（まさか破壊王もフリーメイソンのユダヤ陰謀論信奉者？）のもいいんだが、思わずツボに入ったのはＩＷＡの浅野社長のこんな発言。

プロレス話の途中で「だいたいサウナで考えてるときに案が出てきますよ」「人間は丸裸になると、思い浮かんでくるんですよ」とサウナ&裸愛好家ぶりをカミングアウトした浅野社長に、渋谷のサウナで偶然会ったことがあるというターザンがなぜ事務所がある新宿のサウナに行かないのか聞いたときのことだ。

なぜか浅野社長は、すかさず「新宿は汚いもん！　僕は汚いところはダメなんですよ」「下着は1日に2回取り替えてますから」という過剰な潔癖性ぶりをアピール開始！　新宿にはハッテン場になっているようなサウナも多いらしいが、浅野社長は近寄らないとのことなのである。

56

先日、ロフトプラスワンの『ターザン山本と吉田豪の格闘2人祭。』（近々、イベント名を『格闘ごまもっとう』にしようと画策中。なぜなら豪と山本だから）のゲストに五大宗教を一つにする男・猪木快守氏を招いたときのこと。猪木伝説を根底から覆す衝撃的な事実が、そのとき明らかになった。そう、猪木家がブラジルに移住した理由は「一旗揚げよう」といった野心剝き出しのものではなく、なんとただ単に「ジャングルが好きで、大蛇や猛獣と接してみたかったから」だったことが発覚！　そんなことで死んだ祖父って一体……と、猪木家のとんでもなさを痛感させられた男がお送りする書評コーナー。〈※当時のメールアドレス〉

単なるアスリート扱いにしてどうする？　それでも野獣恐るべし

『ファイター　藤田和之自伝』　藤田和之、木村光一／文春ネスコ／1500円＋税

プロレスデビュー数試合目の時点で「現在、お気に入りの選手は新日・藤田」と『別冊宝島』のプロフィール部分で答えたら「誰ですか、それ？」と編集のShow氏に言われたこともあるボクが言うのもアレなんだが、最近の藤田はどうにも物足りない。というか、藤田はこんなものじゃなかったはずだとボクは思う。

思い起こせば、新日時代。新人ながら道場では誰よりも威風堂々と振る舞っていた藤田は、移動のバスに乗れば当然のように一番前の席に座って発車と同時に爆睡！　巨大なイビキで長州を激怒させても、藤田はまったく気にせずバスの最前列にある長州の特等席までも奪取し、長州派の越中が怒鳴るのも無視して平気で爆睡するほどの怪物であった。

さらに、朝帰りした藤田が合同練習をサボって寝ていたのを長州に叩き起こされたときには、「だって今

日は練習できない」とキッパリ反論！　すぐさま長州にカチ喰らわされて「座れ！」と言われればイスの上に堂々と座り、「何やってんだお前。下だーッ！」と怒鳴られれば今度はアグラをかき、最後は「バカッ、正座だーッ！」と激高させるという三段落ちも無意識にブチかましていたぐらいなんだから、本当に完璧すぎ。

遠征先のホテルで寝ていたら部屋に入ってきた掃除のおばちゃんと一発やったりの伝説も含めて、とにかく藤田は辻アナが「食欲・性欲・睡眠欲という人間の三大欲求もすべてが半端ではない」と証言していたのも大いに頷ける、ケタ外れの存在だったのである。

そんな、猪木にも「俺が考える人間のキャパシティを超えてる」と言わしめた野獣を、単なるアスリート扱いにしてどうする？

この本でも、なぜか藤田のことを普通の悩める若者的に描いてたりするんだが、むしろ幼少期に「テレビで天皇陛下を見て、この人が日本で一番偉い人なんだと知れば自分も天皇になりたい」などと不敬にも思ったりする天性の大物ぶりにスポットを当てるべきだとボクは声を大にして訴えたい次第なのだ。

まあ、そんな視点で描かれても凄さが伝わってくるから、アーリー藤田は恐ろしい限り。

たとえば、「当時の新日本のスタイルの主流は、リング内での技術のしのぎ合いよりも、派手な入場の仕方やマイクパフォーマンスのような部分に重きが置かれている」と悟った藤田が、平成新日スタイルに反旗を翻したということにしても、筋は通っているけどその頃はまだプロデビュー前だよ！

こうして藤田は、「アマレスをベースにしたスタイルを作り上げようと決心し、さっそく、道場でアマレス時代にやっていたような練習を始めた」わけなんだが、現場監督の長州が自分勝手な行動を許すわけもない。

「すぐに長州さんから怒鳴りつけられた。『てめぇ、何勝手なことやってんだ！　そんなことをやってる暇があったら受け身の練習しろ！』。僕は仕方なくまた元の受け身の練習に戻った」

そう。長州がしつこいぐらいに「練習しない奴は認めない」と言い続け、亡くなった選手のことを何度も口にするのは、「受け身を学んで自分の身体を守れ！」との意味だったわけなのだろう、きっと。ただ、どれだけ練習しても受け身の巧さでは全日系に劣るし、強さでは総合系に劣るからこそ、いまの新日本には問題があるんじゃないかと思うんだが。

そんな新日本の道場内で「長州さんからターゲットに選ばれていた」藤田は「イモ」だの何だのとボロクソ言われていたそうだが、それでも「幸い、僕は損なのか得なのか、たしなめられてもさほど応えない性格だった。後からよくよく考えてみれば納得がいかないこともあったが、その場で腹を立てることは滅多になかった」のだという。……ってことは、たまにはその場で怒り出すこともあったんだ！

その後、破壊王の付き人を務めるようになれば、「自分よりも早く――しかもデビュー戦で――小川（直也）さんが橋本真也超えを果たしたことが悔しかった。生意気なようだが、僕はその頃から近い将来に橋本さんを実力で追い抜くつもりでいた」と、やっぱり藤田は新人離れしたふてぶてしいことを口にしてみせるわけなのであった。近い将来かよ！

まあ、それでいて「スパーリングで肌を合わせて感じたが、小川選手にはそれだけのエリート待遇を受けるに相応しい実力と素質が間違いなくあった」と証言しているから、小川幻想もまた膨らむわけなんだが。

さて、そんな藤田がVTに興味を持ったきっかけというのも、これまたとんでもない話。

「ヒクソンには、正直、胡散臭さを感じていた。いったい何をやって400戦無敗と自慢しているのか？そんな幼稚なキャッチコピーが通用してしまうバーリ・トゥードというのは何なのか？　半ば軽蔑から、僕はバーリ・トゥードに興味を持ったのだった」

一体どんな理由だよ、それ！　よくわからないが、軽べつしつつも新日本に初参戦するVT出身者相手のポリスマンを務めるようになった藤田は、「危険な防波堤の役割を担わされている割に、会社から評価されているという実感もない」ため、リングス移籍を決意。

新日所属として最後の試合となったキモ戦では、「プロレスのリングでやれるぎりぎりの闘いを試みてみようと考えていた。下手するとセメントに発展する危険性もあったが、そうなったらそうなった時、思う存分暴れてやるつもり」で試合に挑んだそうである。それも藤田幻想が高まる、いい話だよなあ。

ところが、「そんな気配を察したのか、キモはどこか及び腰」。「かかって来いという挑発のつもり」でブチ込んだ金的蹴りでも「弱々しく蹲り、何もやり返してはこなかった」ため、あっさり反則負けとなってしまったのだ。

その後、リングスではなくPRIDE参戦を果たして日本人エースとなった藤田の活躍については、皆様も御存知の通り。

ただし、PRIDEでマーク・ケアーを倒して、「僕の目には、IWGPのベルトは、新日本の上の選手たちの間で都合良くたらい回しにされている、身内だけで通用する約束手形のようなものにしか映っていなかった」などのリアリティ溢れる発言を残していた藤田も、新日に帰ってきたいまではIWGPを取り巻く「たらい回し」の輪の中に紛れ込んでしまったような気がするのはボクだけだろうか?

「IWGPは当初の理念を忘れ、新日本プロレスという狭い世界に存在する階級の印に成り下がり、いつしかIWGP王者は強者の称号ではなくなってしまった」

だからこそ、強者・藤田がベルトを巻くという理屈はわからないでもないが、ボクが見たいのは永田を相手に繰り広げたようなアマレス的な動きとPRIDE的な動きを器用に折り込んだ中途半端なプロレスなんかではなく、昔の藤田がやっていたような危なっかしくてゴツゴツとしたプロレスなのだから。

プロレスをPRIDEと同じ勝負論のある「耐久競技」として描いてしまったこのドキュメントが中途半端で説得力が感じられないのと同様に、いまの藤田は総合格闘技でもプロレスでもかつてのズバ抜けた説得力を徐々に失いつつある。だからこそ、天性の怪物ぶりを前面に出していくべきなのだ！

確かに、「バーリ・トゥードをやるようになってから、ずっと、いつも何をしてても試合のことが頭から離れない」ため「ストレスが溜まって、夜、眠れなくなった」り、「焼酎のボトルを2本空けて、やっと眠りに就くという日々が続いた」りで、藤田の怪物性はすっかり鳴りを潜めているのかもしれない。

しかし、ミルコ戦を前にしてタイに渡った藤田のアキレス腱断裂騒動が、この本では「特訓中、僕は想像もしていなかったアクシデントに見舞われた」ためだとしか書かれていないが、実は●を買ったときの事故だったという信憑性の高い噂を聞く限りでは、藤田はいまでも期待通りの怪物のはずなのであった。

『身のほど知らず。』 高山善廣／東邦出版／1400円+税

桜庭の『ぼく。』や哀川翔の『俺、不良品。』に続く東邦出版名物の「。」付き自伝シリーズの新作は、いま……というか三沢戦で怪我するまでは確実に旬だった高山善廣本。プロレスや格闘技について刺激的かつ的確に語るセンスは誰よりもあるのに、本人の人生自体はさほど刺激的でもない印象が強いため、言動に興味があっても彼の自伝にはあまり興味が湧かないのが正直なところだと思う。

事実、子供の頃から「みんなでプラモデルを作るときには、俺がリーダーシップを発揮していた」という彼は、高校に入るとバンドを始めたり、大学では芸術学部に行こうとしたりと、プロレスラーとしては珍しいかもしれないが非常に一般的なセンスの持ち主。

……とばかり思っていたら、刺激がないどころか高山は大量の薬と吸入器がなければ生きていけない現役の喘息持ちだったことがG1中継で明らかになり、この本では少年時代の入院理由が「喘息ではなく、生まれつき奇形だった耳のほう」と、他にハンディキャップを抱えていたことも発覚したのであった。

その上、念願のUインター入団を果たしても同僚、すなわち金原や桜庭があまりにも強すぎたばかりに「レスリングではまったくかなわない」「自分の実力は頼りないもののように思えて仕方なかった」と自信喪失。

「やばい、やばい……俺、強くないのに……プロレスラーと名乗っていいんだろうか」

そんな調子で思い悩んだ結果、「神経性の胃炎」にもなってしまったそうなのである。病弱すぎるよ！

それでも、高山はケタ外れのガタイと活字映えするプロレス的な暴言の数々によって、純プロレス界で順調にブレイク！　その言語センスには「俺がプロレスに初めて衝撃を受けたのは、実際の試合でも生身のプロレスラーでもなく、プロレスの活字だった」（しかも、アントニオ猪木著『苦しみの中から立ち上がれ』）ことも大きく影響しているんだろうが、なぜか最初にターゲットとして選んだ川田に対してだけはプロレスの枠を超えたシュートな発言をぶつけるようになるのであった。

何かと思えば、最初こそ上手く噛み合って試合でもバチバチやり合えていたものの、どうも途中から三沢が言うところの「川田は一言多い」状態に突入してしまったようなのだ。

「川田選手は、俺のことをなんだかんだとグチグチ言い出していた。（略）『なんで高山はレガースを付けて、UWFスタイルでやらないんだ』とチクチクチクチク、言い出していたのである。（略）ほかの全日本の選手は、ヨソからポンとやってきて、ゲーリーやスティーブ・ウィリアムスと組んで青コーナーにいる俺を快くは思っていなかったかもしれないが、川田選手みたいなことはだれも言わなかった」

これはつまり、レガースを愛用するほどUWFかぶれだった川田が、憧れていた試合スタイルで闘いたくて「俺とやるならレガースを付けてUWFスタイルで来い！」と言い出しただけじゃないかとボクは思うんだが、高山はすっかり激怒してしまったのである。

「UWFスタイルがなにかを知らねえくせに、なに言ってるんだ、バカヤロウ！（略）お望みのものを見せてあげましょう。そんな思いで、試合が始まってからキックをバシバシと叩き込んだ。掌底もヒザ蹴りも遠慮なく、何発も入れた。いつもは攻めて攻めて、蹴って蹴りまくる人が、ほとんどなにもできずに攻められ続けるという試合だった。これが全日本プロレスに呼ばれる最後の試合かもしれない。そんな覚悟を持って俺は攻め続けたのである」

せっかくなので軽く調査してみたところ、この試合が行われたのは97年10月21日の武道館大会。このとき高山は川田のラリアートをスカし、計4回放ってきたタックルも全て切り、川田をボコボコにしたのだという……。15分以上も一方的にやられまくり、場外に3度もエスケープする川田に対して、「川田、本気出せ！」との的外れな野次が飛んだ。そして15分を過ぎた頃から急に川田の逆転が始まり、試合はあっさり終わったのであった。

しかも試合後、高山はここまで吠えていたんだから、明らかに普通じゃないだろう。

「あまり自分の許容範囲以上の、大きな言葉は吐かないでほしい。（略）キングダムに興味がある？　来る気がねえくせに言うな。（略）グローブマッチに興味がある？　興味があるってのは、どういう意味なんですか。見に行きたいんですか。それともリングに上がりたいんですか。ハッキリしろと。（略）実際にやるんならいいですよ、折原選手みたいに。やる気がないことは言わないでほしい。レガース付けて同じように見えるけど、全然違うんだ。（略）たまたまレガース付けてて、見た目がちょっと似ている。そんな錯覚しがちなアレで、あんまりいい気になって言わないで欲しい。（略）最近、新聞や雑誌を見ると川田さんのそういう発言が目立ってたんで。おかげでボク、怒りが込み上げてきて、吹っ切れました。（略）今後の全日参戦は、白紙ですね」

これらのエゲツない発言と、試合開始から15分間までの試合展開は、もはや明らかにシュートでしかなかったわけなのである。

「それから川田選手は、さすがに俺に対してなにも言わなくなった。それと同時に、俺のなかでも川田選手の存在はそれまでとは違うものになった」

一体どう変わったのかといえば、「俺から目を逸らしたようなところのある川田選手」だの「川田選手はすでに俺のなかからフェイドアウトした人」だのとすっかり相手にもしないようになり、それに比べて小橋や三沢は「闘うことが心地よい」選手だと大絶賛！

しかし、同じ団体の選手たちからここまで嫌われると逆に川田幻想も膨らんでくるばかりであり、潰した相手が川田だったからこそ高山はここまで好き放題やっても許されたんじゃないかとボクは勝手に推測する次第なのであった。

いや、それともう一つ高山が許されたのには大きな理由があったんじゃないかということに、この本を読んだボクは気付いた。

ある日、「全日本では馬場さんが浴びるまではだれもシャワーを浴びないという暗黙のルールがあった」というのに、何も知らない高山が「試合を終えてシャワーを浴びにいくと、なんと馬場さんがシャワーを浴びている真っ最中」だったんだから、さあ大変！

ところが、馬場は全裸でチン入してきた高山を温かく迎えてくれたらしいのだ。

「これは勝手な解釈だが、馬場さんも本当は、もっとみんなに近づいてきてほしかったのではないだろうかと思う。なにも考えずにシャワー室に入った俺を、馬場さんは笑顔で迎えてくれたのだ」

こうして高山は馬場と裸の付き合いをしたからこそ、全日本に受け入れられたのに違いないのである。いや、きっとそうだ！

そんな、本筋とはあまり関係のないエピソードばかりがツボに入った、この本。

最後は「プロレスも『ＰＲＩＤＥ』も身体に受けるダメージは変わらない」「『ＰＲＩＤＥ』は確かにハードだ。でも、プロレスだってそれと同じくらいハードなのだ」と説得力のあるプロレス論をブチ上げたかと思えば、ついでに「『ＰＲＩＤＥ』に興味のない人」は「それはそれでいいと思う。ただ、興味を持っているフリをしていながら、やろうとしないヤツは困り者なのだが」と、またもや川田批判をぶり返すから、さすが高山だろう。

……と言いたいところだが、「また、『まったく関係ない。アレとは別物だ』と言い切ってしまうヤツ。いるだろ、そういうヤツが」というプロレスラー批判を口にしてもいるから、それなら「ヒクソンとやっても、投げられるんじゃないか」という三沢の発言についてはどう思うのか、ぜひとも聞いてみたくなった次第なのである（ちなみに秋山は、「無理ですね。あり得ないです。夢ですよ、それは」とキッパリ断言。さすが！」）。

57

先日、新生『ゴング格闘技』を編集する新会社UPPERの発足パーティーに参加したときのこと。梶原一騎先生の未亡人・篤子さんと真樹日佐夫先生に挟まれた奇跡のスリーショットを撮ることに成功したり、新間寿氏から「『紙のプロレス』の豪ちゃんだよ！」と新日本の坂口征二CEOを紹介してもらったり、真樹先生から「今度、『すてごろ懺悔』が映画化されるから、豪ちゃんはおでん屋の店長を演ってくれ！」と依頼してもらったりで、とにかく大変なことになってきた男がお送りする書評コーナー。〈※当時のメールアドレス〉

怪しい毒電波がビンビン感じられる宍倉次長の原稿全てが傑作

『俺たちの週刊プロレス』 ベースボール・マガジン社／952円+税

「俺たちも時代を駆け抜けた！」

そんな、あまりにも活字〝俺たちの時代〟宣言を堂々とコピーにした自社広告で『週プロ』読者に良くも悪くも巨大なインパクトを与えた、このムック。

要は、宍倉清則、浜部良典、市瀬英俊、安西伸一、佐藤正行という歴代の『週プロ』名物編集者たちが代々執筆していたエッセイ『編集部発25時』の初期BEST集というわけなんだが、こうした内輪受けイズム溢れる企画が出版物として当たり前のように成立するプロレス村の特殊さは、おそらく外部の人にはまったく理解できないことと思う。

しかし、そもそもプロレス界は浜部元編集長の言葉を借りれば「フツーでないことがフツー」であり、そしてプロレス雑誌の編集者もまた他の雑誌と比べると驚くぐらいライター的な役割が多いので必要以上に自分をさらけ出さなければならない、普通の人には絶対に向かない特殊な職業なわけで。

結局、普通の感覚を持ったプロレスラーが何人かかってもアントニオ猪木という一人の狂人に太刀打ちできないのと同じように、プロレス雑誌にも常識的な編集者より偏執的な変質者、強靱な精神より狂人な精神の持ち主が必要とされているのであった。

前田日明の長州蹴撃事件に対して「弁護の余地ない前田の凶撃」「私はあの日の彼を今もって認める気はない。問題のキックを別にしても、ストレートパンチを食った後にアゴを突き出して、なおも長州を挑発した時の表情などは極めて下品で不快だったし、思い返すたびに吐き気がする」と言い切る浜部前編集長のような常識人よりも、ターザン山本という放送禁止スレスレの狂人のほうがファンに支持されたのは、結局そういうことなのである。

それは、GRABAKAならぬGACHIBAKAの朝岡編集長と安西記者が姿を消したらすっかり読むべきところがなくなってしまった最近の『格闘技通信』を読んでいただければ、きっとわかってもらえることだろう。

当たり障りのない原稿を書くぐらいなら、狂気を撒き散らして読者の反発を喰らったほうが面白いに決まってる。狂気をアピールすれば不愉快に思う人も増えるだろうが、それだけ愉快だと思う人も増えるものなのだから。

さて、それなら佐藤編集長が「粘着質丸出しの取材姿勢には、見習う点が多かった」と証言している安西記者の書いた『編集部発25時』が面白かったのかというと、実はそうでもないから世の中上手くいかないのであった。

「『プロレスって、どこまでが本気か、わからないんだよね…』。きっとプロレスファンなら誰もが一度は友人や知人から、こんなことを言われたことがあるだろう。私も似たような意味あいのことも含めて、何度も言われたことがある。そのたびに私は『一度テレビで天龍の試合を見てみなよ』『UWFの会場に来てごらん』

と言い続けてきた」

当時、「自分の人生にはプロレスしかありませんでした」と男らしく言い切っただけあって、こんな調子のUWF賛美を何度も繰り返した安西記者だったが、彼の面白さが花開くのは『格通』移動後に突然アンチUWFの狂信的なグレイシー信者になってから。

ゆえに、このムックの中で唯一ターザンすら凌駕するほどの狂気を放っていたのは、「デラックスプロレス編集長時代は、読者からレスラー以上の数のバレンタインチョコが送られてきた」という宍倉次長だけだったのだ。

まず、「できれば自分が書いた103回分、全部、載せたかった」という冒頭のリード部分だけでも怪しい毒電波がビンビン感じられるというのに、実際の原稿も全てが傑作！

何が凄いって、宍倉次長の場合はレスラーを褒めるにしても一味違うのであった。

「非の打ち所がない——とは『いまの小橋健太のためにある』言葉といっても過言ではないような気がします。とにかく、文句のつけようがない、文句をつけたら、それがアラさがしとしか思えないほど、いまの小橋選手は光っています」

原稿の摑みではここまで小橋を大絶賛しておきながら、「この機会に前々から私が気になっていたことを書いてみたいと思います。私だけが感じている取り越し苦労ならいいのですが…。ひとつ、物足りない点があるんです。それは試合を見るたびに、いつも感じること。ズバリいうと、瞬発力」と、なぜかその直後に思いっ切りアラさがしをして、完全に取り越し苦労でしかない文句をつけ始めるから、とんでもない男なのだ。話が違うよ！

もちろん小橋は「自分では瞬発力のある方だと思っているんですけど…」と苦笑したそうだが、選手側にしてみたら宍倉次長みたいな人は迷惑なタイプでしかないのもよくわかる。

しかし、いま読み直しても近頃の『週プロ』からは失われた狂気が嫌と言うほど感じられる、「こんな〝問題発言〟をしたらクビになりかねないが、嫌いなものは嫌い！」との強固なモットーを持つ宍倉次長の原稿は、ボクにとって文句なしの素晴らしさなのであった。

たとえば、味方のはずのプロレスファンすらも容赦なく突き放す、「私は一般視聴者ではないから、たとえば『1分でも多く試合を見たい』と主張するファンの気持ちにはなれない。なぜなら、イヤというほど試合を見ているし、放送する試合はすでに会場で見ているのだから…」といった自分勝手な発言。

原稿を書く上でのプロ意識がまったく感じられない、「なんでもいい。とにかく、この15字×126行を埋めなくては…。これが正直な気持ち」といった迂闊な発言。

その代わりに下心というかスケベ心はたっぷり感じられる、「志村香も消えたのは個人的にチョッピリ残念…（彼女は出番も控え目で、カワイイから好感が持てた）」だの、「プロレスラーが歌うのも、映画に出演するのも、それこそセミヌードになるのも、私は決して反対しない。だって、好きな女子レスラーの水着姿を見たくない、という男性ファンはいないはずだから…」だのといった発言。

ついでに飽くなき自己顕示欲も感じられる、「ハッキリいって、週プロのピンナップに船木＆野上や立野、風間を選んだのは私の仕業である」といった俺イズム溢れる発言。

それに「いきなり縁起でもないことを書いてしまいますが」「恥をしのんで書いてしまうと（いつも恥ばかりだけど）」といった思わず「書くなよ！」と突っ込みたくなる余計な発言も連発したり、「はっきりいってプロレスラーのほとんどは私にいわせれば、カンジが悪い」なんて暴言までブチかましたりするから、とにかくもう尋常じゃないのである。

しかも、「反面、その逆に『怖い』レスラーを好んだりする。たとえば、ＵＷＦの中野龍雄」だの「同じような意味で私が期待しているレスラーが新日本と全日本にひとりずついる。それは川田利明と佐々木健介」だのと、好きなレスラーのセンスまでボクの期待を裏切らないんだからいちいち完璧すぎ。

「個人的な意見になりますが、どうも私が好きになれないのはロングタイツ。ショートとロングの大きな違いはズバリいって『太モモを出すか出さないか』。これ、けっこうイメージ作りには重要だと私は思っており、このテーマだけで『25時』が書けるぐらいなのです。で、ショートタイツにした方が絶対にいいと私が思うのは、橋本真也、川田利明、中野龍雄の3人。橋本は言っておりました。『いずれはショートにしますよ。それが新日本の伝統ですからね…』」

そんな宍倉次長にしか書けない、しかもほとんどの人が共感できない（破壊王の太モモがそんなに見たいか？）個人的趣味全開の文章こそが、いまのすっかり閉塞しきったプロレス界に必要とされているはずなのだ！

しかし、ターザンのアッパーな狂気とは違って、宍倉次長の狂気は明らかにダウナー系。恨み節が外に向けられているうちはいいが、それが内側に向くようになると一気にパワーダウンしてしまうのが問題なのであった。

つまり、長州のマスコミ批判を目にすれば「ショックだった。初めて読んだとき悔しくてホント涙が出た」と告白し、さんざん誌面でボヤいた後には「ここまで書いて…われながら赤面してきた。なぜ、こんなことを気にしているのだろう。もっと違うことで悩むべきか!?」と自分で自分に的確すぎる突っ込みを入れていく彼氏。悩むポイントが違うよ！

こうしてひたすら誌面で無防備に弱い部分をさらけ出しすぎたので、読者からは「宍倉さんは、いつも悩んでばかりいるのですか…」とのハガキも届き、他罰主義者のターザンからは「おまえのタイトルを変えた方がいいな。〝プロレスうらみ節シリーズ〟だ（笑）」と当時から言われていたのだそうである。

まあ、「ひとりぼっちは、あまりにも寂しいよ。なぜかって、ひとりだと、よけいなことをアレコレ考えちゃうんだよね」だの、「われながら神経質だと思う。いや、もうハンパじゃない。自分でもイヤになることがある。とにかく、耳が働きすぎるのか、周囲の雑音が気になって仕方がない」だのと、こんなことばっかり書いていたら読者が突っ込みたくなるのも当然の話だとは思うんだが。

そして、あまりにも雑音が気になりすぎたのか、やがて読者からのFAXページに届いた「(92年)3月17日号に掲載された私への非難(?)の内容について、ちょっと書いてみようと思います」と宍倉次長も反論開始。

……と思ったら、反論ではなく「FAXのページは通常、私ではない人間が担当しているので、上司に対する…あのような内容はカットしてしまうところ。それが当たり前なので、私の方から『今週は俺がやるから！』と買って出たのです」と、なぜかFAXを掲載した後輩に対する恨み節を聞かせていくのも、これまたさすがの一言なのであった。

ちょっと気になったからバックナンバーを確認してみたところ、その号では「のぼせあがるな宍倉！」なんて喧嘩腰のFAXが届いていたのみならず、別のFAXの見出しとしてページの担当者が「団体のチョウチン記事を書く宍倉記者に怒り！『週プロ』購読拒否を宣言！」なんて書いていたから、本当に失礼な話。それなら、宍倉次長の恨み節ぐらい爆発してもしょうがないって！

「いくら〝有名税〟とはいえ『てめー』呼ばわりされるのは不愉快このうえないこと。私は人一倍、気にする方ですから『なんで、はるか年下の人間に呼び捨てされなきゃならないのか。ほかのスポーツ雑誌だったら、こんな気分を味わわなくてもすむだろうに…』と悩んでしまいます。『気にしない、気にしない。よくも悪くも、反響があるのはいいこと』と開き直るのが一番なんですけどね」

ここで「私は人一倍、気にする方」なんて書いたら読者のサディスティックな感情を無闇に煽るだけだと思うが、宍倉次長はそんな細かいことを気にするような男ではない。

だからこそ、いまも相変わらず不満の声が届いていることを、やっぱり宍倉次長はストレートに告白してしまうわけなのだ。

「(『週プロ』に届くメールの)三分の二は文句である。プロレス界に対する文句。そのなかには当然、私個人に対する文句も多い。かつて『北斗晶が嫌われる理由』という本が小社から出たが、それこそ『宍倉清則が嫌われる理由』という本が書けるほど（書くわけがないけど）。『おい宍倉！』という呼び捨てや『お前』はザラ。『やめろ』『死ね』『殺す』『また入院しろ』と、いろいろあります。『気にしなけりゃいいじゃん』と人はいいますが、気にしないですむのなら、人間、誰も神経系の病気にはかかりません」

どうですか、このあまりにも無防備すぎるカミングアウトっぷり！　ここまで酷いことを言われて、「なんでプロレスファン同士が、こんなにも、いがみ合わなければいけないんだろう」とボヤきつつも、「いつも文句を書いている当人が、いえた義理じゃないかもしれないけど…」と、やっぱりすぐに自己批判を始めてしまうのも完璧すぎなのであった。

「『お前の原稿は二度と見ない』といわれれば、私はわざわざ手紙を出します。『二度とみないのなら、本当にそうしてください。お願いします』」

ここまで過剰に反応することも、そして、自分で「わざわざ」なんて言葉を使うのも、全て裏目に出ているのは間違いないはず。

最後は、「もしかしたら、この時代にもっとも向いていない記者は私なのかもしれない」とまで言い出す始末なんだが、それでも原稿は面白いんだからまったく問題なしなのだ。

現在、『週プロ』顧問というよくわからない立場に棚上げされたかと思ったら、『週プロ』愛モードのコラム「次長主義・電脳版」もいきなり連載終了になってしまったりで、ボクみたいな『週プロ』宍倉次長派にはどんどん寂しい状況になってきた今日この頃。

その「次長主義」最終回によると「プロレスラー流にいえば〝長期欠場〟と思ってください。コラムどころか、はっきりいって、記者生命のピンチです。コラムを始めたころに『ある症状に悩まされている』と書きましたが、いっこうによくなりません」とのことなので、どうやら神経性の病気はどんどん悪化しつつあるようだ。

「『宍倉さんからはプロレスLOVEが感じられない』という声などを目にすると、よくない精神状態を見すかされているのかもしれない…と思ったりしました」

見すかされているって、よくない精神状態を殊更にアピールしてきたのは誰だよ！

思わずそう突っ込みたくなったが、とにかく宍倉次長が原稿で毒電波を出し続けなければプロレス界は今後もどんどんつまらなくなっていく一方なのだ。次長、カムバック！

「とにかく、がんばって生きます。死んだら、こういう試合が見れないと思ったら、まだ死にたくない。ましてや体が元気だったら、プロレスから離れることなんて考えられない。イヤなことがあっても、その先に感動があることを信じて――」

そう。かつて「見返す――この感情が実は私のエネルギーになっている」と書いていたように、うるさい外野を見返すべく死ぬ気で頑張るべきだと思うのだ。いつの日か、名コラム『感動させてよ！』を復活させるまでは。

そこで宍倉次長に送るエールとして、最後に『仮面ライダー』を演じた俳優・藤岡弘氏の発言を引用させていただくとしよう。

「失敗を恐れることなく、そしてまた血だらけになって、のたうち回ることをよしとして、戦う男。これが感動を手に入れるんだよ。それ以外には、感動なんてずっと待ってて棚からボタ餅で手に入るもんじゃないからな。なに、『感動させてよ！』なんて言ってる奴がいるの？　そんな姿勢じゃ感動なんかできないよ。とんでもない奴だなぁ！」

『女子プロレス不滅のお宝読本』

日本スポーツ出版社／952円+税

プロレスLOVE以上に女子プロLOVEが感じられる名物編集者といえば、『週プロ』の場合は宍倉次長、そして『週ゴン』ではもちろん原正英記者に決まっているだろう。
そんな原記者のライフワーク『レディース・ゴング』は女子プロ人気低迷により残念ながら休刊となった

が、代わりに不定期でムックをリリースすることが決定。その第一弾が、「女子プロレスを愛すればこそ」という原記者の思いが過剰に詰まったグッズ本なのであった。

内容的には、原記者がバイソン木村からプレゼントされた水着や、マグニフィセント・ミミ（伝説のエロレスラー）が送ってきた「私がヘッドロックをかけられている」ポートレートなんかを紹介する濃厚ぶり。

なお、「プロレスのコラムニストであり、レアなグッズの収集家でもある吉田豪氏もマッハのファンである。同氏のマッハ・インタビューが載った『悶絶！プロレス秘宝館VOL3』はなかなか読み応えのある一冊だ。女子プロレスのファン必見である」なんてエールも送られているだけあって、なぜかこのボクも巻末インタビューに登場しているのだ。

「先日、コレクターの吉田豪さんにお会いした時、『収入の大半はネットオークションなどに費やす』と言っていたが、私も昔はそうだった。京王プラザホテルのウエイターをして貯めたお金の大半をプロレスに注ぎ込んだ」

それなら趣味はピッタリ合うはずなのに、原記者との会話が微妙に噛み合っていないことは記事を読むだけでもわかるはず。

「わたし自身、これまで多くの女子プロレスの出版物を見てきた。しかし、女子プロレスのチケットを特集したコーナーは一度も見た事がない。個人的に言わせてもらえばプロレスのチケットは好きである。何故かといえば絵柄がいいからだ」

つまり、同じコレクターでもブラックキャットのジャージやIWGPサンバイザーなんかに高額を注ぎ込むボクとはほとんど接点がなかったわけなんだが、噂によると『ゴング』周辺でも原記者と話の合う人はいない模様。

それでも宍倉次長のようにダウナーにはならず、元気に女子プロ（レスラー）LOVEを誌面を通してアピールし続ける原記者は、男として断じて正しいはずなのであった。

さっそくだが、『PRIDE.23』のとき安西グレイシー記者の前に座っていた方からのタレコミメールを紹介。「大会途中で、あの朝岡氏も姿を現したわけなんですよ。最初は校了の打ち合わせをしてたみたいですが……、GACHIBAKAの2人が突然、『書評の星座』を肴にし始めたわけです。〝そういえば紙プロ読みました？　ボクはゲラゲラ腹抱えて笑っちゃいましたよ。そういや、安西さんも抜き書かれてたじゃないですか〟(朝岡氏)〝『俺プロ』のことでしょー。読んだけどねぇ、まったく〟(安西氏)〝宍倉さんも読んだんですかね？　読んで欲しーなー〟(朝岡)〝うん、あの人のクレイジーっぷりがよく分かっちゃうよねえ、あれだけでも……って、いやいや、あんなの読ませたら、また寝込んじゃうよ。ホント見せらんないって！　みんな隔離してるもん、紙プロ〟(安西)〟」とのことで、業界内での注目度も高い書評コーナー。
〈※当時のメールアドレス〉

58

鈴木健の衝撃的な呑気さと髙田LOVEな描写のとんでもなさ

『最強のプロレス団体UWFインターの真実―夢と1億円』

鈴木健／エンターブレイン／1600円+税

Uインターが、誰もが思わず糞をぶっかけたくなる不愉快な存在だった頃。

フロントの「3バカ」(宮戸優光、安生洋二、鈴木健)に容赦なく噛み付く前田日明と長州力は絶対的なベビーフェイスであり、団体内であからさまに冷や飯を喰わされていた山崎一夫はマット界でも有数のいい人であり、そして新日本との対抗戦ではなくK-1でのバーリ・トゥード戦に挑んだ田村潔司は紛れもなく救世主のはずであった。少なくともUインター崩壊時までは。

ところが、いまでは立場も見事逆転し、「ヤマちゃんがUWFインターでやっていたことっていえば、月に1回の試合に出るだけ」で、「道場での練習には全然来ないし、ミーティングにも顔を出さない」のに、「給料だけはしっかり持っていく」から「若い選手たちでさえも『あの人、なんなの?』」と嫌っていたことまで明らかになったんだから本当に恐ろしい限り。

田村にしても、「パンクラスは『自分からは引き抜きはしない。パンクラスに頭を下げるなら移籍の話はある』とマスコミに言っておきながら、実際はパンクラスのほうから移籍の話が持ち上がったのだ」と言っておきながら、実はパンクラスに「田村から『一度会いたい』っていう連絡がきて、それで実際に会いに行ったら、『僕を引き抜いてください』」(尾崎・談)と自分から持ちかけた上、Uインターには「給料をいまの倍にしてほしい」とゴネてからリングスに移籍したらしいのだ!

……といっても真相はわからないんだが、これはあくまでも鈴木健側から見たUインターの「真実」を描いた一冊なのである。

もともと鈴木健は「『プロレスなんてどうせ八百長なんじゃないの?』って思っていた」側の人間なのに、なぜかUインターのヤオガチ問題には踏み込まず「最強のプロレス団体」幻想を守り通しているので、そっち方面での「真実」を求めるような人にはちょっと物足りないかもしれない。

その代わり、鈴木健の「真実」＝呑気っぷりは嫌というほど詰め込まれているから、一部の好き者にはたまらないのであった。

それは「私にとってマスコミっていう存在は、記者会見のたびに意地悪な質問とかされても、なぜか温みを感じる大切な人たち」と言いつつ、Uインターの旗揚げについて「悪魔の囁き」と書いた安西グレイシー記者にだけは怒りを燃やした理由として、「その記事が載ったのって、私が安西さんを女子校の文化祭につれていってあげたちょっとあとだったこともあって、あのときはさすがに『なんだ? こいつ』って思った」と述べていることだけでも、類い希な呑気っぷりは誰にでもわかってもらえることと思う。

なにしろ、安生がヒクソンの道場破りに二日酔いで行ったときにしても、鈴木健はといえば「その当日、私たちは私たちで『髙田杯』のゴルフ大会」に参加! ちょうど「打ち上げの席」で安生から電話が入れば、

「ヒクソンに負けちゃったの〜？　それはマズイよ。ちょっと明日もう一回道場に行って、勝負してきてよ！」と、とんでもないことを「酔った勢いもあって気楽に」言い放っていたわけなのである！

そんな鈴木健に「大丈夫ですから、俺たちがいますから！」と宣言してみせる垣原賢人も含めて、Uインター勢は「青い」というより、むしろ「呑気」すぎだって！

ただ、そこまで呑気な鈴木健にも、「正直に本音を言ってしまえば、私は髙田さんがヒクソンに勝てるとは思ってなかった」という最低限の冷静さはあったようなのだ。

だからこそ、鈴木健は自律神経と引き換えに髙田延彦対マイク・タイソン戦をどうにか実現させ、「タイソンと闘って、引退してほしい」「引退したあとはワールドワイドな有名人として映画スターになってほしいと願っていた」のだという。……あれ？　ジャイアント馬場が髙田に対して「芸能人になりたい人」呼ばわりしていたのは、もしかしたら正解だったのか？

そして予想通り髙田がヒクソンに敗れると、鈴木健は「ヒクソン戦に関しては3度でも4度でも私は髙田さんが勝つまでやればいいと思っていた。何回も闘っていけば、最後は必ず髙田さんが勝つからね」と当たり前のように言い切ってみせるのも、さすがと言うしかないだろう。ギャンブルはやめない限り、いつかは勝てるから負けじゃない理論。

こうした呑気さが衝撃的なのはもちろんのこと、プロレスLOVEならぬ髙田LOVEな描写がまた、とにかくとんでもなさすぎなのであった。

もともと「『親友』って呼べる友人がいなかった」ので、「ずーっと孤独を感じていたんだけれども、そんな中で『こんなに格好いい人が友だちだったらいいな』っていう気持ち」を髙田に抱き、すぐに髙田のファンクラブを作ったという鈴木健。

そのうち「年齢的には、はるかに髙田さんのほうが年下なのに『兄貴』と慕い、「髙田さんとならば一緒に泥棒になってもいい。その罪は俺が全部被ってもいい」と思い詰めるまでになるんだが、Uインターとはそんな髙田延彦という兄貴を愛する男たちが集まった団体だったのだろう、きっと。

そうでもなければ、鈴木健も「最初の頃は、宮戸ちゃんは私に対していい印象は持っていなかった」というたったそれだけの理由で、「酔った勢いで揉めてしまい、宮戸ちゃんにボコボコに殴られ」、「顔に青タンを作って血だらけ」にされたりはしなかったはずなのだ。

「なんでいい印象を持たれていなかったかっていうと、それは宮戸ちゃんも髙田さんのことが大好きだったからだと思う。私と髙田さんはファンクラブのこともあって、何かにつけていつも一緒にいたからね。宮戸ちゃんはそれが面白くなかったんじゃないかなと思っている。つまり、わかりやすい言葉にすると、『やきもち』を焼いていたんだろう。その気持ちは私にもよく理解できる。髙田さんが宮戸ちゃんや安ちゃんと仲良くしているのを見ていると、逆に私がやきもちを焼いてしまうっていうことがあったから。『男同士で何やってるの?』って思うかもしれないけれども、なんかそういう部分があったんだ」

つまり、Uインターのフロント同士が揉めて、やがて宮戸の離脱に至る発端は、髙田を巡るやきもちだった可能性も出てきたのだ!

これにはボクも、長州力が残した「宮戸って何なの? 髙田って何なの? ねえ、アイツらホントはホモなんじゃないの?」との名言をつい思い出してしまったんだが、とりあえず鈴木健は違うとのこと。

「べつに私は同性愛者じゃないんだけれども、わかりやすい表現としては『髙田さんのために自分のすべてを捧げる女房』って感じだった。とにかく髙田さんに対する思いは一途だったということ。だから、髙田さんが向井亜紀ちゃんと結婚したときには、失恋に似たショックを受けたのも事実」

それで、「私はあの結婚には反対だった」と言い出したりするから気持ちとしては女子であり、乙女心は複雑なのであった。

……あれ? もしかしたら第二次UWFが分裂したのも、乙女心を持った鈴木健や宮戸が、あの頃は髙田と異常に仲が良かった前田という本妻から髙田を奪い取るべく「前田さんとの縁を切って」と迫ったことが原因だったのではないだろうか？

神社長と前田の確執にしても、「神は会社の金を着服している」というのが前田の妄想ではなく、どうやら本当だったらしいことも描かれていたので、いまさらながら前田に心から同情した次第なのである。

しかし、男たちがここまで高田に惚れ込む気持ちも確かにわからないではない。

たとえば、トレバー・バービックとの異種格闘技戦の直前。肋骨を折り、医者から「もし、あばらにパンチが入ったら、折れた骨が必ず肺に刺さるから、死ぬ確率は50パーセント」と忠告され、「試合を中止にした方がいい」とヤマちゃんに言われても、高田は「何いってんの。やるに決まってるよ。やらなきゃ会社はどうなっちゃうの？」と即答するのだから。

それでも、やがて会社はどうにかなってしまい、鈴木健は1億円以上の負債を抱えつつも串焼き屋『市屋苑』をオープン。

すると、同じぐらいの負債を抱え、Uインターでは「４０００万円ぐらい未払いの給料」もあって確実に「お金がない」はずなのに、ぶらりと店に現れた高田は軽く飲み食いした後、「『ご祝儀』といって20万円も置いて」いったのだそうである……。高田、男の中の男だよ！


『「髙田延彦」のカタチ』 東邦出版・編／東邦出版／1333円＋税

芸能界から格闘技界まで各界の有名人が高田について語るという、Ｓｈｏｗ氏が高田道場出入り禁止処分を喰らうことになったらしい記念すべき一冊がこれ。
あの佐山聡がカール・ゴッチについて「本当のゴッチさんの思想っていうのはナチスドイツ。ヒットラーだけどね。『ヒットラーはすばらしい』って言ってたから」と証言してたり（まさに佐山はゴッチイズムの継承者！）、武藤敬司がデビュー直後の６１０時代について「あのヘルメットは猪木さんが『お前、ヘルメット被ってたら、ヘルメット会社のスポンサーがつくかもしれないから被れ』って」と証言してたりで、高

田とは無関係な部分でもいいネタは多数混ざっているものの、正直言って芸能人関係のコメントはまったく面白くない。

そして案の定、Show氏絡みの対談ネタもまったくダメなんだが（桜庭対高山、宮戸対安生、そして高田戦直前の田村と、誰がやっても面白くなるはずのインタビューを無駄にするセンスはさすが）、向井亜紀の手記がとにかく絶品なので、とりあえずそこだけでも皆様にぜひ読んでいただきたい次第なのである。

Uインター時代、「給料が6カ月連続で出なかったり、信頼していたマネージャーに大切なお金を持ち逃げされたり、さまざまなお金のドロドロに巻き込まれていく姿は本当に痛々しかった」という、よりにもよってそんな時期に結婚してしまった彼女。

「結婚式のときも先立つ物がなく、婚約指輪もないし、ウエディングドレスも貸衣装でした。打掛を借りる余裕などなく、お色直しの赤いドレスは親しい友人が5万円で作ってくれたものでした。そんな結婚式でしたが、皆さん喜んで来てくださって、ホテルの方に、『うちの宴会場始まって以来のアルコール量が出ました！』『足りなくなって慌てて焼酎を買いに行きました』と言われるくらい盛り上がりました」

ところが、高田道場を作ってからも実は「家を売り、車を売り、道場の規模を縮小しつつ、高田の携帯は度々止められました」というぐらい貧乏してきたのに、鈴木健にご祝儀を20万円払っていたわけである！そう。よく「高田が『PRIDE』で配下選手をゴリ押しするのは横暴だ！」などと一部で批判されることにしても、「後輩思いの兄貴」という視点から見たら単なる美談だとしか思えなくなるから不思議。

ましてや、それが病気で夢敗れた豊永となると「今年の8月に国立競技場で行われた興行（Dynamite！）のときの話ですが、稔くんがレフェリーのメンバーに入っていないということを数日前になって知った高田の行動は早かったですよ。主催者に『必ず豊永を入れてください』と有無を言わさぬ勢いで交渉していました」とのエピソードすらも、涙なしには聞けなくなってしまうのであった。

高田が試合に負けた場合、「ファンから罵声を浴びせられるのを聞きながら控え室の廊下で泣いている亜紀ちゃんが、主人の前では涙を見せまいと、涙を拭いてから髙田さんのもとへ向かう」という医者の証言も感動的であり、普段は罵声を浴びせているような人でも思わずもらい泣きすること確実！

ついでに言えば、ＰＲＩＤＥチーフプロデューサー・榊原信行氏の「最後は上半身ハダカになって酔っぱらうくらい、髙田さんとは意気投合したんです。今となっては当然のように、そのときも『朝までコース』になって、僕が酔った髙田さんをホテルの部屋まで連れて行ってベッドの上に寝かせて……」という誤解を生みそうな告白も、このとき「俺はファンもそうだし、Ｕインターの若いヤツらも、そして自分自身も裏切った」「それでも最後は帳尻を合わせたい」「ヒクソンかタイソンと闘いたい」と髙田がつぶやいたのがきっかけでＰＲＩＤＥが誕生したことを思えば感慨深くてしょうがないのであった。

59

梶原一騎17回忌パーティーで、元『格通』の安西記者と談笑。いきなり「コレクションって、どうやって保管してるの？　ボク、この前『ファイト』を親に捨てられちゃってさあ……」だの『格通』を辞めて暇ができたから、毎週土日は『まんだらけ』に行ってるんだよねえ」だのと、和製ジョシュ・バーネットぶりを発揮していた安西記者にも原稿を褒められた（単に、同じ匂いを嗅ぎ取っただけとの噂もあり）、毎度お馴染みの書評コーナー。〈※当時のメールアドレス〉

テンション上がらないターザンが無理矢理ケンカを仕掛けた本

『マッチメイカー』　ミスター高橋／ゼニスプランニング／1400円＋税

帯には「衝撃の問題作第2弾」とあるが、違う意味で衝撃的すぎだしレベル的にも問題がありすぎるしで、いつものようにわざわざ読み込んで抜き書き書評をする気が失せる一冊。

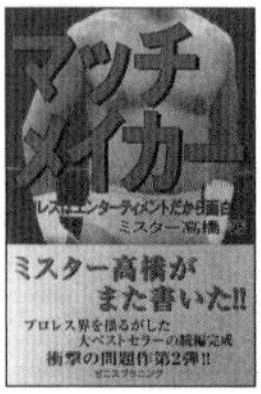

なぜなら「前著では書き切れなかったプロレスの裏側の部分をもう少し踏み込んで書いてみた」と派手にブチ上げておいて、肝心の中身は突っ込まれそうな要素をあらかじめ排除した、前に読んだのかどうかもわからないレベルの些末なエピソード集なんだから、もはやお話にもならないのであった。

結局、『流血の魔術 最強の演技―すべてのプロレスはショーである』（講談社）の続編ではなく、元リム出版・宮崎満教関係の版元から出した出来の悪いセルフカバーのような二番煎じ本に過ぎないので、前著がどれだけ面白く、なおかつプロの手によってよく編集されていたのかを読めば嫌というほど痛感できるはず。

そもそも、前回の本で何が面白かったかと言えば「日本のプロレスはWWEを目指せ」といった暴露を正当化するための建前部分ではなく、アントニオ猪木のダークサイドや、警備会社設立の件で新日本と揉めたこと。そしてもちろん、藤波がどれだけ弱くてコンニャクなのかについてしつこいぐらい繰り返していた部分に尽きるだろう。

本来、格闘技的には弱くてもプロレスは抜群に巧い藤波こそミスター高橋理論では正しいはずなのに、藤波の褒め方にはまったくといっていいほどリアリティがなく、逆に長州や坂口、ルスカ、藤原、荒川といった真の実力者への過剰な愛ばかり伝わってきたのがボクなんかのツボに入ったのだ。

そんな本音をゴッソリ削除しておきながら（「藤波のプロレスラーとしての本当の実力をファンに見抜かれてしまった」と、弱さについては軽く言及している程度）、「どうか、私の本を読んで、もっとプロレスを好きになって欲しい。どこかカッコ悪い部分も書いたがそれもプロレスの魅力のひとつである」と言われたところで、到底プロレスを好きになんかなれるわけもないのである。残念。

『ここが変だよミスター高橋！』

ターザン山本／新紀元社／1300円+税

ターザン山本によるミスター高橋攻略本の第2弾は、『マッチメイカー』への批判すべてが知らず知らずのうちに自分の首を絞めていく結果になるという、まさにパラドッ

クスな一冊。

プロローグの時点で「これは手抜きも手抜き、大手抜きだよ」「これは批評に値しないよ」という結論は出ているはずなのに、わざわざ反論だけで単行本を一冊作った時点であまりにも無理がありすぎたのだろう、きっと。

「『マッチメイカー』を読むと、非常に言葉の間違いや誤認が多い。チェックしていないということは、まだ自分の中にあるいままで彼が育ってきたプロレス界のホコリとか染みとかアザが残ってるから、誤字をおこしちゃうんですよ」

「誤字があるということは、カミングアウトして、シフトチェンジしてないからですよ。まだまだ俺は昔マッチメイカーだったという、そういう居直りというか奢りがあるんですよ」

こういうまったく意味の通らないターザン発言をツッコミもないまま掲載し、そのくせ「『さそり固め』→『サソリ固め』」、「『フリッツ・フオン・エリック』→『フリッツ・フォン・エリック』」、「『アブドラ・ザ・ブッチャー』→『アブドーラ・ブッチャー』」（今度は「ザ」が抜けてるよ！）と、非常にどうでもいい部分までいちいち『マッチメイカー』を校正していく。このミスター高橋以上に適当な仕事っぷりは一体何なのだろうか？　あえてターザン的な解釈をするなら、やっぱり元『週刊プロレス』編集長などの奢りがあるということなのか？

「プロレスファンはすべて、『マッチメイカー』を読んで、一行ずつ全部ダメ出ししなきゃダメだよぉぉぉぉ」とターザンはそう叫ぶが、むしろボクはターザンの本にこそダメ出ししたくなった次第なのである。

「本を出そうとするんだったら、時代の最先端のものをキャッチして、新しく生まれてきているものをしっかり見据えてさあ、それを論じてやらないと時代から遅れちゃうよ」

これは、つまり『マッチメイカー』が時代の最先端だったということなのか、それともターザンも時代から遅れているということなのかボクにも答えはわからないが、『マッチメイカー』同様にこの本から編集的センスがほとんど感じられないことだけは事実だろう。

「新聞というのは手段であるわけですよ。宣伝媒体でしかない。そこに深い意味はないんですよ。チェックするだけでいいんですよ。俺だったら5秒ですよ。見出しを見た時に『あぁ、なるほど』って、それだけで済む話ですよ」

この手のターザンらしい隙だらけな発言部分だけでも、同じ語尾が連発されるとリズムが悪くて読みにくくなるのに直さない編集の怠慢やチェック不足が露呈していると逆に読者から突っ込まれてもしょうがないはず。

ミスター高橋本収録の「他団体のリングに上がってジャブ（負け役）を演じるということは、すなわち魂を売ることだ」という新日とUインターの対抗戦をモデルにした小説部分の記述に対しても、「俺からするとジャブすることは全然魂を売ってはいませんよ。ジャブしなかったらプロレスにならないんだから」と、まずはターザンがプロレスがショーであることをあっさり肯定。さすがはターザン！

そこで、聞き手が「髙田選手も10・9で武藤選手に屈辱的な負け方をしましたけども、彼は今年、同じく東京ドームで華々しく引退しているわけじゃないですか」という意味不明なフォローを入れるのも、どうかと思うのだ。あのとき団体のために髙田が魂を売ったことと、田村潔司戦で華々しく引退したことには何の関係もないって！

さらには「もう救えないよ、この人。自意識がエゴイストですよ！」というストレートなミスター高橋批判も、「エゴイストのお前が言うな！」と読者が突っ込むこと確実なのであった。

こんな調子の批判というか無理の感じる言い掛かりをさんざん繰り返した挙げ句、最後にターザンは「髙橋さんの手による第二弾は、かなりテンションが落ちた本になっている。たぶんこの本を読んだ人は拍子抜けしたと思う。もうちょっとなんとかならなかったのか?」「正直に言うと高橋さんには、もっとましなものを作ってもらいたかった。こんなボロが多い本は、ケンカのしがいがないというものだ」と馬鹿正直に本音を暴露。

要は、ターザンがテンションが上がらないまま無理矢理ケンカを仕掛けてとりあえず本を作ったらしいことが、ここで明らかになるのであった。つくづく商売人だよなあ……。

「こんな形で今、小競り合いをしている場合ではないのだ。もっと他にやることがあると思いません？　あるでしょう？　それに気付くべきですよ」

自分から小競り合いを仕掛けておきながら、この言い草！　なんだよ、それ！

しかも、最後はこう言い出すのである。

「じっくり考えているヒマはない。一気に攻略本を作る。突貫工事でいいのだ」

そう。これはターザン日記によると「わずか11日で作った本」。そんな自分を棚に上げて他人のズサンな本作りだけは批判するターザン、恐るべし！

「要するに本はいかに作るかがすべてである。高橋さんの場合は誰と手を組むべきかである、優秀な編集のプロを見つけること、これをすすめる」

ここまで言うんだったら、この本にはよっぽど優秀な編集のプロでも付いていたのだろうか？　またもやターザン日記から引用してみよう。

「この本の編集責任者である弟子の歌枕（力）が今回、原稿起こしを一揆塾の塾生に3、4人にふって仕事を手伝ってもらった。このやり方をとらないと本が12月24日発売に間に合わない。私が校正した直しの打ち込みも塾生たちが徹夜でやってくれた。よってミスター高橋の攻略本は歌枕をトップにした一揆塾制作という形になった」

……って、おい！　自分こそプロじゃない編集者をトップに据えた上に、アマチュア軍団を使って本を作ってるんじゃん！　隙だらけすぎるんだよ！

思えば前回のミスター高橋攻略本『プロレスファンよ感情武装せよ！』のときも、ボクとターザンとの対談のまとめがイマイチだったので大幅に原稿を直したら新紀元社側の編集者の手違いで直す前の原稿が本になったことを思うと（イベントでのみ、直しが入ったバージョンを配布。欲しい人がまだいるようなら、次号の読プレにでも出します）、編集者云々を批判し始めたらどんどん自分の首を絞めていくはずなのであった。

60

3月6日（木）、お洒落スポット『三宿WEB』で行われる格闘DJイベントにボクも出演することが緊急決定！　スタイリストの伊賀大介君や音楽ライターの土屋恵介君といった面々と、たまにはターザンから離れて女子にモテそうな活動に挑んでやるって！　……と計画していたところ、WEBの店員から「ターザン山本さんの大ファンなんで、次回のゲストにお願いします！」と頼まれたので、ついでにターザンの来場も緊急決定しちゃいました。なんでだよ！　料金は500円で夜11時スタートなので、三宿のクラブにターザンがいるというミスマッチぶりを味わいたい方は是非どうぞ。そんな、決して切れない絆の存在に嫌でも気付かされた書評コーナー。〈※当時のメールアドレス〉

荒井社長の裏話より衝撃的だった技術論での告白とは…

『鎮魂歌―FMWはなぜ倒産したのか』
冬木弘道／碧天舎／1500円+税

ここ日本では亡くなった人についてコメントする場合、たとえその内容が真実だとしても故人のイメージダウンになることを口にでもしたなら容赦なく人間失格の烙印を押されがちなものである。

それは、もちろんFMW・荒井社長やPRIDE・森下社長のように「自殺」という形で試合放棄の道を選んだ相手の場合であろうと決して例外ではない。

だからこそ、荒井社長の『倒産！FMW』（徳間書店）をボクが書評するときも「冷たいようだが、この人はプロレス業界にも社長業にも向いていなかった」と書くのにはかなりの覚悟が必要だったし、あれだけでも相当言葉を選んだつもりだが、理不尽大王は「故人のことを今さら暴き立てるのもどうかとは思った」と言いながらも、言葉すら選ぶことなく故人を斬って捨てていくのであった。

「あいつが最終的にとった手段にしたって、結局逃げたのと変わりない。他にいくらでも方法はあったはずだよ。まあ、結局ああして善人のイメージのまま選手たちに慕われて逝ったんだから、ある意味あいつの目論見通りだったのかもしれないけどさ……。ご遺族には不愉快な思いをさせちまうかもしれないけど、経営者としての責任を果たさなかったことは事実だ」

さすがは、『週プロ』特別編集『翼をください FMW・荒井昌一さんの証』（ベースボール・マガジン社）の時点で「俺からすれば、ほかのヤツらがきれいごとを言いすぎてるんだよ」と公言し、荒井社長の追悼興行すらも「仕事だよ、ビジネス。1人でも2人でも客を入れるためだよ」とうそぶいていた男・冬木！

「あいつが死んでから出た本とか記事を見ても『荒井さんはいい人だった』って話しか聞けないのは、逆にいえばいい人って以外の個性がなかったということなんだよ。だってなんにもないんだもん本当に」

つまり、帯には「あいつがいい奴だったなんて、大嘘だ」とあるが、これは「いい人」であるが故にどれだけ荒井社長が「『経営者』のうつわじゃなかった」のかについて、とことん理詰めで暴露していく本だったわけなのだ。

「あいつは何事も『揉めないように、揉めないように』って気を遣ってた。そのために、誰かが言った話を当たり障りなく作り変えて俺に伝えるんだよな。それがかえって悪い結果を生むことになってたんだけど」

こうして普段は無駄に気を遣ったりしながらも、FMW川崎大会のメインで冬木の相手が決まらず、「みんなで相談して、大仁田を呼ぼうってことになった」りするときに限って、珍しく自分の意思を剝き出しにしてきたそうである。

「絶対にイヤです！　大仁田さんを呼ぶならFMWを潰します！」

そこで荒井社長は代わりに天龍戦を提案し、交渉も冬木に任せようとするが、当の冬木はなんと「その時、

ＷＡＲ時代のいざこざでＷＡＲに訴えられていた」のであった……。

「……あんたと大仁田はモメただけだけど、俺と天龍さんは今裁判やってんだよ。それを承知の上で、俺に『試合してください』って交渉もやれっていうの？」

そう聞いても当然のように頷くほど無責任極まりない荒井社長に対して、冬木が「荒井は本当に汚ねえ野郎」だの「卑怯」だのと毒づきたくなる気持ちはボクにも痛いほどわかる。

……というか、そんな洒落にならない状況下で頭を下げに行く冬木も、そこでキッチリ試合を受ける天龍も狂おしいまでに男だって！　冬木こそいい奴！

正直、大仁田の極悪さをさんざん訴えている荒井社長の本にこのエピソードが出ていたら読者の受け取り方もまだ違うだろうが、これは「ＦＭＷでの大仁田厚の罪？　うーん……実は何も思い浮かばない」「大仁田の金の汚さとか女の問題とか、どうでもいいと思うよ。そんなのもっと酷い奴はプロレス界にいっぱいいるんだから」と言い切る冬木の本であり、そもそも荒井社長と冬木とでは発言の説得力がケタ違いなのであった。

この勢いで、「あいつ」は「経営が火の車」だったときにも「家族で海外旅行に年二回行って」ただの、「あいつは心底ＦＭＷの社長でいることにこだわりを持っていた」が、わかりやすく言うと「ただ固執していただけ」だのと、荒井社長を全面否定！　さらには、「ＦＭＷの後期に現れた有象無象の男たちのひとり」だという「Ｙは詐欺師」で、「いろんな奴から金を騙し取って適当なこと言うだけ言って、荒井が死んでから姿をくらましやがった」だのと、吉田専務らしき男についても噛み付いていくのであった。

そんな物騒極まりないエピソードだけではなく、「結局は騙しのテクニックなんだ。ロープワークひとつとっても、どうやれば早く走っているように見えるかってことだ」といったプロレスの技術論部分もかなりの面白さ。要するに、「俺は足が遅い」から、「早く走っているように見せればいい」。だったら「たくさん足を動かせばいい」ので、「突進する前にステップを踏む」などと告白していくわけなのである。……あれは地団太じゃなくてステップだったのかよ！　この話、荒井社長の裏話より衝撃的だって！

先日、なぜか田中正志先生が頼んでもいないのに書評を送り付けて来るというテロ行為を『紙プロ』編集部に敢行してきたわけなんだが、せっかくだから田中先生の書評（手直し済）を掲載した上で、その書評をボクが評することに緊急決定！　そんな出版史上稀に見る書評コーナー……になるはずだったが、やっぱり田中正志先生の書評ではどんな内容なのかサッパリ伝わってこなかったから、いつものように書評もしてみま～す！〈※当時のメールアドレス〉

61

稀代のダメ本。本来なら書評する必要なし！

『暴露と闘え！プロレスLOVE―拝啓ミスター高橋様ターザン山本様』

山口敏太郎／コスミックインターナショナル／1300円+税

自分ではゲバラのつもりらしいが、ビジネスチャンスと見れば他人の褌でいくらでも相撲を取るため、同じゲバでも世間からは銭ゲバだとしか思われていない男・ターザン山本。

これは、ミスター高橋の『流血の魔術 最強の演技』の便乗本をリリースしたターザンの使い古した褌でさらに相撲を取ろうとしたら、なぜか勝手に褌が取れて負けを宣告されちゃったような、安直かつあまりにも低レベルすぎる便乗本である。

プロレス系の飲み屋で、ものすごく浅いプロレスファンから酔った勢いで事実誤認だらけのつまらないプロレス論を聞かされるような内容だと言えば、大体の想像は付くはずだろう。

なにしろ、「暴露と闘え！」とのテーマで本を出しておきながらターザンの便乗本すらろくに読みもせず（少なくともパート2に関しては確実に未読のはず）、『紙プロ』の引用は多いのに〝高橋本〟以前&以降にやったミスター高橋インタビューも読んでない時点で問題ありすぎなんだが、それだけではない。

なんと石井館長の逮捕や森下社長の自殺にまで触れるほど期日的に余裕がありながら、「（ミスター高橋は）内幕暴露本Ｐａｒｔ2の『マッチメイカー』を発売したそうです」なんて他人事のように書き、それすら読んでいないことをあっさり告白しているほどなんだから、もはや完全にライター失格なのだ。

一体この作者は何者なのかと思えば、プロフィールによると学研『ムー』のミステリーコンテスト受賞者でありそっち系のＨＰも主宰しつつ、新生『ゴン格』の読者ページの一角でひっそりコラムを書いている「妖怪ライター」とのこと。

しかし、ボクに言わせればそんな彼の考え方自体が最大のミステリーなのであった。『ムー』以上に子供騙しだよ！

高橋本がリリースされたとき、なぜか彼は格闘技系の仕事もほとんどしてないのに一人で悩み抜いていたのだそうである。

「随分悩みました。確かにミスター高橋問題にふれない方が、無難な生き方ができるかもしれない。へたにふれる事で逆に『こいつは結果的にミスター高橋本の宣伝を宣伝をしている（原文ママ）。だからこいつもミスター高橋氏と同じように黙殺すべきである』というふうにライター業界でつまはじきにあうかもしれない」

「長いものには巻かれろ。調和をもってこそ社会人だ。心の中での暗闘は続きました。確かにこの場合、『臭いモノに蓋をする』が素晴らしい生き方かもしれない」

は？　ミスター高橋同様に「黙殺」されるって、もともとプロレス～格闘技界で注目すらされてないライターに対して黙殺するも何もないよ！

明らかに考えすぎの被害妄想であり、それでも「本当に言いたいことは言うべきである」と決心してこれを出したらしいが、文字通り「へたにふれる」程度の内容なら出さないほうが良かったとボクは思うのであった。むしろ、ただ不快に思われ「ライター業界でつまはじきにあう」確率が高くなるだけなのだから。

『ピーター』という愛称はなんでなんでしょう。どうもピーターラビットを想像してしまい、吹き出してしまいますね（笑）」

こんな調子で「（苦笑）」「（爆笑）」「（泣）」などのカッコを多用して感情表現しながらも、まったく笑えないどころか読んでるこっちが苦笑したくなるようなことばかり書き続ける彼氏。

ピーターを否定するのかと思えば、「真面目な高橋氏の事であるから、本当にプロレス界の未来のために『エンターテインメント化』した方が良いと思ったのであろう」と言い出したりで肝心の主張すらも隙だらけだったことは、ピーターの警備会社設立計画が頓挫した件（＝暴露本を出版した最大の原因）についてこう結論付けていることからも容易にわかるのであった。

「藤波は社長として、未挑戦の分野への進出を慎重に見送ったのでしょうね。（略）経営者藤波社長の慎重な経営手腕は、非難されるものではないはずではないでしょうか」

は？　藤波が慎重だって？　わずか8文字の間に「ない」を連発する悪文も問題だが、こうしたピントのズレた話を繰り返して、「私のようにファン上がりのライターにすらわかる事です」と言い張る姿勢自体が大問題だよ！　妖怪のことはわかってるのかもしれないけど、プロレスは全然わかってないじゃん！

そして最後は、これからのプロレスは「受けの美学」や「セールの巧さ」といった「暗黙の了解」的要素をポイント制で採点すればいいとの発狂した主張をブチかますんだが……お前、全然暴露と闘ってないよ！フルタイムで闘い得点を争うようにするから「ジャブ＝負け役」や「ウォーク＝八百長」もなくなるってことだけど、それじゃ何の解決にもならないって！

この本の帯には「暴露本をさらに暴露する本」と書かれているが、結局は何一つとして暴露できちゃいないという稀代のダメ本なのであった。本来なら書評する必要もなし！

で、最後に（当時の誌面は並んで掲載されていた）田中正志先生の書評について。

実際に会ったことがある人にだけは評判がいい田中先生ではあるが、ネットなどでは普段の腰の低さとはかけ離れた狂暴性を剝き出しにして全方位に嚙み付きまくるナチュラルヒールとして活動し、一部で大いに嫌われまくっていたものである。

それなのに、どうしてここまで格好のターゲットが現れたときに限って、やけに大人しい文章を書いてしまうのだろうか？

しかも、文章にはいつもオチがないし、ことあるごとに「北米では」と引き合いに出すから「お前は一体何人だ！」と思わずザ・スターリンの遠藤ミチロウばりに叫びたくなるのだ。

アメリカでは云々って、そんなのはもうどうだっていいよ。大橋巨泉じゃないんだから。「ワタシの国では」なんて比較論は、フランソワーズ・モレシャンにでも任せておけばいい。

まあ、この人はいつでも自分の主張（日本特殊論は間違いだの、シュマークは悪だの、北米では常識だの）を繰り返すだけなのでそうなるのもしょうがないんだが、ボクは中途半端な暴露便乗本を出すような輩に対して、本物の暴露を見せ付けて欲しかっただけなのである。「拝啓田中正志様　暴露で闘え！」。

62

前回、『暴露と闘え！ プロレスLOVE』を「稀代のダメ本」と酷評したところ、著者の山口敏太郎氏が強硬な抗議をしてきたことを読者の皆様に報告したい。「吉田くんって　妖怪界で妖怪王がどれだけ血みどろの喧嘩やってきたか知らないんじゃないかな」「彼はたかが10年しか見てないですからね。私は30年近く見てるのに……」と自身の掲示板で息巻いているのを見ただけで正直ウンザリなんだが、次号で彼の主張を載せることでどちらが正しいのか判断していただく予定……というか、問題の本や彼の新作（なんと『ボブ・サップの謎』という、10年遅い謎本！）を立ち読みすれば小学生にでも答えはわかるはずだって！ そんな揉め事だらけの書評コーナー。〈※当時のメールアドレス〉

川田はプロレス界のリアクション芸人（ボケ担当）か!?

『マチャミの今日も元気で！―久本雅美対談集』

久本雅美／潮出版社／1143円+税

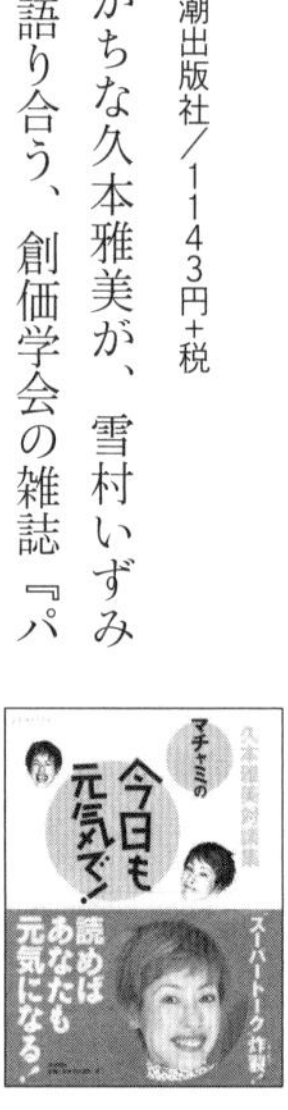

これは、創価大学出身のおさるを従えて番組に出演しがちな久本雅美が、雪村いずみや山本リンダといったやけに話の合いそうな面々とばかり語り合う、創価学会の雑誌『パンプキン』の連載対談をまとめた一冊である。

泉ピン子の愛読書が池田大作（池田大輔ではない）の『人生抄』だのといった知ったところで何の役にも立たないエピソードがたっぷり詰まったこの本をなぜ紹介するのかといえば、理由はただ一つ。

女子プロレス界に驚くほど学会員が多いから……ではなく、学会と関係なさそうな徳光和夫との対談がやけに面白かったというわけなのだ。

NOAHの若手選手と仲がいいらしい息子・徳光正行にも、著書『せんえつですが……。―徳光和夫の日常』（03年／幻冬舎）で異常なほどのギャンブラー&巨人ファン&矢沢永吉信者ぶりを暴露されていた徳さん。温和な顔に似合わず、渋滞にハマってボヤくタクシーの運ちゃんを「いつまでぶつぶつ言ってんだこのやろう！ 俺が渋滞の文句を言ったか？ 言ってねえんだから、黙って目的地に行けよ！」と怒鳴り付けたりしていたそうだから、さすがは元・全日本プロレスの実況担当。やっぱりプロレス好きはハートが強いものだとボンヤリ思っていたら、なんとビックリ。

彼は大好きな野球中継で実況ミスをしたばかりに「決して好きではないプロレスへの人事異動」を日本テレビから命じられたとのことで、好きではないどころか「プロレスを軽蔑していた」ほどだったからすっかり「お先真っ暗」になっていたらしいのである！

久本相手に「プロレスラーってドロップアウト組というか、ほかの世界で一流になれなかった人たちが集まっていて」同じスポーツとは認め難い部分があり、「プロレスそのものは8年間やってとうとう好きになれなかった」と、やけに生々しい心情を告白する徳さんなんか見たくないよ！……と思ったら、正確にはジャイアント馬場のように「挫折を経験した人たち特有の優しさがある」ので「レスラーは好きになった」とのことだからまったく問題なし！

この辺りの複雑な感情について深く聞いてみたいので、今度は倉持アナに続いて徳さんがプロレスについてだけ語るインタビューをぜひとも『紙プロ』誌上で実現させたいものなのであった。まあ、ギャンブル話もありでいいや。


『俺だけの王道―川田利明自伝』 川田利明／小学館／1400円+税

ぼやきコメントの第一人者・川田の自伝が、遂に登場！　それだけで期待は無駄に高まったが、キャラ的に近い（＝かつて三沢や蝶野らが水面下で行っていた全日本と新日本とのトップ会談から勝手に外されたタイプ）佐々木健介の名著『光を摑め！』（メディアワークス）と比べたら、リング上での直接対決とは異なり明らかに川田の完敗であった。

同じプロレスラーとして「健介に対して思うのは、本当に一直線しかできない選手だということ。彼の試合はあまりかみ合わないものが多いと聞く」と格下扱いする気持ちはわかるが、人間的にはどれだけ苦労（あからさまに怪しい占い師に1億円着服されたりとか）しようともマイペースで笑顔を絶やさない健介のほう

が上なんじゃないだろうか？

そうゆうわけで、この本。世間では中学在学中に新日本の入門テストを受けたときのスパーリング話（「いまだ現役のレスラー」をヘッドシザーズで絞め上げ、「今はあまり見かけないが一時期マスクをかぶって有名になった某選手」の寝技も凌ぎ切ったが、最後は藤原組長に「中学生相手に何もそこまでしなくても、というくらいにやられて、鼻血とかで身体中血だらけになってしまった」とのこと）や、ＮＯＡＨ勢の離脱話ぐらいしか話題になっていないようなんだが、そんなことはどうだっていい。

後者にしても、２年半前にボクが『THIS IS NOAH!』（アミューズブックス）で田上から聞いた、「会社と揉めて選手全員が契約保留にしていたのに、なぜか川田だけ先に契約していたから臨時の選手会には呼ばなかった」発言を裏付けるだけでしかないだろうし。

それなら何が重要なのかといえば、高校時代から「三沢先輩ともあまり口もきかず、いつも静かにしていた。ほんとうは自分はすごくおしゃべりが好きなので、何かのきっかけですごくしゃべり出すと、逆に三沢先輩にうるさいといわれるようなこともあった」という、いま打ち出している無口なキャラとは正反対の部分に尽きる。

つまり、三沢的に表現すると「周りと馴染まないやつで、よく先輩に殴られてた。喋らないのに一言多いやつなんですよ」という、思わず殴りたくなる気持ちもわかる余計なボヤキの数々に決まってるわけなのだ。

冒頭部分から、プロレスと出会うきっかけになった恩人であるザ・ファンクスについて、「皮肉にもこのとき心打たれたファンクスは、今は俺のもっとも嫌いなレスラーたちなのだが。こんなことといっていいのかなあ」と、いきなり余計な一言をブチかます川田。

新弟子時代、「よく面倒をみてもらった」りでやっぱり恩人である佐藤昭雄のことも最初は「なんかいやな人だな、と思っていた」と語ることからも、本当に一言多い男だというのはわかってもらえるはずだろう。

越中と三沢という２人の先輩のメキシコ遠征が決まれば「なぜか寂しい気持ちになった」と「なぜか」も

加えて寂しさを訴え、それでいて「越中さんがいなくなってしまい、本格的に馬場さんの付き人が始まった。といっても、今までもずっと越中さんの下でほとんど自分がやっていたようなものだったが」とアピールする始末。

後のマッチョ☆パンプこと梅本和孝（カカオプランニングのボス）が新弟子として入ってきたときも、こんな長すぎる愚痴を披露してみせるのであった。

「案の定すぐ逃げ出してしまったのだが、そのとき俺のリングシューズを持って行ってしまった。梅本は京都のジムに通っていたのだが、そのジムにいたのが小橋健太で、梅本は俺にもらったといって、そのシューズを小橋にあげたらしい。後で小橋が入門してきたときに、俺のシューズを持っているというので不思議に思って聞いてそのことが分かった。小橋にはシューズを返せといったのだが、今になっても返ってこない……」

もういいだろ、そんな古い話！

それは、梶原一騎の原作も無視して三沢タイガーのパートナーだった川田をタイガーマスク2号にしようと考えた馬場に「おい、川田、タイガーマスクのコスチュームを作れ」と言われた話にしても同様である。

「シューズだけは時間がかかるので先に注文した。そしてシューズができてくるころ、マスクもタイツも注文しなければと思った時ぐらいに、なぜかこの話は消えた。この世界はこんなもんだ。でも出来上がってきたこのシューズはどうするの？　このお金のない時代に、シューズ代は自分にとっては痛かった。今天国にいる馬場さんに請求するわけにもいかないし……」

そんな調子で、川田は冬木とのフットルース時代にしても、やっぱり「入場のときにバンダナを投げ入れていたのが「安いギャラのなかから、自分で買ってきて投げていた」し、「毎日毎日投げるので、出費が大変だったなどと、しみったれた愚痴をひたすら連発していくわけなのだ。

「渋谷の地下街とか、安い店を探して、1箱いくらとかでまとめ買いをしていた。毎日、自分のギャラを投げているようなものだから、当時の自分にしてみればかなりつらかった。ファンの人はいらなかったかもしれないが」

ここまでくると、もはや単なる笑えないボヤキ漫談だって！

カルガリーで川田の面倒を見たミスター・ヒトが、『クマと闘ったヒト』（メディアファクトリー）で「人間性としては、もう最低」「あんなもんアホだもん」「いちばん扱いにくい性格です。なんせ顔を見たら、馬場さんの奥さんの悪口を言っている」と川田を断罪しまくっていた理由も、これを読めば痛いほどわかるね、実際。

……と思ったら、「カルガリーについても安達さん（ミスター・ヒト）の世話になるなよ、といわれ、カルガリーに向かうと、着いた空港には、何もいっていないのに、安達さんの奥さんが迎えに来てくれていた」と、またもや川田が余計なことを言っているのを発見！　試合を終えてヒトと車で帰るとき、雪で車が立ち往生したその一部で有名な話も、当然ボヤいていたわけなのだ。

この件をヒトは「川田のやつ、泣き出すんですよ。『おれ、なにも悪いことしてないのに』って。そんな気象のことなんて、誰が悪いわけでもなく、しょうがないことですよね。なのに、泣いてる。そんなの横で泣かれたら、おれだって、滅入ってくるし。『この野郎！』って、ほっぽり出して、雪の中へ埋めてやろうかなと思いましたよ（笑）」と著書で暴露していたんだが、川田に言わせるとどうやら真実はこういうことだったらしい。

「安達さんは日本でも有名なあの毛皮スタイル、その上にダウンジャケットも着ている。自分はというと、日本から持っていった薄いビニールジャケット。そしてエンジンをかけておくとガソリンがなくなってしまうというのでエンジンを切ってしまい、ヒーターも効かない」

気持ちはわかる。ただ、だからといって泣くなよ、川田！

なお、カルガリーではこんな国際交流もあったとのことである。

「そのころデビューしたばかりの、今ではWWEのスターのクリス・ベノワがまだ細かったので、3週間ぶりに大きくなって帰ってきた自分を見て、どうやったらこれだけ短期間でそんなに大きくなるんだと真剣に聞いてきた。たくさん食べただけなんだけど……。そんな彼も今ではあんな体になってしまうのだから凄い！薬の力もあるのかな？」

本当に一言多すぎだよ！　しかも、そのついでに「トム・ジンクが『おまえ、ステロイドやってみないか』というので、怖いもの見たさでつい手を出してしまった」と、わずか3週間だけで終わったとはいえステロイド体験もカミングアウトするから隙だらけで最高だって！

ちなみに三沢との最後の三冠戦で右腕を骨折して王座に就くなり長期欠場するハメになったのも、実はこうも間抜けな理由だったそうだ。

「試合後のコメントでは『三沢さんのウラカン・ラナをこらえたときに折れた』といっていた。ところが本当のところは、試合開始5分ぐらいで、実戦で一回も使ったことのない裏拳を初めて使ったときに、当たり所が悪くて折れてしまったのだ。恥ずかしいので、試合後はあんなコメントを出してしまった」

これって、とことんまで川田らしい話だよなあ……。両目のブローアウト骨折で手術したときに、「情けない話だが、医師の前で俺は1時間も泣き続けてしまった」って告白も含めて、それでこそ川田。

とりあえず、ファンの夢が壊れるからそんなことは黙っていたほうがいいなんて、わざわざボクが言うまでもない話だろう。新日に乗り込んだとき、「永島さんに『健介をつぶすっていってほしい』といわれた」ってセンスのないストーリーライン作りをバラしたりするのも同様なんだが。

高野俊二をジャーマンで投げたとき、「自分の頭の上に彼の背中が乗っかって、歯がその背中に突き刺さって」前歯が折れたエピソードを語るときにも、「折れた歯を持って帰ってきて見たら、俊二の黒い皮膚が歯にくっついていた」と、黒人兵とのハーフだからといってわざわざ「黒い」を付けて表現するほど余計なことを言いがちな彼氏。

自分でも「本当に雑草のような人生だと思う。計算の立てられない、土壇場人生」と振り返ってはいるが、もう少し計算するべきだと他人事ながらさすがに言いたくなった次第なのである。ＮＯＡＨ勢と別れることになったのも当然の話だよ！

天龍同盟でのバス移動中、サービスエリアに置いていかれてどうにか会場まで地力で辿り着いたとき、「さぞかし俺の行方不明が騒ぎになっていると思ったが、みんな『何？　何？』とかいうばかり。俺は忘れられたことすら忘れられていたのだ。失礼な話だ」と川田は怒っているが、それも失礼どころか誰もが納得できる話だと思う。

かつて三沢は「アイツがまた余計な憎まれ口を叩くから、思い切りぶっ飛ばして、うずくまっているところに階段の上から膝蹴りを入れたり」してきたと言って一部のファンを引かせたことにしても、だんだんボクには三沢の気持ちもわかってきたというか。要は自業自得だったんだろうなあ……。

それでいて「ただ、川田はいくらやられてもケロッとしてるんですけどね」との三沢発言を裏付けるように、本人だけは呑気に「プライベートでも三沢さんとは一緒に行動することが多く、三沢さんはどう思っていたかは分からないが、自分は三沢さんのことを慕っていたつもり」と語ってたりするのであった。

……もしかして彼氏、ボケることでわざと隙を作って三沢に突っ込まれようとしてない？　いや、そう考えたらすべての合点がいくような気がしてきた。

つまり、ビザなしでアメリカ修行したときのことを「これでアメリカに入れなかったら『訴えてやる！』（by上島竜平、俺の飲み友達だ）」と文章化していた川田は、しみったれたボヤキや余計な一言を連発して激しいツッコミを受け続けるプロレス界のリアクション芸人（しかもボケ担当）みたいなものだったのに違いない！　そうに決まった！

それなら、三沢というツッコミの天才というべきパートナーを失った川田が、だんだん輝きを失いつつあるのも頷ける話。人間的にはボケ担当の健介や武藤と絡んだところで、これまでのように輝けるわけもないのであった。……じゃあ、次に絡む相方は誰がいいんだ？　カシンか？　あと「人生は最高のエンターテインメントだ」というハンセンの帯文、適当すぎだよ！

63

え〜、今月は前号からの流れで妖怪王こと山口敏太郎君の『ボブ・サップの謎』とタダシ☆タナカ先生の著書を紹介……する予定にしていたんだが、軽い気持ちで読んだ永田本が思いっきりツボに入ったので急遽予定変更！　タナカ先生の本ではなく永田本を紹介することになったので、「ふざけるな！　俺はタナカ本の書評が読みたいんだ！」と憤慨する読者の方々は、編集部宛にハガキやメールで熱いメッセージを送るように。そんな読者の声に左右されやすい書評コーナー。
〈※当時のメールアドレス〉

謎を一つも解明できない妖怪王の悪文&痛いギャグセンス満載

『ビースト　ボブ・サップの謎』　山口敏太郎／コスミックインターナショナル／1300円+税

大ベストセラーとなったミスター高橋本に一足遅く便乗した前作『暴露と闘え！　プロレスLOVE』に続いて、今度は謎本ブームに10年遅く便乗し、サップ・ブームにも半年遅く便乗してみせた便乗王、もとい妖怪王。

最初のページの1行目から「2002年、一匹の野獣（ビスート）が米国から日本に上陸した」といきなり派手に誤植するセンスだけでも、さすがは妖怪王としか言い様がないだろう。ビスートって……（他にも「ゴルード・バーグ」「ナインティーンナイン」「うんなん」といった、読者をほどよく脱力させるフレーズが続出）。

それにしても、だ。これだけメディアに露出しまくって謎が皆無になってしまったサップを題材にして一体どんな謎を暴いているのかと思えば。これまたビックリ。「サップの愛しい人が発覚?? トリニティって誰?」と自分で質問しておいて「なんとトリニティは猫なのだ」と答えたりで、ひたすら謎でも何でもないことばかりを書き連ねていくから衝撃的なんてもんじゃないのである。

なにしろ「日本のエース! 田村もボブ・サップの前に沈んだ試合って知ってる?」「ホーストに勝った奇跡知ってる?」などと読者の誰もが知っているレベルの試合を謎に仕立て上げ、その試合展開だけで大幅にページを埋めるスカスカっぷり（1行あたり10文字程度でガンガン改行するから、わずか11秒で終わった田村戦でも2ページ半!）には、こっちとしても驚くしかないって!

ひたすら『SRS-DX』の記事を大幅引用しまくる（ちなみにスポーツ紙関係はネットサーフしてコピー&ペーストしている模様）のもスカスカぶりを際立たせてくれるし、『フライデー』の記事をいくつか転載しているにもかかわらず『フライデー』初登場となった「〝K-1乱闘男〟が反則負け直後にエステ美女ともう『一戦』」というサップ唯一のスキャンダルには一切言及しない片手落ちぶりに至っては、もはや言葉がないというか。

引用にだけはうるさいボクに言わせれば、引用部分に批評や考察、もしくはツッコミなんかをちゃんと加えなければプロの仕事にはならないはずなのに、彼は「サップってすごいでしょ?」的な文章をお手軽に添えるだけで、あとは事実誤認と痛いギャグを次々と並べていくだけだからまったくお話にもならないのであった。

しかも、「お笑いも大好きな筆者は、昔から浅草キッドがお気に入り」なはずなのに、キッドが『SRS-DX』で連載している『底抜けアントンハイセル』も大幅引用し、「玉袋のボケがさえている」「筆者の記憶が正しければ玉袋は、浅草キッド結成時はあまり『プロレス・格闘技』に対して詳しくなかったはずである。それが博士の影響で好きになり、ここまで極めたのだ。玉袋の探究心には頭が下がる思いだ」と偉そうに言い放つ始末。

玉ちゃんは馬場VSブルーノ・サンマルチノ戦目当てに蔵前国技館へ行き、王貞治から届いた馬場宛の花輪を持って帰ったりのセンス溢れる小学生生活を送ってきたほどの男なんだから、探究心がないのは誰なのかはわざわざ言うまでもないはずなのだ。そう、妖怪王だよ！

せっかくだから、ついでに妖怪王の痛いギャグ部分も引用してみるとしよう。

「『グレート。アントニオ』であるが『新間寿Tシャツ』『ターザン山本Tシャツ』『サダハルンバ谷川Tシャツ』という個性的な（？）ラインナップでマニアをうならせるお店だ（爆笑）（しかし、ターザン山本シャツって誰が買うんだ。しかも万一買っても着るのは勇気がいるよな～（笑）新間さんのシャツもな～欲しいような欲しくないような～夢に出そうだな（苦笑））」

以上、原文ママで引用したが、これだけで彼の悪文（カッコの中に同じ形のカッコは使わない！）＆痛いギャグセンスは読者の皆様にも十分わかってもらえたことと思う。とにかく「（あまりにもはまりすぎて噴き出さないように！）」「（筆者思うに伊東美咲ちゃんってかわいいな～）」「（とほほ）」「（ぎゃふん　親父ギャグ）」などと、妖怪王はカッコ内に余計な自己主張を入れすぎなのだ！

とにかく「『ボブ・サップの謎』の解明は成功への第一歩だ！」とブチ上げていること自体、完全に意味不明なんだが、とりあえず第一歩目からしくじり、謎を一つも解明できなかった妖怪王が今後もまず成功できそうもないことだけは明らかになったのであった。

『王者の挑戦―プロレス新時代のエースは俺だ』

永田裕志／講談社／1300円+税

なんだか極真本みたいな装丁だし、パラパラめくったらプロレスを完全なシュートファイトとして描いた「試合に負けて悔しかったが、頑張って次は勝った！」的な表現ばかりが目に付くしで、わざわざ自腹を切って買ったのにずっと読まずにいた、この本。

どうも「IWGPヘビー級王座史上最多連続防衛記録を樹立！」を記念してリリースしたら王座転落した

タイミングの悪さと永田の●●のなさ（上井取締役・談）もあってあまり売れていない様子だが、これがまた想像以上の面白さ！　ただし、ツッコミなしでは伝わらないはずなので、ここはボクが突っ込んでみることとしよう。

まずは、冒頭部分から「新日本プロレスの地盤がゆるんでしまったとたんに、新日本をあまり取り上げてくれなくなったマスコミに本気で腹を立てたこともあったし、『こんな時期にチャンピオンになるなんて、ついてない』と、嘆きたくなることさえあった」と、「新時代のエース」のはずがえらく生々しいボヤキを聞かせていく彼氏。

「お客さんが入らないことが、自分だけの責任のような気がして、とても寂しい気持ちになった。マスコミも、うちの話題を大きく取り上げてくれず、なんだか新日本プロレスが孤立していくような、そんな気がしてならなかった。俺は、いつもカリカリしていた。ときには感情的になって、トラブルばかり記事にしたがるプロレス記者たちに『つまらないことばかり書いてないで、試合を記事にしろ！』と文句を言ったり、ポジティブに書かれる他団体の記事に敏感になってしまったりと、精神的にも卑屈になっていた」

そこまで文句を言っておきながら、いざ佐々木健介が離脱すると「戦力的には屁でもない。戦力外通告だよ！」と「どうにも悔しくて、マスコミに怒りをぶちまけ」てトラブルを記事にさせるから最高なんだが、すぐさま長州に電話で怒られたら「言い過ぎた」と大いに反省。

それでもＰＲＩＤＥまがいのヒザ蹴りで賛否両論が分かれた藤田和之戦で自信をなんとか取り戻すと、02年5月の東京ドーム大会で永田はＰＲＩＤＥ帰りの高山善廣を迎え撃つことになるのであった。

「俺たちの試合はダブルメインの第一試合目で、その直後に行われたダブルメイン第二試合目である蝶野正洋VS三沢光晴という歴史的な試合の直前に行われた。どちらの試合が凄まじい戦いだったかといえば、俺たちの試合がベストバウト賞を受賞したことが示しているとおり、永田VS高山によるダブルメインの第一試合目だった。俺たちは、世代との戦いに試合内容で勝ったのである」

ああ、もうダブルメインダブルメインってうるさいよ！　これには「セミファイナルではなく、あくまでもこっちもメイン！」という永田の自負だけは感じられるものの、正直言ってこの試合がほとんど印象に残っちゃいないのはボクだけではないだろう。三沢VS蝶野がダメだったのは覚えてるが。

実際、いま02年5月発売の『紙プロRADICAL』50号を読み直してみたら、猪木会見でも井上（義啓）さんのロングインタビューでも座談会でも、この試合にだけは一切触れていないことが発覚！　それはそれで酷いよ！

結局、どうしても新日本に賞を与えなければいけない会社的なしがらみだけで『東スポ』プロレス大賞が回ってきたはずなのに、なぜか永田は大喜び。「高山選手は、激闘の末、敗れたとはいえ、新日本プロレス30周年記念興行のダブルメインで堂々と戦い抜いたことで、世間の評価はうなぎ登りになった」と、またもやダブルメインを強調して呑気に言い張るのであった。

……って、おい！　高山の評価が上がったのはPRIDEやNOAHでの身体を張った試合ぶりが評価されただけであって、決して永田相手の「ダブルメイン」が認められたわけじゃないよ！

それでも永田は、より失礼なことを言い放つのである。

『猪木祭』で高山が「サップに惨敗」した話の流れで「ボブ・サップに勝てるレスラーなどいないとまで言われている」とあらかじめ前置きした永田は、なんと「パワーだけは、絶対に勝つことができないが、俺のやり方でサップに勝てるという自信はある」「あとは、具体的にどう攻めていくか、少しずつではあるが、イメージは固まりつつある」と力強く豪語！　お前、男の中の男だよ！

……と思った瞬間、なぜか話は唐突にWRESTLE-1へと移行。

第2回大会で「アーネスト・ホーストが、イス攻撃からのエビ固めというプロレスラー顔負けの試合運びでサップからカウント3を奪った。だが、あの試合からは〝プロレス魂〟というものがまったく見えなかった」とサップにダメ出しするなり、「俺がいつかボブ・サップに本当のプロレス魂を見せてやる」と元気に吠えてみせるのであった……。結局、闘うとしてもプロレスなのかよ！

それだけでも十分すぎるほどとんでもないのに、サップの話はまだ終わらない。ライバルの「中西学が本気になったら、藤田選手や高山選手なんか比べ物にならないぐらいのパワーを発揮するかもしれない」と絶賛した流れで、中西は「サップと戦った日本人の中でも、最高の試合を見せてくれたと思う。サップ相手にあれほどの試合ができるのは、やはり彼しかいない」とキッパリ言い切るわけなのだ！「サップと戦った日本人」といっても、中西とグレート・ムタ以外はみんなガチンコだったんだから、そんなこと言われたらヤマノリも田村も中迫もみんな怒るはずだよ！

もしかしたら猪木の「プロレスも格闘技も一緒なんだ！」という持論を、永田は誤解しているのではないだろうか？　ミルコ戦での敗北もプロレスの負けと一緒？

それでも、「俺はもう一度、ミルコと再戦したい。〝プロレスキラー〟と呼ばれるその男を、俺の手でリングに沈めたい」と非常にリスクの高いことを宣言しているだけで、ボクは許す。当然、勝てはしないのだろうが。

……と思ったら、「もしもK-1やPRIDEの選手が新日本に乗り込んでくるようなことがあれば、いつでも相手になってやるというのが基本的な俺のスタンス」なんて発言も飛び出すから、どうも信用できない男なのであった。ミルコを（あくまでもプロレスの）リングに沈めるらしい永田裕志、恐るべし！

さて、そんな永田以上に恐ろしい男といえばもちろん長州力だが、なぜか永田は師匠のはずの長州批判もひっそり繰り返していたものである。

たとえば、2001年の春頃から中西の「〝野人ダンス〟や中西選手特有のラリアートなども見られなくなり、試合中の空まわりが多くなっていく」「誰かが彼の奇想天外なファイトスタイルに注文をつけたという噂もあるが……」などと謎かけしているのも、その時期にリリースされた『期間限定 長州力』（アミューズブックス）の長州発言と照らし合わせれば答えは明白なのだ。

「WCWまがいのわけの分かんないパフォーマンスなんか日本に帰ってきてやって、それでイケると思っているオツムが困ったもんなんだけどね（笑）。何をやっても動きは鈍いし、何をやっても客から笑いが起きる」

だからこそ中西は良かったはずなのに、おそらく長州が注文をつけて中西から奇想天外な面白さを奪い去ったと考えて間違いないのであった。ホントもったいないなあ。

なお、永田が「レガースをつけてファイトするのを誰よりも嫌っていた」のも実は「当時の現場監督だった長州力」だった模様。だからこそ、「長州さんを代表とする肉体中心で相手を攻めるパワープロレスは、俺のやりたいプロレスではなかった」だの「ラリアートばかりのプロレスとは方向性が違う」だのと長州に対して牙を剝き、こんなことまで言い出すわけなのだろう。

「長州さんは、新日脱退後、ジョーニー・ローラー（WWEで活躍した女子プロレスラーのチャイナ）を新日マットに参戦させることについて批判していた。（略）長州さんは、ビジネスとして大仁田選手の新日本参戦を許し、自ら有刺鉄線電流爆破デスマッチの対戦相手となったが、俺からすると、大仁田選手よりもジョーニー・ローラーのほうが、はるかに〝プロレスラー〟だと言える。『ジョーニーを見習え！』と言いたくなるレスラーなんて、ごまんといる」

まったくその通りである。基本的に永田の発言には説得力が皆無なのに、なぜか長州に関してだけはやたらと筋が通っていて、なおかつシュートな部分がチラついている気がするのはボクだけだろうか？

そんな2人のエピソードで、最もツボに入ったのがこの話。盟友の「藤田選手が新日本を出て、PRIDEという総合格闘技の大会に」転出したことで、永田もようやく「共通の志を持った者同士で何かアクションを起こそうと一念発起」したときのことだ。

要は、中西も含めて誰もがラリアートを使うパワーファイト中心の流れに反発して、リアルな「レスリングのスタイルを取り入れたプロレスの流れ」を作るべく長州力に訴えたところ、「意に反して、長州さんは、そのユニットに中西学を入れろ」と言い出したそうなのである。

もともと「対中西」を考えての発案だったのに、なぜ中西？　しかし、「新ユニットの立ち上げを許してもらうためには、長州さんの意見に抵抗するわけにはいかなかった」から、永田はやむなく条件を呑んだ。

これでどうにか「長州さんも全面的なバックアップを約束してくれた」と永田が浮かれていたとき、非情にも長州はあくまでも真顔でこんなことを言い出したわけである。「おい、新チーム名は〝タマゴ〟でどうだ？」「おまえらは〝タマゴ〟で決定だ」と……。

もちろん、いくら長州の意向だからといっても、そこまでセンスのないことを言われて黙っているような永田ではない。なにしろ「プロレス新時代のエース」だし。

すかさず「せめてタマゴじゃなくエッグにしてくださいよ」と反抗し、「ただの『エッグ』だけでは能がないから」「なんとかエッグ」にしようと考えてG‐EGGSが誕生したとのことなのだ！　なんだよ、それ。「俺は安直にこの答えを導き出したわけではない。俺は、東京ドームが〝ビッグエッグ〟と呼ばれていることを思い出したのだ」

それこそ安直だし、永田のセンスも長州力に負けないレベルだよ！

そんなケタ外れな永田のセンスがうかがえる豆知識を、最後に紹介して話を終えるとしよう。永田は「敬礼を通して、大舞台を何度もこなしてきた自信をアピールしている」のだそうである。永田裕志、最強だ！

64

前号で募集したタダシ☆タナカ先生の書評を読みたいとの声は、なぜか本人からしか到着せず。さらにボクの「朝日新聞の書評で取り上げて下さい」とのことだったから、もちろん却下！　そして妖怪王の新作は、福岡県の山崎君から「今日、書店にて妖怪王のアメプロ本（中級のファンがどーのこーのとかいうタイトル。もう忘れたけど）を見ました。パラパラっと10秒ほど読んだだけなのに、『ストンコールド』『スパースター』などのパワフルな誤植が見つかりました。きっと今回も時間がなかったんでしょうね。また書評できっちり叩いてやってもらいたいけど、また調子に乗るかもしれないので無視してください。では」とのメールが届いたので、その通りにする次第。そんな、読者の声に左右されやすい書評コーナー。〈※当時のメールアドレス〉

前田日明のPRIDE参戦を消滅させたのはあのライター!?

『別冊宝島　昭和プロレス名勝負読本’70→’80』　宝島社／1200円+税

いまあえて馬場と猪木のライバル関係のみに焦点を当てた、『別冊宝島』プロレスシリーズの最新作。巻頭で中田潤先生が突如タダシ☆タナカに噛み付いたり、市瀬英俊記者が「見てみたかった。ミルコ・クロコップの攻撃をしのぐ馬場の姿」なんて無茶を言い出したりと見所はそれなりにあるが、ここでは過去に書評で何度も取り上げてきた2人について言及してみたい。

まずはUWF黎明期、当時ハマっていたというUWFやシューティングの素晴らしさをなぜか無謀にもジャイアント馬場取材時にぶつけたところ、「UWFだってプロレスだよ」「君は、もっとプロレスを勉強してから私のところに来たほうがいい」との理由であっさりインタビューを打ち切られた経験を持つ男・近藤隆夫君の場合。

その後、本人によると「天国の馬場サン、あなたに言われたとおり、私はプロレスが何であるかを勉強しました。今ではよく理解しているつもりでいます」とのことなんだが、なぜか彼の発言には格闘技への理解はあってもプロレスへの理解がほとんど感じられない気がするのであった。

「願わくば、あのときにもう少しわかりやすく話してほしかった。『シューティングを超えたものがプロレスである』。これは、あなたの〝至高の名言〟として語り継がれています。でも、わかりにくい言葉です。『プロレスとリアルファイトは別物である。プロレスこそがエンターテインメントとして素晴らしい。私はそう思ってリングに上がっている』。そう噛み砕いて言ってくれればよかったのに。もうひとつ。1987年6月9日、日本武道館でのラジャ・ライオン戦は、やるべきではなかった」

そう。あのラジャ・ライオン戦の素晴らしさが理解できなかったりで彼氏、結局は単なるガチバカでしかないのであった。

思えば、馬場がこの名言を発した時点ではもちろんUWFはプロレスだったし、プロレスは道場での極めっこ（＝シューティング）をマスターしておくべきものであったし、佐山が始めた新興格闘技・シューティングを超えたものでもあったはず。

それが、真剣勝負幻想に包まれたUWFと、それにすっかり毒されたファンによって営業妨害をされつつあったようなときに、なんで余計なカミングアウトをする必要があるんだって！

その後、「K-1もプロレス」と言い出すことになる馬場がそんな格闘技側にばかり都合のいいことを公言するわけがないのだから。

まあ、それでも近藤君の場合は主張が一貫しているから別にいい。問題は魔界倶楽部のブレイクによって、パンクラス番から新日本番へとすっかり移行したヤスカクこと安田拡了記者だ。

あれだけ「パンクラスこそが真剣勝負！」と言い続けた彼が、なんでまた「タイガー・ジェット・シン戦でも腕折りをやってのけた。アントニオ猪木ほど、ここぞというところでセメントマッチをやってのけ、自分の名誉を守った男はいない」などと言い出すのか、ボクには不思議でしょうがないのである。かつて船木が、この〝腕折り〟について「折ってなんかいないですよ。せいぜい脱臼程度でしょう」と証言していたのは気のせい？

それは「猪木だからこそ、最後までウィリー（・ウィリアムス）をリードして、かろうじてドクターストップという終わり方ができた。他のレスラーであれば、とんでもない終わり方をしていたことだろう」との記述にしても同様なんだが、かつて梶原一騎やユセフ・トルコといった面々が「ドクターストップは予定通り」と内幕を暴いていたのもボクの気のせいなのだろうか？

さらに、猪木対パク・ソンナンに至ってはこの調子である。

引き分けにしようというパクの申し出を猪木が呑まなかったため舞台裏では揉めまくったのは、いまとなっては有名な話。

その際、「試合当日は、暴力団Y組のY会長（柳川次郎か？）が会場の貴賓席についていて、なかなか試合が始まらないので会長はイラだっていた」ので、「すぐに社長（猪木）に、Y会長が〝やっちまえ〟と言ってますと伝えたんだ。そしたら社長が、〝よし、わかった〟とリングに飛び出していった。セメントをやろうと決めたんだよ」という、新間寿ならではの〝猪木がセメントを決意した真相〟を明らかにしたのはいい仕事だと思うんだが、なぜか彼はそんな闘いをこう結論付けてしまうのだ。

「パクは全日本プロレスのリングに上がったあとに渡米し、WWAタイトルを取った。身長は197センチもあり巨人だったが、それゆえにプロレスという職業を甘くみていたといってもいい。要するに、パクがそれまでやってきたプロレスは、話し合いやマッチメーカーが勝敗を決める予定調和のプロレスだった。猪木の新日本プロレスも同じようなものだと思い込んでいたのだ。そこが甘かった」

なんと、巨人は「プロレスという職業を甘く」みがちなので、世界の巨人・ジャイアント馬場率いる全日本プロレスは「話し合いやマッチメーカーが勝敗を決める予定調和のプロレス」だと言わんばかりのことを、『週プロ』の新日本担当記者が書いていたわけなのである！

かつて過激な仕掛人と呼ばれていた頃の新間寿は「ストロングスタイルの新日本は本物の闘いだが、全日本は偽物！」と事あるごとに全日本をコキ下ろしまくったんだが、いまになってそれを復活させるヤスカク恐るべし！　パンクラスとの交流を仕掛けたとの噂もあるし、まさに平成の過激な仕掛人だよ！

ただ、それなら新日本の闘いとパンクラスの闘いは果たして本当に同じものなのか？　もし同じ真剣勝負だと言い張るのなら、鈴木みのるが新日本に参戦するためにわざわざパンクラス・ミッションなる別組織を作らなければいけなかったのは何故なのか？　是非ともヤスカクに聞いてみたいものなのである。

『格闘技VSプロレス 誰がいちばん強いんだ!』

芸文社／1143円+税

表紙&裏表紙にデカデカと写真が出ている選手が誰一人としてインタビューなどで誌面に登場しないという、不思議な一冊。

無闇に熱いタイトルはどうやら企画&編集を担当した芸文社の黒木氏が命名したらしいんだが、果たしていま格闘技やプロレスで誰がいちばん強いのかをテーマにすることに何の意味があるのだろうか？

とりあえず、プロレスというジャンルからは「あいつは本気でやったら強い」的な最強幻想がすっかり消え去った現在。

だったら格闘技はどうなのかといえば、プロレスファンがずっと待ち望んでいたはずの完全ガチンコ・トーナメントがいざ実現しても、たとえK-1グランプリやPRIDEグランプリで優勝したところで、そのときそのルールでとりあえず強い選手を決めただけでしかないことに誰もが気付いたはずだろう。

その上、最強の座に就いたと思った選手があっさり負けていく様を何度も目の当たりにしたことで、最強とは闘わないこと、すなわち単なる幻想に過ぎないことも痛感させられたはず。

だからこそ、この本の巻頭対談でボクは10年ぐらい前のプロレス活字状況を「牧歌的ですよね。『誰がいちばん強いんだろう?』ってみんなが考えてる」と語ったし、長年プロレスを見続けてきた門馬忠雄先生は「最強」をこう定義付けていたのだ。

「僕らが考える『最強』っていうのは、集客能力があって、その選手の試合をみたら『もう一度会場に足を運んでみよう』と感じさせる選手。（略）昔の外国人レスラーは『本気にさせたら強いぞ』という鬼気迫る迫力を持ち、そのうえでいかにお客さんから支持されるかが『最強』の条件といえたのです」

つまり、実際に強いかどうかではなく強く見えるかどうか、すなわち最強幻想を背負えるかどうかが重要だったわけである。

それは、「アントニオ猪木の『ダーッ！』や、大仁田厚の『ファイヤー！』を見ていると、なんだかヒットラーやフセインをホーフツさせる」だのと正直ピント外れなことばかり言っていた『噂の真相』岡留編集長でさえ多少は理解していたようだ。

「しょせん、プロレス、格闘技って『噂の真相』の真相追求路線からいえば、本質的にショービジネスの論理の延長線上にある以上、最強なんて最初から考えない方がいいかもしれないね」

ところが「岡留編集長を師と仰いでいる」らしい芸文社の黒木氏は最強をクソ真面目に考えた結果、「有名人&本誌執筆者が選ぶ最強格闘家ベストテン」といういまとなってはナンセンス極まりない企画を立てると、編集者ながら真っ先に登場して1人だけ1ページ奪取（他の人は半ページ）！　さらにプロローグ部分では、プロレス界へと闇雲に牙を剝きまくるのであった。

「プロレス業界は、これまで、ファンや一般世間に対して、ウソをつき、誤魔化しを行ってきたことに対して、けじめをつけなければいけない時期に来ている。（略）いつまでも、北朝鮮や、かつてのイラクなどのように、独裁国家の政権が、報道管制や情報規制、言論統制、鎖国政策などを行うのを真似るようなことをしていては、体制（業界の安定基盤）の維持ができるわけがない。あるいは、カルト新興宗教のような活動が、永続的に行われるものでもない。（略）やはり、プロレスは、カミングアウトを経て、WWEや『闘龍門』などのように、ハイレベルなショービジネスの世界を標榜するか、さもなければ、プロボクシングや、『K-1』『PRIDE』と同レベルの、ルールを厳守した格闘競技、つまり、真剣勝負によるプロスポーツ競技に転換、もしくは体質改善していくべきなのだ」

……って、おい！　だからって「真剣勝負によるプロスポーツ競技に転換」したら、もはやプロレスでも何でもないよ！

確かに真剣勝負へと転換しながらもプロレスを名乗り続けたパンクラスという例外もあるにはあったが、そこで活躍した選手たちがいま純プロレス回帰現象を起こしていることからも、この主張に何の説得力もないのはわかってもらえるはずだろう。

それでも黒木氏は、「プロレスラーが〔過保護児童〕のようでは、ファンだってやってられない。どんどん総合格闘技や、他流試合に打って出るべきだ。一般的なビジネスの世界はシュートであり、現実の社会は、リアルファイトなのだから」と不甲斐ないプロレスラーを徹底糾弾。編集後記では「キラー黒木」を名乗り、この本を作るきっかけになったらしい小原道由対ヘンゾ・グレイシー戦にも容赦なく嚙み付いていくのであった。

「(小原は)優男系で一般人とあまり変わらない体格のヘンゾに怯えきって、コーナーポストやロープにしがみついたまま、まともに組み合おうとさえしなかった。たしかにヘンゾは実力者だが、『プロレスラーって、こんなに弱かったのか⁉』と、当時プロレス観戦歴34年の私でさえ、衝撃を受けずにはいられなかった。これではかばいようがない！（略）小原は自らの価値を致命的に暴落させただけでなく、さかのぼって（新日本で闘ったゲーリー・）グッドリッジにも迷惑をかけた。でも、いるんだよねえ。この時のオハラみたいなしょっぱいヤツって。マスコミ・出版業界にもいるし、世間にもいる。みなさんも、間の悪いヤツと、アングルお調子者には気をつけてください」

……あのときの小原がまったく駄目だったのは紛れもない事実なんだが、さすがにこれは言いすぎじゃないかとボクは思う。

それに、これだけ小原に駄目出ししておいて、最強は誰かをテーマにした本で「本誌推薦！」「格闘技のマットで奮戦する勇気あるファイター！」として大山峻護を登場させるのは、誰がどう見ても矛盾しすぎだって！　まあ、「(プロレスってものを本当に知ったのは)つい最近なんですよ（笑）。ホントについ最近まで、ある種信じてた部分があったんですよ。アブダビ・コンバットに出場したときかな……。そういう話になって。ショックでしたよ！」と言い出す大山の呑気さは抜群ではあるんだが。

結局のところ、黒木氏主導のページとスーパーバイザーのターザン山本が手掛けたページとがまったく嚙み合っていなかったわけだが、それならターザンの担当部分にはどんなテーマがあるのかというと、おそらく本人も無意識のまま必ず話題にしていたのがＲＩＮＧＳであり、そして前田日明だったのである。

なかでもシビレたのは、ＫＲＳのスーパーバイザーであり小室哲哉のクラスメートだった喜多村豊氏による、この発言だ。

「僕が一番反省しているのは、オフィシャル刊行物の試合結果速報版で『プロレスが負けた！』という見出しで記事が書かれてしまって、そのうえ『前田さん、あなたはこれでも黙っているんですか⁉』と追い討ちをかけるような内容になっていたことです。本来ならばオフィシャルの立場ですから、『Ｕの魂は消えていない』とか『髙田健闘するも敗れる』『前田さん、次はあなたが髙田さんの敵討ちを』と書くべきでした」

正確に言うと、このプロレス敗北宣言は見出しどころか表紙のコピーであり、前田を無闇に挑発したのは裏表紙。ついでに言うとこの速報号の編集長は近藤隆夫君だったんだが、どうしてこれをいまさら反省しているのかと思ったら、もうビックリ。

「実は前田さんは『ＰＲＩＤＥ．２』のリングに上がること、そしてヒクソン戦も視野に入れていただいていたんですね。それがこの記事によって白紙になってしまって、実現しなかった」

……は⁉　前田のＰＲＩＤＥ参戦を消滅させたのは近藤隆夫君だったのか⁉　なんてことをしやがったんだよ、畜生！

それ以外にも「前田日明に裏切られた」とボヤく長尾迪カメラマンが「当時に総合格闘技って形でガチンコをやってたのはリングスだけだったと思いますよ」と言ってたり、「え、ＫＯＫは全部、ガチンコだったんだ！」とターザンが素で驚いていてたりで、完全なシュートファイト組織としては始まらなかったものの、どうこう言ってもＲＩＮＧＳと前田日明は凄いということが不思議と伝わってくる一冊なのであった。

65

前号でタダシ☆タナカ先生が書いて下さった『北米の星座』は大評判！　もちろん『北米の星座』は勘弁して下さい。あれだったら休載の方がましですよ。時代の波に取り残されて結構。タナカ先生は、今だにあーいう事言ってるのが時代に取り残されてると思います。これ東日本の常識です」などのメールが続々と届いていることからもわかるように、とことん悪い意味で。その結果、『紙プロHand』での週刊連載がさすがにキツくて、ノーギャラ仕事はこれ以上増やせないからしばらく休むつもりだったのに、急遽復活せざるを得なくなった書評コーナー。〈※当時のメールアドレス〉

自分の行動すべてが「興行」となるケタ違いのプロ意識ぶり！

『夫・力道山の慟哭』　田中敬子／双葉社／1400円+税

没後40年を経て、未亡人が遂に語る力道山の真実。

彼女によると力道山とはああ見えて「朝鮮半島をスイスのように永世中立地帯にしたい」と考えたりする、非常にピースフルな男だったようである。

確かに、遺品を整理していたら当たり前のようにピストルは出てくるし、婚約すれば真っ先に「山口組三代目組長・田岡さんへの挨拶」に行かされるしで、力道山が黒社会と関係が深かったのは周知の事実。

そして、3日ヤラないと鼻血が出た性豪伝説の持ち主なだけあって、やっぱり『遊ぶ相手ならいくらでもいる。待たなくても向こうからいくらでも来るんだ』とか『俺と寝たい女はいくらでもいる』なんてことを豪語」してもいたそうなんだが、それでも敬子夫人とだけは婚約するまでキスもしなかったらしいのだ。なぜなら奥様は処女だったので、彼は「俺の周りにもたくさんの女性はいた。だがお前のような生娘は俺も初めてだ。それだけでも感激しているんだ」と大喜び。

彼女にとって「力道山が初めての男性だったことをすごく感激」していたのである。

「婚約中や新婚時代も『愛している』とか『好き』とはほとんど日本語では言わず、必ず英語で喋るんです。

本人いわく『英語だとスラスラ言えるんだけど、日本語だとどうしても照れてしまうから』と笑いながら言っていました」

力道山の感激ぶりが伝わるこんな美談も、海外で女性と交際してきた名残りなだけじゃないかとボクはつい勘繰らずにはいられないんだが、それでも敬子夫人にとって「私の知っている力道山は、シャイで寂しがり屋、そして焼きもち焼きのまるで大きな赤ちゃんのよう」だったのだという。

結婚前、唐突に「北朝鮮の出身だって知っていたか。それでもいいか?」とカミングアウトされて、敬子夫人が「噂は聞いていましたけど、あなたの口から聞けてよかった」と素直に答えたら、それだけで「感激して涙をポロポロ流し」たりと、家庭内での力道山は意外にもそんな面ばかり見せていたのだから。

これは、興奮剤と鎮痛剤と睡眠薬を常用し、選手には鉄拳制裁を日常的に喰らわせ、酒を飲めばグラスごと噛み砕き、すぐ喧嘩するから新聞などで何度も「力道山また暴れる」と書かれてきた姿とはあまりにも違いすぎるんだが、そのどちらも力道山の真実。

敬子夫人によると「力道山はお酒と薬漬けの毎日みたいに書かれている本もあるようですけど、私の知るかぎりではかなり違う感じがします」とのことであり、さらに2人の仲を取り持ったという週刊誌の記者に言わせれば、実はこういうことだったようなのだ。

「新聞や週刊誌にはよくお酒を飲んで暴れたと書かれているでしょう。実はこれは『力道山は酒が強い』というイメージを持たれていて、そのために世間に向かってパフォーマンスを演じているにすぎないのです。本当は酒が弱く、あまり好きじゃないんです。でもファンの手前仕方がなかった」

酒には弱くて、もともと好きじゃなかった?

葉巻をスーツの胸ポケットにいつも入れていたのが単なるポーズでしかなくて、人前でしか吸わなかったことぐらいはボクも知っていたんだが、なんと自宅ではほとんど酒を飲まなかったことも電撃発覚!

人前ではステーキばかり喰っていたが「基本的には和食が好き」だから家ではそれしか食わないし、「外国人レスラーの体臭にはかなり参っていた」ぐらい、普段の力道山は繊細な男だったそうなのだ！

どうですか、このケタ違いのプロ意識は！

師匠・力道山からプロ意識や闘魂、そしてヤマっ気や闘魂ビンタをも受け継いだ（驚くことに、敬子夫人が「往復ビンタも力道山仕込みのものです」と証言！）猪木は、小川直也に「プロレスとは何だかわかるか？興行だよ」とキッパリ言い放ったことで知られているんだが、力道山はそれよりさらに巨大だった。

引出物が足りなくなるぐらい大規模な結婚式をやったのも「俺にとって結婚式は興行と同じなんだ」という考えの上であり、「ヨーロッパからアメリカを回り最後にハワイに寄って静養し帰国する約1カ月弱」の新婚旅行を敢行したのも、やっぱり興行みたいなものとして捉えていたのが原因だったから、もう完璧すぎ。

「結婚式もそうですが、新婚旅行も当時では考えられないスケールの大きさですべてがビッグ。力道山の頭の中には興行と同じで、常にファンに夢を与え続けなくてはならない義務感みたいなものもあったのでしょうね」

もはや力道山にとっては、自分の行動すべてが興行みたいなものだったのかもしれない。とことんまでプロだよなあ。

そして結婚直後、わずか1か月で「もし私（敬子夫人）がまったくの生娘ではなく、男性のことを少しでも知っていたならきっと避妊をしていたかもしれません。しかし、自然の成り行きに任せていたことですぐに妊娠してしまった」ときのこと。

話を聞くなり「男の精力が強いと女の子が生まれるらしい。だから俺は精力が強いから絶対に女だ」と男らしく宣言した力道山だったが、生まれてくる娘の顔を見る前にナイトクラブで篠原光の父親に刺されたため、「赤坂に〝リキ王国〟を作り、一大レジャー産業の拠点にする」という巨大すぎる夢が実現することもなく、敬子夫人との夫婦生活はわずか193日で終わりを遂げてしまうのだった……。

それから40年後、かくも素晴らしくとんでもない男を間近に見てきた彼女は、近頃のマット界に対してこうコメントしている。

「正直、いまのプロレスには夢がないように思います。力道山のころは強くなって有名になれば、大きな家が持てるとかいいお嫁さんがもらえるといったようなことが可能でした。ところがいまは、夢どころか明日の食い扶持さえ心配しなくてはならない状況です。これでは若い人たちはプロレスよりも他の格闘技に目が移るのも仕方がないように思います」

そう。重要なのはファンや入門希望者に夢を見させることなのだから、プロレスラーには背中を刺される覚悟でどんどん芸能人と交際したり、無駄に大規模な結婚式をしたりで男の見栄を張り通して欲しいのである。それを考えると猪木は完璧だったわけだが、近頃のプロレスラーは最悪！　魔裟斗や菊田に負けるな！


今回は周囲から船木の新作『真実』の書評をやってくれとさんざん言われていたんだが、それ以上に衝撃的な本を発見してしまったので急遽予定変更。おそらく読者のニーズはまったくないと思われる、尾崎魔弓本を紹介してみたいと思う。船木本の書評は次号で……と言いたいところだが、もうすぐ出るらしい髙田延彦本がまた船木本以上に衝撃的らしいから、どうせならそっちを紹介したいし……。とりあえず、読者の皆様からリクエスト募集中の書評コーナー。〈※当時のメールアドレス〉

66

ゴーストライターを推測してみると…答えは明白！

『悪玉―憎まれる生き方』　尾崎魔弓／出版文化社／1500円+税

10年ぶりぐらいに、いい意味でも悪い意味でも異常にウサン臭くていかがわしい理想的なプロレス本が登場。冷静に考えれば、短髪になって独特なビジュアルになった尾崎

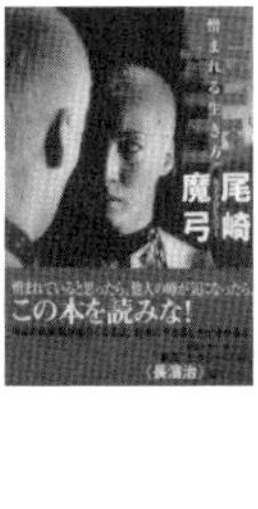

が女王様のコスプレ姿で色気らしきものを振りまいているセクシー・グラビアだけでも十分に異常といえば異常なんだが、問題はそんなことではない。

著者が尾崎名義で構成担当者のクレジットも存在しないのに、なぜか一人称としてやけに他人行儀な「尾崎魔弓」を連発する、そのあからさまなゴーストライター仕事ぶりが明らかに異常なのだ！

果たして、本当にこの本を書いたのは何者なのか？　尾崎ではないことは確実なので、それを書評という形を借りつつ勝手に推測してみようかと思う。

まず、「私、尾崎魔弓は女性のプロレスラー、それも一番憎まれている美人悪玉」だの「小柄で美貌の悪玉の私」だのと、しつこいぐらい自分の美貌をアピールしているのも不自然極まりないだろう。自分でこんなこと書きまくってたら、かなりの異常者だよ。

「私は美人だ。自分ではそう思っている。デビュー間もない頃、『週刊文春』はグラビアに私の写真を載せ、『小林麻美似の美貌』と書いた。小林麻美はとっくに引退したけど、確かに私に似た美人だった」

しかし、ボクに言わせれば尾崎は小林麻美ではなく、むしろ長南亮似。小林麻美との共通点といえばせいぜい顔が長いことぐらいじゃないかと思うんだが、そんなことは気にせずキューティー鈴木と百合写真集を出してからのことについても、尾崎は自ら（かどうかは知らないが）こう語っていくのである。

「二人で『赤い糸』という写真集を出したし、イメージ・ビデオも作った。テレビにも出たし、ビデオ映画も作った。ありがたかったのは、それによって尾崎魔弓の『美貌』も知られるようになり、単独の写真集やビデオがいくつも出た。尾崎が主演したビデオ映画の『ヒール・ストリート』や歌のＣＤ『マスカレード』は結構売れた」

見えてはいけないものが見えたとかで回収騒ぎになった『赤い糸』が現在高値で売られているのはマニアの間でも有名な話ではあるんだが、他の商品が売れたとの話は残念ながらボクは聞いたこともない。

それでも本人曰く「売れた」そうなので、尾崎は雑誌『週刊小説』の編集者に後楽園ホールで突然原稿依頼されるという、誰がどう考えてもアングル臭い出来事にも巻き込まれていくのであった。

「尾崎魔弓は自分に難しい条件を課した。全文、自分で原稿用紙を手書きで埋める、というものだ。タレントやスポーツ選手で本を出す者は多いが、全文自分で書くのは少ない。出版社の方でも内容や文章の出来を心配して口述筆記者などを付ける。だが尾崎は、『下手でもいい、笑われてもいい、遅くなって迷惑をかけても構わない。全文を自分で原稿用紙に手書きする』と決めた。悪役は、他人にも自分にも厳しくなければならない」

なんと今回の本のみならず当時から99・9%ゴーストライターを使っているはずなのに、この言い草！さすがにこれは自分に甘すぎだとは思うが、なんとなく悪役らしい気もするから一切問題なしだ！

「できあがった小説『悪役（ザ・ヒール）』（実業之日本社刊）は傑作だった。著者の尾崎がそう思うだけではない。何とこの年の『読書普及会』の推せん図書に入ったのだ。女子プロレスラーの著書で、そんな栄誉を受けた本は、ほかにないだろう」

ちなみに、この「読書普及会」なる組織。ネットで検索してもまったく引っかからないのでこれまた謎だらけなんだが、とにかく13年前のこの本と今回の本はテイストが非常に似通っているのであった。それは、どちらも尾崎ではなく、同じゴーストが書いているとしか思えないという意味なんだが。

「『私も作家になれるかも。悪役のエッセイストも面白いかなあ』。尾崎はそんな期待を持った。実はそれも只の夢ではなかった。次に書いた『ヒールのテキスト』（角川書店刊）は、劇画作家の篠原とおるさんの目に止まり、何と夕刊フジに長期連載された。（略）もし、世の中が順調で本業のプロレスが栄えていたなら、尾崎魔弓は一端の作家になっていたかもしれない」

そんなことがあり得るわけもないことは、劇画版『ヒールのテキスト』では尾崎が原作者としてクレジットされていたのに、小説版だと「ヒール・スピリッツ」なる謎のグループが原作者としてクレジットされていたことからもわかるはずだろう。もちろん、言うまでもなくこれもゴースト仕事だよ！

さらに、今回の本では高校中退のはずの尾崎が「政治家も役人も、経営者も芸能人も——周囲に憎まれることを怖がってる。みんな間違っている。憎まれることなど、怖くはない。周囲の人々に憎まれてるとすれば、周囲に関心を持たれてるということ、つまり存在が認められている。私を憎む奴は、私のファンなのだ」と、なぜか政治や経営絡みのやけに頭の良さそうな比喩ばかりを連発！

「事業を成功させるには厳しく命令し指導する憎まれ役が必要だ。職場を引き締めるのには、『仕事の鬼』が欠かせない」

「二番手、三番手の企業が伸びるには、トップ企業の真似をしていてはいけない。日産自動車のゴーンさんもそういっている。三流のＪＷＰは、色々新しい試みをした」

なんで尾崎がカルロス・ゴーンの経営戦略まで知ってるのかと思うが、そこにもきっと何らかの謎が隠されているはずなのだ。

そこで、ちょっとこのゴーストライターに関するデータを整理してみるとしよう。

尾崎のことを誰よりも美人だと思っていて、文筆関係の仕事もしていて、それでいて政治や経済に詳しい人……と言ったら、もはや元経済企画庁長官だったあの人しかいないじゃん！　絶対そうだよ！

いや、この程度ではまだ確証は持てないので実名を出すのは止めておこう。

とにかく、こうして芸能活動や文筆業でも順調にブレイクを果たしたらしい尾崎は「北関東の食品会社からＣＭの出演依頼が舞い込むまでになるんだが、そんなときに父親が急死。「翌日のコマーシャル撮影はキャンセルせざるを得ず、『かつてない大金』も沙汰止み」（そもそも尾崎が「沙汰止み」なんてフレーズを知ってるのか？）になったかと思えば、そこで運命が好転することになる。

「尾崎にまたコマーシャル出演の話が来た。今度は名古屋のコンピューターメーカー、ダイコク電機だった」

ターザンと尾崎によるラジオ番組の提供でお馴染みの会社を、「親切なスポンサーのダイコク電機」なんて表現で紹介していく尾崎、そこに何らかの意味があると考えるのはボクだけだろうか？

「『プロレスの科学と美学』というDVDにも主役として出演した。天井からリングサイドまで何十台ものカメラを並べて、全方位で撮影した凄い映像だ。男子編と女子編があるから、プロレス好きの人にはお薦め品だ」

このDVDの話も何度か登場するんだが、過去にボクはダイコク電機の仕事とDVD（女子編には尾崎絡みの2試合だけを収録）の仕事を引っ張ってきたのは、とある大物だという噂を聞いたことがある。そして、ようやくここで点と点とが繫がったのだ！

「DVD『プロレスの科学と美学』の製作で知り合った東芝系のプロダクションが、尾崎の『文才』を見込んで、インターネット・ノベルの原作と出演を頼んできた」

そんな流れで執筆した『さすらいの女狼—オズ・マッキーが行く』なるプロレス小説のあらすじを紹介した後で、尾崎は「どうだね、なかなかの創造力だろう。扶桑社から出版した『情報楽市』という本にはCDが付録で付いているから、機会があれば見て欲しい」と力強く言い放つ。そこでちょっと調べてみたら、この本は元経済企画庁長官・堺屋太一氏の共著だったのである！

考えてみたら、今回の尾崎本の版元も堺屋氏の本なんかを出しているビジネス系の出版社だったりするので、答えは明白！　100％そうかもね！

そういうわけで、「今は『サムライ』チャンネルで冴えない解説をしている山本（雅俊）」とキツいことを言っているのもきっと尾崎ではないはずなので、どうか許してあげていただきたいのであった。

67

「♪俺は自分のことを『泣き虫』だと思う」（髙田延彦）……というわけで、今年はいよいよ橋本11年（93年発売の名盤『橋本元年』を基準とする元号）。新年早々、破壊王と髙田本部長の底抜けコントで笑わせてもらったこともあって、今回は恒例のロングインタビューを休んだ代わりに、読者の方々が待ちに待っていると思われる幻冬舎の〝暴露本〟を書評してみようと思う。もちろん題材はタダシ☆タナカ本なんかではなく、髙田がプロレスの仕組みについて告白しているあの本だ！〈※当時のメールアドレス〉

プロレスの真実告白で離婚危機…夫婦間の溝のゆくえは？

『会いたかった―代理母出産という選択』 向井亜紀／幻冬舎／1500円+税

講談社から幻冬舎へと電撃移籍し、奇しくも『泣き虫』と同じ担当者が手掛けることになった向井亜紀の出産本第３弾。宣伝用のネタとして、髙田総本部長が「（ＰＲＩＤＥ以前は）自分の試合の結果を知らずに戦ったことがなかった」と告白したことを原因とする夫婦間のゴタゴタ話が前面に出されていたのを見てあざとさを感じた人も多いだろうが、いざ読んでみると本の中にそういう話が占めるスペースはあまりにも少ない。

そもそも、過去の著書には存在した髙田の馬鹿話もほとんどないから、それだけピリピリとした状況で書かれたわけなのだろう。

それは髙田本人が「ボクらの夫婦生活の中でもっとも大きな危機というか、本当に大きな大変な嵐が吹き荒れた」と会見でコメントしたことでもわかってはいたんだが、まさかここまでだとは……。というか、髙田も時と場所を選んで告白しろよ！

なにしろ、よりによって３度目の代理母出産に挑み、「（代理母）シンディの不調、心ないマスコミ、無神経な医師によるドクターハラスメント、代理母出産という方法への世間の目」などの「たくさんのハードル」

を前にして彼女が「数え切れない涙を流していた」とき、「髙田の本に、私のまったく知らなかったことが載る」というさらなる試練が訪れたわけなのである。

「ムカイ、俺のやってきた試合の中に、プロレスがあったたって聞いたら、驚く?」

「何? 青春のエスペランサって言われてたんでしょ? ね、エスペランサってどういう意味だっけ?」

「……ムカイと知り合ってからのことだよ。UWF、UWFインター時代に」

「……プロレスって?」

「試合の勝敗が決まってる」

「なんで決まってるの?」

「だから、事前に勝ち負けは決めてあって、で、闘うんだ」

「それって真剣勝負?」

「俺は、真剣勝負のつもりでやってた」

「……つもり? わかんない、意味がわかんない」

「勝敗は決まってて、その中で命を懸けて闘ってた」

「……」

「命を懸けるために、練習も完璧に」

「じゃ、なんで、真剣勝負だって言ったの? 私、みんなに聞かれて答えちゃった。何十回も、何百回も、ノブさんがやっているのは真剣勝負だって言っちゃやった」

「俺は真剣だった。じゃなければ」

「本人は真剣でも、それは真剣勝負じゃないよ」

若手時代の船木が開発したらしい「真剣にやっているから真剣勝負です!」というロジックも、彼女には一切通用しなかった。

もう一度言うが、このとき彼女は「自分の余命が最悪二年であることを前提に、後悔しない時間を過ごしていこう」と決心し、「病院に向かって高速道路を走っているとき、『このままアクセルを思いきり踏み続ければ、十秒で、私は消えることができるんだ』という思いが頭をよぎった」ほど常に死を考え、「誰かに話しかけられたら、意味もなく叫んでしまいそうだった」ぐらい、とにかくギリギリでボロボロな状態だったのだ。

その上、離婚して以来音信不通だった「髙田の実母に三十年ぶりの再会を果たし」、「どうしてもどうしても眠れなかった」から寝酒を飲んだだけで、「つらいことは代理母にすべて任せておいて、あなたたちは酒盛りですか。いい気なものですね」とHPに書き込まれたりするほど追い込まれていたわけである。

彼女の元には「子供はあなたに殺されたと思っている」「あなたに幸せになる権利はない」などの「下劣メール」が何通も送り付けられ、それを読んで「過呼吸でパニックに陥った」彼女は、「強烈な力で歯を食いしばっていた」ために「顎関節症になって、しばらく流動食生活を送ることになった」りもしていた。

写真週刊誌に「入院中、病棟のトイレ前で、点滴台を押しながら尿瓶を片手に歩き出したところ」を撮られたら、その「最低」な文章を読んだ瞬間、生理的不快感ゆえか「『ゲラ』と呼ばれるその原稿の校正刷りを手に、病室で吐いた」ぐらいの状態だったわけなのだ。

だからこそ、彼女は代理母出産が成功しそうになっても、「子供に『生まれてこなければよかった……。死にたい』と、言われてしまったら、一緒に山奥へ入り、土に深く穴を掘って、その中で睡眠薬を飲もうと考えている。髙田には内緒だが、実はもう候補地の見当もつけてある」と考え続けていたのだろう。

よりによって、そんなタイミングで髙田は告白してしまったのである。

「何で、嘘をついたの？　どうして、プロレスじゃない、これは真剣勝負だって言ったの？」

「……それが、俺たちの生きてきた世界なんだよ。見ている人に夢を与えるために、」

「それが夢なの？　騙してでも見せたい夢なの？」

「騙してない。騙しているつもりはないよ。でなければ、あんな試合はできない。死人を出しながらやったんじゃや、」

「ごめん。私には理解できない」

この告白によって「私たちの間にできた溝は、もう二度と埋まらないような気がした」そうなんだが、なんと「一ヶ月もまともに口を利かなかった」上に「別居の可能性」まで浮上！　実際、「私が出ていきたかったが、話し合いの結果、しばらくは高田が違う場所へ移って寝起きしつつ、この家に通ってくる形をとろう」という、仮別居のような状態になったらしいのである。

まあ、彼女がそこまで怒る気持ちはわからないでもない。

もともと25歳でペットロスのため自律神経失調症となり、吹き出物が顔中に200個以上できたり髪にも白髪が束でできたりしていた彼女は、高田との結婚を両親に反対されたことで白髪が倍増。いざ結婚しても「考えることは暗く堂々巡りというひどい状態」で、高田の試合の度に円形脱毛症にも悩まされていたことを思い出して欲しい。その試合が全部「筋書きあり」だったとしたら……？

「毎回、毎回、試合のたびに、私、祈ってた。ノブさんが、怪我をしませんように、ノブさんが勝てますようにって。でもさ、半分でよかったんだね。勝敗が決まってたんなら」

「……心配して損した」

「だって、そうじゃない。今、私の頭の中にあること、それはね、じゃ、あの日の試合も？　あのときの試合も？　相手の選手はどうしてたの？　あの選手も演技してたの？　って、今さら聞いてもどうしようもないことでいっぱいだよ。どこから何を信じたらいいかわからないじゃない」

「何で言ってくれなかったの？　私、胃痙攣になったり、ハゲができたり、メチャメチャ心配してたでしょ。知ってたでしょ」

「聞きたくなかった。知らなかった。知らなかったさっきまでの方が私、ずっと幸せだった……」

どうやら彼女の怒りは「夫婦なのにずっと隠し事をしていたこと」にあったようなんだが、高田がこのタイミングで告白したくなった気持ちも、同じくわからないではないのである。

おそらく、いまどきのプロレスラーの妻であればプロレスのことも大体理解していることだろうし、そのプロレスラーにしても家庭の中でまでケーフェイを守ろうとはしないはずだろう。

ところが昭和の新日本とUインターだけは違ったのだ！

そんな彼女がＰＲＩＤＥ以降やけに負け試合が増えた髙田を見て、どう思ったのか。髙田最強伝説を信じていた以上、おそらく「ノブさんはまだルールに慣れてないだけだよ！　だって、昔はあんなに強かったんだもん！」なんて感じで、無邪気なだけに余計困るエールを送っていたことだろう。

結婚前、島田紳助から言われた「ええか、いっつもヘラヘラした妻でおれよ。ダンナが勝って帰ってきても負けて帰ってきても、同じヘラヘラで迎えることや。勝った時、〝うわぁ、やったね〟って、派手に祝ってしもうたら、負けた時、な～んも声をかけられへん。〝あら、今日、試合だったんだっけ？〟って、たとえ、それまで泣いてても、ヘラヘラ言う。それが一番いい妻なんやからな」とのアドバイスを忠実に守り、精神的にはボロボロになりながらも、ひたすら頑張ってヘラヘラしていたはずなのだ。

髙田はそんなプレッシャーに耐えかねて、このタイミングで告白する気になったんじゃないかとボクは思う。彼女は『泣き虫』出版について「そうすることが、ノブさん流『人生の辻褄合わせ』なんだね」とコメントしているが、それも事実だろう。

ただ、髙田が辻褄を合わせることによって、これまで合っていたはずの彼女の辻褄が合わなくなってしまったというわけなのである。

「三十代に入った頃から、私としては子供が欲しいと思っていた。けれど、髙田に、『まだ考えられない。試合のことに気持ちを集中させてほしい』という理由で、何回も子作りを断られてきた。一緒に産婦人科へ行くだけ行かないかと再三誘ったつもりだが、『次の試合が終わったら』とか、『来年が正念場だから』と、こちらを振り返って返事をしてくれることはなかった。あのとき……。私は少なからず女性として傷つきながらも、『この人は真剣勝負をしているのだから仕方ない。今のこの瞬間にすべての気持ちを込めなければ勝てないのだろう』と、自分を納得させていた。……あれは何だったのか」

髙田の試合が真剣勝負じゃないとしたら、納得のいかないことが次々と出てくるのも確かにわかる。子作りも「プロレスですから大丈夫です」（榊原代表調）だったはずじゃないのか、と。

「髙田が真実を話してくれていれば、『あの子』は今、私の腕の中にいたのかもしれないと一度でも考えてしまった以上、その思いをかき消すことは不可能だった。悲しみが悔しさを燃え立たせ、髙田の顔を見るのが本当につらかった」

そのため離婚寸前ぐらいまで追い込まれたものの、最終的には「私、ノブさんのこと、許せるかどうかわからない。けど、これから大変なことがいっぱい待ってるから、過去のことについては、思いきって水に流すよ」と思えるようになり、さらには無事双子が生まれたことでハッピーエンド！　いろいろあったけど、とにかく丸く収まったから問題なしなのだ！　向井、お前女だよ！

……と言いたいところだが、「ノブさんの最強の遺伝子を残したい」との理由で代理母出産に挑んだはずだったのに「子供を格闘家にするつもりはない」と言い出したのは何故なのか？

それだけではなく「ここで書くことがどうかわからないが、ちなみに、私たちにはセックスがない。私が病気をしてから夫婦生活はなくなっている」という衝撃告白もあったりで、夫婦間の溝はまだ完全に埋まりきっていないようなのであった……。

Column　あの書評のその後①

連載終了のきっかけとなった向井亜紀本書評の顚末　悪いのは全て山口日昇！

「書評は平和ではない。書評は戦いである。武器のかわりが毒舌であるだけで、それは地上におけるもっとも激しい厳しい、自らを捨ててかからねばならない戦いである」（ネール元インド首相の娘への手紙）

もちろんネール元首相がこんな手紙を書いていたわけもなくて、これは「書評の星座」連載時に毎回掲げていた梶原一騎＆ながやす巧『愛と誠』の冒頭部分のパロディなんだが、言霊というものはあるもので、なぜかボクは書評によって本当に激しい戦いを繰り広げることになった。

いま読み直すと、まだホーリーネーム〝日佐夫クン〟名義で書いていた『紙プロ』19号掲載の連載1回目からいきなり地雷を踏んでいてビックリ。しかも、それがまた予想外な方向の地雷というか、『格闘技コミック Vol．1』の書評で「マニアな方はヘアメイクを付けてスタジオでカラー特写した骨法の堀辺師範の姿」が云々と書いたら、「ヘアメイクとは何事だ！　詫び状を出せ！」と骨法サイドに怒られたというわけなのである……（前回の本で「なぜか骨法に怒られ、〝日佐夫クン〟が責任を取って筆を折り、次号からは吉田豪が連載を引き継ぐというデタラメな展開に転がっていく」と書いたが、正確には小さい『紙プロ』が休刊した後に『紙のプロレスRADICAL』で連載が復活し、9号から本名へと戻したという流れだった。日佐夫クン名義での詫び状を作ったのは、いまでも覚えている）！

なぜそんなことで？　と思ったら理由は簡単で、ボクが大沼孝次というライターをずっと批判し続けてて、これと同じ号でも叩いていたのが問題だったっぽいのである。その謎は、小さい『紙プロ』の最終号となった22号で書評した『ザ・UWF最強伝説』(95年/フットワーク出版)というダメ本によってなぜか明らかになった。

これ、このタイトルなのにUWFの最強伝説ではなく、骨法の最強伝説について最後にたっぷり語る詐欺みたいな本で、もちろん最終章の「第6章 最強の格闘技・骨法」は「文・大沼孝次」!

「格闘界広し、また世界広しと言えども、グレイシーを打撃技で完璧に打ち倒すことができる可能性を持つ選手は、小柳津(弘)しかいない」「いうまでもなく船木、鈴木、前田、髙田、エンセンなどは論外。小柳津の敵にはなれないであろう。何度、戦っても勝つ。それは彼らとの技術の差が大きすぎるからだと私は断言する」

……よりによってこの翌年、96年8月14日開催のユニバーサル・ヴァーリ・トゥード3で、ムエタイ選手(と当時は報道されたが1か月総合の練習をやったらしい)に何もできずわずか1分で惨敗した、あの小柳津! よりによって℃－uteやTHEポッシボーのヲタで、07年に横浜のスーパーで10歳女児の下半身を触り、「おじさんとエッチしよう」と声を掛けて逮捕された、あの小柳津!

「U系選手では絶対に骨法にはかなわない。技術面において、骨法は彼らの比ではない。大原(学)、小柳津、北條(誠)、小澤(賢)、矢野(卓見)といった猛者が、バーリ・トゥードにおいて連戦連勝するであろう。更に日本人選手でヒクソンとホイスを倒せる者がいるとしたら、この中にしかいないと断言したい。骨法の全盛期が到来する」「私もこれだけ言った手前、もしこの骨法三強がグレイシーに負けたら、きちんと謝罪すべきだろう」

つまり、これぐらい骨法に入れ込んで取材していたライターを守ろうとした結果、ヘアメイク云々を突っ込みどころだと思って攻めてきたようなのである。もちろん、何も気にせずその後も大沼孝次が新刊を出す度に書評で批判を続けていったんだが、その原点となる『OH!プロレス&格闘技VOL・1』(95年/フットワーク出版)掲載の天山広吉インタビューは、正確にはこういうオチだった。

「最後にもうひとつ、お聞きしたいのですが、よく海外マットでは『この試合は負けてくれないか』という八百長があると聞きますが、そういうことはありましたか」（大沼）「いえ、自分の周りでは、そういうことは聞いたことありません」（天山）「そうですか。では、ありがとうございました」（大沼）

なんだこれ！　こんなのツッコむに決まってるでしょ！

その後は、北野誠&竹内義和のプロレス対談集『プロレス・論』（97年／ぶんか社）を書評で批判したら、彼らがラジオで「真樹日佐夫に怒られた！」と騒ぎ、水道橋博士が「あれは吉田豪って男ですよ」と情報提供する流れになったりしたこともあったけど、もっと大きなトラブルは『紙のプロレスＲＡＤＩＣＡＬ』になってから。

まずは、エロ本もミニコミも紹介していたため、井上貴子ファンクラブ会報『TAKAKO PANIC』の嫌いな関係者アンケートで『週プロ』勢が激怒した事件……はどうでも良くて、橋本真也『Missing Person』という本でのトラブルだ。01年1月発売、つまり橋本が新日本を解雇されてＺＥＲＯ-ＯＮＥを設立し、それまで接点がなかったＮＯＡＨに参戦したりと、いろいろ面白くなってきたタイミングなのに、なぜか小川直也に負けて一時引退に追い込まれた期間についてのみ掘り下げるという佐々木徹のスタンスが理解できなくて批判したら、「こんなことを書かれてウチの子供が虐められたらどうする！　訴えられたくなかったら『週プロ』『週ゴン』『ファイト』『東スポ』の4誌に謝罪広告を出せ！」とか言われて、『紙のプロレスＲＡＤＩＣＡＬ』にふざけた謝罪を出しただけで終わらせて、これ以上やるならこっちも本気で対応しますよ感をアピール。後に、佐々木徹はＰＲＩＤＥの広報に「関わらなければ良かった……」とボヤいていたらしいが、それだけで終わったのである。

そして連載終了のきっかけになった、あの件。実は髙田延彦『泣き虫』の書評はしていなかったのも意外なんだが、そっちは取り上げず向井亜紀本を紹介するという軽いボケから、かなり踏み込んだ書評を書いた結果、髙田延彦が激怒。「心の底から行きたくないです」と言っていたのに、山口日昇に連れられて髙田延彦&髙田道場スーパーバイザーの坂口孝人氏が待つ某ホテルのレストラン（営業時間外）に行く羽目になり（たしかPRIDEの会見直後だったはず）、「このワインボトルでお前の頭を叩き割ってやりたい」的なことを髙田に言われて、謝罪するしかない状況に追い込まれたというわけなのだ（すっかり忘れていたが、このとき「髙田って名前を今後一切出すな」と約束させられたので、『ゴン格』移籍後もしばらくは●●と伏せ字になっていた模様）。それに抗議する意味もあって「書評の星座」の連載を中断すると、このゴタゴタが某女性週刊誌にも取り上げられたりで、「あれは髙田が悪い！」「山口日昇が悪い！」的なことを言われることになったけど、自分が失礼なことを書いちゃってた部分もあるんだろうなとはちょっぴり思っていた。ただ、いま読み直したら想像以上にちゃんとした書評で安心した次第。

　もちろん今回、いまの基準での直しは入れたが、本来ならこれで呼び出される必要はない原稿だったといまでも断言できる。髙田サイドにしてみれば「信頼している山口日昇の雑誌で、デリケートな妻の本をこうやって紹介されるなんて！」ということだったと思うので、その気持ちもわかる。なので、悪いのは全て山口日昇！

　そして連載中断後、『ゴン格』に掟破りの電撃移籍（ダブルクロス）をすると、なぜかいまも連載が続くことになるのであった。■

Column　あの書評のその後②

Show氏から連載奪取の件で、ボクの勘違い発覚！そのタイミングで起きた「新間説教事件」

前回の本の書き下ろしコラムは記憶で書いたら間違いが多かったので『紙プロ』のバックナンバーを確認してみたところ、衝撃事実が発覚！

自分でもすっかり忘れていたんだが、実は小さい『紙プロ』11号（94年12月発売）から「ゴーゴー吉田くん」名義（当時ボクはまだ編集プロダクションの社員でバイト禁止のため、剛竜馬オマージュで「豪軍団」を名乗ったり、いろんなペンネームを編集部に付けられたりしていた）で、ボクは書評連載をやっていたのである！

それが「『?』だらけのプロレス本　伝説のファイティングブックス」という、ボクの古本コレクションを書評する企画。11号ではダンプ松本『どんとこい芸能界！』＋ミミ萩原『しゃべっちゃいけない女子プロレス』＋長与千種『女子プロレスここまで喋っていいかしら』という女子プロ本特集。12号では尾崎魔弓＆篠原とおる『ヒールのテキスト』＋古舘伊知郎＆小林よしのり『おーっと、フル・タッチ！』＋古舘伊知郎＆篠沢純太＆国友やすゆき『スープレックス山田くん』のプロレス漫画特集。13号では北尾光司『しゃべるぞ！』＋維新力『大相撲ズバリ！ここだけの話』＋『維新力のみんなまとめてゴッツァン』の相撲レスラー特集。つまり、ボクの出世作となった『マンガ地獄変』や『悶絶！プロレス秘宝館』みたいなノリなんだが、『マンガ地獄変』は96年12月発売、『悶絶！プロレス秘宝館』は97年2月発売なので、これが全ての発端だったわけなのだ！　それなのに何の記憶もなかったなんて！

ところが、だ。13号でボクが『紙プロ』に入社したのもあってなのか、14号からは「世迷い人Ｓｈｏｗのああ、今夜も星がない……『東京のバカヤロー！』と叫びたくなったときに読む本」というタイトルからしてしんどそうな書評連載にチェンジ。田中正志『プロレス・格闘技、縦横無尽。』とか面白くなりそうな題材も扱っているのにＳｈｏｗ氏だから面白く転がるわけもなく、たとえば流智美・訳『鉄人ルー・テーズ自伝』の場合はこんな感じだったのである。

「「ＬＩＶＥ ＵＦＯでございます……』と、今日も今日とて、『んあ〜』な日々を送る毎日、みなさん、いかがお過ごしですかぁ？　僕はごはんが好きです。もしかしたら『三度の飯より、ごはんが大好き』かもしれません。それにくわえて、具のいっぱい入った味噌汁が好きです。たとえ、味噌は固まって、溶けてなくても（笑）。やっぱり、犬の鳴き声は『ワンワン！』と聞こえてしまうし、ニワトリの鳴き声は『コケッコー！』と表記してしまいます。『まっすぐ生きてえよお〜！』。そう叫んでみても、人生、山あり谷ありですよねぇ、ホント、てなわけで、そろそろ書評するとしますか」

……こんな文章が同じ誌面に載っているのが許せなくて、ボクが彼から書評連載を奪った気持ちもわかっていただけたことと思う。

『大熱中、女子プロレス。』の書評では、「それにしても、『紙プロ』の吉田クンの書いた『後楽園ホールにラクガキという名の情念を見た』のページには驚いた、というよりもよくここまで書いた（キワドすぎてカット部分数カ所との情報あり）。『紙プロ』の底力を垣間みた気がしたのは僕だけではないだろう」と褒めていただいたんだが、気にせずＳｈｏｗ氏批判を続けることとなったのだ。

ただ問題なのは、前回の本でＳｈｏｗ氏の連載は「本の内容もろくに紹介せず、自分のことばかり書きまくる一切役に立たない書評で、さらには3行ほどの近況欄もイライラするレベルで中身がなかったから」、19号で連載を奪ったボクは「たった3行ほどの近況を面白くするために日々行動」したとか書いていたのに、ボクの連載にはまさかの近況欄なし

（初回のみ、嫌がらせのようにShow氏の近況が入っていた）！　近況欄を面白くするために活動していたのも、それがきっかけで連載が増えたのも事実なので、どうやら別の雑誌での話だったようなのである。人間の記憶は信用ならないなー。

　なお、ボクの連載が始まったのは19号の『紙のプロレスインターナショナル』へのリニューアル新創刊（に見せかけたギャグ）のタイミングだったんだが、このときリニューアルすることになったのもボクのやらかしが原因だった。18号の巻頭ページに見開きで掲載された謝罪文を読めば、なんとなく状況は摑めることだと思う。

「本誌17号『ズバリ式!!　プロレス用語大辞林』の中の『新間親子』の項において、新間寿恒様のことを二度にわたり『バカツネ』と表記したことについて、本誌編集部一同、心より謝罪申し上げます。この件につきましては、すべて本誌編集部一同の無思慮、無分別、無人情ゆえに起こった、当方の単純ミスでございます。これにより、新間家および関係者御一同様に多大なるご迷惑をおかけしたことを深くお詫びいたします。先日、本誌編集次長・松林貴と『プロレス用語大辞林』筆者である本誌・吉田豪が、新間寿恒様のオフィス『カリスマ・ジャパン』に事情説明に出向いた際、さっそく寿恒様より吉田が『この野郎ぉ〜、ヤマグチーッ!!』（人間違い）とお叱りを受け、さらに髪の毛をおわしづかみにされ、お膝蹴り数発を頂戴したことに関しては、すべて当方の無思慮、無分別、無人情ゆえに怒った先方様の単純ミスでございます。この重大なる不始末を鑑み、すべての責任を取るため、ごくごく近い将来、『紙のプロレス』を廃刊することにいたします」

　完全にふざけてる！　高田の「ごくごく近い将来、引退します」発言のパロディ！　なお、この数年後には新間さんと和解して何度も仲良く一緒にイベントをやる関係になり、アントンハイセルの事業計画パンフレットとかもプレゼントされて、そこに選手や関係者の誰からいくら金を借りていたのかとかのメモも書かれていたから（藤波ファミリーがかなりの被害者だったので、クーデターに加わるのも当然！）、それも貴重な資料すぎる！■

Column　あの書評のその後③

「新しい事務所に貴方の居場所はない」と告げられた日…山口日昇ともまたいつか一緒にイベントやって楽しく話したい！

最後はボクと『紙プロ』、そして山口日昇について書いてみるとしよう。もともと『紙プロ』は創刊号から買ってた大好きなミニコミで、それが9号からワニマガジン社と組んで一般流通されることになり、そのタイミングで柳沢忠之らとタッグを組んでダブルクロスという会社を作ることになったんだが、そこに加わった『中洲通信』スタッフの斉藤雄一＆松林貴がボクの編プロ時代の先輩だった（ボクが入社したときはもういなかった）。その頃、『紙プロ』が出した『猪木とは何か？』（93年）をエロ本で書評したらそれを『紙プロ』勢に気に入られたこともあり、その関係で渋谷ＰＡＲＣＯ劇場でやっていたターザン山本×高田文夫のトークイベントにサクラで来てくれと言われたから、同僚も連れて参加したところ、なぜかターザンが高田先生に対して怒り出してイベント中に逃亡！　急遽、山口日昇と柳沢忠之がステージに上がって穴埋めをしたんだが、そのせいで終演後に挨拶するタイミングを失い、同僚が先に帰ると、なぜか一人残されたボクは『紙プロ』編集部に連行されて朝まで手伝いをやらされる羽目になった。でも、ちゃんとお金は貰えたし好きな雑誌だしで、それから匿名で原稿を書くようになり、13号からの『紙プロ』月刊化＆高橋紅茶という女子社員の退社タイミングでヘッドハンティングされたわけである（実は履歴書すら出していない）。

みんな夕方ぐらいに出社して、ダラダラ過ごして、夜になったら仕事して朝帰るようなスタイルだったけど、ボクは毎日昼に出社して、無駄話もせず、キッチリ仕事して終電で帰っていたから、他の人とそれなりに距離はあった。だから北朝鮮への社員旅行もサボったんだけれど、編プロ時代は企画会議に出ても毎回潰されるだけだったのに、『紙プロ』では企画を出すと「面白いからやれ」とゴーサイン連発。18号の特集「すてきな奥さん」もボクの企画だし、19号の『紙のプロレスインターナショナル』のロゴもボクの発案だし、イラストも大量に描いてきたし、かなり自由にやれたのだ。

それが22号を最後に廃刊となり、分裂後は柳沢忠之（FIGHTING TVサムライ～『SRS-DX』）側とも山口日昇（『Rintama』～『紙のプロレスRADICAL』）側とも仕事をするためフリーになったんだが（当時、山口夫人には「そんな都合のいい立場は許されない！」と言われていた模様）、ゴッソリと人がいなくなったダブルクロスをそのまま事務所代わりに使っていたためか、気がつくと山口日昇側になっていたのである。

もともと事務所の家賃（月3万円）代わりに『紙のプロレスRADICAL』を手伝うという条件だったが、毎回インタビューを1～2本やり、長文の書評を書き、編集部対談にも登場し、企画を出し、他の人の原稿も全部チェックしてアドバイスをするスーパーバイザー業もやり、失踪癖のある山口日昇がいなくなる度にボクが編集長みたいな役割もしていたし、他に連載をやる時期もあったりで、明らかに家賃以上に働いていた。それが『紙のプロレスRADICAL』月刊化で仕事量も増加したが、超過分のギャラが支払われるわけでもなかった。『紙プロ』関連のトークイベントも増え、若手スタッフも増え、ボクぐらいしか対談などで山口日昇に「それは違うと思いますよ」と言えないので、だんだんバランサー的な役割も増えていく。それが決裂のきっかけにもなったはずなのだ。

それまでリングスやみちのくプロレスやバトラーツや高野拳磁を応援してきたことと、PRIDEやハッスルは明らかに違った。山口日昇がPRIDEやハッスルの中の人として仕事をするようになったことで、そういう興行にも平気で駄目出しをするボクは山口夫妻から疎まれるようにもなったし、山口日昇は髙田延彦から「吉田豪を連れてこい」と言われても断れない力関係になっていた。本来、雑誌で何かトラブルがあったら、編集は書き手を守らなければいけないはずなのに、それが出来なくなっていた時点でおかしいのである。

このトラブルを前回の本では07年と書いていたが、正確には向井亜紀本を書評したのが04年1月。その後は毎日1時間ぐらいしか会社に顔を出さなくなっても『紙プロ』の携帯サイトでの連載は続いていたんだが、当時のmixi日記を漁ったところ「今月中に事務所を移転するから私物は全部持って帰るように。何か質問があるなら山口日昇に電話して」、つまり「新しい事務所に貴方の居場所はない」と山口夫人に告げられたのが04年10月9日。山口日昇は他人に聞かれたくないことを電話で話さなきゃいけないなくなって、会社には来ているのに1階駐車場で車に乗ったまま電話で誰かとやり取りしているような機会も増えた。だからこそ、のびのびと込み入った電話とかするために社長室のあるちゃんとした事務所に移転しようとするわけなんだろうが、この時点では「山口日昇は月に1〜2回しか出社しないので、髙田問題以降はスレ違いまくりになってて、ほとんど会話してなかった」状態だったらしい。それでもちゃんとボクに説明すべきなのに山口日昇はそこから逃げ続け、板挟みになった山口夫人が面倒な役割を押し付けられたのだ。最後、「豪ちゃんのこれまでの仕事とこれまでの事務所代、相殺でいいよ」と、「本来なら事務所代を貰うべきなんだけど」的なテンションで言われて「え?」と思った気もするが、あの人もあの人でしんどい立場だったはずだから問題なし。なお、このとき車を出してダブルクロスから荷物を運び出す手伝いをしてくれたのが、当時ボクがレギュラー出演していたTBSラジオ『ストリーム』のAD・橋本吉史。学生プロレス出身で話が合いそうだからと、ボクの担当になっていたのである。

その後、山口日昇は高級腕時計をして高級外車を乗り回すようになり、新しい嫁を貰って子供もできたと思ったら、ハッスルの失敗で約8億円の借金を背負った。それでも懲りずにSEI☆ZAという女子格闘技に手を出して、また失敗。現在はノンクレジットで田村潔司のYouTubeの聞き手を担当したりもしているようだが、基本的には行方不明のままだ。そして山口日昇の盟友だった柳沢忠之は現在、桜庭和志のグラップリングイベント『QUINTET』の裏方をやっているらしい。山口日昇も柳沢忠之も、インタビュアーや編集としての才能があった人が興行の裏方になって失敗し、いまも出版から離れたままになっていることが本当にもったいなくてしょうがないと思う。

20年5月3日、ボクが企画したロフトプラスワンの『紙のプロレス同窓会』というイベントには、原タコヤキ君&坂井ノブ&堀江ガンツ&中村カタブツ君&松澤チョロというメンバーが集まった。山口日昇は人前に出られる状況じゃないっぽくて連絡も取れなかったんだが、いまだから話せるというかいまでも話したらいけない思い出話で盛り上がり、なぜか感極まってノブ&ガンツ&カタブツ君&チョロが泣き出す異常事態になったので、山口日昇ともまたいつか一緒にイベントでもやって、楽しく話せればいいなと思ってます。■

おわりに

今回もまたとんでもない文量&情報量でお届けした『書評の星座』。都内某所のファミレスで一人寂しくこの本の校正作業をやっていたら、偶然同じ店にいた松岡茉優に挨拶され、そのまま彼女が前の席に座って話し込むというミラクルも発生したんだが、それはともかく、この連載時の時代背景を振り返ってみよう。

『紙のプロレスRADICAL』は全日本プロレスにも新日本プロレスにも取材拒否されつつ、創刊号には橋本真也が登場したり、nWoは治外法権ということで蝶野正洋が登場したりもしたが、nWo大ブーム時の蝶野を表紙にしても正直それほど売れなかったことで開き直り、UWF系列の団体が総合格闘技に対応していく流れに全力で乗っかっていくことになる。それが結果的に、当時は運営が胡散臭いせいもあってプロレス雑誌も格闘技雑誌もあまり評価していなかったPRIDEや高田延彦を唯一プッシュするぐらいの雑誌となり、どこよりも桜庭和志を推しまくり、さらには当時『紙プロ』の女子編集者と結婚したばかりのアレクサンダー大塚がマルコ・ファスを倒したり(勝った瞬間、赤ん坊を抱えた大塚夫人と喜びを分かち合った記憶。まさかその後に離婚して、ボクの好きだった反逆のアイドル、田中陽子とアレクサンダー大塚が再婚することになるとは……)もあってすっかり勢い付き、その後はこれまた厄介者扱いされていてどこも推さなかった小川直也をある時期から推し始めたりするようになった、と。流れでいうと、こんな感じだ。

96年5月、『Rintama』創刊。3号で廃刊。

96年12月、FIGHTING TVサムライ開局。

97年3月、『紙のプロレスRADICAL』創刊。

97年10月11日、PRIDE.1開催。高田対ヒクソン。

97年10月、全日本女子プロレス手形不渡りのため銀行取引停止処分に。

98年1月4日、長州力引退。

98年4月4日、アントニオ猪木引退。

98年10月11日、PRIDE．4開催。高田対ヒクソン。

98年10月24日、世界格闘技連盟UFO旗揚げ。

99年1月4日、小川直也暴走で橋本真也を粉砕。

99年1月31日、ジャイアント馬場死去。

99年2月21日、前田日明引退。

99年7月、『SRS-DX』創刊。

00年4月7日、橋本真也が小川直也に負けて即引退。百万羽の折り鶴がきっかけで10月9日に復帰。

00年5月13日、ジャンボ鶴田死去。

00年5月26日、船木対ヒクソン。船木引退。

00年7月30日、大仁田との電流爆破マッチで長州復帰。

00年8月、プロレスリングNOAH旗揚げ。

00年8月、猪木がPRIDEのエグゼクティブ・プロデューサーに就任。

01年3月2日、ZERO-ONE旗揚げ。

01年10月22日、ハヤブサ頸椎損傷。

01年12月、ミスター高橋『流血の魔術 最強の演技―すべてのプロレスはショーである』発売。

02年2月26日、武藤&小島&カシン、全日移籍。

02年5月16日、FMW荒井昌一社長、自殺。

02年8月28日、国立競技場Dynamite!開催。

02年11月24日、髙田延彦引退。

03年1月9日、DSE森下直人社長、自殺……？

03年2月3日、石井館長逮捕。

03年3月19日、冬木弘道死去。

03年11月、金子達仁『泣き虫』発売。

03年12月31日、地上波3局による格闘技興行戦争の裏で怖い人が暗躍。後にスキャンダルに。

04年1月、向井亜紀『会いたかった』発売。

04年1月4日、ハッスル旗揚げ。

05年7月11日、橋本真也死去。


つまり、プロレスの象徴みたいな人物が亡くなったり引退したりした上に、暴露本が出版されたり総合格闘技でプロレスラーが次々と負けたりで、いわゆる純プロレスがどんどん落ちていって、猪木に振り回されて新日本も迷走を始め、全日本も分裂し、FMWは洒落にならないことになり、そんなプロレスを踏み台にした感じで格闘技がどんどんブームになって、そしたら金になるからいろんな怖い人たちも暗躍するようになって、格闘技バブル崩壊の兆しが見え始めてくるぐらいまでの期間ってこと。この後で前作を読むと、格闘技界がそこからどんどん沈んでいって、ろくに関連本が出なくなったりの流れもよくわかるはずだろう。

なお、前回の「はじめに」で「ハッキリ言えるのは、格闘技関係者でもこれだけの本をちゃんと読み続けている人は確実に存在しないはずなので、約15年間の格闘技史をかなりいびつに網羅した貴重な史料になっていること確実」と書いたが、今回の本になったその前の約10年もあるから、四半世紀もそんなことをやってる人間は確実にボクだけ！　その結果、この2冊で25年間のプロレス〜格闘技の栄枯盛衰もわかる、さらにいびつなドキュメントになっているはずなのである。

吉田 豪（よしだ・ごう）

1970年、東京都生まれ。プロ書評家、プロインタビュアー、コラムニスト。編集プロダクションを経て『紙のプロレス』編集部に参加。そこでのインタビュー記事などが評判となり、多方面で執筆を開始。格闘家、プロレスラー、アイドル、芸能人、政治家と、その取材対象は多岐にわたり、さまざまな媒体で連載を抱え、テレビ・ラジオ・ネットでも活躍の場を広げている。著書に『人間コク宝』シリーズ（コアマガジン）、『聞き出す力』『続聞き出す力』（日本文芸社）、『サブカル・スーパースター鬱伝』（徳間書店）、『吉田豪の空手★バカ一代』『吉田豪の“最狂”全女伝説』『吉田豪と15人の女たち』（白夜書房）、『書評の星座 吉田豪の格闘技本メッタ斬り2005-2019』（ホーム社）など。

書評《しょひょう》の星座《せいざ》 紙《かみ》プロ編《へん》

吉田豪《よしだごう》のプロレス&格闘技本《かくとうぎぼん》メッタ斬《ぎ》り 1995-2004

2021年2月28日 第1刷発行

著　者　吉田 豪《よしだ ごう》

発行人　遅塚久美子

発行所　株式会社ホーム社
〒101-0051 東京都千代田区神田神保町3-29 共同ビル
電話 編集部 03-5211-2966

発売元　株式会社集英社
〒101-8050 東京都千代田区一ツ橋 2-5-10
電話 販売部 03-3230-6393（書店専用）
読者係 03-3230-6080

印刷所　大日本印刷株式会社

製本所　ナショナル製本協同組合

ISBN978-4-8342-5344-3 C0075　　JASRAC 出 2100616-101